中華民族炎黃源流簡易譜
【彭】

彭 伯 良 編纂

文史哲出版社印行

國家圖書館出版品預行編目資料

中華民族炎黃源流簡易譜【彭】/ 彭伯良編
纂.-- 初版.-- 臺北市：文史哲，民 96.11
    頁：   公分
ISBN 957-549-754-5(平裝)

1. 彭氏 2. 族譜

789.2   96023858

中華民族炎黃源流簡易譜【彭】

編 撰 者：彭　　伯　　良
出 版 者：文 史 哲 出 版 社
http://www.lapen.com.tw
登記證字號：行政院新聞局版臺業字 五三三七號
發 行 人：彭　　正　　雄
印 刷 者：文 史 哲 出 版 社
發 行 所：文 史 哲 出 版 社
臺北市羅斯福路一段七十二巷四號
郵政劃撥帳號：一六一八〇一七五
電話 886-2-23511028 · 傳真 886-2-23965656

平裝定價新臺幣　八六〇元

中華民國九十六年(2007)十一月初版
中華民國一百年（2011）六月修訂再版

中華民族炎黃源流簡易譜【彭】

目　　次

齊天鼻祖

炎帝神農氏墓

黃帝像

彭祖像

炎　帝　廟

中華民族富強誌慶訣要獻詞

崇道傳承　　　　世界大同

聖教藝術中國化　神明福佑我中華
教學崇尚八德行　明月皎潔萬物榮
藝技傳授貴精勤　福祿壽禧篤孝忠
術德兼修科技昇　佑庇黎庶樂康寧
中和聖德行仁政　我國文化實精深
國強民富致太平　中華道統執中庸
化災受福慶國恩　華夏河山再造成

民國第二丁亥年
西元二〇〇七年　　　　　　湘人彭伯良　　　謹撰

THE ESTABLISHMENT OF A WORLD COMMONWEALTH THROUGH THE TRANSMISSION OF TAO

The Confucian religion is typical of the Chinese people,

Since the eight cardinal virtues are taught and learned.

Essential to the cultivation of art is industriousness,

Through skill and virtue science and technology is developed.

With a benevolent government based on centrality and harmony,

Peace is attained as the country is strong and people prosperous.

With difficulties overcome and happiness archived, the nation is grateful.

The Republic of China is well protected as if by the divinities:

The moon shines bright in the night and all things are flourishing,

Fortune, emolument, longevity, and joy, along with filial piety and loyalty,

Will help the great masses of the people attain their eternal bliss.

The culture of the old Cathay is indeed profound and perfect,

Its quintessence rests upon the doctrine of the golden mean;

We are confident of our national recovery and revival.

Written by Mr. Pei-Liang PENG

Translated by Frank YEE

中華民族頌歌　　彭伯良　作詞

忠孝仁愛　信義和平　先聖垂訓　全民咸遵

孝弟忠信　禮義廉恥　崇尚八德　博大精深

承先啟後　繼往開來　慎終追遠　去蕪存菁

道統傳承　科技復興　天下為公　世界大同

　　　※　　　　　　　※　　　　　　　※

億萬同胞一條心　固有文化定復興　定復興

千秋萬世日日新　倫理民主齊力行　齊力行

億萬同胞一條心　國強民富樂康寧　樂康寧

千秋萬世日日新　福地青天照大中　照大中

於民國96年（西元2007年）四月十四日於金門縣金城鎮和平新村

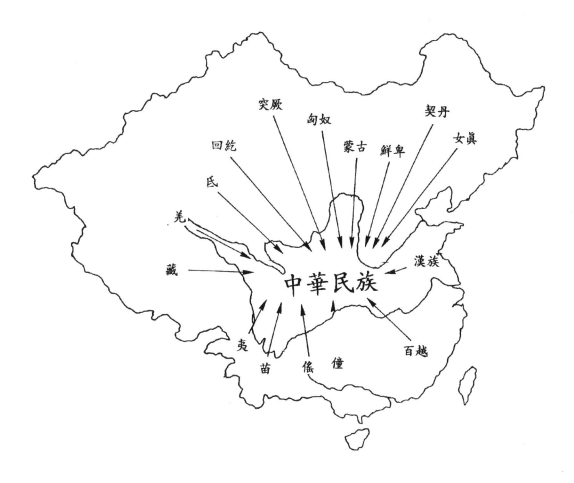

中華民族彭族遷徙圖

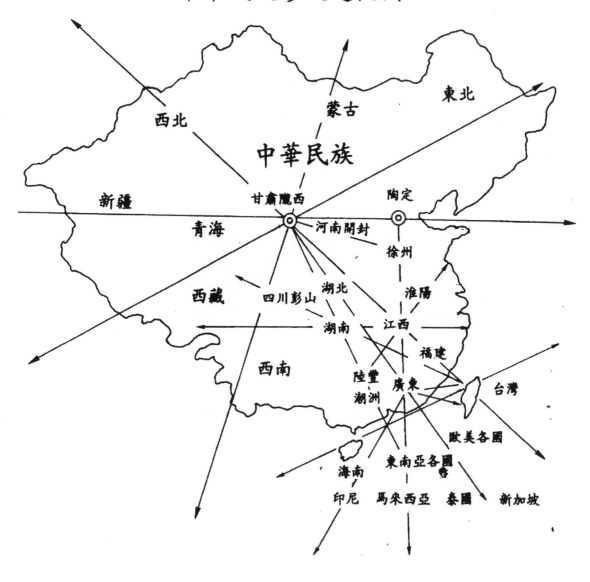

彭族史歌

E^b 4/4　　西樂伴奏 SLOW　　彭江河填詞　　中國古曲譜　古樂伴奏

我們　祖先是籛鏗　黃帝八世孫　唐堯時代人
緬懷　甘肅隴西堂　淮陽子佩公　漢封長平侯

妣公孫建彭城授封武安君　彭城是徐州　歷四千多
護社稷续豐功愚朝柱雲公　朝禮部侍郎　江西吉水

年　商爵賢大夫　周贈柱下史　壽居八百　始脫紅塵
人　藍渡世家風　宋代震峰公　潮惠著蹟　史冊傳芳

古今第一人　（第二段後間奏）

奕世耀千秋　奕世耀千秋　FINE

彭族史歌釋義

△本歌是古曲譜，昔日電影蘇武牧羊編導者填詞爲主題歌。抗日戰爭爆發上海愛國志士再填詞爲抗日救國歌曲。今朝編者繼填詞爲彭族史歌。

△本歌紹述唐堯時代籛鏗太始祖拓建大彭氏國功績，漢代長平侯子佩公功業，再述唐朝禮部侍郎徙創江西吉水。末段稱頌宋朝震峰公潮州刺史施佈仁政。潮惠兩州著蹟史實，史誌傳芳耀千秋。

△啓發族人慎終追遠，共識吾族歷代宗祖，愼念祖德，弘揚宗功，孝思不匱。

△本歌首先定名爲彭族賢，承廣西省師範大學教授會資族賢，閱後建議修改爲彭族史歌。謹向會資族賢致謝。

彭字溯源始於顓頊帝時代豈鼓邑也。該邑乃古代製造鼓類地方，宮廷鼓、戰征鼓、報晨鼓等等出產於此，故豈鼓邑人民生活水準比他地優裕。

古代民族游牧者眾，竊視豈鼓邑為肥居，引來各處游勇素常成群結隊侵進劫掠，造成重大損失矣。

陶唐堯帝高瞻遠矚在朝議事席間徵問諸侯防衛豈鼓邑良策，斯時籛鏗上前請纓平游勇並築城防衛成功。堯帝封爵籛鏗為武安君統治該城定名彭城號大彭氏國。

古體彭字方式是  模樣，原義上面有雙鉤在戰征時可鉤住戰車中央〇是鼓中心，下邊鼓座架平時可安置地面，擂鼓必有三通「彭彭彭」故右邊加三枝鼓槌連擊於鼓心，遂歷古傳今矣。

中華民族炎黃源流簡易譜【彭】

古神話時代

(節摘柏楊中國歷史年表、何畏黃帝紀年表、戴逸、龔書鐸中國通史、鞠德源萬年曆譜.)

國號王朝	紀　　要
盤　古	盤古之論，起自雜書，恍惚之辭，難爲信史，相傳盤古開天地，爲中國人始祖。 太初天渾沌如雞蛋，盤古生其中，天地開闢，陽清爲天，陰濁爲地，天日高一丈，地日厚一丈，如此一萬八千歲，天極高，地極厚，盤古古極長。其死也，頭爲五嶽，目爲日月，脂膏爲江海，毛髮爲草木，泣爲江河，氣爲風，聲爲雷，瞳爲電，喜爲晴，怒爲陰。 三國時代吳國徐整三五歷記(藝文類聚卷一及太平御覽卷二引)「天地渾沌如雞子，盤古生其中。萬八千歲，天地開闢，陽清爲天，陰濁爲地；盤古在其中，一日九變，神於天，聖於地；天日高一丈，地日厚一丈，盤古日長一丈。如此萬八千歲，天數極高，地數極長。」 五運歷年紀（繹史引）「首生盤古，垂死化身，氣成風雲，聲爲雷霆，左眼爲日，右眼爲月，四肢五體爲四極五嶽，血液爲江河，筋脈爲地理，肌肉爲田土，髮髭爲星辰，皮毛爲草木，齒骨爲金石，精髓爲金玉，汗流爲雨澤，身之諸蟲，因風所感，化爲黎甿」。 淮南子覽冥訓「往古之時，四極廢，九州裂，天不兼覆，地不周載，火爁炎而不滅，水浩洋而不息，猛獸食顓民，鷙鳥攫老弱，於是女媧鍊五色以補蒼天，斷鼇足以立四極，殺黑龍以齊冀州，積蘆灰以止淫水。蒼天補，四極正。淫水涸，冀州平。狡蟲死，顓民生」。
三皇五帝	三皇：1. 史記秦本紀： 　　　　天皇 　　　　地皇 　　　　秦皇. 　　　2. 戰國時代： 　　　　一. 伏羲，神農，燧人。 　　　　二. 伏羲，神農，祝融。 　　　　三. 伏羲，女媧，神農。 　　　　四. 宓羲，女媧，神農 　　　　五. 伏羲，神農，黃帝。 　　　3. 今史學家： 　　　　天皇(燧人氏,因爲火爲陽,在天.) 　　　　地皇(神農氏，因神農悉地力，在地)。 　　　　人皇(伏羲氏以人事紀) 　五帝：1. 黃帝，顓頊，帝嚳，帝堯，帝舜。 　　　　2. 伏羲，神農，黃帝，帝堯，帝舜。 　　　　3. 伏羲(太昊)，神農(炎帝)，黃帝，少昊，顓頊。 　　　　4. 少昊，顓頊，高辛(帝嚳)，堯.舜。 　　　　5. 帝堯，帝舜，夏禹，商湯，周文王。 　　　　6. 顓頊，帝嚳，堯,舜，禹.
天皇氏	
地皇氏	一姓十一人，興於熊耳龍門山，定星辰，卜晝夜，以30日爲1月。世爲酋長一千年，或云八千年，或云一萬一千年.
人皇氏	弟兄九人，各300歲，世爲酋長45,600年。
有巢氏	時中國人皆穴居，教人構木爲巢，在樹上架屋，躲避禽獸蟲蛇的侵害，有屋可居。
燧人氏	鑽木取火，教人熟食，避臭去毒，減少疫病。
伏羲氏	編織繩索，製作網子，教人捕魚打獵；又畫八卦，造書契，制嫁。娶月龍作爲官名。
女媧氏	時四極廢，九州裂，天崩，女媧氏斷鼇足以立四極，煉五色石以補天。
神農氏	教民製造耕作器具，播種五穀，作陶器斧斤，因被推爲中國元首。傳位八代至榆罔。 有熊部落入侵，戰於阪泉之野(山西運城附近)，三戰而後敗亡。
五　帝	黃帝、顓頊、帝嚳、堯、舜，自漢代以來，都尊稱爲五帝

物分時代 (約紀元前 800 萬年～前 2070 年)

時　期	紀　　　　　　　　　　　　要
古猿人時代	古 800 萬年前雲南臘瑪古猿化石，到 300 萬年前湖北南方古猿的牙齒化石，直到 170 萬年前的元謀人化石，這是最早期人類進化軌跡。 80 萬年陝西藍田人是最早直立行的人類。
舊石器時代	我國考古學家把人類起源至農業出現以前這一時期，名之爲「舊石器時代」.人類體質演進變化上，經歷「直立人」、「早期智人」、「晚期智人」階段，漸漸由猿人進化.由簡單石器製、演進成骨器磨光技術、鑽孔技術、鑽木取火，人類社會出現宗教和藝術. 50 萬年前北京周口店的北京猿人已經懂得製作簡單生產工具，製造石器捕獵動物，採摘植物果實。距今 40 萬年左右 1919 地質調查，在河北房山縣周口店發現北京猿人頭骨化石，判定爲 40 萬年。 10 萬年前的大荔人和許家窰人，爲智慧過度時期。山西、河北、內蒙古、寧夏等地都出土了舊石器時的石器，山西丁村的三棱尖狀器，是其中典型的代表。
新石器時代	西元前 3000 年至 5000 年開始，農耕畜牧比漁獵採摘開始進化，有花紋斑爛的彩陶和黑陶文明象徵。仰紹文化和龍山文化，從黃河和長江流域，成爲中國史前文化兩大主流。 母系氏族社會爲主調的新石器時代逐漸形成，房屋建構規模,墓葬方法儀式，鬼魂、祖先、和生殖崇拜的原始宗教開始萌芽，求生工具製造，已逐漸略具雛型輪廓.
銅器初期	西元前 2000 年以上

人類進化史略

人文演進	紀　　　　　　　　　　　　要	公元前
遠古森林猿	1956~1957 年發現化石,1958 年鑑定年代	1400 萬年
陸豐拉瑪猿		800 萬年
蝴蝶拉瑪猿	在小河村蝴蝶樑子發現	300~400 萬年
東方猿人	在竹棚村豹子洞等 1986 年一中學女生發現牙齒化石	250 萬年
西侯度遺址	山西省芮城縣西侯度文化遺址,位於黃河中游左岸高出河面約 170 餘公尺.石製遺物有用石英岩、脈石英、火山岩加工成的刮削器、砍砸器、尖狀器、石核、石片等物.	180 萬年
元謀人	170 萬年前,雲南元謀一帶,榛莽叢生,爲亞熱帶草原和森林,爪蹄獸、枝角鹿等第三世紀殘存動物在這裡出沒.再晚有桑氏狗、馬、鹿等獸類,元謀人捕食.河湖沉積地層裡,發現古生物化石存在. 1956 年在雲南元謀縣湖沼的堆積裡發現兩顆猿人門齒化石.已經知道用火.並能用石片製造砍砸工具.1972 年河北陽原縣泥河灣出土的石器,也是屬於這個時候.	170 萬年
藍田人	1963、64 年在陝西省藍田縣(西安東南約 40 公里秦嶺山脈北麓,壩河北岸)發現女低平前額上隆起粗壯眉脊骨,下顎骨及頭蓋骨片,比北京人還原始.使用石器有石核、剝片、削器、尖頭器、礫石、石球等.藍田人食糧是獼猴、劍齒虎、劍齒象、中國獏、野豬、鹿、馬、牛、羊.	80-75 萬年
北京人	在北京市南 54 公里周家口店龍骨山發現.出土的古生物和猿人骨骸化石及石器甚多.使用的石器有砍砸,器、刮削器、尖狀器.北京猿人洞有四十多個男女骨頭及大量火燒灰燼,似有互悅溝通的語言,成爲早期人類社會.	70-20 萬年
龍潭人	安徽省和縣龍潭洞的猿人.	30-40 萬年
馬垻人	生活廣東曲江馬垻圩獅子岩洞穴一帶,發現頂骨前凶處厚度頭骨比忠京人薄,前額高.	前 10 萬年
丁村人	山西省汾河襄汾丁村一帶有人骨化石,牙齒,頂骨較薄,有某些特徵已接近現代的蒙古人種.知道製造工具甚多.在溫和濕潤,有縱橫河流活動,有魚類和軟體動物遺存.	
長陽人	生活在湖北省長陽一帶,上頷骨不像猿人顯著向前突出.	

人文演進	紀　　　　　　　　要	公元前
新人或真人	體質已發展到和現代人很相似了.	
柳江人麒麟人	生活在廣西省柳江一帶,手腳具備了現代人四肢形式.	
山頂洞人	在北京周口店山頂洞遺址一帶,發現脊椎動物化石貯藏食物生活用品,有男女老幼個體,體質特徵接近現代蒙古人種,但也有個別其他人種的特徵..	前 2-1 萬年
扎賚諾爾人	在黑龍江省滿州里一帶	前 1 萬年
資陽人	在四川省資陽縣一帶	前 7000 年
河套人	在內蒙古伊克昭盟黃河套地區,有駝鳥蛋殼製成的裝飾品.	
山頂洞人	北京周口店龍骨山山頂洞發現的,已具原始石器外,並已有弓箭或標槍獵武器.骨針骨錐,縫製衣服,不用赤裸身體.有白色鑽孔小石珠,穿孔獸牙只殼魚骨等裝飾品.	
裴李崗文化	1977 年在河南新鄭裴李崗發現,早期新石器有陶器,及飼養牲畜出現.有房基、窖穴、墓地等村落遺遺跡.作物有粟,家畜有豬、狗、雞、牛.以木製弓及骨製箭為狩臘工具.被稱為「前仰韶」時期新石器文化,中國原始農業興起.	前 5500 年
磁山文化	河北武安早期新石器時代,有陶器、牲畜、種粟.	前 4 千年
河姆渡文化	長江流域下游地區浙江餘姚有新石器、骨、木、骨耜、木構建築、種稻、牲畜牛豬出現.骨器製作有耜、鏃、魚鏢、哨、鋸、匕等器物.居住用栽樁架板杆欄式建築	前 5-3.3 千年
仰韶文化	仰紹文化東到河南,西達甘肅、青海,南到湖北,北達河套等地區.均發掘出美麗手製泥質紅質紅陶和夾砂紅陶,繪製有動植物和幾何圖案. 發源於半坡類型的仰韶文化,慢慢形成廟底溝類型.1921 年瑞典地質考古學者安特生在河南省澠池縣仰韶村發現美麗彩陶器皿.圖案以裝飾為主.分佈關中、晉南、豫西,長城內外、河北、甘肅、青海、寧夏六盤山以東的黃河流域,遺物中常見彩陶,為母系繁榮時期.又可分中原仰韶文化與甘肅仰韶文化.居住有半地下式與平地兩種,屋頂蓋茅草,墻壁塗粘土,木為骨架主柱架頂.	前 4~3.6 千年
廟底溝文化	在河南省三門峽市發現,有高度鋤耕農業,有石炮刀石鐮,主要的是農業生產穀物粟.	〃
半坡文化	今陝西西安東河東岸半坡村,半坡類型石、骨、角、陶製成的耕種、收割禾穗石刀、石斧、石鐮等器物,有細泥紅陶與夾褐陶,甕罐瓶盆盤碗杯,住有圓或方形建築遺址,房間有貯藏窖穴.陝西西安屬仰韶文化母系氏族公社種粟飼豬彩陶圖案中有原始文字.	前 5-4.3 千年
姜寨文化	陝西臨潼屬仰韶文化母系氏族公社,出現存在年代最早的黃銅片.	〃
馬家濱文化	崧澤上海青浦屬馬家濱文化,種秈稻.江蘇吳縣草洼山種粳稻.出現年代最早的野生葛纖維織物殘片.	〃
大汶口文化	黃河下游地區 1959 年發掘於山東泰安縣大汶口而得名.山東寧陽堡頭村、及泰安縣大汶口一帶有遺址,分佈山東、蘇皖北部、豫東遼東半島,從母系社會中經父系社會,直到氏族解體,為龍山文化的前期.器物有紅陶黑陶白陶彩陶杯壺,圖樣有幾何紋樣,卷雲文弧線文綱文等.農具有石鐮、鹿角鋤、木質耒、耜.種植耐旱作物,	前 4.3-2.5 千年
良渚文化	1936 年首次在浙江餘姚杭良渚鎮發現,分布大湖周圍東至海邊,西至南京鎮江一帶.浙江吳興錢山漾遺址有船槳、絲　質物品出土.上海松江廣富林遺址有犁形工具出土.石器農具磨製精細,農作物、養蠶、紡織品很多.陶器、玉器繪製等工藝品頗具特色.	前 5.3-4.3 千年
紅山文化	紅山文化是中國北方新石器時代文化重要代表,1935 年在內蒙古赤峰的紅山發掘而得名.分佈遼寧、內蒙古、河北交界處,有彩陶、石器、精美玉器.發現大量石刀、石磨、磨棒、收割加工用具.方形半地穴居,有石砌建築,神廟等.畜牧漁獵技術相當進步.	前 3.5 千年
屈家嶺文化	1955-56 年在湖北京山屈家嶺發現,江漢平原為主,原始農業種稻、飼豬、養狗等.	〃
龍山文化	龍山文化在山東和江蘇地區,以黑陶為特徵,一個新而高度的文明 1929 年吳金鼎氏在山東章丘龍山鎮城子崖發現,分佈黃河下游海河流域及遼寧等地.以灰陶為主,沿海黑陶.父系氏族公社時期,農牧業已發達.	前-2000 年
馬家窰文化	首次在甘肅臨洮馬家窰發現,集中顯示甘青地區原始文化,分佈於洮河、大夏河、青海湟水流域.具	前 3.3-2 千年

人文演進	紀　　　　　　　　　　　　　　　要		公元前
	備製陶、彩繪、燒窯技術,製陶規模相當發達,創造燦爛彩陶文化,石器、陶器,旱地農業比較發達,生產粟、黍爲主.飼養牛羊豬狗雞家禽;漁獵次之. 馬家窰出現銅刀和銅碎塊等最早青銅製品.反映當時母系氏族社會向父系氏族社會過度情況.		
西藏卡窰文化	是中國目前發現海拔最高、經度最西的一處石器時代遺址.位於瀾滄江上游、西藏昌都城東南卡若村西,可分爲早、晚兩期.房屋遺址以半地穴式或地面營建的草拌泥牆建築,平面呈圓形、方形、長形.屋頂鋪排橡木,塗抹黏土而成.晚期房屋半地穴式石牆,纝石粘貼坑壁壘砌,週圍有柱洞,建築技術獨特.遺物中有打石器、細石器、磨石器、及骨刀、骨錐、骨針、骨飾.陶器有罐、缽、盆、小平底器.飼養豬、牛等家畜.		前-3.3-2 千年
齊家文化	甘肅廣河齊家坪一帶,分佈洮河、大夏河、渭水上游、清海湟水流域,已出現紅銅、青銅器物,晚期約在夏朝更爲普及. 反映父系氏族社會,出現階級分,化產生原始軍事民主制.種植粟等農作物,生活穩定,有石器、骨器、石鐮、石刀、石斧、石磨盤、石磨棒、石杵等.家畜有豬、羊、狗、牛、馬等.製陶、紡織、及冶銅業獨具特色.當時已有貧富差距,社會地位高低之分,男子居統治地位,產生了階級和軍事民主萌芽.		前 2 千年
青蓮崗文化	1951 年在江蘇淮安縣青蓮崗發現,包括淮河下游到長江下游沿海地區.有磨製石器孔斧石鑿多孔石庖刀,文樣有刻文劃文壓文附加文鏤孔等.		
辛店文化			
寺窪文化			
唐汪文化			
夏朝與二里頭文化	主要發現區域在山西南部,及河南西部地區偃師縣二里頭遺址。文化的特色有： 出土了一大型宮殿基址,爲大型夯土建築,有正殿、廊廡、中庭,已具有中國建築宮殿雛形,估計需時十工日才可完成,足見當時國家強大的政治力。發現不少玉器,玉器製作精美,除做裝飾品外,也作爲殉葬及表徵身份的地方的禮器之用。發現不少青銅器,青銅器主要用途是做爲國家統治象徵的禮器與兵器之用,顯示了當時國家已經是一個高度發展的政治實體,而且是維持軍政融合,祭祀與政治一體的權力組織。玉器、青銅器與陶器上的線條與裝飾,已有著束山當高超的藝術成就。		
有巢氏	傳說開始巢居,以避野獸蟲害.		年代不詳
燧人氏	鑽木取火,教人熟食.		
伏羲氏	傳說與女媧氏兄妹婚配,爲人類先祖,漢畫中下半身多作蛇形,爲龍鳳圖騰.相傳教人結網澤漁生產,爲太昊東夷風姓首領.		

大事年表

年　　　代	紀　　　　　　　　　　　事	
約前 800 餘萬年	雲南省臘瑪古蹟	
約前 170 萬年	雲南元謀人	
約前 80 萬年	陝西藍田人	
約前 47 萬年	會製造石器的北京人,屬舊石時代期階段. 貴州觀音洞遺址,是長江以南最大的舊石器時代文化	
約前 20 萬年	遼寧營口金牛山猿人	
約前 10 萬年	一。廣東曲江馬壩,中國舊石器文化時代中早期智人的代表之一. 二.中西陽高許家窰遺址,有石器一萬多件,以噸計的動物骨骼,是中國舊石器中期最大的遺址. 三。中西汾河流域丁村等遺址,是中國石器時代中期文化的一個典型遺址.	
約前 5 萬年	寧夏靈武水洞溝遺址和內蒙古烏旗薩拉烏蘇河沿岸遺址,是中國最早發掘的舊石器時代遺址.	

約前 3 萬年	山西朔縣峙峪文化,屬於細小石器文化.
約前 1 萬 9 千年	接近現代的山頂洞人.
約前 1 萬 7 千年	一。內蒙古呼和浩特東郊大窰村舊石器時代晚 4 汾製造場遺址.
	二。台灣南部左鎮人,迄今爲止在台灣發現的最古老人類化石.
約前 8 千年	一。陝西大荔沙苑文化遺址,發現有使用痕跡的石器.
	二。山西懷仁鵝毛口遺址,發現迄今爲止中國最早的農具.
	三。廣東南海西樵山石器製造場遺址.

史前文化時代

朝　代	史　書			朱　堯　倫　考　證			備　註
	西元前	皇主	在位	起始年	皇主	文 化 時 代	
有巢氏				1.5 萬年		以長江 游仙人洞文化爲代表	
燧人氏		91		-9600 年		彭頭山文化年代相同	依據湖南文獻民國 98 年 10 月 15 日出版總號 148 期 15 頁彭聖師出席第八屆河洛文化國際研討會論文刊載:河洛文化與姓氏淵源:燧人氏約出生於西元前 4506 年歲次乙卯
伏羲氏	-4754~-3494	16	1260	-6753 年	20	桂林甑陂崖文化爲代表	列 17 筮,1261 年
神農氏	-3493~-2674	8	820	-5215 年	8	由鄂北丘陵到黃淮平原	皆稱炎帝
黃帝	-2673~-2356	5	318	-4696 年		黃淮平原爲主	黃帝在位 100 年
堯舜				-4356 年			
夏禹				-4204 年	7+2		
商湯				-3765 年	28	(-3750 年起,30 主)	
周武				-3133 起	10	到周共和元年-2480	

黃帝前時代

次第	路史前後紀	通鑑前三皇紀	通鑑外紀包犧以來紀原注
1	史皇氏	軒轅氏(非黃帝軒轅氏)	包犧氏
2	柏皇氏	祝融氏	女媧氏
3	中皇氏	太昊伏羲氏	大庭氏
4	大庭氏	史皇氏	柏皇氏
5	栗陸氏	柏皇氏	中央氏
6	易連氏	中央氏	栗陸氏
7	軒轅氏(非軒轅氏)	大庭氏	驪連氏
8	赫胥氏	栗陸氏	赫胥氏
9	葛天氏	昆連氏	尊盧氏
10	尊盧氏	赫胥氏	混沌氏
11	祝誦氏	葛天氏	皥英氏
12	昊英氏	尊盧氏	有巢氏(非人皇後之有巢氏)
13	有巢氏(非人皇後之有巢氏)	昊英氏	朱襄氏
14	朱襄氏	有巢氏(非人皇後之有巢氏)	葛天氏

次第	路史前後紀	通鑑前三皇紀	通鑑外紀包犧以來紀原注
15	陰康氏	朱襄氏	陰康氏
16	無懷氏	陰康氏	無懷氏
17	太昊伏羲氏	無懷氏	神農氏
18	女皇氏	女皇氏	帝臨魁
19	炎帝神農氏	炎帝神農氏	帝承
20	炎帝柱	帝臨魁	帝明
21	炎帝慶甲	帝承	帝
22	炎帝臨	帝明	帝釐
23	炎帝承	帝宜	帝哀
24	炎帝魁	帝來	帝榆罔
25	炎帝明	帝裏	
26	炎帝直	帝榆罔	
27	炎帝釐		
28	炎帝居		
29	炎帝節莖		
30	炎帝克		
31	炎帝戲		
32	炎帝參盧(榆罔)		

伏羲氏王朝　(傳16君 歷1260年)(摘錄何畏編著黃帝紀年表)

世代	帝　王			在位年數	起　訖			通鑑輯覽之順序	附　記
	王朝	帝號	姓名		黃紀前	干支	西元前		
1	伏羲氏	太昊羲皇	風方牙(蒼牙)	131	1744-1614	庚申-庚午	4441-4311	太昊伏羲氏	史前時代
2	女媧氏	女希氏女皇	雲包媧	130	1613-1484	辛未-庚辰	4310-4181	女媧氏	
3	伏羲氏	大庭氏			1483	辛巳-	4180-	柏皇氏	一曰朱顏氏
4	伏羲氏	柏皇氏						中央氏	
5	伏羲氏	中央氏						大庭氏	一曰中皇氏
6	伏羲氏	栗陸氏						栗陸氏	一曰栗陸氏
7	伏羲氏	驪連氏						驪連氏	一曰昆連氏
8	伏羲氏	赫胥氏						渾沌氏	一曰赫蘇氏
9	伏羲氏	尊盧氏						赫盧氏	
10	伏羲氏	渾沌氏						尊盧氏	一曰混敦氏
11	伏羲氏	昊英氏						昊英氏	一曰子英氏
12	伏羲氏	有巢氏						有巢氏	非燧人氏前之有巢氏
13	伏羲氏	朱襄氏						朱襄氏	一曰子襄氏
14	伏羲氏	葛天氏						葛天氏	
15	伏羲氏	陰康氏						陰康氏	
16	伏羲氏	無懷氏			-485	-己未	-3182	無懷氏	
	合　計		16君	1260	1744-485	庚申-己未	4441-3182		16君歷1260年

神農氏王朝 (傳 8 君 歷 520 年)(摘錄何畏編著黃帝紀年表)

世代	帝　　　王			在位年數	起　　訖			通鑑輯覽之順序	附　　記
	王　朝	帝　號	姓　名		黃紀前	干　支	紀元前		
1	神農氏	炎帝,農皇	姜軌(石年)	140	497-358	丁未-丙寅	3194-3055	炎帝神農氏	史前時代
2	神農氏	炎帝	姜臨魁	80	357-278	丁卯-丙戌	3054-2975	帝臨魁	
3	神農氏	炎帝	姜承	60	277-218	丁亥-丙戌	2974-2915	帝承	
4	神農氏	炎帝	姜明	49	217-169	丁亥-乙亥	2914-2866	帝明	
5	神農氏	炎帝	姜直	45	168-124	丙子-庚申	2865-2821	帝宜	
6	神農氏	炎帝	姜氂	48	123-76	辛酉-戊申	2820-2773	帝來	一曰帝克
7	神農氏	炎帝	姜哀	43	75-33	己酉-辛卯	2772-2730	帝裏	一曰帝居
8	神農氏	炎帝	姜檢罔	55	32-黃紀	壬辰-丙	2729-2675	帝榆罔	參盧(　罔)
	合　　　計		8 個君王	520	497-黃紀	丁未-丙戌	3194-2675		

依據歷史記載推算伏羲氏與神農氏年代 (彭伯良 2005.6.18 編撰)

一。伏羲氏王朝(傳 16 君歷 1260 年)

　　1。伏羲氏第一代太昊羲皇：

　　　　庚寅西元前 4471 年出生庚申西元前 4441 年登基，登基時 31 歲(4471 - 4441 = 30 + 1 = 31 歲)。

　　　　庚午西元前 4311 年卒，在位 131 年(4441-4311+1)，享壽 161 歲(4471-4311+1)

　　2。伏羲氏第二代媧氏出生無考，辛未西元前 4310 年登基，庚辰西元前 4181 年讓位，在位 130 年(4310-4181+1)

　　3。第三代大庭氏(朱顏氏)出生無考，辛巳繼位西元前 4180 年

　　4。第四代至第 15 代均無考。

　　5。伏羲氏王朝第 16 代無懷氏己未歲西元前-3182 年止.神農氏王朝第 1 代炎帝姜軌丁未西元前-3194 年登基,差距 13 年蓋因沒
　　　　將其父少典生姜軌年代加入,並非重疊.

二。神農氏王朝(傳 8 君 歷 520 年)

　　1。伏羲氏王朝傳至 16 代無懷氏止(己未-3182 年)。 神農氏王朝第一代炎帝姜軌(石年)(丁未　　-3194)登基,
　　　　上兩朝代涵接(-3194 ~ -3182+1)差距 13 年,原因沒有將炎帝石年和他生父少典之出生與世代列入,並非重疊,如少典出生
　　　　干支壬辰西元前-3329 年,其子石年出生干支爲丙辰西元前-3305 年。

　　2。依據何畏的黃帝紀年表與柏楊的中國歷史年表,歷代統紀表冊(卷 1 至卷 5),台灣書局印行二十一史、三代表。太史公曰,
　　　　五帝三代之記尚矣,自殷以前,「諸侯」不可得而譜,周以來乃頗可著,孔子因史文春秋紀年,正時、日、月蓋其詳哉。

　　3。父據湖南青山彭敦睦譜,及彭氏源流通譜記載,神農氏炎帝第一代石年至第八代榆罔(參盧)應該是第二世至第十世。爲何
　　　　只列八代之原因,其中第八世哀之長子節莖,生子二：長子克,次子戲,綱鑑補云：皆不在位,第九世節莖長子克,也不
　　　　在位之故。第十世克子－參盧即帝榆罔。

　　4。少典爲中華民族開派始祖一世,生於干支壬辰西元前-3329 年,爲伏羲氏第 16 代王朝無懷氏諸侯,而無懷氏王朝止於西元
　　　　前-3182 年,故以 3329-3182=148 年。證明神農氏王朝計有 10 世,其中有 1~8~9 世三代沒有在帝位的年數。

　　　　茲列神農氏王朝(傳 8 君歷 520 年)表如下：

一。黃帝癸巳西元前-2728 生,是炎帝榆罔,在位 25 年。黃帝時 31 歲(癸亥-2698)。炎帝榆罔在位 55 年崩,時黃帝 32 歲,甲子 (-2697)
　　登基,在位 100 年(-2698~-2598)、(2728-2598+1=131 歲).

二。如此往前類推,神農氏王朝第一代炎帝姜軌在位 140 年(-3277 ~ -3138)享壽 168 歲(-3305~-3138).如以西元前-3277 減去西元前
　　-3182 年,相差 96 年,即是少典諸侯不得而譜年數。證明歷代經史譜牒史書記載,中華民族歷史正確。

三。彭伯良 1996 年初編「世界隴西彭氏族譜」與 1998 年編著之「彭氏源流通譜」當時係以伏羲氏王朝 16 君無懷氏爲截止年(己未
　　西元前-3182 年),次依神農氏王朝 8 君 520 年自炎帝第一代元年丁未西元前-3194 年起推算,沒有將一、八、九,三個不在帝
　　位的列入。初撰錯失,翹企請賜更正。

伏犧氏王朝

朝代	帝 王	族	姓	名、字 或廟號諡	籍	在 位			紀 要
						年數	干支	紀元前	
1	包犧氏 太昊羲皇	漢	風	方牙 (蒼牙)	通鑑外紀 生成紀今 甘肅秦縣	131	庚申 至 庚午	-4441 至 -4311	庚寅西元前-4471.10.4.生於甘 肅今秦縣原名成紀庚申-4441登 基-4311 卒壽 161 歲葬陳今河南 淮寧縣北
2	女媧氏女希 氏女皇		風 路史作靈	雲包媧		130	辛未 至 庚辰	-4310 至 -4181	生殁無考辛未西元前-4310繼位 至庚辰西元-前 4181 年崩葬今 山西趙城縣
3	大庭氏		路史作大氏又 曰朱顏氏				辛巳	-4180	大庭氏辛巳繼位生殁無考
4	柏皇氏		路史姓柏	名芝 莊子作柏皇					
5	中央氏			路史作中黃中皇					
6	栗陸氏			路史作栗陸					
7	驪連氏			莊子作驪畜 一曰昆連氏					
8	赫胥氏			金樓子作赫蘇 一曰作赫蘇氏					路史曰葬朝陽今地不詳
9	尊盧氏			金樓子作宗盧 一曰赫盧氏					路史曰葬藍田今陝西藍田縣
10	混沌氏			莊子作混沌 一曰混敦氏					
11	皡英氏			帝王世紀作昊英					
12	有巢氏								非燧人氏前之有巢氏
13	朱襄氏								一曰子襄氏
14	葛天氏								
15	陰康氏								
16	無懷氏						己未	-3182	
計	16 君					1260			庚申~己未(-4441~-3182+1)

神農氏王朝 (10 個世代合計 632 年八君在位 520 年)

勗其	石年		祖 名	帝 王			在 位			紀 要
	世	代		王朝	帝號	姓 名	年數	干支	紀元前	
1	一	0	開派始祖 少 典	伏羲氏第 16 君無 懷氏王朝	炎帝	少典始於烈 山曰烈山氏 又名厲山氏		壬辰	-3329 出生	中華民族開派始祖少典國君,生於壬辰西 元前-3329 年,卒殁無考. 本源錄云:世爲諸侯.另據五帝三代記,自殷 以前,諸侯不可得而譜,25 歲丙辰西元前 -3305 年長子石年出生,以子爲貴崇農皇,從 此中華民族以農立國,次子勗其,嗣少典國 君,世爲諸侯,曰二世,世系完整.

朐其 世	石年 世代	祖　名	帝王 王朝	帝王 帝號	帝王 姓　名	在位 年數	在位 干　支	在位 紀元前	紀　　要
2 / 二	1	少典次子 朐其	神農氏	炎帝	少典長子 姜軌 (石年)	140	甲申-癸卯	-3305出生 -3277~3138	神農氏炎帝第一代丙辰(-3305)生,29歲甲申(-3277)登基元年,至癸卯(-3138)崩,在位140年壽168歲, 本源錄云曰二世(炎帝1-8代止)
3 / 三	2	朐其之子 炎居	神農氏	炎帝	石年長子 姜臨魁	80	甲辰-癸亥	-3137~3058	神農氏炎帝第二代甲辰(-3137)繼位,至癸亥(-3058)崩在位80年,生年無考,時因子明尚年幼,欲擇賢而立,知其七叔柱有子慶甲賢能,擢拔其嗣為帝,繼承帝位.本源錄云,曰三世二代.
4 / 四	3	炎居之子 節並	神農氏	炎帝	七叔之子 姜承 (慶甲)	60	甲子-癸亥	-3057~2998	神農氏炎帝第三代甲子(-3057)繼位,至癸亥(-2998)在位60年,祇修自勤,克紹祖武,仍歸政於明,生歿無考. 本源錄云,曰四世三代.
	4		神農氏	炎帝	臨魁之子 姜明	49	甲子-壬子	-2997~2949	神農氏炎帝第四代甲子(-2997)登基元年至壬子(-2949)在位49年,出生無考.本源錄曰四世四代.
5 / 五	5	節並之子 戲器	神農氏	炎帝	明之子 姜直（宜）	45	癸丑-丁酉	-2948~2904	神農氏炎帝第五代癸丑(-2948)繼位至丁酉(-2904)在位45年崩出生無考. 本源錄曰五世.
6 / 六	6	戲器之子 祝庸	神農氏	炎帝	直之子 姜釐 （來）	48	戊戌-乙酉	-2903~2856	神農氏炎帝第六代戊戌(-2903)繼位,至乙酉(-2856)在位48年崩出生無考. 本源錄曰六世
7 / 七	7	祝庸之子 共工	神農氏	炎帝	釐之子 姜哀 （裏）	43	丙戌-戊辰	-2855~2813	神農氏炎帝第七代丙戌(-2855)繼位元年至戊辰(-2813)在位43年崩,出生無考本源錄曰七世,子一節莖.
8 / 八		共工次子 勾龍			節莖				哀帝之子節莖,不在帝位,生卒無考. 本源錄云曰八世.生子二:長子克,次子戲,生子器,是為小帝立四月殂.
9 / 九		勾龍長子 噎鳴			克				節莖長子克,生卒無考, 本源錄云曰九世.克生子參盧.
10 / 十	8	朐其九世孫啓昆	神農氏	炎帝	克之子 姜榆罔 （參盧）	55	己巳-癸亥	-2752~2698	神農氏炎帝第八代榆罔己巳(-2752)登基元年至癸亥(-2698)在位55年崩,出生無考. 本源錄云曰十世止.後世無考.
11			啓昆之子 黃帝						
合　計		8位君主(朝代) 10個世系				520	壬辰癸亥		合計632年。632年減去在位520年尚餘113年乃1、8、9世三代不在帝位年數.平均每個世代37年.

註：

一.依據何畏先生編著的「黃帝紀年表」、柏楊先生的「中國歷史年表」、及台灣書局「歷代統紀表冊（卷1~5）」印行廿一史、三代表、太史公曰、五帝三代之記尚矣,自殷以前「諸侯不可得而譜」,周以來乃頗可著,孔子因史文春秋紀年正時、日、月,蓋其詳哉.

二.歷代中外史學家論著,中華民族黃帝登基元年甲子西元前-2697,「中華彭氏源流譜」中「紀年表」指出黃帝出生於癸巳西元前-2728 年是炎帝榆罔在位 25 年.黃帝 31 歲癸亥西元前-2698 年即是炎帝榆罔在位 55 年崩.次年黃帝 32 歲甲子西元前-2697 年登基元年,在位 100 年,至癸卯西元前-2598 年崩,壽高 131 歲(2728-2598+1)

三.依此往上向前推演,證明歷代經史譜牒、史書、本源錄、神仙通鑑、湖南青山中一堂彭氏敦睦譜、隴西源流圖卷一至卷四記載,中華民族開派始祖少典國君一世,出生於壬辰西元前-3329 年,至清朝宣統三年辛亥西元 1911 年孫中山先生推翻滿清,建立民國,總計 5241 年,史載歷歷,節節可考,肯定中華民族歷史悠久正確。

中華民族甲子與黃帝干支西(公)曆紀元對照表

甲子	黃帝	紀前	備　　註	甲子	黃帝	紀前	備　　註	甲子	黃帝	紀元	備　　註
1		5517		51	4	2517	少昊 81 年	101	54	484	齊武帝 2 年
2		5457		52	5	2457	顓頊 57 年	102	55	544	梁武帝 43 年
3		5397		53	6	2397	帝嚳 39 年	103	56	604	隋文帝楊堅 16 年
4		5337		54	7	2337	唐堯 21 年	104	57	644	唐高祖 15 年
5		5277		55	8	2277	唐堯 81 年	105	58	724	唐玄宗 12 年
6		5217		56	9	2217	唐舜 39 年	106	59	784	唐德宗 5 年
7		5157		57	10	2157	夏后仲康 3 年	107	60	844	唐武宗 4 年
8		5097		58	11	2097	夏有窮氏 43 年	108	61	904	唐昭宣帝元年
9		5037		59	12	2037	夏后槐 4 年	109	62	964	北宋太祖 5 年
10		4977		60	13	1977	夏后不降 4 年	110	63	1024	北宋仁宗 2 年
11		4917		61	14	1917	夏后扃 5 年	111	64	1084	北宋神宗 17 年
12		4857		62	15	1857	夏后孔甲 23 年	112	65	1144	南宋高宗 18 年
13		4797		63	16	1797	夏后癸 22 年	113	66	1204	南宋寧宗 10 年
14		4737		64	17	1737	商王太甲 17 年	114	67	1264	南宋理宗 40 年
15		4677		65	18	1677	商王太庚 15 年	115	68	1324	元泰定帝元年
16		4617		66	19	1617	商王太戊 22 年	116	69	1384	明太祖洪武 17 年
17		4557		67	20	1557	商王仲丁 6 年	117	70	1444	明英宗 9 年
18		4497		6	21	1497	商王祖辛 10 年	118	71	1504	明孝宗 17 年
19		4437		69	22	1437	商王祖丁 29 年	119	72	1564	明世宗 43 年
20		4377		70	23	1377	殷王盤庚 25 年	120	73	1624	明熹宗 4 年
21		4317		71	24	1317	殷王武丁 8 年	121	74	1684	清聖祖 23 年
22		4257		72	25	1257	殷王祖甲 2 年	122	75	1744	清高宗 9 年
23		4197		73	26	1197	殷王武乙 2 年	123	76	1804	清仁宗 9 年

甲子	黃帝	紀前	備 註	甲子	黃帝	紀前	備 註	甲子	黃帝	紀元	備 註
24		4137		74	27	1137	殷王辛 18 年	124	77	1864	清穆宗 3 年
25		4077		75	28	1077	西周康王 2 年	125	78	1924	中華民國 13 年
26		4017		76	29	1017	西周昭王 36 年	126	79	1984	中華民國 73 年
27		3957		77	30	957	西周穆王 45 年	127	80	2044	中華民國 133 年
28		3897		78	31	897	西周孝王 13 年	128	81	2104	
29		3837		79	32	837	西周共和 5 年	129	82	2164	
30		3777		80	33	777	西周幽王 5 年	130	83	2244	
31		3717		81	34	717	東周桓王 3 年	131	84	2284	
32		3657		82	35	657	東周惠王 20 年	132	85	2344	
33		3597		83	36	597	東周定王 10 年	133	86	2404	
34		3537		84	37	537	東周景王 8 年	134	87	2464	
35		3477		85	38	477	東周敬王 43 年	135	88	2524	
36		3417		86	39	417	東周威王 9 年	136	89	2584	
37		3357		87	40	357	東周顯王 12 年	137	90	2644	
38		3297		88	41	297	東周赧王 18 年	138	91	2704	
39		3237		89	42	237	秦始皇 10 年	139	92	2764	
40		3177		90	43	177	西漢文帝 3 年	140	93	2824	
41		3117		91	44	-117	西漢武帝 24 年	141	94	2884	
42		3057		92	45	-57	西漢宣帝 17 年	142	95	2944	
43		2997		93	46	西元 4	西漢平帝 4 年	143	96	3004	
44		2937		94	47	64	東漢明帝 7 年	144	97	3064	
45		2877		95	48	124	東漢安帝 18 年	145	98	3124	
46		2817		96	49	184	東漢靈帝 17 年	146	99	3184	
47		2757		97	50	244	魏帝齊王 5 年	147	100	3244	
48	黃帝 1	2697		98	51	304	西晉惠帝 15 年	148	101	3304	
49	2	2637		99	52	364	東晉哀帝 2 年	149	102	3364	
50	3	2577		100	53	424	宋文帝元年	150	103	3424	

計算方式：如黃帝元年第一個甲子西元-2697 年至西元 2002 年是第 79 個甲子又 19 年。即：

    (-2757+2002)除 60 ＝ 79 個甲子又 19 年

中國絕對年代紀年表 （黃帝甲子接周共和）節摘自朱堯倫資料

0	1	2	3	4	5	6	7	8	9	10
朝代帝號	主數	總年數	甲子屆數	甲子(幹支)紀年	絕對年代紀元前	帝帝紀年(何畏)	通鑑外記(宋劉恕)	中國歷譜(董作賓)	中外歷代大事年表	中外歷代大事年表
炎帝	8									
		542			5215	1				
黃帝	5	340 349	0	甲子	4696	24	-23	-23	1	1
		317	$0\frac{23}{60}$	丁亥	4673	341	1	1	24	24
唐堯	1	100+2	$5\frac{40}{60}$	甲辰	4356	365	-24	-24	1	1
		100	$6\frac{4}{60}$	戊辰	4332	433	1	1	25	25
虞舜	1	48+2	$7\frac{22}{60}$	丙戌	4254	465	-22	-22	1	1
		50	$7\frac{44}{60}$	戊申	4232	493	1	1	23	23
夏禹	17+2	439	$8\frac{12}{60}$	丙子	4204	515	-22	-22	1	1
		432	$8\frac{34}{60}$	戊戌	4182	932	1	1	6	6
商湯	28	644	$15\frac{31}{60}$	乙未	3765	947	-15	-15	-1	-18
		629	$15\frac{46}{60}$	庚戌	3750	1576	1	1	15	33
周武	10	292	$26\frac{3}{60}$	丁卯	3133		-12	-12	-14	1
		281	$26\frac{15}{60}$	己卯	3121		1	-11	-1	13
周共和			$30\frac{56}{60}$	庚申	2840	1857	1	1	1	1

註：一。絕對年代，以2001.1.0時爲起點. 2001 化1 1999紀元前1.

二。年代重複的多，如黃炎重叠24年，湯桀重16年，武紂重12年，清末民初，多有重疊。

三。干支記年年數、各個皇帝、王在位年數，多與總年數不符。列舜爲顓頊子，相差二百歲以上，禹爲黃帝五世系，差412歲(四庫全書)。

中華民族華夏炎黃源流　　湖南湘陰　彭伯良(延杞)謹撰

　　蓋聞　天開於子，地闢于丑，人生於寅，而鴻濛以啓乾坤，以奠高卑，以陳貴賤，以位得姓受氏，由此起焉。於前源流，當在混沌初開洪流之時，尚無文字之典籍，其年數始末根山，難以稽查，今有考者：

　　混沌紀　盤古氏生於大荒，天地初分之時，莫知所始。盤古能知天地之高低及造化之理，故俗傳盤古分天地。盤古氏首出御世，姓氏考略「述異記，盤古氏夫婦陰陽之始也，天地萬物之祖也，今南海中盤古國人以盤古爲姓。」

　　三皇紀　天皇氏號天靈，繼盤古御世，兄弟十三人，各萬八千歲，時民風沕穆，居不知所在，行不知所之，饑就食，渴就飲，悶悶然如人之方孩，獸之適野耳。地皇氏繼天皇御世，兄弟十一人，各萬八千歲，始定三辰，以別日明，分晝夜，定四時。人皇氏繼地皇御世兄弟九人合四萬五千六百歲，區分天下爲九，各御一區，爲政教所自始。

　　五帝紀　有巢氏古民穴居，患禽獸，帝構木爲巢，令民居之，以避其害，然猶未知熟食也。

　　燧人氏古菇毛飲血，民未知烹，帝觀星辰而察五行，知空有火，麗木則明，教民鑽木取火爲烹。作結繩之政，立傳教之台，興交易之道。而民以遂，故又號遂皇。有四佐，曰明由，必育、成博、、隕邱，而相道由立矣。據湖南省社會科學院炎黃文化研究所何光岳所長著(炎黃源流史)，所考證古籍中之記載：燧人氏出生天水，先以游牧爲生，以養羊爲主，與華胥氏是夫妻，是伏羲氏的父母。華胥氏(即赫胥氏)是華夏族的最早起源，華人之名即以華胥氏稱號而誕生，華胥氏又名太昊(崇拜太陽之意)，是華夏（漢族）即中華民族的始祖母，因當時原始社會是群婚制時期，也是母系社會的末期。燧人氏沒，伏羲氏代之，繼天而王。

　　伏羲氏先教民佃漁畜牧，因有鷥負圖出現黃河，仰觀天象，俯察地法，中觀萬物生長之理而畫八卦衍六十有四，爲萬世文字祖。造書契以代結繩之政，制有六法：一象形、二會意、三指事、四假借、五轉注、六形聲，使天下文字必歸六書。又作甲曆定四時。古民野合，知有母不知有父，帝始以儷皮爲禮，定婚娶，作荒樂，歌扶徠，斷桐爲二十七絃之琴，曰離徽，繩桑爲三十六絃之瑟。以木德繼承天意統治天下，因伏羲氏也崇拜太陽，繼承世號太昊，又稱少昊氏，姓風名方牙(蒼牙)。於民國前六三五二年前出生成紀，今爲甘肅省東部渭水中游的天水，在位一一〇年崩，葬南郡(通鑑外紀謂在位一一五年)。他是蛇、鳥兩族的部落聯盟首領，以龍紀官，也把龍鳳圖騰爲民族徽號｜龍鳳當作氏族和文化肇端的象徵(中國古「風」字即爲龍蛇的標誌，也是鳳鳥的徽號)；伏羲氏(龍身)之妻女媧氏(蛇軀)雲姁媧，謂女登、華陽、任姒，原是同部落雙胞族的兄妹關係。「通誌，卷一，三皇紀」引『春秋世譜』等謂，遇大洪水伏羲女媧兄妹乘竹籃生，神靈佐太昊，正婚姻以重夫婦之則，由此他們溥化天下，繁衍了炎黃子孫，是絕大多數中華民族諸多姓氏的共同祖先。

　　神農氏的父母，是伏羲氏與女媧氏，生神農於姜水(今河南省寶雞市南郊，相傳神農氏妃有喬氏曾居于此)姓姜，先發明農業由狗尾草逐漸培育，成爲栽培粟｜即稻谷，教民以耕生穀，代藝五穀，以致民利，開創石器時代原始農業，又發明中草藥，嘗百草，製醫藥，以治民病。再創日中交易之市，繁衍後裔，謂其神明於農業，被中華民族的先民尊稱神農氏，故(尸子)說「神農氏七十世有天下」，看來也非妄誕，可證其歷史之古老。屬於父系氏族社會。

　　依據炎黃源流史，台北國家圖書館珍藏倣宋版印歷代統紀表，聯合報系珍藏諸姓氏族支譜，湖南長沙何畏先生著黃帝紀年表，文建會印行陳捷先盛清沂先生主編的中國的家訓等鉅著，相互對照隴西彭氏源流圖，審慎考證中華民族百家姓的開派始祖，謂一世炎帝少典國君娶有嶠氏之女安登爲妃，生子二，長曰石年，又名姜軌，謂二世；育于姜水故以姜爲姓，子八：長臨魁、次壴、三權、四不浩、五嵩、六印、七柱、八起我、傳八代至九世克之子謂十世，帝榆罔，又名參盧。眾立爲帝，遷都於空桑，其時各國之君，通號諸侯，侯者，候也，候帝之命令也。次曰劮其謂二世，本源錄云神農氏時人，嗣少典國君，世爲諸侯，以公孫爲姓，九傳至十世啓昆，北遷於熊，今河南開封府新鄭縣，號有熊國君，生子一黃帝。據歷代統紀表冊一(卷一至卷五)二十一史記載，三代世表；太史公曰五帝三代之記尚矣，自殷以前，諸侯不可得譜，周以來乃頗可著，孔子因史文次春秋紀元年正時日月，蓋時詳哉。

　　黃帝軒轅氏謂十一世，起源於陝甘之交的黃土高原，其故地被黃帝族、華夏族，視爲聖地，自爲黃部落，其酋長則叫帝，黃帝土代之，黃即皇，黃地就是黃地，即后土，爲地母崇拜之表現，以土象徵母，是謂人生於土，即是人生於母。「漢書魏豹田儋韓王信列傳贊」，「諸侯耗盡，而炎、黃、虞之苗裔，尚猶頗存者」。中國人因常自稱爲炎黃子孫。自周滅商後，炎黃族系與東夷族系大多在中原地區融合，仍以炎黃固有的華夏族爲主稱，以後發展成爲漢

族，漢族自稱華人，意爲高雅、優秀、美好的民族。周代、中原諸侯國的人都自稱華、夏或華夏連稱。如「左傳」定公十年，孔子說：「裔不謀夏，夷不亂華。」「襄公二十六年」，蔡聲子則直接提出了「華夏」一詞，云：「楚失華夏，則析公之爲也」。「三國志。蜀書。關羽傳」載關羽「威震華夏」，華夏一詞，隨著以漢族爲主體的中國不斷地發展，到辛亥革命成功，國父孫中山先生創建民國，倡導漢、滿、蒙、回、藏五族共和國體。便結合「中國」和「華夏」二名，而稱「中華民國」。又因中國境內各族絕大多數是同根共源的，一部份少數民族，如苗、徭、黎、僮、夷、壯、高山、阿美等族人與漢族人，因通婚而建立親誼的血緣關係，故稱爲中華民族。

彭氏族譜源流考略

　　吾彭氏出白老籛，商周以來，散居列國，秦亂譜牒，慘遭丙丁之危。秦遷楚大姓，遂望隴西，白漢至晉末，初厄五胡之擾，繼遭元季之亂，兵燹荼毒，譜牒多失，青山古墓，地當巴平孔道，族人懼兵賊戕，合毀其碑，石象生故，邱壠之存者鮮。明中葉至清多次續譜，源流未斷，舊譜始作於前明廿一世景卿翁，相傳元季兵燹，家乘燼焉，景卿翁於故紙中，得齋醮薦先人名單，遂舉以付梓，曰圈硃譜，然生卒葬得詳者猶詳，謚襄毅公(名澤)於明正德與嘉靖年間，即西元 1513 年至 1525 年於蘭州，本景卿翁之譜，力疾親書，勢不得不從略，名曰會宗譜。惜白明以前之源流通譜，因內奸外患，遺失鮮存，清乾隆九年甲子西元 1744 年，幸承河南家屏公旋陞豫藩，會同湖南長沙溶監公，與湘陰景溪公校對通譜，輯成一牒，名曰「統記譜」。其中源流支派，及遷徙散處甚詳，而且悉明備無遺。家屏公後因公案忤觸奸官清巡撫圖爾炳阿，藉「大彭統記譜」誣捏反清，陷害報復，以莫須有之罪，大興文字獄，家屏公被賜死，子傳笏斬首，產業充公，追思痛哉！

　　今譜倡於清道光壬寅西元 1842 年，續議於咸豐乙卯，造冊開雕，成於丙辰西元 1856 年冬，歷時十有五年，懼下屆之難復續，並立空白冊二部，一曰「廣生譜」，一曰「歸真譜」。註明五年各支並領譜積驗一次續修之，如此永無停修之患。咸豐丙辰西元 1856 年編成「湖南彭氏增修徵信譜」，線裝精美，珍藏有價。

　　民國 15、16、38 年相繼修譜，最後一屆輯修續譜，普告完成。大陸政權轉變，文革禍亂頻仍，空前浩劫，凡諸姓氏宗譜多燬。倖有賢士慎密隱藏分宗支譜，後以簡體文字編著家乘、族譜，惜記載姓氏源流世族，多缺考據，血脈系統殊異，「莫明其源」，有待正本清源，導正始末。

　　回顧吾彭氏宗族，依據「湖南青山彭氏增修徵信譜凡例、藝文誌大田彭氏紀年甲子表、與派字圖」、「青山彭氏敦睦譜」、及「隴西彭氏源流圖」，宗系一至宗系五，譜錄一世開期派始祖少典，本源錄云：伏羲氏時諸侯，生子二，長子石年，次子勗其，曰二世。石年後繼伏羲治天下，以農立國，又稱炎帝神農氏。西元前 3305 年出生姜水，至西元前 3138 年崩於湖南茶陵之尾景陽山，壽高 168 歲。傳至十世帝榆罔，在位 55 年崩，即西元前 2752 年至 2698 年，宗支無考。

　　少典次子勗其(本脈)二世，世為諸侯，以公孫為姓，原譜註明翔實。3 至 9 世，世系未得其詳，俟考續補。吾資不敏，竭盡十餘年之心力，奔走台海兩岸十餘次，不斷追考求證，已將前缺八世即 3 世至 10 世補入「彭氏源流通譜」。10 世啓昆，其子黃帝 11 世生 25 子，長曰昌意(本脈)12 世，生子三：長曰韓流，次曰顓頊(本脈)，三曰悃。13 世顓頊，號高陽氏生子 12，其十子曰稱(本脈)，十四世稱，生子曰卷章，15 世卷章生二子：長曰重黎，次曰吳回，重黎死，其弟吳回嗣為祝融。16 世吳回生子曰陸終，17 世陸終生子六，其三子(18 世)曰老彭，堯封於大彭之墟，遂以為姓，是為吾族受姓始祖，生於西元前 2278 年農曆十一月一日，妻姜 49 個，生 54 子，卒於西元前 1050 年六月三日，壽高 1229 歲，葬四川省彭山縣，墓址現名中國四川省長壽城彭山莊，傳至 83 世宣公，總世別 100 世，是為淮陽始祖。又從宣公一世傳 26 世至構雲公，總世別 125 世，是為遷吳即江西始祖，再從構雲公一世傳六世至彥昭公，彥晞公眾兄與滐公，均是嫡堂兄弟，總世別 130 世。滐公是為遷湘青山始祖，再山一世傳至本人(伯良)，是為 37 世「延」字輩，總世別 166 世，世系完整。

　　另倜公之三子 128 世軸公(統記譜載名霽)，字雲蒸，號宇成，行寶三，生於唐憲宗元和十年乙未西元 815 年，卒葬闕，生子敬先，字後安，唐末隨僖宗入蜀，安家普州，今裔散居四川成都府新繁縣、華陽縣等處。北宋仁宗西元 1023 年至 1063 年，進士第，官翰林學士彭乘。北宋政和壬辰西元 1112 年科進士第，官彭州知州賓，皆軸公裔。再倜公次子輔公之五子 129 世城公，一子彥晞，上司志載名彥希，字士然，溪州銅柱記作士愁，經校對台、粵、豫、贛、湘諸省分宗支譜牒世系，均能連貫一脈相承。又其他姓氏各先祖源流，如詹氏是黃帝之 21 子詹人，魏氏是黃帝三子西之裔，總之都是炎黃子孫，龍的傳人。譜以嫡系為重，傳承史蹟，博大光輝，慎終追遠，歷古而常新，世事多變，耕讀傳家，居安思危，淡泊名利，知足常樂，身心健康，承先啓後，世代幸福。

少典 166 世彭祖 149 世江西構
雲公 42 世湖南滐公(旭湖)37 世^{嗣孫}**彭伯良**_{謹識}

中華彭氏源流考

　　先祖德澤，冥冥中找到隱藏近百年來、獨一無二的「青山彭氏敦睦譜」，世系清晰，源流有序。開派始祖一世少典國君，子二：長子石年(神農氏)，次子勖其，世代諸侯，據隴西彭氏源流圖卷一宗系一記載：一世開派始祖少典，二世少典長子石年，次子勖其，九世孫啓昆(本脈)，三世至九世，世系未得詳，俟考續補。愚資不敏，經先後十餘年不斷續考求證，已將前缺八世即 3 世至 10 世，補入首編「世界隴西堂彭氏源流通譜」，繼編「彭氏源流通譜」。嗣傳 11 世黃帝，再支傳 18 世彭祖，100 世宣公，125 世江西構雲公，世系宗支明晰，誠謂寶藏，珍貴無比。

　　旋後相繼獲得「瀏南沙溪河口彭氏支譜」、「湘西土家族珹公支譜」、「廷華公支譜」、廣東陸豐「大彭簡介」、「台灣彭氏大族譜」、「福建開基祖二世子安公紀念冊」、「台灣編纂的河南夏邑彭氏大族譜」等數十寶貴譜冊，經深入分析整理，分門別類，薈萃各宗親譜牒家乘精華，彙編成「中華彭氏源流譜」，前後十餘年，遍訪國內外先賢學者，虛心求教，又分訪大陸台國兩地各大圖書館，夙夜匪懈，迭經增修，經已三版問世，現四修又即將成書。承先啓後，世系先祖源流脈胳清晰，言物有據，文勝質史，振聾啓瞶，事事可考，祖德流芳，永垂千秋。

　　蓋吾彭氏出自老籛，商殷周以來，散居列國，秦亂譜牒，慘遭丙丁之危，秦遷楚大姓，遂望隴西，自漢至晉末，初厄五胡之亂，繼遭元季之殃，兵燹荼毒，譜牒散失，存有家乘族譜者少，明中葉至清，多次續譜，源流未斷。明成化十年甲午歲西元 1474 年遷湘始祖潊公，字漢霖，號旭湖府君(總世別 130 世)，一世之 21 世嗣孫光勝，字景卿公，創修「弘治譜」，一名「圈珠譜」，上海圖書館仍有典藏之明弘治十五年壬戌西元 1502 年彭光勝之六子彭玉浸,字良彰作授，纂修長沙青山「彭氏會宗譜」，大宗譜是也。惟惜明以前之源流通譜，因內奸外患，遺失鮮存，明謚襄毅公，名澤，旭湖府君一世之 22 世嗣孫，明正德十五年庚辰西元 1520 年於蘭州本景卿翁之譜，親書「會宗譜」，清乾隆九年甲子西元 1744 年，河南夏邑家屛公旋陞豫藩，會同湖南長沙旭湖府君一世之 29 世嗣孫溶監、與湘陰府君一世之 31 世嗣孫景溪，字問濂，校對通譜，輯成一牒，名曰「統記譜」，其中源流支派及遷徙散處甚詳，清晰明備無遺。清咸豐六年丙辰西元 1856 年，湘陰彭麗崧、彭賡餘、彭恆圃三公會修完成徵信譜。清光緒 12 年丙戌西元 1886 年，民國 5 年丙辰西元 1916 年、及民國 38 年己丑西元 1949 年，相繼續修「青山彭氏敦睦譜」，普告完成，大陸政權轉移，文革禍亂，空前浩劫，凡諸譜牒文史，多遭焚燬，僥幸遠見宗賢在摩天嶺隱藏「青山彭氏增修徵信譜」及「隴西彭氏源流圖卷一至卷五」計二萬餘言，巨帙珍藏 80 餘年，真是祖德流芳，保留此無價珍史。高新堂於民國 17 年戊辰西元 1928 年重新校刊，由旭湖府君一世之 35 世嗣孫名述，字好古，號百鈞編輯。案述考家屛公統記譜，斷自漢長平侯宣公為始，從老彭夏初數起，迨及西漢成帝時，宣公 2180 餘年，中間源流斷落，世次未詳，中華民國九年西元 1920 年庚申冬月，有江右族土攜宗譜一冊草稿數本來湘訪查宗親，述遇之，述披閱江右譜稿，所錄宣公以上 82 世源流，詳而且悉，述比鈔之。述在塾參究經史子集及各支新舊諸譜，查對清晰，訛者正之，闕者增之，溯本清源，追述祖跡，歷八寒暑，此乃古本老譜，是謂中華民族獨一無二的寶鑑，保護永久富強的中華民族史蹟文化無形疆域的萬里長城。

少典 166 世彭祖 149 世江西始祖
構雲公 42 世遷湘始祖潊公 37 世　　嗣孫 **彭伯良** (延杞)謹識

中華彭氏源流譜四修譜序

「中華彭氏源流譜」前已三修，第四修卷帖又即將成書，四大巨冊，新納入諸多譜牒資料，內容更加充實，含蓋史學、傳記、譜牒、紀事，跨越古今，史不絕書，真諦釋義，可謂爲國族之光，當今編纂譜書楷本。

該譜以六千年來歷代宗親傳承記述，歷史朝代、人、事、時、物、政治文化、世代變遷，多有涉及，族人遷徙，脈胳相連，世系明晰，事事可考。源流史事，族人尋根問祖，史學研究，均可供作參考。

建方宗賢編纂「中華彭氏源流譜」，十餘年來，夙夜匪懈，潛心鑽研，各系血脈源流，無不追根問底，勞其筋骨，費其體心，全神貫注，衷心敬仰。其人謙虛執著，虛心求教，吾心悅誠服，油然盡力佐助襄理，余雖年邁，爲竟其功，不時奔走兩岸，探古尋幽，代爲尋找彭氏古本老譜。

先祖德澤庇佑，冥冥中找到隱藏近 80 年、獨一無二「青山彭氏敦睦譜」，驚見開派始祖一世少典國君，子二：長子石年(神農氏)，次子勗其，世代諸侯，嗣傳 11 世黃帝，再支傳十八世彭祖，100 世宣公，125 世江西構雲公，130 世淡公旭湖府君、彥昭公等宗支，世系寶藏，珍貴無比。

旋後相繼獲得寶藏，江西萬載覓得構雲公 33 世嗣孫「廷華公支譜」，彭建偉宗長提供「瀏南沙溪河口彭氏支譜」，又得「湘西土家族瑊公支譜」，廣東陸豐彭凌雲公贈賜「大彭簡介」，新加坡彭新鈞宗長贈「家譜」，彭聰敏宗長贈「彭氏大族譜」，彭炳進宗親贈「福建開基祖二世子安公紀念冊」，彭新樞宗長贈「台灣彭氏大族譜」，泰國彭江河宗長贈「彭氏世系譜」，河南夏邑彭飛宗長(根據本人提供的青山彭氏敦睦譜編著的)「河南夏邑彭氏大族譜」，彭定國宗親協助獲得湖南省望城縣民國 14 年乙丑歲長沙堆子山壽公(延年公之弟椿年公之子)「彭氏五修族譜」，均提供建方宗弟參考，深入探討分析整理，分門別類編入「中華彭氏源流譜」。

建方宗賢小我三歲，年屆 82，痼疾纏身，抽筋、手抖、高血壓、心臟病等毛病，時感不適，然而毅力堅強，始終如一，憑其彈指神功，用電腦完成各冊譜書，第三版精裝美觀，人人稱羨，時隔三年，新四修又將成冊，誠彭氏族人之光。言物有據，事理分明，對彭氏世系血脈源流史冊，承先啓後，文勝質史，振聾啓瞶，事事可考，望我後代子孫延續，繼往開來，恪遵追綜修輯，發揚彭氏光輝，祖德流芳，永垂千秋。吾才德鮮薄，微勞盡瘁，不敢言功，謹識感言雅鑑。

吾彭氏出自老籛，商殷以來，散居列國，秦亂譜牒，慘遭丙丁之危，秦遷楚大姓，遂望隴西，自漢至晉末，初厄五胡之亂，繼遭元季之殃，兵燹荼毒，譜牒多失，存有家乘者少，明中葉至清多次續譜，幸源流未斷。明成化十年甲午歲西元 1474 年遷湘始祖淡公，字漢霖，號旭湖府君(總世別 130 世)，一世之 21 世嗣孫光勝，字景卿公，創修「弘治譜」，一名「圈珠譜」，現上海圖書館仍有典藏之明弘治 15 年西元 1502 年彭光勝之六子彭玉浸，字良彰，作授纂修長沙青山「彭氏會宗譜」，大宗譜是也。惜自明以前之源流通譜，因內奸外患，遺失鮮存，明謚襄毅公，名澤，旭湖府君一世之 22 世嗣孫，於明正德十五年庚辰西元 1520 年於蘭州本景卿翁之譜，親書「會宗譜」，清乾隆九年甲子西元 1744 年，河南夏邑家屏公旋陞豫藩，會同湖南長沙旭湖府君一世之 29 世嗣孫溶監、與湘陰府君一世之卅一世嗣孫景溪，字問濂，校對通譜，輯成一牒，名曰「統記譜」，其中源流支派及遷徙散處甚詳，而且悉明備無遺。清咸豐六年丙辰西元 1856 年，清光緒十二年丙戌西元 1886 年，民國五年丙辰西元 1916 年、及民國卅八年己丑西元 1949 年，相繼續修「青山彭氏增修徵信譜」，普告完成，大陸政權轉移，文革禍亂，空前浩劫，凡諸譜牒文史，多遭焚燬，僥幸有遠見宗賢在摩天嶺隱藏「青山彭氏敦睦譜」及「隴西彭氏源流圖卷一至卷五」計二萬言，此巨帙珍藏 80 餘年，真是祖德流芳。高新堂於中華民國卅五年戊辰西元 1946 年，由旭湖府君一世之卅五世嗣孫名述，字好古，號百鈞，主編再版續修「青山彭氏敦睦譜」，侄兒子珂(現住高雄)助校。案述考家屏公統記譜斷自漢長平侯宣公爲始，從老彭夏初數起，迨及西漢成帝時，宣公 2180 餘年，中間源流斷落，世次未詳，中華民國九年西元 1920 年庚申冬月，有江右族士攜宗譜一冊草稿數本來湘訪查宗親，述遇之，述披閱江右譜稿，所錄宣公以上 82 世源流，詳而且悉，述比鈔之。述在塾參究經史子集及各支新舊諸譜，查對清晰，訛者正之，闕者增之，溯本清源，追述祖跡，歷八寒暑，此乃古本老譜，是謂中華民族獨一無二的寶鑑，保護永久富強的中華民族史蹟文化無形疆域的萬里長城。

「中華彭氏源流譜」，承先啓後，薈萃各地宗親譜牒家乘精華，世系先祖源流脈胳清晰，四版問世，可作族人尋根問祖寶典，是爲序。

少典 166 世彭祖 149 世江西始祖
構雲公 42 世遷湘始祖淡公 37 世　　嗣孫**彭伯良**(延杞) 謹識

中華彭氏源流譜四修感述

「雲深不知處，緣身譜魂中；欲出雲中霧，心靈醒世人」。自鑽修「中華彭氏源流譜」編撰工作以來，承蒙彭氏族人及社會賢達垂青鼓舞，心靈稍覺安慰，但事後瀏覽閱讀，總覺美中不足，難盡如人意。前曾三次續修，然而仍是瑕疵連連，不盡理想。承蒙各地宗親熱誠指點迷津，提供意見，資料如泉源湧來，善意難辭，不得不重作馮婦，個人年事已高，夕陽西下，精神體力不繼，為使命驅使，不得不重坐斗室，窗前伏案，彈指神功，再作神雕俠士，仍與電腦為伍，執筆「中華彭氏源流譜」四修，希望不負族人厚望。

自古以來，英雄轟功偉業，少不了「一個籬笆三個樁，一個好漢三個幫」，原股肱襄助編纂有力的彭士覺家兄，不幸仙遊(1918.1.26~2005.4.20)、彭伯良宗長遠離世俗搬去金門，天涯海角，天各一方，無法全心投入，整個工作全繫我一人之身，個人精力有限，孤掌難鳴，惟盡棉薄之力，竭盡所能，完成續譜再版理念，此次「中華彭氏源流譜」四修，內容更加充實廣泛，寰宇全世界族人想必樂於一讀，尋根問祖有據。

編纂族譜最大問題，蓋多數譜牒家乘，先祖世系血緣網脈，模糊不清，同一人名記載互異，兄弟人數彼此不同，世系、派別、字號、別名、混用，前後矛盾，尤有世代派字顛倒，輩份混淆不明等等，複雜棘手，荊棘叢生，至感困惑，難以辨識鑑定，何者為正統血脈。

編纂譜牒，有如撰史寫傳，肩負千秋歷史重責，以史學家胸懷眼光鑑定，多方搜集資料，記載先祖史實紀年，憑物考證，絕忌主觀偏頗，以個人看法，否定前人論據，蓋凡有意見者，宜從旁備註評述，正反論據並陳，留待後人追考，實事求是，不可擅自抹殺前人墨跡。

遺憾者，少數族人不顧數千年來鐵證如山史實依據，而以旁門左道野史，又無實據，改朝換代，變更先祖世代，強詞奪理，霸王硬上弓，強迫他人接受，其心可議。又豈一紙謬論，能為人接受，將來歷史終會證實，斯時證明其所主張錯誤，恐他無地自容之外，將會遭族人唾罵，令人不齒。

樹從根鬚起，水從天上流，世系家乘譜牒，著重世系、血緣、網脈，倘中間發生斷層，則追根問祖無據，故凡開基創業始祖，務求翔實記載經過，俾可與其他世系滙流，尋找會合源點，藉以瞭解相互血緣關係，冀收敦親睦族之效。

一部完整家譜，按昔日尚古正規，內容應包括：修譜名目、譜序、世系、派字、家規家訓、譜牒、題辭、凡例、譜論、恩榮、節孝、像贊、文獻、考證、祠堂、祠產、墓圖、傳記、仕宦、專志、雜記、服制圖、餘慶錄、領譜字號等。如今世事多變，時代不同，繁文縟節之事，多可簡略，只要不失其基本要義，血緣有序，源流清淅，有根可尋，不失慎終追遠，敦親收族真諦即可。

「中華彭氏源流譜」四修，歷時四載，承蒙彭俊修、彭家華、彭志雄、彭強多等諸多族人提供譜牒史料，衷心銘感，尤以彭伯良宗長，雖遠去金門飴養天年，仍不時念念於茲，電話書信時相往來，精心校對，午夜夢迴，孜孜不息，顧而且問，名不虛傳實質的「顧問」，亦師亦友，溫馨情誼，刻骨難忘，謹此一併申謝。

少典 165 世、黃帝 155、彭祖 148 世、
構雲公 41 世、明宗(文柏)公 18 世。　嗣孫 **彭士賢**(建方) 敬撰

黃　帝

中華民族鼻祖軒轅黃帝

　　黃帝姓公孫(亦姓姬)名軒轅，有熊國君，其先出自少興，母曰附寶，至祁野，見大電繞北斗樞星，感而懷孕，二十四個月生帝於壽丘，日角龍顏，有景雲之瑞，故史稱[生而神靈]，其初都於涿鹿，(今察哈爾省涿鹿縣)，當時帝榆罔不能治天下，人民塗炭，黃帝乃脩德振兵，戰榆罔於阪泉。誅蚩尤於涿鹿，而後天下安，諸侯擁立爲天子，都於有熊(今河南省新鄭縣)披山通道，未嘗寧居，東至海，登丸山及岱宗(泰山)，西至空同(甘肅省平涼縣西)登雞頭，南至江，登熊湘(湖南益陽縣)，北逐葷粥(匈奴)合符釜山，遂建立中華萬世之基業，黃帝以前，氏族混雜，源流未辨，我始祖制十二姓(姬、西、祁、己、滕、箴、任、荀、僖、佶、儇、依)，帝二十五子，立二十五宗，今之諸姓氏，俱由此十二母姓演變而來，乃鑄成今日之中華民族，故稱黃帝子孫。

　　我始祖創造中華文化，厥功至偉，其重大者，蒼頡造字，容成造曆，隸首作數，伶倫制十二律，製衣裳作冕旒充纊，服牛乘馬，作舟車以通道，作宮室以安居，造弧矢以振威，造指南車，爲營陣之法，嫘祖教民養蠶以製絲，著內經以明醫藥，制法度正名百物，建立合宮以祀上帝，中國文化從此大備，史記漢武帝本紀，載我始祖且戰且學仙，百餘年然後得與神通，采首山銅，鑄鼎荆山下，鼎既成，有龍垂胡髯下迎，黃帝上騎，是始祖昇天，亦神人也。中國歷經變亂，而不動搖者，均賴我始祖在天之靈，今我輩子孫當全心全力，發揚黃帝精神，振起五千年之民族靈魂，邁往新生大道。

黃帝軒轅氏的來源和遷徙　　　　摘錄何光岳著炎黃源流史

　　黃帝氏族是西羌的一個強大的部落，與炎帝氏族爲雙胞族。五、六千年前，他們白甘青高原　遷至黃河中下游以後，便逐漸由游牧衣耕生活，進入黃河流域的文明歷史。由燕山南下山的太昊氏、少昊氏等夷族長期交往，既有戰爭，又有聯盟，逐漸通婚、徙居，到周代時便形成了華夏族。黃帝軒轅氏的支族分別向四方遷徙，各白和當地的土著民族融合而形成了其他和個民族，如南蠻、羌戎、北狄。他們之中有不少是黃帝軒轅氏的後裔，如匈奴、鮮卑拓跋氏、于越、巴人、楚人等即是。中原王朝如夏、商、周的民族，都白以爲是黃帝的嫡系子孫，他們的後裔形成了今天中華民族的主幹，人數占到中華民族的絕大多數，所以我們白稱爲"炎黃子孫"或"華夏之裔"。

黃帝起源

　　黃帝是繼炎帝之後，遷至黃河中下游的，時間相距不久，有人便說黃帝與炎帝是同母兄弟。如賈誼『新書。益壤』載："黃帝者，炎帝之兄也。炎帝無道，黃帝伐之涿鹿之野，血流漂杵，誅炎帝而兼併其地，天下乃治。"又『制不定』說："炎帝者，黃帝同父母也，各有天下之半。黃帝行道，而炎帝不听，故戰涿鹿之野，血流漂杵。夫地制不得，白黃帝而以困。"『國語。晉語』云："昔少典娶有蟜氏，生黃帝、炎帝。黃帝以姬水成，炎帝以姜水成，成而异德，故黃帝爲姬，炎帝爲姜，二帝用師，以相濟也。"姬水、姜水都在今陝西省岐山縣。說黃帝、炎帝爲同母所生兄弟，凡乎所有古籍記載皆同。春秋元命苞』說："少典妃安登，生子是爲神農。"皇甫鑑『帝王世紀』說："炎帝神農氏，姜姓也。母曰任姒，有蟜氏之女，名女登，爲少典正妃..........生炎帝。"『大戴　。帝系』說："少典產軒轅，是爲黃帝。"『五帝德』引孔子曰："黃帝，少典之子也，曰軒轅。生而神靈，弱而能言，幼而慧齊，長而敦敏，成而聰明。治五氣，設五量，撫萬民，度四方，教熊　貔豹虎，以與赤帝戰于阪泉之野。三戰，黃帝黼黻衣，大帶，黼裳，乘　辰云，以順天地之紀，幽明之故，死生之說，存亡之難。"司馬遷『史記。五帝本紀』載："黃帝者，少典之子，姓公孫，名曰軒轅。生而神靈，弱而能言，幼而徇齊，長而敦敏，成而聰明。"『集解』引譙周說："有熊國君少典之子也。"以上各說皆同。但『帝王世紀』曰："黃帝有熊氏，少典之子，姬姓也，母曰附寶。"則黃帝之母叫附寶，與炎帝之母叫安登，非一人也，但都是出于少典氏之後。呂思勉、錢穆皆以炎帝即神農氏，黃帝即軒轅氏，兩人同出于少典氏，實爲同族。

　　他們均列炎帝于黃帝之前。『莊子。胠篋』云："昔者容成氏、大庭氏、伯皇氏、中央氏、栗陸氏、驪畜氏、軒轅氏、赫胥氏、尊盧氏、祝融氏、伏　氏、神農氏，當是時也，民結繩而用之。"這里把軒轅氏置于神農氏之前。

　　但軒轅氏黃帝是最後打敗炎帝神農氏取代其地位者，則軒轅氏黃帝應在炎帝神農氏之後。他們都是古老部落名稱，

世代相傳久遠。『商君書。畫策』云：“神農衣既歿，以強胜弱，以眾暴寡，故黃帝內行刀鋸，外用甲兵。”『戰國策。　策』說：“密羲，神農教而不誅，黃帝、堯、舜，誅而不怒。”都表明神農氏以衣耕為主。軒轅氏仍以游牧為主，強悍好戰。前者最後被軒轅氏所取代，『索隱』說：“炎、黃二帝雖則相承，如『帝王世紀』，中間凡隔八帝，五百余年。若以少典是其父名，豈黃帝經五百余年而始代炎帝為天子乎？何其年之長也！”徐旭生認為：“少典生黃帝炎帝，是說後面這兩個氏族由少典氏族分出，不是說這兩位帝是少典個人的兒子。”

王　唐也認為：“神農歿後，數世相傳，方至黃帝，毫無疑義。而末裔榆罔為黃帝所滅，又為各書通載。安有八世相傳，五百余歲之後，尚有同胞兄弟之黃帝，長生至是，起而奪其天下。馬宛斯『繹史』已力辟之矣。”又說：“如謂神農後遷，黃帝承業，則神農為帝在前，黃帝在後。”

言之有理。自古以來，把神農列入三皇之一，黃帝列入五帝之一。五帝是繼三皇的，也可見神農早于黃帝。蒙文通說：“黃帝為五帝之本，不可以配三皇，惟伏羲、神農前乎此，可以為皇耳，故『淮南子』‘秦古二皇，得道之紀’，說者謂二皇羲、農也；而三皇終缺其一……白『　夫論』、『白虎通』、『風俗通』以觀：諸家言三皇皆稱伏羲、神農，此諸家之所同；其一則或曰女媧，曰遂人，曰神融，曰共工，遂各不同，此諸家之所異也……及偽孔安國、皇甫士安乃以羲、農、黃帝言三皇。”

『命歷序』以遂人、伏羲、神農為後三皇，都把神農列于黃帝之前，故『尸子』說“神農氏七十世有天下”，看來也非妄誕，可証其歷史之古老。

黃帝號軒轅氏，其母不是女登而叫附寶，許多古籍有此記載。『帝王世紀』載：“黃帝，少典之子，姬姓也。母曰附寶，見大電繞北斗樞星，照郊野，感附寶，孕二十四月，生黃帝于壽丘。長于姬水，有聖德。受國于有熊，居軒轅之丘，故因以為名，又以為號。”『孝經鉤命訣』云：“附寶出，降大靈，生帝軒。”由于黃帝是漢族的嫡祖，故『漢書。古今人表』把黃帝軒轅氏列為第一等，上上，聖人。

黃帝軒轅氏所居地為姬水，以姬為姓。姬與岐同音，即今陝西岐山縣南橫水河。而神農氏所居的姜水，則在今寶雞市南七里姜水城，今名姜城堡。城南有姜水，相傳神農氏妃有喬氏曾居住于此。

則姬水、姜水相鄰，正合炎黃雙胞族之說。　軒轅出生地，据『水經。渭水注』說：“南安姚瞻以為黃帝生于天水，在上邽城東七十里軒轅谷。皇甫謐云生壽丘，丘在魯東門北，未知孰是也。”『索隱』也說壽丘“在魯東門之北，在今兗州曲阜東北六里。”『正義』亦同。這個山東曲阜之壽丘，乃黃帝族以後東遷到曲阜而帶去的地名。最早的壽丘，應從姬、姜二水和軒轅附近去找。据『清一統志』卷二百十秦州：壽山，在州北一里，下有魯谷水。壽山不高，與土丘相似，叫壽丘也可以。魯谷水在秦州城之北。秦州在秦人未西遷至此之前，乃為黃帝之裔、十二姓中的姞姓魯人所居，關因而得名。

魯人所在地叫魯城，其北門有壽丘，則為此壽山無疑。州東有軒轅谷，水出南山軒轅溪。這些軒轅谷、軒轅溪、壽山都在一起，正是黃帝軒轅氏的最早居地。東面不遠有岐山、姬水。北鄰清水縣有羌水，出羌谷，也即神農氏最早居地。神農氏後　遷寶雞市姜水、姜水堡；黃帝軒轅氏也東遷至岐山的姬水。顯然，從少典氏分出的炎帝、黃帝兩個支族，他們仍結合成雙胞族，建立了長達四千余年的姬姜婚姻關系。在東遷時，也形影不離，相隨同行。徽縣東南有黃廬山水，『水經注』謂水出西北天水郡黃廬山，即秦州（天水市）南，恰又與轅軒谷、壽丘緊鄰，可能即黃帝得名于此山。秦州東又有橋亭。『水經。渭水注』：渭水出橋亭西。橋與喬通，而喬又作嬌、蟜。橋亭，當系有蟜氏始居地。這些地名，皆山東曲阜及河南新鄭的黃帝故墟所無，故秦州應為黃帝軒轅氏最早的居地。故秦的發祥地在天水炎黃舊地。『穆天子傳』載：周穆王“天子升于昆之丘，以觀黃帝之宮。”有說昆在天水南之幡冢山或祁連山。『史記。封禪書』載“秦靈公作吳陽上疇，祭黃帝；作下時，祭炎帝”。吳陽在今隴縣吳山之南。則黃帝起源于甘肅東部無疑了。

黃帝軒轅氏名義

帝之義，為禘，為花蒂，最早使用帝號者為神農氏。対神農氏與軒轅氏俱出于少典氏之後，少典氏則為伏羲氏、女媧氏之後。伏羲氏、女媧氏則系華胥氏之子女。華胥氏以花為圖騰，『華胥氏的來源和遷徙』一文已詳作敘述。故神農氏、軒轅氏兩族稱酋長繼承人為帝，意即崇奉花圖騰，繼承其祖先華胥氏事業的人。每次祭祀祖先華胥氏時，必由酋長奉花而祭，叫禘。華胥氏居于今華亭水、華亭、華尖山，皆在清水縣之北。且天水市東六十里有丁華嶺。

都說明自華胥氏至軒轅氏、神農氏居地相近，是具有血緣關系的。

　　稱軒轅爲黃帝，稱炎帝爲赤帝，乃以黃、赤二色爲雙胞族的標志。黃帝族尙黃，說是"北斗黃精之精"則居于北方無疑。王嘉『拾遺記』說："軒轅出自有熊之國，母曰昊樞，以戊巳之日生，故以土德稱王也，時有黃星祥。"『正義』謂黃帝"生日角　顏，有景云之瑞，以土德王，故曰黃帝"。戰國時，齊威王因齊鑄的『　侯囚□錞』銘文有"高祖黃帝"之文，自認其始祖帝舜爲黃帝八世孫，故奉黃帝爲始祖，是早記載"黃帝"的金文。

　　『呂氏春秋』十二紀、『　記。月令』，均以黃帝爲中央之帝，其神後土。『淮南子。時則』云："中央之极，自昆﹒東絕兩恒山，以息壤堙洪水之州，東至于碣石，黃帝後土之所司也。"后土即地祇，古人常以皇天後土連稱，此以黃帝后土相連，益足見黃帝即皇天上帝也。

　　黃帝實出皇帝之變字，『易系辭傳』云："黃帝堯舜垂衣裳而天下治。"又『春秋繁露，三代改制質文篇』，亦以軒轅爲皇帝。周人之王，尙推神甚爲九皇，而改號軒轅，是爲皇帝。謂『呂刑』皇帝"遏絕苗民"，實即黃帝與炎帝戰于阪泉之事，此說甚是。黃、皇古本通用。如『國語。晉語』苗棼皇，『左傳』宣公十七年，成公十六年，作曲賁皇。『說苑。善說篇』作纍□黃。『　周書。王會篇』"吉皇之乘"，『說文，馬部』作吉皇之乘。『呂氏春秋。貴公篇』："丑不若黃帝"。華沅校正云："黃帝，劉本作皇帝，皇黃古通用。"此皆可証黃帝即皇帝也。

　　天帝與後土是最尊貴的。『呂氏春秋。應同篇』："黃帝曰：'土氣胜。'土氣胜，故其色尙黃，其事則土。"『索隱』云：'炎帝火，黃帝土代之，即黃　、地蚓見是也。"証以『史記。封禪1書』所述，鄒衍之五德終始說，以土德爲始，以黃帝爲先。因黃帝起源于陝甘之交的黃土高原，軒轅便認爲土皆黃色。本部落居于天下之中央，故稱中央之土爲黃，自稱爲黃部落，其酋長則叫帝。劉師培認爲："黃與皇通。故上古之君稱爲黃帝。"郭沫若則說："黃帝即是皇帝、上帝。"又說"黃帝本是皇帝或上帝的轉變。"漢武梁祠刻石第二石有："皇帝時南夷乘鹿來　巨疇。""宋書。符瑞志』作"黃帝時"。『莊子。齊物訛』黃帝，王先謙集解："黃原作皇，『釋文』本作黃。盧文弨曰：黃皇通用，今本作黃。"可見黃色是爲尊貴，凡古代皇宮、祭壇、太　的台基必須用黃土筑成。安　殷墟，曾"發現一處純黃土，絕對不參　他種泥土的大台基"。即其一例。

　　蕭兵說："我國原始人民的主體　蒙古人種，即黃種；中華民族的發祥地之一在西北黃土高原。所以我國人民崇拜黃土、黃色。"黃帝族起于西北，很可能把黃土人格化－同時也神格化，－爲"黃地之神"，或者把自己的傳說祖先和黃土崇拜結合起來，使黃帝之形象具有"自然"與"社會"之"兩重性"。所以，"黃帝者猶言黃民所奉之帝王耳"，因爲我國"古代人民悉爲黃種"。馬衡以爲帝即地字，黃帝就是"黃地"，即"后土"，爲地母崇拜之一表現。但后土即勾　氏，爲炎帝神農氏之後，與黃帝無關。有人說"金文黃帝日初出土之色。黃田，是田土治濡于人身之色。黃帝即是后土，殷人猶有古代氏族母系傳統的思想孑遺。以土象征母，是謂人生于土，即是人生于母。"

　　我國西北黃土高原，又叫陝甘高原。　以黃河與山西高原爲界，北以長城和鄂稱多斯台地爲界，西以　經 103 州以西一線　與青康藏自然區爲界，南則以渭河以南的秦嶺北麓爲界，包括陝西北部和中部、甘肅的東部，平均海拔一千米左右。而甘肅的黃土　厚度，最高達到 100-150 米。自西至　和　北達一千公里以上，自西北到東南達 300-400 公里。由于氣候乾燥，黃土顆粒細膩緊密，使許多壁立數米以至數百米的黃土崖非常壯觀。古代人們便在這些黃土崖上挖穴而居，過著崖居生活。周朝的先祖公劉便崖居、十區過。至今黃土高原窑洞的人仍然很多。　仰韶文化遺址中，几乎都可看到穴居、半穴居的住房遺址。這都是因地制宜而產生的獨特居住方式。到了近代，由于人爲的亂　亂伐，使草木稀疏，甚至變成光禿嶺，　致水土　重流失，造成了今天高台、丘陵縱錯，溝壑深割，形成了原、梁、卯、瓜、屹瘩遍地的特有地貌。黃帝族部落原是居住于黃土高原的土著民族。他們　用簡單的石斧掘洞，使土質不堅硬的黃土，很容易掘出居住洞穴，既适應原始的農業生產，也适應于游牧生活。從黃土高原流過的黃河也帶著混濁如黃湯的黃泥水，所以在黃帝族看來，這些黃土、黃水正是他們土生土長的養育之地，對黃色的推崇便自然產生，並且代代繼承下來，自命爲黃族、黃帝族。黃河流域便成爲華夏族或中華民族產生和發展的發祥地，成爲文明的搖籃。

　　軒轅何意？『說文』："軒，曲輈藩車也。從車干聲。"段注："謂曲輈而有藩蔽之車也。曲輈者，戴先生曰，小車謂之輈，大車謂之轅。"軒轅即爲有篷頂的大車。三國時的譙周，在『古史考』中云："黃帝作車，引重致遠。其後少吳時駕牛，禹時奚仲駕馬。"說明黃帝時造車，乃以人力挽行，故叫軒轅氏。軒轅氏實際比黃帝更古老，直

到軒轅氏的後一代酋長奪取神農氏炎帝的部落聯盟統治權後，才正式稱黃帝。大車發明之後，爲游牧遷徙提供了運輸工具。這正是黃帝族的特色。以後黃帝之裔孫奚仲，因有傳統的造車技術，而任夏禹車正之官。黃帝的後裔如奚、契丹、高車、鐵勒、黑車子族、匈奴、蒙古等都用大車在廣闊的草原上游牧遷徙，促使了部落聯盟的鞏固發展，創造了游牧文化。其中　勒族又叫高車族，即因使用高車而得名。『山海經。海外西經』說西方有"軒轅之國……人面蛇身，尾交首上"。說明軒轅國在西方，正與黃帝軒轅氏起于天水的地望相吻合。

由于軒轅氏部落的強大和繁衍，便被古代天文學家用來命各天上之星，如『史記。天宮書』："軒轅黃　体"。謝庄『月賦』："揚采軒宮"，注："軒宮，軒轅之宮。『淮南子』曰：軒轅者，帝妃之舍。高誘曰：軒轅之星。"軒轅星爲西方大星。『晉書。天文志』："軒轅十七星，在七星北，軒轅黃帝之神，黃　之体也。"可見軒轅星正位于天水軒轅谷之天上，是代表軒轅氏部落的位置的。張衡『天象賦』："觀夫軒轅之宮，宛若騰蛇之体。"『淮南子。地墜訓』載"軒轅丘在西方"，與『大戴　。帝系』"黃帝居軒轅之丘"同。『山海經。大荒西經』："西王母之山有軒轅台，射者不敢西向。"軒轅氏故地被黃帝族、華夏族視爲圣地。『楚辭。　游』："軒轅不可攀授兮。"注："軒轅，黃帝號也，始作車服，天下號之爲軒轅氏也。"　注："『史記』黃帝姓公孫，名曰軒轅。"『史記。蘇秦列傳』："前有樓闕軒轅，後有長姣美人。"軒轅成爲高官達人所乘的華貴大　。軒轅氏發達之後，軒轅的地位也提高了。

軒轅氏以　爲圖騰，各種古籍，都說黃帝軒轅氏與　有關。說他日角龍顏，爲以後歷代帝王的標准形象。穿的　衣龍袍，又說他龜頸　形，乘　升天。黃帝族各個支系都成爲　子　孫。如漢族、百越、匈奴、鮮卑、女真等族，都以爲自己是　的子孫。越南古代有雒　君，匈奴有　庭，慕容鮮卑有　城，金人有黃　府，于越、閩越有　蛇圖騰……。

黃帝族東遷

黃帝族沿著渭水　遷至黃河中游的肥沃平原。　考古中已發現：這一帶有多處新石器時代仰韶文化遺存，應是黃帝族所留下的文化遺　。如靠近軒轅谷的甘肅秦安大地灣、武山石岭下、陝西寶雞北首岭、邠縣下孟村、西安半坡、渭南史家、華縣泉護村、元君　、華　橫　村、河南靈寶南萬村、澠池仰韶村、不召寨、三門陝　底溝、陝縣三里橋、洛　王村、潤西孫旗屯、　縣塌坡、鄭州陳　、青台、秦王寨、大河村、池溝寨、偃師東蔡庄、山西夏縣西　村、芮城東村庄、西王村、河南浚縣大賚店、劉庄、安　后崗、侯家庄高井台子、同樂寨、大正集、大司空村、浙川下王崗、下集、南召二郎崗、南　黃山、鎮平趙灣、湖北鄖縣青　泉大寺、河北磁縣下潘汪、界段菅、正定南楊庄、曲　魚台、蔚縣三關等，以甘肅東部的渭水上游爲起點，經渭水中下游，沿豫晉交界的黃河中游兩岸向東發展。到達鄭州以後，便分成南北二線，南線由南　盆地　入鄂西北，北線由豫北向北經冀南、冀中而達冀北。當年黃帝曾在鄭州與神農氏結合，北行至涿鹿、阪泉，與九黎酋長蚩尤相遇。大敗蚩尤後，有一支黃帝族定居于冀北。這個遷徙路線和范圍，考古資料與文　資料是相楔合的。且豫北、河北的仰韶文化遺物，要比豫中的晚一些，而豫中的比豫西的要晚一些，豫西的又要比關中的晚一些。這就明顯地指出了一條自西向東，再分轉南北的黃帝族遷徙路線。寶雞斗鷄台曾發現　山文化時期的居住　洞，大約是白灰面，在那里還殘存著高一公尺的立壁，上面塗有極薄的灰皮，約長四公尺。浚縣"大賚店南門外的一條南北路　里就見到了十多面的豎穴底部的殘　。假定這是當時村落的中心地帶，則東西方向自然也會有相當數目。于此我們推測當時這　的小土屋，大約會有八十乃至百座左右。這　的遺　在河南北部的　山文化中是常見的現象，浚縣的鹿台、湯陽城的附近都見到過了。安　石崗的兩次發掘中曾見到九面，且所發掘的也只是遺址的一小部分"。這種　洞穴居和半穴居的習俗，正是起源于西北黃土高原的黃帝族的居住特點，是因地制宜的智慧結晶。

黃帝族東遷後是以新鄭爲中心而分向東南西三方發展的，所以在新鄭一帶遺留有黃帝族的許多遺　。『史記集解』"徐　曰：'黃帝號有熊。'皇甫謐曰：'有熊，今河南新鄭是也。'"『元和郡縣志』："鄭州新鄭縣，本有熊之墟。"『讀史方輿紀要』卷四十七開封府新鄭縣："古有熊地，黃帝都焉，周封黃帝後于此，爲鄶國。"今新鄭縣西北有軒轅丘，此皆黃帝居地之証。『清一統志』卷一百四十九開封府："黃水在新鄭縣西北，源出自然山，經縣城北，東南流入于洧。"『左傳』襄公二十八年：'公如楚過鄭，伯有廷　于黃崖。'注：'　宛陵縣西有黃水。'『水經注』'黃水出太山南黃泉，　南流逕華城西。'"至鄭城東北與黃溝合，注于洧水。錢穆說："疑黃帝之名與黃

水、黃溝有關。太山即自然山，在新鄭縣西黃水所源。疑自然乃有熊字訛。然刞古代黃帝部落之居地，應在今河南新鄭，斷無疑矣。"又陳留東北有小黃城，戰國魏邑。『史記』載黃歇說秦昭王曰："王取首垣以臨平邱。小黃"，即指此。漢置小黃縣，『水經注』：濟水逕小黃縣故城北。杞縣東有外黃。『左傳』魯惠公季年，"敗宋師于黃。"杜預曰："外黃縣東有黃城。"『春秋』哀公十三年，"公會晉侯及　子于黃池。"杜預注："封邱縣南有黃亭，近濟水。"又漢置內黃縣，臨漳縣西南十五里有黃戔谷，皆為與黃帝族有關的地區。

　　黃帝的活動地區，多在新鄭附近。『莊子』：黃帝見大隗于具茨之山。『漢書。地理志』：密縣有大瑰山。『水經注』：大隗即具茨山也。『明一統志』：大隗山在新鄭縣西南四十里，今禹縣北境。『莊子』又言，黃帝登崆峒，問道于廣成子。按崆峒山在今臨汝縣西南六十里，臨汝西四十里有廣成澤水。『水經注』：廣成澤水出狼皋山北澤中是也。黃帝既登崆峒，遂游襄城。襄城故城在今襄城西。大隗、崆峒、襄城地望皆相接，莊子言黃帝游　，确指今河南境無疑。『史記』又言黃帝采首山之銅，鑄鼎荊山之　。首山在今襄城縣南五里。又　縣有黃亭。『後漢書。郡國志』："……．有黃亭，有湟水。"劉昭　注："『左傳』昭公二十二年，'王子猛居于皇。'杜預曰：'有黃亭。'"『水經。洛水注』：洛水"又東，濁水注之，即古黃水也"。以上所引，說明在古代，"黃"、"皇"、"湟"通用，也說明鞏縣境內有兩條"黃水"（另一條是黃河）。"黃帝"之名是否由于在兩條黃水岸邊戰胜炎帝、蚩尤，得了"天下"，威風　揚而得來的呢？可以肯定，這些地名，正是囚黃帝族東遷至豫中地區後而得名的。新鄭附近有華亭、華水，即黃帝族的始祖華胥氏山甘肅華亭縣東遷至此時移植的地名。臨汝之崆峒，亦系山甘肅平　西北之崆峒山地名移植而來。河南的皇水、湟水，其名也由青海湟水移植而來。青海、甘肅有許多新石器早期的文化遺址，此仰韶文化還要早。如卡諾文化，諾木洪文化，齊家、朱家寨、馬廣沿、辛店、牛山、寺□、沙井等文化。這里是古西羌的發源地，其中一支羌人向東遷至甘肅東部渭水上游的天水秦安一帶，後來便形成為黃帝族、炎帝族。

　　顧炎武『天下郡國利病書』卷五十三引范守己『豫談』："崆峒山在汝、禹二州境，上有廣成子　及崆峒觀，下有廣成墓及城，即黃帝問道處。平涼臨洮各有崆峒山，各云廣成子隱地。『莊子』言黃帝問道崆峒，遂言見大隗，迷于襄城之野，其為此山無疑。閿鄉，古鼎湖地，黃帝采首山之銅，　鼎荊山之　，鼎成，有　下迎，乘之而去，因名其地鼎湖。案『禹貢』云：道岍及岐，至于荊山，逾于河、壺口、雷首，至于太岳，即荊山、鼎湖之地，固自不相　也。"『嘉慶一統志』汝州，"崆峒山，在州西南六十里。『莊子』，黃帝問廣成子在空同之上，往問至道之精。唐汝州刺史盧貞碑：山名崆峒者有三：一在臨洮，一在安定(平涼)。而『莊子』述黃帝問道崆峒，遂言游襄城，登具茨，訪大隗，皆與是接壤，則此為近是。『寰宇記』：崆峒山在梁縣西十里，即黃帝問道于廣成子之所。"『魏書。地形志』：梁縣有廣成澤。汝州有廣成苑。『後漢書注』：廣成聚有廣成苑，永元五年，以上林廣成圃假貧民。延嘉元年，校　廣成，遂幸函谷關。葛洪『抱朴子。內篇』說："黃帝西見中黃子，受九品之方，過空桐，　廣成子受自然之經。"自然又與自然山同名，是有其來由的。

　　『史記。五帝本紀』說黃帝曾"南至于江，登熊、湘"。『集解』引『封禪書』曰："'南伐至于召陵，登熊山。'『地理志』曰湘山在長沙益　縣。"『正義』引『括地志』云："熊耳山在商州上洛縣西十里，齊桓公登之以望江漢也。湘山一名編山，在岳州巴陵縣南十八里也。"成孺『史漢駢枝』謂："『封禪書』之熊耳山，即『漢志』所稱之弘農郡盧氏，熊耳山在東者是。今河南宜　縣西接永宁縣界有熊耳山，後漢建武三年，赤眉　兵宜　城西與熊耳山齊是。其地東南距召陵崗僅數百里，故桓公至召陵，得登之以望江漢。"是黃帝所登之熊山即盧氏縣之熊耳山。錢穆認為："今按登熊湘乃一山，不得既登熊，又登湘，而兩山相距千里之遙也……考『一統志』河南陝州，熊耳山在盧氏縣南，又有軒轅陵，在閿鄉縣南十里鑄鼎原，南北相距百里之遙。則謂黃帝登熊山，即齊桓之所登。蓋與所謂黃帝上空峒，登具茨，地望皆相近也。至稱熊湘，疑是山本有湘名。後人見湘字，必謂在江南長沙，故裴駰謂熊湘乃召陵、長沙南北兩山矣。"把湘山定在熊耳山附近是對的。但湘山不是長沙，而是襄城縣西的襄山，又稱相山，也即湘山。

　　以上這些地名，都在豫中、豫西一帶。則黃帝族從渭水東下進入河南境內的閿鄉荊山、鑄鼎原，經　縣黃水、黃亭、盧氏熊耳山、襄城湘山、臨汝崆峒山、密縣大隗山而定居于新鄭熊山，稱有熊之墟，以熊為圖騰。以後又有一支黃帝族東遷至山東曲阜。『清一統志』卷一百二十九山東兗州府："壽邱，在曲阜縣東北八里，皇甫謐『帝王世紀』：黃帝生于壽邱。『元和郡縣志』：壽邱在曲阜縣東北六里。"金改壽邱為壽陵，以為壽邱即黃帝所葬之地。而黃帝族帝堯之後封于鑄。鑄古與壽通，即今肥城縣南鑄鄉，在壽邱之北。漢有壽光縣，又有壽良縣，東漢改為壽張縣，

與黃帝族的一支遷此有關。

黃帝之后氏族發展

『史記。五帝本紀』說："黃帝二十五子，其得姓者十四人。黃帝居軒轅之丘，而娶西陵之女，是爲嫘祖。嫘祖爲黃帝正妃，生二子，其後皆有天下。其一曰玄囂，是爲青陽，青陽降居江水；其二曰昌意，降居若水。昌意娶蜀山氏女，曰昌僕，生高　，高　有圣德焉。"『帝王世紀』：黃帝"元妃西陵氏女，曰嫘祖，生昌意；次妃方雷氏女，曰女節，生青　；次妃彤魚氏女，生夷鼓，一名蒼林；次妃嫫母，班在三人之下。"『漢書。古今人表』則謂彤魚氏生夷鼓，嫫母生蒼林。所記有异。黃帝多妻則肯定無疑。『列女傳』說："黃帝妃嫫母，于四妃之班居下，甚丑而最賢，必每自退。"『藝文類聚』引『軒轅本紀』云：黃帝納丑女，號嫫母，使訓宫人，而有淑德。奏上德之頌。帝周游行時，元妃嫘祖死于道，帝祭之，以爲祖神。令次妃嫫母監擁于道，以時祭之，因以嫫母爲方相氏。"『呂氏春秋』亦載嫫母之事。

黃帝二十五子，分爲十二姓，『索隱』引『國語。晉語』爲說。梁玉繩『史記志疑』："案『國語』胥臣言，得姓者十四人，爲十二姓，二人同己，二人同姓姬故也。而其　己、姬二姓之子，兩舉青　，明是『國語』誤文………加以酉、祁、滕、箴、任、荀（路史）作苟，以苟爲非。『　夫論。志氏姓』作拘，應爲苟。）、僖（　夫論。志氏姓作厘）、姞、儇、依、『志氏姓』作農，依、衣同）十姓，才得十二。余皆與黃帝同姓姬，豈惟二人。則『路史。后紀』言別姓者十二，余循姬姓，良是"。『漢書。王莽傳』謂黃帝一十五子，分賜厥姓十有二氏。

史籍謂黃帝傳子昌意、顓頊、帝嚳、帝摯五代，而顓頊之子駱明，之孫鯀，曾孫禹。夏禹距黃帝約千余年，豈止五代人？則顓頊之上漏去了許多代。羅泌『路史。后紀六』黃帝上、下引『山海經』載：帝律生帝鴻氏，厘姓，又叫帝休。其曾孫爲帝魁，是黃帝玄孫，則應爲黃帝第六代孫。但『山海經』謂帝律爲黃帝之字，則黃帝傳了許多代，皆可稱黃帝，則帝律當爲黃帝之子繼承爲黃帝者。帝鴻生白民及嘻，嘻生季格，季格生帝魁、壽麻。

黃帝崩，莽橋山。其孫昌意之子高　立，是爲帝顓頊也。『史記集解』引皇甫謐云：黃帝在位百年而崩，年百一十一歲。又引『皇覽』曰："黃帝冢在上郡橋山。"『正義』引『列仙傳』云："軒轅自擇亡日與群臣辭。還莽橋山，山崩，棺空，唯有劍寫在棺焉。"又引『括地志』云："黃帝在宁州羅川縣東八十里子午山。"『史記。封禪書』說："黃帝采首山銅，鑄鼎于荆山下。鼎既成，有　垂胡須下迎黃帝。黃帝上騎，群臣後宫　上者七十余人，　乃上去。余小臣不得上，乃悉持　須。　須拔，墮黃帝弓。百姓仰望黃帝既上天，乃抱其弓與　須號。後世因名其處曰鼎湖，弓曰鳥號。"黃帝騎　升天自是神話，但黃帝族是　圖騰，死了酋長，必和　圖騰一起祭祀，故被後人誤解爲乘　升天了。橋山黃帝陵位于今陝西黃陵縣，正在華胥氏所在地華池之東。黃帝東遷新鄭有熊之墟，而歸莽橋山，回到了始祖華胥氏之故地。以後歷代帝王都以親祭始祖黃帝陵爲一生中之最大榮譽。如『史記。孝武本紀』及『漢書。郊祀志』載漢武帝北巡朔方還，祭黃帝冢橋山上。北魏諸帝自以爲黃帝子孫，都曾祭黃帝陵。如北魏文成帝　巡涿鹿，祠黃帝，祭橋山，觀溫泉，幸廣宁泉。今上谷東南二十里，即今河北怀來縣也有黃帝陵。但隋唐以來至今，歷朝帝王都認陝西黃陵黃帝陵爲黃帝真墓。『　記。祭法疏』引『春秋命歷序』曰："黃帝傳十世，一千五百二十歲。"

黃帝族的支系，据『　夫論。志氏姓』和『路史。后紀六』黃帝上下載有：　苗、乾荒、安、季悃、　苗爲黃帝第三子。昌意生乾荒、安、季悃。乾荒生顓頊。安居西土爲安息。悃遷北土爲鮮項、拓跋氏，後建北魏、東魏、西魏。有黨、奚、遷奚、達奚、乞伏、紇骨、什、乾、鳥、源、賀拔、拔拔、萬俟、乙旃、秃發、周、長孫、東非、兀、郭、俟亥、車焜、普、李等姓。　苗之後爲吾融、卜明、白犬。方雷氏生休、清，清爲紀姓。揮後爲弓、張、李、灌、叱羅、東方等姓。夷彭紀姓，其后爲采、左人、夷鼓等姓。黃帝生禺虢爲任姓，其後有禺京（禺強）、番禺、吉光、奚仲及謝、章、舒、洛、昌、契、終、泉、卑、禹、強、儋、牛黎、薛、且、祖、奚、稽、仲、摯、　、疇、邳、丕、李、徐、佟、射、大野等姓。蒼林之後有始、結、姞、吉、孔、密須、闞、監、允、蔡、光、敦、洛、雒、落、尹、偪、燕、魯、雍、斷、密、雖等姓。箴之後又分爲濟、滑等姓。又有資、鄢、輔、虔、寇、劉、酈、食其、侍其、翟、詹、葛、詹葛、□、狄等姓。狂犬爲任姓之后，其后有蓟、橋、喬、陳、蒼林、有熊、軒、軒轅等姓。厘姓之後有汪、漆、閦等姓。黃帝之胄繒氏之後大騩兜、三苗、鴻、洪、縉、驪、　、　、曼、蠻、長狄、防風、危、元等姓。還有顓頊、夏禹、堯、丹朱、周等族系。而舜商本是東夷族，古籍列入黃帝族，因其先祖與黃帝族之

女子通婚而衍生了舜商等後代。原始社會的母系社會雖已進入了父系社會，但仍殘存著母系痕　和習慣，故把舜、商列入黃帝族系也無不可。帝嚳、帝摯本系黃帝族系，因其與東夷通婚，也有被以為是東夷族者。黃帝族源遠流長，支系繁多子孫繁衍，幾乎占現代中華民族人口的絕大多數，包括漢族和許多少數民族在內，到今天仍確認黃帝為他們的始祖，是有根据的。

黃帝本紀

黃帝者，少典之子，姓公孫，名曰軒轅，生而神靈，弱而能言，幼而徇齊，長而敦敏，成而聰明。軒轅之時，神農氏世衰，諸侯相侵伐，暴　百姓，而神農氏弗能征，於是軒轅乃習用干戈，以征不享，諸侯咸來賓從，而蚩尤最為暴，莫能伐。炎帝欲侵陵諸侯，諸侯咸歸軒轅，乃修德振兵，治五氣，蓺五種，撫萬民，度四方，以與炎帝戰於阪泉之野，三戰然後得其志。蚩尤作亂，不用帝命，於是黃帝乃徵師諸侯，與蚩尤戰於涿鹿之野，遂禽殺蚩尤，而諸侯咸尊軒轅為天子，代神農氏，是為黃帝以天下有不順者，黃帝從而征之，平者去之。披山通道，旁羅日月星辰水波，土石金玉，勞勤心力耳目，節用水火材物，有土德之瑞，故為黃帝。黃帝二十五子，其得姓者十四人。黃帝居軒轅之丘，而聚於西陵之女，是為嫘祖。嫘祖為黃帝正妃，生二子，其後皆有天下，其一曰玄囂，是為青陽，青陽降居江水。其二曰昌意，降居若水....

黃帝傳略　　摘自彭伯良編著彭氏源流通譜

黃帝公孫名曰荼，字玄律，號自然，綱鑑補記云：名軒轅，有熊國君之子也，母曰附寶，見大電繞北斗樞星，照郊野，感附寶而懷孕二十四月，當姜帝榆罔立位二十五載，西元前二七二八年即民國前四六三九癸巳戊子之日而生帝軒轅之丘即壽丘，在河南開封府新鄭縣，因名軒轅帝。生而神靈，弱而能言，幼而洵齊，長而敦敏，成而聰明，長於姬水，故又以姬為姓。國於有熊，號有熊氏，有土德之瑞，故曰黃帝。當炎帝榆罔侵凌諸侯，諸侯相侵伐，暴虐百姓，而蚩尤最為暴，莫能伐，於是黃帝乃習用干戈，教民忠義，修德振兵，舉「尊王」抗暴之師，戰榆罔於阪泉，誅蚩尤於涿鹿，以征不享，諸侯咸來賓從擁立為天子，受禪神農而有天下，開物成務，文明漸起，其治政之道，法乎中宿，職道義、等貴賤、紀天倫、　萬物，不使不仁者加乎天下，以信與仁為天下先。是故法令昭明，上下交融，物忘忿激之心，人忘爭傾之患，耕父推畔，道不拾遺，人保命而無夭折，歲時熟而無凶歉，風雨時節，日月星辰不失其行，故遠夷之國，莫不獻其貢職，盛世之治，已臻大同之境。虎豹不忘噬，鷙鳥不忘搏，鳳凰巢于阿閣，麒麟遊于囿苑，人和邦睦，海不揚波，故史不廢書。其有天下也，可取而不之圖，國雖大，好戰必亡；其赴戰也，應戰而不避戰；功濟生人，大德配乎天地，故天報之以眉壽，德澤深及後世，子孫皆以有土，黃祚衍于天下，於今未忘也。由于黃帝是漢族的嫡祖，故漢書古人表，傳記黃帝軒轅氏列為第一等、上上、聖人。在位一百年，都涿鹿即前直隸順天府涿州，壽高一百三十有一，至西元前二五九八年即民國前四五○九年癸卯甲戌口鑄銅三鼎成于荊山屬河南省閿鄉縣南之陽，遭逢大地震，山川易位，大地崩裂，帝及　臣後宮從之者七十餘人，走避不及，墜落罅隙而崩，應地裂而陟葬，地罅復合，遺骸不可尋。帝崩後七十日癸未，其臣左徹等，取帝日常習用之衣冠几杖葬橋山。廟饗，率諸侯大夫時朝拜。本源錄云：在陝西延安府中部縣北門外二里有軒轅黃帝廟，廟後即黃帝陵寢，據炎黃源流史五二一頁記述：橋山黃帝陵位于今陝西黃陵縣，正是華胥氏所在地華池之東。帝出二十五子，立二十五宗，乃鑄成今日之中華民族，故稱黃帝子孫。

黃　帝　　摘自泰京報章副刊歷史版修編　1987年四月廿日

中國人暨全世界華裔人，驕傲地自稱是黃帝子孫。黃帝從一部落首領發揮智靈建立中華民族統一國家，溯其豐功偉績永垂不朽。

黃帝不愧為中華民族共同祖先全民族崇敬和共識故年年歲歲全世界黃帝子孫集體或個別相繼赴延安南部黃陵縣謁祭黃帝墓陵據測於四十萬年前，在中國土地上已有人類生活，魚獵農耕結成逐個部落。追至四千多年前黃河流域經有諸多部落各立民為族，其中一個部落在中國西北居住，後遷徙駐涿鹿山區即黃帝部落耶。

黃帝複姓公孫，駐姬水長大亦姓姬，號軒轅。黃帝賦性聰明能幹，才智過人，寬厚待人，以德服眾，備受族人擁戴，終被推為部落首領，教導蓋房，馴養家畜，耕植五穀，逐漸改變原來游獵生活方式。建都定居涿鹿，為使交

通輸運便利，窮究創造車船，防備別部落襲擾，操兵練士精製武器。當時各部落經常發生戰爭，黃河流域西方另一部落首領，炎帝神農氏和九黎部落首領蚩尤發生戰爭，被蚩尤擊敗後，遷居黃帝部落地盤，致與黃帝發生衝突，經逐步談判，炎黃同息兵兩部落合併，炎黃爲共同領袖。

九黎部落首領蚩尤驍勇善戰兇猛殘暴，到處殺掠。各部落人民祈望黃帝能將其征服以解民困，蚩尤依靠兵器犀利自恃無敵，襲擊炎帝部落趕盡殺絕。黃帝爲正義不顧自身安危，挺身同蚩尤展開一場古代激烈大戰雙方均拜請十方神鬼助戰，最後正義勝邪惡，黃帝擒殺蚩尤。九黎部落與北方其他部落，均自動併入炎黃部落裡，黃帝促進北方聯合統一，而南方夷人和羌人先後參加聯盟，尊稱黃帝爲天子，組成中華民族，全世界中華民族血統，均認自己是炎黃子孫。

中華民族日趨文明，黃帝諭示史官倉頡創造文字，改變結繩紀事笨法，創作甲子，以甲、乙、丙、丁、戊、已、庚、辛、壬、癸之十大天干;以子、丑、寅、卯、辰、已、午、末、申、酉、戌、亥十二地支相配備，紀錄年、月、日、時。諭命伶倫樂師，發明十二音律，校正各種樂器聲音，俾使和諧演奏。黃帝后嫘祖，發明養蠶織絲布，繰綢製衣，造染各種美麗顏色，人類再不穿獸皮和串聯樹葉圍。咸稱帝后娘娘當之無愧。

黃帝壽享一百三十一歲，葬於中國陝西省黃陵縣，千峰萬巒，草木蔥蘢，大書軒轅廟，左側有欉，枝葉繁茂，蒼勁挺拔，巨大古柏樹，相傳黃帝親躬種植，國際學者尊爲世界柏樹之父。

黃帝陵墓是人類文明初祖，千百年來自認是黃帝子孫，成團結隊，向黃陵墓吊祭，國際考古學家，人類史家慕名來的考驗調查，研究人類化學論者，不絕於途。

世界各地民族各有其族徵，中華民族亦不例外，炎黃子孫族徵明顯有三項，嘴部鏟齒，眼內角處毗褶，眼內角處　褶，眼臉下伸呈小皮褶;屁股青斑現於新生嬰兒，對歲後漸退去;鏟形門齒中門齒形像鏟子。國際人類學者，承認三項體徵爲中華民族固有族徵。

古代黃帝將零碎部落統一爲國家。瞻觀現代祖國仍處兩岸對恃，祖國兩岸人民暨海外華僑華裔，均盼望兩岸賢明領導人，奉承黃帝統一祖國光輝傳統，振興中華民族，建成富強統一中國，免辜負炎黃，列代祖先精神，實現祖國統一大業。

陝西軒轅黃帝陵

軒轅黃帝，葬於陝西黃陵縣橋山之巔。橋山黃帝陵裡只埋著黃帝的一隻靴子，一把寶劍和部分衣襟，傳說黃帝活到一百一十歲時，玉皇大帝命九天玄女託夢給黃帝，對他說：「你戰蚩尤，降神農，統一了三大部落，建立了部落聯盟。你製衣冠，造舟車，教蠶桑，定算數，製音律，創醫學，發明指南車，使群民得以安居樂業。因你功大無邊，玉帝決定召你乘龍回天宮。」黃帝醒來一想，不能把這些功勞都歸於自己一人。如果只讓自己升天，後世人怎麼知道身邊其他大臣的功勞呢？

黃帝爲此事想了幾天幾夜，最後決定派人到首山採銅，搬到荊山鑄鼎。據說，這個鼎高一丈三尺，裡面可裝十幾擔穀子。黃帝命工匠把凡是對國家有貢　的、有發明創造的人的名字全部刻在鼎上，對風後、倉頡、力牧、應龍、常先、大鴻等貢獻特別大的大臣，把他們的名字和肖像都刻上了。這隻鼎在荊山整整燒製了五百天，終於鑄造成功。黃帝命人把它搬到荊山腳下，同時召開了寶鼎鑄成的慶功大會。這天，人們從四面八方趕來，熱鬧非凡。天宮諸神得知此事，急忙報知玉皇大帝。玉帝被黃帝的高尚品德感動，立即派巨龍下凡迎接黃帝回天宮。慶功大會正進入高潮，忽見一條巨龍從雲端降落下來，龍頭一直挨到寶鼎上。參加慶功大會的人，嚇得個個目瞪口呆。這時，只見黃帝不慌不忙地來到巨龍跟前，跨上龍背，回頭向參加大會的人們點了點頭，便乘巨龍升向天空。快到橋山時，黃帝對巨龍說：我在荊山鑄鼎，有一年多時間沒有回過橋國，那裡有許多臣民等我回去，路過橋國上空，你能否停一下，我要和他們告別，再看一看我一手栽的柏樹。巨龍點了點頭，便在橋山落下來。橋國的臣民聽說黃帝乘龍升天，便奔走相告，一起擁上橋山，把巨龍團團圍住。黃帝不能下龍背，只好在龍背上和大家告別。人們依依不捨，有的拽住黃帝離開人間。正在難分難解之時，時辰已到，巨龍騰空而起，由於臣民們沒有防備，有的扯下黃帝的衣襟，有的拽掉黃帝的一隻靴子，就連黃帝腰間掛的一把寶劍，也被扯下來了。爲了紀念這位偉大的中華民族元祖、文明古國的奠基者，人們就把黃帝的衣物、靴子和寶劍，埋葬在橋山之巔。

黃帝行誼

　　黃帝姓公孫名荼，字玄律，號自然，綱鑑補記云名軒轅，有熊國君啓昆之子也。母曰附寶，當黃帝姜榆罔二十五載，黃帝紀西元前二七二八年癸巳戊己之日生，帝於軒轅之丘即壽丘，在河南開封府新鄭縣，因名曰軒轅帝，生而神靈，弱而能言，幼而徇齊，長而敦敏，威而聰明，長於姬水，故又以姬爲姓，國於有熊，號有熊氏，述耕種之利，因之廣耕耘，用裕民食，衣裳之制始，使民有羞惡之心，漸修禮儀之道，免民有寒凍加身，荊棘刺傷之苦。伐木構材爲居室，導民遠離穴居巢木之世，以防蟲蟻蛇蝎之螫。法斗旋以造輪車，引重玫遠，變乘桴而作舟楫，以濟不通，因之，陸行車載，水行舟運，貨物暢流，人情交往，而天下利矣。

　　畫象制字，始作書契，紀網萬事以鑑政，垂法立則以教民，嚴姓氏以別婚姻，幼幼老老，崇人倫而遠禽獸，於是教化大行。短簫鐃歌，勵武揚德，製號角以警眾，鐘簫諧協，悅性怡情，準律呂以調音，是所以樂聲起，一唱百和，故祥瑞自降，肅穆自生。

　　人之生也，食味而被色，寒暑蕩之於外，喜怒攻之於內，夭皆凶札，君民代有，於是察燥灑寒溫涼五氣，洞性命，究脈息，處方餌，煎湯藥，使人得以盡其天年。

　　本兵勢以制陣，度地形而築邑，拒野獸以免驚援，避暴襲以防攄掠，是故初治，其民不引而來，不推而往，不使而成，不禁而止。置法不變，使民安其法，蒙其惠，於是國却日隆。

　　軒轅之時，神農氏衰，炎帝榆罔侵凌諸侯，諸侯相侵伐，暴虐百姓，而蚩尤最爲暴，莫能伐。於是軒轅習用干戈，教民忠義，修德振兵，舉「尊生」「抗暴」之師，以征不享，諸侯咸來賓從，而國治矣。

一、黃帝之先世

　　初，伏羲氏王朝末葉，有諸侯少典(國君)姓伊耆者者，娶有蟜氏之女爲正妃，名曰任姒，生二子(註一)，長名軌，又曰石年，育于姜水(今陝西省寶雞縣境)，取姜爲姓，是爲神農氏。以其與于漢水(今湖北省境內)，　起于烈山(在湖北省隨縣北)，故又稱烈山氏。承伏羲氏王朝末帝無懷氏之後而有天下，尊；號炎帝，都陳(河南省淮陽縣)，又營曲阜(山東曲阜)，凡八傳，享祚五二〇年。

　　神農氏王朝之末，有諸侯少典之姓公孫者，娶有蟜氏之女附寶，生二子，其次子(註二)誕生於壽丘(在山東省曲阜東北六里)，長于姬水(註三)，因改姓姬，與于濟水(在河南及山東省內)，受國有熊(河南新鄭縣)，是爲有熊氏。居軒轅之丘(在新鄭縣西北)，因以爲名，又以爲號，故又稱軒轅氏，及壯，事炎帝榆罔爲諸侯。嗣至蚩尤作亂，帝榆罔被逐失國，軒轅氏受命敉亂，歷二年苦戰始平，應擁戴即天子之位，代神農氏王朝以治天下，尊號黃帝，都于涿鹿(註四)之阿，前後在位一百年(註五)，壽一百三十一歲。

　　按神農氏炎帝姜之母任姒，與有熊氏帝姬軒轅之母附寶，皆皆來自有蟜氏之國，先後相隔五百餘年，論血緣脈承之淵源，勉可稱之謂姨表兄弟之邦。晉語云「少典娶于有蟜氏，生炎帝黃帝」，言簡意賅，致使後人誤會炎黃帝同爲一母所出。

二、黃帝 1~11 歲　(凡十一年西元前 2708 至 2698 年)

一。黃帝一歲　炎帝榆罔之廿二年癸丑(榆罔在位廿五年，黃帝出生一歲)。有熊氏黃帝姬軒轅，誕生于神農氏王朝炎帝姜榆罔廿二年癸丑歲之戊子日(註六)，生而神靈，弱而能言，幼而徇齊，長而敦敏，成而聰明。及冠及壯，身逾九尺，附函挺朵，修髯花瘤，河目隆顙，日角龍顏，知幽明生死之數，具並謀智之明。

二。黃帝十歲　炎帝榆罔之卅一年壬戌。軒轅氏十歲，即已洞知神農氏王朝治績之非，乃立改朝政，爲天下蒼生謀求福祉之大志。

三。黃帝十一歲　炎帝榆罔之卅二年癸亥。軒轅氏有國于有熊，改榆罔卅二年(正邦建寅)之十一月，爲(止朔建子)之甲子年一月，始年號，稱「元年」。

三、黃帝 12~33 歲　　(凡廿二年西元 2697 年 2676 年)

一。黃帝十二歲　炎帝榆罔之卅三年，黃元年甲子。軒轅氏開國于有熊，即國君之位，稱有熊氏(群氏之國，臣於神農氏王朝)，始建年號元年。於是，遵循理想為初建國之藍本，逐步為治下百姓營求福利，為此一新興國家帶來無限生機。述耕種之利，因之以廣耕耘，用裕民食。衣裳之制始，使民有羞惡之心，漸修儀之道，免民有寒凍加身，荊棘刺傷之苦。伐木構材為居室，導民遠離穴居巢木之世，以防蟲蟻蛇蝎之螫。法斗旋以造輪車，引重致遠，變乘桴而作舟楫，以濟不通，因之，陸行車載，水行舟運，貨物暢流，人情交往，而天下利矣。畫象制字，始作書契，紀網萬事以鑑政，垂法立則以教民，嚴姓氏以別婚姻，幼幼老老，崇人倫而遠禽獸，於是教化大行。短簫鐃歌，勵武揚德，製號角以警眾，鐘笛諧協，悅性怡情，準律呂以調音，是所以樂聲起，一唱百和，故祥瑞自降，肅穆自生。人之生也，食味而被色，寒暑蕩之外，喜怒攻之於內，夭昏凶札，君民代有；於是察燥灝寒溫涼五氣，洞性命，究脈息，處方餌，煎湯藥，使人得以盡其天年。

本兵勢以制陣，度地形而築邑，拒野獸以免驚擾，避暴襲以防擄掠。是故軒轅氏之初治，其民不引而來，不推而往，不使而成，不禁而止。置法不變，使民安其法，蒙其惠，於是，國勢日隆。

軒轅之時，神農氏世衰，諸侯相侵伐，暴虐百姓，而神農氏弗能征，於是軒轅乃習用干戈，教民忠義，舉「尊王」之師，以征不享，諸侯咸來賓從，而蚩尤最為暴，莫能伐。

炎帝榆罔，侵凌諸侯，諸侯咸歸軒轅，軒轅乃修德振兵，治五氣，藝五種，撫萬民，度四，方教熊、羆、貔、貅、貙、虎六軍，舉「抗暴」之師，與炎帝榆罔戰于阪泉之野(河北涿縣城東)，三戰然後得其志。軒轅氏之舉師也，雖有兵諫之實，了無簒之圖，罷兵之後，仍然效忠神農氏王朝，故史記稱軒轅而不用其尊號，蓋指軒轅仍屬諸侯之列。

天下雖得苟安一時，諸侯之有異心者隱然可察，軒轅于衡全局，知兵燹必將大至。乃師常先，大鴻(鬼　臾)以治民，命風后，力牧以為將，建武不在揚威，擁兵祇緣自衛，備戰而不求戰，應戰而不避戰。

二。黃帝卅二歲　炎帝榆罔之五十三年，黃帝廿一年甲申。阪泉氏蚩尤，姜姓，神農氏之裔也，好兵而喜亂，作五虐之刑延于平民，帝榆罔立，諸侯攜貳，胥伐虐弱，帝命蚩尤宇于小顓以臨西方，司百工，德不能馭。葛盧山發而出水，金從之，蚩尤受而制劍鎧矛戟，是歲，諸侯相兼者九。

三。黃帝卅三歲　炎帝榆罔之五十四年，黃帝廿二年乙酉。雍狐山發而出水，金從之，蚩尤受而制雍狐之戟，狐父之戈，是歲，諸侯相兼者十有二。蚩尤發葛盧雍狐(註七)之金作五兵，肆志于諸侯，兩歲相兼者二十有一國。頓戟一怒，伏屍滿野，並吞亡親(不分親疏)，九隅亡遺(不留活口)，文亡所立(擄掠殘害無所藉口)，智士寒心(順者逆者一概屠殺)。其所以震驚天下者，器利(銅刀)兵悍神速(騎兵快捷)，善戰。

四、黃帝 34~48 歲　　(凡十五年西元前 2675 年 2661 年)

一。蚩尤作亂，不用帝(榆罔)命，出羊水登九淖以伐空桑(曲阜縣府)，逐帝榆罔避居于涿鹿，自立而與禪，潛號炎帝，於是神農氏王朝正統乃絕。榆罔出亡，與諸侯聯合，委命于軒轅，授以徵制諸侯之權以伐蚩尤，此項授權行為，差可比擬為攝行天子之事，於是，軒轅舉「勤王」之師，命力牧神皇厲兵稱旅，順殺氣以振兵，法文昌而命將，熊、羆、貔、貅以為前行，鵰、鶡、雁、鸇以為旗幟。師既成矣，乃率風後，鄧溫之徒揮兵空桑。

註：按路史載「帝即位百年」，其下注「百年者號數(當係指說黃帝先後在位百年之年號數)，帝在位七十八年」。又引列子「黃帝即位十有五年，喜天下之戴巳，又十五年而天下大治，又四十八年而登遐，世云百年」。其實列子所說為「黃帝即位十五年，喜天下之戴巳，又十五憂天下之不治，竭聰明，進智力，營百姓，又廿八年天下大台，幾若華胥之國。而帝登遐，百姓號之二百餘年不輟」。兩相比對，應該是黃帝即天子位之初十五年，為其初天下，又十五年以營百姓，再廿八年是在做「天下有不順者，從而征之，平者去之」的大事，最後二十年天下大治，直到登遐。故此七十八年之初始，應是自黃帝建元廿三年丙戌算起。是年榆罔失國，委命軒轅徵師諸侯以伐蚩尤，當時，軒轅氏仍是有熊國君臣屬的諸侯身份，雖非天子，但已受命攝行天子之事，究竟並非真正天子，而列子及路史，則已將軒轅氏受命視同天子，故爾取算丙戌為軒轅氏即天子位之元年，截至癸卯崩殂(一三一歲在位一百年)。其實，軒轅氏之即天子位稱黃帝，是在此後三年，己丑歲，誅滅蚩尤之後的事。

二。黃帝廿七歲　軒轅氏自丙戌年卅四歲，受命討伐蚩尤，歷經三年七十一戰而不克，其間已包括決戰性的大戰九

次，因蚩尤長于揣測天之變幻，每多利用山區或沼地灤霧始生之際，伺機突襲，兼之兵器犀利，輕騎飄忽，故守少而攻多。軒轅所屬，以大部隊集結車戰為主，步卒為輔，行動遲滯，故守多而攻少，每逢氣候不濟，軍旅迷途，乃致迭遭敗績，雖曾製造指南車及記里鼓車與之對抗，終歸勝少負多。最後，噆兵于涿鹿之野，在太平原之上，步車相間，布五旗五麾六蠱之陣，引誘蚩尤部入伏，四面環攻，三日而後擒殺蚩尤，時在軒轅氏卅七歲。

蚩尤既滅，軒轅氏凱旋有熊，於是榆罔率同諸侯，咸尊軒轅為天子，代神農氏而治天下，時距神農氏王朝之覆亡已四年(三年四個年號)，故黃帝之有天下，並非奪之榆罔，而係取之蚩尤。此雖有違其受命勤王之初衷，然而久亂思治，厥為天道人心之自然願望。何況長期戰亂之後，初入承平，撫生　死，百廢待與，豈能任其推卸重整河山建設復與之重責大任。

是年己丑，軒轅即天子位，稱有熊氏(元氏之國)，尊稱黃帝，遷都邑于涿鹿之阿，不改元，其即位也，適有景雲之瑞，乃設官職，以雲紀官，號為雲師，青雲氏為春官之屬，掌邦禮，佐帝以和邦國，縉雲氏夏官之屬，掌邦正，佐帝以平邦國；白雲氏為秋官之屬，掌邦禁，佐帝以刑邦國；黑雲氏為冬官之屬，掌邦事，佐帝以裕邦國；黃雲氏為中官屬(猶如後世京官或近侍之臣)，掌外官入奏之事，佐帝理萬機以興邦國。立四輔，使封胡為丞，大鴻為相，力牧為將，周昌輔之。設三公，風后配上台，天老配中台，五聖配下台。置六卿(六相)，風后明乎天道為當時，桓常審乎地利為廩者，奢比辦乎東方為土師，庸光辦乎南方為司徒，大封辦乎西方為司馬，后土辦乎北方為李法。委伯益為史官占歲，倉頡為右史紀事，沮誦為左史紀言。設靈台(測候之所)立占天之官。始有星官之書。另置三少，廿四官，凡一百二十人，有秩以之，理政事而視四民。

命風后方割萬里，劃野分疆，得小大之國萬區，命匠營邑，置左右大監，監于萬國，侯牧交獻而朝聘之事備，萬國和，遂經土設井以塞爭端，立步制畝以防不足。使八家為井，井開四道，井一為鄰，鄰三為朋，朋三為里，里五為邑，邑十為都，都十為師，師十為州。分之于井，計之于州，故地著而數詳。

八家鑿井於中，收之于邑，一則不洩地氣，二則無費一家，三則同風俗，四則齊巧拙，五則通財貨，六則存更守，七則出入相同，八則嫁娶相媒，九則無有相貸，十則疾病相救。是以性情可得而親，生產可得而均，欺陵之路塞，　訟之心弭，人民不夭，百官無私，市不預買，城郭不閉，邑無盜賊，相讓以財，風雨時，五穀登，自是愛民而不戰。

五、黃帝 49~63 歲 （凡十五年西元前 2660 年至 2646 年）

(一)黃帝四十九歲辛丑年　帝即天子位十有三年，所廢皆舉，生民日盛，仍憂天下之未臻理想，以致神情爽感，肌色焦然，乃喟然嘆曰：朕之過深矣，養一己其患如此，治萬物其患如此。於是放萬機，舍宮寢，去直侍，撤鐘懸，減廚膳，退而間居大庭氏之　，齊心服形，三月不親政事，晝夜凝思，籌謀策畫，以營百姓。既出，怡然自得，召天老力牧太山稽，告以養身治物之道，因是百姓之無需再舉，民臣之創制日新。

1。屬於民食者：雍父作舂(杵臼)，黃帝教火食，作釜甑，宿沙作煮鹽。

2。屬於衣著者：媒祖教民蠶，治絲□，胡曹作冕(帽)，伯余作衣上衣)，裳(褲或裙)，於則屏(草鞋)履(布鞋)，黃帝作冕旒(帝冠)，玄衣黃裳，制冕服以別貴賤，旁觀翬翟草木之華，染五采為紋章，是以印染之術初興。

3。屬於居室者：黃帝廣宮室之制，作台榭，作合宮。

4。屬於行旅交往者：豎亥通道路，骸作服牛，邑夷作車，韓哀作，共鼓，貨狐以造舟楫。

5。屬於文教者：倉頡沮誦制文字，使天下義理必歸文字，天下文字必歸六書，黃帝就合宮，祀上帝，接萬靈，布政教焉。

6。屬於詠樂者：令倫截竹制律呂，琢玉作磬，九彭作鼓，玄女鑄鉦鐃，製號角，榮將，伶倫鑄鐘以和五音，岐伯作短簫鐃歌為軍樂，黃帝譜棡鼓之曲十章。

7。屬於醫藥防治疾病者：　雷公，岐伯著內經十八卷，外經三十七卷。俞跗割皮解肌，滌　五臟，一如今日之外科手術然。

8。屬於天象曆算者：　鬼□蓝占星，羲和占日，常儀占月，后益占歲(或說伶倫作律呂)，大撓制干支紀事(計數)，隸首算數，容成綜此六術以制調曆(黃帝曆)，並作蓋天(渾天儀)，　苞授規(日晷)。

9。屬於器用百物者：　寧封爲陶正，赤將爲木正，隸首制度量衡，尹壽作鏡，黃帝穿井，作華蓋(傘)，柏高范金(鑄銅)爲貨，立五幣(金刀錢布帛)，通市塵，制國用，由是山居之民，不必以皮爲幣，水居之民，不必以貝爲貨矣。

　　　　。屬於武備邊塞國防者：玄女作指南車及記里鼓車，揮作弓，牟夷作矢，黃帝作弩，作邑(築城)，作旆(曲柄旗)旗、麾、蠹，並著兵法十六篇圖三卷。

(二)黃帝六十一歲　黃帝五十年癸丑。秋七月，鳳鳥至，庚申，天霧三日三夜，晝昏。帝問天老力牧容成曰：〔於公如何〕？天老曰：〔臣聞之，國安，其主好文，則鳳凰居之；國亂其主好武，則鳳凰去之。今鳳凰翔於東郊而樂之，其鳴音中夷，則與天相副，以是觀之，天有嚴教以賜帝，帝勿犯也〕。霧既降，帝祭於洛水(河南境內)之濱，見大魚，以五姓(古謂塵鹿熊狼野豕雞犬)醮之，天乃甚雨七日七夜，魚流於海(渤海)，得圖書焉。龍圖出河(黃河)，龜書出洛(洛水)，赤文篆字以授帝。

(三)黃帝六十二歲　黃帝五十一年甲寅．容成作蓋天以象周天之形，因五量，定五氣，起消息，察發歛，積餘分以置閏，制調曆頒行天下。歲紀甲寅，月(原文爲日字可能傳抄有誤)紀甲子，承天統建子爲一月，是歲癸酉朔旦(註八)，於是氣節定，時惠而辰從。於是有神祇物類之官，各司其序，不相亂也。民是以能有信，神是以能有明德，民神異業，敬而不　，故神降之嘉生，民以物享，災禍不生，所求不匱。

六、黃帝 64~91 歲　(凡廿八年西元前 2645 年至 2618 年)

　　黃帝自御極以來，風調雨順，國泰民安，祇緣承平日久，靜極動生，四方諸侯之有異，心欲盜其國者，共起而謀之。邊城日警，介冑不釋，帝乃焦然嘆曰：〔朕之過深矣哉。君危于上者，民不安于下，主失其國者，其臣再嫁，厥病之繇，非養寇耶？今處民萌之上而四方盜起，迭震于師，何以哉〕？又謂：〔國雖大，好戰必亡；天下雖平，忘戰必危〕。乃正四軍，即壘壘，巡行下，轉戰萬里，未嘗寧居，遷徙往來無常處，以師兵營衛。內行刀鏻，外用水火，先之德正，而後之以威行，必不諫者，從而征之，是以麾之，所擬而敵開戶。東至于海，登丸山(在山東臨昫縣界朱虛故縣西北二十里，亦稱凡山或丹山)，及岱宗(泰山)，西至于空桐(註九)，登雞頭(註十)，南至于江(長江)，登熊湘(註十一)。帝之南遊，元妃西陵氏殞于道。北逐葷粥(註十二)，合符釜山(察哈爾懷來縣北三里)。

(一)黃帝七十歲，黃帝五十九年壬戌。貫胸氏，長股氏先後來賓。黃帝四十八歲，長子昌意降居若水(註十三)，產乾荒於濮之上乃曰韓流(註十四)(在四川雅州府榮經縣)。

(二)黃帝九十一歲　黃帝八十年癸未。帝自五十三年丙辰舉兵亂以還，歷時廿八年，天下有不順者，從而征之，平者去之，身經五十二戰而天下大服。

七、黃帝 92~111 歲　(凡二十年西元前 2617 年 2598 年)

　　四方靖，天下平，帝中央而政四方，順天地之紀，幽明之占，死生之說，存亡之難；時播百穀草木，淳化鳥獸蟲蛾，旁羅日月辰水波，勞動心力耳目，節用水火材物，基於養生治物之道，乃下教于臣民曰：〔聲禁重，色禁重，香味禁重，室禁重，國亡衰教，市亡淫貨，地亡濫土，邑亡游民，山不童，澤不涸，是致正道，是則官有常職，民有常業，父子不比恩，兄弟不去義，夫婦不廢情，鳥獸草木不失其長，而鰥寡孤獨，各有養也〕。

　　帝自十二歲開國有熊，卅七歲承神農氏而治天下，安內而攘外，其治政之道，法乎中宿，職道義，等貴賤，紀人倫，敘萬物，不使不仁者加乎天下，以信與仁爲天下先。是故法令昭明，上下交融，物忘忿激之心，人忘爭傾之患，耕父推畔，道不拾遺，人保命而無夭折，歲時熟而無凶歉，風雨時節，日月星辰不失其行，故遠夷之國，莫不獻其貢職，盛世之治，己臻大同之境，虎豹不妄噬，鷙鳥不妄搏，鳳凰巢于阿閣，麒麟遊于囿苑，人和邦睦，海不揚波，故史不廢書，其有天下也，可取而不之圖，其赴戰也，應戰而不避戰，功濟生人，大德配乎天地，故天報之以眉壽，德澤深及後世，子孫皆以有土，黃祚衍于天下，于今未忘也。

八、黃帝崩殂

　　黃帝一三一歲　黃帝一百年癸卯。是歲帝探首山(河南襄城縣南)之銅，鑄三鼎于荊山(河南閿鄉縣南)之陽，以象乎天地人。八月既望(月之十六)，鼎成。越三日，甲戌(註十五)，遭逢大地震，山川易位，大地崩裂，帝及群臣後宮

從之者七十餘人，走避不及，墜落轔隙而崩，地轔復合，遺骸不可尋。後人緬大德，不忍直言聖人橫死，乃紀之曰：〔地裂，帝陟〕，或曰〔帝以土德，王，應地裂而陟〕。遺巾几之銘及瑞書，誠之後世。史遷紀以〔騎龍昇天〕，意在文飾悲慘，神化聖明。

大陸中國日報二〇〇二年四月九日報導，「中華民族祖先黃帝五千年前，遭隕石擊斃掩埋」。大陸科學家相信在陝西省西安黃陵附近發現的一片長約九十一公分的隕石殘片，證實古代傳說，黃帝亡於「土地碎裂，爲九龍摧解」。黃陵位於陝西西安市郊，建於漢代紀元前二〇六年至紀元二二一年。黃帝在位紀元前二六九七年至二五九七年間稱帝，並以黃色爲帝王之色。

黃帝崩後七十日癸未(註十六)，其臣左徹等，取帝日常習之衣冠几杖，葬之于橋山(註十七)，廟饗，率諸侯大夫歲時朝焉。

黃帝居軒轅之丘，而娶于西陵氏之女爲正妃，是爲嫘祖，生玄囂，是爲青陽，三子酉，四子祁，五子馮夷，六子滕，次妃方雷氏曰女節，子六，生休及清；三妃彤魚氏，子五，生揮及夷彭，四妃嫫母，子八女一，生蒼林及禹陽。帝有子廿五宗，承其姬姓者十三人，餘十二子，別爲十一姓、酉、祈、滕、箴、任、苟、僖、姞、嬛、依、二己是也。

註　釋：

一。任姒生二子，長曰石年，育于姜水，故以姜爲姓，以火德代伏羲氏治天下，故曰炎帝。綱鑑易知錄曰：少典氏之君，娶于有蟜氏之女，曰安登(史記五帝本紀注在任姒)。

二。附寶生二子，其次子誕生于壽丘：史記注云：黃帝，有熊國君，乃少典國君之次子，號曰有熊氏，母曰附寶。

三。姬水：中華五千年史記：相傳黃帝以姬水成，我現在不能確切指明姬水在何地，只能就地理區域有一大槪觀念，認爲姬水當在古代的濟水一帶。

四。涿鹿：涿鹿究竟在何處，有以的三種說法：

　　1。涿鹿故城：史記涿故城爲黃帝定都所在，今察哈爾涿鹿縣東北的雞鳴山下，雞鳴山或云即涿鹿山，山下有土城俗稱軒轅城，城內建有黃帝廟。

　　2。涿鹿：　綱鑑易知錄，涿鹿，即今之河北省涿縣。

　　3。涿鹿：　中華五千年史說：依據錢穆先生考證，涿鹿，當在今山西解縣鹽池附近。

五。黃帝在位前後計一百年，前者，指黃帝元年甲子至廿五年戊子，在有熊國君之位廿五年，爲神農氏王朝的諸侯(群氏之國)；後者，指黃帝廿六年己丑至一百年癸卯，在天子之位(元氏之國)七十五年，前後合計爲一百年。

六。黃帝於戊子日誕生，路史注，五行書云：軒轅以戊子日生，按黃帝紀前十一年癸丑，共有六個戊子日，爲正月廿三，五月廿四，七月廿五，九月廿六及十一月廿七日，因黃帝誕生之月份不詳，不知孰是。

七。蚩尤發葛盧雍狐之金作五兵，路史弔注白管子，葛盧，雍狐，均山名，位置無考。

八。是歲癸酉朔旦：按本書附錄二年曆簡譜推定，黃帝五十一年甲寅，正月甲子，其朔旦爲癸酉。通鑑輯覽及綱鑑易知錄所云己酉，或係誤引，如認定是年朔旦爲己酉無誤，則須向前推廿五天，或向後推卅七天，蓋是年(甲寅)正月無己酉日也。後三句年干支一見，日干支兩見而無月干支，口傳手抄難免誤植，似應改正爲〔容成作調曆，歲紀甲寅，月紀甲子，是歲朔旦酉〕爲宜，其中述有三：

　　1。黃帝在位一百年中，僅祇此一個甲寅年，甲寅是年干支無誤。

　　2。黃帝正朔建子，甲寅年之正月干支適逢甲子，其文句在原文的次序中又恰逢第二，按理應該是月干支的位置，故〔日紀甲子〕的日子可能有誤，應更改爲〔月〕字。

　　3。黃帝制頒調曆，除容成所屬成員當係專精曆算者而外，尚有前人經驗成果(相傳伏羲氏早在其一千七百年前即己制頒甲曆)可資參證在內；並經長時間(假定制曆小組編成於黃帝廿六年)鑽研律定，自應在其最初之一兩百年內不會發生誤差，而且日干支緊相接，其巧合之點，爲天干有異，而地支相同，認定〔是歲己酉朔旦〕之己字有誤；上述兩書所引資料來源無考，即或其出有本，　歷四千餘年，又安能免其不誤植哉。

九。西至于空桐：空桐，山名，有兩種說法，均云黃帝登之，不知孰是：

　　1。史記正義曰：空桐即今甘肅省平涼縣(原州)西三十里之崆峒山。

2。史記又引舌地志云：空桐山在今甘肅酒泉縣(肅州)東南六十里;處.

十。登雞頭：　史記說：雞頭,山名,爲崆峒山之別名,又引北魏酈道元之說,係大隴山之別名。

十一。登熊湘：　熊,即熊耳山,湘,即湘山。按熊取山其出古籍所載者,約有八個：

1。史記封禪書：今湖南益陽西之熊耳山,離湘山不遠,黃帝征登臨之處,可能在此。

2。九城志：今湖南安仁縣東

3。禹貢：今河南盧氏縣南

4。水經洛水注：今河南宜陽縣西,即以後春秋時代,齊桓公登之以望江漢之熊耳山。

5。唐書地理志：今河南陝縣東,似與(四)說爲同一地區。

6。山海經：今陝西商縣西。

7。華陽國志：四川樂山縣北

8。太平寰宇記：廣東新會縣南。湘山,史記弔注括地志云：湘山,亦名船山,即今湖南岳陽西南,洞庭湖水域內之扁山是也。

十二。北逐葷粥(讀如熏育)：史記注,唐虞以上稱山戎,獫狁,葷粥,夏曰淳維,殷曰鬼方,周曰玁狁,漢曰匈奴,或即現代蒙古地方之原始土著。

十三。昌意降居若水：史記,若水在蜀,即昌意受封之地,約在今四川宜賓縣東南方地區。

十四。產帝乾荒：竹書紀年如此說,乾荒究竟是誰,無考,是否爲高陽之異名或音訛？

十五。黃帝崩於甲戌日：路史引注五行書云：〔帝以甲戌日崩〕。

十六。帝崩後七十日癸未,葬之于橋山：路史引注列仙傳云：〔帝崩後七十日,還葬于橋山〕,蓋指左徹,在橋山所營葬之黃帝衣冠冢。

十七。橋山：橋山有三個：

1。陝西之橋山：在今黃陵縣西北,又名子午山,陵前樹有〔古軒轅黃帝橋陵〕石碑,民國卅一年,先總統　蔣公亦曾親書〔黃帝陵〕三字額碑立石,歷代之黃陵祭典,大多在此舉行。

2。察哈爾之橋山：在今涿鹿縣境,黃帝祭典,間或也有在此舉行者。

3。山西省之橋山：據錢穆先生所著〔黃帝〕一書說,在今山西襄陵縣東南四十里接曲沃縣處亦有橋山,雖無黃帝陵墓之說,很可能是黃帝埋骨所在。

彭族歷程　構雲公三十九世、豫夏十七世嗣孫　彭飛　敬述

軒轅黃帝,七世陸終,三子籛鏗,封於大彭,因國得姓,籛彭同宗,常食桂芝,善導氣功,四十九妻,五十四童;八百長春,史籍註明;孔子欽敬,竊比老彭;六月十二,彭祖忌冥　福康咸公,諫君不聽,投水而死,屈原仿同秦遷大姓,彭氏當行,仲爽五脈,隴西堂名　大梁王越,興漢有功;彝世之祖,光耀吾彭;呂后誣陷,三族夷平,次子綏華,淮陽避凶　西漢建昭,彭氏復興,宣公出仕,八面威風,熏右將軍,又大司空,長平侯爵,百世稱榮;王莽攬政,辭朝歸農,恬退淮郡,研治易經;彭張之學,元亨利貞;淮陽始祖,世代簪纓　梁武帝時,號乃太清;荏公之子,樂字子興,善戰驍勇,擒敵有功,太尉太保,陳留王封　唐朝開元,名賢雲公,冠桂袁州,隱作釣翁,樂其風土,慕其民情;博學方正,亮節高風;玄宗求賢,遣使奉迎,高官厚祿,無動於衷,賜號徵君,永照汗青,江西始祖,九龍朝隴　玕公之子,漢霖公潊,黃巢造反,隨舅出征,威武英勇,屢立戰功,敕封正侯,不戀功名;同光二年,遷離廬陵,分居長沙,丕振家聲,璚璋珹公,輔唐文宗,司馬刺史,太尉司空　安定王玕,赫赫功名,子嗣十一,爵高位隆,太傅太保,尙書司空,三門彥昭,藍中益青,功高望重,壽比古松,一十五子,師字排名,繼文步武,個個菁英,播蕃四境,並衍其宗　師奭后裔,延年震峰,進士及第,秘書寺丞,知府刺史,大理寺卿,民泣遮道,七日難行;上表辭官,謝免榮陞,六道誥命,恩賜益豐,粵台始祖,世系澄澄;十五師俊,後裔興隆久塘服除,遵囑北行,望氣察地,遨遊萍蹤,成化年間,抵達豫東,定居夏邑,澹泊經營;西席望孚,誼結金彭,尊稱飲和,糾紛不生,隱德豐厚,代出賢能,美譽孚貢,初露芒鋒　好古享祠,禮幣交旌;端吾通政,公正廉明,勁骨清襟,父子清卿;著論破疑,相對針鋒,彭忠魏奸,涇渭分明,歸隱芒碭,課子研經,手植白果,四幹蔥蘢,味美無比,遺福眾生　順治進士,容園舜齡,望隆中州,司李嘉興,攝篆登州,平叛緝凶,斷讞決獄,如通神明

方伯家屏，三代忠貞，署理數省，秦鏡懸胸，建祠立碑，購田祀靈，大彭統記，修譜名稱；豫東災重，民不聊生，巡撫匿報，蒙蔽聖聰，爲救民眾，義憤填膺，迎鑾請命，面奏乾隆；災民獲救，忤觸奸佞，禍罹統紀，文字獄興，忠臣冤死，產業充公，後雖昭雪，塊壘難平　樹葵佼佼，皓月當空，帝王師輔，累贈高嵩，獎緞賜寶，建坊樹旌，椿庭萊舞，屢敕殊榮；歷朝歷代，世世功名，貢舉三元，名宦巨卿，比肩接踵，櫛比鱗叢；書香以繼，丹桂有耕
祖訓諄諄，暮鼓晨鐘，耳提面命，唯孝唯忠，克勤克儉，修齊治平，子孫永誌，勒石爲銘　文化革命，古蹟毀傾，祖祠蛛結，林園草叢，修譜尋根，建祠安靈，慎終追遠，懷念祖宗　徐隴淮贛，一脈相承，湘粵台豫，地異宗同，全國各省，播遷繁榮，世界各地，遍佈行蹤

附註

黃帝八世孫籛鏗即彭祖，爲彭氏受姓始祖，大彭即今徐州；　因國得姓，籛姓彭姓同是一家，彭祖係烹飪祖師，及氣功祖師，曾於徐州舉行祭拜祖師大典；孔子欽敬老彭即彭祖，農曆六月十二係彭祖之忌日。

殷紂王時，咸公字福康，官賢大夫，諫君不聽，投水而死，葬陝西宜君縣彭村。屈原離騷「雖不周於今人兮，願依彭咸之遺則」。

秦滅楚遷大姓於隴西郡，彭氏與之，故隴西堂爲彭氏堂號。仲爽公爲遷隴西脈之祖，循遵聖之遺軌，而安祖之享祠，奉爲隴西一世始祖。

漢高祖時，越公輿漢有功，封大梁王，功高遭忌，被呂后陷害，夷誅三族，長子經榮官護軍都尉，同父受害，次子經華官大中大夫，匿奔淮陽陽夏(今河南陳州太康)得免。

西漢建昭年間，宣公出仕官至長平侯，係淮陽始祖；素與王　不和，　秉政公辭朝歸隱，居淮陽郡研治易經，史稱「施家之易，張彭之學」。

北齊佐命功臣，樂公字子興，驍勇絕世，任並州刺史時，擒敵裴寬有功，官大都督，繼升特進檢校太尉，封陳留王，御賜玉帶，誥贈檢校太保，謚忠勇，敕封神勇將軍，立廟祀之；唐睿宗追謚文宣侯。

唐朝開元時，遷江西始祖雲公，字構雲，博學方正，朝野尊崇，唐玄宗聞其賢，以蒲輪車，迎封高官厚祿，公堅辭不仕，賜號徵君，加賜束帛副衣，遣中使房嘉送回，曾上賜歸表謝恩；公陵前山下平原，九支山腳向內延伸，形成九龍朝陵之勢。

玨公字叔琳，行一，曾任少卿，刺史，節度史，司空金紫光祿大夫；子瑴公，唐僖宗時隨舅威烈將軍，武安軍節度史陳端，平黃巢之亂有功，敕封正侯(即郡侯)淡之；同光二年由江西盧陵遷湖南長沙，子六：鄉、鄭、郜、　、圖、道。璸公字叔餘，行二，曾任節度使，行軍司馬，太尉，刺史。璋公字叔川，行三，曾任節度使，行軍司馬，太尉，刺史，司空。瑊公字叔庚，行五，曾任司徒，刺史，金紫光祿大夫，輔唐文宗。

唐僖宗乾符初至明宗長興三年，玗公字叔寶，行四，因戰功升任兵部尚書，刑部尚書，刺史，金紫光祿大夫，太保，太尉，左龍韜上將軍，安定王。子十一人，均出任太尉，太傅，太保，司空，尚書等職；三門彥昭公，功最顯(太保，太傅，尚書)，壽最高一百一十九歲，子最多十五人；第九子師奭公，係廣東、湖南台灣支系；彥昭公十五子師俊公，係江西河南支系。

唐明宗時，官至太保，太傅，尚書之彥昭公，九子師奭公之后裔舜章公，字延年，號震峰，係粵台湘始祖；宋朝元豐年間，潮州刺史太守任內屢建大功，榮陞召掌大理寺卿，民眾感念德政，遮道涕泣攀挽，七日不得行，公上表辭謝；上授六道誥命，欽賜一品服色，紫衣金帶，仕潮事功，　載潮誌，永祀名宦祠；六子：銓、鎡、銳、鉞、鑠、鑑。彥昭公十五子師俊公，官虔州司法參軍，六子：郢、邦、邠、郯、郇、鄫。後裔散居江西、河南，尤夏邑支系，甚爲昌盛。

豫夏始祖悠久公，生時有冠雞升屋之祥，憶父母命北行，經楚河，於明成化年間至豫夏定居；初至豫夏時，被金姓大戶聘爲西席，二子中美，中孚；隨讀，後美中舉，孚拔貢，後裔日漸昌盛，代出名宦賢能；由于金姓之助，始有彭不薄金之祖訓。公常以飲宴替人和解糾紛，地方尊稱飲和先生。

明嘉靖時，贈太常寺少卿好古公，與光祿、太常兩寺少卿，右通政，中議大夫端吾公係父子，均公正廉明，曾榮獲御賜「勁骨清襟」匾額，並因七世六世裔孫樹葵之功，敕建蟠龍石牌坊，上崁「聖旨」「恩榮」石雕，並御書「父子清卿」，惜兩側詞聯不記；身後均入祀名宦祠。明熹宗時，宦官魏忠賢專權，端吾公不爲閹黨拉攏，拒與同流合

污，歸隱芒碭陽麓，曾手植白果樹一株，樹身寬粗高兩公尺，四幹相同，向上延伸，至今結實累累。

清順治時，舜齡公字容園，乙酉舉人，己丑進士，歷任浙江嘉興、山東登州兩府推官，民悍健訟，公執法嚴明公正，惡者嚴懲，冤者昭雪，逢于七亂，知府守備均空缺，公兼三職，掌三印，救危城，平大亂，深得民心景仰；祀名宦，鄉賢二祠，載邑人物誌，河南通誌，有傳。

家屏公，號青原，清丁酉舉人，辛丑進士，歷任康熙、雍正、乾隆、三朝刑部湖廣司主事、監察御史、湖南按察史、浙江鹽法道、順天府尹、江西、雲南、江蘇布政司使、署理巡撫。獻建雲公祠，立墓碑，購祭田，纂修大彭統記族譜。豫東水災嚴重，巡撫圖爾炳阿匿報，時乾隆南巡至徐，公迎駕奏報災情，帝暗命觀音保查報屬實，民獲救濟，巡撫縣長均免職，故忤觸奸臣，奸後復勢，藉公纂大彭統記族譜，誣捏反清，陷害報復，以莫須有之罪而興文字獄，家屏公賜死，產業充公，後予昭雪，所復產業，創辦青原中學及工廠。

清雍正時，樹葵公壬子舉人，乾隆丙辰進士，授編八旗通志，任帝師輔，遷右通政、太傅寺卿、宗人府府丞、左副都御史，總督倉場戶部右侍郎，署理湖北巡撫，誥授光祿大夫，屢獲帝贈綢緞，文房四寶，父嘉問公，因子貴獲贈御書「椿庭策舞」匾額；降旨為七世祖好古公，六世祖端吾公敕建「父子清卿」輥龍石牌坊之殊榮。

延年(震峰)公、銀台(端吾)公家訓，長孺(堯泰)公庭訓，元公(煒公)公家規，宋伯(樹葵)公十思箴。

文化革命時，豫夏多座巍峨祖祠，兩處廣大宏偉林園(祖墓地)，古蹟均毀。十七世飛(天送)，兩度修譜尋根溯源，獻建北、東二座宗祠，奉祀列祖。數度赴江西廬陵(吉安)、宜春，尋根祭祖，獻復祠石獅，立紀念石碑，換立雲公墓碑。

彭氏宗族發源於徐州，遷隴西、淮陽、江西，一脈相承，藩衍湖南、廣東、福建、河南、台灣、香港，遍全中國；海外有新加坡、泰國、日本及全國，美國、全世界各地，都有彭氏子孫足跡。

湖南長沙青山彭氏增脩徵信譜序 錄錄青山彭氏增脩徵信譜

(一)

　　昔賈生有言履雖鮮不加于枕冠雖敝不以苴履誠以以尊卑長幼親爲九族貴賤親　義重十倫懷上天下澤之嚴明木本水源之系古先王所以安上治民莫善于禮如必裂冠　冕冒上亡等三綱淪而九法斁以衣冠文物之邦而亦淪於夷狄禽獸有心人盡然傷之宗伯掌邦禮和上下族師掌姓氏辨昭穆後世宗法廢墜四世而服窮六世而親絕蓋本同而末異楊朱感岐路墨翟悲染絲雖同姓而儼同陌路賴有譜以維繫之群昭穆敬其所尊大宗小宗愛其所親于以植紀敦倫型仁講讓此所以保世滋大也吾族自前明二十一世景卿公創修[圈珠譜]襄毅公因之修[會宗譜]洎清乾嘉間各房自爲譜牒派序岐出迄咸豐丙辰(西元一八五六年)麗崧公與賡餘公恆圃公修[徵信譜]斷自九世爲始一遵老譜先例光緒丙戌(西元一八八六年)麗崧公續修徵信譜先嚴與建吾公任譜局協修畯伍公再續徵信譜觀圭共襄譜事懍異辭于傳聞謹一字之襃貶於以定親疏決嫌疑別同異明是非其恭且嚴也如是今屆卅稔族眾協議擴張範圍增修譜牒自維垂暮之年值此兵燹餘生以讕陋而謬膺重寄恐殞越以遺前人羞惟循覽前人序跋雲山迢遞悵遠族之暌違纍郤陵夷悼人文之凋敝語長心重曷勝鬱悒遁者寇盜侵陵生齒日耗死亡相屬離散滋多而流滯遐方者以事牽未能合併後世之翹秀較從前又不如遠甚不極圖所以聯族姓合群力篤我宗盟蒸我髦士恐式微中露莫能亢宗靜言思之獲戾多矣能無惡乎而說者曰不忘□孝也不背先義也高曾之規矩時懍冰淵弓冶之箕裘有懷夙夜彝訓且在無乃後誣抑思時代既有變遷民族尙無畛域九世之仇既遠一堂之享共隆幹　乃慈孝之心罪孥豈聖王之法況禪讓變爲征誅封建爲群縣府兵改爲招募井田廢爲阡陌無非因時制宜以彰質文損益知我罪我同此春秋一弛一張是謂文武必執一律以相繩隘矣本編定名[青山彭氏增修徵信]凡隸中一公派下確有考據者概予合修惟於禮教有乖倫理舛忤者則概擯棄以重倫常勵廉恥飭紀綱弭暴亂此禮所不得與民變革者也揆諸族眾合群之心理俱表同情即質之族先輩在天之靈亦當霽威而俯頷也剞　甫竟因爲敘一言以弁諸簡端
　　　　　　　　　　著雍困敦之歲十有二月乙巳　毛家坊房三十五世孫觀圭謹撰

(二)

　　古有宗子之法大宗爲不遷之宗所以睦親族和兄弟聯世系皆有所統承小宗爲繼禰之宗族姓世系亦枝分條貫後世宗子之法廢親親睦族之道將於是乎窮此譜學之所由起也然論其嚆矢則有本之經者有本之於史者堯舜二典首言稽古帝堯舜次言放勳重華詩思齊詳載大姜大任大似綿言文王之興推本於大王周禮小司徒稽夫家九比之數辨其貴賤老幼頒於鄉大夫鄉師族師校登其大家眾寡冢人辨兆域爲之圖墓大夫掌凡邦之地域爲之圖皆詳載世系族姓名字塋域此譜學也本之於經者也史遷作表旁行斜上同於歐式之橫行本紀列傳縱行記錄同於蘇式之直行此譜學也本之於史者也屈左徒作騷首言高陽苗裔次言皇考伯庸次言正則均庾蘭成作賦首言掌庾承周世功爲族次言經邦佐漢論道當官史公自序揚雄反騷潘岳述家風陸機陳世德皆詳於世系名位此譜學也謂本之於經也可謂本之於史亦可夫本經史而爲譜此譜之體也若夫譜之爲用則更有深意存焉禮曰立愛自親始教民睦也教以慈愛而民貴有親周禮九兩五曰宗以族得民魯之三桓鄭之七穆皆親其所親然則譜之爲用親親之道也概自墨子兼愛之說行夷子二本之論起凡所以收族敬宗之義視同駢拇枝指而況宗枝派衍愈久繁岐分至千百數十有奇戶口雜居星羅棋布散列至十餘州縣有奇其執塗人而問訊等秦越人之視肥瘠又何疑哉吾宗之譜已歷數修本經史以立譜之體本周官禮記三桓七穆以著譜之用應時勢之推移隨文獻之因革凡隸中一公派下者概予合修如白茅城團螺山智源洞彭家沛五穀神道塘山諸房視同一本本宗子合族之義探常棣集宴之風親親也尊尊也長長也將於斯譜繫之也且譜者普也上殺下殺旁殺之親期功袒免之篤聯合之倩必求其普及也易同人六二同人於宗各乎中正有應而爲吝以陰而偏係乎陽同而不普者也今吾普吾之譜則綿遠雖歷四十餘世而所以上承先人之　凉下授子姓之規模同而不私徵而有信豈若起居注兔園冊之漫無實紀哉今譜之房分有加編法無改藝文塋域仍襲舊名節目或有參差紀載罔不詳盡宗功故實古制今儀數典難忘按圖可索孝弟之心有不油然而生者乎宗子之法雖遙吾譜集吾宗之大成不猶可以彌縫其闕歟。
　　　　　　　　　　著雍困敦之歲十有二月乙巳　　竹塘房三十三世孫　焱謹敘

(三)

記曰君子而時中孔子曰擇乎中庸然則君子整躬率物固不可不因時而擇乎中矣蓋中者無過不及之道也所以納斯民於軌物者也故人不可不執中惟是中有體有用體之質常恆用之方時變此不可不察也彼誤用爲體者其弊則拘窒而鮮通其極也將導人　文物制度而返於古進化幾乎息矣彼誤體爲用者其弊在於躁進捨己從人違忽立國根本從其流而生民之綱紀以斁人　之秩序亦無由確是皆一偏弊失乎其中者也溯自海禁大開以還國人眩於歐美工商業之雄飛突進以致其富槍砲火藥殺人利器日新月異以致強以爲欲拯積弱極貧之中國舍效法歐美新進諸國莫爲功於是風擁篷從于相和欲舉吾國數千年風尚盡行掃蕩一以歐美爲依歸其甚者倡言唾棄禮教滅彝倫風會所趨至所謂五四運動而極於是謹愿之士目擊斯怵然憂之以爲道喪文敝之端已見被髮左任之患堪虞高張別幟鳴鼓以攻於是守舊維新之壁壘以分精神文明互　天下紛紛囂然不靖餘波潛浪流及於今吾族人士佑所之徘徊往復空糜歲月而或者舍進修之功安　豫之計坐是吾族人才頓衰生計亦蹙不其傷也吾嘗衡而論之吾國舊有文化若謹人倫嚴禮治親親仁民愛物之規若修齊治平一貫之道率皆博大精深義昭日月爲中國立國綱維歐美瞠乎莫及此道體之永不移易者褊急之徒田舉而去之殆所謂大愚不靈者歟至若厚生之道科學成物之方吾國先賢之倡導閡時人之創造寡寡固宜博取泰西以資補苴又烏可姝姝暖暖故步自封以自隘其門戶塗轍哉方今世變益劇擇守益難吾宗人士有數數爲余言者余憂懼日深欲發之久矣適續譜行將付梓故略陳擇善固執中之說弁諸簡端其或者於飭躬教家誘導青年不無小補云。

著雍困敦之歲十有二月乙巳　東坡房三十六世孫楗謹撰

(四)

族先輩朵公踵圈珠、會宗之舊集，八大房創修咸豐丙辰譜，曰徵信，其後光緒丙戌，民國丙辰，賡續成之，沿襲舊名，謹遵先例，不敢踰越，本屆於八大房之外，經族眾協議，增入坪塘張家坡高塘基白茅城團螺山智源洞彭家沛五穀神道塘山田坪之隋山埴江之子，通公鈞公等房，仍冠以徵信舊名，雖時世稍有變更，而體例仍有制限，不敢緬規矩而改錯也。是編分譜首末各爲一卷，宗系本系合一卷，支系十二卷，其各房支派甚多者，則以甲乙兩丁戊等區分之。又塋域志藝文志各爲一卷，議於丁亥七月，蕆成於己丑六月，凡徵費集稿，以及譜局任職檢核校對各人，亦各俛言曰盡其力，閱三年而遍觀厥成，重以糾紛迭出，口舌滋多，可謂勞矣。惟□思光緒丙戌，童年侍坐，飫聞嚴訓，泊畯公以毅力主持，觀圭亦參與協修，跋數言以殿其後，曾概言物力人力，遠不如昔，今懸隔又三十稔，而世變日棘，兵戈擾攘，轉徙流亡，愁苦尤甚，且異說朋興，風俗頹壞，子弟不知四書五經爲何物，遑問其能秉禮度義，蔚爲國華也。及今思之，一落千丈，吁蹉乎，不承權輿，良用惘然，嗟嗟流光箭激，荏苒百年，馬齒徒增，駒隙易過，世何人而不故，人閱世而常新，詩有之，我生之初尚無爲，我生之後，逢此百憂，倘更歷數十寒暑，而生齒之息耗，人文之凋敝，恐相去又不啻霄也。。因譜事付印已竣，　爲之感慨不置云。

民國卅八年(1949)己丑夏月毛家坊卅五世孫觀圭謹跋

(五)湖南湘陰彭氏源流通譜撰編弁言

爰見我族譜之此時在台付梓，則應溯自日本侵華掀起中日抗戰八年，於民國卅四年西元 1945 年八月十五日，日本無條件投降，正值中華民族勵志復興，全國團結致力重整家園，國家投入各項建設之際，旋遭俄美英法等國之陰謀者暗中分裂中國，破壞統一之詭計，而致國、共均上洋當，竟使台海兩岸以及流離海內外的中國人隔離飄泊四十年，親情骨肉不能相見，此不僅是我當代中國人之一大憾事，也是中華民族歷史之重大創傷。

民國七十六年西元 1987 年十一月兩岸政府漸次開放探親，湘籍彭氏卅七世孫延杞特別重視原白民國卅五年季夏至卅八年孟多完成三十年一次的「青山彭氏敦睦譜」。首承卅八世孫慶雙(雙潮)於民國七十五年西元 1986 年五月赴日留學前先以手抄支譜寄達台灣，經詳閱後，方知自己的派字，正名是「延杞」字「白良」，並非「延吉」、「伯良」，由此可見家譜之重要，若不親自返鄉尋根探究，絕對無法獲得完整族譜，確定了探尋心志後行動，先後歷經十餘次返鄉探親，不畏翻嶺，徒步涉水或以腳踏車代步跌傷或伴種豬同立拖拉機行駛鄉道，可謂飽受顛簸跋涉之苦，雖每次得到鮮有完整倖存，縱然是破碎或蟻蛀不全的分支譜，余仍未放棄盡量追尋根源之心，硬憑毅力與耐心，不懼一切艱難，最後屢經深層探索至湖南省立圖書館古籍閱覽室，又至朵園公、阜農公、幼沅公、樸村公、震燾公、海

鯤公故居開物學校等處。終究分別覓到隴西彭氏源流圖、大田彭氏紀年甲子表與派字圖、藝文志傳等影本，總算心力沒有白費，復承台北市高雄市台灣省及縣市諸多宗親比對其他幾省彭氏族譜，一致讚稱湖南省青山彭氏敦睦譜最為完整，尤其歷代黃帝至民國年號與派字圖延伸至第九十四世止，若從古者三十年為一世推算，尚可源流一千六百年，真為彭氏後代子孫追根溯本，飲水思源，光前裕後，萬世綿衍之福與永遠的典籍。

　　據隴西彭氏源流圖卷一，宗系一記載，一世開派始祖少典，二世少典長子石年，次子勗其，九世孫啓昆(本脈)「附錄」三世至九世，世系未得其詳，俟考續補。此一工作經先後十年不斷求證，已將前缺八世即三世至十世補入「世界隴西堂彭氏源流通譜」，十一世啓昆之子黃帝軒轅氏，十二世黃帝生子廿五，長子昌意。十三世昌意生子三，長曰韓流，次曰顓頊，三曰悃。十四世顓頊號高陽氏，生子十二，其十子曰稱。十五世稱生子一，曰卷章(本源載，一名老童，史記楚世家云高陽生稱，稱之曰老童，四書人物備考云高陽生稱，稱生卷章，史記集解譙周曰老童即卷章)。十六世卷章生子二，長曰重黎，為高辛氏火正之官，能光融天下，命曰祝融；次子曰吳回，重黎死，其弟吳回嗣為祝融。十七世吳回生子曰陸終。十八世陸終生子六，其子曰老彭，堯封於大彭之墟，遂以彭為姓，是為吾族受姓始祖，詳宗系二。

　　檢閱辭海三部二四七至二四八頁記載，彭祖上古顓頊玄孫姓籛名鏗，陸終第三子彭名籛…一云即老子也，應更正為黃帝軒轅氏之玄孫，曰老童即卷章。彭祖乃老童的曾孫，老童並非老子，實為兩人。依據今人名學者楊家駱教授花了許多年精神詳加考證云，老子本姓老名聃，又辭典六二八頁(老子)周朝的大哲學家，姓李名耳，字聃，著有道德經二篇，世人亦稱這書叫「老子」，依據李氏族譜記載，老子出生於西元前五六一年，老子名耳字伯陽，諡曰聃，又稱太上老君。由于黃帝是漢族，異出同源，世遠年湮，內奸外患，百姓譜牒，殊多搜毀，族譜散佚，難以溯源。吾不敏負笈遠歸，欣悉世界彭氏宗親會丙子年重陽節在台召開，夫如是庶前人未替之志得效微勞，幸補厥成，深信子孫猶數典不忘也。

少典 166 世彭祖 149 世構云 42 世澹公 37 世嗣孫 **彭伯良**(延杞)撰編

湖南平江梅仙彭徐行公家譜序言及概說

　　1992年春，與分別五十餘年之雁初堂兄重聚於故鄉，歡快逾常，兄居台灣，臨行謂余：「現時年少者家族觀念淡薄，來龍去脈全然不知，久之，將數典忘祖矣，有暇幸爲我寫家譜」，乃欣然應命。

　　譜牒學屬中國傳統文化，譜宗族發展之歷史檔案，所以志氏族，紀世系，辨昭穆，別尊卑，敬宗收族也。余且以爲，各姓氏同爲華夏族苗裔，數千年來互通婚姻，血統已渾然一體，譜錄既維繫一宗族之親睦團結，且爲民族精神之基礎，其意義重大，海外華人之所以深懷民族情，愛國心，皆源於重鄉土，孝親敬祖之傳統倫道德觀，故譜應修而不可廢。

　　溯我湖南平江彭氏，自後唐同光二年甲申(924)，一世祖旭湖公遷湖南長沙，繼而二世　、圖二公遷平江，迄今一千餘年(按旭湖郡侯淡公，字漢霖，號旭湖，行政一，六子鄴、鄭、鄲、　、圖、道)。平江彭氏族譜先後六修，最後一次爲民國廿三年(1934)，其後六十年失修。現平江彭氏家廟已毀，祠產喪失殆盡，族譜散佚，七修已不可能。若各支系房頭分別編修，或可稍作彌補。余又以爲，舊譜內容和編排方法之缺點有三：一。重男輕女，配偶不記娘家情況，來龍一半不明，女兒只附錄母名下，其夫婿子女均不詳，此支血統日後無從查考；二。各丁口項下不記住址，日久老屋失傳，遷徙者去向不明；三。齒錄編排眉目不清醒，查閱不易。徐行公家譜編寫遂稍作改進，奈資料收集不全，未能及於完善，譜稿成於一九九三年六月，是爲序。

　　彭氏源考，中國古姓氏多源於氏族圖騰、封地、官職等。相傳帝顓頊孫吳回，帝譽時爲大正祝融，與吳回子陸終聚鬼方氏女貴爲妻，懷孕二年生六子，三子名籛字鏗，爲堯臣，封於大彭(今江蘇徐州銅山縣治)，遂以爲姓，稱彭祖。若是，則彭祖爲姓始祖，彭城爲我姓發祥之地。以上據「辭源彭祖詞條及中國姓氏尋根」。又據六修譜序言：北齊封陳留王彭樂，由淮陽喬遷安定，查安定爲今之甘肅隴西定西縣，故彭姓又稱隴西郡彭氏。

　　遷湘始祖彭旭湖公，居江西廬陵縣山口老杠樹下，仕唐，平黃巢功封郡侯。五代後唐同光二年公元一九二四年，公偕姻舅(妻弟)招討使陳端遷湖南長沙青山大田鋪，湘省彭氏總祠建於清乾隆初葉，位善化十三鋪皇城提街(今長沙三太街)。旭湖公別墅在長沙官沖，長沙高橋有彭氏祠堂，爲今之總祠，自旭湖公遷湘已1068年。

　　遷平江彭氏先祖，爲旭湖公四子　公、五子圖公，據平江彭氏六修族譜記述，　公字宗明，始遷今岳州府平江縣，終於北宋雍熙年間，又謂　公長子俊林公遷居平江，此鄉距縣城四十里之橋頭；圖公遷平江西鄉，推算二公遷平江年代當在同光之後，雍熙之前，迄今約一千年有餘。

　　遷梅仙支祖，據六修譜記述，十四世祖徐行公爲　公之後，生於元至正二十年(1360)，明洪武廿三年(1390)，前後自橋頭遷梅仙，迄今約六百餘年。橋頭在汪坪以上，距梅仙十餘里，至今仍爲彭姓聚居之處。

　　平江彭氏家廟、彭祠，位於縣城北街北步嶺，今北街犁頭咀青石巷口，爲平江各姓祠堂中最宏大者。建祠年代據光緒廿二年五修族譜記載，當在同治年間。又據五修族譜記載，北步嶺新祠左側自進棚欄起直上至王姓鋪止，共鋪屋十一所，以及茱園、麻地等處，均爲我姓祠產。一九四九年以後，彭祠與其毗鄰之陳祠被逐步拆建爲城北小學校舍，原彭祠之宏偉建築已蕩然無存。

　　據四修族譜平江彭氏派名順序：[佑啓天昌永，傳經德澤新；以和爲世貴，敦學紹先賢]。

　　徐行親房一脈世系自卅六世徐行公至卅六世根法，傳十一代，歷時近二百五十年，子孫繁衍共計男丁三九二人。

　　一世旭湖、二世　、三世俊林、四世德戀、五世文思、六世明曜、七世光廷、八世騰雲、九世九威、十世有璠、十一世尹衡、十二世朝用、十三世良淮、十四世公先、十五世珙、十六世俊相、十七世子富、十八世錦、十九世廣智、二十世道希、廿一世啓改、廿二世宗鵬、廿三世又祿、廿四世起瓊、廿五世天儀、廿六世佑后徐行。

廿七世(啓)駕鰲、特選、異材。

廿八世(天)名佐、流遠、賢訓、悠遠、恩科、正興、宏緒、純一、會酬、寬遠、帝順、克仁、輝先、發科、高興、瑞　　才。

廿九世(昌)主遂、祥遂、慶遂、懿德、三德、复德、世賢、偉賢、成明、慧明、光明、顯明、文能、義發、青六、春　　六、效六、金玉、平六。

三十世(永)鮮玉、咸玉、富有、儉有、全有、思有、井有、月有、可成、勛成、壁成、學成、海成、斌全、文華、菊

　　　　　華、享華、芷田、載福、樂福宣義、麒麟、興祥、順祥。

卅一世(傳)星立、明主、志生、南生、惟生、義生、密生、眾生、竹春、梅春、瑞春、滿春、秀春、梓才、肖規、潤民、介規、棟才、梁才、桐才、樹才、相才、文斌、質斌、彩斌、宜斌、柳熙、左平、右平、坦平、治軍、曙初、晃初、主初、艷初、雁初、旬初、友初、道生、鶴生、麗生、贊生、哲初、挺生、豁生、滿生、若生、救生、笏吾、杰生。

卅二世(經)典卿、相卿、滿卿、用清、棟清、汗章、達章、宏章、獻章、弄章、雅章、漢章、絢生、賀軒、松年、干年、柏年、相年、永年、堂卿、何卿、碩卿、富安、萬鈞、秉鈞、概鈞、貴安、晚安、繼安、平安、集周、國旗、聽旗、亞旗、六旗、共明、福明、燕明、傳書、捧書、勒書、利密、霖生、正根、沅根、恆生、立生、耐東、泛舟、孟舟、輝武、乃武、尚武、致銘、新國、道才、毅才、平德、建忠、萌芽、慶元、化龍、緒龍、鏗爾、好求、君求、迎君、解君、勇君、實君、文君、朵斌。

卅三世(德)智慧、雄飛、其飛、玉龍、逐成、頌均、狀均、湊均、歡迎、得意、取意、望均、諷書、倉海、在兵、愚兵、正海、許清、救清、汗清、先賢、四賢、白賢、項均、海均、偉均、楊均、楊均、叔均、榮均、以均、湖江、輔江、族江、正江、伴江、明德、亮國、效國、七國、柱東、獻東、事東、最南、衛兵、極星、九星、群星、得貴、初源、滔源、涌源、壯源、雅昆、衛文、衛星、明昊、咏龍、會龍、黃龍、福龍、建橋、鐵橋、歌量、春光、星光、興欣、成林、昭來、江夕、豐華、寧華、勝夕、錦福、幸福、波濤、四濤、以仁、醒仁、祥仁、輝煌、靖邦、共均、海均、平均、架凡、白求、杰喚、闔仁、榮均、富均、起仁、滿仁、爭良、志華、林豐、克勤、興隆、轟隆、應隆、志均、建均、愛均、君均、勝春、潺濱、衛兵、充闖、跨闖、校貴、悟政、威儀、克武、歡武、列武、晏春、鳳春、中華、國華、新華、四華、永興、有根、其林、景平、碧雲、孟奇。

卅四世(澤)蘿林、伍林、蘇敏、梁根、岳君、敏君、珍貴、稱意、進保、忙根、存保、遂保、中華、放星、衛星、更星、頭均、漸均、武林、金龍、銀龍、雲龍、和平、愛平、晚平、爛平、作平、量平、偉平、撐平、式平、黨平、四平、曉平、征平、活平、丰、雄飛、志文、僧文、杰、燦華、奔強、思強、富強、小丹、亮興、俊興、賜明、巍、軍、美君、林湘、創新、楚雲、曉新、軍山、和貴、救國、武、多霞、西安、健榮、磊、進良、友良、興、志軍、志堅、奇、彬、華強、玉祥、俊祥。

卅五世(新)大貴、進良、維、澎濤、兵兵。

卅六世(以)根法。

　　　　　　　　　　　　　　　　節錄彭敏陶序於湖南湘潭　時 1993 年六月

彭氏源流通譜序

(一)

　　自古彭城列九州，雲龍遺跡幾千秋，當年楚宮今何在，惟見黃河水東流。彭祖生辰四川壽，山靈地傑三峨有，縣城自古名埋沒，史出世跡震全球。彭城祖史傳蜀有，水從岷江縱東流，井邊黃河先一點，書載古今兩分凝。繁茂枝柯共樹身，同宗本是一家人，尊宗祖德流芳遠，四海芬揚到處親。宗親大會情誼深，四海裔孫撥駕臨，八百長春光祖德，猶垂衍慶到如今。

　　我大彭統記譜始於清乾隆年，由家屏公會同湖南青山族系，溶監、景溪二公議修族譜，所錄宣公一世，總派 100 世綿延至今。

　　清乾隆時，河南水城、夏邑兩縣災情嚴重，巡撫圖爾炳阿匿報，我祖家屏公，因乾隆出巡至徐州，公迎駕奏報災情，帝暗命觀音保查報屬實，民獲救濟，巡撫及兩縣長免職，故忤觸奸官，奸後復報，藉大彭統記譜，誣　反清，陷害報復，以「莫須有」之罪，而興文字獄，家屏公賜死，子傳笏斬首，產業充公；後雖昭雪，僅復產業，創辦青源中學（家屏公號青源）。

　　清室結束，民國肇造，奈因戰亂頻仍，百姓流離，未能對我大彭宗親之事盡心盡力，今多年安居台灣，復與大陸多有聯繫，因而興重整源流通譜之議。

　　承蒙　宗親推選擔任台北縣理事長已歷兩屆，深感對會務無多貢獻。尤其於民國八十五年重陽節北埔彭氏大宗祠主持第二屆「世界彭氏宗親聯誼大會」，不負眾望，圓滿成功。其功績應屬全體國內外諸位宗親大老精誠凝聚，同心同德，督導有方，在此特別銘謝，賞賜個人畢生的最大榮幸。

　　去歲幸會伯良等宗親，表示「彭氏源流通譜」初稿已告成，今悉精裝本即將出版，其奉獻宗親承先啓後、數典不忘祖的精神，心中感受尤深，大家都以身為彭姓一份子為榮，並一致感念祖先的恩德。

第二屆世界彭氏宗親聯誼會長延年公廿八世孫　彭水井謹序

(二)

　　蓋聞：「無本之木不存，無源之水非流。」若世無存流之物，何而談起人類之生存也；故木之存賴于本，水之流依于源，人類之繁衍，何而不在先祖乎？追本求源當人之常思，懷先祖而念後生，乃人之恆情；烏鴉報母，羔羊跪乳，何況人乎？當人之世，追思先祖，謂之孝矣；人而思先念後，順理宗譜，此人之義也。

　　時至今日，宗譜之殘存微微，碑石之碎斷文缺，實為文命變革之故也，因而宗譜之殘，世代之混，不可堪言矣；身為後裔子孫者，耳聞目睹宗祠、祖墓、蛛結、草叢之淒涼景象，能而無動于衷？居人有愧焉。

　　鼻祖居先世，耳孫傳后宗，依字不亂代，瓜瓞綿無窮；尋本求末為事之常規，理清族史乃人之重任，先祖之遺託，何容延緩，後世之賡續，焉能推辭，故而進行續譜之舉；吾彭氏乃中華望族，遍閱多省族譜，奈均於彭祖至宣公，兩千餘年之久，或斷層、或殘缺，如水道之淤塞；幸賴伯良宗長，雖年屆古稀，仍數度返湘，　山涉水，奔波不懈，嘔心瀝血，為族譜盡力勞神；蒙祖蔭佑，終獲其間，八十二世列祖之諱名位序，始銜補貫通脈絡；且上溯黃帝至開派始祖少典伏羲氏，歷代帝王、祖系之寶貴資料，其功大哉偉也；願後賢能，當作越世一修之舉，為雲礽應盡難　之責，則幸甚矣，則禱甚矣！

雲公豫夏支系卅九世孫　飛(天送)謹于台北市 1996 年六月十二日

(三)

　　自堯舜禹湯文武，各有姓氏，乃下賜姓封疆，構成社會集體。我隴西郡彭，溯本究源，歷年千載，經朝閱代，

流長源遠，雖千秋功罪，有貶有褒，仍歷史之一頁也。而今彭氏子孫與眾　黎，同負社會重任，共建文明，續譜新章，無愧炎黃，無愧育我之神州大地。

　　人之繁衍孳育，乃自然規律。樹有脈胳，人有根系，彭氏子孫，遍及四海，有同姓而不宗者，有同姓而共宗者，然子孫後代，知其彭而不知所彭者有人在焉，其構成歷史片頁，更鮮為人知，故熟知隴西彭氏歷史，實有必要。

　　昇平盛世，共仰和平。旅居海外彭氏僑胞，久居台灣彭氏後裔，雖天涯遠隔，然久思故里，潛思故人。近年回歸大陸探親者繁增，訪故之餘，均盼其有人整理彭氏文獻，熟知祖先親宗。奈何年久事遷，無其緒從，念而嘆之，惜未如願。

　　堂兄伯良，居台四十餘年，多次返里，久有為彭氏歷代祖先及其嗣後作局部系統整理。雖兩鬢斑斑，古稀已屆，尤不懈奔波，涉水　山，何畏寒暑，翻查史料，遍閱文獻；尋訪親人，躬錄原始，為整理彭姓文獻，瀝血嘔心，殊屬誠心一片。余為其精神所動，贊其所為。　遵囑為作小序，彰其盛舉。並祈我彭氏子孫觀此版本者，稟於水源木本之深意，知有所徵。

　　　　　　　　　　遷湘先祖　公 34 世嗣孫曉春公門下曾孫延祥謹撰 1995 年六月十五日

彭氏源流通譜編成感言

（一）

今（八十五）年十月二十日（農曆九月初九重陽節），振剛隨台北市彭氏宗親會諸位宗親，赴新竹北埔參加第二屆世界彭氏宗親聯誼大會，天送（號飛）、伯良（延杞）、振淵三位宗長，先後告以「世界隴西彭氏族譜」即將出版，詢有何感言，原先振剛曾自振淵宗長處取得族譜初稿一份，並曾仔細閱讀，對天送、伯良、振淵三位宗長之熱心宗族事務，完成此一重編族譜之艱鉅工作，深表感佩。

我彭姓宗族，源遠流長，自始祖籛鏗公受封大彭，因國得姓，迄今已四千餘年，春秋戰國，族人一支徙居隴西，遂以爲堂號。四千餘年來，子孫繁衍，逐漸擴大居處，由中原擴散至華夏各地，始今，在河南、江西、湖南、廣東、台灣幾省，彭姓已是大宗族，是以輯編全國族譜，至爲困艱。民國68年春，振剛承台北市彭氏宗親會諸位宗親錯愛，推選擔任宗親會理事長，至78年卸任。負責台北市宗親會事務，長達十年之久，其間亦曾有宗親提議修編族譜，並曾由理事會多次開會商討，終因此一著作太過艱鉅，無足夠人力財力可資推動，而予擱置。今伯良等諸位宗長結合多人之力，完成此一偉大工作，實出諸振剛意料之外。

輯編族譜，資料之搜集最爲困難，源自湘邑集數十位族長先賢宗親，於民國35年至三十八年間，完成三十年一次的「青山彭氏敦睦譜」，惜是年大陸變色，兩岸隔絕，至76年十一月二日，政府開放海峽兩岸民間探親，伯良宗長返鄉尋根探源，先後達十餘次之多，凡與我族譜有關之資料，無不盡力蒐集，細予篩選。伯良宗長翻遍了湖南省立圖書館古籍閱覽室，走訪了朵園公、阜農公、幼沅公、樸村公、震燾公、海鯤公等故居文物學校等處，覓得隴西彭氏源流圖、與大田彭氏紀年甲子表與派字圖，返台後復與在台各省宗親所持有之各省彭氏族譜比對，真是「上窮碧落下黃泉」，再經紹賢宗長、天送宗長、振淵宗長之大力襄助，終於完成此一「彭氏源流通譜」偉大鉅構，讓我彭氏族人得知本源，厥功至偉，謹此對伯良、紹賢、天送、振淵諸位宗長予我宗族所作之貢獻，表示崇高的敬意。

彭振剛 1996 年十二月十九日

（二）

吾族之光，源遠流長，族宗蕃衍，遍及寰宇，家聲朗朗，代有賢良，或爲公忠名宦、愛民循吏，或爲蓋世英豪、明經鴻儒，或爲詩文泰斗、藝林畫聖，或爲光風霽月、中流砥柱，或爲矜持風節、孝義昭垂，證諸史誌，令人景仰。

故台北市彭氏宗親會理事凌雲公，旅台四十餘年，曾於中華民國四十六年丁酉之春，與新竹熱心族人，爲報本追遠，重整倫常，於北埔彭氏大宗祠春祭時，眾議修譜，即席成立族譜編修委員會，遴選台省各縣市熱心族人爲委員，共襄盛舉，並推宇棟、添河兩宗賢綜理其事，唯因事鉅功繁，主編乏人，以致遷延有日，眾邀凌雲公主編，肩荷此一重任，乃在公餘之暇，晨夕執筆，歷時經年，初稿告成，斯時襄助最力者，爲中壢雲珠宗親，嗣經審核竣事，終於中華民國六十九年一月付梓，名曰大彭簡介，分發族人，俾我宗族能一目瞭然大彭之柄耀也，其頗激發族眾驟興水源，木本孝思，實賴祖德流芳與諸先聖先賢宗親族長精誠感召之功也。

謹錄凌雲公八十大壽爲寫其人生的感慨與家國的摯愛遺墨「書懷」詩一首：

　　過隙韶光八十春，櫛風沐雨歷風塵。流離歎息痛恨失，面鏡吁嗟白髮人。

　　存問客鄉人漸少，相逢陌路多非親。愴然西望煙雲沙，故國河山入夢頻。

欣悉「彭氏源流通譜」精裝本即將付梓，此一文化史蹟艱鉅工程，最大的困難是蒐證資料不易，細予篩選編輯、校對等工作在無足夠人力、財力支援，惟有在諸多宗親大老精神感召下，伯良、振淵、紹賢、賢清等宗親不負眾望，蒙祖蔭佑，爲先祖之遺託，思先念後，多年辛勞果實收穫，尤其精心設計製作「世界隴堂彭氏源流宗系對照表」，簡明摘錄，世系分明，凡我彭氏族人，若持一冊，自行查校比對原有支族分譜，登錄表內空頁，如僑居新加坡原延年公派下第二九世彭思俊（新鈞）總編世別爲 170 世等，如此類推，永久保存，移居國外，也無後顧之憂，譜牒上端可貼祖、父、子、孫照片，世代傳承，更無尋根與續修族譜之慮，真爲萬世後代子孫造福無窮矣。

少典 169 世嗣孫彭文正（台灣苗栗）敬撰

彭氏湖南青山滌公世系淵源

　　引證湖南省社會科學院炎黃文化研究所何光岳所長等箸「炎黃源流史」及「楚源流史」等記載；摘錄彭氏歷代祖先源自少典國君一世傳至十八世彭祖，原爲羌(姜)、姬兩姓炎黃世族，均出生今陝西省隴縣隴山與吳山，古時稱國，隴山在中條山、終南山一帶，綿亙八百餘里，吳國在隴東有回城，彭祖的父親陸終氏與母親鬼方氏，世居隴西之源。

　　據(青山彭氏敦睦譜源流圖)廿四頁記載：五五世忽公之子仲爽，字定父，周釐王時人，官春秋時爲楚文王令伊(見左傳)賢大夫，後秦滅楚，遷其大姓於隴西彭其一也。

　　另據河南夏邑縣旅居台北市宗長彭飛(天送)著(六續族譜)自序文 166 頁記述：宣公嫡孫，業，任東郡太守，承嗣長平侯，因王莽篡位動亂，避遷隴西，故後世多稱「隴西堂」。註：宣公即淮陽始祖一世，嫡孫，業，字世澤，爲宣公之三子，聖公二世的長子。聖公次子闓，字世閭(本脈)。

　　考證百家姓堂號「隴西」者，計有彭、李、米、禹、董、閔、姬、牛、農、關、辛、第五等姓氏。如李氏宗源，起自黃帝有熊氏，長於姬水，故以姬爲姓，譜傳十三世顓頊，號高陽氏至十四世，其七子賜姓曰偃，字庭堅，又名皋陶，才子，在唐爲士師，子孫世爲虞、夏、殷理官後，遂以理爲姓，厥後理利眞避紂亂於苦縣，居李樹下，採食伊侯木子而得之，於是易理爲李，此李姓所由來也。

　　青山大宗遷湘以來，惟我鄒公以主器隨侍居青山(即今湖南省長沙縣青山舖、福林舖、高倉、湘陰縣影珠山、明月山等地區)與弟：鄭、鄙、　　、圖、道各立戶籍，是以各房族譜，皆得記此傳聞。我房三大支曾一繼一續，後朵園公、廮虞公起而修譜，八世前立開宗大系圖，以存其源，名宗系；八世後則上承大宗之中一公爲譜，名本系，至八世則各爲支系，以別其房。當咸豐初年，東南不靖，中原鼎沸，人心浮動，兩公深懷不率墜之懼，於是本先世才叔、希周兩祖，保族於元季兵時之團法遺規而變通之先修家譜，明其長幼，旋立家規，齊以政刑，務使涵濡於詩書禮樂之文，遵循於規矩準繩之內，數百年來，凡我子姓罔不謐然，他姓亦多傚傚，譜之功用大矣哉，今者國命維新，而我譜適値賡續之會，至正名以定分，循禮以達和，著之土籍，樹之風聲，前哲典丁，有可述焉。

　　　　　　少典 166 世彭祖 149 世構云 42 世滌公 37 世孫　湖南湘陰 **彭伯良**(延杞)撰

彭　祖

仙古史傳

　　古史相傳，開派始祖少典18世、黃帝8世孫老彭(彭鏗、籛鏗、今稱彭祖)，父陸終，娶妻鬼方氏之女，身懷六甲，久不分娩，時過十年剖腹產六子：第三子聰明伶俐，嗜學好動，與伴作鼓擂敲，嘭嘭鼓聲，鏗鏘響亮，人們即取名叫他「彭鏗」。鼓搥竹棍爲竹子所作，籛者竹也，故又名其曰「籛鏗」。彭鏗才學兼備，術德兼修，深得堯帝欣賞，將徐州地域分封給他，號曰「大彭國」，彭鏗成爲大彭國第一代國君，彭鏗治國有方，國勢日強，殷王武丁深怕彭鏗與想擺脫商王朝的部聯合反叛商朝，「竹書紀年」記載「王師滅大彭」，殷於武丁43年(西元前-1282年)滅了大彭。據史書甲文文記載：滅彭前夕，武丁曾舉行盛大祭祈禱，卜卦史官貞人占卜，卦辭「辛丑葍亙貞米取彭」，大彭滅後十三天後，灼兆卦辭又曰「癸丑王卜在彭貞」。大彭立國到滅亡八百餘年，人與國同壽，代代相傳，意謂人存國存，人息國亡。

　　彭祖善長氣功，修身養性，其在世年齡，古籤文竹簡，他活了767個甲子，這個甲子是以日計數，折合有46,020日，即126歲，爲彭祖的實際年齡。但眾說紛紜，莫衷一是，究竟多少年，仍待繼續追考。彭祖49妻54子，分別28姓(18、14姓)，較普通可見的有:彭祖、彭、籛、錢、豕韋、禿、名、諸暨、防、風、既……等等。他長生不老「八百長春」，人們敬仰尊稱其爲【彭祖】，以農曆每年正月廿二日爲生日，六月十二日日爲忌日。

血　緣

嗣次第		次子	之子	之子	之子	之子	之子	之子	之子	之子	之子	長子	之子	十子	之子	之子	之子	三子
少　典	1	2	3	4	5	6	7	8	9	10	11	12	13	14	15	16	17	18
黃　帝											1	2	3	4	5	6	7	8
先　祖	少典	石年(炎帝) 勗　其	炎居	節並	戲器	祝融	共工	勾龍	噎鳴	啓昆	黃帝	昌意	顓頊	稱	卷章	吳回	陸終	老彭

49妻54子

妻室	妻姓氏	1	2	3	4	5	6	男	女	妻室	妻姓氏	1	2	3	4	5	6	男	女
1	有郃氏	夜	完	兩	韓	稽		5	1	26	伊祈氏	商	平					2	
2	庸成氏	頹	高					2		27	女莘氏	任	元					2	
3	鬼方氏	起						1		28	青鳥氏	夆	防					2	
4	皇覃氏							0	1	29	元鳥氏							0	
5	蜀山氏	晝	牟					2		30	有扈氏	宇						1	
6	東戶氏	桑	馴					2		31	庖正氏	共						1	
7	爽鳩氏							0		32	祝鳩氏	烈						1	
8	飛龍氏	東	杲					2		33	有仍氏							0	
9	散宜氏	翼						1		34	有虞氏	律	騰					2	
10	蜀山氏	餔						1		35	彤城氏							0	
11	車正氏	升						1		36	夏后氏	結	崑					2	
12	居龍式							0		37	祝鳩氏	巨						1	
13	青雲氏	副	階					2		38	有男氏	飯	闕					2	

14	古夷氏	農	略			2	39	空桑氏							0	
15	丹鳥氏	志	日			2	40	陶唐氏							0	
16	啓統氏	書				1	41	蒼舒氏	道						1	
17	塗山氏	並				1	42	共工氏							0	
18	有莘氏	項	遂	繚	呈	4	43	尌郹氏							0	
19	鄒屠氏					0	44	牧正氏							0	
20	上敬氏	昭				1	45	有　氏							0	
21	有娀氏	攸	沮			2	46	窮桑氏							0	
22	散宜氏					0	47	高辛氏							0	
23	握登氏					0	48	公孫氏							0	
24	鳳鳥氏	恆		淼		3	49	夏后氏	武	夷					2	
25	諏訾氏					0	合計	49 妻							54 子	

史書記彭

（摘錄世界彭氏宗親聯誼會 2006.10.18-20 第七屆大會特刊）

【春秋】記彭　周。孔丘

　　「魯成公」十有八年……夏，楚子、鄭伯伐宋，宋魚石復入于彭城。

　　註：　節白「春秋經傳集解。成下第十三」。　「春秋」為編年體史書，相傳孔子依據魯國史官所編「春秋」加以整理修訂而成，起於魯隱公元年(-722)，終於魯哀公十四年(-481)，計 242 年，是後代編年史的濫觴。文字簡短，寓有褒貶，解釋「春秋」的有左氏、公羊、谷梁三傳。

【左傳】記彭。周左丘明

　　「魯成公」十八年……夏六月，鄭伯侵宋，及曹門外，遂會楚子伐宋，取朝郟。楚子辛、鄭皇辰侵城郜，取幽丘，同伐彭城，納未魚石，向為人鱗朱向帶魚府焉。以三百乘戍之而還，書曰復入，凡去其國逆而立之曰入，復其位曰復歸，諸侯納之曰歸，以惡曰復入。

　　註：　節白「春秋經傳集解。成下第十三」。左丘明，春秋時史學家，魯國人，雙國失明，曾任魯太史，孔子前後人，相傳曾著「左傳「國語」。「左傳」亦稱「春秋左氏傳」或「左氏春秋」。儒家經典之一，多用事實解釋「春秋」，保存了大量古代史料，文字優美，記事詳明，實為中古代一部史學和文學名著。

【竹書紀年】記彭

一

　　『帝啓』十五年，武觀以西河叛。彭伯壽帥師征西河，武觀來歸。

二

　　『「外壬』元年庚戌，王即位，居器，邳人，姺人叛。

　　『河亶直甲』三年，彭伯克邳。

　　五年，姺人入于班方。彭伯、書伯伐班方，姺人來賓。

　　『祖丁』元年己巳，王即位，自相遷于耿，命彭伯、書伯。

三

　　『武丁名昭』四十三年，王帥滅大彭。

　　『武丁名昭』五十年，征豕書，克之。

　　註：　「竹書紀年」為中國古代編年體史書，因原本寫于竹簡而得名，晉咸寧五年(279，一作太康元或二年，即 280 或 281 年)，在汲郡的戰國時魏墓中發現，凡十二篇，叙夏、商、西周、春秋時晉國和戰國時魏國史事，所記多異于傳統記載。此書宋時佚失，清代學者認為今本系出自後人編輯托。

【世本】記彭

顓頊娶于勝潰氏之子，謂女祿，是生老童。顓頊生稱。稱生卷章。卷章生黎。老童娶于根水氏，謂之驕福，產重及黎。老童生重黎及吳回，生陸終。

陸終娶于鬼方氏之妹，謂之女嬇，是生六子。孕三年而不育，剖其左脇，獲三人焉；剖其右脇，獲三人焉。其一曰樊，是爲昆吾；其二曰惠連，是爲參胡；其三曰籛鏗，是爲彭祖；其四曰求言，是鄶人；其五曰晏安，是爲曹姓；其六曰季連，爲爲芈姓。季連產傅祖氏，傅祖氏產熊穴，九世至于渠婁鯀。出于熊渠有三人：其孟之名爲庸，爲句袒王；其中之名爲紅，爲鄂王；其季之名庇，爲就章。昆吾者，衛是也；參胡者，韓是也；彭祖者，彭城是也；鄶人者，鄭是也，曹姓者，邾是也。季連者，楚是也。

註：　以上節自「世本。帝系篇。五帝譜」。「世本」爲戰國史官所撰，記黃帝訖春秋時諸侯大夫的姓氏、世系、居「都邑」、作「制作」等，原書約在宋代散佚，清有錢大昭、雷學淇、茆泮林等多種帽本，以雷、茆兩種較佳。

【汲冢周書】記彭

蚩尤乃逐帝，爭于涿鹿之河，九隅無遺。赤帝大懾，乃說于黃帝，執蚩尤殺之，于中冀以甲兵釋怒，用大正順天思，序紀于大帝，用名之曰絕轡之野。乃命少昊請司馬鳥師以正五帝之官，故名曰：質天用大成至于今不亂。其在殷之五子，忘伯禹之命，假國無正用，胥興作亂，遂凶厥國。皇天哀禹，賜以彭壽，思正夏略。今予小子，聞有古遺訓而不述。朕文考之言不易。予用皇威，不忘祇天之明。

註：　此文節自「汲冢周書」（嘗麥解）第五十六。「汲冢周書」又稱「逸周書」，晉太康二年汲郡人得之于魏安釐王冢者，爲又一本。「漢書。藝文志」有「周書」七十一篇，唐初僅存四十五篇，而今本有六十一篇，當經後人竄補。

【國語】記彭　　周。左丘明

桓公爲司徒，甚得周眾與東土之人，問于史伯曰：「王室多故，余懼及焉，其何所可以逃死？」……公曰：「南方不可乎？」對曰：「……夫成天地之大功者，其子未嘗不章，虞、夏、商、周是也。虞幕能聽協風，以成樂物生者也。夏禹能單平水土，以品處庶類者也。商契能和合五教，以保于百姓者也。周弃能播殖百谷蔬，以衣食民人者也。其後皆爲王公侯伯。祝融亦能昭顯天地之光明，以生柔嘉材者也，其後八姓于周未有侯伯。佐制物于前代者，昆吾爲夏伯矣，大彭、豕韋爲商伯矣。當周未有。己姓昆吾、蘇、顧、溫、董，董姓～夷、豢龍，則夏滅之矣。彭姓彭祖、豕韋、諸稽，則商滅之矣。禿姓舟人，則周滅之矣。壇姓鄔、鄶、路、偪陽、曹姓鄒、莒，皆爲采衛，或在王室，或在夷、狄，莫之數也……」

註：　以上節自「國語。鄭語」。「國語」爲記載西周末年和春秋時期周、魯等國貴族言論爲主的書，二十一卷，傳爲春秋時左丘明著。「國語」可與「左傳」相參證，故有「春秋外傳」之稱。

【大戴禮】記彭　　漢。戴德選編

一

宰我曰：「請問帝堯」

孔子曰：「高辛之子也，曰放勳。其仁如天，其知如神，就之如日，望之如雲。富而不驕，貴而不豫。黃黼黻衣，丹車白馬，伯夷主禮，龍、夔教舞，舉舜、彭祖而任之，四時先民治之。流共工于幽州，以變北狄；放驩兜于崇山，以變南蠻；殺三苗于三危，以變西戎，殛鯀于羽山，以變東夷。其言不二，其行不回，四海之內，莫不說夷。」

註：　以上節自「大戴禮。五帝德」。戴德和他的兄之子戴聖，同是西漢時期的禮學名家，世稱大戴、小戴。「大戴禮記」又名「大戴禮」、「大戴記」。「大戴記」相傳是戴德選編的。戴德是西漢元帝(西元前-48~33年)時人，生卒年不詳，所著「大戴禮記」收錄的文章都產生在西元之前，其中很多篇屬于戰國時期的作品，是研究上古社會情況，特別是儒家思想的重資料。

二

少典產軒轅，是爲黃帝。

黃帝產玄器，玄器產嬌極，嬌極產高辛，是爲帝嚳。帝嚳產放勳，爲爲帝堯。

三

公(即魯哀公)曰：「教他人則如何？」

子(即孔子)曰：「否。丘則不能。昔商老彭及仲傀，政之教大夫，官之教士，技之教庶人，揚則抑，抑則揚，綴以德行，不任以言。庶人以言，猶以夏后之裖懷袍褐也，行不越境。」

註：　以上節自「大戴禮。虞戴德」。清王聘珍解詁曰：「論語」：「竊比于我老彭。」包云：「殷賢大夫也。」傀讀曰虺。「左氏傳(定公元年)」曰：「仲虺居薛，以爲湯左相。」政教大夫者，「魯語」曰：「卿大夫畫講其庶政。」官猶事也。「魯語」曰：「士朝而受業，畫而講貫，夕而習而復。」技謂藝事。「周禮」曰：「以世事教能，則民不失職。」綴，合也。言道義合以德行也。

沛縣境內舊有仲虺成。「沛縣志『譯本』」：上邳城，一名仲虺城。商仲虺、漢劉郢封國。「水經注」：「邳有下，所以此地稱爲上邳。」「府志」引「晉書。地理記」，仲虺城在薛城西三十里，齊史叫「俗」、叫「斗城」。漷水經城北，西流入泗。滕縣與徐州南北相直得 190 里，故薛城在滕南四十里，仲虺在薛西三十里，這個城應在徐州西北百數十里昭陽湖內。實爲沛屬無疑。「讀史方輿紀要」：徐州西北百二十里有灰城。可能就是是虺城的訛傳。又據「沛縣志」，虺舊有仲虺墓。

【史記】記彭　　漢。司馬遷

一

堯老，使舜攝行天子政，巡狩。舜得舉用事二十年，而堯使攝政，攝政八年，而堯崩。三年喪畢，讓丹朱，天下歸舜。而禹、皋、陶、契、后稷、伯夷、夔、龍、倕、彭祖，自堯時皆舉用，未有分職。

註：　以上節自漢司馬遷「史記。五帝本紀」。「史記」原名「太史公書」，130 篇，爲我第一部紀傳體通史，約於漢武帝太初元年征和二年間西元前(-104~-90)撰成，後其書有缺，元帝、成帝褚少孫補撰「武帝紀」等篇，又附綴武帝天漢以後史事。作者職居史官，據「左傳」、「國語」、「世本」、「戰國策」、「楚漢春秋」、及「諸子百家」之書，利用國家文獻，益以實地採訪資料，取材宏富，記事上起黃帝，下迄漢武帝，長達三千年左右，尤詳于戰國、秦、漢。體裁分傳記爲本紀、世家、列傳，以八書記制度沿革，立十表以通史事脈絡。敘述部分歷史人物，語言生動，形象鮮明，在文學史上有很崇高的地位。作者司馬遷(約西元前-145 或-135~？)，字子長，夏陽(今陝西韓城南)人。繼其父司馬談之職，任太史令，太初元年西元前(－104)因替投降匈奴的李陵辯護，下獄腐刑，出獄後任中書令，發憤完成我國最早的通史「史記」，開創了紀傳體史書的形式。

二

楚之先祖，出自帝顓頊高陽，高陽者，黃帝之孫、昌意之子也。高陽生稱，稱生卷章，卷章生重黎。重黎爲帝嚳高辛居火正，甚有功，能光融天下，帝嚳命祝融。共工氏作亂，帝嚳使重黎誅之而不盡。帝乃以庚寅日誅重黎，而以其弟吳回爲重黎，後復居火正，爲祝融。吳回生陸終，陸終生子六人，坼剖產焉。其長一曰昆吾，二曰參胡，三曰彭祖，四曰會人，五曰曹姓，六曰季連，芈姓，楚其後也。昆吾氏，夏之時嘗爲侯伯，桀之時，湯滅之；彭祖氏，殷之時嘗爲侯、伯，殷之末世，滅彭祖氏。季連生附沮，附沮生穴熊，其後中微，或在中國或在蠻夷，弗能紀其世。

註：　以上節自「史記。楚世家」。「三曰彭祖」下，原注爲：「集解」：虞翻曰，名翦，爲彭姓，封于大彭。「世本」曰，彭祖者，彭城是也。「索隱」：系本云，三曰籛鏗，是爲彭祖。虞翻所云是也。「正義」：括地志云，彭城，古彭祖國也。外傳云，殷末滅彭祖國也。虞翻云名翦。「神仙傳」云，彭祖諱鏗，帝顓頊之玄孫，至殷末，年已 767 歲而不衰老，遂往流沙之西，非壽終也。

【漢書】記彭　　漢。班固

黃帝軒轅氏

　　方雷氏：　黃帝妃，生玄器，是爲青陽。

　　嫘　祖：　黃帝妃，生昌意。

　　彤魚氏：　黃帝妃，牛夷鼓。

　　巾每母：　黃帝妃，生倉林。

少昊帝金天氏

　　昌　仆：　昌意妃，生顓頊。

顓頊帝高陽氏

　　女　祿：　顓頊妃，生老童。

嬌　極：　老童妃，生重黎、吳回。

帝嚳高辛氏

　　祝融

　　陸終：　祝融子。

女　漬：　　　陸終妃，生六子：一曰昆吾，二曰參胡，三曰彭祖，四曰會乙，五曰曹姓，六曰季連。

　　註：　以上摘自「漢書。古今人表」。漢書作者班固(32~92年)漢扶風安陵(今陝西咸陽東北)人，字孟堅，父班彪撰「漢書」未成去世，班固歸里謀繼父業，被人告發，經弟班昭為上書辨白獲釋，官至典校秘書，終成「漢書」。曾隨竇憲出征匈奴，後因漢和帝與宦官合謀殺竇憲，被捕死於獄中。

【新唐書】記彭　　宋。歐陽修

　　彭氏出自風姓，顓頊孫大彭為夏諸侯。少康之世，封其別孫元哲于豕韋，其地滑州韋城是也。豕韋、大彭迭為商伯。周赧王時始失國，徙居彭城，以國為氏。彭伯遐廿四世孫孟為漢楚王傅，去位徙居魯國鄒縣。孟四世孫賢，漢丞相扶陽節侯，又徙京兆杜陵，生玄成。

　　註：　以上節自「新唐書。宰相世系表」。「新唐書」為紀傳體唐代史，225卷，宋代歐陽修等撰。本書在史料上對「舊唐書」有所補充，首創「兵」、「儀衛」、「選舉」三志，並增撰各表，又專立「藩鎮傳」記述鉛革，但文辭刻意求簡，以致時有年代含糊、史料不清之處，因而不如「舊唐書」多保存原始資料為價值。歐陽修(1007~1072)北宋文史學家，字永叔，號醉翁，六一居士，吉水(今屬江西)人，天聖進士，曾任樞密副使、參知政事，北宋古文運動領袖，唐宋八大家之一，詩風與散文近似，除與人合修「新唐書」外，獨撰「五代史」，有「歐陽文忠公集」。

【二十五史補編。人表考】記彭　　清。梁玉繩

　　祝融：祝融始見「左。昭二十九」、「鄭語」。祝又作祝，融又作庸，亦單稱融。顓頊氏之子黎為高辛火正，命曰祝融，居鄭，故鄭為祝融之墟，葬衡山下，舜廟南。

　　陸終：陸終，祝融吳回所產，始見「大戴禮。帝系」、「史記。楚世家」陸又作六。

　　女漬(陸終妃，生六子)：　陸終娶女嬇，產六子，始見「帝系」。(漬與嬇同)，「御覽」361引「風俗通」亦作漬，今本「風俗通」『皇霸卷』訛漬。又作「嬇」『中記。楚世家』"索隱"引「世本」、「路史。后紀人」注引此表亦作「嬇」，鬼方氏之妹，孕三年「帝系」，以六月六日「路史」坼其左脇，三人出焉，破其右脇，三人出焉「水經。洧水注」引「世本」，而「帝系」謂六人皆出左脇，不同也。

　　三曰彭祖：彭祖，始見「鄭語」、「帝系」、「世本」，彭姓，封于大彭「鄭語」及注，名籛「帝系」，而「史記。楚世家」集解吳虞翻云名翦，字鏗，「路史。后紀八」，故曰彭鏗「楚辭。天問」，而「庄子。逍遙遊」釋文、劉向「列仙傳」、葛洪「神仙傳」以為姓籛名鏗，並非，葬彭城下「水經。獲水注」，而「江水一注」、「續郡國志注」言犍為郡武陽縣有彭祖冢，恐非。

　　註：　作者梁玉繩(約1785年前後在世)，清錢塘人，字曜北，自號清白士，增貢生，年未四十，弃舉子業，專心撰述，長于考訂，有「書目答問」廿八卷，撰「史記志疑」，以二十年之力成書，最稱精審，又著「書目答問」、「人表考」、「元號略」、「呂子校補」等。『摘自朱浩熙編著「彭祖」第223-240頁』

諸子言彭

【孔子言彭】

一

子曰：述而不作，信而好古，竊比于我老彭。「論語。述而第七」

註：　孔子，西元前551年至前479年，春秋時期思想家、政治家、教育家，儒家的創始者，名丘，字仲尼，魯國陬邑(今山東曲阜東南)人。漢後，孔子學說成爲中華文化正統，長達二千餘年，影響至大。

清劉寶楠「論語正義」曰：「說文」云，述，循也。作，起也。述是循舊，作是創銘。鄭(玄)注，孔子無位，不敢作禮樂，但可述之耳。信而好古，是言夫子所述六藝事也。竊者，「廣雅釋詁」云：私也。夫子謙言，不敢顯比老彭，故言私比也。老彭歷唐、虞、夏、商、殷賢大夫，夫子春秋時人，故加「我」以親之。

【莊子言彭】

朝菌不知晦明，蟪蛄不知春秋，此小年也。楚之南有冥靈者，以五百歲爲春，五百歲爲秋；上古有大椿者，以八千歲爲春，八千歲爲秋，而彭祖乃今以久特聞。衆人匹之，不亦悲乎！「莊子。逍遙遊第一」

註：　「莊子」亦稱「南華真經」，道家經典之一，莊子及其後學者，文章汪洋恣肆，想像豐富，哲學、文學上有較高研究價值。莊子約西元前-369~-286年。戰國時期哲學家，名周，宋國蒙(今河南商丘縣東北)人。他繼承和發展了老子「道法自然」的觀點，包含樸素辯證法因素，但亦存在相對主義和宿命論。

清末王先謙「莊子集解」注云：司馬(彪)云，蟪蛄，寒蟬也，一名蜋蜋，春生夏死，夏生秋死。李頤云，彭祖名鏗，堯封臣彭城，歷虞，夏至商，年七百歲，故以久壽見聞。

二

夫道，有情有信，無爲無形。可傳而不可受，可得而不可見。自本自根，未有天地，自古以固存。神鬼神帝，生天生地，在太極之先而不爲高，在六極之下而不爲深，先天地而不爲久，長于上古而不爲老……彭祖得之，上及有虞，下柔五伯。「莊子。大宗師第六」

註：　王先謙(莊子集解)：崔(譔)云，彭祖壽七百歲，或以爲仙，不死。成(元英)云，上自有虞，下及殷周，凡八百歲。

三

吹噓呼吸，吐故納新，熊經鳥申，爲壽而已矣。此道引之士，養形之人，彭祖壽考者之所好也。若夫不刻意而高，無仁義而修，無功名而治，無江海而閑，不道引而壽，無不忘也，無不有也。「莊子。刻意第十五」

註：　王先謙「莊子集解」：成云，吹，冷呼而吐故；噓，暖吸而納新，如熊攀樹而自懸，類鳥飛空而伸腳。李云，導氣令和，引體令柔。

【荀子言彭】

扁善之度，以治氣養生則後彭祖，以修身自命則配堯舜。「荀子。修身篇第二」

註：　「荀子」，荀況者，內容總結和發展了先秦哲學思想，在哲學、文學史上有一定價值。荀子約西元前-313~-238年，戰國時期思家、教育家，名況，時人尊而號爲「卿」，趙國人。他批判性地總結了先秦諸子的學術思想，對古代唯物主義有所發展。韓非、李斯都是他的學生。其散文說理透澈，結構嚴謹，對漢賦興起有一定影響。「韓詩外傳」曰：君子有辨善之度。言君子有辨別善之法，即謂禮也。言若用禮治氣養生，壽則不及于彭祖；若以修身自爲名號，則壽配堯、禹不朽矣！言禮雖不能治氣養生，而長于修身自名。以此辨之，則善可知也。彭祖，堯臣，名鏗，封于彭城，經虞，夏至商，壽七百餘歲也。

【呂氏言彭】

一

耳不可瞻，目不可厌，口不可滿，身盡府種，筋骨沈滯，血脈壅塞，九竅寥寥，曲失其宜，雖有彭祖，猶不能爲也。「呂氏春秋。情欲」。

註：「呂氏春秋」亦稱「呂覽」，戰國時期秦相呂不韋集合門客共同編寫而，成爲雜家代表著作，內容以儒、道思想爲主，兼及名、法、墨、農、及陰陽家言，滙集先秦各派學說，爲秦統一天下、治理國家提供思想武器。呂不韋(？~西元前-235 年)，戰國末年衛國濮陽(今河南濮陽西南)人，原爲陽翟(今河南禹縣)大商人，在趙都邯鄲遇見秦公子異人，(後改名子楚)游說華陽夫人，立爲太子。子楚庄襄王繼位，任呂爲相國。門下賓客三千，家僮逾萬。秦王政親政後，呂被免職，後自殺。

漢高誘注「呂氏春秋」：彭祖，殷之賢臣，治情清靜，不欲于物，蓋壽七百餘歲。「論語」所謂「述而不作，信而好古，竊比于我老彭」是也。彭祖之無欲，不能化治欲主使之無欲，故曰：雖有彭祖，猶不能爲。

二

使民無欲，上雖賢，猶不能用。夫無欲者，其視天子也，與爲輿隸同；其視有天下也，與立錐之地同；其視爲彭祖也，與爲殤子同。天子至貴也，天下至富也，彭祖至壽也。誠無欲，則是三者不足以勸。與隸至賤也，無立錐之地至貧也，殤子至夭也。誠無欲，則是三者不足以禁。會有一欲，則北至大夏，南至北戶，西至三危，東至扶木，不敢亂矣。「呂氏春秋。爲欲」

註：漢高誘注「呂氏春秋」：民無欲，不爲物動。雖有賢君，不能得用之也。輿，眾也。彭祖，殷賢大夫也，蓋壽七百餘歲。九歲以下爲下殤，七歲以下爲無服殤。勸，樂也。亂，猶難也。

三

田駢以道述說齊。齊王應之曰：「寡人所有者，齊國也。願聞齊國之政。」田駢對曰：「臣之言，無政可以得政。譬之若林木，無材可以得材。願王之自取齊國之政也。駢猶淺言也。博言之，豈獨齊國之政哉！變化應求，而皆有章。因性任物，而莫不宜當。彭祖以壽，三代宜昌。」「呂氏春秋。審分覽。執一」

註：漢高誘注「呂氏春秋」：彭祖，殷賢大夫，治性，壽益七百。「論語」曰：「竊比于我老彭」，此之謂也。三代，夏、商、周，以治性而昌盛。

【列子言彭】

力謂命曰：「若之功奚若我哉？」命曰：「汝奚功于物，而欲比朕？」力曰：「壽夭窮達，貴賤貧富，我力之所能也。」命曰：「彭祖之智，不出堯、舜之上，而壽八百；顏淵之才，不出眾人之下，而壽四八；仲尼之德，不出諸侯之下，而困于陳、蔡；殷紂之行，不出三仁之上，而居君位；季札無爵于吳；田恒專有齊國；夷齊餓于首陽；季氏富于展禽。若是汝力之所能，奈何壽彼而夭此，窮聖而達逆，賤賢而貴愚，貧善而富惡邪？」力曰：「若如是言，我固無功于物；而物若此邪？此則若所制邪？」命曰：「既謂之命，奈何有制之者耶？朕直而任之，曲而任之，自壽自夭，自窮自達，自貴自賤，自富自貧，朕豈能識之哉哉！朕豈能識之哉！」『列子。力命第六』

註：「列子」，相傳戰國時期列御寇撰。道教經典之一。「漢書。藝文志」著錄「列子」八篇，早佚。今本可能是晉人作品。列御寇，又作圄寇、國寇，相傳戰國道家，鄭人，傳能乘風而飛。列子貴虛，虛即虛靜、無爲，被道家尊爲前輩。

晉。張湛註「列子」：命者，必然之期，素之分也。雖此事未驗，而此理已然。若以壽夭存于御養，窮達系于智力，上惑于天理也。此篇「力命」明萬物皆有命，則智力無施。

【淮南子言彭】

莫壽于殤子，而彭祖爲夭也。『淮南予。說林訓』

註：「淮南子」，亦稱「淮南鴻烈」，西漢淮南王劉安及其門客蘇非，李尙、伍被等著。書中以道家思想爲主，糅合了儒、法、陰陽五行等家，一般認爲是雜家著作，從唯物主義觀點提出了人道、氣的學說，也包含不少自然科

學史材料。劉安(西元 179~122 年)，西漢思想家、文學家，沛郡豐人，漢高祖劉邦之孫，襲父封爲淮南王。好讀書鼓琴，善爲文辭，才思敏捷，奉武帝命作「離騷傳」。招玫賓客方術之士數千人，集作編寫「鴻烈」，亦稱「淮南子」。後以謀反事發自殺，受株連者數千人。

漢高誘註「淮南子」：生寄死歸，殤子去所寄，歸所安，故曰以爲壽。彭祖蓋楚先，壽八百歲，不早歸，故以爲夭。論語曰：「竊比于我老彭」，蓋謂是也。一說：彭祖蓋黃帝時學仙者。言不如殤子早歸神明矣！

【潛夫言彭】

顓頊氏裔子吳回也，爲高辛氏火正，淳耀天明地光四海也，故名祝融……祝融之孫，分爲八姓：己、禿、彭、姜、坛、曹、斯、芊。己姓之祠，颺叔安其裔子，曰董父實，甚好龍，能求其嗜欲以飲食之，龍多歸焉，乃學擾龍以事帝舜。舜賜姓曰董氏，曰豢龍，封諸～川。～夷、彭姓、豕韋，皆能馴龍者也。豢龍以逢以忠諫，桀殺之。凡因祝融之子孫也，己姓之班，昆吾藉扈、溫、董，禿姓～夷豢龍，則夏滅之，祖(彭祖)、豕韋、諸稽則商滅之；姜姓會人則□滅之……『潛夫論。志氏姓』

註：　「潛夫論」，東漢末王符著，內容指陳時政得失，反對讖緯迷信，揭露吏豪強奢侈浪費和魚肉人民罪行。作者隱居著述。不欲顯自己姓名，故有是稱。王符約西元 85~162 年，東漢哲學家，字節信，安定臨涇(今甘肅鎮原)人，一生隱居著書。

【抱朴子言彭】

一

或人難曰：「人中之有老彭，猶木中之有松柏，稟之自然，何可學得乎？」抱朴子曰：「夫陶冶造化，莫靈于人，故達其淺者，則能役用萬物；得其深者，則能長生久視。知上藥之延年，故服其藥以求仙；知龜鶴之遐壽，故效其道引以增年。且夫松柏葉，與眾木有別；龜鶴體貌貌，與眾蟲則殊。至于老彭，猶是人耳，非異類而壽獨長者，由于得道，非自然也。眾木不能法松柏，諸蟲不能學龜鶴，是以短折耳。人有明哲，能修彭老之道，則可與之同功矣！…」或曰：「得道之士，呼吸之術既備，服食之要又該，掩耳而聞千里，閉目而見將來，或委華駟而轡蛟龍，或弃神州而宅蓬瀛，或迟回于流俗，逍遙于人間，不便絕跡以造玄虛。其所尚則同，其逝止或異，何也？」抱朴子答曰：「聞之先師云，仙人或升天，或住地，要與俱長生住留，各從其所耳。又服還金丹液之法，若且欲留在世間者，但服半劑而錄其半，若後求升天，便盡服之，不死之事已定，無復奄忽之慮，正復且遊地上，或入名山，亦何所復憂乎？彭祖言天上多尊官大神，新仙者位卑，所奉事者非一，但更勞苦，故不足役于登天，而止人間八百餘年也。又云，古之得仙者，或身生羽翼，變化飛行，失人之本，更受異形，有似雀之爲蛤，雉之爲蜃，非人道也。人道當食甘旨，服輕暖，通陰陽，處官秩，耳目聰明，骨節堅強，顏色悅懌，老而不衰，延年久視，出處任意，寒溫風濕不能傷，鬼神眾精不能犯，五兵百毒不能中，憂喜毀譽不爲累，乃爲貴耳。若委弃妻子，獨處山澤，邈然斷絕人理，塊然與木石爲鄰，不足多也。昔安期先生龍眉寧公修羊公陰長生，皆服金液半劑者也，其止世間，或近千年，然後去耳。篤而論之，求長生者，正惜今日之所欲耳。本不汲汲于升虛，以飛騰爲勝于地上也。若幸可止家而不死者，亦何必求于速登天乎？若得仙無復任理者，復一事耳。彭祖之言，爲附人情者也。」

或問曰：「爲道者當先立功德，審然否？」抱子答曰：「有之。」按『玉鈐經』中篇云：「立功爲，上除過次之。……又云：「積善事未滿，雖服仙藥，亦無益也。若不服仙藥，並行好事，雖未便得仙，亦可無卒死之禍矣！」吾更疑彭祖之輩善功未足，故不能升天耳。」　『抱朴子。對俗卷第三』

註：　「抱朴子」爲東晉葛洪著，分內外篇，內篇爲現存體系最完整的「神仙家言」，外篇反映作者內神仙而外儒術的根本立場。書中有植物治病記載，對化學和制發展有一定貢獻。葛洪(284~364 年)，道教理論家、醫學家、煉丹術家，字稚川，自號抱朴子，丹陽句容(今屬江蘇)人。少好神仙導引之法，學煉丹術，曾任關內侯，聞交趾出丹砂，求爲勾漏令，攜子至廣州，止于羅浮山煉丹，積年而卒。著作有「抱朴子」、「神仙傳」等。

二

或曰：「聞房中之事，能盡其道者，可單行致神仙，並可以移災解罪，轉禍爲福，居官高遷，商賈倍利，信乎？」抱子曰：「此皆巫書妖妄過差之言。由于好事，增加潤色，至令失實，或以奸僞選作虛妄，以欺誑世人，隱藏端緒，

以求奉事，招集弟子，以規廿利耳。夫陰陽之術，高可以治小疾，次可以免虛耗而已。其理自有極，安能致神仙而郤禍致福乎？人不可以陰陽不交，坐致疾患。若欲縱情欲，不能節宣，則伐年命；善其術者，則能走馬以補腦，還陰丹于朱腸，採玉液于金池，引三五于華梁，令人老有美色，終其所稟之天年⋯⋯彭祖之法，最其要者，其他經多煩勞難行，而爲其益，不必如其書。夭少有能爲之者。口訣亦有數千言耳。不知之者，雖服百藥，猶不能得長生也」

『抱朴子。微甘旨卷第六』

三

或人問曰：「彭祖八百，安期三千，斯壽之過人矣！若囷有不死之道，彼可不遂仙乎？豈非稟命受氣，自有修短，而彼偶得其多，理不可延，故不免雕殞哉？」抱朴子答曰：「按『彭祖經』云：其自帝嚳佐堯，歷夏至殷爲大夫。殷王遣采女，從受房中術，行之有效，欲殺彭祖以絕其道。彭祖覺焉而逃去，去時年七八百餘，非爲死。『黃石公記』云：彭祖去後七十年，門人于流沙之西見之，非死明矣！又彭祖之弟子：青衣烏公，黑穴公，秀眉公，白兔公子，離婁，公，太足君，高丘子，不肯來，七八人皆歷數百歲，在殷而各仙去，況彭祖何肯，死哉！又劉向所記『列仙傳』，亦言彭祖是仙人也⋯⋯」．『抱朴子。極言卷第十三』

四

赤松子、王喬、琴高、老氏、彭祖、務成、郁華、皆真人，悉仕于世，不便退遁。『抱朴子。明本卷第十』

【朱夫子言彭】

著講　太極圖說

易有太極　是生兩儀　兩儀生四象　四象生八卦
八卦定吉凶　吉凶生大業　古者　伏羲氏之王天下也
仰則觀象於天　府則觀法於地　觀鳥獸之文與天地之宜
於是始作八卦　以道神明之德彭　以類萬物之情也

新安　朱熹[朱熹]　　　後學湖湘　彭伯良錄于
淳熙二年仲春　　　金門浯江書院講堂

註：一、金門浯江書院講堂中正樑柱上方畫有彩色太極圖八卦。
　　二、講堂中央朱子銅像坐在講椅上，背後懸掛木塊行書黑字的雕刻：「太極圖說」。
　　三、其中「府」字非「俯」字，釋是朱夫子效法歷代聖賢君主實踐民主法制，治理國家。
　　四、「文」字是文定之意，「宜」字是宜室宜家之意。
　　五、「以道神明之德彭」是朱夫子言彭實証，聖人之聖人也。
　　六、「以類萬物之情也」，是朱夫子以此填充題測試學生與後學。

大彭始祖籛鏗考

(一)

我祖「籛鏗」(彭祖)爲黃帝直系，生於顓頊帝中末，經嚳、堯、舜、夏、禹五朝，至商之初末葉壽終爲止，適逢我族尚在遊牧漂泊期間，隨著各帝過著遷徙生活。故有其後一別成爲八姓(己、董、彭、禿、耘、斟、曹、　)，再別而得者十有八(己、董、蘇、顧、溫、豕韋、諸稽、鄔、路、偪陽、熊、籛、彭、禿、耘、曹、　、斟)，亦可知其生活漂泊不定之一端心。以我祖本身爲例：祖對封于彭城(今之徐州)，堯時應住堯都平陽（山西省臨汾縣城）舜時于蒲阪(山西省永濟縣域)，夏禹建都安邑(山西安邑縣域)時隨之安邑。封于彭城後，才得安居而成爲夏伯也。其間又隱于雲夢山，或避難河沙國外(今西北蒙古額濟納期地，甘肅省毛丹縣附近).其子籛武，籛夷又隱居閩之武九山水(其山因而得名在宗南縣之南方三十里)，六弟季連又爲楚國開國祖等，其遷徙之繁且廣，雖經于今日的，亦括目也。

黃帝至其八代孫籛鏗公我大彭始祖歷史簡介：黃帝姓公孫名軒轅，於西元前 2697 年，生于軒轅之墟(河南省新鄭縣西北)爲人勤謹，有雄略，十七歲輔佐神農帝戡定蚩尤，被擁爲天子，建都有熊(與出生縣同)，所以名軒轅氏，又另稱爲有熊氏，在位一百年，壽 120 歲。娶縲祖氏爲正妃，稱爲西陵夫人。生三子，長曰肇統名丹，爲薛氏祖，無考略之。次曰肇緒元囂，爲二代少昊帝，在位 81 年。娶窮桑氏。生四子。長曰天重，次地該，三曰人修，四曰和熙，號嬌極，娶國英爲妃，生四代帝嚳(即繼承顓頊帝爲第四代皇帝)，嚳生帝摯，帝，摯不賢，各部去摯立爲五代，皇帝。三曰肇基，名昌基，娶蜀山李氏爲妃，生二子。長曰永讚，次曰永繼。永讚號高陽氏，爲人聰穎，十二歲時已輔佐伯父少昊帝，後繼伯父即位，爲第三代顓頊帝，在位 78 年，大妃鄒屠氏，生九子，號稱九黎。二妃潰氏，生一子名卷章。三妃伍氏，生二子。長曰窮蟬名乾，次曰檮杌，爲火正，共 12 子。卷章另稱童酰，號老童，娶參氏，生三子，長曰重黎名義福，爲帝嚳帝火正義司火之職)因能光融天下，稱爲祝融氏，帝命重黎伐共工氏不克被誅。次曰吳回，三曰女修。吳回名義祿，號回祿，繼其兄重黎爲火正祝融。按「姓名源流」張澍有顓頊孫祝融之弟吳回；又重黎，吳回俱爲祝融氏之稱，女修姑嗌氏生二子，大志，大業。大志號皋陶，皋陶生伯翳，伯夷二子。伯翳即伯益也爲梁姓祖。吳回姑雍氏生六子，季曰陸終。陸終娶鬼方國鬥關(山西北方之隗姓狄人)王女瞿氏。懷孕十一年而不育，開其左脅而出三人；又開其右脅而出三人(通誌氏族略載：歷代久遠莫足相證，近魏黃初五年，汝南屈雍妻王氏，生男從右脇下水腹上出，而平和自若，數月創合，母子無恙。又按浮屠氏稱：釋迦生於摩耶夫人之右脅，亦此理也。其徒信之不疑，何學者之疑陸終氏之事)，共生六子。長曰樊，次曰參胡，三曰籛鏗(即彭祖也)，四曰永言，五曰永安，六曰季連。通志氏族略云：長曰昆吾名樊，姓己，其後嗣又稱爲昆吾氏，封于衛墟，爲夏諸斂候，都於河南許昌，湯伐桀時滅之。一說伐桀之前已滅。次曰胡，姓董，封于韓墟，爲夏諸候，周朝時改爲胡國，後爲楚國所亡。三曰籛鏗，名　(註:按彭　乃周文王時名士,此說似爲誤)封于韓國大彭之墟，即彭城也(今江蘇省江北徐州)。四曰會人，姓耘，封于鄭墟。五曰安，姓曹封于祁之墟。六曰季連，姓嗌；事業無所稽考，後裔亦微弱，散居中原和蠻九各地，終獲得開發楚國良機。遂爲楚國始祖。其後裔鬻熊者，爲楚伯時博學有道，歸周後，文、武二王俱師之。後世以熊爲姓，成王時舉其祖勤勞之，功封楚伯鬻熊曾孫熊繹于荊蠻，即楚國，都於丹陽性今湖北荊歸東邊按：楚國初建時，在今湖北省之西三峽之間，周成王時才正式受封爲諸候。西周衰弱後，楚却強盛，統一江漢區域，稱□中原也。以上籛鏗公兄弟六人，五位兄長概當其身以爲伯候，季連後亦爲楚伯，直至周末爲王伯，五位兄長後裔亦當夏商二朝世爲伯候。陸終公遺腹可謂盛矣。

關於彭祖之出生年和年齡，以下舉各項資料推定。陸終生六子，其第三子曰籛鏗(彭祖)。因久仕於大彭(彭城,即今之江蘇省銅山縣徐州.寰宇記云彭城縣在河南徐州。九域誌云彭城元屬東京，又云東京伊闕龍門婆墓猶存)神仙傳云唐帝(堯帝)名放勳其師尹壽先生居河南河陽故城(今孟縣)說道講經，以無爲之道教祖。或謂宛丘先生居河南宛丘(今淮陽縣)服制命丸得道，至湯末已千年，其醫方傳其弟姜若勝服之，三百歲猶如十五童子。彭祖師之，常隱于雲母山，服雲母粉(註:湯末一千餘年前當值堯時，或與堯時尹壽先生同時)由此可推定彭祖於堯前或於堯時師事尹壽先傳授無爲真理。並由宛丘先生學成延壽制命丸之藥方製而服用。自幼就有內外兼修矣。又史記舜記註云：彭祖即陸終第三子，籛鏗，自堯時舉用，歷夏，商，封于大彭，八百歲。王逸註，史記，五帝本紀云：老彭爲堯臣。世本云：商武丁四十三年己亥(西元前 1282 年，距今 3240 年)大彭國亡。楚詞天問註云：彭祖姓籛名鏗，帝顓頊玄孫，善養氣，能

調鼎，進雉羹（雉雞青菜湯），於堯封於彭城。通誌云：彭祖進羹於堯時 180 歲。按：祖進羹於堯時爲水災當中，民不得食之時也。而堯命鯀治水費時九年而無成，被堯所誅，舜又命鯀子禹負責治水，歷時十三年告成。堯舜時我國水害之大，可得而知。故治水工程亦不能稍加中斷，鯀禹父子相繼而完成其重責也。所以可知堯末，舜初時亦爲我祖 180 歲左右也。如此皆推定，祖是生於顓頊帝中末六十年左右(西元前 2453 年距今 4411 年)，按每年農曆六月十二日爲後世之人欽仰祖德多以是日爲祖忌日祭祀之。唐宰相系表云：顓頊帝玄孫大彭爲夏伯。少康(夏朝六代復興賢王)封其別孫元哲於豕韋(今滑州韋城)。又云：大彭，豕韋迭爲商伯，周赧王時始夫國外(註:似指韋國)通鑑顓頊記云：陸終子六人，三曰籛鏗，封於彭，是爲彭祖。其孫元哲封於豕韋，是爲夏伯。以此可何佑祖孫元哲之後，經夏，商至周赧王止，歷三朝爲韋伯候也。昭註云：彭祖至殷末(似夏末之誤)767 歲而不衰。又神仙傳云：上古顓頊玄孫姓籛名鏗，遺腹生，善導引行氣，殷末(似夏之誤)已有 767 歲而不衰，喪失 54 子，娶 49 妻。由此佑祖至夏末 671 歲，玉體尚健壯也。大戴禮紀虞禮紀虞載德篇云：老彭與仲傀並舉。漢書古今表，亦舉老彭與仲虺之列，按仲虺即仲傀，爲商初功勳，兩人並舉，知老彭亦爲商初賢臣也。祖享壽八百零二歲，則於商初才 672 歲左右，至商七代中宗(即大戊王)時逝世。然因無可考據不能明示。按祖在壯年時已常隱山林，年老時亦隱于無方，亦不爲虛也。一說謂逝於二十四世孫之時，若一代平均以 33 歲計算，則恰爲其時也。

黃帝生于西元前 2697 年，彭祖生於顓頊帝 60 年齡(西元前 2453 年)則中間二六四年，祖爲黃帝七世孫，則一代約 38 歲。以上古每一代年齡計算亦屬爲可靠。故可推定祖乃生於顓頊帝六十年齡(西元前 2453 年)經過顓頊帝，帝嚳帝，唐堯帝，虞舜帝，夏禹，到商朝七代中宗(即大戊王)時逝世.享壽八百零二歲。

松柏派記總說，彭祖生於堯癸亥公元前 2278 年六月十二日，逝於西周王三年辛卯公元前 1050 年六月三日，享壽 1228 歲。彭祖究壽高多少，仍待多方查考。我祖得享八百長春聲譽，實不爲虛，我永恒之聲譽也。然祖之能享其長壽者據不肖之推斷，亦不外乎由左記數點之天賦與苦鍊匯合而成者。

一‧祖之天性好靜寡慾，不拘小節，能淡然自住。

二‧由尹壽先生學成無爲之道，悟徹人生哲理。

三‧善導引行氣而內工。

四‧服用制命丸或雲母粉等

我祖天性善良，悟理內外兼修，才能完成延年益壽之大道也。他的爲人，身爲諸候，學問淵博，人格高尙，爲當代世人所欽仰。其逝後，後學仰其德，羨其壽者，比比皆是。如後賢稱堯商賢臣，以其和商初賢士仲傀並列，尤其聖人以其自己之「述而不作，信而好古」的辦學風度，以其平時所欽仰之竊比於老彭生平對于求學態度和誨人處之一端也。

1988 年帥希彭考證「彭祖其人其墓初探」，發表於「四川文物」，爲美國考古學家史蒂文．F ．塞奇在他的「古代的蜀」一文中引證。

彭祖，即籛鏗，爲我國上古長壽老人。由於上古時期還沒有出現正規統一的文字。到了商代，才開始出現甲骨文。而甲骨文數量少，往往用於戰爭、禍福的卜辭和事後的記錄。近百年來，河南安陽小屯村先後出土了一批甲骨文，而能辨識出來的只有一千五百多字。商代中、晚期，青銅器上流行金文，字數也不多。到了西周，文字發展逐漸成熟。最長的是毛公鼎，其銘文長達四、五百字。在這段時期中，開始出現典籍(竹簡)現代稱書本。歷史上記載孔子刪定的「六經」（易、詩、儀禮、樂、春秋、樂經），起碼說明「六經」成書年代，早在孔子之前。到了「百家爭鳴」時期，著作蜂起，在諸子百家的著述中，出現了有關彭祖的記載。

今按成書年代的先後摘錄部分於下：「尙書」孔穎達「疏」說：「彭在東蜀（指巴）之西北。」孔子：「述而不作，信而好古，竊比於我老彭。」「國語．鄭語」記：「彭姓彭祖、豕韋、諸稽則商滅之矣。」「彭祖爲陸終第三子。」荀子說：「以治氣養生，則後彭祖。」莊子「刻意篇」說：「吹噓呼吸，吐故納新，熊經鳥伸，爲壽而已矣。此導引之士，養形之人，彭祖壽考者之所好也。」「逍遙游」說：「而彭祖乃今已久特聞。」屈原「楚辭．天問之道：「彭鏗斟雉帝何饗，受壽永多夫何久長。」此外還有「大戴禮」、「世本」等有相同的記載，此不再作引述。由此看來傳說與古籍記載相合，彭祖確是春秋戰國前的高壽者，是個有血有肉的人物。其長壽之因在於堅持導引術、房中術和烹飪術等。這在漢代以後的典籍中進一步得到證實。如湖北張家山出土一批呂后時期的竹簡抄本，其「引書」的起首句說：「春產、夏長、秋收、冬藏，此彭祖之道也。」西漢劉向的「列仙傳」，晉代葛洪的「神仙傳」、「抱朴子」等

書，均有彭祖及其長壽之道的記載。

既然，出土文物中證實有彭祖其人，史籍中又多處記敘彭祖，應該說彭祖其人的存在應確信無疑了。據「史記。三代世表」正義引「譜記」說：「蜀之先肇於人皇」、「黃帝與子昌意娶山氏女，生帝嚳（一作顓頊），立，封其支庶於蜀，歷虞、夏、商。」「漢書。古今人表八」記：「帝（高陽）一僑報一帝嚳（高辛）一祝融一陸終。軒轅黃帝之八代孫。」按「古今人表八」記：「陸終妃女潰生六子：一曰昆吾，二曰參胡，三曰籛鏗（彭祖），四曰會乙，五曰曹姓，六曰季連。」司馬遷與班固兩位史學家，筆下是很審慎的，若傳說中的烏有人物，他們會毅然棄去。按司馬遷的說法，「封其支庶於蜀，歷虞、夏、商。」彭祖屬支庶，應在蜀。我國第一部地方志「華陽國志。序」說：「彭祖本生蜀。」彭祖本名籛鏗，為何史書上又稱彭祖？因為我國上古時期，人們常以國（封地）或族屬為稱，如啟姓姒，居大夏，周文王姓姬，居周原，人們習慣稱夏啟，稱周文王。商鞅，本姓公孫，衛國人，稱公孫鞅或衛鞅，後秦給封地於商，故稱商鞅。籛鏗乃甲川彭族部族首領，因高壽，彭族尊稱祖，故又稱彭祖。堯舜時，設有四岳九宮12牧，彭祖是參與堯華夏區域部落聯盟中央供職的各主要部族首領之一。「史記。五帝本紀」記：「禹、皋陶、契、后稷、伯益（夷）口、龍、倕益、彭祖，自堯時而舉用，未有分職。」這就證實彭祖為彭族的首領，後夜郎國的主系與舜、禹（夏族的始祖）、契（商族的始祖）、后稷（周族的始祖）、皋陶（東夷族的首領）、伯益（嬴姓各族的祖先），均是參與堯部落聯盟的各族首領，在其身邊供職，屬四岳九宮十二牧。這些人，是當時唯一掌握文化的少數人，往往身兼史、巫、醫三職。「華陽國志。序」說彭祖：「在殷為守藏史，在周為柱下史。」守藏史相當於今國家圖書館館長，當時管理書籍，即甲骨文的卜骨卜甲。柱下史是宮庭記錄史官。據「郭沫若全集。考古篇」解釋甲骨文「巫彭」說，此屬商廩辛、康丁時代，與彭祖任守藏史時代相合，甲骨文出現有「巫彭」，說明彭祖兼有神職。上古時期，人們都很迷信，每逢戰爭或國家大事，都先由巫師跳神祭祀問卜。四川廣漢三星堆青銅人立像，就是古代巫師的造形。跳神要用鼓。漢「說文解字」：「彭，鼓聲也。」所以巫彭當作鼓。從考古學看，四川南部及雲貴兩省北部，出土了大批銅鼓，大概可以說與西南民族的祭祀有關。中國最早的一部地理書「山海經。海內西經」說：「開明東有巫彭、巫抵。夾窫窳之尸，皆操不死之藥拒之。」「華陽國志」說：「孔子地圖」言，（峨眉山）有仙藥。」由此看出，巫彭兼有醫職，大概無可非議。

彭祖何方人氏？目前有兩說，一說江蘇彭城，今徐州銅山縣；二說四川武陽縣，今樂山市彭山縣。據中國古代第一部編年史「竹書紀年」看，周代成書，其記事上起於夏，下止於戰國中（期前299年）。其中有關「彭」的記載有五條。例一：「（夏）啟15年，武觀以西河叛，彭作壽帥師征西河，武觀來歸。」夏代，彭祖仍為方伯，書稱「彭伯」。彭壽，即彭祖，因為祖與壽考相通。夏啟都山西安邑，兒子們爭奪繼承權，啟將小兒子逐放黃河以西。武觀叛，彭祖率兵平息。由此看出兩點：一、彭祖在夏代時方伯地位不變；二、彭祖還能帶兵打仗。例二：「（商）河亶甲三年（商十三王），彭伯克邳。」「邳」在今江蘇徐州地區，彭祖克之而有其地，故該地名曰「大彭」。關於彭祖受封於大彭的時間，史有幾說，一說堯時封於大彭；二說舜時受封；三說夏時受封。從「竹書紀年」看來，司馬遷的說法較為準確：「堯時舉用，未有分職。」受封時間應在商代中業「彭伯克邳」以後。如果彭祖受封在商代中葉以前，「竹書紀年」決不會稱「彭伯」，「大彭」決不會記作「邳」。再說，大彭早封，彭祖決不率師去攻打自己的封地｜大彭。「國語。鄭語」補證：「封於彭城，請之彭祖。」殷墟甲骨文中，確有「彭城」二字。無論大彭或彭城，總是說是彭祖的封地。「封地」，也叫采地，為古代上大夫世祿用邑，邑主可兼併采邑。很明確，封地為采食之地，不是家鄉。

彭祖不是江蘇彭城人，彭城是采邑之地。「竹書紀年」說說「正丁43年」，大彭被武丁兼併。

彭祖故籍，應在四川之武陽，即今之彭山縣。「竹書紀年」記：「（商）帝辛（紂）52年，冬十有二月，周師有事於上帝，庸、蜀、羌、微、盧、彭、濮人。」從兩條記載看，參加周武王伐紂的八個部族在牧野之西，不是東方。八個部族中，「蜀、彭、濮」在四川。其時，蜀族的活動以成都附近的「三都」（新都、廣都）之地為中心。彭族在武陽（今彭山）岷江中游一段。濮人的活動範圍在四川長江沿岸。「尚書」孔穎達「疏」說：「彭在東蜀（指巴）之西北。記載與地理位置相符。「山海經。海內西經」說：「開明東有巫彭。」當開明族沿岷江上至樂山後，沿青衣江北進，然後在郫邑見杜宇。所說開明東，正是武陽的位置。我國最早一部河渠書「水經」，酈道元注解說：「（武陽）縣故夜郎大國。漢武開道，置以為縣，太初四年（前101年），益州刺使任安城武陽。」

「華陽國志。序。蜀志」「彭祖本生蜀」，「王喬升其彭山天柱山，彭祖家其彭蒙」（彭山彭蒙山，今稱仙女山），「武陽縣郡治有王喬祠彭祖祠。」晉葛洪在「神仙傳」裡說，彭祖擅長「房中術」。以授殷王。采女。殷王稍得術，

恐彭祖外傳，欲殺祖絕術，彭祖遁走。彭祖走出，曾游歷閩越、甘陝，後落葉歸根，回居武陽象耳山彭祖宅，死葬彭亡（蒙）山「水經注」說：「江水自武陽東入彭亡聚（今江口鎮街）……此地有彭祖塚焉。」晉代以後的很多史志，關於彭祖葬於彭山彭亡山的記載。綜上所述，筆者認爲我國古代的長壽老人彭祖，生在彭山，葉落歸根，葬在彭山，確係彭山人氏。

（二）

古代的人本來靠狩獵爲生，進化成爲游牧民族部落的團居，過著隨草水漂泊的生活，雖經神農黃帝等聖主教民以農，於三皇五帝經夏至商之初葉，各王首都頻的遷移，可知其游牧根性未除，尚欠定居一地之習也。到商朝中葉，盤庚遷都殷墟以後，才不再遷，人民的生活方式一轉達而變爲土著的農業，以享安定的生活。

所以我祖籛鏗爲黃帝直系，生于顓頊帝中末，經嚳堯舜夏禹五朝，至商之初期末葉，壽終爲止，適逢我族尚在游牧漂泊期間，隨著各帝過著遷涉的生活，故有其後一別爲爲八姓（即己董彭禿秅斟曹），再別而得姓者十有八（即己董蘇顧溫豕書諸稽鄔路偪陽熊彭禿秅曹劇斟），亦可知其生活漂泊火定之一端也，我祖本身爲例，祖雖封於彭城（今之徐州），堯時應住堯都陽（山西省汾縣域），舜時隨于蒲阪（山西省永濟縣域），夏禹建都安邑（山西省安邑縣域），時隨之安邑封於彭城後，才得安居而成爲夏伯也。其間又隱於雲夢山或避難河沙國（今西北蒙古額濟納期地甘肅省毛丹縣附近），其子籛武籛夷兄弟隱居閩之武夷山（其山名因而得名，在宗南縣之南方 30 里），六弟季連，又爲楚國開國祖等，其遷徙之繁且廣，雖經于今日的我們，亦爲之刮目也。

下面試將黃帝至其七代孫籛鏗公（即我大彭始祖）歷史簡介如下：黃帝姓公孫，名軒轅，於西元前 2697 年（距今 4655 年），生於軒轅之墟（河南省新縣鄭縣西北），爲人勤謹，有雄略，十七歲時輔佐神農帝戡定 蚩尤，被擁爲天子，建都有熊（與出生縣同），所以名軒轅氏，又稱爲有熊氏，在位一百年，壽 120 歲，娶媒祖氏爲正妃，號元妃，稱爲西陵夫人，生三子，長曰肇統，名丹爲薛氏，祖無考略之。次曰肇緒，字元器，爲二代少昊帝，在位 81 年，娶 桑氏，生四子，長曰天重，次曰地該，三曰人修，四曰和熙，號嬌極，娶國英爲妃，生四代帝嚳（即繼承顓頊帝爲第四代皇帝），嚳生帝摯帝堯摯帝不賢各部去摯，立堯爲五代皇帝，三曰肇基，名昌意，娶蜀山李氏爲妃，生二子，長曰永贊，次曰永繼，永贊號高陽氏，爲人聰楨，十二歲時，已輔佐伯父少昊帝，後繼伯父即位爲第三代顓頊帝在位 78 年，大妃鄒屠氏，生九子，號稱九黎，二妃潰氏，生一子，名卷章，三妃伍氏，生二子，長曰劈蟬，名乾，次曰檮杌爲火正共十二子，卷章另稱醮，號老童，娶摻氏，生三子，長曰重黎，名義福，爲帝嚳帝火正（司火之職），因能光融天下，稱爲祝融氏，帝命重黎伐共工氏，不克被殊，次曰吳回，三曰女修，吳回名義祿，號回祿，繼其兄重黎爲正祝融，按「姓名源流」張澍有顓頊孫祝融之弟吳回，又重黎吳回俱爲祝融氏之稱，女修姒劇氏，生二子大志大業，大志號皋陶，皋陶生伯翳、伯夷，二子伯翳即伯益也，爲梁姓祖，吳回姒雍氏，生六子，季曰陸終，陸終娶么方國（山西北方隩姓狄人），王女瞿氏，懷孕十一年而不育，開其左脅而出三人，又開右脅而出三人（通志.氏族略）載歷代久遠，莫足相證，近魏黃初五年，汝南屈雍，妻王氏，生男從右脅下水腹上出，而平和，自若數月創合母子無恙。又按浮屠氏稱釋迦，生于摩耶夫人之右脅，亦此理也。其從信之不疑，何學者之疑陸終氏之事），共生六子，長曰樊，次曰參胡，三曰籛鏗（即彭祖也），四曰永言，五曰永安，六曰季連。「通志」.氏族略」云：長曰昆吾，名樊姓，己有後裔又稱爲昆吾，氏封于衛墟，爲夏諸侯，都于河南許昌，湯伐桀時滅之。一說湯伐桀之前已滅。次曰參胡，姓董，封于韓墟，爲夏諸侯，周朝改爲胡國後爲楚所亡。三曰籛鏗，名　（注按彭剋乃周文王時名士，此說似爲誤），封于韓國大彭之墟，即彭城也（今江蘇省江徐州）。四曰會人，姓秅，于鄭墟。五曰安，姓曹，封于郏之墟。六曰季連，姓　本人事業無所稽考，後裔亦微弱，散居中原和蠻夷各地，終獲得開發楚國良機，遂爲楚始祖，其後裔鬻熊者，爲楚的時博學有道歸，周文武二王俱師之後，世以熊姓，成王時舉其祖勤勞之功，封楚伯鬻熊，曾孫熊澤于荊蠻，即楚國都，于丹陽（今湖北秭歸東邊），按楚國初建國時，在今湖北省之西三峽之間，周成王時才正式受封爲諸侯，西周衰弱，後楚強盛統一江漢區域，稱霸中原也。以上籛鏗公兄弟六人，五位兄長概當其身，以爲諸侯季連後，亦爲楚伯，直至周末爲王伯，五位兄長後裔，亦當夏商二朝世爲伯侯，陸終公遺腹可謂盛矣。

關於彭祖之出生年和年齡，以下舉各項資略予推定，即陸終生六子，其第三子曰籛鏗（即彭祖也），因久仕于大彭（彭城即今之江蘇省銅山縣徐州）。「寰宇記」云：彭城縣在河南徐州。「九域志」云：彭城原屬東京，又云東京伊闕龍門彭婆墓猶存）。「神仙傳」云：唐帝（堯帝）名放勛，其師尹壽先生居河南河陽故城（今孟縣）說道講經，以爲之道教祖，

或謂宛丘先生居河南宛丘(今淮陽縣)服制命丸得道,至湯末已千餘年,其醫方傳其弟姜若勝服之百歲,猶如十五童子,彭祖師之,常隱於雲母山,服雲母粉(注湯末一千餘年前,當值堯時,或與堯師尹壽先生同時),由此可推定彭祖于堯前,或于堯時師事尹壽先生傳授無為真,並由宛丘先生學成延壽制命丸之藥方制而服用,自幼就有內外兼修矣。又「史記」舜記注云:彭祖即陸終第三子籛鏗,自堯時舉用,歷夏商封于大彭八百歲。王逸注「史記帝本紀」云:老彭為堯臣。「世本」云:商武丁 43 年己亥(西元前 1282 年距今 3240 年)大彭國亡。「楚詞。天問注」云:彭祖姓籛名鏗,帝顓頊玄孫,善養氣,能調鼎進雉羹(雉雞青茉湯),于堯封于彭城。「通志」云:彭祖進羹,于堯時一百八十歲,按彭祖進羹于堯時為水災,當中民不得食之時也,而堯命鯀治水,費時九年而無成,被堯所誅,又命鯀子禹負責治水,歷時十三年告成,堯舜時我國水害之大可想知,故治水工程不能稍加中斷,鯀禹父子相繼而完成其重責也,所以可知堯末舜初時,為我彭祖 180 歲左右也,如此當可推定彭祖是生于顓頊帝中末六十年左右(西元前 453 年距今 4411 年),按每年農曆另六月十二日為後世之人欽仰祖德,多以是日為彭祖忌日祭祀之。唐宰相系表云:顓頊帝玄孫大彭夏伯少康(夏朝六代復興賢王),封其別孫元哲于豕書(今滑州書城)。又云大彭豕書迭為商伯周赧王時始失國(注似指書國)。「通鑑。顓頊記」云:陸終子六人,三日籛鏗,封于彭城,是為彭祖,其孫元哲封于豕書,是為夏伯,以此可知祖孫元哲之後,經夏商至周赧王止,歷三朝為書伯侯也。昭注云:彭祖至殷末(似夏末之誤)767 歲,而又不衰。又「神仙傳」上古顓頊玄孫姓籛名鏗,遺腹生,善導引行氣。殷末(似夏末之誤)已 767 歲而不衰喪失。五十四子,娶四十九妻。由此可知彭祖至夏末 671 歲,玉體尚健壯也。「大戴禮記。虞載(戴)德篇」云:老彭與仲傀並舉。「漢書。古今表」舉老彭與仲虺之列。按仲虺即仲傀,為商初功勛兩人並舉知老彭,亦為商初賢臣也。彭祖享壽八百零二歲,則于商初才 672 歲左右,至商七代中宗(即大戊王)時逝世,然因無可考據,不能明示。按彭祖在壯年時,已常隱山林,年老時亦隱于無方,亦不為虛也。一說謂彭祖逝于 24 世孫之時,若一代平均以 33 歲計算,則恰為其時也,又黃帝生于西元前 2697 年,彭祖生于顓頊帝 60 年(西元前 2453 年)則中間 264 年彭祖為黃帝七世孫,則一代約 38 歲以上,古每一代年齡計算,亦屬為可靠,故可推定彭祖乃生顓頊帝六十年(西元前 2453 年)經過顓頊帝、嚳帝、唐堯帝、虞、舜帝、夏禹,到商朝七代中宗(即大戊王)時逝世,享壽八百零二歲。我彭祖得享 八百長春聲譽,實不為虛,亦我宗永恒之聲譽也。然彭祖之能享其長壽者,據不肖之推斷,亦不外乎由左記數點之天賦與苦練匯合而成者。一彭祖之天性好靜寡欲,不拘小節,能淡然自住,二由尹壽先生學成無為之道,悟 人生哲理,三善導引行氣,而修內功,四服用制命丸,或云母粉等等,不僅天性善良,尚能悟理和內外兼修,才能完成延年益壽之大道也。

彭祖為人不僅身為諸侯,其學問之淵博,人格之高尚,為當代世人所欽仰,其逝後後學之仰其德,羨其壽者,比比皆是。如後賢稱堯商賢臣,以其和商初賢士仲傀並列,尤其聖人以其自己之述,而不作信,而好古之辦學風度,以其平時所欽仰之竊比于我老彭之一句來相比擬,又舊注云:老彭商賢大夫,好述古事,談正義,由此可以看出我祖老彭之生平,對于求學態度和誨人處世之一端也。

彭宇棟　撰於台灣　1958 年十月

(三)

【史記】楚世家昌意之孫稱生卷章,卷章生重黎。【世本云】:老章生重黎及吳回。譙周曰:老童及卷章,字訛也,又重黎當是二人。見國語。重黎為帝嚳高辛居火正甚有功,能光融天下,帝嚳命曰祝融。共工氏作亂,帝嚳使重黎誅之而不盡,而以其弟吳回為重黎,後復居火正為祝融。吳回生陸終,終生子六人,剖坼而產焉。【世本云】:陸終娶鬼方氏之妹謂之女嬇,孕而不育十一年,開左右肋而出六人。其長曰昆吾,名樊,為己姓;二曰參胡,名惠連;三曰籛鏗,名翦,為彭姓「即彭祖」;四曰會人,名求言,即鄶國;五曰安曹,名安,為曹姓;後為邾國(後政稱鄒);六曰季連,□姓,即楚國。昆吾氏夏之時嘗為侯伯,桀之時被湯滅火,籛鏗氏殷之時嘗為侯伯,殷之末世滅之。
【史記舜本紀】堯崩三年,喪畢讓丹朱,天下歸舜,而禹皋陶契,後稷,夔龍倕益彭祖,自堯時皆舉用,未有分職,舜乃辟四門云云。國語史伯答鄭桓公曰:黎為高辛氏火正,故命之曰祝融,其功大矣,夫成天地之大功者。其子孫必章,祝融能昭顯天地之光,明以生柔嘉材者也,其後八姓(己、董、彭、禿、妘、曹、斟、□),于周末有侯伯,佐制物于前代者。昆吾為夏伯矣,大彭、豕書為商伯矣(即五□之三也,昆吾夏衰,遷于舊許,豕書乃彭姓之別,封于書者,二國相繼商伯。一云彭祖之孫元哲封于書,故又為氏)。己姓昆吾蘇顧溫董(己姓別封四國),彭姓彭祖豕書諸稽則商滅之矣。「彭祖即大彭氏豕書國,于唐後遷于杜為晉,范氏」。禿姓舟人則周滅之(禿姓彭祖之後別受氏者,舟

人國民)。孔子曰:「述而不作,幸而好古,竊比于我老彭」。大戴禮虞德篇有商老彭之語,包氏注云:商賢大夫失子論語注本此。呂氏春秋老彭少好恬靜,惟以養神治生爲事,及爲大夫,稱疾不與政事,好覽古籍,以政教大夫,以官教士,以技教庶人,揚則抑,抑則揚,綴以德行,不任以言。

【姓氏譜】:老彭嘗作祭祀,統興樂賦,皆循其故典,推惟博識考老。楚辭:彭鏗斟雉,帝何享受,命永多夫何長注,鏗好和滋味進雉羹于堯,堯享之而賜以壽考。

【庄子】:彭祖國乃今以久特聞。又曰:彭祖得首上及有虞下及五伯。

【荀子】:彭祖,堯臣,經虞、夏、商,壽七百歲。

【列仙傳】:彭祖姓籛名鏗,善爲補道之術,服水精雲母粉麋角散,常有少容,至殷末己七百六十歲而不衰老,每云吾遺腹(剖腹)而生,三歲而失母,遇犬戎之亂,流離西域百有餘載,喪四十九妻五十四子,數遭憂患,榮衛枯焦,恐不度世,殷王欲害之,乃去,不知所之,其後七十餘年。聞人于流沙國西見之,共八百三十八九年矣。

【四書備考論云】:俗以素女術出于籛鏗。考列仙傳,鏗云:上士別床,中士異被,下士異枕,服藥百顆,不如獨臥,後人集其采納之術,號彭祖經,是鏗之采納,以存真葆衛爲先,務與俗論大相反。所謂喪四十九妻五十四子,特欲形容,八百歲之久耳。漢藝文志房中八家之術皆妄也。

宋陳靖嘗作彭祖觀井圖以繩繫腰,言其慎也。

錄自貴氏家譜二轉摘湖南衡山老譜

(四)

戰國時期,諸子峰起,百家爭鳴,熱氣騰騰,極大地推動了文化學術事業的發展。其代表人物,都是一些博學多才的思想家。他們在著作中,多次談到彭祖的貢獻和影響。哲學家莊周在(莊子,大宗師)中高度贊揚彭祖爲得道之人?「夫道彭祖得之,上及有虞,下及五伯。」(莊子,逍遙游)又稱贊:「彭祖乃今以久特聞」。思想家、教育家荀況在(荀子,修身篇)中稱道彭祖在治氣養生方面的貢獻。

著名雜家呂不書(呂氏春秋)一書中,多次肯定彭祖的醫世之功,把「彭祖至壽」同「天子至貴」「天下至富」相提並論。此外,(列子)和西漢劉安(淮南子)等著作中,亦多次言及彭祖,足見彭祖影響之大。

在哲人看來,彭祖爲得道之人,爲集上古養生術大成之人,爲罕見長壽之人。諸子百家盡管學術思想不同或不盡相同,但多弔彭祖爲據,以增強其立論的權威性和說服力,足見彭祖煌煌于哲人心中,長留哲人哲言。

漫說彭祖

朱浩熙

> 七七鸞弦續未休，韶光八百去如流；
> 當時若解神仙術；更許春齡億萬秋。

元代詩人楊少愚這首七言絕句所詠之人，長壽八百餘歲，續娶了七七四十九位嬌妻，引得文人騷客觸景生情，詩韻悠悠，千古傳誦不已。此人就是上古養生學大家、大彭始祖、長壽之神彭祖。

赫赫彭祖

往事若烟雲，逝若東流水。大約是因爲年代十分遙遠的緣故，提起彭祖，許多人只知其名，不詳其事。殊不知，在中國古代，彭祖可是位赫赫有名的人物啊！

人們都知道，中國周朝有位孔子，他是中國封建社會備受尊崇的大聖人。孔子離我們兩千多年了，而彭祖還要孔子早兩千多年呢！那是著名的開明君主帝堯擔任部落酋長的時候。

彭祖是怎樣一個人，這從孔子的話中便可以看出。孔子弟子及其後學記錄先師言行思想的「論語」篇中，有一段這樣的話：【子曰：述而不作，信而好古，竊比于我老彭。】在後人眼裡，孔老夫子可算得上一個大人物了，上自皇帝，下至平民，無不對他頂禮膜拜，敬重有加。可這樣一位偉大人物，也不敢明目張膽地與彭祖比，而只是私偷偷地自彭祖。可見彭祖在當時的影響之大，可說得上聲望齊天。孔子當年看彭祖，正像我們今天看孔子那樣，真是「仰之彌高，鑽之彌深，瞻焉在前，忽焉在後」，形象十分高大呢！

除孔聖人外，先秦諸子著作，中也多次講到彭祖，如「莊子」、「荀子」、「列子」、「呂氏春秋」等，都講到彭祖籛鏗在養生治氣方面的卓越貢獻，稱贊他洪福齊天，是一顆長壽的明亮之星。還有的醫書記述彭祖在服氣療病方面的學說。後人將彭祖之作及其傳授的知識整理成書，號曰「彭祖經」，在社會上流傳很廣。1974 年，長沙馬王堆出土文物中，考古工作者清理出二百多枚竹簡，其中有一部古醫書「十問」，就記有彭祖關于養生方面的論述。在全國各地民間，也廣泛地傳誦著彭祖的故事，經過幾千年，一直流傳到今天。

古人眼中，彭祖真稱得上一位拯于水火、救人于疾困、道門深似海、聲名響似雷的大賢人。爾來四千餘載，歷史迷霧沉沉。讓我們拂拭積年的塵埃，窺視一下彭祖籛鏗的輝煌形象吧！

堯前救駕

在中國原始社會時期，出了好幾位開明的部落酋長，其中一位就是陶唐帝堯。我們通常說，「自從盤古開天地，三皇五帝至于今」，堯就是五帝之一。堯是黃帝曾孫帝嚳高辛之子，名放勳。關于堯的爲人，孔子曾經這樣形容他：「其仁如天，其智如神，就之如日，望之如雲」。「大戴禮。五帝德」這幾句的意思是，堯胸懷寬廣，博愛百姓，聰明絕頂，料事如神，能給人們帶來光明和溫暖，而自己卻從來不謀私利，保持高潔的品格。

俗話說：「多難興邦」。堯正是在大災大難中被大家認識，受大家擁戴掌權的。堯年輕時，天下大旱。「淮南子」一書中說：「逮至堯之時，十日並出，焦禾稼，殺草木，而民無食。」加之野獸肆虐，部落爭鬥，天下洶洶，小民真是度日如年！堯派羿射落九日，殺死猛獸，打敗爲害地方的野蠻的勢力，天下太平，風調雨順，萬民皆喜，一致舉堯當部落首領。

又過了若干年，到處又鬧起了大水。「孟子。滕文公上」這樣描述那時的情景：「當堯之時，天下猶未平，洪水橫流，泛濫于天下。」「史記。夏本紀」又說：「當帝堯之時，洪水滔天，浩浩懷山襄陵，下民其擾。」大水都湧上了山頭，可見舉目一片水鄉澤國，多麼可怕！是時也，國中只有屈指可數的幾片陸地，而又荒草叢生，禽哭逼人，勤政爲民，並選拔舜來輔佐自己，身體一天天消瘦下去了。據【韓非子】一書描述，堯的生活也相當艱苦，住的是茅棚，吃的是糙糧飯，喝的是野菜湯，冬披鹿皮御寒，夏以麻片掩體……

大水連年不退，帝堯憂心如焚。他當時建都于現在山東、山西一帶。據說一次巡視水情，來到今日徐州之城，積勞成疾，營養不良，身染沉疴，竟至臥床不起……，一連數日，帝堯粒米、滴水未進了。在神志迷糊、苟延殘喘

之際，一勺勺味道鮮美的羹湯，如甘露一般滴到他的嘴裡。他腸中一熱，渾體通泰。堯醒了過來，看到一位中年人模樣的男子漢伏在病床前，一手端著湯碗，一手拿著骨匙。這就是國時期愛國詩人屈原【天問】詩句，【彭鏗斟雉，帝何饗】所描述的情景。堯問：這是誰做的什麼湯，這麼鮮美？隨從指著床前的漢子告訴他，湯名雉羹，就是這位叫籛的漢子用野雞肉汁、肉糜加稷糝熬成的。

籛是什麼人呢？

祝融之孫

這位叫籛的男子漢，就是我們所講的彭祖。彭祖是他後受封以後的稱謂，這時還只叫籛。

關於籛的身世，【世本】、【大戴禮】、【史記】等史書都有記載。其說法盡管不盡相同，但是大體還是一致。籛是黃帝的後裔，顓帝的玄孫。籛的祖父叫吳回。吳回的哥哥叫重黎。帝嚳高辛氏當檣時，以西亳(河南偃師縣境內)爲都。重黎擔任火正之職，在取火、存火、用火、管火方面很有一套辦法，造福天下立了大功。人們以火神，居住在鄭，即今陝西省華縣。【見清。梁玉繩(人表考)】南岳衡山一千三百多米的頂峰叫祝融峰，上面有一座祝融廟，裡面供著祝融神，就是重黎。後來，一個名叫共工氏的部落造反。帝嚳派重黎去平叛，仗打得不夠漂亮。天子便殺了重黎，以其弟吳回繼承火正祝融之職。重黎死後葬在衡山之下，他沒有後代，後人所說祝融之後，實際都是吳回的後裔。

吳回生子陸終，陸終娶妻于鬼方氏，爲鬼方氏之妹女嬇氏，也有書上寫爲女嬇氏、女潰氏等，實際上就是陸終的嬇氏。鬼方是我國古代一個頗爲強大的民族。其活動區域大致在中原的西部和北部一帶。據近代國學大師王國在【鬼方昆夷考】一文中說，鬼方爲古時一強梁外族，不時入侵中原。其武力很強大，但文明方面就差得多。這個民族最早叫鬼方氏，以後又叫混夷、戎、狄，戰國之後又稱胡、匈奴。所謂鬼方氏，很可能是鬼方氏的一個首領。陸終之妻，便是這個首領的妹妹。那時，鬼方不時侵暴中原，與炎黃部族殄生斯鬥。女嬇氏之所以來到中原，無非有兩種可能，一是兩和親的結果，二是被炎黃部族戰爭中作爲戰利品擄來。如果是前者的話，陸終的婚姻屬于炎黃部族與鬼方族上層人士之間的通婚。女嬇氏倒是一位民族團結的友好使者呢！一個堂堂的天子大臣、火正的兒子，娶一個外民族的姑娘爲妻，不僅有利于民族和解，平息干戈之爭，而且有利于民族文化交流，推動人類文明進步。

這位女嬇氏，就是籛的母親，也可稱得上一位混兒呢？如果黃帝爲一世祖的話，算起來，到籛這一代是八世。所以人們通常說，籛是黃帝後裔，祝融之孫，陸終之子。

女嬇生子

籛在苦難的嘶喊聲中來到人世，開始了漫漫苦難人生的跋涉。說起籛的出生，還真帶有傳奇色彩哩！陸終結婚後，雖說當時物質生活不那麼充裕，但是小日子一定過得不錯。人們說：「恩愛夫妻不到頭」。想不到這句話竟不幸地應驗到陸終夫婦頭上。結婚不久，女嬇氏就懷孕了，這本來是一件喜事，到頭來卻令人生慢。

俗話說：「十月懷胎，一朝分娩。」十個月過去了，女嬇氏腹中沒有動靜。又十個月過去了，女嬇氏還是沒有生產。家人和世人能不由喜變疑嗎？這個鬼方妖女，懷的究竟是什麼鬼胎？冷漠之情，可而知。在世俗人的眼裡，女嬇氏似乎成了一個不可饒恕的罪人，陸終氏也臉上無光，在人面前抬不起頭來。夜深人靜之時，小夫妻只有抱頭痛哭，以淚水洗刷世道不公的屈辱，以怒嗟抒發胸中郁積的憤懣。只有女嬇氏自信自己的貞潔。

【大戴禮】等書中都說，女嬇氏「孕而不粥三年」，快三個年頭了，女嬇氏的大腹仍然有增無減，小生命還沒有誕生的日子。年輕的陸終精神終于崩潰了。他望著骨瘦如柴的異族妻子，熱淚橫流，瞪著一雙迷茫的大眼睛離開了人世。陸終死後，女嬇氏的悲傷可想而知。他背鄉離井，遠嫁中原，舉目無親，唯有陸終。現在連惟一的親人也被蒼天無情地奪走了！她哭天哭地，哭親人，真是痛不欲生。可能由于傷心過度，她腹中卻感到一陣劇烈的躁動，似乎有無數個小生命拳打腳踢，急不可待地奔向人間……女嬇氏盼望已久的產期，到底來臨了。但是，不幸的事情又發生了：難產！這真是叫天天不應，呼地地不靈。走投無路時，急中智慧生。【世本】記載說：「陸終娶于鬼方氏之妹，謂之女嬇，是生六子，孕三年而不育，剖其左脇，獲三人焉；部其右脇，獲三人焉。」古書上有西方少數民族啟脇生產的記載。女嬇氏啟脇生子，很可能是她從鬼方部族帶進中原的絕技。懷孕三年，不生則已，生則驚世，一胎六子，可說是一件奇事。據【路史】所記，女嬇氏生子這天是六月六日。生地即祝融之墟 —— 鄭。

據古書記載，女嬇氏生六子，老大叫樊，老二叫惠連，老三叫籛，老四叫求言，老五叫晏安，老六叫季連。

【大戴禮】也記載有女媧氏啓脇生子的史實，不過說她打開左脇生了六子罷了。這即是中國第一例剖腹生產的記錄，也是中國第一個一胎六子的記錄！四千年前剖腹生子，事情雖然離奇，但是，幾種古書上的確是如此記載的。他們的後代遍及天下，又叫人難以置疑。

流離西域

可想而知，女媧氏生子後，她賴以生存的家庭環境和社會環境會有所改善。但是，剖腹生子給她帶來的肉體創傷，都是難以彌合的。刀口糜爛，疼痛割心，面對著六個嗷嗷待哺的幼兒，她拿什麼去養活他們啊？奶頭乾癟，了身體累垮了，六個兒子活蹦亂跳地從她懷中跑出來了。然而，啓脇之創，喪夫之痛，極度虛弱的身體，加之養育孩子的操勞，女媧氏終于承擔不起生活的重擔，永久地倒下去了。當時，孩子們剛剛三歲，這就是【神仙傳】中所說的彭祖「三歲失母」的故事。

女媧氏死後，六個孩子孤苦伶仃，十分可憐，是常人意料之中的事情。原來的鬼方，這時已改名犬戎。由于女媧氏的關係，炎黃部族與鬼方部族之間，維持了七八年和睦相處。女媧氏一死，雙方劍拔弩張，關係又一天天緊張起來，終於一場不可避免的戰爭爆發了。犬戎之族率領鐵甲之師，長驅中原大地，一路燒殺搶掠，矛頭直指京城西亳(今河南省偃師縣)。而位于現陝西華縣的祝融之家，正是厌戎部隊進攻和搶掠的首要目標。彭祖後來講述自己的經歷時，也有「遇犬戎之亂，流離西域。」【神仙傳】的痛楚之言，想來全家倉惶東逃時，他不幸落入魔掌。強悍的異族士兵，對付一個手無縛雞之力的三歲孩子，還不像老鷹捉小雞一樣嗎！就這樣幼小的籛被犬戎帶到西域。

原來的鬼方氏，搖身一變犬戎氏，不管怎麼與炎黃部族交惡，籛畢竟是女媧氏的親生骨肉，與犬戎氏有甥舅關係。對于這麼個小毛娃兒，犬戎氏也不忍心置于死地。籛無依無靠，只能在別人的憐憫下乞討度日。長年忍飢挨餓，強食膻腥，牧馬放羊，受盡煎熬。

籛一天天長大了，由于先天營養不足，後天養育失調，他身體極度虛弱。出于生存的本能，他便留心各種各樣的養生之道。籛聰明向學，悟性又高，拜青精先生、宛丘先生爲師，體魄逐漸健壯起來，並成爲一位出色的養生高手。身處異域，籛無時不在思念自己的故土。那裡有他的祝融之家，有他父母長眠的土冢，有他的手足兄弟。

歲月悠悠，寒來暑往，不覺百有餘年，籛倒越活越年輕了，看上去就像五六十歲的樣子。這時炎黃部族已經堯世。犬戎人早已放鬆了對籛的看管。一日，籛不辭而別，東歸故土，回到潤別已久的父母之邦。

堯封大彭

了解了籛的身世，帝堯不禁肅然起敬；飽經憂患，年愈百歲，還爲治理水害四處奔波，真不愧一位年高德劭之士。可以想見，籛回中原，首先回到鄭地，但祝融故里早已一片廢墟，時過境遷，物是人非。再說，黎民塗炭，水深火熱，籛雖年高，尚懷絕技，怎能坐看大水肆虐？於是，輾轉來到東部洪水泛濫之地。

帝堯身體略好，自然掙扎著起床，外出巡察水情。一日三餐，籛把帝堯的生活安排得有序不紊。除雉羹外，籛還不時烹制羊方藏魚、麋角雞、雲母羹等湯點、菜點。所謂羊方藏魚，是羊肉塊裡裝魚燒成的菜，加以調料，鮮美無比。據說，鮮字就是從籛的這道菜而來的。麋角雞，是用鹿茸燒雞肉做成，對身體虛弱的病人具有大補的作用，雲母羹是用雲母粉熬成的湯，長期服用不僅可以美容，還能延年益壽哩！帝堯長年操勞，心力交瘁，早已食，不甘味，想不到吃了籛做的飯菜，食慾大增，內心對籛白有說不出的感淚之情。

帝堯乘著刳木之舟，指揮人民治水，所到之處，銅鼓彭彭，原來這裡過去多次發生戰事，民間還保存多戰鼓。現在銅鼓都用來抗洪了。哪裡有險情，哪裡就鼓聲。帝堯順獲水而東，至二水交流處再順泗水南北巡察。這裡有處急流險灘，就是後來所說的秦梁洪、百步洪、和呂梁洪。浪高十丈，流水湍急，漆濤澎湃，令人驚懼。帝堯仁立岸邊，耳中聽到不盡的彭彭之聲。

那時黎民生活都比較艱苦，但是比較起來，這裡的人們身體比較健壯，可謂四體彭彭。堯很是奇怪，經打聽，方知是籛的功勞。籛自從來到這方土地，便著力推廣養生之術，並設法調和滋味，改善飲食。

銅鼓彭彭，波濤彭彭，人體彭彭，給堯留下了極爲深刻的印象。堯於是命名這方土地爲大彭。籛不愧是祝融的子孫，在前輩以火熟食的基上，又發明了調和滋味的辦法，可謂功不可沒。堯於是責成籛負責開發這片土地，稱彭祖。彭祖，也就是大彭始祖、其道可祖、彭氏之祖的意思。因爲彭的本義是擊鼓發出的聲音，呂梁以南又多磐石，

扣之鏗鏗然，如鐘鼎之聲，籛又得到一個鏗的名字，稱爲【籛鏗】。

汗灑彭土

彭祖建都于獲水南岸，南依青山，名大彭山。背山面水，地勢平坦而高亢，真是一片藏風聚氣的寶地。

在滄海橫流之時，彭祖首先考慮的，是如何保證大彭百姓的身體健康，這是大彭自立強盛的根本所在。洪水遍地，人們飲水往往隨處取用。而飲水又很乾靜，所以誘發很多疾病。彭祖便帶領人民群衆掘土爲井，並從山上取來石塊，砌成井筒。這裡地下水位較高，泉水汩汩湧流，四圍土地之水滲進井中，清澈可鑑。百姓食用井水後，患疾病者大大減少，大家交口稱譽這眼井是神井。爲表示對彭祖的一片感激之情，大家又把這井稱爲「彭祖井」。這眼古井保存至今，仍然泉清水旺，現已成爲彭祖勝跡之一。

大彭之土，群山糾紛，獸跡鳥道遍布，不時對人們的生命造成危害。彭祖便發動大家沿聚居之地周圍，挖成深溝，沿溝內築土牆，並君上樹枝石塊類，使人們增君了安全感。這便是原始大彭之城。

由於連年大水不退，夏秋又多霖雨，空氣多陰濕之氣，許多人長期浸泡水中，骨節常患風濕性疾病。彭祖認爲這是陰氣過重造成的結果。他集各種養生之術的大成，又結合自己的切身體驗，編排了一套動作，名之曰「導引術」。導指導氣，把胸中郁淤凝滯之濕氣排出，使身體和舒暢；因此活動筋骨，運動軀體，讓關節柔軟。現在看來，彭祖導引術，實際上屬保健體操之類。它是通過呼吸和運動，使人驅除風濕，保持五臟和四肢健康的運動形式。

食物匱乏，困於水中飢餓而死者不乏其人，彭祖又教給大家「服氣術」。一旦遠離人群，食物無著，人們可以對著陽光吸氣，咽氣，從陽光和空氣中攫取營養。這也是今天所說的辟穀術，多日不吃東西，不僅可以生存，並能保持精力旺盛，體重不減。從一些資料上看，彭祖經常不帶乾糧外出，一去長達數十天，但他也並不是絕食，回家一日甚至可食數餐。看來，彭祖不過是把辟穀作爲防止斷炊的一種手段而已。

此外，彭祖還指導百姓進行正常生活。他反對禁慾，認爲男女交接是合乎自然規律的陰陽結合，但應注意有所節制，要以時以地，戒暴，戒濫，認爲滛慾無度不僅有害于健康，而且勢必短命。彭祖的這些言論在秦漢之前影響很大。漢代「罷黜百家，獨尊儒術」，道家性科學被貶入冷宮，這些知識只在民間流傳。大約唐宋期間，房中術流傳到日本，被日本人奉爲經典，發揮了應有的作用。我們少人談性色變，實際上是兩千多封建主義造的恐性症，和性盲症的反映，是無知的表現。

大彭大治

人們都稱彭祖爲老彭。至於老彭究竟姓甚名誰，卻很少有人探個究竟。我們祖先造字是頗講究的，古姓帶有女字旁，說明姓發生於母系氏族社會，是血緣集團的標志，以此明血緣，別婚姻。氏則是同姓的分支，用以區別貴賤。古代姓與氏還不是一回事。從漢代司馬遷開始，姓氏才混爲一談。彭祖爲堯時人，應有姓，有氏，有名。他是黃帝後裔。黃帝原姓公孫，名軒轅，後因長於姬水，因而姓姬。【史記。五帝本紀】說：「自黃帝至舜、禹，皆同姓而異其國號。」彭祖應爲姬姓。其父爲陸終，人稱陸終氏。彭祖原稱籛，亦氏亦名，也可稱氏。後來他又有了鏗這個名字，籛則成了真正的氏了。不過，漢代以後，姓氏合一，人們不呼本姓，而僅呼籛鏗。有的書上說他姓籛名鏗。受封大彭後，籛鏗以國爲氏，又姓彭。所以有人叫他彭鏗。現在看來，這些稱呼都沒有錯。

彭祖雖然對大彭情有所鍾，對治理大彭山水不遺餘力，但對于做官管人，實在不感興趣。他把主要精力都用到養生方面去，一宥空閑，就到深山去採靈芝；有時又跑到幾百里外的歷陽雲母山採雲母石……歸來時，經常閉目靜坐不恤事務，不與人爭，每天朦朦亮，彭祖就起來了床，披發在庭中散步，迎晨露之清氣，受日月之精華。冬夏都喜沐浴，夏天愛食青荣，冬天保持手寒、足溫、面寒、身溫，稍有不適，他就閑氣以攻所患，以氣療病。早晚之間，他都注意按壓四肢，摩搦身體，心平氣和，無思無欲。

大禹治水，十三年大見成效，神州迎來了大力發展生產的堯天舜日。彭祖居安思危，又經過多方考察，將都城遷徙到獲水與泗水交滙南流之外西側。這裡冈嶺四合，水道縱橫，依山枕河，交通方便，便於監視水情，也有利於百姓生活。現徐州統一街北頭西首有彭祖宅，庭中有彭祖井，相傳爲彭祖自大彭山下遷來之寓所，後人將彭祖宅改爲彭祖祠，四時祭祀。雖彭城屢遭大水，古祠多次傾圯，但人們出於封彭祖的景仰，又多次在舊址重建。現彭祖宅大約爲清咸豐五年(1855)黃水後所建。

　　大環境改善了，加之彭祖愛民如子，導民有方，迎來了大彭大治的好時光。禹按照水系將下劃分九州，號召開發財富。大彭國屬於徐州之城，占天時地利人和，三方面有利因素。【尚書．禹貢】中記載說：這裡田地屬於上中等(即第二等)，而所交田賦僅爲中中(第五段)。這說明彭祖一方面號召，引導人民開墾良田，一方面盡量減少人民負擔。大彭山上，還產有五色土，每年向君主進貢，以便立社祭神，祈求上天賜福。大彭國年年風調雨順，五穀豐登，國泰民安，一片祥和。到了商代，大彭國竟成了五霸之一。

商王討教

　　彭祖養生有方，據說娶了四十九個妻子，生了五十四個兒子。妻子兒子都過世了，而他自己卻依然那麼年輕，不過兒生生了孫子，孫子又有了兒子，子孫成群，儼然一個大家族了。

　　世上你爭我鬥不已，進人商代，老彭活到八百歲，誰過這麼大歲數的老壽星啊？一傳十，十傳百，大家都想一睹老彭的風采，並想瞭解他長的奧妙。據葛洪【神仙傳】所記，這件事傳來傳去，傳到商王的耳朵裡。商王得知彭祖有這樣高的威望，又有如此高的道術，便有意與他結交，封彭祖做大夫。這位彭老夫子似乎不識抬舉，經常稱病，在家閑居，不參與處理政務。雖然如此，他所分管之事，百官主動盡職盡責，一切倒也料理得很好，彭祖因此博國人交口稱贊。所以人稱彭祖商賢大夫。

　　商王封彭祖爲官的目的，在於他求長生之道。做夢也想不到，彭祖卻把做官不當回事兒。無可奈何，商王只得厚臉皮，親自登門討教。彭祖認爲這個大王既貪圖權勢，和榮華富貴，又想養生長壽，二者不可得兼，便閉口不談。商王吃了閉門羹，還不識趣，就贈送彭祖一些宮中的珍玩，並且前前後後送他萬斤金子。對於這些東西，彭祖竟然不加拒絕，一概接受下來，不過他自己卻一概不留，而是都用來周濟貧賤的人們。

　　有一位叫采女的人，出身於茉農之家，小時候學習過一些養生的知識，知道如何涵養性情，活到二百七十歲，看上去卻只像五六十歲的樣子。商王把采女請進宮中，安排在貼金玉的豪華房子裡。然後才和盤托出其真實的用意。他是想通過迂迴的辦法，請采女代他向彭祖討教長壽之道。

　　采女受到這麼高標準的待遇，本心中有愧，在商王道出真情後無可推拖，只好答應下來。爲了促使采女之行的成功，商王又專門訂了一輛豪華的車，讓采女十分風光地向彭祖問道，商王之用心，可謂良苦也。

采女問道

　　采女拜見彭祖，再三行禮，然後說明來意，虔誠地請教延年益壽的辦法。彭出於禮貌，想三言兩語打發客人打發走了事，便對采女說：「要升天成仙，應當服用金丹，這是第一境界。但這件事學問很深，不是君王能夠做到的。其次，應該愛養精神，服用藥草，以便長生不老。但光服藥不行，還必須懂得男女交接之道，調和陰陽。我是一個遺腹子，三歲時，母親死了，遭遇犬戎之亂，流離西域一百多年，加之幼年身體失調，死了四十九個妻子和五十四個孩子，受盡了磨難，心靈創傷很多，已病入膏肓，大概活不多久了。我所聞之道非常淺薄，不足以宣傳。大宛山有一位青精先生，據說活了一千歲，面色如兒童，日行五百里，能一年不吃飯，也能一吃九餐，可卽去請教他。

　　采女問：青精先生是什麼仙人？

　　彭祖說：他是一位得道者，不是仙人。仙人可以上天入地，潛游江海，變化無窮，異于俗流，然而享受不到天倫之樂，我不願這樣。學道，可以吃好的，穿好的，可以建家，可以爲官，能抵抗邪氣侵襲，不爲世俗所累。精通道術，可卽長生不死。彭祖認爲養壽的辦法，就是不使身體、心靈諸方面受傷。美色可以愉悅人，但過分了反而害人。所以有「上士別床，中士異被，服藥百裹，不如獨臥。」的說法。男女相輔相成，但失交接之道，就會短壽。能避眾傷之事，又掌握了陰結合的辦法，才可以不死。另外，還要學會服氣、吐納導引之術。

　　采女掌握了彭祖所說的要領，回來向商王傳授。商王按照這些辦法去做，果然很有靈驗，商王是一極端自私的人，自己既習彭祖之術，又不讓更多的人去掌握，總想個人壟斷。他向國人頒布命令：發現誰傳播彭祖養生辦法，格殺勿論。商王還想害死彭祖，使世上人再也不能學會此道。

　　不知怎麼，彭祖瞭解到商王的真實意圖，便悄無聲息地離家出走，不知去向。七十年後，聽說有在沙漠之國西部見到過他。此後即無下文。

　　那位商王呢？他也不是真修彭祖養壽之道，葉公好龍，三天打魚兩天曬網，不過也活了三百歲，力大如牛，像

五十歲的人一樣。後來，他迷戀女色，多行不義死了。

佳話千秋

　　彭祖籛鏗究竟活多大歲數？死在哪裡？葬在何處？歷來說法不一。

　　通常的說法，彭祖活了八百歲。但葛洪在【抱朴子】一書中卻說，八百歲是他出走時年齡，彭祖並沒有死。

　　人能活八百歲嗎？對於彭祖壽長八百，古人篤信不疑。進入清代以後，有人才提出問題。【全上古三代文】的編輯者嚴可均就提出，八百歲應是彭祖之國的壽數，彭祖首領傳干代。以我們今天的認識來分析，一個人活八百歲是不可思議的。但是比較客觀一點來看，彭祖既然是一位養生學家，比一般人壽命長一些，是完全可能的。由於年代久遠，文字記載缺乏，除非出土文物有驚人的發現，也可能永遠無人能夠解開彭祖年齡之謎。

　　說來也怪，既然無人說得清彭祖之死，全國卻確確實實地存在至少三處彭祖墓：「徐州古彭城內東北角一處、四川省彭山縣仙女山一處、浙江省臨安縣百江嶺下一處。」人誰無死？彭既然是千古大賢，在養生學方面作出那麼大的貢獻，一杯黃土之冢留存人間，當在情理之中。據古今史學家考證，浙江臨安彭祖冢、四川彭山彭祖冢，均屬商武丁滅大彭後彭祖後裔南遷、西遷時所留。彭祖既為大彭之祖，彭城彭祖冢應為彭祖晉年之後的真身土墓。如此，彭祖籛鏗極可能終老大彭之國。

　　彭祖仙逝之後，其弟子及後人將其學說整理成一部【彭祖經】，魏晉期尚在，葛洪等人都看過，不過後來失傳了。彭祖雖去，近又失傳，然其道代有傳人。據葛洪【抱朴子】說，彭祖的弟子有青鳥公、黑穴公、秀眉公、白兔公子、離婁公、太足君、高丘子、不肯來，八人都活了數百歲，成了仙人，直至今日，彭祖之道尚存人間。

　　綜上所說，關於彭祖，我們可以用十六字來概括：實有其人，似有其事，史有其籍，世有其跡。中國歷史上的彭祖，先秦視之為大賢，漢代視之為碩仙，史家入史，詩人入詩，文人為文，道家風靡，勝跡長留，後人永思！

商賢大夫彭祖

　　商賢大夫彭祖是中國上古時代軒轅黃帝的七世孫，享年八百高壽，是一位爲民造福、功蓋千秋、名震華夏、眾口皆碑的壽星，是中華長壽文化當之無愧的始祖。

　　彭祖在商爲守藏史，周時爲柱下史，一生有幸接觸眾多的典籍。他潛心精讀了「九都」「節解」「指教」「韜形」「隱守」「開明」「四報」「九靈」等數以千計的養身醫學經典，經過刻苦鑽研和不懈的實踐，總結悟出了「導引術」「膳術」「房中術」「煉丹術」等一整套足以使中華民族爲之自豪的長壽理論和技法，這是彭祖留給中華子孫的價值無與倫比的精神物質財富。1973 年湖南長沙馬王堆漢墓中出土的彭祖向王子巧父傳授養身術的醫簡和一九八四年湖北江陵張家山出土的漢簡(引書)就有力地佐證了彭祖對中華醫學寶庫的巨大貢獻。我國歷代名醫，如漢時的張仲景，唐代的孫思邈，明朝的李時珍等，無一不是師承彭祖，春秋戰國時期著名學者老子、莊子、孔子、屈原，西漢史學家司馬遷，經學家劉向和爾後兩千年來的諸多名家，都極力推崇彭祖的長壽文化。彭祖爲黃帝子孫的繁衍、養身、健身、治病。延年益壽，作出不可磨滅的貢獻。

　　據我國眾多典籍記載：四川省彭山縣是彭祖的故鄉(史記，三代世表)引(譜記)說：「一千六百多年前晉常璩著的我國第一部最權威的地方志(華陽國志.序.蜀志)對彭祖出生地作了明確的界定：『彭祖本生蜀』『彭祖家其彭業』「彭蒙即彭蒙山，今彭山縣仙女山」「武陽縣有王喬祠、彭祖祠」；晉（水經注，江水）載：江水自武陽東入彭亡聚（今彭山江口鎭）此地有彭祖塚焉」。彭祖祠、彭祖墓至今尚在彭山縣江口女山上，彭山人世世代代爲有德高望重，奇功蓋世的壽星彭祖而自豪，據 1990 年人口普查，全縣有百歲老人 17 名，高全國百歲老平均比例的十七倍。縣境方圓數十里至今還傳頌著彭祖和女彭三娥在彭山爲民解除病疾，傳授養身之道的許多膾炙人口的動人故事，每年農曆三月三日（彭三娥誕生日）都有數十萬民眾不約而同地湧向仙女山朝拜和祭奠彭祖和三娥。

　　爲保護彭祖故居，彭祖陵墓，彭山縣府，於 1984 年行文公布彭祖祠，彭祖墓爲重要文物保護單位。爲昭示民眾，樹立了保護標志，劃定了保護範圍；1990 年初彭山縣府決定，每五年舉辦一次彭祖壽星節，當年九月九日就舉了數十萬人的規模宏大的第一屆；1993 年十月彭山縣府和四川省民俗協會在彭山舉辦了首屆中國長壽文化研討會，1994年初彭山縣成立了中華彭祖長壽氣功學會。

　　彭祖長壽文化內涵豐富，博大精深，是中華民族的瑰寶，爲進一步繼承，發揚彭祖長壽文化，彭山縣府於 1992年初慎重決定，在省級風景名勝區彭山仙女山以彭祖祠彭祖墓，五千余座漢墓爲依托，興建含十大景區，99 個景點，占地五千畝，總投資額爲伍億元人民幣的觀光，瞻仰，祭奠養身，健身，娛樂爲一體的（中國長壽城）。通過近兩年艱苦卓絕的工作，(中國長壽城）的第一大景區（彭祖山莊）已初具規模：彭祖墓維修工程，彭祖仙室復原工程，高山仰止坊，仙山勝景牌坊，「999」彭祖長壽梯，彭祖仙逝升天的「九天」梯，天然太極亭，唐代齊山雙佛（站佛高32 米，座佛 28 米）和慧光寺重建工程等，均陸續竣工，已投入人民幣近兩千萬元。

　　彭山縣文代局，文物保護管理所目前正在積極恢復彭祖祠，已完成工作。彭祖祠是（彭祖山莊）最爲莊嚴，雄偉，肅穆的主體壓軸工程，占地面積十五畝，建築面積爲 3000 平方米，總投資爲 500 萬元人民幣（約合美金 55 萬美元），其建築設計爲三重殿，第一殿塑軒轅黃帝，昌意，顓頊，老童，吳回，陸終，彭祖七尊主像；第二殿中塑彭祖，兩旁塑彭祖後裔歷代名人像，戰國時期的哲學彭蒙，未時名相彭延年，清兵部尚書彭玉麟，清著名詩人彭兆蓀，孫中山同盟會會員彭澤民，當今名人彭湃，彭德懷元帥等；第三殿爲重檐殿，殿堂將根據漢墓出土的（導引圖）展示彭祖導引術式的 47 個招式，可供觀光旅遊者觀摩學習。彭祖是中華民族黃帝子孫的驕傲，彭山歷代民眾景仰，崇敬的壽星，讓彭祖長壽文化光耀千秋萬代。

彭山縣文化局彭山縣文物保護管理所資料

彭氏溯源

（一）

　　彭氏系出籛鏗，本黃帝之後，黃帝元妃西陵氏曰嫘祖，生昌意，昌意生顓頊，顓頊生稱，稱生卷章，卷章生重黎，為火正甚有功能，光融天下，帝嚳曰祝融，其弟吳回繼之，吳回生子陸終，娶鬼方氏，女系本謂娶鬼方之妹，曰女嬇，鬼方氏孕而不育，三年啓左右肋而生六子，其三曰籛鏗為彭姓，封於大彭，殷之衰也，大彭豕書主盟中夏，與前之昆吾，後之楚叠至霸王所謂祝融之後，八姓代有興者，斯真神明之後歟。或謂彭祖姓籛鏗，子孫以國為氏，故曰彭祖，不知五帝紀禹皋陶契后稷，龍垂益彭祖，堯時而皆舉用虞翻注，彭祖姓彭，名剋，集韵籛子淺切音，是籛與剋本相通，楚辭有彭鏗斟雉句，是彭祖在堯時已賜姓為彭，其或曰剋或曰鏗者，亦徵在不竝，稱之意況，陸終諸子若慧連求言諸人，皆屬名號，何以此獨曰姓籛乎！既曰姓籛，何以又曰籛鏗為彭姓，盖後人不籛鏗本姓彭，而其所封適在於大彭也，或謂彭祖壽八百歲，故世號為老彭，然考與地志，彭祖生堯兩子歲，則在殷末，必不止七百六十七歲，又言穆王欲以為大夫辭去其後七十餘年，聞人於流沙國西見之共八百三十八九年，而不言其死，則其壽尚不知其所底止矣。總之服藥百顆，不如獨臥性好，恬靜稱疾，不與政事庄子，所謂人中有老彭，若木中之有松柏也，則老彭即為彭祖也。無疑又按彭祖事實遺腹而生，三歲而失母，在商為守藏史，在周為柱下史喪。四十九妻，五十四子，大戴禮老彭及仲傀政之大夫官之教，土技之教庶人，不自言有道，亦不作詭感變化鬼神之事，使聖人竊比之言，則以采納之，術盡之矣。漢地理志，彭城古彭祖國，環宇記徐州西北隅，有彭祖宅，又有彭祖井，城東北有彭祖墓彭婆墓，亦存歷陽有彭祖仙室禱風雨輒應然。蜀志彭山縣亦有彭祖宅彭祖墓云，國語彭祖長嗣豕書仲子諸稽，其季子則禿也，一統志崇安有武夷山，籛鏗之子，長曰武，次曰夷，隱此得名，姓纂籛氏，亦籛鏗之後，其支子去竹，而為籛氏。路史元☐仕商為方伯，大彭後也。然唐表大彭為夏諸侯少康之世，封其別孫元哲於豕書，元哲、元☐何其名之似哉！又云周赧王時始失國徙居彭城，考竹書紀年武丁四十三年，王師滅大彭，征豕書克之，然則謂豕書周末始失國者豈，武王伐紂時有彭國，雖在西北，亦為大彭豕書之後歟。夏帝啓時，武觀以西河叛有彭伯壽師，師征西河，以武觀歸，殷末有彭咸諫紂不用，投江而死。王逸曰：彭咸商賢大夫可謂與老彭相輝映矣。周初有彭宗彭城人學於杜沖授丹經五千文，年百五十餘歲，老君遣仙官迎為大清真人，春秋時有彭仲爽，楚文王舉為卿士，楚是以太或謂居楚者，先有彭榮喜修煉術，仲爽之裔，有殷卷有橋殷卷生侗舟橋生祺俞穎，皆居楚為五大支，然而不可考矣。庄王時有彭名乘廣三十乘，分為左右彭名卿，左靈王時，有彭生吳代楚，彭生罷賴之師，其在戰國彭更，為孟子門人，又有彭蒙彭揚，彭蒙與慎到尹稱田駢之所學也。彭陽嘗游楚夷節荐之於王，俱見庄子。秦有彭令昭，始皇時武夷君會鄉人於慢亭峰，令昭砍人間可哀曲，歌罷凌空而去，或謂秦滅楚，遷其大姓於隴西，彭與為故彭之郡望稱隴西。此漢初有彭越，起鉅野以兵歸沛公封建武侯項羽滅，乃立為梁王，呂后誣以謀反，夷三族，其世系皆不可考，至成哀間，有彭宣治易，拜大司空，封長平侯，考漢書載，宣淮陽陽夏人，子聖孫業嗣侯業弟閎，以議郎令宜春卒於官，宜春之有彭氏自此始。舊譜載，業生子修，考漢書獨行傳載修會稽毘陵人，知業失國亦他徙矣。漢末有彭翼，一統志載，翼宜春人，為建平北海長沙大守，封宜春侯。晉時彭娥，幽明錄載，娥宜春人，入溪避寇，見石開遂隱不復出，今其地名彭娥潭，至彭拒始居安定，拒有兄抗，從許旌陽得道仙去，考通志載，抗蘭陵人，豈亦若孔子之少居魯，而長居宋歟！拒有子超，水經注載，超安定人，累官廣武將軍州刺史，賜爵關內侯。按後魏書，傅笠眼傳超仕勇，可當數十人，然秦亦有彭超，與俱難拔盱眙豈即一人歟！超再傳為樂，北齊書載，樂安定人，累官司徒，拜大尉，封陳留王，樂子龍韜，官行軍都督移家京兆，姓苑彭氏，居江左，古有安定而無京兆，則京兆之彭，實自安定遷也。龍韜再傳為仲德，瀛州刺史，官居河間仲敬新喻縣丞復歸宜春，仲德再傳為景宜，唐書儒學傳載，景直瀛州間人，仕至禮部侍郎，徙居宜春，見豫章十代文獻略，仲敬再傳景升，一名遜作道場於瑤金山，開元時封普明祖師宜萍志皆有傳，景直子構雲，居宜春合浦，天寶間大守李以其德學奏聞上遣使徵之至再乃行，至京辭歸，寶應中復召不出，大守命其居曰詔，君鄉所鈞震山巖下曰：徵君鈞台鄭　，志墓有曰蘊顏子之操，飲水何嫌繼華公之勤，積雪無悶藜杖甕牖，而明其儉灌園種木，而罕見其勞，可謂佑言矣。宋連山子自志言上世封徐之彭城典

午之亂乃居秀江。至唐有構雲者，累詔不起朝廷以高土封之則遷宜春，非始白徵君也卪矣。況李華平原君遺德頌，袁州者舊有彭正運彭伋，宜陽集有進士彭遵，遵之年甲雖不可知，而正運與伋皆當徵君之世宜文獻，略以袁施潘爲袁州舊族而氏族略，且言彭之望實出於宜春也，茲仿舊乘尊徵君爲始祖，又推始祖所白出，至於賜姓受氏宋器資尚書告詞有曰：按老彭之正，承子佩之餘之波，則數典者，白不得不沿流而溯源云。

清增貢生四十世孫國清　謹撰

（二）

　　我彭氏始祖徵君，生五子，惟滋與子伉偶儀，皆成進士，伉生達運，偶生輈輔霽，儀生彝，是爲三大支子孫，繁衍几遍大江南北，其先後遷萍與鄰封之接壤者，皆 16 彥之裔，如彥榮六傳爲思俞，以進士官朝散郎，思俞六傳爲念祿，今萍北　憲派 23 傳爲祚十，今苹西彭家源萍北秋江派博士彥和十四傳爲保仁，今宜春塘霞派刺史彥讓十傳爲大蔚，以進士官編修大蔚三傳爲禹二，今萍北石溪派五傳爲高，今宜春霞苑萍東白石塘派，此皆伉之後也。彥玖十傳爲大慶，今萍北山口派 29 傳爲志倚本初，今萍南丹江彭家垻派司空，彥章 27 傳爲霞齡壽先，今萍東三灣派刺史，彥韶七傳爲汝合，以進士官總領，汝合九傳爲宣仁宣義金聲，今萍北邊塘派宣義再傳爲子安子旭，子安永康令，今萍北泉塘下萍東滄溪派子旭，今萍北桐木萍西橫江派宣仁 3 傳爲仁杰，今萍西麻山派刺史，彥華八傳爲攀龍協律郎爲新昌三奇之一，攀龍八傳爲盛五，今萍東兩江邊派大尉，彥武十傳爲仲文、仲楨，仲文以進士佑茶陵 19 傳爲仕浚，今萍西溫盐派仲楨，17 傳爲舍關金關，今萍南源頭派大彥昭生子 15，聚族於斯者六人，縣丞師遇十傳爲景山，今宜春中溪派制，置師孔 7 傳爲周泰，以進士知常豐，今禮陵丁家坊派，師奭生允顯唐公主是生文吉、文壽、文堯、文嘉、文喜、文吉，金陵幷再傳爲仕和仕泰。仕和再傳汝礦，以狀元官尙書，三傳爲大雅，以進士官制置大雅十傳爲輝鴻，今萍東陳家灣派仕泰州判 14 傳爲古清復安古，清再傳爲時以狀元至大師復安再傳爲華以會元至少保時八傳爲發，今萍南石上派，華六傳爲回 78 傳爲進偶，今萍東張家坊瑞源源派又仕泰，17 傳爲可邜，今安福坳頭派 23 傳爲茂昌，今萍東水峽源派，又古清四傳爲楚賢，今萍東台洲上派，11 傳爲良三，今萍橫澤憲派誠略爲萍西桐崗憲派十三傳爲明，我 15 傳爲來禎，今萍南夏嚴姜憲派文壽節度使，長子儒邦沈邱令生仕允、仕炳、仕憲、仕皋，仕允 22 傳爲仲勉，今萍西石鼻上安源派仕炳教授，24 傳爲茹山尙友今萍北漢下長崗派，仕?生思實、思賢，思實運判 18 傳爲處順，今萍西排溪派 21 傳爲日崇文明，今萍東喬岑許家源派，思賢即舉正知衡州再傳爲以功以勤，以功崇仁令再傳爲大辛大年，大辛 10 傳爲敬，今萍北沾塘派，大年以進士官待制生公修公偉，公修子世范，以進士至安撫世范子祖官主簿，今萍北彭家村派，世范三傳爲層城官署正，今萍西井灣馬沖派，祥祖四傳爲彥良海豐令，今萍北橫岑禮陵富里美吉瓏派，公修 9 傳爲玫政，今萍北上澔派 10 傳爲秀運，今萍北蘆唐派公偉六傳爲達祥，今萍西鳳崗派，以勤三傳爲公信，以進士知臨江公信五傳爲吉叟，今萍西愈佳坊派吉庚，今禮陵石屛派，以勤 11 傳爲泰旺，今萍西水美洲派 19 傳爲啓六，今萍南牛氏塘派，仕桌四傳爲知古佑新，知古官巡轄六傳爲震龍勤王殉難，震龍 11 傳爲楚盛，今萍西山田派，又知古十五傳爲烈將上迎，上迎今萍南妙泉派，烈以進士官布政四傳爲正甫，今萍北小塘派，知新六傳爲宗可，今萍西江仔邊派，九傳爲子英，今禮陵黃沙派，文壽次子儒興奉禮郎一傳爲仕明，以進士官洗馬，再傳爲思齊思毘，思齊以進士官大博爲江西三瑞之一，再傳爲聞明以進士任軍推六傳爲世明，今禮陵蓼田湖派八傳爲名仲，今萍西彭家憲派，20 傳清吾秦三，21 傳爲賢貞，今萍南大憲長湖頭派，24 傳爲景星，今萍南田閭瓏派，思毘以進士官尙書，再傳爲忠復，認進士知潭州，23 傳爲旭華，于續山錫，今萍西湘東王家道派，文壽四子，儒慶三傳爲汝持以進士官提舉汝持，22 傳爲恭達，23 傳爲仕福，今萍北石塘河口泉派，文壽五子儒元五傳爲延年永年，延年以進士知潮州，十傳爲鈞和鈞玉，今萍北神下仙跡嶺派，11 傳爲真男，今禮陵水口萍西井憲派，永年 10 傳爲辰保，今禮陵插嶺關派，文壽七子儒嚴武陵令，13 傳爲萬，今萍南火食憲南門派，文堯評事，再傳爲仕求，以進士官中允子思永以進士官侍郎思永，23 傳爲惟梅，二十四傳春生麟趾世至君美，今萍北月山下馬欄口楓樹嶺姚家山西源派，文嘉參軍，25 傳爲民五，今萍東天渚江派，文喜參軍五傳爲忠醇忠蔭忠口，以進士賀州，19 傳爲祥炫祥炳，今萍城磨盘石萍西駱家塘趙家店派，忠蔭 20 傳爲尙瑞，22 傳爲仕輝，以進士至閣學十傳定可，今萍北白竹塘派，彥昭十四子招討師范，八傳爲龜年，以進士官侍郎，龜年 9 傳爲繼寶，今禮陵柘塘坪派 19 傳爲祖壽，今萍東谷塘派，彥昭 15 子參軍師俊，18 傳爲安生，今禮陵高灣，萍南禮讓坪派，他如中丞彥文，9 傳爲念典官參議，念典八傳爲震運，今萍東鋪背派，17 傳爲甫通，今萍北上埠派尙書，彥琛再傳允，今萍東熊嶺園背五保，萍北田心派司空，彥規再傳爲

允茂，允茂十傳爲運疇，以進士知南康，運疇八傳爲光正，今萍東彭家坊石塘派，大保彥晞，三傳爲儒猛左仆射，20 傳爲廷會廷用，今萍東九洲派 26 傳爲良四昌仁，今萍東易灣塘萍北梓木兩派。

　　派彥圖 11 傳爲世修，今萍東大坪派，12 傳爲世亮解元，世亮子家文，今萍東葛溪派，此皆侗之後也。常侍彥楨 26 傳一，今萍澗山古家坊派柱國，彥誨十傳爲廷琛，以進士官評事，廷琛七傳爲憲斌，今萍東覃田蘆溪派，十傳爲巨弼，今萍東蛇嶺沈子派，11 傳爲仁沖，今萍東城源澗口派，十三傳爲學四，今萍東江霞派，此皆儀之後也。籍萍以來門閭益大宋則登進士者四魁解試者一清則入翰林者二，其他舉鄉試膺明經以及出仕州郡者，至百有奇，可謂食先人之舊德者矣。

清增貢生四十世孫國清　謹撰

彭氏源流引

彭氏得姓于籛鏗，起源于軒轅。軒轅娶西陵氏之女媒祖，生昌意和玄器，居若水(今河北境內)。昌意娶蜀山氏之女昌仆，生顓頊(高陽氏)，居于帝丘(今河南濮陽東南)。顓頊娶胜潰氏之女卷章，生老童，老童生重黎和吳回，重黎爲帝嚳高辛居火正甚有功，能光融天下，帝嚳命曰祝融，號赤帝，人尊爲火神。共工氏作亂，帝嚳使重黎誅之而不盡，而以其弟吳回爲重黎，後復居火正祝融。吳回生陸終，陸終娶鬼方氏之妹女嬇，孕十一年，開左右肋而生六子，其三曰彭祖。虞翻云：名翦，彭姓，封于大彭，是爲彭氏得姓之始。彭祖氏殷之時爲侯伯，殷末世滅彭祖氏，「前漢書」地理志楚國彭城縣注云古彭祖國。「後漢書」郡國志亦云彭城。古大彭邑彭城在今江蘇徐州府。「廣輿記」云：州城北有彭祖墓，又城西北隅有彭祖井，蓋祖舊宅也。坊按鄭國語云：祝融之後八姓，彭姓祖豕書諸稽，然則彭固古姓，其封域適與姓合，非以國爲姓者，稱大彭當在殷。世國語云：大彭豕書爲殷伯，殷滅之，與史記正合。

祝融之後八姓，其己姓、彭姓、妘姓、曹姓、略姓，皆陸終之後，其他三姓，爲董姓、禿姓、斟姓，意其重黎之後歟！考諸史記，重黎吳回皆爲祝融，而吳回只生陸終，故知八姓爲二人之後，又陸終第二子參胡其後無傳。大戴禮帝系篇云：參胡者韓氏也。

大戴禮五帝德堯舉舜，彭祖而用之，合諸史記所紀載，彭祖之生當在虞夏之前，論語注老彭商賢大夫。

戴德篇亦云殷老彭，然則老彭之爲殷人審矣。老彭與彭祖自是兩人。大彭在殷時猶爲侯伯，蓋世德若斯之長也。老彭姓籛名鏗，在殷爲守藏史，在周爲柱下史，意老彭生當殷周之際，爲大彭之子，別氏爲籛非姓也。古者姓同氏異，後世姓氏不分，世本先亂之矣，老彭身爲兩朝史官，又其壽最長，故世稱老彭，世俗相傳八百歲之說，特因壽長傳會。論語疏引之不足信也。

史記老耼爲周柱下史，孔子嘗問禮焉，計其時當在周東遷百有餘年之後，然則老彭爲柱下史之在周初也，益信論語疏。又引王弼云：老是老耼，彭是彭祖，爲兩人，坊按彭祖之封在唐堯時，孔子刪書斷自唐虞，唐虞以前大都荒略無可述，孔子所竊比，白是殷時之老彭，當以大戴禮及包注爲定。

萬姓統譜云：彭氏有二，大彭之後爲彭氏，祝融之後八姓亦有彭氏，坊按大彭即融八姓之一姓，譜誤矣。國語云：彭姓大彭豕書諸稽，然則彭姓之別有三，皆祝融後，其後豕書又別白韋氏。江西舊譜云：豕書諸稽皆大彭，別封相繼爲殷氏，江西舊譜又云：豕書諸稽爲大彭，別封相繼爲殷侯伯。

左傳成公二年五霸注云：夏昆吾殷大彭豕書周。齊桓晉文朱子注孟子引丁氏說亦同，皆據鄭國語言也，詩長發篇書顧昆吾鄭箋云書，豕書彭姓。顧昆吾皆己姓，正義曰：鄭語彭姓豕書則滅之矣。又云豕書爲殷伯，蓋湯伐之不滅其國，故子孫得更興爲伯也。前漢書古今人物表，陸終列第二等，注云生子六人，三曰彭祖，世次在唐虞之前，老彭列第三等，在殷時又有大彭亦列第三等，在老彭略後。然則彭祖爲始封老彭，大彭皆其後，而大彭白爲侯伯，老彭又自爲史官，不得相混也明矣。前漢書彭宣淮陽陽夏人(陽夏今河南陳州府太康縣稱陳州。國初屬開封，後升爲府)。坊按淮陽在漢爲王國，漢高祖11年立子友爲淮陽王，罷潁川郡，頗饒益，淮陽其後遷徙廢置不一，終前漢之世未嘗爲郡也。今吾彭氏望族稱淮陽可也，稱淮陽郡非矣。然祖宗以來相延已久，則只得從俗稱郡耳。

姓譜彭氏望族爲隴西。江西通譜云：楚文王有賢大夫彭仲爽，秦滅楚遷其大姓于隴西，彭之得姓其一也，彭之稱隴西郡蓋始于此。

(錄白貴州彭氏家譜二轉載湖南衡山老譜)

彭氏本源

　　顓頊孫陸終第三子曰大彭，即彭祖也。堯封之彭城，以國爲姓，彭祖歷虞夏至商爲商大夫，壽登八百餘歲，續娶四十九妻，生五十四子，善引導延年之術，雲云：服藥一顆，不如獨臥，今福建建寧府崇安縣，南約三十里有三十六洞天，其中有武九山居焉，彭祖之伯子彭武，仲子彭夷，遁此得道，因以山爲名，其山上有六六丹峰，下有三三碧水，朱文公有棹歌詩云：「武九山下有仙靈，山下寒流曲曲清，欲識個中奇絕處，棹歌閑聽兩三聲」。文公有九曲詩，附錄各　名蹟。

一。曲景：　　大王　，慢亭　，夔鑾　　，仙鶴巖，虎鼻岩，獅子岩，投骨岩，投龍峒，雲虛洞，三姑后。
　　詩曰：　　一曲溪邊上釣船，慢亭　影蘸晴川，虹橋一斷無消息，萬壑千巖鎖翠罳。

二。曲景：　　玉女　，粧鏡台，鐵板障，翰墨岩，小藏巖。
　　詩曰：　　二曲亭亭玉女　，插花臨水爲誰容，道人不識陽台夢，興入前山翠幾重。

三。曲景：　　大藏岩，仙舡岩，車錢岩，會仙岩，仙羊岩，三杯岩。
　　詩曰：　　三曲溪邊駕壑舡，不知停掉幾何年，桑田海水今如許，泡沫風燈祇自憐。

四。曲景：　　雞窠岩，仙機岩，金鴞峒，試劍石，釣磯岩，小九曲。
　　詩曰：　　四曲東西兩后巖，岩花垂露碧□□，金雞叫罷無人見，月滿空山水滿潭。

五。曲景：　　大隱屏，伏羲洞，羅漢岩，梳筍　，天柱　，更衣后，茶灶后，白雲窩。
　　詩曰：　　五曲山高雲氣深，長時　雨暗平林，林間有客無人識，款乃聲中萬古心。

六。曲景：　　仙掌巖，天遊　，陷后堂，棋盤后，蒼屏　。
　　詩曰：　　六曲蒼屏遶碧馮，茅茨終日掩迤關，客來倚掉岩花落，猿鳥不驚春日閑。

七。曲景：　　北廓岩，天壺　，鑄錢岩，百花庄。
　　詩曰：　　七曲移舟上碧灘，雲屏仙掌幾迴看，郤憐昨夜　頭雨，添得飛泉幾道閑。

八。曲景：　　鼓柚岩，鼓子　，三仰　香爐石，貓兒后，廩子后。
　　詩曰：　　八曲風　勢欲開，鼓樓岩下水潏迴，莫言此地無佳景，自是遊人不上來。

九。曲景：　　齊雲　，玉華洞，水簾峒。
　　詩曰：　　九曲將窮眼豁然，桑　雨露見平川，漁郎更　桃源路，除是人間別有天。

　　我武夷君至秦時出人間，會鄉族故舊於幔亭峯，使族間砍師彭令昭歌人間可哀曲，吹罷彩雲四分，清風徐來，環佩鏘然凌空而去，後人玉其會處有詩云：「幔亭峯伴客俳佪，一會今人不再來，待得巖桃重熟日，不知人世幾懷胎」。

　　朱文公遊武夷五言古風：

　　秋風入庭戶，殘暑不敢驕，起爾汗漫遊，兩袂天風飄，春焉此奇山，名號列九宵，相與一來集，曠然心朗廖，棲息芳雲屋，追尋喚魚船，一水屢潛迴，千　鬱岩嶢，蒼然大隱屏，林端聳弧標，下有雲一壑，山人久相招，授我黃素書，贈我吳瓊瑤，茅茨幾時見，自此遺紛囂。

彭氏族人遷徙與分佈

　　彭國被武丁滅亡之後，一支由彭城南逃經過今安徽含山與和縣(太平寰宇記)124 引「列仙傳」，云歷陽有彭祖石室，又云歷陽有彭祖宅，即指此地。又渡長江到今鄱陽湖，及贛江上游桃江一帶，與當地揚越雜居鄱陽湖，在古代叫彭蠡「書。禹貢」載彭蠡既諸「史記。吳起列傳」說三苗之國，左洞庭右彭蠡漢于彭蠡澤岸建彭澤縣，境長江南岸有彭郎磯，均因彭人遷居于此，它的得名就是因爲這個氏族在這裡長期居住運動「曾凡　楊啓成傅尙節【關于武夷山船棺葬的調查和初步研究】載于【文物】1980 年第六期」。

　　「水經注」贛水載南野縣彭水所發東入湖漢水，南野縣在今南康縣南 30 里，讀「史方與紀要」卷 83，江西載豫章之川，如彭水注即今章水，「水經注」引劉澄之曰縣東南有章水，西有貢水，那麼古代章水即今洮江貢水，即今章水「中國歷史地圖集」第一冊所標示彭水的位置，就在今桃江，是正確的居住在彭蠡地方的一支彭族。又向東南遷移到今贛閩交界的武夷山，和閩越人雜居，據道光「武夷山志」說：彭祖商賢大夫即所謂老彭隱居是山，善養生術，壽 770 歲，子二，曰武、曰夷(史冊及彭氏族譜記載，彭祖有 54 子)，同居于此，或曰山因是得名。

　　另一部份彭氏族人則因不斷受到商的壓迫，便和楚人向文退避，到達今河南魯山縣東南，即「水經注」所說的彭水注之，俗稱之小水，水出魯陽南彭山蟻鳴東麓北流，經彭山西下有彭山廟，廟有彭山碑，漢帝元嘉桓三年杜仲長，立這一帶在周時爲中國的領地，鄭名世「古今姓氏書辨證」卷 16 載，商末大彭氏失國，子孫處申文王伐申取彭仲爽以歸使爲令尹，相楚有功能滅申，息以爲郡縣廣楚封畛至于汝水，而除蔡之君皆入朝，故彭仲爽家世，爲大夫彭與楚同祖，所以楚能重用彭仲爽，而彭仲爽也盡力爲楚國圖強，而獲得世爲楚大夫，這部份彭人先爲中國，後爲楚國的臣子，彭山彭水在中國之北，均因彭居于此地而得名。

　　商末又一部份彭人被迫西遷，到今陝西白水縣東北四十里的彭衙堡沈欽韓。「春秋左氏傳地名補注」引「一統志」彭衙城在耀州白水縣東北縣志，今有彭衙堡在縣東北四十里，衙音吾與昆吾的吾同是古方言的尾音，實際彭衙即彭自彭人，又西遷到東周初年戎族，散居于鎬京附近彭衙地方，便成爲彭戲壘氏之地。「史記。秦本記」載：秦武公元年伐彭戲氏「正義」云：戎號也蓋同州彭衙，故城是也，原是地名，周代叫戲方，在今渭南縣北彭衙之南戲屬戎族，與彭人結合聯婚而叫彭戲氏，這里與楚的荊山(陝西朝邑縣)相鄰，亦鄰近同族的韓董。

　　彭又再遷到今甘肅慶陽縣西南 80 里，與同族羅人(甘肅寧縣羅川)相鄰，因所居系原的地貌，故仍叫彭原，漢于此置彭陽縣，隋改稱彭原縣，唐武德年置彭州。「元和郡縣志」卷三說：是因爲彭池爲名，楊筠如「尙書核詁」也提到隨周武王滅商的彭漢志安定有彭陽縣，指的就是這里。

　　當周武王征商時，在盟津誓師與庸蜀羌微盧彭濮，聯合攻滅商朝，這個彭就是彭原的一支，住于周之北。「史記。周本記」集解，亦提到紂(即盧)彭在西北已說明彭所在地，就在周之西北，周自岐山出師慶陽的彭山彭水，正在周之西北，彭遷于此古代早有論證。

　　等到周王朝鞏固以後，這些聯盟的異的異族諸侯，也感受到周朝的威脅，紛紛南遷，彭亦周初南渡漢水到今湖北南河一帶，這條河因彭人所居，便叫彭水，與原聯盟諸國，如微庸羅相鄰，而且與戎戎百濮群蠻雜居，逐漸和這些民族發生混合。「左傳」桓公 12 年伐絞之役師分涉于彭，就是指這條彭水，彭水大約于公元前六世紀時，與庸微羅都先後爲楚所滅。

　　彭人從此離散，一部份南渡長江，輾轉散散居于今湘鄂川邊界山里，和後遷來的巴族雜居，可能與今天的土家族的彭姓有關，這值得進一步研究彭人的居之地。如四川忠縣彭溪和彭水縣(隋代所建)。「路史。國名紀己」說：彭黔之彭水縣，又有彭溪在忠(州)之臨江，即巴寅彭濮者，明顯指出了四個民族的雜居情況，爲後來巴彭融合成爲今天的土家族打下基楚，至今彭姓爲土家族五大族姓之一。「楚辭」中就有六處提到彭咸都，指出在湘西一帶是他的所居之地。屈原對他的尊崇和仿效他彷徨于沅湘之間，是有一定的歷史依據的。徐旭生「中國古代的傳說時代」(增訂本)第 57、63、66、116 頁中，也說到彭這一集，分佈在今湖南湖北江西等地，迤北到河南西部熊耳外方伏牛諸山脈間，而江西省的大部份，都在這個集團活動范圍之中。

　　在甘肅慶陽的另支彭人，曾越過秦嶺從子午谷經今陝西石泉縣的彭溪，再越大巴山南遷到今四川彭縣，這裡平

原沃野，最適于定居。光緒「彭彭縣志」卷一沿革志稱，彭縣在周初爲彭國。「太平寰宇記」卷七十三彭州載，引楊雄「蜀記」云：李冰以秦時爲秦蜀宋謂汶山爲天彭闕，號曰天彭門汶山，又叫彭山大彭，又稱天彭，就因彭國在此而得名。又云：唐垂拱二年，分益州之九隴等四縣，置彭州，取古天彭闕爲名，而羅泌郤否認彭縣爲彭人所遷之地，是沒有了解到彭人的繁衍與遷徙，以及有一部份與少數民族融合，所以把華夏和戎蠻的彭劃開了。

　　彭後又南遷至今彭山縣，這次遷徙可能受到蜀人的壓迫。「華陽國志」卷三及「水經注」江水都武陽(今彭山縣)，有彭祖冢縣東十里有彭亡山，是因周末彭祖自堯歷夏殷時，封于天彭，周衰始浮游四方，晚夏入蜀抵武陽冢爲，因此唐代改武陽爲彭山縣，這個彭祖冢並非堯帝時彭人的始祖彭祖之墓，而是彭祖的後裔，仍以彭祖氏命名的部落首領的墳墓。「史記。周本紀」集解，亦說戎府之南古微瀘彭三國之地，有州微濮州瀘府彭州焉，這些古國地名，都是滅商的老聯盟國，周末又遷集在相鄰一帶地方。夏僎「尙書詳解」卷十六，指出庸蜀羌微盧彭濮則此指西南八國之在會也，也明確地說明彭州彭山這一帶，是古彭國之地。從彭蠡和洞庭以西到陝甘南部，直達四川，除三曲外，還有庸蜀微盧彭濮，後來大多相繼融合到華夏族，以至漢族中去了。

　　彭氏族人，生性堅忍，不畏艱難，適應力強，繁衍散佈今河南、江蘇、安徽、江西、山東、浙江、陝西、甘肅、湖南、湖北、四川、貴州、福建、台灣，遍佈全中國，及歐美日本等地。絕大多數彭姓的人，都是彭國人的後裔，子肖孫賢，歷代顯著名人，有偉大傑出貢獻名垂史冊的，比比皆是，是老聯盟者庸蜀微盧諸族所難以比擬的。

摘錄何光岳「古代彭部族的繁衍與遷徙」

彭祖八百歲說

論　一

　　彭祖八百歲，爲世人欽羨之長命象徵，其實彭祖生辰年月日，眾說紛紜，各說不一。

一、路史載「女嬪氏六月六日，啓脇生六子，三曰彭祖」。

二、太平記鈔，彭祖載「彭祖卒于夏六月三日，葬于西山(今彭山縣彭祖山)下，號曰彭山，舉柩日社几60人皆凍死…」。

三、世本云：大彭國亡於商武丁43年己亥(西元前1282年，距今3240年)，足資證明彭祖生於商代以前，卒於大彭滅亡之後。

四、通誌云：彭祖進羹於堯時180歲，如此推定，彭祖是生于顓頊帝中末60年左右(西元前2453年距今4411年)。

五、竹書紀年「河　甲三年(西元前1532年)彭伯克邳伐班方」。

六、昭註云：彭祖至殷末(似夏末之誤)767歲而不衰。又神仙傳云：上古顓頊玄孫姓籛名鏗，遺腹生，善導引行氣，殷末(似夏之誤)已有710歲而不衰，喪失五十四子，娶四十九妻。由此佑祖至夏末671歲，玉體尙健壯也。

七、大戴禮紀虞禮紀虞載德篇云：老彭與仲傀並舉。漢書古今表，亦舉老彭與仲虺之列，按仲虺即仲傀，爲商初功勳，兩人並舉，知老彭亦爲商初賢臣也。祖享壽802歲，則於商初才672歲左右，至商七代中宗(即大戊王)時逝世。一說謂彭祖逝於24世孫之時，若一代平均以33歲計算，則恰爲其時也。

八、黃帝生于西元前2697年，彭祖生于顓頊帝60年齡(西元前2453年)則中間二六四年，祖爲黃帝七世孫，則一代約38歲。以上古每一代年齡計算，亦屬爲可靠。故可推定祖乃生於顓頊帝六十年齡(西元前2453年)經過顓頊帝，帝嚳帝，唐堯帝，虞舜帝，夏禹，到商朝七代中宗(即大戊王)時逝世，享壽八百零二歲。

九、松柏派記總說：彭祖生於堯癸亥西元前2278年六月十二日，逝於西周王三年辛卯西元前1050年六月三日，享壽一二二八歲。葬四川省武陽彭山縣西山下舊名象耳山，今名彭山，在四川眉州彭山縣。

十、辭海「顓頊歷」法，365x1/4日爲一回年，即一個季節相當如一年。該歷法在秦始皇統一中國後，曾頒佈爲全國歷法。依照該歷法計算，彭祖年齡當如現在的200歲。

十一、四川彭山江口鎮一帶，流傳一種「小花甲」記年法，以60花甲日(60天)爲一年，這也許是彭族從老童起，在彭山江口鎮自成體系，所興一種古法，如是彭祖就活了139歲。

十二、概括上面各說，彭祖究竟壽高多少，仍待多方查考，不過彭祖八百長春聲譽，名不虛傳，彭氏永恒之聲譽也。然彭祖之能享其長壽者，推斷亦不外乎山左記數點之天賦，與苦鍊匯合而成者，望後人法之。

論　二

　　彭祖姓籛名鏗，帝顓頊之玄孫，陸終之第三子，殷時已活七百六十七歲而不衰，少好恬靜，不恤事務，不營名利，不飾車服，唯以養身治身爲事(見晉葛洪著【彭祖傳】，而【世本一帝系】及王逸注解的屈原【楚辭天問】和【庄子大宗師】等古籍，又說彭祖活了八百多歲。因秦始皇「焚書坑儒」秦以前的歷史典籍盡絕，有關彭祖的史實記述，即使有幸留傳下來的也是極少)。

　　許多有關記載彭祖的著作文獻，是在西漢初年惠帝廢除「挾書之律」，文帝漸開「獻書之路」，組織文人搜蒐民間傳說，經過整理出來的，如【尚書】等是秦博士伏生口誦，晁錯等人記錄整理而成，流傳至今。所以【辭海】講彭祖史蹟時，多冠以"傳說"或"相傳"等語。可見所謂"傳說"或"相傳"是按知情者，提供的情況記錄下來的，應視爲事實予以承認，而不應當作神話故事否定。

　　古籍多數記載彭祖了八百餘歲，今人說法則大不一樣，又有說彭祖活了880歲，有的說活了八百歲。而有的說古時一個季度算一年，按八百歲折算，彭祖活了二百歲，有的說古代是「60甲子日」算一年，按此推算，彭祖只活了130多歲。有【顓頊曆】說用四分法，以一回歸年(365x1/4)日爲一年，一朔望月29x9四百九十九日，十九年置七閏月，彭祖也只活了二百歲。還有說古代以姓氏爲國，彭祖受封後，以祖氏國爲名，死後後來人仍沿用彭祖之名，

造成國在人在之謬誤，說彭祖活八百歲，可能是幾個人的複合年齡等等。彭祖到底活了多歲？年深日久，史實錯雜，眾說紛紜。據此，試舉以下資料，予以粗考，以求拋磚引玉。

夏時使用的「律曆」，據資料考證是夏禹王在公元前 2205 年頒布的。百姓叫它是「夏曆」或「農曆」。夏曆乃是夏朝頒布也；「農曆」因主要爲農事所用也；還有叫「陽曆」的。據陸綜達著【說文解字通論】引許慎【說文解字】解釋一段天文說：「……陽曆以太陽爲準，即地球圍繞太陽公轉一周一歲，合 365.2422 日，以月亮爲準，月亮圍繞地球時呈現出一圓一缺爲一月，合 29.53059 日，十二月爲一年，　一年只有 364 或 365 天，歲較年餘出十天以上，出現了陽曆與陽曆的矛盾，給農業生產帶來極大的不利。爲解決曆法與季節時令的矛盾，古人用【置閏】的辦法，即把陽曆比陽曆多出來的天數累計起來，隔幾年置一閏月，所以，許慎說是『餘分之月』。故有人把它說成是『陰陽曆』沿用至今。據晉葛洪著【彭祖傳，采女問道】彭祖說：「天地畫分夜合，一歲三百六十交，而精氣和合，故能生萬物而窮」。說明彭祖本人同樣是按 365 天或 360 天爲一年計算的。

干支紀年，也是早在夏朝就採用了的，如陶弘景著的【刀劍錄】說，夏禹的兒子啓，在庚戌年鑄造一銅劍長三尺九寸，啓的兒子太康歲，在辛卯三月春也鑄造一銅劍，他們的劍上刻的時間都是干支紀年，證明干支紀年從夏朝沿用至明清。

彭祖的生卒時年，【通志】記：「彭祖籛鏗進羹于堯時巳 180 歲，堯在位是公元前 2358 年至公元 2285 年，在位長達七三年，鯀受命治水的時間是公元前 2294 年」。據彭宇棟著【大彭始祖，籛鏗公考】說，彭祖進羹于堯于時，洪水滔天，浩浩懷山襄陵，下民其擾，鯀減水幾年不力，時堯巳一百歲，不得不陣指揮治水。

據【韓非子】一書記：堯住草棚，吃糙糧，喝野菜湯，冬披鹿皮御寒，夏以葉片掩體，大水連年不退……，帝心急如焚，積勞成疾，臥床不起，神志昏迷，籛鏗以鮮美雉湯一勺一勺地滴進堯口，猶如甘露，腸中一熱，透體通泰，漸至醒來，很快康復，遂命這方土爲大彭，封與彭祖。對治水九年不力的鯀，命誅之。隨即讓位予舜，舜命鯀的兒子禹繼續治水，禹，三過門而不入，全力治水，十三年告成。按此計算，彭祖受封時間應于堯在位末期，即公元前 2289 年，時年彭祖巳有 180 歲，公元前 2469 年應爲彭祖的出生年。

據清代梁玉繩著的【人表考】引【路史】說，「女嬇六月六日，啓脇生六子，三曰彭祖」。由此證明彭祖是在公元前 2469 年六月六日出生的。又據【大載禮記，虞載德篇】及【漢書，古今表】記：彭祖功勛卓著，與仲虺並舉，佑老彭爲商賢臣也，至商大戊王時逝世，終年八百零二歲。又據俞正燮著【彭祖長年論】，其舉枢日，社几六十人皆凍死，是祖死感動上天，六月奇寒也。據此，證明彭祖死于公元 1667 年六月三日。

彭祖自堯舉用，舜繼堯爲帝，禹繼舜至創立夏朝，至夏桀亡歷十七帝，湯創建商朝，至商紂王亡歷三十帝。夏朝在西元前 21 世紀至前十六世紀，商朝在西元前 16 世紀至前 11 世紀，共一千年左右，夏商兩朝的帝王，平均時間約 21 年，加上堯舜，自堯至商紂，仍以一千年計算，商武丁大彭國亡，武丁至紂王共歷九代帝王，約 190 年，1000 年扣除 190 年，剛好八百多年，大彭國存在時間，與傳言中彭祖享壽八百歲，基本理論相吻合，因之，彭祖八百歲，可能指的是大彭國存在時間，但彭祖長壽也不能否定。　　　　　　　　　　　　　　　(轉摘節錄同安縣彭氏溯源)

彭祖受封於堯，創建大彭氏國，後來大彭國相繼成了夏商的屬國，夏王統治約四百多年，商王朝統治約五六百年，到商武丁四十三年，「王師滅大彭」，大彭氏國大概經歷八百年左右。清時嚴可均較輯【全上古三代文】注「彭祖」條曰：合而斷之，知彭祖國名即大彭，夏商爲方伯，古五伯之一。唐虞封國，得傳數十世，八世歲而滅於商，此其實事也。【竹書紀年】堯帝即位到商武丁四十三年，約 850 多年，堯封籛鏗不可能在即帝位時，說大彭國從創立到商武丁時滅亡 800 年，基本上是不錯的。

彭山縣江口衛生院宋玉貴文

論　三

彭祖年高八百，歷爲世人景仰，同時又引人置疑，被蒙上神秘色彩。與之相聯的生卒葬時間地點，也各執一詞，難有定論。彭祖生卒的帝堯至殷商時代，無確切記載，僅憑傳說，只能採取相對準確地判斷，從而得出比較正確彭祖的生辰時間和年齡。按徐謙提出的年表，彭祖生於帝舜十一年六月六日，等于 878 歲，還不包括他對夏朝算的一五七年。根據中國社科院 2000 年公布具權威性的「夏、商、周年表」，夏朝十七帝，在位 470 年，而不是徐謙的 313

年。彭祖活過夏朝，顯然，878 應再加上 157，因之，彭祖年齡不是八百歲，而是 1035 歲。

有人以上古曆法六十天一年，去折算八百年為 139 歲，雖與今人壽命之極限相近，但與當時八、九十歲至一百幾十歲的情況不符(這些人折算過來只有十幾二十歲)，何況我國從夏代起，便已經按 360 天年紀表計算，直到今天，人們稱農曆為夏曆，就是這個緣故，所以彭祖年齡用古曆法折算，是無以為據的。

根據我國多數史料記載，彭祖堯時舉用，歷夏至商，在夏為守藏史，商為殷賢大夫，周為柱下史(系文王追贈)。按司馬遷「史記。五帝本記」【堯立七十年得舜，二十年而老，令舜攝行天下之政】，應是在位 90 年，又云【帝舜年 61 代堯踐帝位，踐帝位卅九年，南巡狩，崩于蒼梧之野】，攝政十一年，共 50 年。依此推斷，彭祖是在堯 82 年癸未歲西元前 2128 年六月六日生于西蜀若水一帶，比較確切。帝舜八年西元前 2112 年，年僅十六歲的彭祖便同禹、后稷、伯夷等受戴的地方官，而且又是「長壽四術」的發明人和養生秘術大師，因而才有彭祖一生先後娶 49 妻，生 54 子之說。彭祖最後流離西域，回歸蜀之武陽，約于商小乙三年甲辰歲(而不是帝乙三年)，即西元前 1326 年六月三日卒于江口之彭亡山(今仙女山)，享壽 802 歲。

關於彭祖葬地(即三座彭祖墓)之爭，憑自現有存世文物(不僅是墳墓)以及史蹟資料看，四川彭山彭祖墓具有與江蘇徐州、浙江臨安彭祖墓無法比擬的地位，一是彭山歷來以八百壽星彭祖為代表的長壽文化源遠流長，隨著近年國際參與對彭山四大文化的研討發掘，彭祖長壽文化是享譽四海，蜚聲五洲；二是唐玄宗改武陽(隆山)為彭山，就是依據養生始祖彭祖生、卒、葬于此而為，至今已有一千三百年歷史，三是唐以來歷代政府，在對彭山彭祖墓室之培修碑記，敘文中尤以【夏守藏史】、【商賢大夫】之巍巍豐碑，如同八百壽星彭祖熠熠生輝的生平檔案，史實俱，在勿容置疑。

註：根據清嘉慶十九年甲戌西元 1814 年湖南木刻版記載，彭祖生于古帝丙子歲，史料有載帝堯在位百年，但丙子有二，一是帝堯八年丙子西元前 2325 年；二是帝堯 68 年丙子歲西元 2265 年，後者較可考。

轉載節錄世彭會訊第六期　彭家華撰文

論四

彭祖善長氣功，修身養性，其在世年齡，【竹書紀年】「武丁四十三年滅大彭」證明大彭國確實存在了八百多年，可能被誤傳彭祖活了八百歲。西漢武帝時，魯恭王壞孔子宅，獲得大批【古籀文竹簡】，記載彭祖活了 767 個甲子，這個甲子是以日計數，折合有 46,020 日，即 126 歲，為彭祖的實際年齡。

節錄文史哲出版社中華彭姓通志頁 33

堯末期封爲彭祖　　　　轉摘節錄 2003 年川渝彭氏宗族譜

彭祖的生卒時年，「通志」記：『彭祖籛鏗進羹于時已 180 歲，堯在位是公元前 2358 年至公元前 2285 年，在位長達 73 年，鯀受命治水的時間是公元前 2294 四年』。據彭宇棟著「大彭始祖，籛鏗公考」說：彭祖進羹于堯時，洪水滔天，浩浩懷山襄陵，下民其憂，鯀治水幾年不力，時堯已 100 歲，不得不臨陣指揮治水。

據「韓非子」一書記『堯住草棚，吃糙糧，喝野菜湯，冬披鹿皮御寒，夏以葉片掩體，大水連年不退…，帝心急如焚，積勞成疾，臥床不起，神志昏迷，籛鏗以鮮羹雉湯一勺一勺地滴進堯口，猶如甘露，腸中一熱，透體通泰，漸至醒來，很快康復，遂命這方士爲大彭，封與彭祖。對治水水九年不力的鯀，命誅之。隨即讓位予舜，舜命鯀的兒子禹續治水，禹「三過其門而不入」，全力治水 13 年告成。按此計算，彭祖受封時間，應是堯在位末期，即公元前 2289 年，時年彭祖已 180 歲，公元前 2469 年應爲彭祖的出生年』。

據清梁玉繩著的「人表考」引「路史」說：『女嬇六月六日，啓脇生六子，三曰彭祖』。由此證明彭祖是公元 2469 年六月六日出生。又據「大戴禮記，虞戴得篇」及「漢書，古今表」記：『彭祖功勳卓著，與仲虺並舉，知老彭爲商賢臣也，至商大戊王時逝世，終年 802 歲』。又據俞正燮著「彭祖長年論」：『其舉柩日，社幾六十人皆凍死，是祖死感動上天，六月奇寒也』。據此，證明彭祖死於公元前 1667 年六月三日。

彭祖出生奇談　　　　轉摘泰國彭江河撰文

隆冬臘月，天寒地凍，晉境冰封，臨汾雪飄，滿天飛絮，行人欲斷魂景緻，塞外來了一隊奇裝異服人馬，擁著一位面如冠玉，滿臉鬍鬚，道岸貌然，馳馬飛奔前來山西臨汾城。傳云乃鬼方氏通土法醫師，承女嬇氏陸夫人邀請前來助產，帶往已故衛戎將領陸終第安宿。

通土法醫診察女嬇氏後，嘆口氣道，夫人生產，惟有剖腹破肋產出，決無危險之虞。貧道帶來破肋藥品，今晚雪飄地凍時刻，正合施行剖術，夫人同意否？女嬇氏竊思痛苦難受，但法醫爲母家派來者，應無相害之理，答曰願從尊意辦理。

是夜二更時，法醫以枲麻湯奉給女嬇氏飲喝，並以枲麻藥膏塗抹封並雙肋，三更時女嬇氏麻木不省人事，法醫即著手左肋取出三個嬰兒，再次從右肋又取出三個嬰兒，全部嬰兒均有刺青記號，可識別長幼順序，旋用枲麻絲針縫合傷口，每日進補法醫所開草，閱月時間，傷口已全部痊癒，亦恰適彌月之期，依次居名：長樊、次惠連、三籛鏗、四求言、五晏安、六季連。

女嬇氏經醫調數月，雖有起色，惟傷口時有陣痛，無法治癒，法醫無法久留，委托三位乳娘盡職養育嬰兒，免女嬇氏操勞，有礙傷口復原，施束裝返歸鬼方氏之域。女嬇氏強忍痛苦數年，引發併發症逝世。鬼方氏聞悉，誤認中原未悉心照顧其妹，以致病歿，盛怒發兵攻破臨汾城，兵荒馬亂中，見一小童站立街中，毫無懼色，乃抱在馬上帶回鬼方氏領土，得通土法醫到看刺青記號，得知此乃女嬇氏第三子籛鏗，忝在舅甥旁親系，蓄意撫育教養，成爲文正雙修青年壯士，其人爲壽高八奇人彭祖是也。

彭祖誕辰與忌日　　　　轉摘節錄朱浩熙著「彭祖」

彭祖誕生距今四千餘年以上，籛鏗出生應從帝堯在位上下限各上推 180 年，即西元前 2637 年至西元前 2564 年之間。

彭祖生辰，可定在農曆六月十日左右爲宜，清梁玉繩(人考表)引「路史」，說女貴氏以六月六日啓脇生子，但在古大彭國，廚行尊籛鏗爲祖師爺，長期沿習農曆六月十五日紀念彭祖誕辰的習慣。徐州彭祖菜系名廚胡胡德榮在「彭祖與烹飪之道」一文中：彭祖既被後人奉爲行廚行祖師，在家鄉徐州，更有多樣祭祀活動。辛亥革命前，徐州城北㪍圈路東，尚有一彭祖廟。廟宇朴素典雅，滿院蔥郁。正殿抱柱上有一楹聯：【烹飪高墻難易進，當求庖術傳後世；調理真諦真饈出，還需青鳥引路前】。每至農曆六月十五日彭祖誕辰，及年終灶君會期，蘇魯豫皖交界處方圓數百里廚師，都紛紛前來敵藝，各顯神通。

　　彭祖逝世時間，說法不一，若按傳統說法壽長八百歲，彭祖卒年可能在西元前 1837 年 1764 年左右。彭祖逝世月日，一說農曆六月三日，俞正燮「彭祖長年論」或記彭祖六月三日終。舉柩日，社中六十餘人凍死。如是說，彭祖死日感動上蒼，六月奇寒，定有奇冤。彭祖壽終何處不知。另一說，彭祖卒於六月十二日，爲後世欽仰祖德，多以是日爲彭祖忌日祭祀之。

　　因之，彭祖生辰大致在西元前 2637 年至西元前 2564 年之間農曆六月十日前後，忌辰也可能在農曆六月十五左右。

彭祖、巫彭、彭伯、與彭城、彭山

(彭蒙山)

古文獻，黃帝嗣孫彭祖「善調鼎」，獻雉羹以事帝堯，公元前 2357 年前後，被堯封於彭，建立彭城和大彭氏國。後歷經堯、舜、禹、湯四代，於公元 1282 年為商所滅，彭氏族人從此由彭城遷出，繁衍於全國各地。『楚詞、天問』、『莊子、逍遙遊』、『荀子、報身』都指出，彭祖善烹飪，精治氣養生，壽高八百，故其被世人奉稱為中國烹飪、各中華氣功的開山鼻祖、與長壽者的象徵。孔子頌言：「述而不作，信而好古，竊比於我老彭(彭祖)」。

彭祖出生於四川省彭山縣江口鎮，有四個名字：「鏗」、「巫彭」、「彭伯」、「彭祖」，出生時名「鏗」，少年時，隨父祝融在四川境內遍行巫術，人稱其為「巫彭」(山海經、海內西經)載：「開明東有巫彭」；中年時，應征帶兵作戰，為部族首領，戰功彪顯，人們尊稱他「彭伯」(竹書記年)載：「商河　甲三年，彭伯克邳(今徐州)」；晚年，隱居彭蒙山下，行導引術，創長壽養生之道，成了一代長壽八百壽星，人們冠以美名叫他「彭祖」，故其名有「鏗」、「巫彭」、「彭伯」、「彭祖」之說。

彭祖驍勇善戰，鞭及徐州，顯赫戰功，殷王將他攻占的地域「邳」劃規其統轄，在「彭城」授官封地，以城封(彭)姓，名曰「大彭」、「大彭氏國」，威震一方，繁衍彭姓子孫，商武丁四十三年，大彭氏國亡(竹書紀年)。

彭氏家族因戰亂流離失所，四處流竄，演繹成後來江西、湖南、廣東、福建、陝西、甘肅、台灣、以及東南亞各地，彭祖則隱居山林，行醫養生有道，終老於彭蒙山。

彭氏歷代分布密度和分布頻率

時間	100 位大姓分布頻率	位數	推算值%	累計值%	備　　　　　註
宋朝		42	0.50	69.14	一·簡錄「彭氏通訊」第十四期轉載「中國姓氏群體遺傳和人口分布」袁義達、張誠著
元朝		56	0.43	71.98	
明朝		42	0.54	65.80	
當代		39	0.49	68019	二·台灣係以台灣姓氏人口計算
台灣		35			

彭祖籛鏗聖人中之聖人、哲人中稱哲人

歷代封建統制者尊孔丘仲尼為聖人，將記載孔子談話以及他同門人談話(論語)奉為經典，頂禮膜拜，推崇備至，世有「半部論語安天下」之譽。這位孔聖人十分景仰彭祖，並私下以彭祖自稱。(論語、述而)云：子曰，述而不作，信而好古，竊比于我老彭。集註，傳舊而已；作，則創始也，故作，非聖人不能；述，則前賢可及。竊比，尊之之辭。我，親之之辭。老彭，商賢大夫，見(大載禮)，邘信古而傳述者也。孔子刪詩、書，定禮、樂，贊周易，修春秋，皆傳先王之舊，而未常有所作也，故其自言如此。邘不惟不敢當作者之聖，而亦不敢顯然自附於古之賢人。蓋其德愈盛而心愈下，不自知其辭之嫌也。然當是　，作者略備，夫子蓋集群聖之大成而折衷之，其事雖述，而功則倍于作矣。從孔子同彭祖相比，可見彭祖在孔子心目中的位置；從孔子尚不敢公開同彭相比，可見彭祖當時形象之光輝，影響之巨大！

孔子竊比彭祖，當然包含自謙的成份，但媲歸不離大譜儿。從孔子的歷史貢獻，我們當大體可以想見彭祖的豐功偉績。「述而不作，信而好古。」這主要指整理和保存民族文化遺產而言。在這方面，二人是共同的。孔子創立了儒家派，而彭祖則是道家學派的先驅：孔子整理，刪定了「詩」「書」「春秋」等古代典籍，彭祖則總結、整理了上古養生方正的寶貴經驗，傳世有「彭祖經」。由于年代久遠，彭祖著作沒有完整地保存到今天。但是，從綿延幾千年的斷簡殘篇來看，彭祖整理、保存的文化遺產相當豐富。清人俞正變在「癸巳類稿，彭祖長年論」中，曾譏諷唐人

司馬貞(史記索隱)關于(舜紀敘彭祖，彭祖墳典不載)語：「不知司馬貞何處見墳典？」此言大可商榷。司馬貞不會憑空冒出"彭祖墳典"一語，此說當有其依據。許多古代文化堪稱民族瑰寶，但在歷史的長河里淹沒了。歷史上有無彭祖墳典是一回事，而後人能否得見彭祖墳典又是一回事。清人未見者，唐人不見得未見，萬不可以後人未見，否認古代之存在。

從彭祖籛鏗至孔夫子，大約二千多年，從孔夫子至于今，又二千多餘年矣！孔子之名，家喻戶曉，孔子之言，到處流傳，孔子形象，何其偉大！殊不知，孔子視彭祖，亦猶今人之視孔子，從今人視孔子，亦可以想見彭祖在二千年前之炳赫地位也。

毛澤東論彭祖　轉摘世彭會訊第五期刊

1952 年十月廿八日夜毛澤東到徐州，第二天談起徐州，他說：「徐州應是養生學的發祥地，堯時有位叫籛鏗的，是歷史上有文字記載的第一位養生學家。堯封他到大彭，也就是徐州市區周圍這塊地方，建立了大彭國」。毛澤東說：彭祖為開發這塊土地付出極大的辛苦，他帶頭挖井，發明了烹調術，建築城牆，傳說他活了八百歲，是中國歷史上第一位長壽之人，還留下養生著作【彭祖經】。毛澤東還說，彭祖在歷史上影響很大，孔夫子就非常推崇他。庄子、荀子、呂不韋等，都曾經論述過他。「史記」中對他有記載，屈原詩歌中也提到過他。大概因為他名氣太大了，到了西漢，劉向在【列仙傳】中，竟彭祖列入仙界(參見李家驥「我做毛澤東衛士 13 年」第 216 至 217 頁，中央文獻出版社 1998 年版)。

彭祖籛鏗是道家學派的先驅和典基人之一

道家的創立，始于老子李耳，但是，彭祖之道為道家學派的形成發揮了巨大作用。彭祖和老子都以養生為追求目標，世人也多以彭聃并稱。彭者，彭祖籛鏗也；聃者，老子李耳也。且彭祖先于老子千餘年。可見彭祖在道家學派中的位置。

凡古人對彭祖評論和出土文物看，彭祖養生言論眾多。由于西漢採用董仲舒「罷絀百家，獨尊儒術」建議，把彭祖所屬的道家學派打入冷宮，並同一度受到推崇的黃老學說一起受到嚴歷打擊。以黃老學說為指導房中術，甚至遭到委頂之災。加之歷代戰爭，水患等天災人禍，文化遺產損失無算！即使如此，彭祖部分學說仍然得以流傳下來。漢代古醫書「引書」「十問」以及濫觴于六朝時期的「道藏」，梁代陶弘景的「養性延命錄」，宋代曾造的「道樞」，元代李鵬飛的「三元延壽參贊書」，明代冷謙的「修齡要指」等古代書中，都不同程度地保存著彭祖養相養生之道和養生術方面的知識。盡管其中不乏後人托僞之作，但也不能否認，其中仍然保存彭祖之道的不少精華。馬王堆漢墓出土竹簡中，保存有醫書「十問、六問」，即為彭祖回答王子喬父關於養生方面的內容。由此看來，彭祖學說在古代影響巨大，千百年來也損失巨大。

華夏祖祖輩輩的百姓，几乎彭祖作為永恆的話題。彭祖的故事，流傳在城市的大街小巷，農村的田頭場院。不斷的傳誦，不斷的創造，使彭祖的形象更加豐滿，更加完美，更加鮮明。

彭祖籛鏗，千古大賢。賢者，德才並美也。明君思賢若渴，士人見賢思齊，百姓景賢眼穿。彭祖籛鏗，千古明哲。哲者，明達而才智也。他是民族智慧的化身和代表。他的智慧豐富了人類文明，造福于子孫後代。我們今天仍受其惠澤。我們應加強對彭祖的研究，開發彭祖文化，使民族瑰寶重放異彩。

摘錄廣東彭氏族譜朱浩熙編著彭祖文

彭祖世系探討　轉摘節錄「彭氏通訊」第 11 期　榮昌廣川彭俊修　2003 年 10 月 24 日

彭祖出生時間，據清嘉慶 19 年甲戌歲西元 1814 年湖南木刻版本記載，彭祖生于古帝堯丙子歲，史有載帝堯在位百年，但丙子歲有二：一是帝堯八年丙子西元前 2325 年，二是帝堯 68 年丙子歲西元前 2265 年後者年代較正確。

　　從上古彭祖下溯至西漢末長平侯宣公近 2200 年間，應有八十多世先祖。近年所見世系有：

一。徐州麒麟谷世系，將宣公作為彭祖第 37 世孫，雖有簡略史事，但不符合邏輯，亦不符合常理，代距高達 61.11 年，故不能採信。

二。有「彭氏遠祖總吊圖」，將彭宣公作為黃帝之 85 世孫，彭祖之 77 世孫，代距則為 28.83 年，雖然符合情理，僅見垂絲圖世系，無譜文簡介，則難以令人置信。

三。又有將彭宣公作為彭祖八世孫，一線而牽，則謬之更遠。

四。2000 年廣東陸河縣商賢家所出版的商賢之光「彭氏源流族譜」，較為詳盡，有從上古少典氏、黃帝、始祖錢鏗漢宣公、唐構雲公、宋延年公及元受章、受進、受春弟兄七種編代格式，且又有簡略史事記載，將宣公作為彭祖之 83 世孫，是基本可以採信的，代距為 26.85 年。

　　上述幾種遠祖世系，均各出一軲至宣公，實為不妥，此乃各地先賢們閉門造車，臆造世系所致。此問題上，百家爭鳴可以，但百花齊放則不妥。故廣西賓陽彭國利宗親所用的是(一)徐州麒麟世系，所以才有 110 多世，如果用(四)則應有 150 多世。更明顯的例證：中華姓氏譜，彭姓卷，源流篇中第七頁載清宣統三年西元 1911 年自署彭祖 108 世孫四川綿竹市人彭脉宗，與唐徵君構雲公在(四)中也為彭祖 108 世孫世，數相等。而時間已差近 1150 年之遙，因遠世先祖不可能留下原始憑證，但從仩古彭祖下溯至漢彭宣公，有一個遠祖世系框住時間，框住世代數，是可行的，有此比沒有好。

　　宣公以下世系至唐徵君構雲公出生計 789 年，為宣公 26 世孫，代距為 31.56 年，各地族譜所載史事皆同，世系一致無誤，所載雖有兄與家裔之別與誤，但已不傷大雅。少數先祖已入史冊是可信的，宜以宣公編代衍繹為妥，雖個別地域有顯祖、始祖，如唐徵君江西構雲公、宋初知潮州府延年公，雖可分時段編代，但應注明為宣公多少世系才妥，不然會似有斷世代，斷時間之嫌。

　　當今盛世大興續修譜牒之風，敬宗收族美意至善，但宜審慎而為，對祖系要細考詳證，不應照譜抄錄，更不要以訛傳訛，族譜散發容易，更正錯誤，則非易事。

彭祖養生術

　　彭祖傳史逸事，流傳多而且廣。自署彭祖 108 世嗣，今四川綿竹市彭脉宗，清宗統三年西元 1911 年，在杭州湖退省庵中，依照「逸史」和道家「洞天福地岳瀆名山記」等書，詳述「彭祖世家考」。漢朝以後的彭祖記載，特別是彭祖的記述，有系統整理了以前相傳的零散彭祖事跡。雖道教艱深莫測，但對欲瞭解彭祖，應有所助益。

　　商王祖甲得悉彭祖善於養生之道，厚備隆儀，遣使求討，試驗結果靈驗，圖謀盡得奧蘊，後宮妃子「采女」深知性命保養原理，祖乙尖挽前往探訪彭祖，期求獲得全部奧秘。采女允諾，乘輜車前往拜謁彭祖，叩問其經歷及養生根本為何？

　　彭祖簡要云：「吾名籛鏗，帝高陽氏之苗裔，陸終氏之子。胎兒時父離世，三歲復失母。遇太戎之亂，流離西域十幾年，方籍中土。協音律，制禮樂，掌圖書，陳教化，以事堯，歷虞夏，度地有功于世，受封彭城，故號彭祖，距夏已七百六十餘年」。

　　至於養生之道，彭祖說：「淮泗間有白石先生，其道以陰陽合和，性命交修為主；金精玉液，還丹之藥為上品；常煮白石為糧，亦不絕酒脯穀食，因而人稱白石先生」。日行百里，東游謁見，其貌似四十有零。叩拜為師，學盡真空妙有清玄微之術，僻居雲母山。問先生何不服升舉之藥，而長久忙碌於塵世？白石翁答：天地之樂，恐無異於人間，何況上界至尊太多，奉事更比人世辛勞，故而不去。又叩問其年壽？白石翁答：你出生時，我已兩千餘歲。於是拜其為師，盡領他真空妙有清靜玄微之術，僻居雲母山。曾娶妻 49，子 54。少年孤兒，數遭憂患，所聞淺薄，實在不足恭維。

　　采女俯身懇求彭祖全授，彭祖云：養生之法，人秉天地正氣，五行秀毓以生。雖不得道妙，只要能保合太和，正性正命，養之得宜，常可活到 120 歲。若不受五運六氣之感傷，再能凝求養生之道，得 240 歲。如存神過化，返虛人渾，盡乎理，通乎玄，乃可不死。再積功累德，可冀成真耳。

　　養壽之道，「莫傷」兩字而已。冬溫夏涼，春發秋斂，不失四時之和，為能適身；美色淑姿，幽閑娛樂，不致思欲之感，是為通神；車服威儀，知足無求，是為專一致志；八音五弝，愉悅視聽，是為導心。凡此種種，皆可養壽，倘不慎酌，反速禍殃。

　　古代至人高手，惟恐不才之人不識事宜，流而不返，因此必絕其源，古有「上士異室，中士異床，下士異被，服藥百顆，不如獨眠」的箴言。以及「五音使人耳聾，五色使人目盲」等告誡。其中道理，譬猶水火，人不可少，但用之過當，反足為害。不知經脈損傷，血氣不足，內裡空疏，腦髓不實，體已先病，致易為外物侵犯，將藉風寒酒色發作。內患不興，外侮不入，假若內本充實，豈有傷哉！

　　「遠思強記傷人，憂喜悲哀傷人，陰陽不順傷人。」獨獨諄諄告誡于房中之惑？「男女相成，猶如天地相生。天地得清寧之道，所以終極無限；倘人失氳氤之道，必有傷殘。若能得陰陽動靜，剛柔專翕之機，能避重傷之事，再君以無相回光，真空煉形，即是不死之道」。

　　對話完畢，采女從容禮辭，答應信守奉行，深謝彭祖，告別回宮，稟陳殷王祖甲養生之道，試之有驗，頓起邪惡意念，企圖獨享秘密，遏止彭祖養生之道傳播，下令嚴禁傳授彭祖之道，違者誅死。

　　彭祖為免其禍，避入南闓深山中居息，改名延生子高。後又傳聞灘水有一老人，教人愛惜性命，輕棄不可復得。他乘船至橋下，惟恐被石梁塌下傾倒，必先登岸而過，再乘船行走。凡事先察干支忌諱，有所規避。故世傳彭祖戒忌，即「彭祖曆」。彭城西北隅有井泉，水沸如濤，人皆倚在石欄旁觀，老人亦前往觀看。他先用繩繫腰，一端緊綁於樹，旁邊又令數人扶住，才敢俯首往下看。並對大家說：「臨此不測深淵，怎可不小心謹慎？少有顛挫，就會遭受淹沒凶險」，彭祖生平謹小慎微，莫此為甚。

　　後有杜沖，欲往金堂尋李八百談道，西行走到一山，見形狀如象耳，又見一大冢如土阜，旁有小冢累累，因而問土老(當地老人)。土老答曰：『「中原有彭祖，年近千歲，入蜀武陽，臨崖結廬，祖述大易三極道理，書寫竹簡，召來他兒子彭武、彭夷，囑咐道：「古聖賢心傳，詳備紀錄在此，要珍藏洞中，留作中天三極歸終，普度弘開的張本。」又說：「軀壳不去，終為所繫。」於是面山陽而坐化。即商帝乙廿三年三月三日午時。身畔有黃金一笏。眾社兒為他拾斂委蛻即骸骨，葬在西山下陽名象耳山，今名之【彭山】。

　　唐杜光庭「洞天福地岳瀆名山記」載：彭祖委蛻葬蜀地彭山，衣冠劍佩葬彭水，琴書几杖葬天彭(今彭州市)。兒子彭武、彭夷，度世覺民，以彝倫道德爲本，研几文字爲末，化行中道。大丹成後，亦如彭祖隱居此山，後人以彭祖「武、夷」二子命名「武夷山」而得名。唐朝封彭祖爲太清景明三峰真君，彭武封永治真人，彭夷封永平真人。

　　彭祖五十四子，四十九妻，養生之道盛傳古今，在中國歷史長河中，子孫世代傳承，生生不息，繁榮昌盛，爲家族，爲中華文化歷史，立下不朽功業，千華萬世，永爲人們追念。

彭祖攝養術

　　「神強者長生，氣強者易滅」。「神強畏威，鼓怒聘志；量才而思，量力而行，不積憂悲，節制喜怒，明確愛憎，欲思有度」。十二忌：「久言笑則臟腑傷，久坐立則筋骨傷，寢寐失時則肝傷，動氣疲榮則脾傷，挽弓引弩則筋傷，沿高涉下則腎傷，沈醉嘔吐則肺傷，飽食偃臥則氣傷，驟馬步走則胃傷，喧呼詰罵則膽傷，陰陽不交則瘡痱生，房室不節則榮瘁發」。

　　養生之法，不遲睡，不驟行，耳不極聽，目不久視，坐不至疲，臥不及極。先寒而後衣，先熱而後解。不欲甚飢，飢則敗氣；食戒過多，勿極渴而飲，飲戒過深。食過則症塊成矣，飲過則痰癖結聚氣風。不欲甚勞，不欲甚逸，勿出汗，勿醉中驟奔，勿飽食走馬。勿多語，勿生餐，勿強食肥鮮，勿沐髮後露頭。冬不欲極溫，夏不欲極涼，冬極溫而春有狂疫，夏極涼而秋有瘧痢。勿露臥星月之下，勿飢臨屍骸之前，勿睡中搖扇，勿食次露頭，勿沖大熱而飲冷水，勿凌盛寒而逼炎爐。勿沐浴後而迎猛風。勿汗出甚而便解衣，勿沖熱而便用冷水淋身。勿對日月及南北斗大小便。勿于星辰下露體，勿沖霜霧及嵐氣，此皆損傷臟腑，敗其神魄，五味不得偏耽，酸多傷脾，苦多傷胃，辛多傷肝，甘多傷腎，鹹多傷心此並應於五行，潛稟四體，可理可究矣。志士君子，深可慎焉！犯之必便損，久乃積成衰敗。

　　「神仙傳、彭祖」，述彭祖養性之法曰：「己人道當食甘旨，服輕麗，通陰陽，外觀秩耳。骨節堅強，顏色和澤，老而不衰，長在世間，寒溫風濕不能傷，鬼神眾精莫敢犯，五兵百蟲不敢近，嗔喜毀譽不爲累，乃可爲貴耳。人受氣雖不知方術，但養之得宜，常至百二十歲，不及此者傷也；小復曉道可得二百四十歲，加之可至四百八十歲。盡其理者可以不死。」因之做彭祖攝養術，牢記謹慎，不可大意，以陶冶性情，旺神宣氣，即可得攝精神矣。

彭祖導引術

　　彭祖精擅導引行氣，開中華氣功之先河，為各門派氣功之祖師。世傳彭祖功法及流派甚多，彭祖益壽功，是彭城彭氏族人後代密傳的健身氣功。全功法共十式，每式廿四個動作，暗合廿四個節氣。導引行氣，「應四時，運五氣，避六淫，克七情」。持之以恆，可收到防病治病，健康長壽的功效。

　　導引又稱道引，為中國古老醫療體育和養生方法。導引術是適應當時社會環境需要而產生的。據「呂氏春秋。古樂」記載：「昔陶唐氏之始，陰多滯伏而湛積，水道擁塞，不行其原，民氣郁淤而滯著，筋骨瑟縮不達，故作舞以宣導之」。「索向。異支方宜論」亦述：「中央者，其地平以濕，天地所以生成萬物也眾，其民食雜而不勞，故其病多痿厥寒熱，其治宜導引按蹺者，亦眾中央出也」。王冰注曰：「導引謂搖筋骨，動支節，按謂抑按皮肉，蹺謂捷舉手足」。即是說，導引包括軀體運動、呼吸、和按摩三個部份。李頤注「庄子。刻意」：「此道引之士，養形之人，彭祖壽考者之所好也」。句曰：「導氣令和，引體令柔」。彭祖導引術中之一種，影響較大，春秋戰國時期成為流行的治病保健和養生方法。彭祖導引術分、坐臥引兩種。

一、彭祖坐引法

　　令人目明，發黑不白，治頭風。「道藏」盡字三號「彭祖導引圖」記有方法：「導引服，解髮，東向坐，握固、不息、一通；舉手，左右導引，以手掩兩耳，以指捏兩脈邊，五通」。

　　彭祖臥引法，又稱彭祖谷仙臥引法：須牛夜至雞鳴平旦為之，禁飽食，沐浴。作用：除百病，為延年益壽要術。其法凡十節，五十息，五通，共二百五息。「道藏」盡字三號有「彭祖谷仙臥引法」，「古仙導引按摩法」書中亦有「彭祖導引法」，二者大體相同，文字略有出入。據「彭祖谷仙臥引法」，十節為：

　　（一）解衣被，臥，伸腰，瞋小腹，五息，止。引腎，去消渴，利陰陽。

　　（二）伸左腳，屈右膝，內壓之，五息，止。引脾，去心腹寒熱，胸腹邪脹。

　　（三）挽兩趾，五息，止。引腹中，去疝瘕，利九竅。

　　（四）仰兩足趾，五息，止。引腰脊痹，偏枯，令人耳聲。

　　（五）兩足內相向，五息，止。引心肺，去咳逆之氣。

　　（六）踵內相向，五息，止。短股除五絡之氣，利腸胃，去邪氣。

　　（七）掩左脛，屈右膝，內壓之，五息，止。引肺，去風虛，令人明目。

　　（八）張脛兩足趾號，五息，止。令人不轉筋。

　　（九）兩手牽膝，置心上，五息，止。愈腰疼。

　　（十）外轉兩足，十通；內轉兩足，十通，止。復諸勞。

　　凡十節，五十息，五五二百五十息，欲導引，常夜牛至雞鳴平坦為之，禁飽食沐浴。

二、服氣導引行氣

　　彭祖是醫學專家，「呂氏春秋，情欲」曰：「耳不可瞻，目不可壓，口不可滿，身盡府種，筋骨沉滯，血脈壅塞，九竅寥寥，曲失其宜，雖有彭祖，猶不能為也」。肯定了彭祖保健地位，也肯定彭祖治病的醫術。彭祖發明吐納服氣療法，也是中國原始的養身醫病方法。葛洪「神仙傳，彭祖」述彭祖言：「次有服氣得其道，則邪氣不得入，治身之本要」。「人受精養體，服氣煉形，則萬神自守其真，不然者，則榮衛枯悴，萬神自逝，悲思所留者也」。其法大致為閉氣，服氣，導引閉氣，以氣攻病四個步驟。梁代陶弘景「養性延命錄，服氣療病篇」對此作了專門介紹。

　　彭祖曰：「常閉氣納息，從平旦至日中，乃跪坐，拭目，摩捋身體，舐唇咽唾，服氣數十，乃起行言笑。其偶有疲倦不安，便導引閉氣，以攻所患，必存其身、頭、面、九竅、五藏、四肢、至于髮端，皆令所在覺其氣運行體中，起于鼻口，下達十指末，則澄和其神，不須針藥炙刺。凡行氣欲解百病，隨所在作念之。頭痛念頭，足痛念足，和氣往攻之，從時至時，便自消矣。時你中冷，可閉氣取汗，汗出輒周身則解矣」。導引閉氣以攻所患的氣功療法，沿

襲至今。

　　彭祖所說的服氣，是中國最早的辟谷術。辟谷，亦稱斷谷。絕谷，即不食五穀的意思，這是我國古代一種修養方法。辟谷時，仍食藥物，並須兼做導引等功。以後，辟谷成爲道教修鍊方法之一。其理論根據：人體中有一種叫做三尸或三彭，三蟲的邪怪，靠五谷而生。危害人體，經過辟谷修，可除去三尸，達到長生不死。不過彭祖服氣，主要還是療病。

　　彭祖服氣術，即氣功療病術，是從大氣，日光中吸取營養的辦法。漢代古醫書「引書」亦載彭祖之道：「春日早起之後，弃水，澡漱，洒齒，泃，被發，游堂下，逆露之清，受天之精，飲水一杯，所以益㿜也」。所說「逆露之清，受天之精」，亦類于服氣也。辟谷服氣之法，；應來自各種動物。清代徐叟所輯「宋人小說類編」有「辟谷說」：『洛下有洞穴，深不可測。有人墮其中，不能出，飢甚，見龜蛇無數，每旦輒引東望，吸取日光咽之，其人亦隨其所向，效之不已，遂不復飢，身輕力強，後卒還家，不食，不知其所終』。

　　「庄子．刻意」載：吹噓呼吸，吐故納新，熊經鳥伸，爲壽而已。此導引之士，養形之人，彭祖壽考者之所好也。彭祖長導引有三：一是長壽養生導引，次是長壽養療導引，三是彭祖壽仙導引。

(一)長壽養生導引

第一個招式：「彭祖站桩」

　　具有平衡人體陰陽，幫助人入靜入定，使人氣血脈流通，內氣充盈，精力充沛，利於修練者吸納天地之精氣，練習發放外氣和排泄體內邪濁病氣。正如「內經」云：陰平陽秘，精神乃治。動爲陽，靜爲陰，調節動靜，平衡陰陽即達到治病的目的。彭祖站桩分高位桩、中位桩、低位桩三種態，根據修練者身體虛弱，年齡大小，可作不同選擇。

> 1．高位桩：亦即無極桩，雙腳自然站立，與肩同寬，腳膝微屈，膝蓋與腳尖對齊，臀部略下坐，尾閭穴與腳跟對齊。百會穴、會陰穴、湧泉穴三點意成一線。含胸拔背，垂肩墜肘。頭顱豎立，下頜微收，眼帘微垂，口唇輕閉，舌抵上腭。十指微微伸展，雙手曲肘平伸，手心向前。全身放鬆，目光凝視，面帶微笑，自然呼吸。逐步把呼吸調到最深、細、与、長、呈「吐惟細細，納惟綿綿」的狀態。心中則意面對太陽或月亮，全身放鬆，進入真境。

> 2．中位桩：亦與高位桩相同，只是腳膝要更加彎曲，約呈120度.

> 3．低位桩：又稱馬步桩。雙下肢彎呈90度雙手鬆直平舉，五指向，上掌心向前，勞宮穴向外向前，其他與高位桩相同。採取自然呼吸法，稍比平常呼吸加深。吸氣時收小腹，意念宇宙間的氣通過你的呼吸道和全身的毛細孔吸進體內，沉入下丹田。呼氣時，鼓小腹，意念劍指和勞宮穴變成呼吸道，氣從兒排出去。

第二個招式：「鴿鵬展翅」

　　雙腳分開站立，全身自然放鬆。雙手臂從左右兩側徐徐抬起，與肩相平。然後雙腳膝微曲下蹲，隻手臂順勢作仙鴿展翅狀，手臂與手掌、手指乃至全身冗肉呈自然柔和的起伏飛翔狀態。目光平視，自然呼吸，飛翔擺動**6-36**次不等.。

第三個招式：「黑熊晃身」

　　雙腳自然分開與肩同寬，雙手腕放鬆，掌心及手指下垂呈熊的搭爪樣。手臂抬至胸前，腋窩稍稍挾緊。在扭動腰肢時單下肢微曲，左右交替，呈笨熊行進狀。動作反復一分鐘，雙目微閉，自然呼吸，注意不要跨出腳步，只原地作左右扭擺運動，把脊背充分活躍起來。

第四個招式：「古松迎客」

　　雙腳平行站立，與肩同寬，胸部、頭部豎直，雙目微閉。左手在前，掌心對著中丹田，右手在後，掌心對著門穴。分別作一張一合的撈氣動作6-12次，然後雙手交換再作6-12次，之後身體適度放鬆，意念你完全處在蒼松翠柏樹林中，自己也化作了松柏同類。

第五個招式：「貨郎擊鼓」

　　右腿向右橫跨一大步，然後右轉身呈弓箭步，右手順勢向右前方斜上伸直，左手向左下方斜下伸直，雙手臂保持在一條直線上，五指張開作貨郎搖鈴顫動，一分鐘後左轉身，呈左弓箭步作同樣動作。雙手伸直成一條直線時，猶如貨郎挑擔百貨走村串鄉。行在山野美景之中，何其悠哉游哉。

第六個招式：「托天按地」

　　左腳向左橫跨一步，曲膝下蹲呈馬步，右手從下至上抬起，手心朝天，抬至目光相平齊，左手從腰胯劃弧狀與右手交义而向下按，與小腹齊平，手心向地，然後隻手反復來回作按、托姿勢。但應注意雙手作按、托交替時，上牝的手在外，下按的手在內。

第七個招式：「甘露灌頂」

　　雙腳自然站立，與肩同寬，雙手慢慢舉過頭頂，手掌心向內，雙掌心與頭頂距離 20 厘米左右，兩勞宮穴焦點正對百會穴，以氣照百會，然後雙手慢慢從上至下運動，直至自然伸直。如此反復 9-36 次，同時要做到頭正、腰直、眼帘微垂、下頜微收、面帶笑容。

第八個招式：「懷中抱月」

　　雙腳自然站立，左腳向左跨出半步，屈膝微下坐，雙手從腰胯間慢慢抬起，雙手臂內彎呈弧形，雙手掌形如抱球狀，隻手由外向內縮，將所抱之球緊貼胸前，用目光凝視胸前所抱之球。雙手再反復拉氣壓氣，然後揉球送入中丹田再注入下丹田。

第九個招式：「氣照三田」

　　雙腳等寬於肩，平行站立，雙手從兩側腰間向外劃弧上舉至前額，用掌心先照上丹田，掌心離額 10-15 厘米，兩勞宮穴焦點集中在印堂穴。待上丹田部位得氣後，雙手掌下移，照中丹田。兩勞宮穴集距正對膻中穴。待中丹田部位得氣後，雙手掌繼續下移，照至下丹田。兩勞宮穴焦距正對關元穴。待下丹田得氣後，雙手由內向外劃弧，自然將雙手掌運行至前額處，反復照上丹田，重復 3-9 次，最後雙手交叉置於下丹田。

第十個招式：「結束式」

　　雙腳站立，身體慢慢伸直，輕鬆自然，雙手伸展向上過頭頂，然後手心向下，指尖相對，從上到下，導氣入下丹田，雙手撫著下丹田，男子左手在內，右手在外，女子相反，意念氣沉下丹田，結束。

(二)長壽養療導引

彭祖長壽養療導引，由行氣祛病大法，吐納祛病大法，和靜坐祛病大法，三部份組成。

1．行氣祛大法：　戰國初期的「行氣玉佩銘」共 45 個字，刻在一個几面體的小玉柱上：「行氣，深則蓄，蓄則伸，伸則下，下則定，定則固，固則萌，萌則長，長則退，退則天。天几春在上，地几春在下。順則生，逆則死。」

　　吸天精：　雙腳略寬於肩，雙手向下收回，經側面部、頸部、胸部、腹部，逐漸下降。收手時指尖相對，做導氣下行狀，同時微微呼氣外出。默想「蓄則伸，伸則下」。

　　定心猿：　雙手下伸，手指微張，手心向地，雙腳穩步站立，身體全然不動，呼吸進入閉息狀態，默想「下則定，定則固」。

　　坤幼萌：　緊接前式，身體從全然放鬆的忘我狀態開始蘇醒，雙手翻掌，從外向內，手心朝上，五指微張。在翻掌時停止閉息狀態，慢慢吸氣。默想「固則萌」。

　　地氣蒸：　緊接前式，雙手曲肘，手掌慢慢上行至中丹田，配合微微吸氣，不能吸得太深太滿。默想「萌則長」。

　　飛天升：　接前式，雙手掌自中丹田往上托，直至伸直雙背，與地面呈 45 度，復原至吸天精位置。默想「長則退，退則天」。

2．吐納祛病大法：吐，就是呼出體內廢氣；納，就是進外界新鮮空氣。有如下諸方法：

　　胸息法：　即自然呼吸法，採取站、坐、臥、行各種姿勢均可。用意把呼吸調得深、細、勻、長。

　　腹息法：　一是順腹式呼吸，吸氣時腹部自然凸起，呼氣時腹部自然凹陷。二是逆腹式呼吸，與順腹式呼吸方法的腹肌運動正好相反。

　　體息法：　就是呼吸，通過毛細血管交換身體內外的氣。練習體呼吸有兩個關鍵，一是稱「閉息」，逐漸減緩減少鼻竅對空氣的吸入量，二是以意領氣，加入體呼吸意念，把全身毛細打開，讓外界之氣大量進入。毫無疑問，這需要一個漸進適應的過程。

　　胎息法：　是一種較高的吐納層次，仿胎兒在腹中吸息的方式，即僅憑臍中一息以供養全身。胎息法的修練，是在鼻息微微，若有若無，氣功修練已到一定火候的情況下進行的。修練時當選取清靜地方，正身偃臥，雙目瞑閉，澄神靜慮，無私無營，從胸息、腹息、體息，逐步加深，順其自然，在鼻息若有

若無之時，可領入氣，讓氣神相抱，直貫臍中。

龜息法： 氣功仿生的一種，根本要旨在於使氣息潛沉，降至「真淵」。這「真淵」就是男女生殖或尾閭處。龜息法是以意領氣入精關，入尾閭，以利於尾閭的氣血運行。

踵息法： 「庄子。大宗師」云：『古之真人……其息深深，真人之息以踵，眾人之息以喉。』說明踵是一種相當高級的功法層次。「性命圭旨」曰：『踵者，真息深深之意』。龜息僅領氣入精關，而踵息領氣直達足跟。足跟可為全身肢節末端之最，氣血運行之邊緣，若足跟已得氣，全身還有何處不得氣呢？所以，練踵息可使真氣至全身，使人容光煥發，永保青春年華。

3。靜坐祛病大法：

　　靜坐以盤坐姿態為佳，盤坐分散盤坐、單盤坐、雙盤坐三種姿式。散盤坐又叫自然坐、駕馬式坐，是人們常用的自然盤腿方式，即兩腿相互交叉自由盤腿而坐。單盤坐又叫單跏趺坐，靜坐時把一腿屈膝在另一腿之上，放在上面的那一條腿的腳心要朝上。雙盤坐又叫跏趺坐，靜坐時兩腿交叉，兩腳掌分別放在對側大腿之上，使腳心微朝上，小腿相互盤趺。靜坐祛病大法掌握三調、三觀、三定、三忘。

三調： 一是調身，使身體坐姿適應修練，二是調心，使心神寧靜，意志專一，進入恬靜虛無狀態，三是調息，把一呼一吸的狀態調至息相，直到進入深、細、勻、長，猶如蠶吐絲一般輕綿長。

三觀： 一是觀天象，分為日月觀、甘露觀、仙人觀，目的是使修練者心懷美好物象；二是觀地，分為泰山觀、海潮觀、花叢觀，目的是使修練者處在美好境界之中；三是觀人生，分為心照觀、普照觀、童子觀，使人返現心境，澄洌透明，讓生機潑潑的童年心態回復心中。

三定： 一是定心，讓心系一緣，解除一切散亂，心無所需，心無所慮，心無所求，心就是心；二是定形，使身體穩定，堅如磐石，穩如泰山，風吹不動，雷打不歪；三是定神，神是精與氣的綜合物，表現於人的顏貌色澤，肌肉骨骼，體態氣質等方面，所謂定神，就是要定精、氣、定身體所表現的一切。實際上，它是定心、定形基礎上的進一步的加深和完善。心定可制散亂，形定可制歪邪，神定可制昏沉。

三忘： 一是忘我，在進入神定之後，全然不知返觀者是你的真身，還是靜坐者是你的真身。對自己的身體似乎已無知覺，只有一個念條在那裡修練；二是忘他，在忘我基礎上的進一步加深，達到「內觀其心，心無其心，外觀其形，形無其形」的境界；三是忘一切，在忘他基礎上繼續坐忘下去，便覺得上下四方空無一物，什麼都不存在。

　　三調、三觀、三定、三忘四大層次，是彭祖及其信徒老子、庄子等人的靜坐修練法和歷代道、佛、醫、儒坐功修練法的必需境界，無疑是一門幫助人們調理身心、平衡陰陽、強健的長壽導引功法。

(三)彭祖壽仙導引

1。陰陽旋轉導引法：

又稱自發導引。在自發導引修練過程中，人會不由自主地出現各種樣的動作，比如優美的體操、武術、舞蹈姿勢等，就像有一股外力在引導著自己手腳沿一定軌跡運行似的。根據中醫學的觀點，人體之氣有營氣和衛氣之分，營行體的，衛行體外。實際上，人體周圍擁罩著一層外氣，這就是人體的氣場，即人體場。這個場可隨導引行氣師的能量而發生變化，產生奇蹟般的效應，當人身體寂靜至極時，內在的陽氣靜極而動，由弱到強，逐漸引動外氣，使內、外之氣相迎，身體飄然而動。這種動力就是衛外之氣對於內氣的引動力。在這種外氣引動力中包含著各種各樣的複雜訊息，一旦某種訊息輸入，人的身體也就某種訊息的指導下產生某種姿態運動。

修練自發導引採取站式、坐式、臥式均可。要全身自然放鬆，思想集中，兩眼輕閉，自然呼吸，使情緒逐步安定下來，慢慢進入無人之境。在平衡安舒狀態下，細細體會內氣的流動，並順勢加碼，驅動身體，緊跟氣感走，以氣領身行。在導引狀態之中，不論如痴如醉到何種程度，一個堅定的意念「我在練長壽自發導引術」，這是防出偏差的關鍵。結束的方式是漸漸減緩運行，待穩定之後，再把眼睛微微睜開，然後搓兩手，採用彭祖樁簡易結束方法最後結果。

2。丹道周天導引法

彭祖的丹道煉丹法，是指如何恬靜養氣。所謂「周天」，即是以地球中心，以圍繞地球的日、月、星辰，一圓圈

為黃道，廿八星宿循黃道運行一周稱為一個周天。中醫經絡學在人體劃分了十二經脈與七經八脈。其中兩條極為重要的經脈就是任脈和督脈。彭祖長壽引導術在周天說和經絡說的影響下，發展成了獨具特色的「丹道周天導引術」。其中又分周天和小周天。大周天運行一周，即為小周天。

（一）外丹術修練：

採取站立式修練。雙腳左右分開，平行站立，與肩同寬，腳膝微屈，垂直墜肘，手指自然伸直，頭頂百會穴朝天，下頜微收，提且縮臀，全身自然放鬆，採用自然呼吸。意想自己站在地球中央，頭頂天，腳踏地，天、地、人完全合一。此時你的前後左右、上下內外，全是一脈彌漫之氣。人融於氣中，氣貫體內。什麼也沒有了，唯有這氣的大世界。此時即按大周天的氣運路線領氣運行。運氣路線，是從頭頂上空北斗七星開始，到頭頂百會穴，到中丹田，到下丹田，到雙下肢，到腳底湧湶穴，到蒼茫大地，到雲水天際，到九天環宇，到北斗七星，如此為一大周天。一般領氣運行12-36周不等，結束方式採用彭祖導引簡易結束法意念結束。

（二）內丹術修練：

以坐姿修煉為主。平坐、自然坐、單盤坐、雙盤坐均可。要頭正身直，下頜微收，雙目輕閉，口齒不露，舌微抵門齒，垂肩墜肘，全身輕鬆自如。氣行路線：從下丹田開始，到會陰，到尾閭，到命門，到大椎，到玉枕，到百會，到上丹田，到中丹田，到下丹田。如此為一小周天，可運轉9-36圈。結束採用彭祖長壽導引簡易結束法。

大周天在於聚外氣集丹，而小周天在於煉內氣集丹，把大周天所聚之氣進一步濃縮提煉，集成高能物質的金丹。所言「金丹」乃人生三寶「精、氣、神」高度合成之謂也。大周天聚外氣所集之丹，未經小周天濃縮提煉，不可能產生高能作用。小周天所運之金丹又必須靠大周天源源不斷地採氣、聚氣，集成外丹向它輸入。因此，修練者應先修大周天，先聚外氣，然後再修小周天，這樣才有實的內容。

3．回歸自然導引法

導引行氣的最高境界是大道自然。彭祖之所以長壽，就是在他身心調節得大自然完全吻合，順應大自然的客觀規律的緣故。回歸自然導引法，就是據彭祖晚年在彭祖仙女山養形修煉的實踐，經過整理總結出來的長壽養生大法。分為「身心回歸自然導引法」和「仙山太極自然導引法」。

（一）身心回歸自然導引法：

一般不受地理條件限制，無論方位地點，都可習練，以身心回歸自然為目的。而仙山太極自然導引法必須在彭山仙女山這一「天然太極地」修煉才行。身心回歸自然導引法在修練姿勢方面，不論行、坐、站、臥均可，與自然景物隨意相伴，使呼吸減慢，逐步做到深、細、勻、長，鼻息微微，若有若無，以感到舒適自然為宜。在心念調節方面，一是止念，排雜念，讓心中空空無念，一心修煉氣功；二是平心，在止念之後，進一步調協心態，讓心博減慢，全身隨之輕鬆自然；三是定心，使心思和身體都穩定下來，不要出現恍惚晃動的情況，意念你在修煉，你始終是你，不是其他的什麼，這就是客觀，就是自然；四是無心，除了「我在修練」之外，一切皆忘，如入「坐忘」之境。

此時意念「天、地、人合一」，打開頭頂百會穴，讓它呈喇叭狀，吸九霄之氣，洞開湧泉穴，入地九尺，與地氣接通。如此則天、地、人緊密聯繫在一起，萬物與我同一，人與自然息息相通。有利於健康長壽，增智開慧的信息密碼，自由進入身心，人便在返樸歸真中悟透了生命的真諦。

（二）仙山太極自然導引法：

彭祖曾一度離彭山去中原為官，因功受封彭城，後遭殷王迫害辭官回歸故里，選居仙女山養形修煉。彭祖之所以選仙女山為修煉之地，其原因正在於仙女是一處罕見的天然太極地。自彭祖開始仙女山便成了歷代導引行氣大師們養形修煉的聖地，也是道、佛兩家爭相建廟觀的寶地。它蘊藏許多對於人身體有益的東西，如地磁、地電、其化宇宙訊息，到此修煉獨具奇特效用。修煉仙山太極自然導引法，其方法步驟與身心回歸自然導引法相同，只是在整個修煉過程中，要一個心意想著這獨特地方的訊息來源，便會有不同的效果。

三、彭祖調攝療養

　　彭祖「固守本真」是最根本、最質樸、最原初、真實的養生智慧，遵循自然。彭祖說：「致壽之道無他，但莫傷之而已」，遵重人的自然性，切勿扭曲和改變，偏離自然的根本軌跡，清心寡欲。

　　繼彭祖之後，庄子提倡「天樂」之境。庄子說：「與人和者，謂之人樂；與天和者，謂之天樂。」能得人樂者，處世有智慧，事事皆順心。能得天樂者，與天地相諧，自然健康長壽。人樂是塵世境界，天樂才是神仙境界。所謂與天和，便是所一切皆與天地相合，不與自然偏離，更不與自然違逆。

　　呂覽在「呂氏春秋」中言道：「聖人察陰陽之宜，辨萬物之利。」其目的在於養生。「養生莫若知本」這「本」正是自然本身。「知本則疾無由至矣」病痛無犯，安能不健康長壽！

　　中醫經典「黃帝內經」則明確指出：「夫四時陰陽者，萬物根本也。所以聖人春夏養陽，秋冬養陰，以從其根，故與萬物浮沉於生長之門。逆其根，則伐其本，壞其真矣。故陰陽四時者，萬物之始終也，死生之本也。逆之則災害生，從之則苛疾不起，是謂得道。道者，聖人行之，愚者佩之。從陰陽則生，逆之則死，從之則治，逆之則亂，反順為逆，是謂內格。」又說：「故智者之養生也，必順四時而適寒暑，和喜怒而安居處，節陰陽而調剛柔。如是，則僻邪不至，長生久視。」

　　漢大儒董仲舒得彭祖真傳，特別重視調攝養生，他強調「循天之道，以養其身。」天者，天地自然宇宙之謂也。養生的前提，必須是遵循自然規律。為此，董仲舒提出了「中和」養生的學說。「中者，天地之終始也。」「而和者，天地之所生成也。」「能以中和養其身者，其壽極命。」董仲舒進一步指出，真正能遵中和之道的人，必是仁義之士。他重申了孔子「仁者壽」的觀點，說「仁人之所以多壽者，外無貪而內清靜，心和平而不失中正，取天地之美以養其身。」

　　張仲景在「金匱要略」中說那些「不善調攝」的人，他們必然「疾病竟起」。因此，尤其在飲食調攝方面，獨具見地。

　　道家是最注重調攝養生的，抱朴子是道家的一個重要立論者，他在「仙經」中言道：「善攝生者，臥起有四時之早晚，興居有至和之常制。」總的遵循原則仍然是「以不傷為本」，「才所不逮而困思之，傷也；力所不勝而強舉之，傷也。」「所作所為一定要符合客觀自然原則，這裡所謂的客觀自然，不僅包括天地宇宙，還吨括人自身。」

　　尊重人本身的自然性，是彭祖調攝思想的重要方面。為此，陶宏景在「養性延命錄」中列舉了十二多的危害與十二少的妙處。「多思則神怠，多念則忘散，多欲則損志，多事則形疲，多語則氣爭，多笑則傷臟，多愁則心懾，多樂則意滋，多喜則忘錯亂，多怒則百脈定，多好則專迷不治，多惡則焦煎無歡。此十二多不除，喪生之本也。」而「少思，少念，少欲，少事，少語，少笑，少愁，少樂，少喜，少怒，少好，少惡，行此十二少，乃養生之精也。」

　　大醫學家孫思邈說：「凡心有所愛，不用深愛；心有所憎，不用深憎；皆損性傷神。常須心平，如覺偏頗，尋改正之。」他倡「自慎」以保持人的自然平和狀態，「養性之士，不知自慎之方，未足與論養生之道。」

　　蘇東坡的養生「任性逍遙，隨緣放曠，但盡凡心，別無勝解」十六字。

　　金代醫學家李東垣主張「安於淡泊，少思寡欲。」

　　曾國藩：養肝在於「不藏怒焉，不宿怨焉。」養心在於「泰而不驕，威而不猛。」養脾在於「飲食有節，起居有常，作事有時，容止有定。」養肺在於「擴然而大公，物來而順應。」養腎在於「心欲其定，氣欲其定，神欲其定，體欲其定。」

　　清石天基認為「心為一身之主宰，萬事之類應，調和其心，五官百骸未有不調和者。」他提出要常保持幾種心態：一。常存安靜心，二。常存正覺心，三。常存歡喜心，四。常存良善心，五。常存和悅心。

　　平日生活起居，要注意四時調攝：

（一）四時調攝

　1。春季調攝：

　　「四時調攝箋」引『黃帝內經』：「春三月，此謂發陳，天地俱生，萬物以榮；夜臥早起，廣步於庭，披髮緩行，以使志生；生而勿殺，賞而勿罰，此春氣之應，養生之道也，逆之則傷肝。」春季養生，重在養肝。

　　一是吐納養肝：早晨起床，「東面而坐，叩齒三通，閉氣九息。」深呼吸九，次吞氣咽下，「以補虛受損，

以享青龍之榮。」二是用「六字訣」行氣法中的噓法養肝，以鼻緩慢吸進清氣，吟念「噓」字吐出濁氣。肝病用大噓三十遍，以目睜起，以出肝邪氣，去肝家邪熱，數噓之，綿綿相次，不絕爲妙，疾平即止。不可過多爲之，則損肝氣。三是肝臟導引法：「治肝以兩手相重，按肩上，徐徐緩捩身，左右各三遍。又可正坐，兩手相叉，翻復向三五遍。此能去肝家積聚風邪毒氣，不令病作。一春早暮，須念念爲之，不可懈惰，使一曝十寒，方有成效。」春季還須注意冷暖，石在基說：「春時天氣頓暖，不可頓減綿衣，須一重重漸減，使不至暴寒。」

2．夏季調攝：

【黃帝內經】夏三月，此爲蕃秀，天地氣交，萬物華實。夜臥早起，無厭於日，使志無怒，使華英成秀，使氣得泄，若所愛在外，此夏氣之應，養生之道也。逆之則傷心……。夏屬火，在人主心，故夏以養心爲主。心臟導引法，【四時調攝箋】可正坐，兩手作拳，用力左右互築，各五六度。又以一手向上拓空，如擎石米之重，左右更手行之。又以兩手交叉，以腳踏手中，各五六度，閉氣爲之。去胸邪諸疾，行之良久，閉目，三咽津，叩齒三通而止。石天基在「四時調攝」中說，「夏之一季，是人脫精神之時，此時心旺腎衰，液化爲水，不問老少，皆宜食暖物，獨宿調養」。「夏月不可用單席臥潮溼處，及坐冷石上，以圖涼快」，冷溼入筋脈，會患各種相關疾病。

3．秋季調節攝：

【黃帝內經】秋三月，此謂容平，天氣以急，地氣以明。早臥早起，與雞俱興，使志安寧，以緩秋刑。收斂神氣，使秋氣平，無外其志，使肺仔清。此秋氣之應，養之道也。逆之則傷神。秋季養生，應以安魂平肺爲主。

「四時調養箋」有六氣治肺法：吐納用呬，以鼻微長引氣，以口呬之，勿使耳聞。皆先須調氣令和，然後呬之。肺病甚，大呬三十遍，去肺家勞熱。氣壅咳漱，皮膚燥養，疥癬惡瘡，四肢勞頓，鼻塞，胸背疼痛，依法呬之，病去即止，過度則損，呬時用雙手擎天爲之，以導肺腑。故秋季保養之法，平肺養肝爲主。石天基說：秋三月天氣消鑠，毛髮枯槁，綿衣宜漸增添。

4．冬季調攝：

【黃帝內經】冬三月，此謂閉藏，水冰地拆，無擾乎陽，早臥晚起，必待日光，使志若伏若匿，若有私意，若己有得，去寒就溫，無泄皮膚，使氣報奪。此冬之應，養藏之道也。逆之則傷腎。冬季養生，應以固精養腎爲主，腎爲人生之本，是生命之氣的府庫，同時又是死亡之氣的廬屋。

修養腎臟法「四時調攝箋」：冬三月，人面北而坐，鳴響金津穴部位七次，使口中生津，三次咽下，又吞吸北方黑色之氣入口五次，以補「吹」字功之損。又有「六字治腎法」，以鼻漸長引氣，以口吹之，大吹三十遍，細吹十遍，除腎上一切冷氣、腰病、膝次沉重，不能久立，男性性功能低下及陽萎，耳鳴或口瘡。若有煩熱，連續吹去，中不斷續，疾瘥乃止，過多則損。石天基說：冬三月乃水藏閉澀之時，最宜固守元陽，以養真氣。

（二）每日調攝：

石天基講述：清晨睡醒欲起，先拍胸，披衣坐起，隨用兩手擦面令熱。因四時寒暑，酌量衣服，令適溫和，不可過暖。下床後即食白粥一飽，最養脾胃。或白滾湯亦可，但不可食辛厚及生硬之物。食畢，就洗面漱口...或理家務，或治生業。凡事不可起惡念，不可動嗔怒不可過憂慮，不可太勞力。其風寒澡溼之氣，俱不可觸冒。午餐量腹而食，不可因食爽口，遂食過多。食畢，以清茶漱口今潔，世間爲有無事長閑之人？凡有事，不妨盡在上半日料理，午飯後即當尋些意爲。之晚來餐餕少許，再停一時，隨量飲酒數杯，勿令大醉。將睡時，或茶或滾湯，或溫水，用牙刷漱口齒令潔。靜叩齒數遍，略走數十步，或溫水濯足，或再靜坐一會，即脫衣上床。上床即摩足心令熱，即側身屈膝而睡。此每日調養之法。

（三）每夜調攝：

石天基說:晚間脫衣睡下，隨意左右，側身屈膝而臥，不可仰臥，不可將手放在心胸，不可以覆面。臥下便不言語，更不可欹唱，不可憂慮，睡醒即舒伸手足，再隨意轉側。夜間或有事，或小便，先拍心胸三四掌，然後穿衣起身。夜夢不祥者，不宜即說，凡此乃每夜之調養要法。「夜臥常閉口，最是固養元氣。若開口則

失元氣，且邪惡從口而入，又生血絕諸證。故宜慎之。」

（四）旅行調攝：

遠走他鄉，多吃青菜豆腐，可免水土泄瀉之病。清晨不宜空心行路，免致感冒風邪。瘴癘徙步，宜飽腹飲酒，如雨雪之途，兩足凍冷麻木，歸家入店，先用溫水烘熱，以手揉擦，令血脈回陽，再用熱湯洗之。冒寒而來，不可立飲熱湯，須待稍刻方無患。

彭祖攝術還提倡在天地自然中尋求閑中樂事，調節身心，自然享樂，以利養生：如靜坐，書棋字畫，歌舞，觀花，賞鳥，玩月，釣魚等等。

彭祖房中術

獨男不長，孤女不生；一陽一陰，相須而行；二氣交精，氣液相通。

女喜不倦，男歡不衰。以人撩人，陰陽相輔。樂而且強，壽年增延。

　　彭祖房中術，是養生術的一部份，從延年益壽指導人們進行性生活的性科學。葛洪「神仙傳，彭祖」中，采女問延年益壽之于彭祖，彭祖曰：「欲舉登天，上補仙官，當用金丹……其次當愛養精神。服藥草可以長生，但不能役使鬼神，乘虛飛行。身不知交接之道，縱服藥無益也」。「男女相成，猶天地相生也。所以神氣導養成，使用人不失其和；天地得交接之道，故無終竟之限；人失交接之道，故有傷殘之期限。能避眾傷之事，得陰陽之術，則不死之道也。天地晝分而夜合，一年三百六十交，而精氣和合，故能生產萬物而不窮。人能則之，可以長存」。

　　按彭祖房中術，大致可分：

一。交接以時，以一年四季而論，依次為春日，夏日，冬日，秋日。見漢代醫書「引書」之「彭祖之道」。以氣候變化而論，當避天忌，即避大寒，大熱，大雨，大雪，日月蝕，地動，雷震；以人的情感而論，當避人忌，即勿醉飽，勿喜怒憂愁，勿悲哀恐懼；以交接地點而論，當避地忌，即不在山川神祇，社稷井灶之處。「御女損益篇」引彭祖曰：「能避此三忌，又有吉日，春甲乙，夏丙丁，秋庚辛，冬壬癸，四季三月戊己，皆王相之日也」。

二。交接有度。交接時間不可過長，過長則傷氣。另外，務須謹于泄漏。長沙馬王堆漢墓竹簡醫書「十問」，引彭祖言：「死生安在，筬士制之，實下閉精，氣不漏泄。心制死生，孰為之敗？慎守易失，長生累世。累世安樂長壽，長壽生于蓄積」。元代李鵬飛「三元延壽參贊書」引彭祖言：「人能一月再泄精，一歲二十四泄。得壽二百歲」。

三。交接戒暴。「醫心方，治傷」述彭祖言。列舉男子五衰：氣傷，肉傷，筋傷，骨傷，體傷。凡此眾傷，皆由不徐交接，而卒暴施瀉之所致也。

四。交接戒濫。縱性食色，淫聲美色，猶如破骨斧鋸，徒有減年損壽。「神仙傳，彭祖」言：「夫多溫夏涼，不失四時之和，所適身也；美色淑姿，幽閑娛樂，不致思欲之惑，所以通神也；車服威儀，知足無求，所以一志也；八音五色，以悅視聽，所以導心也。凡此皆以養壽，而不能尌酌之者，反以速患。古之聖人，恐天下之子不識事宜，流遁不還，故絕其源，故有「上士別床，中士異被，服藥百裹，不如獨臥」。元代李鵬飛「三元延壽參贊書」亦述彭祖曰：「美色妖麗，嬌妾盈房，以致虛損之禍，知此可以長生」。

五。禁忌：交歡不得勉強，疲勞禁止交媾；夫婦禁忌同浴，抱恙嚴忌同歡；吼怒需戒同房，縱慾必剋壽命。男女交合有七忌：一忌晦、朔、弦、望，交合以免損氣；二忌雷大風時交合，以免心驚血動；三忌飲酒暴食交合，此時谷氣未行，大腹挺肚，小便混濁；四忌小便後交合，此時精氣盡失；五忌勞倦重擔交合，此時志氣未安，會筋腰苦痛；六忌沐浴之後交合，肤發未干，令人短氣；七忌兵堅盛怒，當合不合，內傷有病。

六。考列仙傳，籤鏗云：「上士別床，中士異被，下士異枕，服藥百顆，不如獨臥。」

七。房事交媾應注意「調節與調理」、「血氣與精氣」，亦即房室中有「七損八益」，湖南長沙馬王堆漢墓醫簡有詳細介紹

　　八益：調治精氣，產生精液，掌握交接的適宜時機，蓄養精氣，調和精液，聚積精氣，保持氣血盈滿，防止陽萎，陰陽合才兩相蒙益。八益要：

　　　1。治氣：早晨起床打坐，脊椎伸直，放鬆臀部，提肛導氣，運氣下行。

　　　2。致沫：漱咽口中津液，垂直臀部端坐運氣，豎直脊背，提肛導氣，使氣通至前陰。

　　　3。和沫：交合不急躁，不圖快，陰莖抽送出入輕鬆柔和。

　　　4。積氣：臥交精液泄出，讓人起身，在陰莖尚能勃起時，就停止交媾。

　　　5。定傾：保持精氣盈滿，房事接近結束時，納氣運行至脊背，不再抽動，吸氣導氣下行，身體平靜等待，將餘精灑盡，陰莖尚能勃起時抽出

　　七損：精道閉塞，精氣早泄，精氣短謁，陽萎不舉，心煩意亂，陷入絕境，急速圖快耗費精力。

　　　1。內閉：男女交合時，男子陰莖疼痛，或女子陰戶疼痛，叫內閉。

　　　2。陽氣外泄：交合時大汗淋漓不止，這叫做陽氣外泄。

3．竭：行房沒有節制，耗絕精氣，這叫竭。

4．費：意欲交合時，郤陽萎不能進行；或交合時過於急速，既無情趣又不愉悅，於身又無補益，徒然浪費精力，這叫做費。

5．煩：交合時心慌意亂，呼吸喘促，這叫煩。

6．絕：女方沒有性慾，男方強行交媾，汗泄氣少，心熱目瞑，如陷入絕境，這叫做絕。

五衰：　氣傷、肉傷、筋傷、骨傷、體傷。是皆由不和緩漸進交接，粗暴宣洩之所致。所謂「勿監」，是指切戒縱性食也，滛聲美色，否則，猶如破骨斧鋸，徒有減年損壽，好滛所以使人不壽者，未必鬼神所為之。或以粉內陰中，或以象牙為男莖而用之，皆賊年命，早老速死。

房事「以和為貴」，是指交接之道，無復他奇，但當從容安徐，以為貴。玩其丹田，求其口實，深按小搖以致其氣。至於房中術用藥，彭祖曰：「使人丁強不老，房室不勞損，氣力顏色不變者，莫過麋角也。其法取麋角刮之為末，十兩，輒用八角生附子一枚合之，服方寸匕，三日，大良。亦可熬麋角令微黃，單服之，亦令人不老，然遲緩，不及內附子者。服之二十日，大覺。亦可用隴西頭伏苓，分等搗篩，服方寸匕，日三，令人長生，房內不衰。」

八。湖南長沙馬王堆醫簡對男女陰陽相合有詳細描述，大意是：

凡行男女兩性交合的方法，從撫摸手部陽谷、腕骨開始，順著臂肘兩肪，抵達腋窩部位，上經臂根，抵達脖頸。再按摩頸部承光穴，環繞頸部一周，下走缺盆，經由乳中，越過胸窩，到達曲骨與橫骨之間。再下摸陰戶，觸摸陰蒂，聚吸天之精氣，以醒腦提神。如此按摩觸摸，才能長生久視與天地共存。交筋，是陰門中的交脈，即陰蒂。還應從陰開始，由上而下進行按摩觸摸，使全身舒服愉悅，兩情相悅，產生快感。斯時，精氣上引而臉部發熱，便徐徐呼氣。女子乳頭堅起，而鼻上滲出汗珠，當徐徐擁抱，舌苔甘淡而舌面滑利，當徐徐操動；女子陰股濕潤，便可備性交了。女子不斷做舌呻動作，徐徐搖動，這是五慾的徵兆，五慾徵兆齊備，便可正式進行交合。挺刺而不深入，使精氣皆至。精氣到來，便深刻而向上撅起臀部，以發散熱氣，接著反復抽送，不要使精氣越泄，於是女子就大為盡興。然後行抽送一百次的十動，採用仿生的十種交合姿態，變換交合方位，深淺和速度等。交合接近終結時，精氣通過陰部，再觀察對方交合時八種動作的反應，諦聽女子發出的五種嘆息聲音，瞭解其對「十已」(交媾十個回合而不瀉精)所作反應的特徵。

十種仿生交合動作即是：一叫虎遊，二叫蟬遊，三叫尺蠖爬行，四叫獐鹿觸刺，五叫蝗蟲展翅，六叫猿猴蹲居，七叫蟾蜍吸氣，八叫兔子奔跑，九叫蜻蛉飛翔，十叫鯽魚弄鈎。

彭祖十動是指：第一回合的十次抽送不瀉精能使耳目聰明，第二回合不泄精能使聲音洪亮；第三回合能使皮膚光澤；第四回合使脊背堅強；五回合使臀部和大腿壯實；第六回合使尿道通暢；第七回合陰莖勃起得堅挺剛強；第八回合皮澤有光；第九回合不精可通曉神明；第十回合不瀉精就符合養生的原則。這叫故十動。

十動過程中要注意十修，一是刺摩陰戶上方，二是刺摩下方，三是刺摩其左邊，四是刺摩其右邊，五乃抽送作疾速，六乃抽送動作緩慢，七為動作稀少，八為動作細密，九系淺刺，十系深刺。

八種動作的反應：一是兩手抱人，二是伸直肘臂，三是伸直月腿腳，四是從側面鈎人，五是舉足向上鈎人，六是男女大腿相交，七是身體平展躍動，八是全身顫動。男女交手抱人，是欲腹部互相貼附，伸直肘臂，是要切摩身體上部位觸刺陰部；伸直腿部，是因為交合的深度不夠；側面鈎人，是要刺摩陰部兩旁；女子舉腳向上鈎人，是要男子向其陰道深處刺摩；男女大腿相交，是為挺刺太深的緣故；平展身體躍動，是想要淺刺，全身振動，是想要交接持久。

女子發出急促的呼吸聲，是內心性沖動急迫的反應；出粗氣，是處於高度的性興奮時期；發出哼哼唧唧的漢息聲，是陰莖刺入陰道，交接的快感開始產生了；發出呵呵聲音，那是感到快樂舒到了極點；女子主動親吻男子，全身振動，是希望交合能夠持久。

所謂「十已」，是指交媾十個回合中的反應，這裡的「已」是每個回合完畢之意。一已是出現清新涼爽的感覺，二已聞到烤骨頭的焦香氣味，三是已聞到焦臊氣味，四已是陰部產膏狀的分泌物，五已是可以聞到稻谷一般的清香之氣，六已則陰部十分滑潤，七已則交合能夠持久，八已是陰部分泌物猶如濃稠的凝脂，九已則陰部分泌物如膠以漆，十已則精衰氣弱。精氣衰弱之後，會出現滑溜的現象，清涼之氣又會出現，這就說明房事大功告成。房事告成的特徵是女子鼻尖冒汗，嘴唇發白，手腳皆動，臀部不沾墊席。此時男子應起緊抽出陰莖，如果等到陰莖萎縮還不

停止交合，就會造成損害。每當這個時候，前陰部位因氣血滙聚而擴張，精氣輸入內臟，得收補益，就會使人產生旺盛的精神而神智清明。

彭祖房中術特別指出，夜晚，男子精氣旺盛，早晨，女子精氣蓄積，因此夜晚交媾，可以男精補女精，早晨交媾，可以女精補男精。因爲此時前，陰部位筋脈部因高度興奮得到運動，皮膚平展而氣血流暢，所以能夠開鬱閉串通塞，五臟六腑均可受其補益。彭祖長壽養生秘法，都以天地陰陽之氣，與人體陰陽之氣和諧一致爲基礎，所以長壽秘法四大術，以導引行氣緊密相聯。導引行氣與房中術融爲一體，方可達到陰陽調和，以養生的目的。

孫思邈認爲：凡人習交合之時，常以鼻多納氣，口微吐，自然益矣。又說：凡欲瀉者，當閉口張目，閉氣握固，兩手左右上下，縮鼻取氣。又縮下部及吸腹，小偃脊膂，急以左手中指掩屏翳穴，長吐氣，且琢齒千遍，則精上補腦，使人長生，若精妄出，則損神也。

古藉「仙經」：男女俱仙之道，深內勿動，精思臍中，赤色大如雞子形，乃徐徐出入，情動乃退。一日一夕，可數十爲定，令人益壽。

總之，房中術與導引術的結合，目的在於固精不泄，其大要是：思存丹田中有赤氣，內黃外白，變爲日月徘徊於丹田中，俱入泥垣，非上士有智者不能行也。其丹田在臍下三寸許，兩寸許，兩半放形而一，謂日月相翕者也。雖出入仍思念所作者，勿廢爲佳。

彭祖勸人常服「麋角散」，它的製作方法：取麋角(如鹿角、鹿茸)，刮成細末三百克左右，配伍八角少許，生附子一枚，煎湯呑服，麋角一點五至三克，三天即可生效，也可把麋角熬成微黃，單獨服用。如果不加附子同服，一般要二十天左右才能見效，如果配合伏苓末同服，每次一點五至三克，每日服三次，可使人長壽，並且房室生活精力充沛。

彭祖青樓集玉房指要

延年益壽之道，愛精養神，服食眾藥，可得長生，然不知交接之道，雖服藥無益也。男女相成，猶天地相生也，天地得交接會之道，故無終竟之限，人失交絕之道，故有夭折之漸，能避漸傷之事，而得陰陽之術，則不死之道也。

道甚易知，人不能信而行之耳，今君王御萬幾治天下，必不能備爲眾道也，幸多後宮，宜知交接之法，法之要，在於多御少女，而莫數瀉精，使人身輕百病消除也。

夫精出則身體怠倦耳，苦嘈嘈目若欲眠，喉咽乾枯，骨節解墮，雖復暫快，終於不樂也。若乃動而不瀉，氣力有餘，身體能便，耳目聰明，雖自抑靜，意愛更重，恆若不足，何以不樂耶。

陽盛得氣，則玉莖得熱，精濃而凝也。其衰有五：一曰精洩而出，則氣傷也；二曰精清而少，此內傷也；三曰精變而臭，此筋傷也；四曰精出不射，此骨傷也；五曰陰還不起，此體傷也。凡此眾傷，皆由不徐交接，而卒暴施瀉之所致也，治之法，但御而不施，不過百日氣力必致爲。

由於陰陽不變，情欲深重，鬼魅假像與之交通，與之交通之道，其有勝於人，久處則迷惑諱而隱之，不肯告人，自以爲佳，故至獨死而之知也。若得此病，治之法，但令女與男交，而男勿瀉精，晝夜勿息困此，不過七日必愈，若身體疲勞不能獨者，但深按勿動，亦善也。不治之殺人，不過年也。欲驗其事實，以春秋之際，入於深山水澤間，無所之爲，但遠望極思，唯舍交會陰陽，三日三夜後則身體□寒熱心煩目眩，男見女子，女見男子，但行交接之事，美勝於人，然必病，人而難治，怨曠之氣爲邪所凌，後世必當有此者，若處女貴人，苦不當交，與男交以治之者，當以石硫黃兩燒以熏婦人陰下身體，並服鹿角方寸匕即愈矣，當見鬼涕泣而去，一方服鹿角方寸匕日，三以差爲度。

夫男子欲得大益者，得不知道之女爲善，又當御童女顏色，亦當爲童女，女若不少年耳，若得十四、五以上，十八、九以下，還甚益佳也，然高不過三十，雖未三十而已產者爲之，不能益也。吾先師相傳此道者，得三千歲，兼藥者，可得仙。欲行陰陽取氣養生之道，不可以一女爲之，得三若九若十一，支多益善，採取其精液，上鴻泉還精，肌膚悅澤，身經目明，氣力強盛，服眾服老，人如二十時，若年少勢，力百倍。

求子之法，當蓄養精氣，勿數施，捨婦人月事斷絕，潔淨三、五日而交，有子則聰明才智，老壽高貴，生女清賢配貴人。

消息之情不可去，又當避大寒、大熱、大風、大雨、日月蝕、地動、雷電，此天忌也。醉、飽、喜、怒、憂、悲、恐懼，此人忌也。山、川、神、祇、社、稷、井、灶之處，所以地忌也。既避三忌，犯此忌性者，既致疾病，

子必短壽。凡服藥虛劣，及此病未平復，合陰陽並損人。月煞不可合陰陽，凶。建破執定日，及血忌日，不可合陰陽，損人。

奸滛所以使人不壽者，未必鬼神所爲也，或以粉內陰中，或以象牙爲男莖而用之，皆賊年命早老速也。

使人丁強不老，房室不勞損，氣力顏不衰，莫過麋角也。其法取麋角，刮之爲末，十兩輒用八角生附子一枚，合之服，方寸匕，日三大良，亦可熬麋角微黃單服之，亦令人不老，然遲緩不及，用附字者，服之二十日大覺，亦可用隴西頭伏苓分等擣篩，服方寸匕日三，令人長生房內不衰。

黃帝御千二百女而登仙，俗人以一女而伐命，知與不知，豈不遠耶！知其道者，御女苦不多耳，不必皆須容色姸麗也，但欲得年少，未生乳而多肌肉者耳，但能得七、八人，便大有益也。

交接之道，無復他奇，但當縱容安徐，以和爲貴，玩其丹田，求其口實，深按小搖，以致其氣，女子感陽亦有微，候其耳熱如飲醨酒，其乳曖起握之滿，頸項數動，兩腳振擾滛衍窈窕，乍抱男身，如此之時，小縮而淺之，則陽得氣，於陰有損，又五臟之液，要在於舌松子，所謂玉漿可以絕穀，當交接時，多含舌液及唾，使人胃中豁然如服湯藥，消渴立愈逆氣，便下皮膚悅澤，姿如處女，道不遠求，佰俗人不能識耳。采女曰：不逆人情，而可益壽，不亦樂哉。

交合之道不可強求，否則會戕害身體，一般行房次數：

青年男子，強壯者一天可射精兩次，瘦弱者則只能一次。三十歲強盛者一天一次，弱者兩天一次；　四十歲強壯者，三天一次，瘦弱四天一次。五十歲強壯盛者，五天一次，弱者十天一次，六十歲強盛者十天一次，弱者二十天一次；七十歲強盛三十天一次，弱者不可射精。若慎重一些，可改爲：二十歲兩天射精一次，三十歲三天一次，四十歲四天一次，五十歲五天一次，過六十歲，不可再射精了。

素女經　魏𩏑署　光緒癸卯嘉平月長沙葉氏刊

新刊素女經序

隋書經藉志子部醫家，類有素女秘道經一卷，注云：並玄女經，又有素女方一卷，新舊唐志，均不著錄，惟日本寬平中，見在書目有素女經一卷，而無玄女經，素女方，疑其時合爲一書，不復分列也。寬平當中國唐昭宗時，其時彼國齎書之使，終澤於道途，故五代後亂，亡書彼國皆有傳者，此經雖未見有刊本，而載在彼國永觀二年，舟波康賴，所撰醫心方，廿八卷中首尾貫通，似是完帙。永觀二年，爲宋太宗雍熙元年，去唐未遠，其中所採玉房秘訣，玉房指要，洞玄子並此經，皆言房中之事，又載養陰養陽諸篇，大抵漢隋兩志中，故書舊文中得八九，今遠西言衞生學者，皆於飲食男女之故，推究隱微譯出新書，如生殖器，男女夾合，新論婚，衞生學，無知之夫。詫爲鴻寶，殊不知中國聖帝神君之胄此學，己講求四千年以前，印緯書所載，孔子閉房記一書，世雖不傳，可知其學之古，又如春秋繁露，大戴禮，所言古人胎教之法，無非端性情廣似續以盡住，育之功能，性學之精，豈後世理迂儒所能窺其要眇。然則素女一經猶是斯道之大畧，推輪爲耳。經中雜出玄女，采女問答，知素女玄女本合一經，與隋志並卷之說，合其文首多冠以玉房秘訣，玉房指要，太清經產經，必是從此書引。自蓋其書爲房術之鼻祖，各家援引，人人得而見之，故亦不必別行傳也。素女方全卷，載唐王燾外台秘要十七卷，題稱素女經季方孫氏星衍錄出，刊入平津館叢書，讀者囚隋唐舊籍以求云，聖人制樂禁情之節，文延年種子之要道，俾華胄之族類，繁衍於神州，和平壽考之體微，充溢於宙合世有，達人熟誦而潛學焉，其於陰陽始終之義思過半矣，癸卯日，其至長沙葉德揮序。

素女經

黃帝問素素女曰：吾氣衰，而不和心，內不樂身，常恐危，將如之何？素女曰：凡人之所以衰微者，皆傷於陰陽交接之道，爾夫女之勝男，猶水之勝火，知行之如釜鼎能和五味以成羹，讜能知陰陽之道，悉成五樂不知之者，身命將矣，何得歡樂，可不慎哉！

素女曰：有采女者，妙得道術，王使采女問彭祖，延年益壽之法。彭祖曰：愛精養神，服食家藥，可得長生，然不知接之道，雖服蓻無益也。男女相成，猶天地相生也，天地得交合之道，故無終竟之限，人失交絕之道，故有夭折之漸，能避漸傷之事，而得陰陽之術，則不死之道也。采女再拜曰：願聞要教。彭祖曰：道甚易知，人不能信而行之耳，今君王御萬幾治天下，必不能備爲眾道也，幸多後宮，宜知交接之法，法之要，在於多御少女，而莫

數瀉精，使人身輕百病消除也。

素女曰：御敵家，當視敵如瓦石，自視如金玉，若其精動，當疾去，其御，御女當如朽索奔馬，如臨深坑下有刃，恐墮其中，若能愛精，命亦不窮也。

黃帝問素女曰：今欲長不交接，爲之奈何？素女曰：不可。天地有開闔，陰陽有施化，人法陰陽隨四時，今不欲交接，神氣不宣，布陰陽閉隔，何以自補練氣數行去，故納新以助也。玉莖不動，則辟死其舍所以常行以當導引也。能動而不施者，所謂還精，還精補益生道乃箸。素女經云：黃帝曰：夫陰陽交接節度爲之奈何！素女曰：交接之道，故有形狀，男致不衰，女除百病，心意娛樂，氣力強然，不知行者，漸以衰損，欲知其道，在於定氣、安心、和志，三氣皆至，神明統歸，不寒、不熱、不飢、不飽、亭身、定體、性必舒淺內，徐動出入，欲希性快意，男盛不衰，以此爲節。

玄女經云：黃帝問玄女曰：吾受素女陰陽之術，自有法矣，願復命之，以悉其道。玄女曰：天地之間，動須陰陽，陽得陰而化，陰得陽而通，一陰一陽，相須而行，故男感堅強，女動闢張，二氣交精，流液相通，男有八節，女有九宮，用之失度，男發癰疽，女害月經，百病生長，壽命消亡，能知其道樂而且強，壽即增延，色如華英。黃帝曰：夫陰陽之道交接奈何？素女曰：交接之道，固有形狀，男以致氣，女以除病，心意娛樂，氣力益壯，不知道者，則侵以衰，欲知其道，在安心、和志，精神統歸，不寒不暑，不飽，不飢，定身，正意。性必舒遲，深內，徐動出入，欲稀以爲節，慎無敢違，女既懽喜，男則不衰。黃帝曰：今欲強交接，玉莖不起，面慚意羞，汗如珠子，心情貪欲，助以手，何以強之，願聞其道。素女曰：帝之所問眾人所有，凡欲接女，固有經紀，必先和氣，玉莖乃起，順其五常，存感九部，女有五色，審所足扣，採其溢精，取液於口，精氣還化，填滿髓腦，七損之禁行，八益之道，毋逆五常，乃身保可，正氣內充，何疾不去，腑臟安寧，光澤潤理，每接即起，氣乃百倍，敵人賓服，何慚之有。

玄女經黃帝曰：交接之時女或不悅，其質不動，其液不出，玉莖不強，小而不勢，何以爾也。玄女曰：陰陽者，相感而應耳。故陽不得陰則不喜，陰不得陽則不起，男無得多實既禁之道，又當施予故禮爲之節矣，執誠之信既著矣，即當交接之道，故能五常，身乃壽也。

黃帝曰：何以知女之快也。素女曰：有五徵、五欲，又有十動，以觀其變而知其故。夫五徵之候，一曰面赤則徐徐合之，二曰乳堅鼻汗，則徐徐內之，三曰嗌乾咽唾，則徐徐之，四曰陰滑則徐徐深之，五曰尻傳液，則徐徐引。

素女曰：五欲者：以知其應，一曰意欲得之，則屏息屏氣，二曰陰欲得之，則鼻口兩張，三曰精欲煩者，則振掉而抱男，四曰心欲滿者，則汗流濕衣裳，五曰其快欲之甚者，身直目眠。

素女曰：中動之效，一曰兩手抱人者，欲體相薄，陰相當也。二曰伸其兩屄者，切磨其上也。三曰張腹者，欲其淺。四曰尻動者快善也。五曰舉兩腳拘人者，欲其深。六曰交其兩股者，內庠滛滛也。七曰側搖者，欲深切左右也。八曰舉身迫人滛樂甚也。九曰身布縱者，支體快也。十曰陰液滑者，精已洩也，見其效以知女之快也。

玄女經云：黃帝曰：意貪交接而莖不起，可以強用不？玄女曰：不可矣，夫欲交接之道，男候四至，乃可致女九氣。黃帝曰，何謂四至。玄女曰：玉莖不怒，和氣不至，怒而不大，飢氣不至，大而不堅，骨氣不至，堅而不熱，神氣不至。故怒者精之明，大者精之關，堅者精之戶，熱者精之門，四氣至而節之以道，開機不妄，開精不洩矣。

玄女經云：黃帝曰：善我女之九氣，何以知之，玄女曰：伺其九氣以知之，女人大息而咽唾者，肺氣來至，鳴而吮人者，心氣來至，抱而持人者脾氣來至，陰門滑澤者，腎氣來至，慇懃咋人者，骨氣來至，足；拘人者，筋氣來至，撫弄玉莖者，血氣來至，持弄男乳者，肉氣來至。久與交接弄其實，以感其意，九氣皆至，有不至者，則容傷，故不至可行其數以治之。

玄女經云：黃帝曰：所說九法，未聞其法，願爲陳之，以開其意，藏之石室，行其法式。玄女曰：九法：

姿　式	房　　　　中　　　　術
第一曰龍翻	令女正偃臥向上，男伏其上，股隱於牀，女攀其陰，以受玉莖，刺其穀實，又攻其上，疏緩動搖，八淺二深，死往生返，勢壯且強，女則煩悅其樂，如倡致自閉固百病消亡。
第二曰虎步	令女俯仆尻仰，首伏，男跪其後，抱其腹，乃內玉莖，刺其極，務令深密，進退相薄，行五八之數，其度自得，女陰閉張，精液外溢，畢而休息，百病不發，男益盛。
第三曰猿搏	令女偃臥，擔其股，膝還過胸，尻背俱舉，乃內玉莖，刺其臭鼠，女還動搖，精液如雨，男深案之，

姿 式	房 中 術
	極壯且怒，女快乃止，百病自愈。
第四日蟬附	令女伏臥，直伸其軀，男伏其後，深內玉莖，小舉其尻，以扣其赤珠，六九之數，女煩精流，陰裡動急，外為開舒，女快乃止，七傷自除。
第五日龜騰	令女正臥，屈其兩膝，男乃推之其足至乳，深內玉莖，刺嬰女，深淺以度，令中其實，女則感悅，軀自搖舉，精液流溢，乃深極內，女快乃止。行之勿失精，力百倍。
第六日鳳翔	令女正臥，自舉其腳，男跪其股間，兩手攄席，深內玉莖，刺其昆石，堅熱內牽，令女動作，行三八之數，尻急相薄，女陰開舒，自吐精液，女快乃止，百病銷滅。
第七日兔吮毫	男正臥，直伸腳，女跨其上，膝在外邊，女背頭向足，據席俛頭，乃內玉莖，刺其琴絃，女快，精液流出，如泉欣喜，和樂動其神形，女快乃止，百病不生。
第八日魚接鱗	男正偃臥，女跨其上，兩股向前，安徐內之，微入便止，繞授勿深，如兒含乳，使女獨搖，務令持久，女快另退，治諸結緊。
第九日鶴交頸	男正箕坐，女跨其股，手抱男頸，內玉莖，刺麥齒，務中其實，男抱女尻，助其搖舉，女自感快，精液流溢，女快乃止，七傷自愈。

素女曰：陰陽有七損八益

八益

名 稱	房 中 術
一益日固精	令女側臥張股，男側臥其中，行二九數，數畢，令男固精，又治女子漏血，日再，行十五日愈。
二益日安氣	令女正臥高枕，伸張兩屍股，男跪其股間，刺之，行三九數，數畢止，令人氣和，又治女門寒，日三行，二十日愈。
三益日利藏	令女人側臥，屈其兩股，男橫臥，初刺之，行四九數，數畢止，令人氣和，又治女門寒，日四行，二十日愈。
四益日強骨	令女側臥，屈左膝，其右屄，男伏刺之，行五九數，數畢止，令人關節調和，又治女閉血，日五行，十日愈。
五益日調脈	令女側臥，屈右膝，伸左，男攄刺之，行六九數，數畢止，令人通利，又治女門辟，日六行，二十日愈。
六益日畜血	男正臥，令女戴尻跪其上，極內之，令女行七九數，數畢止，令人力強，又治女子月經不利，日七行，十日愈。
七益日益液	令女正伏舉後，男上往，行八九數，數畢止，令人骨填。
八益日道體	令女正臥，屈其肬足，迫尻下，男以肬脅刺之，以行九九數，數畢止。令人骨實，又治女陰臭，日九行，九日愈。

七損

名 稱	症 狀
一損謂絕氣	絕氣者，心意不欲，而強用之，則汗泄氣少，令心熱目寅寅，治之法，令女正臥，男擔其兩股，深入之，令女自搖，女精出止，男勿得快，日九行，行十日愈。
二損謂溢精	溢精者，心意貪愛，陰陽未和用之，精中道溢，又醉飽而交接，喘息氣亂則傷肺，令人咳逆上氣消渴，喜怒或悲慘，悲慘口乾，身熱而難久，立治之法，令女正臥，屈其兩膝，俠男，男淺刺，內玉莖寸半，令女自搖，女精出止，男勿得快，日九行，十日愈。
三損謂雜脈	雜脈者，陰不堅而強用之，中道強瀉，精氣竭，及飽貪訖交接傷脾，令人食不化，陰痿無精，治之法，令女人正臥，以腳拘男子尻，男則據席內之，令女自搖，女精出止，男勿快，日九行，

	十日愈。
四損謂氣泄	氣泄者，勞倦汗出未乾而交接，令人腹熱唇焦，治產，男子正臥，女跨其上，向足，女據席淺內玉莖，令女自搖，精出止，男勿快，日九行，十日愈。
五損謂機關厥傷	機關厥傷者，適新大小便身未定而強用之，則傷肝及卒暴交會遲疾不理，不理勞疲筋骨，令人目茫茫，癰疽互發，眾脈稿絕久，生偏枯，陰痿不起，治之法，令男正臥，女跨其股踞前向，徐徐內之，勿令人自搖，女精出，男勿快，日九行，十日愈。
六損謂百閉	百閉者，淫佚於女，自用不節，數交失度，竭其精氣，用力強瀉精不出，百病並生，消渴目寙寙，治之法，令男正臥，女跨其上，前伏據席，令女內玉莖，相搖精出止，男勿快，日九行，十日愈。
七損謂血竭	血竭者，力作疾行，勞困汗出，因以交合，俱已之時，偃臥推深沒本，暴急劇病，因發連施，不止血枯氣竭，令人皮虛、膚急、莖痛囊濕、精變為血，治之法，令人正臥，抗其尻，申張兩股，男跪其間，深刺，令女自搖，精出止，男勿快，日久行之，十日愈。

采女問曰：交接以瀉精為樂，今閉而不瀉，將何以為樂乎！彭祖曰：夫精出則身體怠倦耳，苦嘈嘈目共欲眠，喉涸乾枯，骨節解墮，雖復暫快，終於不樂也。若乃動而不瀉，氣力有餘，身體能便，耳目聰明，雖自抑靜，意愛更重，恆若不足，何以不樂耶！

黃帝曰：願聞動而不旋，其效何如？素女曰：一動不瀉則氣力強，再動不瀉耳目聰明，三動不瀉眾病消亡，四動不瀉，五神咸安，五動不瀉，血脈充長，六動不瀉，腰背堅強，七動不瀉，屁股益力，八動不瀉，身體生光，九動不瀉，壽命未央，十動不瀉，通於神明。

黃帝問素女曰：道要不欲失精，宜愛液者也，即欲求子，何可得瀉？素女曰：人有強弱，年有年壯，各隨其氣力，不欲強快，強快即有所損，故男年十五盛者，可一日再施，瘦者可一日一施，年廿盛者，日再施，羸者可一日一施，卅盛者可一日一施，劣者二日一施，四十盛者三日一施，虛者四日一施，五十盛者可五日一施，虛者可十日一施，六十盛者十日一施，虛者廿日一施，七十盛者可卅日一施，虛不瀉。

素女法，人年廿者，四日一泄，年卅者八日一泄，年四十者十六日一泄，年五十者廿一日一泄，年六十者即畢閉精，勿復更泄也。若體力猶壯者，一月一泄，凡人氣力，自相有強盛過人者，亦不可抑忍久而不泄，玫癰疽，若年過六十而有數旬，不得交接，意中平平者，可泄精勿泄也。

采女曰：男之盛衰，何以為候？彭祖曰：陽盛得氣，則玉莖得熱，精濃而凝也，其衰有立，一日精泄而出則氣傷也。二日精清而少者內傷也，三日精變而溴，此筋傷也。四日精出不射，此骨傷也。五日陰衰不起，此體傷也。凡此眾傷，皆由不徐交接，而卒暴施瀉之所致也。治之法，但御而不施，不過百日氣力必致白。

黃帝曰：人之始生，本在於胎，合陰陽也。夫合陰陽之時，必避九殃，九殃者，日中之子生，則歐逆一也，夜半之子，天地閉塞，不瘖則聾盲二也。日蝕之子，體戚毀傷三也。雷電之子，天怒興威必易服狂四也。月蝕之子，與母俱凶五也。虹霓之子，若作不祥六也。冬夏日至之子，生害父母七也。弦望之子必為亂兵風盲也，醉飽之子必為病癩疽痔有瘡九也。

素女曰：求子法，自有常體，清心遠慮，安定其衿袍垂虛齋戒，以婦女月經後三日，夜半之後，雞鳴之前嬉戲，令女盛動，乃往從之，適其道理，同其快樂，卻身施瀉，勿過遠，至麥齒，遠則過子門，不入子門，若依道術有子，賢良而老壽也。

素女曰：夫人合陰陽，當禁忌常乘生氣，無不老壽，若夫婦俱老，雖生化有子，皆不壽也。

黃帝曰：入相女人云何其事？素女曰：入相女人，天性婉順，氣聲濡行，絲髮黑弱，肌細骨不長不短，不大不小，鑿孔居高，陰上無毛，多精夜者，年五五以上，卅以還，未在產者，交接之時，精液流漾，身體動搖，不能自定，汗流四逮，隨人舉止，男子者，雖不行法，得此人，由不為損。

房中禁忌，日月晦朔上下弦望，六丁六丙，日破日月廿八日，月蝕、大風、甚雨、地動、雷電、霹靂、大寒、大暑、春秋冬夏變之日，送迎五日之中，不行陰陽，本命行年禁之重者，夏至後，丙子丁丑，冬至後，庚申辛酉及新沐頭、新遠行、疲怠、大喜怒、皆不可合陰陽，衰忌之年，不可妄施精。

素日論曰：五月十六日，天地牝牡日，不可行房，犯之不出三年必死。何以知之，但取新布一尺，此夕懸東牆，

上明明視之，必有血色，切忌之。

采女云：何以有鬼交之病？彭祖曰：由於陰陽不交，情慾深重，鬼魅假像與之交通，與之交通之道，其有勝於人，久處則迷惑諱而隱之，不肯告人，自以爲佳，故至獨死而莫之知也。若得此病，治之法，但令女與男交，而男勿瀉精，晝夜勿息困者，不過七日必愈。若身體疲勞不能獨御者，但深按勿動，亦善也。不治之煞人，不過數年也。欲驗其事實，以春秋之際，入於深山大澤間，無所之爲，但遠望極思，唯含交會陰陽，三日三夜後，則身體翕寒熱心，煩目眩，男見女子，女見男子，但行交接之事，美勝於人，然必病人而難治。怨曠之氣，爲邪所凌，後世必當有此者，若處女貴人，苦不當交，與男交以治之者，當以石硫黃兩燒以燻婦人陰下身體，並服鹿角方寸匕即愈矣。當見鬼涕泣而去，一方服鹿角方寸匕日，三以差爲度。

采女曰：交接之事，既聞之矣。敢問服食藥物，何者亦得而有效？彭祖曰：使人丁強不老，房室不勞損，氣力顏不衰，莫過麋角。其法取麋角，刮之爲末，十兩輒用八角生附子一枚，合之服，方寸匕，日三大良，亦可熬麋角合微黃單服之，亦令人不老，然遲緩不及，用附子者，服之廿日，大覺，亦可用隴西頭伏苓分等擣篩，服方寸匕日三，令人長生，房內不衰(千金方)。

黃帝問素女，對曰：女人年廿八、九，若廿三、四，陰氣盛，欲得男子不能自禁，食飲無味，百脈動體，候精脈實，汗出汙衣裳，女人陰中有蟲，如馬尾長三分，亦頭者悶，黑頭者沫。治之方：用麵作玉莖，長短大小隨意，以醬及二瓣綿裡之內陰中，蟲即著來，出出復內，如得大夫，其蟲多者卅，少者廿。

玉房秘訣

沖和子曰：夫一陰一陽之謂道，構精化生之爲用，其理遠乎！故帝軒之素女，彭鏗之酬殷王良有旨哉。沖和子曰：養陽之家，不可令女人竊窺此術，非但陽無益，乃至損病，所謂利器假人，則攘袂莫知也。

彭祖曰：夫男子欲得大益者，得不知道之女爲善，又當御女顏色亦當如童女，女苦不少年耳，若得十四、五以上，十八、九以下，還甚益佳也。然高不過卅，雖未卅而已產者爲之，不能益也。吾先師相傳此道者，得三千歲，兼藥者，可得仙。

欲行陰陽取氣養生之道，不可以一女爲之，得三若九若十一，支多益善，探取其精液，上鴻泉還精，肌膚悅澤，身經目明，氣力強盛，服衆敵老，人如廿時，若年少勢，力百倍。

御女欲一動輒易女，易女可長生者，若故還御一女者，女陰氣轉微爲益亦少也。

青年道士曰：數數易女則益多，一夕易十人以上，尤佳，常御一女，女精氣轉弱，不能大益人，亦使女瘦瘠也。

沖和子曰：非徒陽可養也，陰亦宜然，西王母是養陰得道之者也，一與男交，而男立損病，女顏色光澤，不著脂粉，常食乳酪，而彈五弦，所以和心繫意，使無他欲。王母無夫，好與童男交，是以不可爲世教何必王母然哉！與男交，當安心定意，有如男子之未成，須氣至，乃小收情志，與之相應，皆勿振搖，踴躍使陰精先竭也，陰精先竭，其處真虛，以受風寒之疾，或間男子與他人交接，嫉妬煩悶，陰氣鼓動，坐起惰患，精液獨出，憔悴暴皆此也，將宜抑慎之。

若知陰陽之道，使二氣和合，則化爲男子，若不爲子，轉成精液，流入百脈，以陽養陰，百病消除，顏色悅澤，肌好延年不老，常如少童，審得其道，常與男子交，可以絕穀，九日而不知飢也。有病與鬼交者，尙可不食而痟瘦，況與人交乎！

年廿常二日一施，卅三日一施，卅四日一施，五十五日一施，年過六十以去，勿復施瀉。

沖和子曰：夫極情逞慾，必有損傷之病，斯乃交驗之著明者也。既以斯病亦以斯愈，解釀以酒足爲喻也。交接閉目，相見形體，燃火視，圖書即病目瞑盲，治之病，夜閉目而交愈。

交接取故人著腹上者，從卜舉腰應之，則苦腰痛少腹裡急兩腳拘背曲，治之法，覆體正身徐戲愈，交接低頭延頸，則病頭重項強，治之法，以頭置故人額上不低之愈。

交接侵飽，謂半夜飯氣未消，而以戲即病創胸滿，脇下如拔，胸中若裂，不欲飲食，心下結塞，時嘔吐青黃胃氣，實結脈若刃吐血，若脇下堅痛，面生惡創，治之法，過夜半向晨交愈。

交接侵酒，謂醉而交接，戲用力深極，即病黃疸黑療脇下痛，有氣接接動手下脾裡，若囊盛水撒齊上引肩膊甚者，胸背痛咳唾血上氣，治之法，勿復乘酒熱，向晨交接戲，徐緩體愈。

　　當溺不溺以交接，則淋，少腹氣急，小便難，莖中疼痛，常欲手撮持，須叟乃欲出，治之法，先小便，還臥自定牛飯久，頃乃徐交接愈。

　　當大便，不大便而交接，即病痔，大便難至，青移日月下膿血，孔旁生創，如蜂穴狀，清上傾倚，便不時出，疼痛臃腫，臥不得息以道，治之法，用雞鳴際，先起更衣，還臥自定，徐相戲弄，完體緩意，令滑澤而退，病愈神良並愈婦病。

　　交接過度，汗如珠子，屈伸轉側，風生被裡，精虛氣竭，風邪入體，則病緩弱爲跛蹇手不上頭。治之法，愛養精神，服地黃煎。

　　巫子都曰：令人目明之道，臨動欲施時，仰頭閉氣，大呼嗔目左右視，縮腹精氣，令入百脈中也。

　　令耳不聾之法，臨欲施瀉，大咽氣，合齒閉氣，令耳中蕭蕭聲，復縮腹，合氣流布至強老不聾。

　　調五臟消食療百病之道，臨施張腹，以意內氣縮後精散，而歸百脈也。九淺一深，至琴弦麥齒之間，正氣還，邪氣散去，令人腰背不痛之法，當壁申腰，竹甚低，仰平腰背所邵行常，令流欲補虛養體治病，欲瀉勿瀉，還流流中，流中通熱。

　　夫陰陽之道，精液爲珍，即能愛之，性命可保，凡施瀉之後，當取女氣以自補，復建九者，內息九也。厭一者，以左手殺陰下還精復液也，取氣者，九淺一深也。以口當敵口，氣呼以口吸，微引二無咽之，致氣以意下也。至腹所以助陰爲陰爲陰力，如此三反復，九淺一深，九九八十一，陽數滿矣。玉莖堅出之，弱內之，此爲弱入強出，陰陽之和，在於琴絃麥齒之間，陽困昆石之下，陰困麥齒之間，淺則得氣，遠則氣散，一至穀實，傷肝見風，淚出溺有餘瀝，至臭鼠傷肺，欬逆腰背痛，至昆石傷脾腹，滿腥臭時，旪下利，兩股病，百病生於昆石，故傷交交接合時，不欲及遠也。

　　黃帝曰：犯此禁療奈何？子都曰：當以女復療之也，其法，令女正臥，兩股相去九寸，男往從之，先飲玉漿，久乃弄鴻泉，乃徐內玉莖，以手節之，則裁至琴絃麥齒之間，敵人深躍心煩，常自堅持勿施瀉之，度卅息，令強乃徐內之，令其昆石，當極洪大，大則出之，少息，劣弱，復內之，常令弱人強出，不過十日，堅如鐵熱，如火百戰不殆也。

　　合陰陽有七忌：

第一之忌，晦朔弦望，以合陰陽損氣，以是生子，子必刑殘，宜深慎之。

第二之忌，雷風，如地風動，以合陰陽，血脈踴，以是生子，子必癰腫。

第三之忌，新飲酒飽食，穀氣未行，以合陰陽，腹中彭亨，小便白濁，以是生子，子必顛枉。

第四之忌，新小經，精氣謁，以合陰陽，經脈得澁，以是生子，子必妖孽。

第五之忌，勞倦重倦，志氣未安，以合陰陽，筋腰苦痛，以是生子，子必大殘。

第六之忌，新沐浴，髮膚未燥，以合陰陽，令人短氣，以是生子，子必不全。

第七之忌，兵堅盛怒，莖脈痛當合不合，內傷有病，如上爲七傷。

　　人生瘖聾者，是臘月暮之子，臘暮百鬼緊會，終夜不息，君子齋戒，小人和合陰陽，其子必瘖聾。人生傷死者，名曰火子燃燭未滅，而合陰陽有子，必傷死市中。

　　人生顛狂，是雷電之子，四月五月，大雨霹靂，君子齋戒，小人和合陰陽生子，必顛狂。

　　人生爲虎狼所食者，重服之子，子孝戴麻，不食肉，君子嬴頓，小人和陰陽，有子必爲虎狼所食。

　　人生溺死者，父母過胞，藏於銅器中，覆以銅器埋於陰垣下，入地七尺，名曰童子裡溺死水人。

　　大風之子多病，雷電之子狂顛，大醉之子必癲狂，勞倦之子必夭傷，月經之子兵亡，黃昏之子多變，人定之子不暗則聾，日入之子口舌不詳，日子之子顛病，脯時之子自毀傷。

　　彭祖曰：求子之法，當蓄養精氣，勿數施，捨以婦人月事斷絕，潔淨三五日而交，有子則男，聰明才智老壽高貴，生女清賢配貴人。

　　當向黑之際，以御陰陽利身便軀精充，益張生子，富貴長命。

　　男子滿百歲生子，多不壽，八十男可御十五、十八女，則生子不犯禁忌，皆壽老，女子五十得少夫，亦有子。

　　婦人懷子，未滿三月，以戊子男子冠纓燒之，以取灰以盡之生子，富貴明達，秘之秘之。

　　婦人無子，令婦人左手持小豆二七枚，右手扶男陰頭，內女陰中，左手內豆著口中，女自男陰同入，聞男精下，

女仍當咽豆，有效，萬全不失一也，女人自聞知男人精出，不得失候。

沖口子曰：婉婉淑慎婦人之性美矣，夫能濃纖得宜，修短合度，非徒取悅心，目抑乃益壽延年。

陽精多則生男，陰精多則生女，陽精爲骨，陰精玉肉，欲御女，須取少年，未能乳多肌肉，絲髮小眼，眼睛白黑分明者，面體濡滑，言語音聲和調，而下者，其四肢百節之骨，皆欲令

沒肉多而骨不大者，其陰及腋下，不欲令有毛，有毛當命細滑也。

若黑女之相，蓬頭妬面，搥項結喉，麥齒雄聲，大口高鼻，目精渾濁，口及頷有高毛似鬢髮者，骨節高大，黃髮少肉，陰毛大而且強，文多逆生，與之交會，皆臟損人。女子肌膚鱻不御，身體癯瘦不御，常從高就下不御，男聲氣高不御，脛股生毛不御，嫉妬不御，陰淨不御，不快善不御，食過飽不御，過年卅不御，心腹不調不御，逆毛不御，身體常冷不御，骨強堅不御，捲髮結喉不御，腋偏臭不御，生溢水不御。

沖和子曰：易云：天垂象見吉凶聖人象之禮云，雷將發聲生子不成，必有凶災，斯聖人作誡，不可不深慎者也，若夫天變見於上，地災作於下，人居其間，安得不畏而敬之，陰陽之合，尤是敬畏之大忌者也。

彭祖曰：消息之情不可不去，又當避大寒、大熱、大風、大雨、日月蝕、地動雷電、此天忌也。醉、飽、喜、怒、憂、悲、恐懼，此人忌也。山、川、神、祇、社、穗、□、之處，此地忌也。既避三忌，犯此忌者，既致疾病，子必短壽。凡服藥虛劣，及病未平復，合陰陽並損人。月煞不可合陰陽，凶。建破執定日，及血忌日，不可合陰陽損人。

彭祖云：奸滔所以使人不壽者，未必鬼神所爲也，或以粉內陰中，或以象牙爲男莖而用之，皆臟年命早老速死。

治男子陰痿不起，起而不強，就事如無情，此陽氣少腎內源微也，方用：

縱容二分　五味二分　蛇床子四分　免絲子四分　枳實四分五物搗篩酒服方寸匕日三蜀郡君年七十以復有子。

又方雄蛾未連者干三分，細辛蛇床子三分，搗篩省俎和如梧子，臨交接服一枚，若強不止以水欲令男陰大方。

蜀淑　細辛　肉縱容　凡三味等治下篩，以內狗膽中，懸所居屋上卅日以磨，陰長一寸。

治婦人初交傷痛積日不歇方：甘草二分　芍藥二分　生薑三分　桂枝十分　桂心引一分　水三升，廿一引作一升，煮三沸一服。

女人傷於夫陰陽過患陰腫痛方(廿一痛下有欲斂之意)：**桑根白皮切半升　干薑一兩　桂心一兩　棗廿枚　廿一引作卅枚　**以酒一斗㸃三沸服一升，勿令汗大，當風亦可水煮。

素女經四季補益方七首

素女經黃帝問素女曰：男子受氣，陰陽俱等，男子行陽，常先病耳目，本其所好，陰痿不起，氣力衰弱，不能健強，敢問療之道，素女曰：帝之所問，眾人同有陰陽爲身，各皆由婦女，夭年損壽，男性節操，故不能事心貪女色，犯之竭力，七傷之情不可不思，常能審慎，長生之道也。其爲疾病，宜以藥療之，今所說犯者七：

第一之忌，日月晦朔上下弦望六丁之日以合陰陽，傷子之精，令人臨不戰，時時獨起，小便赤黃，精真自出，夭壽喪命。

第二之忌，雷電風雨，陰陽晦暝，振動天地，日月無精，光以合陰陽，生子狂癲，或有聾盲瘖瘂失神，或多忘誤，心意不安，忽常喜驚恐，悲憂不樂。

第三之忌，新飽食飲，穀力未行，太倉內實，五臟防響，以合陰陽，六腑損傷，小便當赤，或白或黃，腰脊疼痛，頭項寄彊，或身體浮腫，心腹脹滿，毀形夭壽，天道之常。

第四之忌，新小便，精氣微弱，常氣不固，衛氣未散，以合陰陽，令人虛乏，陰陽氣閉，絕食無味，腹肱滿結，抑鬱不安，忘誤或喜怒無常，狀如癲發。

第五之忌，作事步行，身體勞，榮氣不定，衛行未散，以合陰陽，藏氣相干，令人氣乏，喘息爲難，唇口乾燥，身體流汗，穀不消化，心腹脹滿，百處酸痛，起臥不安。

第六之忌，新息沐浴，頭身髮濕，舉重作事，流汗如雨，以合陰陽，風冷必傷，少腹急痛，腰脊疼彊，四肢酸痛，五臟防響，上攻頭面，或生漏瀝。

第七之忌，共女語話，玉莖盛彊，以合陰陽，不將禮防，氣膽理開，莖中痛傷，外動肌體，內損腑臟，結髮塞耳，目視眈眈，心中怵惕，恍忽喜忘，如杵春膈，咳逆上氣，內絕傷中女絕痿弱身，可不防犯。

此七篇形澄，已彰，天生神藥，療之有方。

黃帝問高陽員曰：吾知素女明佑經脈臟腑，虛盈男子五勞七傷，婦人陰陽隔閉，漏下赤白，或絕產無子，男受氣陰陽同等，其病緣由，因何而起，故欲問之，請為其說。對曰：深哉問也，男子五勞六極七傷，病皆有元本由狀，帝曰：善哉，七傷之病，幸願悉說，對曰：一曰陰汗，二曰陰裡，三曰精清，四曰精少，五曰陰下濕癢，六曰小便數少，七曰陰痿行事不遂，病形如是，此謂七傷。

黃帝曰：七傷如是，療之奈何？對曰：有四時神藥，名曰茯苓，春秋冬夏療隨病形，冷加熱藥，溫以冷漿，風加風藥，色脈診評，隨病加藥，悉如本經，春二月宜以更生凡(更生者茯苓也)。療男子五勞七傷，陰衰消小，囊下生瘡，腰背疼痛，不得俯仰，兩膝臍冷，時時熱癢，或時浮腫，難以行步，目淚出，遠視茫茫，咳逆上氣，身體痿黃，遶臍弦急，痛及膀胱，小便尿血，莖痛損傷，時有遺瀝，汗衣赤黃，或夢驚恐，口乾舌彊，渴欲飲水，得食不常，或氣力不足，時時氣逆，坐犯七忌，以成勞傷，此藥主之甚驗方。

茯　苓 四分(若不消食三分加一)	**菖　蒲** 四分(若耳聾三分加一)	**山茱萸** 四分(若身癢三分加一)
栝樓根 四分(若熱渴三分加一)	**菟絲子** 四分(若痿洩二分加一)	**牛　膝** 四分(若機不利加一倍)
赤石脂 四分(若內傷三分加一)	**乾地黃** 七分(若煩熱三分加一)	**細　辛** 四分(若目茫茫三分加一)
防　風 四分(若風邪三分加一)	**薯　蕷** 四分(若陰癢三分加一)	**續　斷** 四分(若有痔加一倍)
蛇牀子 四分(若少氣三分加一)	**柏　實** 四分(若少力加一倍)	**巴戟天** 四分(若痿弱三分加一)
天　雄 四分(炮若有風三分加一)	**遠志皮** 四分(驚恐不安三分加一)	**石　斛** 四分(若體加一倍)
杜　仲 四分(若絕陽腰痛三分加一)	**蓯　蓉** 四分(若冷痿加一倍)	

上二十味，檮篩密和，丸如梧桐子，先三丸，日三不知漸增，以知為度，亦可散服，以清粥飲服，方寸匕七日知，十日愈，三十日餘氣平，長服老而更少，忌豬羊肉湯，冷水生菜蕪菁等物。

又黃帝問曰：夏三月，以何方藥，幸得具聞。對曰：宜以補腎茯苓丸，療男子內虛，不能食飲，忽忽喜忘悲憂不樂，喜怒無常，或身體浮腫，小便赤黃，精泄淋瀝，痛紋膀胱，腔疼冷痺，伸不得行，渴欲飲水，心腹脹滿，皆犯七忌，上已具記，當療之法，隨病度量，方用如下：

茯苓 二兩，食不消加一倍	**附子** 二兩，炮有風三分加一	**山茱萸** 三兩，身癢三分加一
杜仲 二兩，腰痛三分加一	**牡丹** 二兩，腹中遊氣三分加一	**澤　瀉** 三兩有水氣三分加一
薯蕷 三兩，頭風加一倍	**桂心** 六兩，顏色不足三分加一	**細　辛** 三兩，目視茫茫三分加一
石斛 二兩，陰濕癢三分加一	**蓯蓉** 三兩，身痿三分加一	**黃耆** 四兩，體疼三分加一

上十二味，檮篩密和丸如梧桐子，先食服七丸，日二服，忌生蔥，生菜，豬肉，冷水，大酢胡荽等。

又黃帝問曰：春夏之療，已聞良驗，秋三月以何方藥。對曰：宜以補腎茯苓丸，療男子腎虛冷，五臟內傷，風冷所苦，令人身體濕痒，足行失顧，不自覺省，或食飲失味，目視茫茫，身偏拘急，腰脊痛彊，不能食飲，日漸羸瘦，胸心燠悶，咳逆上氣，轉側須人，起則扶舁鍼灸服藥，療之小折，或乘馬觸風，或因房室不自將護，飲食不量，用力過度，或口乾舌燥，或流涎出口，或夢寐精便白出，或尿血有淋，瀝陰下痒濕，心驚動悸，少腹偏急，四肢酸疼，氣息噓吸，身體浮腫，氣逆胸脅，醫不能識妄加餘，療方如下：

茯苓 三兩	**防風** 二兩	**桂心** 二兩	**白朮** 二兩	**細辛** 二兩	**山茱萸** 二兩
薯蕷 二兩	**澤瀉** 二兩	**附子** 二兩	**乾地黃** 二兩	**紫菀** 二兩	**牛膝** 三兩
芍藥 二兩	**丹參** 二兩	**黃耆** 二兩	**沙參** 二兩	**蓯蓉** 二兩	**乾薑** 二兩
玄參 二兩	**人參** 二兩	**苦參** 二兩	**獨活** 二兩		

上廿二味檮篩密和丸如梧桐子，食前服五丸臨時以酒飲下之，忌酢物，生蔥、桃、李、雀肉、生菜、豬肉、蕪黃等。

又黃帝問曰：春夏秋皆有良方，冬三月復以何方治之。對曰：宜以垂命茯苓丸，療男子五勞七傷，兩目茫茫，得風淚出，頭項奇彊，不得迴展，心腹脹滿，上肢胸脅，下引腰脊，表裡疼痛，不得喘息，飲食咳逆，面目痿黃，小便淋漓，清精自出，陰痿不起，臨事不對，足脛酸痛，或五心煩熱，身體浮腫，盜汗流離，四肢拘攣，或緩或急，夢寐驚恐，呼吸短氣，口乾舌燥，狀如消渴，忽忽喜忘，或悲憂嗚咽，此藥主之補諸絕，令人肥壯，彊健氣力，倍常飲食百病除愈方。

茯苓 二兩　白尤 二兩　澤瀉 二兩　牡蒙 二兩　桂心 二兩　牡蠣（熬）二兩　牡荊子 二兩

細辛 二兩　薯蕷 二兩　杜仲 二兩　天雄 二兩　人參 二兩　石長生　二兩　附子 二兩

乾薑 二兩　菟絲子 二兩　巴戟天 二兩　蓯蓉 二兩　山茱萸 二兩　甘草（炙）二兩　天門冬 二兩

上二十味擣篩，以密和丸，如梧桐子，先食服五丸，酒飲皆得，忌海藻菘菜，鯉魚，生葱，猪肉，酢物等。

　　又黃帝問曰：四時之藥，俱已聞之，此藥四時通服，得不？對曰：有四時之散，名茯苓散，不避寒暑，但能久服，長生延年，老而更壯，方用於左：

茯苓　鍾乳（研）雲母粉　石斛　菖蒲　柏子人　菟絲子　續斷　杜仲　天門冬（去心）牛膝　五味子　澤瀉　遠志（去心）甘菊花　蛇床子　薯蕷　山茱萸　天雄（泡）石韋（去毛）乾地黃　蓯蓉

右廿二味，擣篩爲散，以酒服方，寸匕日再，二十日知，三十日病悉愈。百日以上，體氣康彊，長服八十、九十老公，還如童子，忌酢物，羊肉，錫鯉魚，猪肉，蕪荑，高湯負日，凡經方神，仙所造，服之療病，具已淪訖，如是所擬說，從開闢以來，無病不治，無生不救也。

茯　苓　五斤灰汁煮十遍漿水煮十遍清水煮十遍　　松脂　五斤煮如茯苓每次煮四十遍

生天門冬　五斤去心皮暴乾磨研成粉末　　　　　牛酥　三斤鍊三十遍

白　密　三斤煎令沫盪　　　　　　　　　　　蠟　三斤鍊三十遍

上六味各擣篩後以銅器重湯上先內酥，次蠟密消訖，內藥急攪之，勿停，務必極大均与，放入內瓷器中，密封勿洩氣。先一月不食，不食應先喫好美食，令腹飽然後絕食，即服二兩，二十日後服四兩，又二十日後八兩，細丸之咽中下爲度，第二度以四兩初，二十日後八兩，又二十日二兩，第三度初服八兩，二十日二兩，二十日四兩，合一百八十日。藥成自然服三丸，將補不服亦得恆，以酥密消息之美酒服一升爲佳，合藥取四時王相日，特忌刑殺厭及四激休慶等日大凶，

　　彭祖法茯苓膏方(千金翼名凝靈膏)

茯苓　淨去皮　　松脂 二十四斤　　松子人 十二斤　　柏子人 十二斤

上四味皆依法煉之，松柏人不煉擣篩，白密二斗四升，置入銅器中，湯上微火煎一日一次，第下藥攪令相得微火煎七日七夜止。丸如小棗，每服七丸，日三，欲絕穀頓服取飽，即得輕身明目不老

洞玄子　魏緘 署

　　洞玄子言，陰陽祕道其書，不見於隋唐史志，引見日本丹波康賴醫心方廿八卷，要是北宋以前，古書其文辭爾雅多似六朝人綺語，非雜事祕辛，按鶴監記諸僞書所可同日論也。夫房中之術，載在漢書藝文志，方技略志之，言曰房中者性情之極，至道之際，是以聖人制外樂，以禁內情而爲之節文，樂而有節，則和平壽考，迷者弗顧以生疾，而隕性命，信哉。是言曰：極曰際曰制、曰禁，非縱欲以敗度，乃養性以延齡也。洞玄子者，其亦容成務之流，亞與書中臚列三十法，爲後世祕戲之，濫觴要其和血脈去疢疾，其言出入於素女經，玉房祕訣之間，故醫家重之，並相援引，惜傳世久遠，無有行之者，余既錄素女經，玉房祕訣，諸書手付刊，並及此書，以存古學。近日妄人喜談新理，以爲男女裸逐而後進於大同，豈知人之所以異於禽獸者，在裸而不逐，則衣冠揖讓婚姻嘉上，以廣造化生物之仁，下以獲子孫□斯之慶，困如妄人所尙則是未犯綺成先墮泥犁，不爲豕交而亦獸畜，彼亦人情耳，胡不起化於閨門本身以作則，而乃謠言惑世，欲率天下之人，還於牛首蛇身之俗，亦獨何心哉！是書傳則人道，亦因之而傳而一切異俗野言，不至淆亂耳目，余雖從諸侯壁上觀，或不至爲溺人所笑夫也呼！

癸卯日長至二日長沙葉德輝序

洞玄子一卷

　　洞玄子曰：夫天生萬物，唯人最貴，人之所上，莫過房慾，法天象地，規陰短陽，吾其理者，則養性延齡，慢其真者，則傷神夭壽，至於玄女之法，傳之萬古，都具陳其梗概，仍未盡其機微，余每覽其條，思補其闕，綜習舊儀，纂此新經，雖不窮其純粹，抑得其精粕，其坐臥舒卷之形，偃伏開張之勢，側背前郤之法，出入深淺之規，並會二儀之理，俱合五行之數，其導者，則得保壽命，其違者，則陷於危亡，既有利於凡人，豈無傳於萬葉。

　　洞玄子云：天左旋而地右迴，春夏謝而秋冬襲，男唱而女和，上爲而下簺，此物事之常理也。若男搖而女不應，

女動而男不從，非直損於男子，亦乃害於女人，此由陰陽行很上下了戾矣。以此合會，彼此不利，故必須男左轉而女右迴，男下衝女下接，以此合會，乃謂天平地成。凡深淺遲速，捌捩東西，理非一途，益有萬緒，若緩衝似鯽魚之弄鈎，若急毚，如群馬之遇風，進退牽引，上下隨迎，左右往還，出入疏密，此乃相持成務，臨事制宜，不可膠柱宮商，以取當時之用。

　　凡初交會之時，男坐女左，女坐男右，乃男箕坐抱女於懷中，於是勒纖腰撫玉體，申嫵婉叙綢繆，同心同意，乍抱乍勒，兩形相搏，兩口相嗚，男含下女唇，女含男上唇，一時相吮，茹其津液，或緩齧弱，或微齧其唇，或邀遣抱頭，或逼命拈耳，撫上拍下，嗚東嗽西，千嬌既申，百慮竟解，乃令女左手抱男玉莖，男以右手撫女玉門，於是男感陰氣，則玉莖振動，其狀也，峭然上聳，若孤峰之臨迴漢，女感陽氣，則丹穴津液，其狀也。消然下逝，若幽泉之深谷，此乃陰陽感激使然，非人力之所致也，勢至於此，乃可交接，或男不感振，女無嬈津，皆緣病發於內疾形於外也。

　　洞玄子云：凡初交之時，先坐而後臥，女左男右，臥定後，令女正面仰臥，展足舒臂，男伏其上，跪於股內，即以玉莖豎施於玉門之口，森森然若偃松之當逢洞前，更拖磋勒嗚口嘲舌，或上觀面，下視金溝，撫拍肚乳之間，摩挲乚台之側，於是男情既惑，女意當迷，即以陽鋒縱橫攻擊，或下衝玉理，或上築金溝，擊刺於辟雍之旁，憩息乚台之右。女當嬈津於丹穴，即以陽鋒投入子宮，快洩其精油液同流，上灌於神田，下溉於幽俗，使往來拼擊進退、搔磨，女必求死求生，乞性乞命，即以帛子乾拭之後，乃以玉莖深投丹穴，至於陽台，嘁嘁然，若巨石之擁深谿，乃行九淺一深之法，於是縱柱橫挑，傍牽側拔，乍緩乍急，或深或淺，經廿一息，候氣出入，女得快意，男疾撅急刺，磋勒高抬候台動搖，取其緩急，即以陽鋒攻其穀實，捉入於子宮左右研磨，自不煩細，細抽拔，女當精液流溢，男即須退，不可死還，必須生返，如死出大損於男，特宜慎之。

　　洞玄子云：老覆交接之勢，更不少於卅法，其間有屈伸府仰出入淺深，大大是同小小有異，可謂括囊都盡搖撼無遺，余遂像其勢而錄其名，假其形而建其號，知音君子，窮其志之妙矣。

姿式	房　　　中　　　術
一　敘綢繆	
二　申繾綣	不離散也
三　曝鰓魚	
四　騏麟角	以上四勢之外遊戲者是一等也
五　蠶纏綿	女仰臥兩手向上，抱男頸，以兩郤交叉於男背心，男以兩手抱女頸，跪女股間，即內玉莖。
六　龍宛轉	女仰臥屈兩腳，男跪女股內，以左手推女兩腳，向前令過於乳，右手把玉莖插入玉門內中。
七　魚比目	男女俱臥，女以一腳置男上面，相向嗚口嘲舌，男展兩腳，以手擔女上腳，進玉莖。
八　鷰同心	令女仰臥，展其足，男騎女伏肚上，以兩手抱女頸，女兩手抱男腰，以玉莖內入丹穴中。
九　翡翠交	令女仰臥，捲屈抬足，男相跪開著腳坐女股中，以兩手抱月腰，進玉莖於琴絃。
十　鴛鴦合	令女側臥，捲兩腳，女男股上，男於女背後，騎女下腳之上，豎一膝置女上股，內玉莖。
十一　空翻蝶	男仰臥，展兩足，女坐男上正面，兩腳據床，乃以手為力進陽鋒於玉門之中。
十二　背飛鳧	男仰臥，展兩足，女背面坐於男下，女腳據床，低頭抱另玉莖，內入丹穴中。
十三　偃蓋松	令女交腳向，男以兩手抱女腰，女以兩手抱男腰，內玉莖於玉門中。
十四　臨壇竹	男女俱相向立嗚口相抱，於丹穴以陽鋒深殳於丹穴沒至陽台中。
十五　鸞隻舞	男女一仰一覆，仰者捲腳，覆者騎上，兩陰陽相向，男箕坐著玉物攻擊手上下。
十六　鳳將雛	婦人肥大，用一小男，共交接大俊也。
十七　海鷗翔	男臨床邊，擎女腳，以令舉，男以玉莖入於子宮之中。
十八　野馬躍	令女仰臥，男擎女兩腳，登右肩上，深入玉莖於玉門之中。
十九　驥騁足	令女仰臥，男蹲，左手捧女項頸，右手擎女腳，即玉莖內入於子宮中。
二十　馬搖蹄	令人仰臥，男擎女一腳，置於肩上，一腳白攀之，深內玉莖入丹穴之中，大興哉。
廿一　白虎騰	令人伏面跪膝，男跪後，兩手抱女腰，內玉莖於子宮中。
廿二　玄蟬附	今女伏臥，而展腳，男居股內，屈其足，兩手抱女頸項，從後內玉莖入玉門中。

姿　　式	房　　　　中　　　　術
廿三　山羊對樹	男箕坐，令女背面坐男上，女自低頭，視內玉莖，男急抱女腰，磋勒之。
廿四　鷗鷄臨場	男胡蹲床上，令一小女當抱玉莖內女玉門，一女於後牽女衿裙，令其足快，大興哉。
廿五　丹穴鳳遊	令女仰臥，以兩手自舉其腳，男跪於女後，以兩手據床，以內玉莖於丹穴甚俊。
廿六　玄溟鵬翥	令女仰臥，男取女兩腳，置左右膊上，以手向下抱女腰，以內玉莖。
廿七　吟猿抱樹	男箕坐，女騎男陛上，以兩手抱男，男以手扶女尻，內玉莖，一手據床。
廿八　貓鼠同穴	男仰臥，以展足，女伏男上，深內玉莖，又男伏女背上，以將玉莖致擊於玉門中。
廿九　三春驢	女兩手兩腳俱據床，以兩手抱女腰，即玉莖於玉門中，其大俊也。
三十　秋　狗	男女相背，以兩手兩腳俱據床，兩相拄，男即低頭，以一手推玉莖插入內玉門之中。

洞玄子云：凡玉莖或左擊右擊，若猛將之破陣，其狀一也。或緣上蓦下，若野馬之跳澗，其狀二也。或出或沒益波之羣鷗，其狀三也。或深築淺桃，若鴟血之雀喙，其四也。或衝淺刺，若火石之投海，其狀五也。或緩簪遲推，若凍蛇之入屋，其狀六也。或疾攕急刺，若驚鼠之透穴，其狀七也。若抬頭拘足，若鵾鷹之揄狡兔，其狀八也。抬上頓下若大帆之遇狂風，其狀九也。

洞玄子云：凡交接或下捼玉莖，往來鋸其玉莖，其勢若割蚌而取明珠，其勢一也。或下抬玉莖，上衝金溝，其劫若剖石而尋美玉，其勢二也。或以陽鋒衝築亅台，其勢若鐵杵之投孽臼，其勢三也。或以玉莖出入攻擊左右辟雍，其勢若五鎚之鍛鐵，其勢四也。或以陽鋒來往磨耕種田幽谷之間，其勢若農夫之墾秋壤，其勢五也。或以玄圃天庭兩相磨搏，其勢若兩山崩巖之相欽，其劫六也。

洞玄子云：凡欲洩精之時，必須候女快與精一時同洩，男須淺拔，遊於琴絃麥齒之間，陽鋒深淺如孩兒含乳，即閉目內想，舌柱下腭，跼脊引頭張鼻歙肩閉口吸氣，精便自上節限多少茵不由人，十分之中，只得洩二三矣。

洞玄子云：凡欲求子，候女之月經斷後，則交接之，一日三日爲男，四日五日爲女，五日以後，徒損精力，終無益也。交接洩精之時，候女快來須與一時同洩，洩必須盡先令女正面仰臥，端心一意，閉目內想，受精氣故子曰：夜半得子爲上壽，夜半前得子爲中壽，夜半後得子下壽。

凡女懷孕之後，須行善事，勿視惡色，勿聽惡語，省嗜慾勿咒詛，勿罵詈，勿驚恐，勿勞倦，勿妄語，勿憂愁，勿食生冷醋滑熱食，勿乘車馬，勿登高，勿臨深，勿下坡，勿急行，勿服餌，勿針灸，皆須端心正念，常聽經書，遂令男女如是聰明智慧真員良，所謂教胎者也。

洞玄子云：男年倍女，損女，女年倍男，損男。交接所向時日吉利益損，順時效此大吉。春首向東，夏首向南，秋首向西，冬首向北，陽日益(單日是)陰日損(雙日是)，陽時益(子時以後午前是)，陰時損(午時以後子時前)，春甲乙，夏丙丁，秋庚辛，冬壬癸，禿鷄散，治男子五勞七傷，陰痿不起，爲事不能，蜀郡太守，臣敬大年，七十服藥得三子，長服之，夫人患多玉門中疹，不能坐臥，即藥棄庭中，雄鷄食之，即起上雌鷄其背連百不下，啄其冠，冠禿，世呼爲禿鷄散，亦名禿鷄鳳方：

實縱容 三分　　**五味子** 三分　　**兔絲子** 三分　　**遠志** 三分　　**蛇床子** 四分

上五物搗篩爲散，每日空腹酒下，方寸匕日再三無敵，不可服六十日可御卅婦，又以白密和丸如梧子，服五九日，再以知爲度。

鹿角散，治男子五勞七傷，陰痿不起，卒就婦人臨時不成，中道痿配，精自引出，小便餘瀝，腰背冷方：

鹿角　柏子仁　兔絲子　蛇床子　車前子　遠志　五味子　縱容 (各四分)

搗篩爲散，每食後服五分，日三不，不知更加方寸。

長陰方：肉縱容 三分　　海藻 二分　　搗篩爲末以和，正月白，大肝汁，塗陰上，三度平旦，新汲水洗腳，即長三寸，極。

療婦人陰寬冷急小交姿而快方：**石硫黃** 二分　**青木香** 二分　**山茱萸** 二分　**蛇床子** 二分

將其搗篩爲末，臨交接內玉門中少許，不得過多，恐最乳合。

又方取硫黃末三指撮內，一升湯中以陰急，如十二、三歲女。

玉房指要

　　彭祖曰：黃帝御千二百女而登仙，俗人以一女而伐命，知與不知，豈不遠耶！知其道者，御女苦不多耳，不必皆須有容色，研麗也，但欲得年少，未生乳而多肌肉者耳，但能得七、八人，便大有益也。

　　彭祖曰：交接之道，無復他奇，但當縱容安徐以和為貴，玩其丹田，求其口實，深按小搖，以致其氣，女子感陽，亦有微候其耳熱如飲醇酒，其乳蓬起握之滿，頸項數動，兩腳振擾淫衍窈窕，乍抱男身，如此之時，小縮而淺之，則陽得氣，於陰有損，又五臟之液，要在於舌松子，所謂玉漿可以絕穀，當交接時，多咽舌液及唾，使人胃中豁然如服湯藥。消渴立愈逆氣，便下皮膚悅澤姿如處女，道不遠求，但俗人不能識耳。

　　采女曰：；不逆人情，而可益壽，不亦樂哉！道人劉京言，凡御女之道，務先徐徐偈戲，使神和意感，良久乃可交接，弱而內之，堅強急退，進退之間，欲令疏遲亦勿高自投擲，顛倒五臟，傷絕絡脈，玫生百病也。但接而勿施，能一日一夕，數十交而不失精者，諸病甚愈，年壽自益。

　　數數易女則益多，一夕易十人以尤佳，仙經云：還精補腦之道，交接大動欲出者，急以左手中央兩指郤抑陰囊後，大孔前壯事抑之，長吐氣，並喙齒十遍，勿閉氣也。便施其精精亦不得出，但從玉莖復還上入腦中也。此仙人以相授，皆飲血為盟，不得妄傳，身受其殃。

　　若欲御女取益而精大動者，疾仰頭張目，左右上下視縮，下部閉氣，精自止，勿妄傳人，能一日再施，一歲廿四施精，皆得壽一二百歲，有顏色無病疼。

　　治男子欲令健作房室，一夜十餘不息方：**蛇床　遠志　續斷　縱容**，分等為散，日三服。

　　方寸匕曹公服之一夜行七十女。

　　治男子令陰長大方：**柏子** 五分　**白斂** 四分　**白朮** 七分　**桂心** 三分　**附子** 二分

　　上五物為散食後方寸匕日再十日廿日長大。

　　令女玉門小方：**硫黃** 四分　**遠志** 二分　為散絹囊盛著玉門中。即急。

　　又方：**硫黃** 二分　**蒲華** 二分　為散，三指撮著，一升湯中，洗玉門，廿日如未嫁之僮。

　　禿雞散：治男子五勞七傷，陰痿不起，為事不能，蜀郡太守，臣敬，大年七十服藥，得三子，長服之，夫人患多，玉門中疹，不能坐臥，即藥棄庭中，雄雞食之，即起上。雌雞其背，連日不下，喙其冠，冠禿，世呼為禿雞散，亦名禿雞丸方：

實縱容 三分　**五味子** 三分　**兔絲子** 三分　**遠志** 四分　**蛇床子** 四分

上五物擣篩為散，每日空腹酒下，方寸匕，日再三，無敵，不可服。六十日可御三十婦，又以白密和丸，如梧子，服五、九日，再以知為度。

彭祖膳食術

中國烹飪風味獨特，菜系林立，向以博大精深而名揚海內外。溯其源，則無不尊奉彭祖為師。是彭祖以其精湛的廚藝，開中華烹調五味之門，傳廚行爨陣八法之技。彭祖長壽宴是集中了彭祖菜系中食療，食補名菜的精華，由烹飪大師精心烹製而成。歷代美食家和營養師均盛譽：品嘗彭祖長壽宴，即可領略其味美無窮的魅力，又可收食補、食療益壽之功效。

羊方藏魚

這道菜因將魚置於割開的大塊羊肉之中同炖，稱此得名。羊方藏魚系彭城古典菜，始于彭祖。此菜世代相傳，已有四千年歷史。

主料：鮮羊肉(肋方)一千克，鱖魚一條六百克。

配料：熟火腿五十克，香菇四片，青菜莢兩棵，莆菜頭四十克。

輔料：煮羊肉原湯一千三百克。

調料：食鹽五克，薑鹽汁四十克，料酒十克，花椒四十粒，大茴兩朵，桂皮十二克，老薑十二片，白酒少許。

製作：1。先將羊肉煮至斷生，四面修齊，再從側面用平刀推進一洞，用薑鹽汁（二十克）抹擦均勻，稍腌。再把鱖魚刮鱗去內臟洗淨，剔除骨翅，魚肉片成大片薑鹽汁(二十克)拌勻，稍腌(魚骨備用)待用。

　　　2。把腌製過的鱖魚片填入羊肉洞中，舖平後用竹籤封口。火腿蒸熟切片，蒲菜切斷，香菇去梗，與青菜一起焯水待用。

　　　3。火上置鍋，倒入原湯六百克，放入錢骨，大火燒煮約五分鐘，見湯呈白色，撈出魚骨，把湯另倒一處。稍停，倒入石沙少鍋中(瀝淨底渣)。再把羊肉放入砂鍋中，使湯浸過羊肉，同時下食鹽，白酒，老薑，桔皮，花椒，無茴(後面四種香料裝紗袋中)。大火燒開，揭去淨沫。移交火溫炖(在炖的過程中酌情適量加湯)。至酥爛為度，拿出香料袋，配上青菜，蒲菜頭，火腿片，香菇，溜進白酒，起鍋即成。

特點：原汁原味，滋味濃醇。

技法：屬清純，味道以鮮為主，一般用于高尚筵席。除用砂鍋上桌外，亦可有湯盤，四季皆宜。

以上製作屬傳統法，今法多是把魚肉藏羊肉下面蒸，將魚頭魚尾分別置於羊肉上下，以表羊肉中有魚。加上作料，不僅味道鮮美，而且形狀美觀，更勝一籌。另有魚腹中抱羊塊的燒法，與爆少魚羊肉法，另有一番風味。不過這均出自「羊方藏魚」的變化。

麋角雞

麋角即麋鹿(俗稱四不像)頭上的角。據「列仙傳」"彭祖善和滋味，好恬靜，惟以養神治生為事，並服麋角，水晶，雲母粉，常有少容"。李時珍「本草目綱」記載："彭祖的食療養生術"，被先秦道家繼承，傳至清朝廚師劉勤膳並有發展，本世紀初，徐州玄觀，真武觀中的道士與城隍廟的當家，都奉彭祖食療菜為養生佳品，地方豪紳也紛紛仿效。

主料：鹿茸四克，母雞一千三百克。

配料：鮮豬肋肉一百克，香菇六片，菜心四棵。

輔料：鮮湯一千五百克。

調料：陳皮四克，花椒四十粒，大蔥白四段，老薑四片，食鹽四克，料酒十克。

製作：1。先將母雞盪過，退淨毛，去嘴爪老皮，從左肋下開刀，除去內臟洗淨，剁去爪，剔去管丁骨與腿骨，經沸水焯過清洗乾淨。香菇菜莢，均經沸水焯過待用。

　　　2。把鹿茸洗淨，豬肋肉切條，從雞左肋填入腹中，放入陳皮，花椒，大蔥，老薑，與雞同放砂鍋中，

傾入鮮湯，大火燒開，小火溫至酥爛，再放入食鹽，料酒，香菇，荣莢，整形离火，檢去料袋，原鍋上卓即成。

特點：營養豐富，醫食兼優，具有溫腎壯陽，生精補血，補髓健骨，壯氣大補之功效。

雉羹　(天下第一羹又名野雞湯)

雉羹亦稱野雞湯。當時的烹飪技始者彭鏗，爲帝堯制此羹，開闢了中國烹飪之道，對後世產生深遠影響。屈原「天問」詩句：「彭　　鏗　　斟雉帝何き”。據將雉羹載入史冊。因此羹源于上古，補譽爲“天下第一羹”。據「扈從賜游記」說，清朝皇帝每年“秋獮大典”，都要在澹泊城殿物特賜王公大臣“野羹至今年內仍是高級筵席上的珍餚美味。

原料：

配料：水發香菇三十克，熟爆腌肉四十克，青荣心三十克。

佐料：黃蛋糕兩片

輔料：食鹽六克，白胡椒二十克，蔥薑汁三十克，料酒十克。

製作：1。先將野雞宰殺退毛，除去內臟清洗乾淨，放沸水鍋中盪透撈出洗淨。另用砂鍋著精湯二千克，放入野雞小火炱至爛撈出。再把野雞撈出剔去骨，隨即撕成絲，復下鍋中待用。

　　　2。把稷米淘淨放入砂鍋中，與野雞同熬，再下精湯五百克，同進放入食鹽，胡椒粉，蔥薑汁，文火熬至雞酥，大火收汁，米爛滋出汁濃時，再把爆腌肉，香菇，青荣心切絲分擺上面，澆入料酒，另把黃蛋糕刻“雉羹”二字，放入砂鍋居中，原鍋上桌即成。

特點：滋味濃郁，鮮香宜人。

此荣做法是因循古法，如今因雉、稷購之不易，改用母雞與薏苡米熬製，亦不減古法，別有一番風味。

雲母羹

雲母羹爲彭祖食寮之一，雲母族礦物的總稱，商業上多稱「千里紙」，工業上用途廣泛，其中雲母石可供藥用。雲母羹即選取白雲石爲主要原料，配以薏苡米同熬成羹，故此得名。

原　　料：主料，雲母粉二十克，薏苡米六十克，鮮豬肉九十克。

輔　　料：鮮湯二千克，熟芝麻粉五十克。

調節器料：薑汁二十克，食鹽三克。

製　　作：1。先將薏苡米檢淨雜物洗淨，放沸水鍋中焯過，鮮肉洗淨切成丁，也經沸水焯過待用。

　　　　　2。把薏苡米、雲母粉、鮮肉丁、芝麻粉、薑汁同時放入砂鍋中，傾入鮮湯，大火燒開，小火熬至湯汁滋濃味厚時，著食鹽。原鍋(台盛於品鍋中)上桌即成。

特　　點：滋濃味鮮，清香醇郁。具有下氣，補中，止血，虛損及開胃等功效。

天下第一羹

原料：野雞一隻一千五百克，花椒，八角，三奈，蔥，蒜。

製法：將野雞去，洗內臟切塊。將花椒，八角，三奈，醬油與野雞倒入油中翻炒至金黃色，加入清水煮沸，再放入蔥，薑，蒜，改用熰水煨三小時，然後放少許味精，即可食用。

功效：主治陰虛火旺，房室虛虧，陰陽失調。

冬筍燒肉

原料：冬筍二○○克，肉湯三○克，料酒、白糖。醬油、味精、豬油。

製作：1。豬肉切塊，冬筍剝皮切塊。燒開水，冬筍下鍋燙一下撈起。

　　　2。燒熱油鍋，肉塊下鍋翻炒，加入料酒、白糖、肉湯等炒勻，移至熰火上，蓋上鍋蓋燜煮。

　　　3。另用鍋炒一下冬筍，加入肉鍋中與肉攪和，加蓋燜至肉和筍將酥時加上味精即成。

功效：益氣補血清肺化痰，用於治療體弱，手術後調養以及慢性氣管炎咳嗽濃痰，急性氣管炎痰中帶，血肺結核等患者。

章魚燗豬肉

原料：新鮮章魚三〇〇克，豬肉二五〇克，生薑二片，生油，白糖，葱，豬油，料酒，精鹽，胡椒。

製作：1。將章魚先洗乾淨，去衣、眼，放入沸水中燙一下，用清水洗淨，切成幾塊，瀝乾水；豬肉切成三厘米見方小塊，放入鍋中，用清水燒沸後撈起，用溫水洗淨瀝乾水。

2。燒熱鍋，用油滑鍋，加入豬肉、生薑、葱爆香，投入豬肉、放生油，料酒炒幾下，倒入清水五〇〇克及章魚，加入鹽，糖煮沸後改用燜火，使之保持微沸，約煮一個半小時，待收湯後裝入碗中，撒上胡椒粉即可。

功效：養血益氣，收斂生機，民間多用來通乳。

枸杞腎粥

原料：枸杞葉半斤(或枸杞子一兩)，羊腎一隻，羊肉二兩，葱三莖，食鹽少許，梗米二至三兩。

製法：1。將新鮮羊腎剖開洗乾淨，去內膜，切細，再把羊肉洗乾淨切碎。

2。用枸杞子與羊腎、羊肉、梗米、葱白同煑(枸杞葉則先煮葉，去渣，與羊腎、羊肉、葱白、梗米同煮)。

3。煮成粥後，加少許食鹽即可。

功效：　補腎氣，壯元陽。

黃芪牛肉

原料：牛肉七五〇克，黃芪二〇克，陳皮六〇克，各種調料。

製法：1。牛肉切塊後放入沸水中透血水。

2。鍋置火上，加入菜油，油至七成熱時，放入牛肉炸三分鐘，撈起肉塊，鍋中留適量油。

3。下薑、花椒、豆瓣炒出香味，放醬油、鹽、料酒、清水約一五〇〇毫升。再將黃芪、陳皮、牛肉大火上燒開，打去浮沫，改用燜火煮三小時即可。

功效：健脾、益胃、補氣、養血。

海參煲大腸

原料：海參三〇克，木耳三〇克，豬大腸一五〇克。

製法：將豬大腸洗乾淨，切成小段，放入鍋內。鍋內加水發海參、木耳、加適量清水同煮。煮爛後加食鹽味精，調味取食。

功效：滋陰，潤噪，補血，對老年人性、便秘，習慣性便秘頗具療效。

雀肉粥

原料：麻雀五隻，菟絲子二〇至三〇克，覆盆子一〇至十五克，枸杞子二〇至三〇克，梗米六三克，精鹽少許，葱白二根，牛薑三片。

製法：將梗，米麻雀肉，菟絲子，枸杞，覆盆子置入鍋肉，右水量煮沸後改用燜火，煨熟即可食用。

功效：主治陽萎，早泄，婦女陰冷帶下。

泥鰍蝦肉湯

原料：泥鰍二五〇克，鮮蝦肉一五〇克，味精，葱，薑適量。

製法：將泥鰍剖腹洗乾淨，切片，與新鮮蝦肉放入水中煮至半熟。加入調味料，用燜火煨玉湯濃即可食用。

功用：主治陽萎，滑精。

雙鞭壯陽湯

原料：牛鞭、狗鞭各一具，羊肉半斤，母鴨肉半斤，莬絲子，肉苁蓉，枸杞子，花椒，生薑，料酒。

製法：先將牛鞭發漲去皮，剖皮漂淨。再將狗鞭用油炒酥，加料酒，然後加水煮沸。將牛鞭羊肉入水，用熅火煨煮二小時，即可食用。

功效：大補元陽。

狗肉茴香湯

原料：狗肉二五〇克，八角十五克，小茴香五〇克，蘋果一個，桂皮三克。

製法：將狗肉洗乾淨切塊，蘋果切塊，與八角，小茴香，蘋果等一齊放入水中，炖熟即可食用。

功效：主治陽萎，滑精，及婦女陰冷，常人服之可益腎壯骨。

韮菜炒鮮蝦

原料：韮菜二〇〇克，新鮮蝦一二五克，鹽，味精。

製法：韮菜洗乾淨切成三厘米長左右，鮮蝦去殼摘足，在鍋中放適菜油，將蝦放入鍋中炒至金黃色，再加入韮菜、鹽，繼續炒至熟，加味精，欠粉，收叶即可食用。

功效：補腎壯陽，益精，固精。

仙山靈芝

原料：靈芝五〇〇克，野鴨一千克，香菇二五〇克，精鹽，味精，料酒等。

製法：野鴨去毛，清理內臟切塊。將油置入鍋內燒熱，放入鴨塊、鹽，翻炒至金黃色，然後加水和香菇一起煮三個小時，加味精即可食用。

功效：滋陰壯陽，益腎強身。

彭祖常食名菜

類別	菜　　名	功　　能	類　別	菜　名	功　能
熱菜	雉　羹	歷代皇帝視為珍品，滋腎補陽。	坐菜	一品五福涮鍋	延年益壽。
	八味美碟	消胃進食		甜品　水晶餅	
	人參炖龜魚	益氣補血，強筋健骨。	主食	四喜燜麵	
	槀角雞（香炸養心雞）	滋陰補腎，益氣壯陽。		富貴金銀飯	
	羊方藏魚（魚汁羊羔）	益氣補虛，清熱解毒。		魚羊蒸餃	
	雲母羹（又名千層紙）	下氣、補中、止血、虛損、及開胃。	水果	哈密瓜	
	珊瑚喧蛙	清熱解毒，利水消腫。		香　蕉	
	白芍明蝦	氣血雙補，養肝明目。			
	翠西蘭花	去淤生新。			
	黨參鞭花	益腎強筋，補中益氣。			
	金絲銀杏	順氣平喘，止咳化痰。			

「彭」之姓、氏考略

節略古書傳記譜牒

姓：	大爲商諸侯，以國爲姓，蓋陸終第三子彭即大彭也
張澍著姓氏五書：	顓頊曾孫祝融之弟吳回，生陸終，陸終子六人，其三曰籛，是爲彭祖，封於大彭。
鄭語：	豕韋諸稽，則商滅之矣。
姓氏考略：	望出宜春，又，安定胡永胡有彭氏，見晉書；又，西羌南蠻皆有彭氏。
「國語鄭語」：	大彭，陸終第三子曰籛，爲彭氏，封於大彭，謂之彭祖，彭城是也。
「史記舜本記」義：	彭祖自堯時舉用，歷夏，殷封於大彭。
「世本」：	在商爲守藏史，在周爲柱下史，年百歲。

晉「小葛仙翁」葛洪所著神仙傳：彭祖是上古顓頊的玄孫，善於導引行氣，有疾則閉氣以攻所體患，運行中達趾末而體即和，他的養生原則是：「服藥百劑不如獨臥」。唐堯時封於大彭。至殷末已七百六十七歲而不衰，殷穆王任其爲大夫，稍傳其長生不老之術而有驗，後來穆王因故要彭祖。彭祖乃離去不佑所之等。

「姓氏考略」：漢朝以後，外族紛被漢族所同化。安定胡，永胡，西羌，南蠻等族也有以彭爲氏，爲中原本彭氏，增添無數新輪，使古老中國姓氏日益茁壯。

周朝彭城人彭宗，壽高而傳名千古。據云，彭宗年已一百五十餘，而望之仍如二十許人，到周厲王時，才爲太上老君遣仙官，引爲太清真人。

五代時，其第八世祖彭德，隨楚王於湖南，未初再返袁州。唐玄宗時彭雲，於開元二十七年南渡，喬居江西袁州。

南方彭姓遠祖，爲唐玄宗派車輛敦請高士彭雲，其爲宜春彭氏開基祖先(袁州即宜春)。我國南方湖南、河南、陝西、福建、廣東諸省，一個人多支繁大家族，始祖就是唐代時，來自江西的宜春。

河南彭姓子孫係來自江西盧陵縣，現改名吉安縣，歷來河南彭氏有「彭不薄金」傳統。相傳彭悠久公，自江西盧陵帶同家室及兩個小孩到夏邑，投奔無路，暫時停留金姓人家門前，該金氏富戶官高，門前豎有兩根旗桿，夜夢兩虎各抱旗桿戲要，俟天明出門遇悠久公二子，各抱一根旗桿歡跳，金氏立即回想前夜夢境，正與此景相符，趨前垂問悠久公境況，聘爲家教，其二子亦隨身旁讀習武。後來二子應次第文武狀元，河南彭家自此顯赫，後世多出高官，並有一位帝王師。悠久公有兄弟三人，悠久公遷居河南後，繁衍至山東河北等省外，另外兩支派，也分遷至湖南、陝西、四川、廣東、福建、台灣諸省。

十八世祖彭延年公，於宋哲宗元祐間，任潮州軍事，因家焉，居揭陽之浦口村。後枝漳，泉，遂成大族。彭延年公，又由於到廣東潮州做官，而變成彭氏在閩、粵開基始祖。台灣彭姓子孫則來自一海之隔廣東和福建。關於南方彭氏來源，則脈絡分明，清淅可知。

矧茲淵源，漢族彭姓是顓頊帝嬴姓之後，顓頊是黃帝軒轅氏之孫，曾孫輩有重黎和吳回兩兄弟，後任「祝融」，職司「祭火」、「用火」之官。陸終子生六子，其中第三子名曰「籛」，即是彭祖，爲顓頊第五代世孫，封地於大彭，子孫依當地習俗「以地命氏」，而有「彭」姓姓氏。

彭姓，發源於四千多年以前殷商諸侯國大彭，昔之大彭，即今之江蘇省銅城縣，迄今銅城縣西邊，有一座大彭山，足見其淵源。後世彭氏子孫，應皆從江蘇銅山分支出去，遍佈全國各地地，分別繁榮茁壯。

其一

鄭詰云：封於大彭，豕韋諸稽秃，皆彭祖之封，後相繼爲侯曰籛，封於彭城，以國爲姓，即彭祖陸終第三子是也。又彭門記云：商之賢臣彭祖顓頊玄孫，壽七百六十一歲，孔子曰：㕥比於我老彭商賢大夫，今墓猶存故邑，號大彭寰宇記，彭城縣在河南徐州九域。註云：屬東京伊闕龍門，彭婆墓亦存縈。按誌云：彭祖二子，長武，次曰夷，隱閭之山，因號武夷山，春秋時，楚文王有賢大夫彭仲爽，秦滅楚，遷其大姓於隴西，彭其一也。彭之稱隴西郡，蓋始於此戰國時，彭更孟子門人，秦末彭越紀，距野漢高祖，封大梁王，中間遷徙不一世次未詳，已上得姓圖，老彭乃商末至漢武帝時，一千一百三十餘年，有宣公封長平侯，居淮陽，是爲長平郡，其間考核舊譜，而按其長，不

敢附會誣後。　　　　　(徵君二十七世孫隱源岡下槃識以上係照江西彭大宗祠主譜抄錄而來)。

　　鄭語云三者皆彭祖之別封後相繼爲商

　　人身上承高祖爲玄孫，下繫玄孫爲高祖，凡世一再別而別爲九族矣。陸終六子，一別而得姓者八，再得姓者八，再別而得姓者十有八。枝葉愈遠而愈盛，今所別十八姓，皆至近而刑者，同姓不婚，買姜卜姓惡其所同出也，此圖須家置一通.

其二

　　太始祖分封得姓歷開創源流支派，以衍江右漳源廣東潮州世系總紀。按彭氏原系黃帝公孫鴻之苗裔，帝娶元妃西陵累組姜氏少節。誕子長曰昌意，意娶元妃景僕氏，誕子其三曰顓頊，頊娶元妃鄒屠氏，誕子曰稱，稱娶姜氏誕子曰卷章，章娶女媧氏，誕子其長曰重黎，黎子高辛代爲火正命祝融，次子曰吳回，回之子曰陸終，終娶么方氏女績，兩產六子其三曰籛，唐堯封太始祖建立大彭氏圖。紀贈爲武安君，歷相三代，爲伯侯，豕韋稽禿均爲別號。商爲賢大夫。周追贈柱下史。致政時喜遊涉，常服水桂，雲母粉，麋角散；善引導氣功，晨運暮操，素好學古秘訣。自別其名鏗補道術，撰著益壽經冊，齡高八百零二歲，四十九妻五十四子，長曰武，次曰夷，歸隱福建南山，稍後更名武夷山，餘子豕韋，豬，太彭祖曰秀，當其時遭兵變亂，各潛逃更名改姓，老彭攜二子曰韋曰顧，避天石盤區，其後顧氏以姬爲姓，更名崑石創峨帽。韋以彭爲姓更名崑泉娶有娀氏，誕三子，曰房，曰位亢，曰角，位亢是韋氏之仲子，位亢者爲彭族得姓受氏之祖也。誕三子，曰癸，曰丁，曰，辛彭之次孫。開創麒谷之二世祖也。時已舉爲商中軍裡將，辛之孫慕登仕祖乙爲州司牧，癸之二孫，曰悟，曰弗，應祖丁之召遷武陵，悟之曾孫厲爲牧伯遷金山口，六代孫魁峨魁帽爲帝乙之廷尉，峨之孫曰昌齡。周穆王時任漁陽史娶東門氏誕二子，曰名援，曰警，援之孫曰馥夷，王舉任江潙長正伯後移處新豐，誕二子，曰鎮崗觀瀾孫曰燦爲當時稱三公名上。江淮子弟多師事之終老岩穴不仕。

　　歷此徐州崗公有紀序，靈王時有學究曰學聊，其兄文彬皆□士，娶胡氏誕三子瑛字其抱瑱字其藏瑩字其懷，瑩之孫曰岱爲思王之都枝尉光祿大夫遷武湖。六代孫紹先九代孫愷，俱舉進士任州牧，六代孫豫章相陳爲廷尉，章之子曰質，曰蒙，乃鄉荐備族有紀序，如居函谷曰贏乃豫章之胞姪也。贏之姪孫曰更爲孟門高徒其兄曰湖誕子曰文錦，時干戈擾攘，彭族支派遷處不常，雖美裔譽而紀其詳，亦特就其顯者而錄之。文錦孫曰越輔助漢高祖引兵入誅項籍。而封陳晉梁王，越弟蜜領任司馬史，大兄封爲淮南司牧娶曹氏，誕子曰藩，歷此定陶藩之子守豐公有紀序，茲誕子曰守昌椿年登鄉荐，茲之孫曰宣，字子佩成帝時，爲大司空漢書御史大夫誕子曰思年，任南陽牧，藩之五代孫曰淳，佐漢光武討王郎每負多功，立爲燕侯，宣三代孫曰雍，遷會稽，弟曰武遷吳城，雍之子修爲縣令，次子曰漢遠，誕子曰徵孝廉官至參軍事。孫曰義字永昌爲治中從事謫江陽太守，義子曰經儒舉孝廉避晉室之亂，遷安定，娶氏，誕二子，曰寬，曰剛，剛攜孫鶚徙淮陽，寬字乃栗相元帝爲中軍參謀，寬之孫曰鶚，舉進士，穆帝時爲廷尉，曾孫曰超爲晉安帝時，檢校上將軍。超世父曰克巍叵萬安縣，叔曰克岐，居宜城岐之孫曰子賦，爲後趙內大郎誕四子，瑁篇傳篇述篇稽篇，傳篇述篇乃曰士瑁篇之子受章亦曰士，章瑁四子，曰瑢瓊琬瑄，琮登鄉荐。瑾之子曰慎舉進士，述篇之子秘書任宣城主簿族譜有紀序，歷五十世子嗣公之曾孫曰調仕授武陵牧遷河北娶萬侯氏，誕三子，曰振鐸振鈴聞韻，鐸之子曰檠者字子興相北齊逐周文封陳留王孫曰維任江南牧伯，六代孫曰廣爲桂陽太尉廣子曰孝先曰士孫曰登岸誕子曰奮，爲中軍岸之弟，曰思永，與姪曰景直事禮部侍郎。子曰構雲，以文顯名當時，唐刺史李景以雲表玄宗帝以蒲輪徵聘，辭祿不仕賜之粟帛使房嘉佐號爲彭徵君，避天保之難於袁州，雲之孫曰茲，誕三子，曰伉曰倜維岳，岳五代孫曰肝授金紫光祿大夫，立籍柳州，誕子曰軺，舉進士，任信州長史居廬陵，倜誕子輔，孫五曰瑾玨玕珹，瑋玨珹俱舉進士，瑾爲金紫光祿大夫檢校司空鎮南節度使，六代孫曰與曰從俱登鄉荐相後漢爲州史，官至二千石居漢口。歷此有繼序。與之後處都陽湖。瑋任檢校司空袁州史。玕任縣僮唐僖宗授吉州史贈金紫光祿大年，時應江南兵起黎民塗炭，乃率子弟數百人謁於江西節使南平，命公爲南左廂兵馬使，領兵鎮守廬陵東境，旋授領東指揮使有功，特奏任兵部尙書；吉州史兼刑部事。楚穆王加檢校司徒柳州史，握陞授金紫光祿大夫兼太保加封開國侯佐龍韜上將軍。及虔化初奏明宗天成三年，授金紫光祿大夫加陞同中書門下平章事兼督軍公檢校司空，長興二年壬辰加武平宣節度使。特授檢校太傅，奏章辭職歸隱。越年三月薨，享壽九十有八歲，娶夏侯氏封譙國夫人，繼室封原國夫人，誕十一子，居豐沙溪合浦宜春武暉昭攽回深琮珣耿澄者，一太傅一火保一司空一郎中七局使，女十三，

一適湖南楚王馬希範餘，俱酐顯。畋相楚王官至朝大夫靖江軍節度使。昭誕十五子，曰師庠遇簡旺服玸璉旦奭孟亮浩建範俊。俊字元傑爲虔州司法參軍，授雲南布政籍雲南。奭娶諸葛氏，誕子德頤，字子昂，娶盧氏，誕子曰吉壽嘉喜，壽娶李氏，官廣陵節度使，誕子曰方嗣方元，元徙居分宜之漳源，娶黃氏，誕四子，曰頤　頌顯，居部家嶺，顯子曰文煥，孫世球，皆登荐遷曲灘。紹祖之次子文尙遷防里。歷此有紀序曾孫器資爲唐尙書轉御史中丞戶部侍郎徙棉津。文揚之孫琮登鄉荐。文尙七代孫曰思永登天丁丑科進士任朝政大夫知江寧府軍事轉潮州刺史致仕贈隴西關國侯。譜系紀序爲佑彭族祖孫名實顯晦，以明昭穆，紀取堯商族史述於先，臚列邇代顯名填於後，俾待俟後續編備載刊譜以垂永世。　　　　　　　　宋天聖八年庚午歲桂月三十四孫思永敬撰

其三　彭氏得姓源流考　(錄自貴州彭氏家譜二轉載湖南衡山老譜)

彭氏得姓于籛鏗，起源于軒轅。軒轅娶西陵氏之女嫘祖，生昌意和玄器，居若水(今河北境內)。昌意娶蜀山氏之女昌仆，生顓頊(高陽氏)，居于帝丘(今河南濮陽東南)。顓頊娶胜潰氏之女卷章，生老童，老童生重黎和吳回，重黎爲帝嚳高辛居火正甚有功，能光融天下，帝嚳命曰祝融，號赤帝，人尊爲火神。共工氏作亂，帝嚳使重黎誅之而不盡，而以其弟吳回爲重黎，後復居火正祝融。吳回生陸終，陸終娶鬼方氏之妹女嬇，孕十一年，開左右肋而生六子，其三曰彭祖。虞翻云：名翦，彭姓，封于大彭，是爲彭氏得姓之始。彭祖氏殷之時爲侯伯，殷末世滅彭祖氏，「前漢書」地理志楚國彭城縣注云古彭祖國。「後漢書」郡國志亦云彭城。古大彭邑彭城在今江蘇徐州府。「廣輿記」云：州城北有彭祖墓，又城西北隅有彭祖井，蓋祖舊宅也。坊按鄭國語云：祝融之後八姓，彭姓祖豕書諸稽，然則彭固古姓，其封域適與姓合，非以國爲姓者，稱大彭當在殷。世國語云：大彭豕書爲殷伯，殷滅之，與史記正合。

祝融之後八姓，其己姓、彭姓、妘姓、曹姓、　姓，皆陸終之後，其他三姓，爲董姓、禿姓、斟姓，意其重黎之後歟！考諸史記，重黎吳回皆爲祝融，而吳回只生陸終，故知八姓爲二人之後，又陸終第二子參胡其後無傳。大戴禮帝系篇云：參胡者韓氏也。

大戴禮五帝德堯舉舜，彭祖而用之，合諸史記所紀載，彭祖之生當在虞夏之前，論語注老彭商賢大夫。

戴德篇亦云殷老彭，然則老彭之爲殷人審矣。老彭與彭祖自是兩人。大彭在殷時猶爲侯伯，蓋世德若斯之長也。老彭姓籛名鏗，在殷爲守藏史，在周爲柱下史，意老彭生當殷周之際，爲大彭之子，別氏爲籛非姓也。古者姓同氏異，後世姓氏不分，世本先亂之矣，老彭身爲兩朝史官，又其壽最長，故世稱老彭，世俗相傳八百歲之說，特因壽長傳會。論語疏引之不足信也。

史記老耼爲周柱下史，孔子嘗問禮焉，計其時當在周東遷百有餘年之後，然則老彭爲柱下史之在周初也，益信論語疏。又引王弼云：老是老聃，彭是彭祖，爲兩人，坊按彭祖之封在唐堯時，孔子刪書斷自唐虞，唐虞以前大都荒略無可述，孔子所竊比，自是殷時之老彭，當以大戴禮及包注爲定。

萬姓統譜云：彭氏有二，大彭之後爲彭氏，祝融之後八姓亦有彭氏，坊按大彭即融八姓之一姓，譜誤矣。國語云：彭姓大彭豕書諸稽，然則彭姓之別有三，皆祝融後，其後豕書又別自韋氏。江西舊譜云：豕書諸稽皆大彭，別封相繼爲殷氏，江西舊譜又云：豕書諸稽爲大彭，別封相繼爲殷侯伯。

左傳成公二年五霸注云：夏昆吾殷大彭豕書周。齊桓晉文朱子注孟子引丁氏說亦同，皆據鄭國語言也，詩長發篇書顧昆吾鄭箋云書，豕書彭姓。顧昆吾皆己姓，正義曰：鄭語彭姓豕書則滅之矣。又云豕書爲殷伯，蓋湯伐之不滅其國，故子孫得更興爲伯也。前漢書古今人物表，陸終列第二等，注云生子六人，三曰彭祖，世次在唐虞之前，老彭列第三等，在殷時又有大彭亦列第三等，在老彭略後。然則彭祖爲始封老彭，大彭皆其後，而大彭自爲侯伯，老彭又自爲史官，不得相混也明矣。前漢書彭宣淮陽陽夏人(陽夏今河南陳州府太康縣陳州。國初屬開封，後升爲府)。坊按淮陽在漢爲王國，漢高祖十一年立子友爲淮陽王，罷潁川郡，頗饒益，淮陽其後遷徙廢置不一，終前漢之世未嘗爲郡也。今吾彭氏望族稱淮陽可也，稱淮陽郡非矣。然祖宗以來相延已久，則只得從俗稱郡耳。

姓譜彭氏望族爲隴西。江西通譜云：楚文王有賢大夫彭仲爽，秦滅楚遷其大姓于隴西，彭之得姓其一也，彭之稱隴西郡蓋始于此。

其四

彭姓在當今中國姓氏中排名第卅九，台灣排名第卅五。彭姓出自黃帝，關于彭姓的起源，有兩種說法：

第一種：彭姓是黃帝的後代祝融的後裔，祝融的後裔有八種姓氏，彭姓就是其中的一種，其他還有象、董、禿、己、曹之類。

第二種：彭姓是祝融的弟弟吳回的後代。吳回的兒子陸終有六個兒子，其中第三個受封于彭，傳說他因爲獻了一碗野雞肉湯給上帝，上帝很高興，就賜他長生不老，後人尊稱他爲「彭祖」。彭祖建立了大彭國，後來被商高宗武丁所一滅，後人就以彭爲姓。

　　彭姓之發展，古時候，匈奴、南蠻、西羌等少數民族都有彭姓，後來有些人融入了漢族。彭氏最早在中國西部和西南部發展，主要在湖南湖北一帶，到晉朝，已經發展到山東、陝西、甘肅、江西、四川、福建等地，宋英宗時，彭姓首次進入廣東，並在清代遷入台灣。彭姓主要聚居地有：淮陽、隴西、宜春、昌邑、豫章、廣漢、崇安、陽夏、安定、瀛州、廬陵、浦口、漳州、泉州、梅州等地，而今則遍佈海內外及全中國各省。彭氏堂號有：淮陽、隴西、宜春(以上係郡號)

一。顓頊後裔，錢之後：姓纂載：顓頊曾孫祝融之弟吳回，生陸終，陸終有六子，第三子即籛，爲彭祖，對於大彭，(商朝時之舊址，在今江蘇銅山縣，縣西三十里有大彭山，相傳即封於此)，子孫以國爲氏。又彭亦爲姓，國語載：祝融之後八姓，己、董、彭、禿、妘、斟、曹、羋。

二。外族改姓：姓氏考略載：安定胡、永胡有彭氏，西羌，南蠻等族皆有彭氏。漢長平侯彭宣，定居淮陽，其族遂以淮陽爲郡號；另有後裔因避難，遷居隴西(在今甘肅省)，遂慄標隴西爲其郡號。一說：秦滅楚後，遷彭氏於隴西。

　　唐時，彭氏始稱盛於江西，玄宗時，彭構雲遷居袁州宜春(今江西宜春縣)，其後裔再輾轉分衍福建、廣東各地，故姓氏考略載：彭氏望出宜春。族人亦有取宜春爲郡號。五代唐同光二年西元九二四年，彭搆雲嗣玕公之子淡公旭湖府君，隨姻舅陳端蔣良傑征討黃巢之亂，來湖南長沙，可謂遷湘始祖(參見圈珠譜、曾宗譜、彭;氏源流通譜)；唐時彭構雲後裔彭玕，被封安定王，居江西廬陵吉水之山口，嗣裔彭嗣元再遷至分宜縣，宋神宗時，嗣元後裔彭延年因官潮州刺史，遂定居廣東揭陽，是爲彭氏廣東始祖，其後分支漳、泉，遂成大族。

數典不可以忘祖

　　中華民族黃帝子孫，是個源遠流長繁榮複雜的民族，重倫理，講血統，禮義之邦，不論賢能或不肖，無不重視自己姓氏血緣派系輩份，建祠祀祖、修譜、慎終追遠。中國人對姓氏源流，結拗固執，望族大姓固然，即使罕姓小民，顛沛流離播遷之中，亦無不帶著自己族譜家乘，代代記載相傳。歷史上[護譜]事件，歷歷皆是。明末清初，閩南鄭成功、與張世傑擁福王抵抗，誓死不降，清原想剿滅閩南鄭張兩族，以爲懲罰，鄭張兩姓得知，紛將族譜抄錄，交族人攜出逃離，後清廷接受洪承疇建議，採安撫政策，鄭張兩姓始免死於難。明末清初先後來台灣墾殖者，驚濤海浪，不畏生死，篳路藍縷，開基創業；日本統治台灣時代，極力企圖消滅中華漢族文化，個人生命受到威脅，一九四九年，大陸變色，文化大革命，古書寶典，幾乎銷燬殆盡，然今均各姓相繼修譜補遺，古有文物相繼獲得修護保存，此皆蓋慎終追遠，不忘血緣祖德，中華倫理道德之所致。

說【氏】

繹史在「皇王異說」的一章裡，對歷代君主的稱謂，綜集各家論，引述甚多，如：

春秋運斗樞：「伏羲、女媧、神農、是三皇也」。

白虎通：「禮曰：黃帝、顓頊、帝嚳、帝堯、帝舜、五帝也」。

說文：「古之造文者，三畫而其中，謂之王；三者天地人也，而參通王也。古之聖人，母感天而生子，故曰天子」。

管子：「明一者皇，察道者帝，通德者王，謀德兵勝者罘」。

春秋繁露：「備天地者稱皇帝，天祐而子之，號稱天子」。

獨斷：「皇、王、后、帝、皆君也；上古天子，庖犧氏神農氏稱皇，堯舜稱帝，夏殷周稱王」。

爾雅：「林、天、帝、皇、王、后、辟、公、侯、君也」。

「氏」之說，古孝經云：「古之所謂氏者，即國也」，又左傳曰：「胙之土而命之爲氏」，此爲氏字最早的解釋。夏代以前之君主，史籍所載均繫氏以稱之，並及世業、職官；按氏之稱謂，除世業職官如太史氏、職方氏、虎賁氏之外，實亦具有元首、王者之義。就單一之個體而言，氏之一辭爲君主、元首、天子、共主；就集團之群體而言，氏之一辭爲諸侯、食邑、封國(國家)、氏族、部落、職官。取上述兩者綜合而言，氏之一辭尚有主屬臣之分，共主之國稱氏，是爲「元氏」之國，其君稱氏是爲「元氏」；臣屬之國稱氏，是爲「群氏」之國，其君稱氏是爲「群氏」，有如夏代「元后」及「群后」之例；職官或某人之稱氏，是所以別其世業與姓氏。所謂三皇五帝，皆係後人崇敬聖人之尊號，並非當時人們對元首的稱呼，故自羲農迄至堯舜，經史所敘仍以氏繫之。

夏稱其君爲后，有元后與群后之分。商殷稱其君爲王，臣屬之國無稱王者，蓋已設公、侯、伯之爵三等爵之；惟其稱謂於君諱之上冠以王，如天沃丁、王太庚等。周稱其君仍沿商殷之舊稱王，於君諱之外另立君號，在君號之下繫王，如成王、威烈王等；周代之初大行封建之制，臣屬之邦不設王爵，在君王之下設爵五等，稱公、侯、伯、子、男；嗣至周室衰微，諸侯　，割據稱雄，遂致一者之僭稱泛濫。

古代天子，除君號稱氏、稱后、稱王之外，尚有君權易姓，改正朔建元之制，無非除舊佈新之意。周赧王姬延59年乙巳，秦兵入寇，王盡獻其他請降，周王朝滅亡；翌年丙午，爲秦昭襄王嬴稷之52年，可能自認其勳業超過古人，故一反三正之制(子、丑、寅)，在11月建子(周制)之前，以孟冬10月爲正月而建亥，以立冬爲歲首。三傳至秦王嬴政26年庚辰，於併吞六國統一天下之後，其驕狂更勝於乃祖，自認功蓋三皇，德過五帝，於是命丞相王綰，御史大夫馮叭，廷尉李斯，共議君號，合皇、帝二字爲國家元首之稱謂；因其首創，故所以又在皇帝之上，再冠以一個「始」字，稱「始皇帝」。自秦而下，各代君主均襲用之，迄至清王朝傾覆，皇帝之稱遂成絕響，永隨專制政體消失。亥正之制，起自秦昭襄王嬴稷之52年丙午，終於西漢武帝劉徹太初元年丁丑，其行使雖持續了152年，終其制未入三正之列，而不改稱「四正」，豈其含孕貶抑暴政之意歟！

姓與氏

古代姓與氏意義有別，三代以前，[姓]表示女系和血統，[氏]則表示男系和功勳，男子稱氏，女子稱姓。顧亭林說：古時男子的氏，可傳可變，女子的姓，則永遠不可變。王國維證實，並進而指出，春秋以後，男子才一律稱姓。

姓的起源較氏爲早，最古爲母系社會，一個姓，代表一個母族。[姓]字由[女]和[生]兩字合成，即言之，[女]人[生]孩子，其屬何族系，即給一個[姓]。

今日之觀[姓]，係血緣、脈絡、輩份、派系考證，認祖歸宗，選擇婚配識別之據。[國語：同姓不婚，懼不殖也]。[左傳：男女同姓，其生不蕃]。故同姓互婚有[不殖][不蕃]惡果。今日生物學家優生學，同姓五代以內不宜通婚，即其血緣基因相近，影響子孫聰明才智及成長，有其道理。

[氏]最初爲貴族專利，宋朝鄭樵說：[氏所以別貴賤，貴者有氏，賤者有名無氏]。周初平定天下，封其同姓於魯，晉，蔡，鄭，吳，魏等國，這些國名，便成爲受封各同族的[氏]，但仍與周共同姓。封國賜氏的結果，造成諸侯才有氏的尊榮，於是，氏便成爲貴族的特徵。

氏之[別貴賤]，歷經戰國以至秦漢，隨封建制度崩潰，秦漢以後，氏不再象徵特權，平民均名有氏，混而爲一。清錢大昕著云：戰國分爭，氏族之學久廢不講。秦滅六雄，廢封建，雖公族亦無議貴之律，匹夫編戶，知有氏不知有姓久矣。漢高帝起於布衣，太史公以上名字且無可考，況能知其族姓所出耶？故項伯，婁敬，賜姓劉；娥姁爲皇后，亦不言何姓，以氏爲姓，遂爲一代之制，而後世莫能改爲]。　　姓與氏起源於史前，各家主張不一，僅憑傳說加以推演，沒有定論。

姓氏起源

中國姓氏，古書記載不一。

有書云：黃帝定氏族，他二十五個兒子，十四個得了姓。

有書云：聖人興起，黃帝爲分辨或尊敬他們，吹起六律，定他們的姓。

有書云：氏定，而後繫之以姓。

睦其說法抽象，中華書局[辭海]對姓，氏與姓氏解釋，則弔述左傳隱八年一段話：[天子建德，因生以賜姓,胙之土而命之氏]。又引據杜預註解加以補充：[立有德以爲諸侯.因其所由生以賜姓，謂若舜由嬀汭，故陳爲嬀姓；報之以土，而命氏曰陳]。

基以上各說，天子指定有德之人做諸侯，並以其出生地賜他一個[姓]；又封一片土地給他，那片受封土地代表他之爵位，即成爲他的[氏]。例如舜，在嬀出生，就賜舜姓嬀，封給他土地在陳，陳即是舜的氏。鄭樵引實補充：居於姚墟者，賜以姚；居於嬴濱者，賜以嬴；居於姜水，姬水者，賜以姜；，姬。但梁啓超不以爲然，他認爲：姓是母系時代產物，氏則爲父系社會基礎構成之後才有的。所謂[因生賜姓]之說，恐爲後世臆測之詞。各家爭論不一，然史有記載，賜姓命氏事蹟有史可稽，大抵已成定論。惟無補姓氏起源紛爭。

姓氏種類

姓氏起源，各說紛紜，但春秋以後，則大致可考姓妣類別。據[左傳]記載：[天子胙之土而命之氏，諸侯以字爲氏，因以爲族；官有世功則有官族；邑亦如是]。梁啓超認定周代受氏的由來有下列四種：(一)天子以命,諸侯以國爲氏。(二)侯國的庶支，以父王的字爲氏。(三)世代有同一官銜者，以官爲氏。(四)受有邑者，以邑爲氏。

早在漢朝，應劭[風俗通]則把氏分爲九類：(一)氏於號。(二) 氏於謚。(三)氏於爵。(四)氏於國。(五)氏於官。(六)氏於子。(七)氏於字。(七)氏於君。(八)氏於事。(九)氏於職。

鄭樵[通志氏族略]，把得姓受氏細分爲三十二類。即：以國，以邑，以鄉，以亭，以地，以姓，以字，以名，以序，以族，以官，以爵，以凶德，以吉德，以技，以事，以謚，以爵與譜系，以國系，以族系，以名與氏，以國與爵，以邑與譜系，以官與名，以邑與謚，以謚與氏，以爵與謚等二十七類；又有代北，關西，諸方複姓及代北三字複姓，代北四字複姓等類。

根據中央研究院統計，姓的增加，經由上列二十七類之過程者，約佔總數百分之六十以上，後五類的複姓，則約佔百分之十五。茲舉例說明：

一 ．以姓爲氏：通志氏族略載：歸氏，周有胡子國，姓歸，春秋時爲楚所滅，後以姓爲氏；其他如姚、嬀、任、姬、是、子、聿、姒、允、酉、漆、風、伊、己等、

二 ．以名爲氏：五帝時代，有國的不稱國，只稱名，並以名爲氏，例如炎帝是國號，名是神農氏，神農氏也是炎帝的氏。

三 ．以字爲氏：姓纂載：游氏，春秋時鄭公小偃，字子，游子孫以王父字爲氏。通志氏族載如：方、張、董、潘、袁、石、施、孫、游、孔、牛、賀、顏、成、包等。

四 ．以族爲氏：氏族大全載：左氏春秋時齊之公族，有左右公子子孫以族爲氏。

五 ．以國爲氏：從唐虞到秦代，都是以國爲氏，春秋時代的諸侯，也是以國爲氏。後來這些氏都變成了姓。

六 ．以邑爲氏：邑是周代的封邑，封邑的人，就以邑爲氏。如楚國的封邑中(今河南省南陽縣北)，中邑就中氏，中氏後來變成了申姓。

七 ．以鄉爲氏：通志氏族略載：裴氏，夏伯益之後，非子支孫封裴氏村，非子六世孫去邑從衣爲裴氏，因以鄉爲

氏：陸、龐、郝、胡母、大陸等。

八　。以亭爲氏：通志氏族略載：麋氏，春秋楚大夫受封於南郡之麋亭。因以亭爲氏，其他如采、歐陽。

九　。以地爲氏：萬姓統譜載橋氏，黃帝葬橋山，後人守於陵側者因以爲氏。如傅、池、關、涂、丘、艾、蒙、西門、南郭、北唐、社南、社北等。

十　。以官爲氏：古代有司馬的官名，做司馬的人以司馬爲氏，司馬也變成了姓。

十一。以次爲氏：風俗通載：第五氏，漢高祖徙諸田氏之後，於京兆之房陵，以次第爲氏，山第一至第八氏，以別同居。如孟氏、仲氏、伯氏、叔氏、癸氏、祖氏、禰氏。

十二。以爵爲氏：古代有王爵，侯爵，凡受封王爵，侯爵的人，就以王，侯爲氏，王和侯也都是後代的姓。

十三。以謚爲氏：楚莊王的莊字是謚號，楚莊王後人以莊爲氏，召康公的康字也是謚號，後人就以康爲氏。康與莊又都成爲後代的姓。

十四。以事爲氏：漢武帝丞相車千秋，本姓田，皇帝念他年老，准許他天乘小車上朝，因此號爲車丞相，他就以車爲姓。

十五。以地爲氏：沒有資格受氏者，自己或別人就以他所居地爲氏。如居傅岩者以傅爲氏，守橋山黃帝陵者，以橋爲氏，後世成爲姓。

十六。以技爲氏：古代做巫賣卜的人，子孫就以巫，卜爲氏。現在還有巫姓和卜姓。

十七。以謚爲氏：周時貴族生有爵，死有謚，氏乃貴稱，故謚亦可以爲氏，通志族略載有：莊、嚴、襄、康、武、穆、桓、文、宣、閔、簡等。

十八。以吉德爲氏：通志氏族略載：春秋時晉趙衰之於人，如冬日和煦，其後以冬日爲氏

十九。以凶德爲氏：漢淮王英布少時，以罪被黥(面額刺字)，後遂爲黥氏；隋煬帝時，楊玄感被處梟刑(斬首示眾)，後遂爲梟氏。

二十。以爵系爲氏：王子氏，出自姬姓，周大夫王子狐，王子城父之後，以爵系爲氏。如王叔、王孫。

廿一。以國系爲氏：世本載，唐孫氏，唐堯氏之後，仕晉，自爲唐孫氏，以國系爲氏。

廿二。以族系爲氏：通志氏族略載，仲孫，叔孫，祖孫，撼孫等氏皆是。

廿三。以國爵爲氏：姓譜載：夏侯氏，魯悼公以夏禹之後佗夏侯，其後因以爲氏。

廿四。以官名爲氏：姓纂載：呂相氏，秦相呂不韋之後，因以爲氏。

廿五。以邑謚爲氏：潛夫論載：苦成氏，春秋時晉大夫郤犨，號苦成叔，苦爲別封之邑，遂以爲氏。

廿六。以謚氏爲氏：古今姓氏書辯證載：顏成氏，曹姓邾婁裔孫有名夷父者，字顏，遂以顏爲氏，之後，又有謚成者，子孫復以顏成爲氏。

廿七。以爵謚爲氏：通志氏族略載：成王氏，羋姓，楚成王之後，子孫以成王爲氏。

廿八。代北複姓：　代北雁門郡地(今山西原代州寧武北部，朔平南部，大同東北部)，自戰國至唐爲鮮卑種裔住地，其民多複姓，皆鮮卑種語文譯改者。

廿九。關西複姓：關西，指函谷關以西之地，其民多匈奴或突厥種族，姓氏亦皆二族語文譯改。

三十。皇帝賜姓：唐徐勣，因功賜姓李，明末鄭成功，志匡明室，隆武帝賜姓朱。

卅一。以樹爲姓：姓氏急就篇載：萬氏，係山橰字變化而成，橰，樹名，以樹爲氏。

卅二。代北三字姓：形成源由，同代北複姓。

卅三。以嫡庶爲氏：姓氏急就篇載：庶氏，周時衞公族以非正嫡，號庶氏。

卅四。以所業爲氏：姓氏尋源載：捕魚者爲漁民，伐薪者爲樵氏。

卅五。以居處爲氏：通志氏族略載：東門氏，春秋時魯莊公子之遂，居東門，號東門襄仲，後以爲氏。

卅六。以認字爲氏：小天樌館筆記：者氏，清咸，同間，淮軍總兵者貴，不知其姓，貴請主帥李鴻章賜姓，時李鴻章方閱公牘，令在紙上隨指一字字，貴依言指一者字，遂以爲氏。

卅七。以入籍爲氏：唐書宰相世系表載：安氏，黃帝孫安，居西方，號安息國，後入中國，以安爲氏。

卅八。以入贅得氏：贅婿之子女，有冠以父母雙方姓氏，孿生如張廖、張簡、范姜等複姓。

姓氏離合混化，極為複雜，又可分

一。同名異姓：如夏氏有二：夏后氏之後以國為氏，陳宣公子子夏之後以名為氏。于氏有三，周武王之子邘叔之後，或去邑為于氏，後後魏高紐于氏改于氏，淳于氏避唐諱改為于。

二。強改：歷代帝王為表彰忠臣勇士，或為安撫外邦酋長，或為示愛妃嬪近臣，多授以帝王之姓或他姓，如漢時匈奴族多姓劉，唐朝功臣，外邦酋長多賜姓李氏；宋朝多賜姓趙；明朝多賜朱。周穆王哀盛姬早卒，遂改其族為痛氏；漢武帝因匈奴休屠王以金人祭天，賜其子日磾為金氏。亦觸怒帝王，奪其原姓，授以凶德之姓，如齊武帝惡蕭子響叛逆，遂改蛸氏；後魏惡安樂元鑒為同姓，遂改兀氏；唐時，王子謀逐武后事敗，武后奪其李氏，改姓虺。

三。適應：他族系定居中土，逐漸漢化，為適應環境，多改漢姓，如賀魯，普周均改為周；賀葛改為葛；柯拔改為柯；賀拔改為何；比樓改為羅；莫蘆改為盧；獨孤改為劉；高護改為李；丘林改為林或改為丘；丘敦改為丘；侯莫陳改為陳；莫胡盧改為楊；溫石蘭改為石；破多羅改為潘；胡古口引改為侯；粘罕改粘(按粘氏始為宋時女真族完顏粘沒喝，完顏為姓，粘沒喝為名，漢語訛為粘罕，子孫以祖名為氏，其後漢化改為粘氏)。亦有漢姓改為他系姓，此與日據時期台灣少數人被迫改姓，情形頗相近似，皆因受制於異族使然。

四。避諱：司空氏避宋武公諱改為司功氏；籍氏避項羽諱改為席氏；莊氏避漢明帝諱改為嚴氏；師氏避晉景帝諱改為帥氏；姬氏避唐玄宗諱改為周氏；淳于氏避諱唐憲宗改為于氏；五代時閩人沈氏避王審知諱，去水為尤氏；匡氏避宋太祖諱改為康氏；恆氏避宋真宗諱改常氏。

五。避事：

　（一）避仇：如端木賜之後改為木氏或沐氏；伍氏之改為五氏；仇氏之後改為求氏；共氏之後改為洪氏；章弇之後改為章仇氏。

　（二）避難：張良本姬姓，因避秦始皇緝捕，改姓張氏；韓信之後避難粵中，改姓韋氏(一說分姓卓、韋二氏)。郜氏改為浩氏。

　（三）避嫌：漢謝服，於出征時嫌其姓不祥，改為射咸；漢是儀，本姓氏，孔融嘲之「氏子民無上」，遂改是姓。

　（四）避恥：唐李抱玉本姓安，恥與安祿山同姓，改姓李(按安祿山本姓康，冒姓安)；清理寒石本姓李，恥與李自成同姓，改姓理。

六。省略：

　（一）省文：如鄣之為章，邴之為丙；邵之為召；鄫之為曾；邾之為朱；郕之為成；橋去木為喬；譚去言為覃；姞去女為吉；幕去巾為莫。

　（二）省字：鍾離之為鍾；馬服之為馬；司寇之為寇；宗伯為宗；段于之為段；盧浦之為盧；閭丘之為閭。

七。音訛：陳氏為田氏；韓氏為何氏；莘氏為辛氏；黨氏為掌氏；歐氏為區氏；郯氏為談氏；恭氏為共氏；虢氏為郭氏；耿氏為簡氏。

　　餘例尚多無法一一列舉，依姓氏原先之體例，姓永遠不變，三代以前，一人一家之氏，常起變化；秦漢以降，姓氏混稱，兼以上述所舉情況，益形繁複，故今日所謂同宗，非必同族同系，即同姓之間，多混有異族為系，而究其木本水源，凡以中華民族自居者，即悉為綿延永盛之炎黃子孫。

姓氏的混化

　　我國姓氏繁雜，各種離合混化歸納可分：

一。強改：專制時帝王特權，歷代帝王為了表彰忠臣義士，成為示愛於妃嬪臣僕，又或為安撫外邦首領頭目，往往賜以皇室姓或其他的姓。如周穆王的盛姬早死。就改其族人姓痛；明洪武年間，以火你亦為編修，就賜他姓名叫霍莊；永曆間，又賜把都帖木兒為吳允誠，賜倫都兒為柴秉誠。也有因為觸犯朝廷，皇帝不悅，就直接把他改姓的，如齊武帝原與巴東王元鑒是姓，就惡毒元字去頭，改他的姓兀，又如唐武后篡位，王子圖謀驅逐她，

事敗，武后就改他姓虺來洩憤。

二。適應：該類改姓，大都是外族。定居中國，爲適應環境，將複姓改爲單姓。如賀魯，普周均改爲周，賀葛改爲葛，柯拔改爲何，叱羅改爲羅，獨孤改爲劉，丘林改爲丘或林，侯莫陳改爲陳，破羅多爲潘，胡古口改爲侯等。台灣山地同胞，除清朝乾隆皇帝賜七個姓，改掉他們原來姓外，光復後，台北嘉義台南三縣山胞，申請改爲漢音單姓，多達七十八姓(分見台灣各縣志稿)。

三。避諱：專制時代，臣民表示尊敬的一種方式。宋朝司空氏，因避武王諱司空而改爲司功，漢朝莊姓因避忌明帝諱而改姓嚴，晉代尚書師昺，爲避忌晉諱而改姓帥，唐朝弘姓及于姓，因避忌明皇及憲宗諱而分別改姓洪及于。

四。避事：所謂避事，爲避諱某一事件而改姓，其中又可分爲避仇，避難，避嘲笑，避羞辱等四種。因避仇而改姓者，如端木賜之後改爲木姓或沐姓；因避難改姓的，如唐朝隰州剌史浩聿本姓部，改姓浩；因避嘲笑而改的，如三國氏儀，孔融嘲笑他：[氏字爲民無上]，遂改姓是(按姓與氏兩字都是姓之一,漢書貨殖傳有臨菑人姓偉,註釋說，姓姓，名偉)；因避羞恥而不願與某人同姓而自動改姓的，如清初理寒石本姓李，恥與李自成同姓，自改姓理；又如唐之李抱王本姓安，恥與安祿山同姓而改姓李(按安祿山原姓康,冒姓安)。

五。省略：爲了書寫簡便或其他原因而省略的，如鄫，省爲曾；鄣省爲章；郲省爲來，邵省爲召；邾省爲朱；郕省爲成；橋省喬等。都是省去原姓的一邊。也有把複姓省略爲單姓的，如鍾離省爲鍾，馬服省爲馬，司寇省寇，宗伯省爲宗等。

六。音訛：由於原姓誤讀或誤寫而混化的，如陳之訛化爲田，韓之訛化爲何，莘之訛化爲辛，歐之訛化爲區，郯之訛化爲談，恭之訛化爲共，虢之訛化爲郭，耿之訛化爲簡等等。

我國姓氏之混化，上述六例，只能說是一種簡約舉證，事實上歷代姓氏混化層出不窮，尤以春秋三代以前，一人一家姓氏，常姓氏源流一變再變。左傳記載春秋時代，晉國范宣子祖先：[自虞而上爲陶唐氏，在夏爲御龍氏，在商爲豕韋氏，在周爲唐杜氏；晉主夏盟爲范氏]。又漢書元后傳載，王莽自稱與姚，虞，嬀，陳，田諸姓爲同宗。秦漢以後，姓與混稱，且因基於上述六種情形更改，簡直花樣百出，往往在一姓中，包括許多不同系族的姓在內。如陳姓，廣陵的陳包括了嬀與劉兩姓，萬年的陳也吸收了白和鮮卑族的侯莫陳；又如王姓，也包有姬，嬀，子三姓及高麗族，鮮卑族和女真族的後人在內。因此，現在所謂同宗，並不一定同族同系，即使在同姓之間，也有異族異系的混入。

姓的數目和稀姓

中國[姓]的數字，因地大人多，莫終一是，調查統計殊爲困難。茲舉出歷代代表性數字做爲參考：

一。春秋時代的姓，不過幾十個而已。據顧炎武指出，春秋時本於五帝的姓只廿十個(見顧著[日知錄])；後梁啓超又查出八個(見梁著[中國文化史]。如再加上五帝以外的姓，最多當也不會超過五十個。

二。漢朝的史游，則已列出一二七個，複姓三個，共一三〇個(見史著〔急就篇〕；按此書是寫給學童啓蒙用的課本)。

三。唐朝溫彥博編定的姓有一九三家，並分列爲九等。

四。元朝馬端臨的[文献通考]，收錄的姓已達三七三六個。

五。明代王圻的[續文獻通考]增列爲四六五七個。

六。美國譜系學會，調查統計中國人的姓，則高達九一八二個。

前代統計的姓，並不包括邊疆民族的全部，民國成立以後，邊疆民族的姓如都加入統計，數字必更龐大，概括而言，中國常見的姓，大致可會超過五千個，因爲有些姓，或更改，或混化，或不傳，已經成爲歷史名詞，不再有現例存在。例如邘姓，周武王封兒子於邘(在今河南省沁陽縣西北)，後人去邑，改姓于，現在已看不到邘姓了。又如郳姓，夷父顛有功於周，他的兒子名友，別封於郳(今山東省滕縣)，後爲楚所滅，友的後人以郳爲姓，但後來爲了避仇而改爲倪，或省筆寫做兒。因此現在只有倪姓及兒姓，再看不到郳姓了。

總之，我們並不懷疑我國有九千一百多個姓，但其中只能在歷史書中和他們碰面的，可能已不在少數。

罕見的稀姓，在現在的姓裡，佔了很大的比例，但知是由於遺傳或什麼原因，這些稀姓的人口，歷代都不多，不像張林陳李等大姓，歷代都高踞全國姓氏人口的前幾位。[台灣姓氏源流]記載，全省有七百四十多姓，而稀姓竟佔了百分之八十。

姓名使用原則

姓名包括姓與名兩部份。

姓，是祖先傳下來的，代表一個人的宗氏來源。「姓」謂生也，古者因生以賜姓，所以表明其所生，爲婚因之別也。姓是不種族號，氏是姓的分支。子孫繁衍爲若干支，每支有一個等殊的稱號作爲標誌，此之謂「氏」。三代以前姓與氏分開，漢魏以後，姓與氏合。戰國時代，姓氏即開始混淆不清。

姓的取得，民法規定：子女從父姓，非婚生子女，在生父認領前從母姓，經生父認領後從父姓；義子女，從收養者之姓，終止收養後，養子女回復其本姓；父母離婚後出生之子女，父死亡後，母再婚出生之遺腹子女，仍從父姓。至於贅夫婚的子女，原則上從母姓，另有約定者，從其約定。男女結婚後妻的姓，妻的姓氏不拘，可保留原有的姓，亦可冠以夫姓。

名，是代表一個人的符號，通常山父母或長輩命名。姓名條例規定，有下列情事之一者，得申請改名：

一。同時在一機關服務或同在一學校肄業，姓名完全相同者。

二。同時在一縣市內居住六個月以上，姓名完全相同者。

三。銓敍時發現姓名相同，經銓敍機關通知者。

四。與通緝有案之人犯姓名完全相同者。

五。命名文字粗俗不雅者。

國人以一個姓爲限，並以戶籍登記爲姓名爲本名。但本名之外，尙有「號」「筆名」「藝名」「法名」等，這些別名，都受民法保障。姓名權受侵害時，得請求法院除去其侵害，並得請求損害賠償。

政府規定，一人以一名爲原則，調查或向政府有所申請時，均須使用「本名」，學歷、資歷、執照、財產之取得、設定、變更、或其他登記、存儲存銀錢財物等其他證件，都要使用本名。不用本名者，無效。

容易唸錯的姓　　　「姓」的字音，有些要唸破音，諸如：

任	責任，任務。姓則唸「人」。	華	中華，華麗。姓則唸「化」。	單	單獨，孤單。姓則唸「善」。
區	區域，地區。姓則唸「歐」。	查	調查，查帳。姓則唸「渣」。	兒	兒童，兒女。姓則唸「尼」。
沈	沈重，沈沒。姓則唸「審」。	曾	曾經，未曾。姓則唸「增」。	解	解釋，解開。姓則唸「謝」。
樂	快樂，安樂。姓則唸「月」。	番	番王，番社。姓則唸「潘」。	祭	祭祀，祭品。姓則唸「債」。
仇	仇視，仇人。姓則唸「求」。	尉	尉官，上尉。姓則唸「預」。	角	號角，角力。複姓「角里」則唸「路」。
北	南北，北方。複姓「北宮」則唸「播」。	句	句號，文句。複姓「句龍」則唸「溝」。	萬	千万，一万。複姓「万俟」則唸「莫」。
員	人員，員額。姓氏則唸「任」				

堂 號 考

堂號與郡號

　　堂號，部份以郡號爲名，所謂郡號，除郡名之外，間亦攬有諸侯國名、府、州、縣名者。郡係秦漢時期行政區域之建置。漢行郡國察舉，魏用九品中正，晉制郡公郡伯，均以郡中豪門著姓，作選官用人標準，傳襲日久，族大勢盛。故以各該姓氏發祥郡名爲郡號；又某一姓氏如自發祥地遷至他郡，其後傳衍，寖成該郡之望族巨室，即謂此姓氏望出該郡。該發祥地與望出之郡，有合稱爲郡望者。但亦有將發祥地混稱望出者。北魏孝文帝時西元 471-499 年，以鮮卑族人入主中原，行漢化，令胡人皆改漢姓，獎勵漢胡通婚，留居北方之中原土族，撰譜錄，記所承以自貴，標郡號，明所出以別異族。北齊時西元 550-577 年，凡爲一方鄉黨眾人所仰望推許者，皆自標地望爲郡姓，於是「望以別族」，流風所及，隋唐之際，趨於鼎盛。而族人世居本郡，年久族眾，因故遷徙流離，每冠郡號於姓氏之上，蓋亦無非永誌世系，以示不忘本源之至意。準此，以郡號爲名之堂號可區分爲：以發祥地爲根據之總堂號，及以望出爲基準之分堂號，二者可統稱爲「郡望堂號」，亦即「郡號」。然亦有若干姓氏，同以一郡號爲其總堂號或分堂號，亦有若干姓氏有二個以上之分堂號。

　　此外各姓氏之支派間，亦有因先世之德望、功業、科第、文學、或取義吉利祥瑞，或取義訓勉後人向上，以別於其他支派，而自創立之堂號；故此等堂號，係同一郡望之下，同一支派近親間宗族之標誌，其涵蓋面自遠比包舉全族之郡號爲狹，此謂之「自立堂號」，亦即狹義之「堂號」。

　　綜合以上所說，堂號不全屬郡號，今日台灣地區所見「堂號」，絕大多數均係郡號。因此，有謂「堂號或郡號」，目前多數場合，實符實際，而所有之堂號，亦不外乎上述三類，茲以圖示如下：

堂號（廣義）	郡望堂號（郡號）	總堂號（發祥地郡號）
		分堂號（望出郡號）
	自立堂號（狹義堂號）	

　　註：由上圖示，堂號與郡號之區別關係，不難明白，而郡號下之「總堂號」與「分堂號」，往往難於區別，雖然，「發祥地」與「望出」二者截然不同，無待解釋，但由於姓氏書每單用「某某族」或「望出某某」，而未予以區分者，故就每一姓氏，詳考其發祥與望出之郡別，尚有待專門而深入研究。

彭氏隴西堂名考　　　　(摘錄福建、廣東彭氏族譜)
一

　　彭氏宗祠堂名，據各地實用的很多，較爲多見的有：隴西堂、信述堂、淮陽堂、報本堂、八百堂……等，而百家姓中的彭氏堂名則是隴西堂（李、董、關、時、邊、辛、閔、牛姓也是隴西堂）。彭氏堂名爲"隴西堂"是怎樣的由來呢？作爲彭氏族人本應有所瞭解，但現實是大多數人只知其然而不知其所以然，就有些家譜、史料則也各有其說。此次編修彭氏族譜，理應要弄個定論，而也很難作出充分有據的肯定。現據編譜過中所查閱的有關史料，有三種說法，分列並提出見解，請眾宗賢參考指正。一說春秋時楚文王有賢大夫彭仲爽，秦滅楚遷其大姓于隴西彭其一也，彭之稱隴西郡，蓋始於此。二說漢代宣公之孫業公，因避王莽之亂致仕遷居隴西，因而彭氏堂名爲隴西堂。三說彭祖錢鏗公，爵封武安君受命彭城，子孫很多，當商代權變滅昆吾之亂，諸昆季各相攜逃隱，改姓更名，有孫（按有據的世系表是孫，又有說是玄孫）韋氏者更名昆泉，曾避隱昆侖山隴西玄圃之天石盤，後仍以彭爲姓開創麒塵谷，爲彭族得姓受氏之祖。

　　對上述三種說法：

　　第一說：彭仲爽遷居隴西得名，我們原也認爲是實，但據新獲彭氏上祖系（立姓後一千多年）世系資料，直系中沒有仲爽之名，那既不是直之祖，安能說因他遷居隴西而得我們整個彭氏的堂名呢？似有不確切之處。

　　第二說：業公遷隴西，業公是宣公之孫，宣公有三子多孫，爲何以他一孫遷居隴西能代表全國彭氏定隴西爲名堂？其

次業公是宣公之後,身世也不比宣公顯赫,宣公是漢代大司空,封長平侯,居淮陽,那堂名何不定淮陽堂爲恰切嗎！看來此說也不合情理。

第三說:昆泉公曾避隱隴西而得名,我們認爲此說較有理。因爲昆泉公僅是彭祖後幾代,雖在彭祖時受封大彭,已以國受姓,但在商代權變滅昆吾之亂時,彭氏諸昆季相攜逃隱,改姓更名,而昆泉公也避隱隴西,但仍以彭爲姓,後開創麒麟穀,繼爲彭族確姓受氏之祖。這樣爲念其避隱隴西,故定彭氏堂名爲隴西堂。

二

彭姓的郡望有隴西、淮陽、宜春,三主要堂號。宗祠堂名,較爲多見的有:隴西堂、信述堂、淮陽堂、報本堂、八百堂……等,百家姓中的彭氏堂名則是隴西堂(李、董、關、時、邊、辛、閔、牛姓也是隴西堂)。彭氏堂名之所以爲隴西堂,史料有三種說法:一說春秋時楚文王有賢大夫彭仲爽,秦滅楚遷其大姓于隴西彭其一也,彭之稱隴西郡,蓋始于此。二說漢代宣公之孫業公,因避王莽之亂致仕遷居隴西,因而彭氏堂名爲隴西堂。三說彭祖籛鏗公,爵封武安君受命彭城,子孫很多,當商代權變變委昆吾之亂,諸昆季各相攜逃隱,改姓更名,有孫(按有據的世系表是孫,又有說是玄孫)書氏者更名昆泉,曾避隱昆崙山隴西玄圃之天石盌,後仍以彭爲姓,開創麒麟谷,爲彭族得姓受氏之祖。對上述三種說法:

第一說:春秋時,楚文王有賢大夫彭仲爽,秦滅楚遷居隴西,彭之稱隴西郡而得名。我們原也認爲是實,但據新彭氏上祖系(立姓後一千多年)世系資料,直系中沒有仲爽之名,那既不是直系之祖,安能說因他遷居隴西而得我整個彭氏的堂名呢？似有不確切之處。

第二說:漢代宣公之孫業公,因避王莽之亂致仕遷居隴西,因而彭氏堂名爲隴西堂。業公是宣公之孫,宣公有三子多孫,爲何以他一孫遷居隴西,能代表全國彭氏定隴西爲堂名？其次業公是宣公之後,身世也不比宣公顯赫,宣公是漢代大司空,封長平侯,居淮陽,那堂名何不定淮陽爲恰切嗎！看來此說也不合情理。

第三說:彭祖籛鏗爵封武安君,受命彭城,子孫眾多,當商代權變滅昆吾之亂,諸昆季各相攜逃隱,改姓更名,有孫(按有據的世系表是孫,又有說是玄孫)書氏者更名昆泉,曾避隱昆倉山隴西玄圃之天石　,後仍以彭爲姓,開創麒麟谷,爲彭族得姓氏之祖,定彭氏堂名爲隴西堂

彭氏堂名

彭氏宗祠堂名,據各地實用的很多,較爲多見的有:隴西堂、信述堂、淮陽堂、報本堂、八百堂……等,而百家姓中的彭氏堂名則是隴西堂(李、董、關、時、邊、辛、閔、牛姓也是隴西堂)。彭氏堂名爲"隴西堂",一說春秋時楚文王有賢大夫彭仲爽,秦滅楚遷其大姓于隴西彭其一也,彭之稱隴西郡,蓋始於此。二說漢代宣公之孫業公,因避王莽之亂致仕遷居隴西,因而彭氏堂名爲隴西堂。三說彭祖籛鏗公,爵封武安君受命彭城,子孫很多,當商代權變滅昆吾之亂,諸昆季各相攜逃隱,改姓更名,有孫(按有據的世系表是孫,又有說是玄孫)韋氏者更名昆泉,曾避隱昆侖山隴西玄圃之天石盤,後仍以彭爲姓開創麒塵谷,爲彭族得姓受氏之祖。

對上述三種說法:

第一說:彭仲爽遷居隴西得名,我們原也認爲是實,但據新獲彭氏上祖系(立姓後一千多年)世系資料,直系中沒有仲爽之名,那既不是直之祖,安能說因他遷居隴西而得我們整個彭氏的堂名呢？似有不確切之處。

第二說:業公遷隴西,業公是宣公之孫,宣公有三子多孫,爲何以他一孫遷居隴西能代表全國彭氏定隴西爲名堂？其次業公是宣公之後,身世也不比宣公顯赫,宣公是漢代大司空,封長平侯,居淮陽,那堂名何不定淮陽堂爲恰切嗎！看來此說也不合情理。

第三說:昆泉公曾避隱隴西而得名,我們認爲此說較有理。因爲昆泉公僅是彭祖後幾代,雖在彭祖時受封大彭,已以國受姓,但在商代權變滅昆吾之亂時,彭氏諸昆季相攜逃隱,改姓更名,而昆泉公也避隱隴西,但仍以彭爲姓,後開創麒麟穀,繼爲彭族確姓受氏之祖。這樣爲念其避隱隴西,故定彭氏堂名爲隴西堂。

一、隴西堂

彭氏郡望堂號首推"隴西",幾乎言彭必隴西。隴西縣原稱隴西郡,古名渭峇,位於中華民族母親河——黃河的支流渭水河畔。秦襄王28年(西元前279年)置隴西郡,以其地處隴山以西而得名。贏政36年(西元前221年)分天

下爲 36 郡，隴西郡是其中之一。宋統一後，實行路、府（州）、縣三級制，至哲宗元佑五年（西元 1090 年），改渭州爲隴西縣以迄於今。隴西既以爲郡名，複置爲州，又繼以作縣名，相沿竟達數千年之久，這在全國其他地區殊不多見，故隴西以其歷史悠久，人傑地靈而聲聞四達，受人關注，古今皆然。

隴西郡望堂號與彭氏先祖在秦滅楚後避難遷往甘肅隴西地區有關。相傳秦始皇統一六國後，一面興工修築長城以防戎狄，一面收遷內地大姓於隴西郡嚴管之下，以防“作亂”，以固其統。在收遷的大姓中，原居江蘇徐州一帶的彭姓亦在其中。由於彭姓頗具彭祖“吃苦性,創業性”之特有抗爭精神，雖身處逆境，仍奮勇拼博，所以很快在隴西地區發達起來，因之建立隴西堂號，以彪炳族風。隴西堂號也就成爲中國彭氏一個醒目顯赫的血統徽標。

隴西彭氏中最具代表性的人物，當數彭祖第六十九代孫彭越。他絕處逢生，臥薪嚐膽，數十年窺秦由強暴走向微落已顯亡國之態，於是起钜野之人數千，佐漢高祖劉邦成功，被封爲大樑王（梁州位今河南南部）。

二、淮陽堂

彭越之子彭宣（字子佩)爲漢朝大司空,封長平侯,於是彭姓又自西東遷今豫、皖一帶，繼建堂號“淮陽”（今安徽淮北海），其郡望堂號亦十分顯赫。此後,彭姓繼續向東南各省及至全國各地發展,逐步形成今日全國一百個大姓中,人口數量位居 39 位的彭姓巨族。

郡之建置始於秦漢，其後廢置不一，致同一郡號，其所轄之行政區域，屢因朝代遞嬗，而有更易，亦有同一朝代而出現同名之郡者。茲將郡號名稱沿革屬總堂號之姓氏屬望出之姓氏列區分列表如下：

郡　　號	沿　　　　　　革	堂號之姓氏	望出之姓氏
隴　　西	一。秦置隴西郡，今甘肅原蘭州鞏昌秦州諸府州地治狄道，在今甘肅臨洮東北，晉徙置襄武，在今甘肅隴西西南。 二。南朝宋置隴西郡，今陝西南鄭地。	牛、李、吃、羌、迲、禹、庖、室、□、時、鈞、累、彭、開、閔、陽、第、祭、菌、董、枼、準、氣、邊、幽、關、權、浩星、荔菲、第五、義渠。	艾、開、黃攝、獨吉、顏盞、女奚烈、烏石論。
淮　　陽	晉置淮陽郡，後周時改縣爲淮陽，隋時廢郡，唐時廢縣，故城在今江蘇淮陰縣西。 隋置陳州，改稱淮陽郡，故治即今河南淮陽縣。		江、彭。
宜　　春	隋置宜春郡，故治在今江西宜春，唐一度曰袁州，後復曰宜春郡。		彭
彭　　城	漢置彭城郡，治彭城縣，後爲彭城國，三國魏復爲郡，金改武安州，即今江蘇銅山縣治。	仁　玉　金　巢　鋅 劉　錢　還　轅 覽　籛　鱗　宗政	到曹袁僖尢甲斜卬唐括粘葛
九　　江	秦置九江郡，今安徽江蘇兩省長江以南及江西省境皆其地，治壽春即今安徽壽縣治。 東漢置九江郡，故城在今安徽定遠西北。 隋置九江郡，詳見尋陽郡。	世、旗、□。	
九　　真	本秦象郡地，爲南越所據，漢武帝滅南越，折置眞郡，今越南河內以南，順化以北清華又安等處皆其地。 隋改朝梁愛州爲九真郡，唐沒於變，亦在越南境。	儋	黎
上　　谷	一。秦置上谷郡，轄有今河北原保定，易州，宣化及順天，河間一部之地；治沮陽，在今察哈爾懷來南，後魏廢之。 二。後魏置上谷郡，故治在今河北廣靈西。隋改置易州，今河北易縣治。	邢、邢、谷、成、侯、寇、麻、榮、	黃、燕、眞、

郡　號	沿　　　　　革	堂號之姓氏	望出之姓氏
上　郡	秦置上郡，今陝西西北部及綏遠鄂爾多斯旗左翼之地，治膚施，故城在陝西西綏德東南，東漢廢。　隋改鄜城郡曰上郡，即今陝西鄜縣。	令、免、零、	
上　邽	一。漢改秦置邽縣爲上邽縣，在今甘肅天水西南。 二。南朝宋置上邽縣，今陝西南鄭之地。 三。南朝宋置上邽縣，在今四川境。	壞	穰
上　黨	秦置上黨郡今山西之東南部地，漢治長子在今山西長子西南，東漢末移治壺關城，故城在今長治東南晉治潞在今潞城東北，尋還治壺關，隋置上黨爲郡治即今長治，宋時郡廢。	包、尙、連、堯、樊、鮑、潞、繁、露、□、	馮
下　邳	東漢置下邳國，治下邳縣之下邳故郡，梁改武州，後魏仍爲郡，隋移治宿預，在今江蘇宿遷東南，唐廢。	余、宛、垣、國、郯、滑、闞、闕、穀梁、	皮、陳、葉、趙、錢、
千　乘	漢以秦齊縣地置千乘郡，有今山東歷城至益都之地，治千乘，故城在今山東高苑北廿五里。	承、倪、單于、	
大　梁	戰國魏之都城，今河南開封，黃河之南	弓、旰、毒、賓、□、儺、	
山　西	一。漢稱華山之西爲山西。 二。元以太行山之西置山西道，山西省之名始此。		苟
山　東	一。戰國時稱六國山東，以六國均在崤山涵谷關以東。 二。太行山以東亦稱山東，金改宋京東路爲山東路爲山東省名之始。 三。古又稱華山之東爲山東。	俎、根、	
山　陽	一。漢置山陽郡，故治在今山東金鄉縣西北四十里，晉廢。 二。晉置山陽郡，復置山陽縣爲郡治，隋廢郡留縣，即今江蘇淮安。	佼 保 度 虹 桃 郗 然 養 罋 蹇 舉 職	王 伊 岳 滿 郤
弋　陽	漢有弋陽國，兼置弋陽縣，三國魏改爲弋陽郡，治弋陽縣，故城在今河南潢川西南，隋移郡治於光山縣，即今河南光山縣治，唐以後廢。	玹	
五　溪	漢武陵郡有五溪，均爲蠻夷所居，古貴州之思州思南鎮，在今湖南與貴州接壤地帶。	鬼	
仇　池	一。晉楊定求割天水之西縣，武都之上祿爲仇池郡，故城在今甘肅成縣仇池山。 二。南齊置仇池郡，今陝南鄭地。	蛩	
太　原	一。秦置太原郡，今山西原太原，汾州二府及保德，平定，忻州等地皆所轄。漢爲太原國，嗣改爲太原郡，治晉陽，即今山西太原。 二。南朝宋置太原郡，故城在山東長清東北。 三。梁武帝僑置太原郡，故治在江西彭澤東。	王 中 弘 西 充 伏 祈 委 易 沃 孟 臾 姜 祝 素 宮 密 喜 尉 攽 旂 紹 能 溫 郝 鄔 鄏 晉 武 絳 蓼 裏 蚚 怴 閭 緱 韶 箕 郭 肖 師 霍 選 閻 嬴 鬱 令狐	弓 介 祁 耆 秦 孫 張 畢 祭 鄔
天　水	一。漢置天水郡，治平襄，今甘肅通渭西南地，東漢移治冀縣，在今甘肅伏羌之南。	尹 皮 汝 艾 那 狄 忻 姜 員 秋 真 畜	王 別 紀 梁 智 楊 閭 龍

郡　號	沿　　　　　　革	堂號之姓氏	望出之姓氏
	二。晉置天水郡，治上邽，在甘肅天水西南。 三。南朝宋置兩天水郡，一屬秦州，治陝西南鄭，一屬益州， 　　治四川省境。 四。後魏置天水郡，郡治在甘肅西河縣西南，北周後廢。	秦　杜　秘　莊　革　強 楊　琴　趙　慎　疆 續　雙　疆　閭　隴　嚴 權　上官　子車　樂正	
天　台	五代吳越改唐之唐興縣為天台縣，石晉時改為石興，宋復稱 天台，即今浙江天台。	庫　相	
天　竺	印度古稱，傳有東南西北中五部	烟　煙　迦　釋　薩	
中　山	春秋時虞國地，戰國時為中山國，漢初置中山郡，景帝改為 中山國，後魏置中山郡，即今河北定縣治。	仲　郎　焦　湯　淮　甄 藺　瞻　罣　夙　繇	王　邸　張　靖　齊　劉　藍
中　牟	漢以春秋鄭之圃置中牟縣，隋時稱內牟，又改名圃田，唐復 名中牟，故城在今河南中牟東，明徙今治。	佛	
內　黃	漢以戰國魏之黃邑置內黃縣，故城在今河南內黃西北，隋移 今治。	奄　路　駱　薊　鬸	潞
丹　陽		甘　多　抗　杭　強　苞　建　陶　聖 廣　寶　顓　頊	申　包　那　僅
巴　西	一。漢末劉璋置巴西郡，故治在今四川閬中西，隋又置即今 　　巴西郡。 二。東晉買巴西郡，即今四川綿縣治。	宜　譙	
巴　南	待查	盤	
巴　郡	秦置巴郡，今四川原保寧，順慶，夔州，重慶四府及瀘州皆 其轄地，治江州，即今四川江北；南齊徙今巴縣治，唐廢郡。	夕　朴　查　相　絡　督 夢　蓬	
方　城	漢置方城縣，北齊廢，隋移置固安縣於此，故城在今河北固 安南。	穿　封	
代　陽	漢置代縣，即代縣，故城在今河北蔚縣東。	弦	
代　國 (代郡)	古代國，戰國時趙滅之，置代郡，漢初為代國。尋為代郡， 有今山西東北部及河北蔚縣附近之地，治桑乾縣，在今河北 蔚縣東北，東漢移治高柳縣，在今山西陽高西北，晉移治代 縣，在今蔚縣東，東晉時廢之。	斤　辰　忝　豆　佲　春 屋　陌　　紙　旃	爾
平　安	漢置平安國，東漢廢，故城在今山東桓台縣東北四十里。	貂　司徒	
平　昌	一。三國魏置平昌郡，治安丘，在山東安丘西南。 二。南朝宋置平昌郡，治安徽滁縣。 三。北魏置平昌郡，故治在河北昌平西。	紅　宓　孟　琯　笵　管 軻　離　司寇	巨
平　原	一。漢買平原郡，今山東原武定，濟南之西部，北至長清諸 　　縣皆其地；晉改為國，故治在今山東平原南二十里。 二。後魏置平原郡，有今山東境內黃河西北荏平，堂邑，聊 　　城，館陶諸縣地，隋廢。 三。隋置德州，改稱平原郡，唐旋改旋復，宋為德州平原郡， 　　元廢，即今山東陵縣治。	乙　朸　孝　希　東　芮 所　柏　鬲　常　棟　　義 雍　禮　　東方	明　師　陸　華　管
平　陽	三國魏置平陽郡，後魏改唐州，又改晉州，隋初改平陽郡， 而州如故，隋煬帝改為臨汾郡，故城在山西臨汾西南，恭帝 時復曰平陽郡，唐復曰晉州，後再改稱平陽郡。	勾　句　丙　牟　巫　汪　步　邴　投 放　夾　來　郇　俠　柴　乘　凍　紀 被　郟　晉　敬　解　叢　鳳　盡　羲 歐　鶡　譽　斫　背	甌　投　膠　乘丘

郡　號	沿　　　　　　　革	堂號之姓氏	望出之姓氏
平　城	一。漢置平城縣，故城在山西大同東。 二。漢置侯國平城縣，故城在山東昌吧南。 三。隋置平城縣，故治在山西和須西。	斛斯	
平　陵	一。春秋有平陵邑漢東平陵縣，東晉以後，改爲平陵縣，北 　　周時廢，故城在山東歷城東。 二。漢置平陵縣，故城在陝西咸陽西北。 三。東晉置平陵縣，故地在浙江溧陽西北。 四。隋置平陵縣，故治在湖北均縣北。	云 苴 濮陽	
平　陰	春秋時爲平陰邑，漢置平陰縣，故城在今河南孟油津東。	鋭	
平　盧	唐置平盧節度使，治營州，今熱河朝陽縣治，轄有河北東部，熱河南部之地。	邰 郤 但　臺	檀
平　襄	漢置平襄縣，後魏廢，在今甘肅通渭西南。	行	
句　章	秦置句章縣，故城在今浙江慈谿西南三十五里城山渡東。	檢	
北　平	一。晉置北平郡，後魏廢，故治歷今河北玉田。 二。後魏置北平郡，故治在河北完縣東。 三。後魏置北平郡，隋初廢，尋復曰北平郡，唐初曰平州， 　　後仍曰北平郡，尋又改曰平州，在今河北盧龍東。	采 賤	田
北　地	秦置北地郡，領有甘肅原寧夏，慶陽，平涼，固原，涇州諸府地，治義渠，今甘肅寧縣西北，漢移治馬嶺，今甘肅環縣東南。	熙	傅
北　海	一。漢罝北海郡，約有今山東益都以東至掖縣一帶，治營陵， 　　在今山東昌樂東南五十里。東漢改北海國，治劇，在今 　　壽光東南。 二。隋改青州爲北海郡，唐仍爲青州，宋稱青州北海郡，金 　　改稱益都府，即今山東益都。	氏 是 格 瓶 奚 處 蹇 菑　綦 隱 鹽 同 提	王 唐 逢 漆
永　平	東晉置永平郡，治安沂，在今廣西藤縣南。	脩	
永　昌	東漢置永昌郡，故治在今雲南保山北五十里。	正 政	
永　嘉	一。晉置永嘉郡，隋改括州，尋復舊名，唐置溫州，又改永 　　嘉郡，尋復稱溫州，宋曰溫州永嘉郡，故治在今浙江永 　　嘉。 二。隋置永嘉郡，故城在浙江麗水東南。	大 士 太 士	
永　寧	一。南朝宋置永寧郡，故治在湖北荊日之西北。 二。南朝梁置永寧郡，故治在廣東陽江境。 三。南齊置永寧郡，在今四川成都縣地。		苑
永　樂	一。後魏以漢北平縣地置永樂縣，故城在今河北滿城西北魚 　　條山下 二。後魏置永樂縣，故治在河北徐水縣西。 三。後魏置永樂縣，故治在山西祁縣東。 四。北周置永樂縣，故城在山西永濟縣東南。	紇	
永　興	三國吳以漢之餘暨縣改置永興縣，隋併入會稽縣，故城今浙江蕭山縣西。	崇	
玉　田	漢右北平郡無終縣地，隋末改稱漁陽縣，唐爲玉田縣，宋改	陽	

郡　號	沿　　　　　革	堂號之姓氏	望出之姓氏
	置經州，金復曰玉田縣，即今河北玉田縣治。		
安　菟	漢置玄菟郡，即原朝鮮咸鏡道及遼寧東部，吉林南部，治沃沮城，後移治高句驪縣，在今遼寧新賓北，東漢又移治瀋陽縣附近，晉又徙治咸鏡道境內，尋廢。	北　妞	
外　黃	漢置外黃縣，後魏廢，隋復置，唐廢，故城在今河南杞縣東六十里。	集	
石　城	一。後魏置，故治在今河南靈寶縣東南八十里。二。北周置，隋廢，即今湖北鍾祥縣治。	帥	
白　水	後魏置白水郡及縣，隋廢，故治在今陝西蒲城西北。	異　儉	
弘　農	一。漢置弘農部，今河南洛陽，嵩，內鄉，嵩，內鄉等縣以西至陝西商縣以東皆其地，治弘農，在今河南靈寶縣四十里，後魏改爲恒農，移陝縣治，隋廢而復置，唐廢。二。南朝宋置弘農郡，故治在湖北襄陽北。三。南齊置弘農部，在今四川。	刁　牧　枉　忽　晃　郰　移　楊　號　譚　有　扈	呑　馮　劉　蘄
任　城	北齊改晉魯郡爲任城，隋廢，故治爲山東曲阜。	棧	沐　魏
百　濟	古國名，即今朝鮮半島地。	福	
后　江	待查		
西　平	一。東漢末置西平郡，治西都，今甘肅西寧縣治。二。晉置西平郡，在雲南霑益境。	池　旁　　服　猶　榆　麋	源
西　河	一。漢置西河郡。在今山西西北部及綏遠南隅之地，治富昌，今綏遠鄂爾多斯左翼前旗；東漢移治離石，今山西離石，後廢。晉置西河國，後魏復爲郡，金廢。二。三國魏置西河郡，三國魏置西河郡，在山西汾陽治。三。以上所載與姓源流，所謂西河郡似有不同，明永樂十七年修林氏大宗譜載「西河郡，古冀州地，居兩河之間，兩河者東河與西河」。	卜　守　林　卓　相　辱　宰　通　貫　湳　馳　蘄　愛　隖　銀　遴　獵　蘄　孌	毛　宋　折　析　苟　谿
江　夏	漢置江夏郡，今湖北雲夢縣東南。	布　郴　幅　散　衙　黃　費　喻　魁	
江　陵	漢以秋楚郢都置江陵縣，唐置江陵郡，即今湖北江陵縣治。	戎　酒　郢　陞　竟　無　粟　貳　楚　熊　幕　霜	汝　莫
江　都	一。隋改廣陵郡爲江都郡。二。南朝梁置江都郡，在安徽和縣東北。	茶　澹	來
汝　南	一。漢置汝南郡，在河南原汝寧，陳州二府及安徽原潁州府等境皆其地，治平輿，在今河南汝南縣東南十六里，晉移治縣孤城，即今汝南縣治，隋唐各朝廢置不常，金廢。二。東晉僑置汝南郡，在湖北武昌西南。三。後魏置汝南郡，在河南汝南縣地。	丹　危　羽　仰　言　沙　彤　肜　　周　和　昌　眘　昆　宣　袠　　咸　袁　殷　軒　盇　悔　朝　盛　商　痛　菊　齊　蓋　廖　適　謁　輿　衡　應　鞠　麋　藍	艾　南　烏　陳　許　瑕　滿
汝　寧	漢汝南郡地，元置汝寧府，在今河南汝南縣地。	巳　斥　哈　茆　籤	
汝　陽	東晉置汝陽郡及縣，後齊廢郡，縣址在今河南商水西北。	堂　谿　顥　孫	
汝　陰	一。三國魏置汝陰郡，後廢，晉復置，宋改順昌軍，又改順	道	

郡　號	沿　　　　　　革	堂號之姓氏	望出之姓氏
	昌府，即今安徽阜陽縣治。 二。南朝梁改東晉南汝陰郡爲汝陰郡，在安徽合肥。 三。北齊置汝陰郡，在河南臨汝。 四。南朝宋置汝陰郡，在安徽境。 五。南朝宋置汝陰郡，在湖北境。		
合　浦	漢置合浦郡，治徐聞，爲今廣東海康縣治，東漢徙治合浦，即今合浦縣治，梁、陳治徐聞，隋復移合浦，元廢。	詩	
安　平	或云後魏置安平郡，後廢，在今山西沁水東北六十里。	台　臺	牽
安　西	唐平高昌，置安西都護府於交河城，在今新疆吐魯番二十里。	鉥	
安　邑	安邑爲夏禹之都，戰國時爲魏都，漢置安邑縣，在今山西夏縣與安邑地。	冥　萌　繪　斟　灌	
安　定	一。漢置安定郡，今甘肅原平涼，固原，涇州之地，治高平，即今甘肅固原，東漢移治臨涇，在今甘肅鎮原南五十里，東晉移治安定縣，在今涇川縣北，唐改置涇州，宋稱涇州安定郡，尋廢。 二。南朝宋置安定郡，今陝西南鄭地。 三。南齊置安定郡，在今湖北南漳西北。 四。後魏置安定郡，在今安徽境。	伍　許　杷　胡　席　梁 浩　條　唯　程　蒙	張　黃　路　鄧
安　陸	南朝宋置安陸郡，即今湖北安陸。		滑
安　陵	漢置安陵郡，故城在今陝西咸陽東。	縮	
宏　陽	後魏置安陽郡及縣，隋廢，故治在今河南泌陽西。	栖　源	
曲　沃	一。春秋晉地，漢置絳縣，後魏改置曲沃縣，在今山西聞喜東。 二。戰國魏地，即今河南陝縣西南之曲沃鎮。	鄧	
曲　成	漢置侯國曲成縣，晉以後改曲城，故城在今山東掖縣東北，後魏分東界曰東曲城縣，因謂此爲西曲城縣，北齊並廢。	蟲	
曲　阜	古少昊之墟，周初曰曲阜，漢置魯國，爲魯國治，隋改縣汶陽，尋又名曲阜，在今山東曲阜縣治東。	少　昊　呆　嚚	
有　陽	待查	尉	
成　陽	一。漢置成陽縣，北齊廢，隋復置，更名雷澤，故城在今山東濮縣東南。 二。漢置侯國成陽縣，在河南信陽之東北。	營	
成　都	唐置成都府，元爲路，明清仍爲府，屬四川，治成都，華陽二縣，轄成都等十三縣及簡州等三州。	郫	
吳　郡	東漢分會稽郡地置吳郡，約有今江蘇長江以南及江北之南通海門啓東諸縣地，治吳，即今吳縣，隋以後改爲蘇州。	秀　帛　淳　專　莞　筜 軡　駻　　徵　賞　黃 公正　龍丘	朱　孫　陸　張
吳　興	三國吳置吳興郡，今浙江吳興縣治	水　尤　木　　沈　明 俞　施　姚　紐　鈕　都 鉏　募　幕　聞　漏　嫣 慕　暮	丘　余　邱　專　錢　夫　餘
扶　風	一。三國魏置扶風郡，治內史右之地，在今陝西咸陽東，東	井　戎　法　祁　秉　馬	丘　宋　邱　芮　耿　蟜　蘇

郡　號	沿　　　　　　革	堂號之姓氏	望出之姓氏
	漢治槐里，在今陝西興平東南，晉移池陽，在今陝西涇縣西北，後魏治好畤，在今陝西乾縣，隋改西魏岐州曰扶風郡，在今陝西鳳翔南，唐又改岐州，後爲扶風郡。 二。南朝宋置扶風郡，在今湖北穀城東。 三。南齊置扶風郡，在四川境。 四。後魏置扶風郡，在安徽境。	侵　班　莽　惠　萬　祿 綠　僑　輔　魯　縣　寶	
杜　陵	一。古杜白之國，漢置爲杜陵縣，故城在今陝西長安東南。 二。南朝宋置杜陵縣，隋廢，唐復曰杜陵縣，在廣東陽江西。		馮
汶　陽	一。漢置汶陽縣，在山東寧陽東北。 二。隋置汶陽縣，後改曰博城，在山東泰安東南。 三。隋置汶陽縣，在山東曲阜，詳見曲阜。	履	
延　陵	一。春秋吳有延陵邑，季札受封處，在今江蘇武進地。 二。晉置延陵縣，在今江蘇丹陽南三十五里，隋移治丹徒，唐復還故治。 三。西魏置延陵縣，故城在陝西綏德東南。	吳　龔	
延　安	隋置延安郡，治今陝西膚施。	郅　蛭	
汲　郡	一。晉置汲郡，尋廢，治汲在今河南汲縣西南廿五里，隋復置即今汲縣治，後改爲衛州。 二。隋置汲郡，在今河南濬縣西南。	不　冶　育　重　背　昨　拳　兼　飛 彪　婤　棘　鴻　勸　變　　　公　王　溫　張 叔　公明　五鹿　仲叔	
汾　陽	一。漢置汾陽縣，在山西陽曲西北。 二。晉置汾陽縣，在山西榮河北。 三。後魏置汾陽縣，在山西河津縣地。 四。或泛稱汾水之地。		靳
宋　城	待查		黎
京　兆	一。漢爲京兆尹，三國魏改尹爲守，後爲秦國，又爲京兆國，晉置京兆郡，有今陝西長安以東至華縣之地，後周復爲京兆尹，隋初置京兆郡，唐初復曰雍州，後亦曰京兆郡，嗣改京兆府，故治在今長安西北。 二。晉置京兆郡，即今湖北襄陽東北。 三。南齊置京兆郡，當陝西南鄭之地。	太　戶　史　牙　全　米　羊　式　車 宋　杜　扶　別　冷　尙　於　府　制 段　幽　計　皇　韋　候　泰　浦　晁 訓　倫　脂　家　郜　倩　造　商　康 扈　船　患　授　厥　舒　雍　絮　簡 薔　萬　楳　壽　楉　鄂　黎　摯　質 緯　濁　歸　曠　譙　繞　識　纏　酆 皇甫　息夫　華陽　提彌　鈎 弋　達　奚　路中　壺丘　壤　駟	王　金　郝　馮　滑　龐　將 周
始　平	一。晉置鉛平郡，後魏廢，故治在陝西興平東南十里。 二。晉置始平郡，故治在今湖北均縣北，後周改豐州。 三。南朝宋置始平郡，即今陝西南鄭地。 四。南齊置始平郡，西魏改涪城，北周改安城故治在四川三台西北 五。後魏置始平郡，在今陝西境。	紆　馮　龐	
始　興	三國吳置始興郡，南朝宋改廣興，齊復舊名，隋廢，唐重置，旋廢，故治在今廣東曲江。	五　麥　陰	
定　襄	一。漢置定襄郡，今山西右玉以北至綏遠道，及蒙古喀爾右	執　失	

郡　號	沿　　　　　革	堂號之姓氏	望出之姓氏
	翼四子部之地，治成樂，即今綏遠林格爾縣，東漢移治善無，在右玉縣南，靈帝末廢。 二。隋置定襄郡，唐廢，故治在今山西魯西北。 三。本忻州地，唐置定襄郡，尋復爲忻州，宋曰忻州定襄郡，金廢，故治在今山西忻縣。		
房　陵	待查		黃
松　陽	東漢置松陽縣，故城在今浙江松陽縣西二十里，唐徙今治。	勞豐	賴瞿
河　中	唐置河中府，地當汾河，黃河之中，因名，明改蒲州府，故治即今山西冰濟縣參見河東。	芸	
河　內	漢置河內郡，今河南黃河以北皆其地，治懷縣，在今武陟西南，晉徙治野王，即沁陽縣治，宋以後廢。	山平共長南荀荀茹新 慶撤穆藥南門 南宮淳 于	常 畢 尋 練 隨 橄
河　西	一。唐置河西縣，在今雲南白。 二。唐置河西縣，在今四川原敘州府境。 三。元置河西縣，在雲南昆陽縣河西鄉。 四。一說後置河西郡，北周廢，今山西臨汾地。 五。又說河西乃泛指黃河以西地今陝甘兩省綏遠鄂爾都斯寧夏額濟納阿拉善等旗屬之。	允 本 好 折　　邸 姍 貴 乾 理 啜 滇 愛 睦 頌 臨 監 謙 谷 渾 述律 相里 烏孫 蒲察	斟尋
河　東	一。秦置河東郡，有山西西南隅之隰，汾西，沁源諸縣以南，安澤，沁水以西之地。治安邑，在今山西夏縣以北。晉移治蒲坡，在今山西永濟東南。隋廢而復置，移今永濟縣治，唐改河中府。 二。東晉河東郡，在湖北松滋西。 三。唐置河東道，今山西之地，治河中。	士 弋 伯 呂 匠 帙 固　　胤 柳 奐 茀　　故 苻 宮 展 狸 帶 赦 郟　　姻 㕠 善 聚 智 舜 堵 雄 堪 廉 裴　　蛾 滿 蒲 實 慕 駒 衛 廚 豫 薛　　蔦 鞮 聶 儲 餽 曋 攜 蟻 鄮 藝　　獻 羊舌 匠 麗　　屠岸 號射	王 赤 宗 俞　　耿 盈 義 貍 裴 霍 嬴 續
河　南	一。漢改秦三川郡爲河南郡，約在今河南北部黃河西岸地，治洛陽，故城在今洛陽縣東北四十里，隋唐時移治河南縣，並移洛陽於郭下，同爲郡治，即今洛陽，唐稱河南府。 二。東晉置河南郡，在湖北襄陽北。 三。南朝宋置河南郡，在河南新野東北，兼置河南縣爲郡治。 四。唐置河南道，在河南，山東黃河以南，江蘇安徽淮水以北地	于 山 凡 夫 方 介 友 元 丘 仍 弇 互 亥 宇 老　衣 向 宇 妱 奇 門 泥 阿 利 表 㐀 折 住 忌 夾　兌 邱 念 役 兒 巷 奎 俟 食 柱 寇 姥 娍 种 骨 校 狼 攸 務 苟 耆 茂 涉 亳 掔 犀 逗 副 液 陸　疏 俔 脫 尋 偉 統 普 雲 渾 烏 毚 堵 宣 詭 暢 郎 稚 嵩 維 僕 褚 綦 對 辇 曐 戰 編 樹 器 憲 蕃 穆 騑 嬰 谿 輿 熏 蘆 靈 顯 司馬 有 娥 仲 長 赤 松 叔 服 長 桑 陵 陽 聞人	乙 卜 王 朱 伊 羽 宋 延 辰 車 征 周 屈 明　苟 高 梁 祝 茹 庫 陳 宿 厚 理 稽 萬 路 甄　賀 綿 潘 劉 郜 鮑 閻　器 賴 蕭 蹶 寶 辰 州　長 勻 屈 突 辟 歷 辰

郡　號	沿　　　　　　革	堂號之姓氏	望出之姓氏
河　朔	泛指黃河以上之地	逮	
河　間	一。漢有河間國，治樂城，即今河北獻縣治，後魏初置河間郡，故治在今河北河間西南卅五里，隋並置河間縣，爲郡治。 二。南朝宋置河間郡，在今山東境。	玄 邢 俞 畢 章 凌 淩 清 稅 欽 詹 糗	尹 王 沐 馮 劉 鄭 濡
沛　國 (沛郡)	漢置沛郡，治於相，東漢爲沛國。故治在今安徽宿縣西北，東晉移治蕭，在今江蘇蕭縣西北，北齊廢。	朱　　　　虜 舞 審	周 武 張 赧 薛 華 劉
東　平	一。漢在東平國，治無鹽，在今山東東平東二十里，晉治須昌，在今東平西北十五里，南朝宋爲東平郡，還治無鹽，北齊廢，唐移鄆州來治，改曰東平郡。 二。北齊改泰山郡爲東平郡，治博，在今山東泰安東南，隋廢。 三。後魏置東平郡，故治在今山東范縣東南。 四。隋置東平郡，在今東鄆城縣東。 五。遼置東平郡，在今遼寧遼陽。	沐 花 原 娥 宿 郳 戢 魴 太 叔	王 呂 邘 康 畢 莨 劉 姞 布
東　吳	古吳地之稱，今江蘇吳縣，舊亦別稱東吳。	學	
東　海	一。漢置東海郡山東原兗州府東南，至今江蘇邳縣以東至海及山東滋陽以東至海一帶皆是，治郯在今山東郯城西南三十里處，南朝宋僑置青冀二州於此，齊，梁置南北青州東魏改爲海州隨又改東海郡唐復曰海州，天寶初亦亦曰東海郡，後復稱海州。 二。晉置東海郡，在今江蘇常熟北。 三。隋置東海郡，即今江蘇東海縣治。	后 竺 郚 茅 後 恒 徐 浮 留　　戚 萊 復 減 闓　　臧 譚 溴 髮 蘖 冀 瀛 青陽 惠 叔	于 王 何 昌 㫄 莊 陳 鮑 鵠 關
東　莞	一。三國魏置東莞郡，在山東沂水縣西北，郡尋廢。 二。晉改漢城陽郡爲東莞郡，治於莒城，今山東莒縣。 三。梁置東莞郡，在江蘇寶應西南，隨廢郡。	竹 松 從 貿 遇 俠 藥 凡 闔 投 壺	沙 徐 孫 藍
東　越	漢有東越國，約有今浙江東部，南部及福建東南部之地。	徭 甌	
東　陽	一。三國吳置東陽郡，即今浙江金華。 二。南齊置東陽郡，今名東陽鎮，在四川巴縣。	官 苗 瞀 端 樓	哀 宦 斯 路
東　道	待查	佗	
東　魯	待查，或云周有魯國，其疆域最大時，自今山東滋陽東南迄於江蘇沛縣，安徽泗縣一帶，後人以濟南，泰安，兗州諸府爲東魯地。	孔 有 忤 坑 逑 厚 兗 便 洙 若 陘 猗 庶 曾　紫閔 禽 微 運 緒 稷 寫 賣 聲 濮 嬬 立 顏 驛 子 家 公 儀 端木 漆 鵰 樂正	
東　郡	秦取魏地置東郡，清直隸大名府及山東東昌府，畏清縣以西皆是。	兗 稷	成 宣
東　國		公良	
東　萊	漢置東萊郡，有山東原登，萊二府地，治掖，即今山東掖縣治，東漢徙治黃。在今山東黃縣東南，三國魏還治掖，南朝宋治曲成，在今掖縣東北六十里。	大 呂 治 掖 蹤	王
武　功	一。漢置武功縣，故城在今陝西郿縣四十里。	妿 蘇	台

郡　號	沿　　　　　革	堂號之姓氏	望出之姓氏
	二。後魏於美陽縣置武功郡，北周廢郡，改美陽置武功縣，金改武亭，元復曰武功，清屬陝西乾州。		
武　昌	一。三國吳置武昌郡，隋廢，故治在今湖北鄂城縣治。 二。後魏置武昌郡，齊周時廢，故治在今山西孝義西。	鄂	史
武　威	漢置武威郡，今甘肅原涼州府地，治姑威，即今武威，唐時郡廢。	石 安 索 牒 賈	段 張 廖 論
武　都	一。漢置武都郡，統今甘肅之武都，文，成，微及陝西寧強等縣地，治武都，故城在今甘肅成縣西八十里，東漢徙下辨，在今成縣西三十里。 二。後魏置武都郡，治石門，故治在今甘肅武都西北。 三。南朝末僑置武都郡領武都縣齊時裁去後復置南武都縣後又廢故治在四川綿竹西北。 四。南朝宋置武都郡，今陝西南鄭地。 五。後魏置武都郡，隋廢，故治在今陝西寶雞東五十里。	興	
武　陵	一。漢置武陵郡，治義陵，在今湖南漵浦南三里，東漢移治臨沅，今湖南常德西，隋初廢，尋仍曰武陵郡，後又名朗州，宋曰朗州武陵，邵東魏改名武陵郡，隋初廢，故城在今江蘇贛榆南。	冉 州 拓 郟 華 蒼 龍 澧 顧 龔	卜 伍 倉 略
武　陽	一。魏州地，隋置武陽郡，唐復為魏州，故治在河北大名東。 二。又東漢有武陽侯國，南朝宋改武陽縣，故城在今山東黃縣西北七十里。	勞 會 賢	
武　漢	或指今湖北之武昌，漢口，漢陽而言，即所謂武漢三鎮。	蹉	
武　成	一。東漢置武成縣，故治在今山西平魯西北。 二。北齊改漢信成縣曰武成縣，在今河北清河縣西北。		孟
武　邑	漢置武邑縣，晉於此置武邑郡，後魏移治武強，高齊時裁去，清屬直隸冀州。		蘇
金　山	一。北京置金山郡，魏裁之，北周又置金山縣，尋廢，故治在今甘肅山丹縣西南。 二。隋置金山郡，尋改曰嶲州，即今四川嶲陽。	契 芯　高車	
金　城	一。漢置金城郡，今甘肅原蘭，西寧二府地，治允吾，在今甘肅阜蘭縣西北黃河北岸。隋改置蘭州，尋復故，唐復曰蘭州，改金城郡，宋曰蘭州金城郡。 二。南朝宋置金城郡，並置縣，南齊因之，今陝西南鄭地。 三。後魏置金城郡，隋廢，故治在今陝西漢陰西。	乞	王 趙 邊
金　源	一。古九州有青州，漢亦置青州，東漢置臨淄，即今山東臨淄。 二。趙置青州，治廣固，在今山東益都西北八里。 三。前燕置青州，治樂陵，在今山東樂陵西南三十里，後還治廣固，前秦因之。 四。後燕置清州，治歷城，今山東歷城縣治，後僑新城，在今熱河凌源境。 五。南燕置青州，治東萊，今山東掖縣治。	尤 虎　溫 嗣 罕	

郡　號	沿　　　　　　　革	堂號之姓氏	望出之姓氏
	六。南齊置青州，治朐山，今江蘇東海縣治，尋廢。		
青　州			漆
昌　平	一。秦置昌平縣，故城在今河北昌平東南。 二。晉置昌平縣，當在廣西原南寧府境。	毌	孟
昌　黎	一。三國魏置昌黎郡，兼治昌黎縣，即今熱河凌源縣治。 二。後魏置昌黎郡，北齊因之，故治在徐水縣西二十五里， 　　隋移今易縣治，改爲上谷郡。	悅　屈突	
長　安	一。漢置長安縣，故城在今陝西長安西北十三里，隋遷龍骨 　　川，即今治。 二。南齊置長安縣，當在四川君山縣地。 三。後魏置長安縣，當在河南境。 四。遼置長安縣，金史作長興，元裁去，在內蒙喀喇沁右翼， 　　即熱河平泉縣地。	炭	粟　号　報
長　沙	炭	由　模　橘	王　劉　羅
長　葛	待查	哈	
長　樂	一。晉置長樂國，後魏爲郡，隋改信都郡，即今熱河冀縣。 二。唐改福州置長樂郡，尋復爲福州，五代時王閩升爲長樂 　　府，宋曰福州長樂郡，又升爲福安府，即今福建閩侯。	蓬	馮
邰　陽	待查，邰爲古國，在今陝西武功西南。	支　鳳　軒轅	
宛　丘	漢於古陳國地置陳縣，北齊移項縣於此，隋改宛丘，明裁去， 即今河南淮陽縣治。	洩　悉　尊　鐏	
邯　鄲	秦置鄲鄲郡，故城在今河北鄲鄲西南十里。	嫽　樛	
信　都	漢置都郡，今河北冀縣治東北有信都故城，即其舊治。	邴　耨	
括　蒼	隋置括蒼縣，唐更名麗水，故城在今浙江麗水東南。	舍　庫	
括　陽	待查	公	
宣　平	金以大新鎮置宣平縣，元移治辛南莊，明廢故城在今河北懷 安東北	貴	
宣　城	晉置城郡，治宛城，即今安徽宣城，隋廢郡，改宣州，尋復 曰宣城郡，唐一度復曰宣州，旋復故，後又爲宣州。	裨	史　洪
洛　陽	晉置洛陽縣故城在今河南洛陽東北二十里即漢時河南郡治隋 時西移十八里仍曰洛陽縣。 南翿宋置洛陽縣，當在湖北境。後魏置洛陽縣，當在安徽境。	劇　錡	吉　蘇
邰　陽	漢置郃陽縣，隋徙今治，清屬陝西同州府。		骨
汧　陽	一。唐改隴州置汧陽郡，尋復爲隴州，宋曰隴州汧陽郡，元 　　廢，即今陝西隴縣治。 二。北周以漢隃慶縣地置汧陽縣及郡，故城在今陝西汧陽西。	非	
相　城	後魏置相州今河南臨漳縣西，又秦置相縣，今安徽宿縣地(又 云在今河南鹿邑縣東十五里)	里	
范　陽	一。秦置范陽邑，故城在今河北定興西南。 二。三國魏置范陽郡，治涿，即今河北涿縣。晉改爲范陽國， 　　後魏復爲郡，隋廢。 三。唐置范陽郡，治薊，即今河北大興縣治。	苑　祖　經　鄒　屬 盧　燕　簡　驦	張　牟　湯　騰

郡　號	沿　　　　　革	堂號之姓氏	望出之姓氏
南　平	一。三國吳置南郡，晉改曰南平郡，初治作唐，今湖南治江安，今湖北公安東北，南齊移治屛陵，今公安縣南，陳還治作唐，隋廢。 二。南齊置南平郡，當在四川境。 三。唐改渝州置南平郡，尋復故，宋曰渝州平郡，改曰恭州，升重慶府，即四川巴縣。		車
南　安	一。東漢置南安郡，有今甘肅隴西，通渭，會寧，西和諸縣地，治道　，故城在今隴西縣東北渭水北，隋廢。 二。南朝宋置南安郡，即今四川劍閣縣治。 三。陳置南安郡，隋廢，即今福建南安縣治。 四。後魏置邬州，改南中府，東魏改置南安郡，北周廢郡，故城在河南葉縣南。	威　既　旅　蛇　單 鮮　歛　歛	林　姚　家　龐
南　昌	一。漢置南昌縣，在今江西南昌東境。 二。南朝梁置，故治在廣西博白縣南。	亘　余　佘　呼　幸 昕　咼　剡　敏　淹 喻　辜　漆　諶	梇　鄔　熊
南　宮	漢置南宮縣，故城在今河北南宮縣西北。	菴	
南　海	秦置南海郡，廣東原廣州，詔州，潮州，惠州，肇慶，南雄諸府州及高州府北境，廣西原平樂東境，梧州府東南境皆其地，治番禺，漢亦置郡於此，隋唐時期，旋廢旋置，宋曰廣州南海郡，元廢。	招　冼　禺　斟　藹	淩
南　康	晉置南康郡，治雩都，在今江西雩都東北，旋徙治贛，在今贛縣西南，唐廢置不常，宋曰虔州南康郡，元廢。	融	哀　賴
南　陵	南朝以晉南陵戍置南陵郡及縣，南朝陳兼置北江州隋州郡並廢。故城在今安徽繁昌西北。	陵	
南　陽	一。秦置南陽郡，在今河南南部及湖北北部地，漢治宛，即河南南陽地，晉爲南陽國，南朝宋仍曰南陽郡，隋廢郡，尋復置，移治穰縣，在今河南鄧縣東南，金廢。 一。南齊置南陽郡，當在四川境。 三。南朝梁置南陽郡，西魏改山都郡，北周廢，故城在今湖北穀城西南。 四。西魏以南朝梁北隨郡，更名南陽郡，隋廢，故治在今湖北隨縣北八十里。	仇　白　百　束　岑 求　延　宗　軍　注 姬　終　陰　登　曼　隆 葉　資　翟　鄧　綾 樂　憂　滕　厲　鄺	井　杜　扁　卓　張　率 趙　劉　　　韓　廩 攀　龐
南　越	亦作南粵，今廣東，廣西地，秦鉊皇取南越地，置桂林，南海，象郡，後爲趙佗所據。	幵　皎　淁　湧　植	化
南　國	南朝宋置南國縣，今四川南部縣治。	有	
南　郡	秦置南郡，領有今湖北原荊州，安陸，漢陽，武昌，黃州，德安，施南諸府及襄陽府之南境，治郢，楚之故都，在今湖北江陵東南，漢置江陵縣爲郡治，即今江陵縣，唐改爲江陵郡，尋升爲江陵府。	春　爲　勒　翠	初
建　平	一。三國吳置建平郡，故治在今四川巫山縣。 二。南齊改建寧郡置平郡，梁末廢，故治在今雲南曲靖西南。 三。後魏置建平郡，齊周時廢，故治在今山西孝義西。	笪	

郡　號	沿　　　　　革	堂號之姓氏	望出之姓氏
建　安	一。三國置建安郡，隋廢，唐復置，宋改建寧府，即今福建建甌。 二。南齊置建安左郡，當在湖北境。 三。南齊置建安郡，當在湖北境。 四。後魏建建安郡，故治在今山西祁縣東。 五。後魏置建安郡，今山西崞縣地。	矢　閩　練	
城　陽	一。漢初置城陽郡，嗣爲城陽國，治莒，東漢復爲郡，今山東莒縣地，晉改爲東莞郡。 二。後魏置城陽郡，並置縣，隋並廢郡縣，在今河南沁陽南。	夷　猛	
咸　陽	一。古秦地，今陝西長安縣東之渭城故城。 二。苻秦置咸陽郡，隋廢，即今陝西涇陽縣治。	改　斛	
苑　川	一。西秦置苑川郡，在甘肅榆中縣東北。 二。後秦置苑川縣，在陝西寶雞東。	洩	
晉　昌	一。晉置晉昌郡，南朝宋廢，齊復置，西魏改名魏昌，故治即今陝西石泉縣治。 二。晉置晉昌郡，北周改爲永興郡，隋廢，故城在今安西東。 三。東晉置晉昌郡，南朝宋改曰新興郡，隋廢故治在今湖北竹谿西。 四。後魏置晉昌郡，西魏廢，故治在今陝西洋縣東。	也　爨	
晉　陵	晉置毗陵郡，尋改晉陵郡，隋又改毗陵郡，唐爲常州晉陵郡，宋爲常州毗陵郡，治晉陵縣，即今江蘇武地。	英　稻	
晉　陽	秦置晉陽縣，漢因之，故城在今山西太原縣治。	匡　吞　虎　唐　研 參　景　越　嘉　僚 管　綈　菽　儀　纍	景
桂　林	一。秦置桂林郡，即民初廣西桂林，蒼梧二道及柳江道東部之地。 二。三國吳置桂林郡，今廣西象地。 三。晉置桂林郡，南朝宋廢，故治在今廣西馬平縣東南。 四。南朝宋置桂林郡，故治在今廣西武宣西南。	奉	
桂　陽	漢置桂陽郡隋置柳州尋復爲桂陽郡唐仍置柳州宋曰柳州桂陽郡故治在今湖南耒陽縣治。	區	
殷　陽	或即後魏置殷州，高齊改爲趙州，尋廢，故治在今河北隆平東。	天	
泰　山	一。漢置博陽郡，後改爲泰山郡，治博，在今山東泰安東南，後徙治奉高，在今泰安東北軋里，後魏治鉅平，在今泰安西南，北齊改名東平，治博，隋廢。 二。南齊置泰山郡，當在江蘇境。	羊　建　茌　捷　澹 台	周　鮑
浚　儀 (浚陽)	一。秦以戰國魏大梁置浚儀縣，故城在今河南開封西北，隋徙置，在今縣三十里，唐徙今開封縣治，宋改祥符，民國改開封。 二。晉置浚儀縣，隋廢，故治在今安徽壽縣西南。 三。漢城父縣，南朝宋改曰浚儀縣，隋裁之故城在今安徽亳	芒　喬　橋	

郡 號	沿　　　　　　革	堂號之姓氏	望出之姓氏
	縣東南。		
海　西	東魏置海西郡，隋裁之，故城在江蘇漣水縣北。	鄼	
海　陵	晉置海陵郡治海陵縣今江蘇泰縣縣治，南朝宋徙治建陵在泰縣東北七十里梁還故治，隋廢。	洋	
海　南	待查，或即海南島。	滾	
酒　泉	漢開匈奴地置酒泉郡，即今甘肅酒泉縣治。	肅　鄰　論　頻	
真　定	漢初置東垣縣，後更名真定，後置真定國，即今河北正定。	邸	
真　臘	即今高棉。	刹	
陝　郡	後魏避諱，改漢弘農郡為恒農郡，置陝州，尋罷，北周復置，隋時州，郡並廢，尋復置弘農郡，唐復曰陝州，旋改陝郡，尋復為州，即今河南陝縣地。	曲	
馬　邑	隋置代郡，尋改名馬邑，唐復為朔州，又改為馬邑，尋復為朔州，即今山西朔縣治。		
馬　嶺	一。秦置馬嶺縣後漢廢，隋復置五代時廢，故城在今甘肅環縣南一百二十里今為馬嶺鎮。 二。唐改隋馬度縣為馬嶺縣又改為義山縣故治在今廣西貴縣西北。	繡	
高　平	一。漢置高平縣，北周改為平高，即今甘肅固原縣治。 二。南朝宋置高平郡，治高平，即今山東鄒縣西南。 三。南齊置高平郡，今江蘇淮陰地。 四。南朝梁置高平郡，東魏廢，故城在今安徽盱眙北。 五。後魏置高都郡，北周改高平郡，隋，唐時或稱澤州，或稱高平郡，宋稱澤州高平郡，金廢，故城在山西晉城東北。	巴　汎　范　遇　檀 瞿　穰　公　左	王　徐　郗　張　曹 薛
高　昌	一。晉置高昌郡北魏改為國唐滅之，故城在今新疆吐魯番。 後魏置當在河南原南陽府境。	混	
高　唐	後魏置高唐縣，唐改崇武，尋復故，元置高唐州，明清時裁縣入州，民國改州為縣，即今山東高唐縣治。	用	
高　堂	待查		劉
高　密	漢置高密縣，故城在今山東高密西南。	己　莒　督　類	劉
高　陽	一。古國名，少昊封顓頊於高陽，故址在今河南杞縣西。 二。漢置高陽縣，故城在今河北高陽東廿五里。 三。晉置高陽郡，今河北蠡縣，安肅，博野等縣皆是。 四。南朝宋僑置高陽郡，領五縣，以高陽縣為郡治，北齊廢郡，隋廢縣，故城在今山東臨淄西北三十里。	青　耿　豹　許　慈 獨　公孫　仲孫　軒轅 獨孤	余　紀　齊　數
荊　南	即南平，五代十國之一，亦稱荊南，有今湖北原荊州府地。	瞞　蠻	
朔　方	一。漢置朔南郡，即內蒙古鄂爾多斯地，今綏遠南境地，故城在鄂爾多斯右翼後旗內。 二。後魏置朔方郡，北周廢，故治在今陝西清澗縣西。 三。隋以夏州改朔方郡，唐復為夏州，故治在陝西橫山縣西。	禾　赫	
高　山	在陝西商縣東，或稱商嶺，商谷，商坡，地肺山。	角　綺　角里　綺里	

郡　號	沿　革	堂號之姓氏	望出之姓氏
堂　邑	一。晉置堂邑郡，故城在今江蘇六合北。 二。隋置堂吧縣，故城在今山東堂邑西十里。		
崇　仁	一。隋共新建，巴山，西寧三縣崇仁縣。 二。唐置崇仁縣，尋廢，故治在今廣西荔浦西南。		鄔
常　山	漢置恆山郡，嗣爲常山郡，治元氏，今河北元氏縣西北，晉移治真定，在河北真定南，後魏移治漢九門故縣，在今河北正定西南十八里，隋廢。	屯　代　將　貴	
張　掖	漢置張掖郡，治䍥得，在今甘肅張掖西北，後魏置張掖軍，又改爲郡，西魏改曰甘州，北周復置張掖郡。	島　乘馬	
竟　陵	一。晉置竟陵郡，西魏改郢州，北周曰石城郡，隋仍爲竟陵郡，唐仍爲郢州，即今湖北鍾祥縣治。 二。南齊置竟陵，邵梁末廢，故治在今湖北天門縣西北。		劉
梁　國 (梁郡)	一。周封秦仲少子康於梁國，即夏陽梁山，春秋時爲秦所滅，今陝西韓城南有古少梁城，爲其都。 二。漢有梁國後魏改梁郡，隋廢郡置宋州尋復故，唐復曰宋州，故治在今河南商丘縣南。 三。南朝宋置梁郡，故治在今江蘇場山縣東。 四。南齊置梁郡，今安徽壽縣治，後魏移今壽縣東南三里，隋廢。 五。後魏梁郡，當在今河南潢川縣境。 六。陳改東魏平梁郡爲梁郡，隋廢，故治在今安徽合肥東北。	崖　墨　橋　西門	張　盛　喬　葛　賓 談　劉
涿　郡	一。漢置涿郡，三國魏改爲范陽郡，即今河北涿縣治。 二。後魏置燕郡，隋改爲涿郡，故治今河北大興西南。	作　伶　蚩	簡
淮　南	一。三國魏置淮南郡，晉改南梁郡，南朝宋復名淮南，尋復曰南梁，隋曰壽州，尋復爲淮南郡，唐改壽州，即今安徽壽縣治。 二。晉置淮南郡，隋廢，故治在今安徽當塗南卅八里。	莉　梨　博　簡　蘭 激　環　鐵	車
淮　陰	東魏置淮陰郡，北齊廢，隋初又置，尋廢。故治在今江蘇淮陰東南。	枚	
清　河	一。漢置清河郡，今河北清河，故城，南宮及山東清平，思縣，冠縣，高唐，臨清，武城之地，治清陽，東漢爲清河國，後魏復郡，故治在今河北清河縣東，元廢。 二。南朝宋置清河郡，治般陽城，後魏改東清河郡，北齊廢，即今山東淄川縣治。 三。後魏置清河郡，並置縣，故治在今河南商城東。	及　貝　赤　汲　房 革　張　傳　隋　隨 賜	尙　崔　溫　檀　戴
略　陽	一。三國魏置廣魏郡，晉改略陽，故治在今甘肅泰安東南八十里，西魏改置於秦安東北九十里，北周廢。 二。南朝宋置略陽郡，並置縣，今陝西南鄭地。 三。南齊置略陽郡，當在四川境。	坦	
章　武	後魏以晉章武國置章武郡，隋廢，今河北大城縣治。		
許　昌	一。秦以春秋許國地置許縣，三國魏改稱許昌，故城在今河南許昌西南。	叢	

郡　號	沿　　　　　　　革	堂號之姓氏	望出之姓氏
	二。南朝宋置許昌縣，當在河南原南陽府境。 三。南朝梁置許昌縣，隋改名清丘，故城在安徽阜陽東五十 　　六里。 四。後魏置許昌郡，當在安徽境。		
陰　山	一。唐置陰山都督府，當新疆境。 二。唐置陰山縣，當在綏遠烏喇特境。	賀拔	
陳　郡	一。東漢置陳郡，治陳縣，即今河南淮陽縣治，南朝宋移治 　　項縣，在今河南項城東北，北齊移項縣於陳城，隋郡廢。 二。後魏置陳郡，當在河南汝寧府境。		何
陳　留	一。漢置陳留郡，治陳留，即今河南陳留，晉爲陳留國，治 　　小黃，在今陳留縣東北。南朝宋徙治倉城，在今河南開 　　封西北，東魏後於浚儀置陳留郡，亦在今開封西北。隋 　　廢郡，改設汴州。唐復曰陳留郡，又改汴州，即今開封 　　縣治。 二。晉僑置陳留郡，隋廢，故治在今安徽壽縣南五十里。 三。晉改譙郡，置陳留郡，隋改亳州，後復爲譙郡，即今安 　　徽亳縣治。 四。陳以南朝梁廣梁郡更名爲陳留郡，隋廢，故治即今安徽 　　廣德。 五。南朝梁置陳留郡，並置縣，隋廢郡，改縣曰潁陽縣，故 　　城在今安徽太和東北三里。 六。後魏置陳留郡，齊，周時廢，故治在今河南商城縣東。	占　伊　圭　阮　典 恪　虔　枌　假　圂 進　屠　援　敦　蜀 虞　緱　慮　鮭　謝 有　萃	王　周　茅　袁　時 富　陳　智　路　衛 邊　檗　第八　璞陽
博　平	隋置博州，治聊城，今山東聊城西北十五里，尋廢，唐復置， 改曰博平郡，尋復曰博州，宋曰博州博平郡，即聊城。	公冶　叔仲	
博　陵	一。晉置博陵國，隋廢，今河北安平縣治。 二。北周置博陵，寧人二縣，隋初並廢，故治在今甘肅臨潭 　　縣西。 三。隋置博陵郡，唐廢，今河北定縣治。	邵　崔　鼓　濮陽	壽
敦　煌	漢置敦煌郡，唐一度陷於吐蕃，即今甘肅敦煌縣治。	氾　洪　容　倉　掌 慕　慕容	宋　張
朝　歌	一。漢置朝歌縣三國魏置朝歌於此尋廢郡故城在今河南淇 　　縣東北，隋移治改爲衛縣。 二。南朝宋僑置朝歌縣，齊周時廢，故治在今安徽鳳陽。	膠	
渤　海	一。漢置渤海郡，今河北河間以東至滄縣，北至安次縣，南 　　至山東無棣，皆其地，治浮陽，在今滄縣，東漢移治南 　　皮，故城在今河北南皮東北八里。 二。南朝宋僑置渤海郡治臨濟城後魏因之北齊廢，故城在今 　　山東高苑西北，接臨淄縣界。 三。東魏移置渤海郡，隋廢，故城在今河北東光東二十里。 四。隋置棣州，改滄州，又改爲渤海郡，改治在今山東陽信 　　南七里，唐復置棣州。	刀　甘　同　杏　居 季　欣　封　扁　高 卿　須　訾　盍　裘　蒿 暨　冀　薦　赫連 歐陽	石　汝　刕　吳　凌 童　斯　詹　龍
雁　門	戰國趙置雁門郡，今山西原代州，寧武之北部，及朔平南部，	口　之　文　仇　田	

郡　號	沿　　　　　　革	堂號之姓氏	望出之姓氏
	大同東部及北部皆其境。漢代治善無，在今山西右玉縣南。東漢移治陰館，在今山西代縣西北，三國魏移治廣武，在今代縣西廿五里，後魏移置古上館城，即今代縣治，隋廢爲代州，尋復置郡，金廢郡。	辛 吟 芝 幸 卑 品 牽 童 渠 解 餘 衡 灈 黥 續 譜 斛 律	
雲　陽	後魏置雲陽縣北周置雲陽郡隋廢，唐改縣曰池陽尋復故元廢，故城在今陝西涇北三十里。		植
渭　陽	唐置渭陽縣，故治在今湖南鳳凰西南，接貴州界，或云渭水之陽。	且 起	
番　陽	秦置番陽縣，即今江西鄱陽縣治。	惲 範	
絳　郡	一。後魏置東雍州及南太平郡，治柏壁城，在今山西新絳西南二十里，尋改郡曰征平，北周改曰絳州，移治玉壁，今山西稷山縣西南二十里。隋初廢郡，移絳州治止平，即今新絳，旋廢州改曰絳郡，唐廢郡置絳州，亦曰絳郡，宋曰絳州絳郡，金升爲晉安府，元初復曰絳州，今爲新絳縣。 二。後魏以漢聞喜縣地置南絳郡及縣，治車箱城，今山西絳縣東南十里，西魏改爲絳郡及絳縣，隋廢郡，唐移縣於今治。	丕 光 先 臼 舟 狐 壹 甥 舅 號 錫 豎 舊 雒 類 鐸	
華　陰	唐改華州置太州改華陰郡尋復爲華州，宋曰華州華陰郡金以後爲華州，即今陝西華縣治。		郭 能 董 嚴 藺
華　陽	一。南朝宋置華陽郡，在今四川廣元東百十里。 二。後魏置華陽郡，治華陽縣，在今陝西沔陽東。	弘	
象　郡	一。秦置象郡今廣東原雷州廉州高州諸府，廣西原慶遠太平及梧州府南境以至越南之地。 二。陳置象郡，隋廢郡爲縣，唐復置，宋廢故治在今廣西雒容縣南	鼻	
鄆　城	春秋魯地，昭公居西鄆，莒，魯所爭爲東鄆。北周時以蜀山湖南岸西鄆地置清澤縣，隋改鄆城縣，又改爲萬安縣，尋復故名，故城在今山東鄆城東十六里，金徙今治以避河決。	初	
開　封	周爲鄭杞二國地，戰國魏之都城，秦爲三川郡地，漢置陳留郡，東魏於郡置梁州，北周改州汴州，隋廢，後復置汴州，唐五代梁建東都，升爲開封府，後唐復曰汴州，五代之晉漢，周復都之，曰東京開封府，北宋都之，亦曰東京開封府，金初曰汴京，後改南京，元初曰南京路後改汴梁路，明稱開封府，清爲河南省治故城在今河南開封南五十里。	子 考 冷 絢 韶 樟 滕 謂 替	
陽　平	一。三國魏置陽平郡，治元城，今山東名東，石趙移治館陶西南，隋廢。 二。東晉僑置陽平郡，故在治今安徽寶壁南。 三。南朝宋置陽平郡，今山東汶上縣地。 四。南齊置陽平郡，今江蘇淮安地。 五。後魏置陽平郡，當在今安徽原鳳陽府境。	路	
陽　阿	漢置陽阿縣，其後廢之，故城在今山西晉城西北四十里。	其 娸	

郡　號	沿　　　　革	堂號之姓氏	望出之姓氏
馮　翊	一。漢有左馮翊，東漢末置馮翊郡，治臨晉，即今陝西大荔縣治，後魏置華州及華山郡，西魏改州曰同州，郡曰武鄉，隋廢郡存州，尋改州爲馮翊郡，唐復曰同州，尋曰馮翊郡，宋曰同州馮翊郡，金以後爲同州。 二。南朝宋僑置馮翊郡，初治襄陽，後治郡，梁廢郡縣，故城在今湖北宜城東南。 三。南朝宋置馮翊郡，今陝西南鄭地。 四。後魏置馮翊郡，尋廢，即今陝西高陵縣治。 五。後魏置馮翊郡，當在河南境。	主　合　印　知　武　姑　始　剛　益　魚　接　景　焦　游　適　登　雷　頓　蝮　憑　黨　主　父	吉　郭　寇　喬　嚴
舒　城	一。隋置舒城縣，唐廢，故治在今河南新蔡北。 二。唐以漢龍舒縣改置舒城縣，今屬安徽。	匼　偃	
萊　陽	五代唐改漢昌陽曰萊陽，即今山東萊陽。		術
新　山	漢侯國，東漢廢，今山東莒縣地。	弸　稱	
新　平	一。東漢置新平郡隋廢，唐置幽州後改爲邠，尋曰新平郡後又爲邠州，即今陝西邠縣地。 二。南朝宋新平郡，當在今江蘇境。 三。後魏置新平郡，當在河南境。	附	
新　安	一。三國吳置新都郡，晉改爲新安郡，故城在今浙江淳安西，隋改遂安郡。 二。南朝梁置新安郡，西魏改名新寧，隋廢，故治在今四川達縣西南四十里。 三。後魏置新安郡，故治在山西代縣西。 四。北周置中州，改新安郡，即今河南新安縣治，後廢，隋復置新安郡，唐廢。 五。唐初置歙州，治黟，尋改新安郡，治休寧，又移治歙，即今安徽縣治，唐改歙州，尋改新安郡，旋復爲歙州。	古　訛	矗
新　城	一。三國魏置新城郡，南齊改南新城，隋復故，後改房陵郡，在今湖北房縣治。 二。南朝宋置新城郡，梁陳時廢，即今四川三台，隋於此復置新城郡，改曰梓州。 三。後魏置新城郡，今河南潢川縣地。 四。東魏置新城縣，在今河南洛陽南。	城	
新　野	漢置新野縣，晉置新野郡，北周廢郡，改縣曰棘陽，隋復曰新野，唐廢，宋，金爲新野鎮，在今河南新野南，元徙今治。		王　庾
新　蔡	一。晉置新蔡郡，北齊改廣寧郡，隋廢郡，改縣爲廣寧，又改汝北，後復曰新蔡，元廢，明復置，今河南新蔡地。 二。南朝宋僑置新蔡郡，南齊曰北新蔡郡，後魏仍爲新蔡郡，並置新蔡縣，北齊，北周俱廢郡，故城在今河南固始東。	甫　酈　百里	王　冷　胡　道　魯　薛
新　豐	一。漢置新豐縣，故城在陝西臨潼東，東漢末移治零水側，自晉至北周，縣治累易。 二。南朝宋置新豐縣，一在湖北江陵，一在湖北原襄陽府境，一當在雲南境。	芳　彌　驪	

郡　號	沿　　　　　　革	堂號之姓氏	望出之姓氏
	三。南齊置新豐縣，西魏改曰孔陽，隋廢，故治在今湖北竹溪縣東南。		
	四。南齊置新豐縣，隋改休吉，尋廢，故治在今廣東新豐東南。		
	五。後魏置新豐縣，齊，周時廢，今後新豐集，在安徽宿縣北七十里。		
	六。隋置新豐縣，唐廢，今河南　城東南有新豐村。		
	七。唐置新豐縣，當在雲南原曲靖府境。		
新　鄭	秦置新鄭縣，晉廢，故城在河南新鄭北，隋復置，即今治。	鄶	茸
會　稽	秦置會稽郡，有今江蘇東部，浙江西部地，治吳，今江蘇吳縣治，東漢移治山陰，即今浙江紹興縣治，宋升爲紹興府。	戉　戍　舌　苦　茲 夏　搖　渫　愚　謳 疇　常　壽　綦毋　鍾離	留　康　莊　賀　資 虞　駱　謝　闔
犍　爲	一。秦置犍爲郡，治僰道，在今四川宜賓西南，接慶符縣界，東漢移治武陽，在今四川彭山縣東十里，南齊還故治，梁改置戎州，隋復置犍爲郡，唐又改爲戎州。 二。唐改嘉州置犍爲郡，尋復爲嘉州，即今四川樂山縣治。		張
睢　陽	秦以春秋宋地置睢陽縣唐於縣置睢陽郡，改縣爲宋城故城在河南商丘縣南，金復爲睢陽。	寺　犴　坎　我　衍　衫　幾　備　澤 蕩　錯　獲　盪	灌
蜀　郡	一。秦置蜀郡今四川原成都，龍安，潼川，雅州四府及邛州，與保寧府劍閣以西之地屬之即古蜀國，治今之成都縣。東漢置蜀郡，三國蜀改爲漢嘉郡故治在今四川雅安西。	千　邛　訇　射　鵝 劍　矗　襲	鵝
鉅　鹿	秦置鉅鹿郡，治鉅鹿縣，在今河北平鄉縣治，東漢徙置癭陶，在今寧晉縣西南廿九里，晉時爲國，後魏爲郡，徙治癭遙，即今寧晉縣治，北齊廢郡。	毋　牟　波　時　莫 躬　舒　給　都　鄡 蔣　廖　魏　酈　巫 馬	
鉅　野	漢置鉅野縣，故城在今山東鉅野南。	遂	曹
管　城	周管叔封地，故稱爲管城，春秋屬鄭，戰國屬韓，隋置管城縣，故城即今河南鄭縣治。	祭　察	
零　陵	漢置零陵郡治零陵在今廣西全縣北三十里東漢徙治泉陵故城在今湖南零陵北二里。 隋置永州改爲零陵郡，唐復曰永州又改零陵郡復改永州，宋曰永州零陵郡即今湖南零陵。	永	
頓　丘	一。晉置頓丘郡及縣，北齊郡縣俱廢，隋復置頓丘縣，故城在今河北清豐縣西廿五里。 二。東晉僑置頓丘郡，後廢，後今安徽滁縣治。 三。南朝宋置頓丘郡，當在山東境。	司　空　閭　盧　公 西　公羊　司空	劉
漁　陽	一。秦置漁陽郡，治漁陽縣，故城在今河北雲西。 二。隋置漁陽郡，今河北薊縣，平谷等地，唐爲薊州，後改曰漁陽郡，尋復爲薊州。	肆　騎	高
瑯瑘 (琅玡)	一。秦置瑯瑘郡，統有今山東原袞，青，沂，萊四府東南境及膠州地，漢治東武，即今山東諸城縣治。東漢爲瑯瑘國，治開陽，今臨沂北十五里，南朝宋復爲郡，移治即	支　中　卷　奔　拔 帥　神　胥　符　率 雲　鄑　蔚　公右　安期 毋　樓	王　徐　師　惠　顏

郡號	沿革	堂號之姓氏	望出之姓氏
	丘，在今山東臨沂東南五十里。後魏因之，隋治臨沂，即今臨沂縣治，唐以後廢。 二。南齊置瑯琊郡，北周改曰朐山，即今江蘇東海縣治。	無婁　諸葛	
蒙城	唐置蒙城縣，即今安徽蒙城縣治。	需	
楚郡	秦滅楚，置楚郡，治壽春，兼有淮南之地，即今安徽壽縣治。	汗吉次名利肜芋庚枝道肩冠思昭倚 圍歐椒攝謅囊公都市南老筴巫陽庚桑魯陽	
滇池	漢置滇池縣，南朝梁以後廢，故治在今雲南晉寧東。	驃	
漢平	一。東漢置漢平郡，三國吳改爲吳平縣，故城在今江西清江縣西。 二。三國蜀置漢平縣，南朝宋廢，故治在今四川涪陵東南。 三。南齊置漢平郡，隋廢，當在湖北原荊州府境。	伉	
漢東	一。南朝宋僑置馮翊郡，後魏改爲漢東，故治在今湖北鍾祥西北。 二。隋以隨州改置漢東郡，唐復爲隨州，尋曰漢東郡，又改隨州，宋曰隨州漢東郡，即今湖北隨縣治。		黃
漢陽	一。東漢移西漢天水郡治冀，尋改稱漢陽郡，故城在甘肅甘谷南。三國復曰天水郡。 二。蜀漢置漢陽郡，故城在今四川慶符南。 三。後魏置漢陽郡，北周廢，故城在今甘肅天水西南。 四。隋置漢陽郡，唐廢，故城在今甘肅成縣北。	仙　堂　絞	杜
壽昌	後魏置壽昌郡，北周廢，故治在甘肅煌西。	季	
槐里	一。漢置槐里縣，隋廢，故城在今陝西興平東南十里。 二。南朝宋置槐里縣，一當在今河南與南陽府境，一當在今陝西南鄭地。	偓	萬
滎陽	漢置滎陽縣，故城在今河南滎澤縣西南。	卬甲四列良冒捕朗圖術補瑞槍駟潘 樅繁燭藩灌東里	壺丘
滎陽	一。三國魏置滎陽郡，尋廢，晉復置，故治在今河南滎澤西南十七里，後魏徙置，北齊改名成皐，即今河南滎陽縣治。 二。隋置管州改鄭州又改爲滎陽郡，唐爲鄭州尋爲滎陽郡，又改爲鄭州，今河南鄭縣治。	干　毛　經　潘　鄭	列　罕　㘦　補　燭
漕邑	春秋魏有漕邑，今河南渭縣東南竹馬城即其故地。		
嘉城	唐置嘉城縣，後廢，今四川松潘縣治。	當	
趙郡	一。後魏置趙郡，隋爲欒州，唐改爲趙州，尋復曰欒州，又改趙州，趙郡，宋升慶源府，金元均稱趙州。 二。唐置趙郡，尋改趙州，後曰天水郡，元復置趙州，今雲南鳳儀縣。	兆　岐　肥　眭　管睢　司徒　宇文	也
齊郡	一。漢置齊郡，東漢爲齊國，治臨淄，今山東臨淄地，隋初廢。	因杞炔朐盆省羿查宴晝琅御殖勝鄉 窗覃富	

郡　號	沿　　　　　革	堂號之姓氏	望出之姓氏
	二。南齊置齊郡，梁廢，故治在今江蘇六合東。 三。後魏置齊郡，北齊廢，故治在今山西代縣西。 四。隋置齊郡，唐復曰齊州，又曰齊郡，宋曰齊州濟南郡， 　　升濟南府，即今山東歷城。	棠黎渚棓訾辟意裔靖 甯瑕甞 懷禗痜糕據黔 隸濕薛鴿蟜譚瞿觸霸 懿公行公輸太史夙沙 安期夾谷南郭 胡毋盆 成高堂浩生梁丘雍門 蒲姑	
閻　伯	待查	閻	
尋　陽	晉置尋陽郡，治池桑，隋改爲九江郡，唐改爲潯陽，元廢， 在今江西九江西南。	寒	周　陶
鄱　陽	三國吳置鄱陽郡，治鄱陽，即今江西鄱陽。晉初移治廣晉， 故城在今江西鄱陽北，南齊復移郡還鄱陽，元初廢郡，明初 曰鄱陽府，尋又改曰饒州府。	杭　惲　操　範	鳥
儀　真	宋置儀真郡，明改儀真縣，清改曰儀徵縣，即今江蘇儀徵縣 治。		
廣　平	漢置廣平郡，後改曰平干國，又改爲廣平國，東漢廢，三國 魏復置廣平郡，治廣平，在今河北雞澤縣東二十里，後魏徙 置曲梁即今河北永年，北周於郡治洺州，隋廢郡存州，，又 改州爲武安郡，唐復名洺州，又改曰廣平郡，尋復曰洺州， 宋曰洺州廣平郡。	沮　荊　賀　逮　屠 耦　籍	宋焦程游博 石盞 石鹽 抹撚 蒲鮮 孛木魯 阿勒根 和速嘉
廣　宗	後魏置廣宗郡，治廣宗縣，北齊廢郡，隋改縣曰宗城，故城 在今河北威縣東二十里。		潘
廣　陵	一。漢置廣陵國，東漢改郡，治廣陵，故城在江都東北，晉 　　初徙治淮陰，東晉復移今江都縣治，隋置楊州，又改曰 　　江都郡，唐復置揚州，又改曰廣陵郡，復曰揚州，宋曰 　　揚州廣陵郡。 二。後魏置廣陵郡，北周移新息縣於此，廢郡，改置息州。	炙　貢　野　卓　闓 載　槐　穀　蕭	於　荊　高　陳　戴
廣　漢	漢置廣漢郡，治梓潼，今四川梓潼縣治，東漢徙治雒，即今 四川廣漢，晉徙廣漢郡治廣漢在今四川遂寧東北，尋還東漢 舊治，北周廢	折　哀	王　鐔
廣　德	三國以漢鄡縣地置廣德縣，隋廢，故治在今安徽廣德縣治東 三十里	渦　濯	
撫　州	一。詳見臨川。 二。金置撫州，元爲興和縣，明廢，故城在今察哈爾張北縣 　　境。		鄔
樂　安	一。南朝宋置樂安郡，隋廢，即今山東廣饒地。 二。後魏置樂安郡，置樂安縣爲郡治，故城在今安徽霍山縣 　　東。 三。唐改隋棣州置樂安郡，尋復棣州，故治在今山東惠民南 　　七十里 四。春秋時，蔣國址在河南期思，漢爲軑縣，劉宋時改稱樂 　　安縣，即在今河南光山縣西。	兀　任　孫　榮　蔣	仲　錫

郡　號	沿　　　　　革	堂號之姓氏	望出之姓氏
樂　陵	一。東漢末置樂陵郡，治樂陵，故城在今山東樂陵西南三十里。 二。南朝宋僑置樂祾郡及樂陵縣，北齊廢郡，隋廢縣，即今山東博興縣治。		耆
穎　川	一。秦置穎川郡，今河南原許州，陳州，汝寧，汝州諸府州及禹縣至陽武各縣皆其地，漢治陽翟，即今河南禹縣治。 二。晉移置穎川郡，治許昌，在今河南許昌東北，東魏移治穎陰，即今許昌縣治。 三。南朝宋置穎川郡，治召陵，在今河南郾城東卅五里，北齊改名臨穎，陳廢。 四。南朝宋僑置穎川郡，南齊廢，故治在今安徽巢縣東南。後魏置穎川郡，當在安徽縣境。	千　汝　烏　陳　庚 棗　堅　葛　鄔　幹 賴　播　鍾　韓	晁　俱　處　聊　寒 馮　趙　應　繁
穎　陽	一。秦置穎陽縣，晉廢，故城在今河南許昌西南。 二。隋初改南朝梁陳留縣為穎陽縣，唐廢，故城在今安徽太和東北三里。 三。後魏置穎陽縣，北周廢，唐置武林縣，後改曰穎陽，故城在今河南登封西南七十里。	拓拔	
膠　東	一。漢置膠東國，治即墨，在今山東平度東南，新莽移治郁秩，改郁秩為膠東縣，後魏廢，即今山東平度縣治。 二。南齊置膠東縣，當在江蘇東海境。 三。後魏置膠東縣北齊廢，隋復置改曰淮水又改曰下密，唐廢，在今山東濰縣東五十里。	庸　郦	賈
虢　郡	隋置虢州，後改虢郡，治盧氏，即今河南盧氏，唐尋復置，移治弘農，改曰弘農郡，尋復為虢州，在今河南靈寶南四十里。宋曰虢州虢郡。		晉
魯　郡 (魯國)	一。晉置魯郡，即今山東曲阜地。 二。隋改兗州為魯郡，唐復為兗州，故治在今天山東滋陽西廿五里。	夗尾牟伯叔邦苦宰曾 鉗鄆鄪遺鍼顏　漢子服 公伯公慎端木	孔車季邴庫郁唐　彭禽郪 夏侯
黎　城	隋改後魏刹陵縣曰黎城縣，故城在今山西黎城西北。		壺
黎　陽	後魏於黎陽縣置黎陽郡，北周復置黎州，隋州郡俱廢，故城在今河南濬縣東北。	郁　桑　都　壼	乙　蓬
歷　陽	晉置歷陽郡，唐改和州，尋復曰歷陽郡，後又曰和州，宋曰和州歷陽郡，即今安徽縣地。	受　到　謇	
燕　山	宋改遼燕京為燕山府，即今北平。		桂
燕　都	後魏置燕郡，隋廢，尋復為涿郡，故治在今河北大興西南。	多　市　攸　瑠	平
興　元	唐改梁州為興元府，後屢改置宋仍曰興元府，故治在今陝西南鄭地	褒	
衛　國	一。後魏置衛國縣，故城在今山東觀城西，隋改曰觀城。 二。南朝宋置衛國縣，故城在今河南鹿邑東十里，元併入鹿邑，徙鹿邑縣治於此。		閭
豫　章	漢置豫章郡隋廢，置洪州，尋復為郡，唐又為洪州，五代南唐改南昌府，即今江西南昌。	李　狂　卹　旴　函　勃　涂　悖　湛 揭　塗　璩　羅	洪　章　雷

郡　號	沿　　　　　　革	堂號之姓氏	望出之姓氏
遼　西	一。秦置遼西郡，轄今河北原永平，承德，朝陽至遼寧原錦 　　州，新民諸府地，漢因之，治且慮，故城在今河北盧龍 　　東，東漢移治陽樂，在今河北撫寧西。 二。後魏置遼西郡，治肥如，今河北盧龍北三十里，隋廢。 三。隋置遼西郡，唐廢，在今熱河土默特右翼西。	怡　似　斜　項　猷 耶律	
遼　東	一。秦置遼東郡，今遼寧東南境，在遼河之東，故名，治襄 　　平，在今遼寧遼陽北七十里。 二。後魏置遼東郡，故治在今河北徐水縣西廿五里。	佟　依　偏　敕　綸 藤	高
館　陶	漢置館陶縣，今山東館陶西四十里。	勤	
歙　郡	漢置歙州，治黝縣，今安徽黝縣東，尋改新安郡，移治休寧， 即今安徽休寧地，尋又移治歙，即今安徽歙縣治，宋改爲徽 州。	諫	
鄴　郡	唐置相州，後曰鄴郡，復改曰相州，宋曰相州鄴郡，金升爲 彰德府，即今河南安陽縣治。	岳	
錢　塘	秦置錢唐縣，東漢省入餘杭，三國吳復置，陳置錢唐郡，隋 仍廢爲縣，唐加土爲錢塘，明清皆爲杭州府，民國改爲錢塘 與仁和爲杭縣	仰	
餘　杭	隋置餘杭郡，唐改爲杭州，又改曰餘杭郡，尋復爲杭州，故 城在今浙江杭縣西。	杭　隗	暨
龍　陽	一。三國吳置龍陽縣，宋改名辰陽縣尋復故，故治即今湖南 　　漢壽 二。後魏置龍陽縣，當在河南臨汝境。	啓	
濟　北	一。漢有濟北國，治盧，故城在今山東長清南，南朝宋改爲 　　濟北郡，在今山東肥城南，後魏改東濟北郡，治肥城， 　　即今縣治。 二。南朝宋置濟北郡，當在江蘇境。 三。後魏置濟州濟北郡，僑置盧縣爲郡治，在今山東荏平西 　　南。	星　鑄	氾　氾
濟　南	漢置濟南郡，治東平陵縣，今山東歷城東七十五里，後爲濟 南國，尋仍爲郡，東漢復爲濟南國，晉曰濟南郡，治歷城， 即今縣治。	伏　郟　寧　緭　啁 蹶　隰	終　京相
濟　陰	一。漢初置梁國，嗣稱濟陰國，後爲濟陰郡，東漢復爲濟陰 　　國，晉曰濟陽郡，北齊廢，治定陶，在今山東定陶縣西 　　北四里。濟陰，濟陽實爲一地。 二。東晉僑置濟陰郡，治雎寧，即今江蘇雎寧縣治。 三。南朝宋置濟陰郡，後魏改曰濟陽，尋復故，隋廢，故城 　　在今安徽盱西。 四。隋置濟陰郡及縣，唐改曹州，在今山東曹縣西北。	休　告	董　柏
濟　陽	晉置濟陽郡，詳見濟陰。南朝宋置，當在江蘇境，後魏置， 見濟陰。	丁　六　左　江　風　查 柯　陶　蔡　顓　騫　東 門　長孫　高陽	易　虞　京相
濮　陽	後魏置濮陽郡，隋廢，唐復置，金廢，在今山東濮陽東二十	吾　亮　爰　梧	吳　汲　徐　商　濮

郡　號	沿　　革	堂號之姓氏	望出之姓氏
	里。		
營　邱	亦營丘、營陵。後魏置營邱郡，北齊廢，故城在今河北易縣南。	浪 敝	
營　陵	古營丘地亦稱綠陵縣，北齊廢，隋復置改曰營丘，唐廢，故城在今山東昌樂東南五十里。	功	
鄹　邑	春秋時魯有鄹邑，即今山東曲阜東南之鄹城，俗作鄹。		鄒
襄　平	一。戰國燕地，漢置襄平縣，，爲遼東郡治，故城在今遼寧遼陽北七十里。 二。漢侯國襄平縣，當在今江蘇境。	紀	
襄　城	一。晉於襄陽縣置襄平郡，隋廢，在河南許昌西南，即今襄城。 二。後魏置襄城郡，西魏改襄邑郡，尋廢，治諸陽城，在今河南方城縣。 三。後魏置襄平縣，北齊改曰文城郡，隋廢，故治在今河南西平西四十里。 四。後魏並置襄城郡及縣，隋廢，即今河北泚源。 五。隋置襄城郡，唐改曰伊州，復改曰汝州，即今河南臨汝縣治。	林 竭	末 路
襄　陽	東漢末置襄陽郡，東晉僑置雍州，西魏改曰襄州，隋初廢郡，尋復置，唐曰襄州，復改曰襄陽郡，後稱襄州，宋曰襄州襄陽郡，升爲襄陽府，故治在今湖北襄陽。	未 習 問 桀 聚 蒯 濟	乙 忤 息 績
薛　國 (薛郡)	周有薛國，秦置薛郡，領今山東西南部，及江蘇東北部之地，治曲阜，漢廢，故城在今滕縣東南四十四里。	海	
魏　郡	一。春秋時晉獻公封畢萬於其地，稱魏國，漢置魏郡，治鄴，在今河南臨漳西南四十里，後迭有改置，北周曰魏郡，移治安陽，唐時廢郡。 二。晉僑置魏郡，尋廢，在今江蘇江寧界。 三。南朝宋僑置魏郡，後魏改曰東魏郡，隋廢，故治在今山東歷城東北三十里。	中 召 西 仵 更 信 染 桓 紛 望 涼 萇 頓 業 暴 鄴 觀 公乘 新垣	邱 審 欒 屈侯
臨　川	三國吳置臨川郡，治臨安，即今江西臨川西，南齊徙治南城，即今南城縣治，陳復還故治，隋唐均置撫州於此，宋亦爲撫州臨川郡。		周 修 潛 饒
臨　安	東漢置臨水縣晉改曰臨安縣，宋齊一度沿用舊稱，後廢，唐復稱臨安縣，即今浙江臨安。	力 回 冷 隈 棲	
臨　汾	隋改平陽郡置臨汾郡，後復曰平陽，今山西臨汾縣治。		賈
臨　湘	一。東漢置臨湘縣，故城在今湖南長沙南。 二。宋置臨湘縣，地近今湖北監利地。	納	
臨　海	三國吳分會稽郡東部爲臨海郡，治臨海，尋移章安，故城在今浙江臨海東一一五里。隋廢，唐置台州，改曰臨海郡，治臨海，尋復曰台州，宋曰台州臨海郡，即今浙江臨海。	戈 屈 斜	靖
臨　淄	一。古營丘地，漢置臨淄縣，即今山東臨淄。 二。南齊置臨淄縣，故治在今江蘇六合東南。	姓 超 郵	

郡　號	沿　　　　　　　　革	堂號之姓氏	望出之姓氏
臨　濟	一。東漢置臨濟縣，隋併入高苑，故城在今山東高苑西北。 二。隋置臨濟縣，宋廢，故城在今山東章丘西北二十里。	翰	
懷　遠	一。北周置懷遠郡及縣，隋廢郡，宋廢縣，即今寧夏懷遠縣 　　治。 二。南朝宋置懷遠郡，當在四川境。	年	
藍　田	一。秦置藍田縣，故城在今陝西藍田西三十里，北周徙今治。 二。南朝宋置藍田縣，一當在湖北原襄陽府境，另在陝西南 　　鄭地。		蘇
譙　郡	一。東漢譙郡，晉僑置陳留郡，後魏兼置南兗州，梁改譙州， 　　周改亳州，隋復曰譙郡，宋升爲集慶軍，即今安徽亳縣地。 二。東晉末置譙郡，梁改新安郡，故治在今安徽蒙城西北三里。 三。後魏置譙郡，故治在今河南商丘東北。	一　系　京　教　奚　桓 逢　曹　婁　秸　戴 夏侯	黃　薄　龐　譙
盧　江	一。漢置盧江郡，郡治在今安徽盧江縣西北一二〇里。 二。三國魏置盧江郡，在今安徽六安北。 三。晉置盧江郡，在今安徽霍丘西五十五里。 四。南朝宋置盧江郡，治今安徽霍山東北三十里。 五。南齊置盧江郡，隋廢，改曰盧江縣，即今縣治。	況　何　荒　匱	門　周　鄺
盧　陵	孫吳置盧陵郡，治高昌，即今江西吉安縣西高昌故城，晉移 郡治於石陽，隋改石陽爲盧陵，在今吉水縣東北。		曾
櫟　陽	待查		黃
贊　皇	隋析北齊高邑縣地置贊皇縣，宋併入高邑，尋復啷，即今河 北贊皇。	充	
關　西	泛指函谷關以西之地，今陝甘二省之統稱。	始　春　爲　鼇	
蘭　陵	晉置蘭陵郡，治蘭陵，故城在今山東繹縣東五十里。南朝宋 移治昌盧，在今山東滕縣東六十里，後魏移治永縣，在今嶧 縣西北，隋廢。		
鹽　官	漢置鹽官縣在今陝西境，一云三國吳置鹽官縣即今浙江海寧 縣治。	翁　呼延	

中華民族、家訓　　摘自 彭伯良撰編[彭氏源流通譜]

第一節修身

第一項　崇孝道

一 。孝者，百行之原，人倫之首也。(代州道後馮氏誌傳世譜)

二 。事親之道，力無不竭，心無不盡之謂也。

三 。孝始於事親，忠始於報國。移孝以作忠，即顯親以全孝 ，此謂之大孝。

四 。治國必先齊家，齊家又必先以孝順爲根本。

五 。孝爲立身之大木，若不孝於親，必不能忠於國，友於兄弟，睦於宗族鄉黨，合享於社會，而爲社會之蠹。

六 。如何能使人之行爲皆善，曰：請自父母始。人能以父母待子女之心行事，則萬善之本以立。由是而友兄弟，由是而睦宗族，由是而篤鄉里，由是處草野則爲善人，人仕途則爲循吏，皆由孝之一字推演而出。

七 。人子事親，無窮富當以奉養爲先。奉養之道，各逐其力。富者固可以甘旨奉養，而貧者亦可以寂水承歡。務須承順親志，悅以顏色，婉以言語：不可貌奉心違，以貽父母之憂。

八 。孝子之有深愛者，必有和氣;有和氣者必有愉色;有愉色者必有婉容。故事親之際，惟色爲難，服勞奉養，未足枸深孝。

九 。爲人子弟，日用問安視誽，溫情定省，唯諾進趨。種種小節，在家庭父母之前，爲至德要道。久出必告，返必面。如父母辭世有遠行，亦必拜墓。

十 。人子不能常在父甘面前，總要刻刻不忘父母。凡做一事，必想到此事有益我父母否：無玷辱我父苟否：不失我父母心志否？涉一處必想到此處，可慰我父母望否？不爲我父母憂慮否？食一美食，穿一好衣，居處一好境界，必想到我父母曾享此否？我今享此，可不愧父母否？當大寒大暑之時，必想到我父母不知安適否？當飢寒困扼之時，必想到我父甘不知也如此否？時時處處，如此在心，安得尙有不孝之行，安得不爲善人。

十一。當知父母之年，則既喜其壽，叉懼其衰。

十二。子之孝，不如率婦以爲孝。蓋婦之居家，爲時常多，潔奉飲食起居，自較週到。故俗語有：「公始得一孝婦，勝有一孝子」云。

十三。須知父母教養子女，未有先存子女報答之念者。子女幼而能志於學，長而能忠於事，再進而能立德、立功、立言，爲國家民族有用人才;皆所以慰父甘教養之心，亦孝之大者。

十四。人子事親，不可稍存吝惜。有兄弟分家，各豐衣足食;惟於父母身上應爲之事，竟彼此推諉，不肯假借分毫。此謂之大不孝，將爲社會所不齒。

十五。親有過，當以婉言柔聲委曲進諫，萬一親志不從，俟親悅時復諫;而不使父母陷於不義，亦孝之一端。

十六。孔子曰：「身體髮膚，受之父甘，不敢毀傷，孝之始也」。後世陋俗，有割股斷指，以醫親之病者，此迷信之談，大違人倫之旨，非孝子孝女所當爲，可以爲戒。

十七。人子事親，居則致其敬，養則致其樂，有疾則謹其醫藥。

十八。父母死，喪禮既威，即宜速葬。俾死者得安，生者亦無牽望。然人每惑於風水之說，或置室內，或厝荒郊。妄以父祖之屍骸，貪謀己身之富貴，實爲愚不可及，亦不孝之大者。

十九。風俗日下，治喪可怪之事殊多。炮聲不絕，鼓聲喧天，如入操場，是以軍容飾戚容，可怪也。既驗而鼓吹累日不絕，是以樂具爲哀具，可怪也。作佛事醮壇誦經，擊鐘拊磬，鼓吹震耳，緇羽如雲，以誇閭里，是以聲樂代悲悼，可怪也。可不戒哉！

二十。葬親陋俗古有風水之說。謂祖先葬佳地後裔可致富貴，徵之往古，既無此理亦無此等事，且歷代家訓莫不以此爲誡。所以安先人之體魄者，惟擇高卓土質乾燥，僻靜不易爲人破壞之處爲已足;與風水何干？自來貧富貴賤無常，雖帝王之家不越此理：豈片壤可以左右？亦有舉行火葬者，事簡而費省，二者何取？當視親之生前意願及物力之情形而定。苟不違親意，即是盡了孝道。

廿一。祖塋乃先人遺骸之所，每年務必拜掃。家廟乃先祖寄靈之處，每年務必祭祀。苟力之所及，勿以代遠相推不
　　　至，勿以路遙經年不往。屆時族人相聚，正可聯族誼而致一本之規。

第二項　正禮義

一。禮者人道之大防，舍之無以爲家，無以爲生。君子改過而遷善，小人飾過而遂非，賢不肖之辨，胥視乎此。

二。行爲入門，先要克己復禮，歸宿只是忘我存禮。蓋忘禮以逞自私自利之心，便是善惡關頭，生死歧路。

三。行不知禮，則耳目無所知，手足無所措。見害必避，見利必趨，何以爲人。

四。非禮勿視，非禮勿聽，非禮勿言，非禮勿動。非禮者，發於己之私，故禁之也。禮者履也，循禮則事無不行。

五。奴於甲者，不移於乙。過於前者，不復於後。如此，乃真能克己復禮者。

六。禮之用和爲貴。禮，人事之儀則；和，從容不迫之意。故出於自然，乃可爲貴。

七。有非禮之念，然後有非禮之言。言非自口也。

八。人之立身於世，重在守禮節，重老教。著一點卑汙　便如白玉之玷，雖急急磨洗，已於本質有疵，終生爲人詬
　　　病，不可不慎。

九。國家之治亂，由人心之邪正。人心正則守禮法，合人群，而行必忠孝；人心邪則悖禮法，害人群，而行必亂
　　　賊。國家之興亡繫之。

十。禮者履也，循禮則事無不行，義者宜也：守義則事無不得。

十一。人不知禮義，與禽獸何異？親友相接，故容貌必莊，語言必和。進退周旋，必從容謙遜，務去其浮躁粗暴之
　　　氣。雖燕享合歡之際，亦必循循雅飭，謹守禮節，勿肆喧譁，庶免爲人所誚。

十二。民生不可一日無穀帛，尤不可斯須無禮義。

十三。勉禮之當行者，不必責人之報;安義之當爲者，不必望人之知。

十四。夜寐檢點，今日說得幾句話，是循乎道義，有益心身；行得幾件事，是循乎禮節，有益世道：當否自可恍然
　　　獨覺。如有不當，切知隨覺即改，方可立身成人。如飾非文過，便一生無長進處。人惟能改過爲第一美事。

十五。禮只是一箇序，樂只是一箇和。只此兩字，含蓄多少義理。天下無一物無禮樂：如按置兩椅，一不正便是無
　　　序，亦即無禮;無序便乖，乖便不和，不和便失去了樂。

十六。視非正色，謂之不明;聽非正言，謂之不聰;故君子不以耳目近小人，不以小人亂視聽也。

十七。古人惇厚，雖婚慶大典，盡禮而已，不事鋪張;歷代對此多有雅訓，意在避免浪費，發人深省。處今之世，風
　　　氣漸薄，雖不能嚴法往古，然亦應節約從事，利己利人，何樂而不爲。晚近提倡公證與集團結婚，禮正而事
　　　便，可以取法。

十八。待親友不可吝嗇，尤不可過於奢侈;若二者相衡，寧儉勿奢。便宴中可帶素餚一、二品，既可調節口味，
　　　又可有益身體。

十九。酒以合歡，喜飲者每不能自禁：酒以成禮，節飲者乃不至失儀。然飲酒過多，每因酒而傷身。醉後失言，釀
　　　成大禍，每因酒而誤事。終日酗酗，不省正務，每因酒而敗家。酒爲色媒，醉後亂性，每因酒而喪德。縱不
　　　能止飲，亦須遵禮而節飲，方可享酒中之樂，不至受酒中之害

第三項　務爲學

一。學者，所以學爲人也。

二。學問不貴空談，而貴實行：

三。曰學期有裨於世。學術無補於生民，縱震世駭俗，紿屬音終屬道之旁徑。

四。家不論貧富子女不論賢愚，首在讀書。讀書則能窮理，窮理格致，自可明修齊治平之道;匪但不至爲非作歹，
　　　且可爲國家造就人才。

五。古諺有云:「讀書千遍，其義自見。」爲讀書良法。幼年學讀，尤須專心一意，務要讀得字字分曉，不得目視
　　　他處，手玩他物。須背誦者，尤要熟背，使朗朗上口，可終生不忘。

六。讀書有十則:靜坐則神清，澄思則理透，好問則識廣，多讀則學博，稿易則文精，功純則德進;勿炫奇而附會，
　　　勿穿鑿以聚疑;無即薪嘗膽之志，則心思不苦：無破釜沈舟之勇，則功夫不深。

七 。讀書在勤勉，在有恆，在能吃苦。如囊螢，如映雪，如懸梁 夕刺股，莫不從苦處得來。且記勿怠惰，勿驕滿，勿自恃聰明 勿廢於半途，勿安於小。如此必可成大器，致大成。

八 。讀書重在師教，人品之高下，心術之邪正，學問之深淺，皆由於師之賢否？得其人則訓詞端嚴，而子弟之率教，亦能勤謹。師不得其人，則不得授以身教，遂致荒學業，壞品行，欲子弟爲良材，難矣。

九 。朱子曰：讀書有三到：心到、眼到、口到。心不在此，則眼不看仔細，心眼既不專一，卻只謾浪讀書，絕不能記，記亦能久。故三到之中，心到最重要。心既到，口眼豈能不到。

十 。爲學之道，務求在己而已。毀譽榮辱之來，非獨不以動其心，且資之以爲切磋砥礪之地。故無入而不自得，正以其無入而非學也。若聞譽而喜，聞毀而戚，則將惶惶於外，惟日之不足矣。

十一。透利害生死關，方是學之得力處。若風吹草動，便生疑惑，學在何處用。

十二。學問二字，學於古則多看書籍，學於今則多見榜樣。問於當局則知甘苦仁，問於旁觀則知效驗。勤智不已，才自廣而不覺矣。

十三。人可以不食也，而不可以不學也。不食則死，死則已。不學而生，則入於禽獸而不知也：與其禽獸也寧死。

十四。學是學這件事，問是問這件事，思辨是思辨做這件事，則行亦便是學、問、思、辨矣。

十五。雞鳴夙興，向晦宴息，皆學之時。暗室屋漏，鄉黨朝廷，皆學之地，動容周旋，灑掃應對，皆學之事。

十六。立志不定，如何讀書？自責自修，學之至要。

十七。聖，誠而已。學以至乎聖人之道者，思誠而已矣。

十八。聖人言語，蓋欲使人事事理會，步步踏實，只在明倫理，日用飲食間作去。

十九。人多以老成，則不肯下問，故終身不知。

二十。富貴驕人固不善，學問驕人，害亦不鮮。

廿一。學者大患，在於好名。好名，則其意爲私也。

廿二。人之好強者，以其所知少也。所知多，則不自強矣。學然後知不足。

廿三。學者切不可以富貴爲大事，專役富貴於心，則不可爲學矣。

廿四。爲己，欲得之於己也。爲人，欲見知於人也。學者爲己，其終至於成物。學者爲人，其終至於喪己。

廿五。曰爲學之罪有二：好爲奇而多附會之言；好爲鑿而違闕疑之旨。

廿六。學無難易，在人自覺。才覺退，便是進。才覺病，便是藥。

廿七。讀書，始讀未知有疑，其次漸漸有疑，中則節節是疑。過了這一番後，疑漸漸解，以至融會貫通，都無所疑，方始是學。

廿八。學貴能疑，但點點滴滴只在心體上用力，則其疑亦只在一處疑。一處疑者，疑之極必自然豁然矣。若只泛然測度道理，則其疑未免離根，離根之疑，愈疑而愈增多歧之惑矣。

廿九。少年讀書，能記憶而苦於無用；中年讀書，知有用而患於遺忘。不可如何之處，則惟有上焉者剙立說，下焉者撮要劄記。不但經手寫成，可資記憶，抑且可留作後賢參考。

三十。人生有限，如奔電逝波；學問如逆水行舟，不進則退。且不可因循姑待，浪費韶華。貪戀無益之虛名，咐誤有爲之學問。徒惹老大傷悲，後後悔莫及。古人愛惜分陰，真是金玉良言。

第四項　謹言語

一 。言行君子之樞機，動關榮辱，不可不慎。出言求無口過，行事求無怨惡，忠言篤敬，蠻貊可行。

二 。必使言不　發，則庶乎寡過矣。

三 。慎言語以養其德，節飲食以養其體。事之至近t而所繫至大者，莫過於言語飲食也。

四 。君子口中無慣語，存心故也。故曰修辭立其誠，不誠何以修辭。

五 。心放自多言始，多言自言人長短始。

六 。爲人非禮勿言，而庸言必信；亡非禮勿動，而庸行必謹。昔賢有言：守口如瓶，防意如城，何且其慎也。

七 。事理通達，而心氣和平，故能言。

八 。因立身莫要於言行，言行者榮辱之主也。人欲悅親信友，獲上治民，非言行素孚，其道無由。

九　。言，以遜爲宜。有過人之行，而口不自明；有高世之功，而心不自居，乃爲自厚之道。

十　。言而無益，不若勿言。爲而無益，不若勿爲。

十一。率真者無心過殊多躁言輕舉之失。慎密者無日過不免厚貌深情之累。心事如青天白日：言動如履薄臨深，其
　　　有道之士乎乎！

十二。在邪人前正論，不問有心無心，此是不磨之恨。故住在則進退在我，行法可也。位不在而情意相關，密諷可
　　　也。若與我無涉，則箝口耳矣。

十三。慎言於妻子僕隸之間，檢身心於食思起居之際，這個工夫便密了。

十四。處難處之人，要能知而無言。

十五。言不可不重也，可以言而不言，猶叩鐘鼓而不鳴也，亦爲廢鐘鼓矣。

十六。文辭取達意而止，不以富麗爲工。

十七。筆墨固宜撿點，出言尤宜謹慎。不可逞快口，恣辨鋒，或議論長短，或譏評賢否，或狎侮訕笑，或游從戲龍。
　　　大抵敬心日亡，則肆念日長，發於語言，形於動靜，不知其非。不獨大傷忠厚，抑且招尤取怨。

十八。責善之道，要使誠有餘而言不足，則於人有益，而在我無見疏之辱，斯爲善矣。

十九。慎言，工夫也。須從不睹不聞做起。常常有一個慎言的念頭。欲發一言，必自思此言不發，我卻無損，發之
　　　我有何益？則言自不敢輕發矣。

二十。言之不出，恥躬之不逮。無其實不爲其言。

廿一。一言一動，不可不慎。遇一小得意境界，便說驕輕話，螻蟻前程，一撮家私，便放在臉上。此等人度量淺薄，
　　　只緣學識不足而已。君子器量淵涵，躬耕隴畝，與正色立朝，面目未嘗少異，方是有學之人。

廿二。不求自強，只在他人口頭上討個好字，給不長進。

廿三。凡出言必先思量，是合理的便說，不合理的便不說。是有益於人的方說，有損的便不說。至於與人期約：亦
　　　須思量，後日能踐約的方說，不能踐約的便不說，自然言少而寡愆。

廿四。聞人過失，須加警惕，耳可聞，口不可言。語云：經日之事，猶恐未真。況十口相傳，豈可輕信。至於閨閫
　　　之事，允多不曾寓目，而好毀人者，不惟不察，且無影吠聲，喜談樂道，惡薄至此，不但折品損德，抑且爲
　　　正人君子掩耳所不齒。

廿五。交接宴會之際，人品不一，或素行有疵，或相貌不全，或學識不等，或貧富不齊。言語之間，切須留意檢點。
　　　勿犯人忌，勿犯人短。勿以所學，自行暢言於淺學之前，庶兔聽者愧疚，轉爲嫉恨。

廿六。說閒話於有事之家，訴苦情於無用之地，最惹人厭煩，而於事無補。

廿七。雖舜之聖，且畏巧言令色。說之惑人易入，可懼也。

廿八。言有三不可聽，一曜私恩，失大體。二食小利，背大義。三橫心所發，橫口所出，不復知有禮義。若聽信了，
　　　便要誤事。

廿九。凡人言語正到快意時，便截然能忍默得住；意氣到發揚時，便翕然能收斂得住；憤怒嗜欲正到沸騰時，便廓
　　　然能消化得住；此非天下之大勇不能也。

第五項　明德性

一　。爲人之道，可一言而盡，曰誠而已。不貳所以族訪也。

二　。人之所以立身者，信義而已。故曰無信不立，無義則亂。內自父子兄弟，外至親戚朋友，凡存心處世，立言
　　　制行，務要名實相副，始終如一。勿損人而利己，勿徇私以害公。如此信義既敦，自是光明正大之人。

三　。君子小人所爲不同，其分界處，僅在公私之際，毫釐之差。

四　。人與禽獸之分，在恥之一關。人到無恥地步，則天良盡泯，父兄無所用其教，師友無所用其規。無向上志氣，
　　　豈復有向上事業。居官不恥爲奸，那得爲忠；爲子不恥爲逆，那得爲善。迨至失言、失色、失足，恬不知羞；
　　　悖倫、逆理、干紀，靦不爲怪，此與禽獸何異。人能知恥，而復羞惡之心，乃起死回生之機也。

五　。人有七不可犯：一忤逆，二尖刻，三淫汙，四欺詐，五貪鄙，六佾幫閑，七剛慢鬥狠

六　。制心以禮，制事以義，取財以廉，行己以恥。四者並重，而廉潔尤所當先。必守一定之是非，不爲利所奪；

嚴一介之取與，不以貪而乖。庶幾廉隅飭，而風節立。

七 。要知戒謹死懼，是治心之本。敏行慎言，是治身之本。孝友勤儉，是治家之本。忠義惻怛，是涉世之本。

八 。作事要正正堂堂，切勿隱暗：言行不一。須知惟有人間耳目最難掩蓋，切勿以爲只有我聰明會瞞人，要知人亦有聰明來透視我。一旦暗事揭開，小則面紅耳赤，難立足於人前一時，後悔已晚；大則身敗名裂，難立足於世，鑄戚大錯，貽千古恨。

九 。君子畏名教，不畏刑罰：畏不義，不畏不利；畏徒生，不畏舍生。

十 。得罪於法，尚可逃避；得罪於理，更沒處有身。只我的心便放不過我。是故君子畏理甚於畏法。

十一。君子之心公而恕，小人之心私而刻，不可不察也。君子循理，故安舒。小人逞欲，故矜肆。

十二。事有當死不死，其訴有甚於死者，後亦未必免死。當去不去，其禍有甚於去者，後亦未必得安。世人至此，多惑亂失常，皆以不知義命輕重之分也。

十三。丈夫頂天立地，處世存心務要容人，而不可爲人所容。務要制欲而不可爲欲所制。爲人所容乃自取之恥；爲欲所制乃自取之辱。

十四。辱之一事，最所難忍；自古豪傑之士，多由此敗，觸目驚心，不可不慎。處者之道，當察辱自何處來：，若其來自小人，則理在我，何怒之有！若來自君子，須知吾過當改，亦何怒之有！世人不知辱之所自來，均以一怒應之，甚至以拳還之，或致相仇而不能已，何異樹衆敵以困孤我，自取失敗。故忍辱是人己交接第一關頭，亦爲立身立業成功失敗之第一關鍵。

十五。忍激二字，是禍福關頭。

十六。必有忍，其事乃有成；必有容，其德乃得大。君子立身，未有不成於容忍，而敗於不容忍者。惟容忍才能恕人，惟恕人方能合衆，惟合衆方能作大事，立大業。

十七。爲人務仁厚而勿刻薄，務光明而勿陰險，務廣大而勿偏仄，務坦直而勿邪曲。常以此洗沃其心而不令爲物欲所牽引則行可正矣。

十八。亨途勿記怨，窮途勿受恩。言語睚眦之間，人或出於無心；學人君子具有容人之度，直宜忘卻，不足較量。

十九。人之立身，度量第一要寬弘，凡遇事以和易處之。若那庸夫俗子，浮氣一動，就和上天下地無所容身的一般，有何用處。

二十。人之病在好談己長。長於功名者，動則誇其功名；長於所業者，動則誇其所業。此每因露其所長，遭小人之忌，吃虧於不知之中。故智者不言其所長，始能保其所長，而其長自大。

廿一。有一分自滿之心，面上便帶自滿之色，口中便有自滿之言。殊不知世間再無可滿之事，若自謂已滿不可加，便是走入窮途，爲有識者所不齒。

廿二。若事出迫不得已，與人忿爭，止可據事言理，不可脫離本題，另生枝節。尤不可發其隱事，揭其家門之醜，揚其父祖之惡；非止有傷厚道，抑且盛怒之下，恐肇大禍。

廿三。得意便趾高氣揚，失意便垂頭喪氣，終究難作大事。人生功業，有關器量，寵辱不驚，是大成人物。小得小失可置之度外。

廿四。人之不幸，莫過於自足。恆若不足，故足：自以爲足，故不足。

廿五。人可回天地之心，天地不能奪人之心。大丈夫行事，論是非，不論利害；論逆順，不論成敗；論萬世，不論一生。

廿六。人生之生死，有形者也 人心之生死，無形者也。衆人見有形之生死，不見無形之生死，故常以有形者爲主；聖賢見無形之生死，不見有形之生死，故常以無形者爲主。

廿七。注視每熟字不識，久視則靜物若動。乃知過思迷正，多疑者亂真。

廿八。勿怪人媚我，我必有喜人媚者，而人方媚我；然則人之媚我，非人之恥也，實我之恥也。

廿九。諫人之惡，直也。當聚人之前而諫人之惡，非直也，沽名也。

三十。以愛己之心愛人，則盡仁；以責人之心責己，則盡道。

第六項　愼交遊

一 。人生處世，貴在知人。朋友者，知其人，友其德，乃可藉以輔吾之仁，矯吾之失。故交得其人，則可自薰其德，而入聖賢之途，不得其人，則惟導諛長惡，漸趨下流之路。

二 。益友在座，如他山之石，互相切磋：勵我以道義，博我以學問，勗我以端方，勉我以廉靜，블我以勤愼，進我以謙和。一夕之話，勝讀十年之書；片語之投 逾於百朋之賜。

三 。擇交不可不愼。崇樸實不尙浮華，樂鯁直不事걸諛，仰其德行，奉爲楷模。合以義，不貪以利；契於心，非接於形。當思直諒多聞，方爲益友。

四 。朋友之交，在五倫之內，若擇交不愼，何以相處？同仕宦則有傾險之危，同讀書則有雌黃之論，同貿易則有苟且之計，同工作則有如忌之心。種種有始無終情態，皆由初交不愼所致。

五 。士閒居時有朋友游從聚處之樂；其治學也，又得砥行能文章之儒，以爲依歸。此其樂宜舉天下快意之境，無以易之。

六 。孟子曰：「朋友有信。」合交與信並言，無上下，無貴賤，無死生。信而交，交而信，亦可以無悔矣。

七 。朋友之交，以相下爲宜。或有未合，要在從容相感，默然相成。若矜己之長，攻人之短，切戒非交友之道。

八 。朋友有通財之義，貧窘急難中，扶持賑濟，此恩眞勝骨肉。但在受者雖難免有感恩思答之心，而在予者則不可存市恩圖報之意。當秉持仁義，以厚道處之。

九 。交友之離合，觀其始可卜其終，大抵以道義合者，終當耐久，以勢利合者，必見乖離。

十 。交富貴之友，戒之在驕在奢；交豪俠之友，戒之在爭在녁；交商賈之友，戒之在吝在嗇。他如蕩子不肖，則萬不可近。交友不善，亦足以危身蕩家，故無好友，不如無友。

十一。觀人不於其所勉，而於其所忽。然後可以見其所安之實也。

十二。知人要識別邪正。尤要愛而佑其惡，憎而知其善。

十三。人有德於我，不可忘也。我有德於人，不可不忘也。世人知恩報恩者，能有幾人？若受恩者久已相忘，施恩者猶有德色。因恩成怨者多矣。不可不戒。

十四。恕，己所不欲，勿施於人；不以所長者病人，不以所能者愧人。不念舊惡。

十五。朋友即小嫌，不可輕易反目。朋友即甚厚，不可責望太奢。

十六。略有與人計較長短意，即是渣滓消融未盡。

十七。處人之道，心厚而氣和；不獨待君子，即待小人亦然。

十八。來說是非者，便是是非人，不可不知。

十九。小人憚於改過，而不憚於自欺；故必文過以重其過。

二十。心口皆善，吉人也；心口皆非，雖非善，人猶得而防之，尙不致大善。惟言稱聖賢，心似蛇蝎，變化傾刻，不可不防。以此陷同列，誑庸愚，賣親友，無惡不爲。此乃世道之大賊，當愼之遠之。

廿一。與人語言不可輕薄帶謔；與人交接不可輕言交財；隨眾宴會不可偏增菜餚；貧不墮品，富不驕奢。立身處世，不可不愼。

廿二。待小人不可露輕視之態，尤不可倨傲，倨傲則爲彼所恨，遇事則爲彼所阻。亦不可近與嬉玩，嬉玩則爲彼所輕。

廿三。強來親近者，必非尋常，宜稍持距離，以觀其所向，然不可露故避之뾜。

廿四。旅途朋友，盡屬新交，須審其言談，察其舉止，觀其顏色，窺其所好，方可接交；而與受之際，仍須非常謹愼。

廿五。人當交厚時，不可盡以私密事以閒談語之，恐一旦失歡，藉爲口實。失歡時亦不可以過份語加之，恐忿平復好，反悔前言。

廿六。古有御史輔政察言。吾人亦當有好友數人，有事之時與之參謀，庶無大過。

第二節　齊　家

第一項　重教養

一　。天下無不慈之父母，惟父母之於子女，必幼而教之孝悌，長而授之學業。其頑而妄爲者，亦必嚴爲教誡，，勿姑息以養其非。

二　。人之子女，多於兒童時恣其所爲，日漸月漬，乃逾規矩，此父母養而不教之過。及其長大，愛心漸疏，見其小過，又以爲大惡，怒責拳打，此父母枉憎之過，二者皆非教養之道。故凡教養子弟者，必自孩童時始。若從幼便驕惰，語言不遜，舉動不端，則以爲幼少無知而忽之，漫不加責；豈知少成若天性，習慣成自然，後難欲變其氣質，不可得矣！爲人父母者，當深體此意。

三　。子女質敏才俊，固然可喜，然應防其天才外溢，流於非爲。宜早加訓誨，學禮範其行，讀書勵其志，長大之後，習與性成，行爲自不踰矩。

四　。子女童稚之年，父母師長之訓教，寧嚴勿寬；然嚴勿失於厲，寬勿失於縱，才爲恰當。稍嚴則可柔其氣血，收其心身，俾舉動知所顧忌，而不致肆爲非禮。

五　。子女敬長之道，古有明訓。年長二十者，以事父輩之禮上事之；年長十歲者，以事兄輩之禮事之。凡遇尊長，言必遜，貌必恭，行必讓，見尊長坐者必起，坐必偏位。應對必以正稱，不可假易稱呼，你我爲言，力盡得爲子女卑輩道理。至於尊長亦不得以輩尊而輕卑幼，倘卑幼中有齒德可尚，才品出眾者，亦當以賢者之禮相待。

六　。子女幼小能言時，父甘當教以稱呼之禮，能行時則教以起居之禮。令其自幼習行，既長則動作自可合乎禮節。

七　。凡子女習禮，以審其儀節，明其大義爲首要，如臨兇禮，不可有喜慶之態，以衣素衣爲善；臨吉禮不可有憂戚之色，衣整潔之常服即可。言語舉動，須修整從容，然從容須不失之迂緩，修整須不失之拘束，才爲適當。

八　。子女幼時不可避賓客，年少見識未廣，正當於賓客週旋進退處學習之；若一味迴避，不知待客之禮，則一見正人，手足無措，大爲人所輕鄙。

九　。子孫得罪父祖，而父祖容忍之，是姑息之愛也，愛之適足以害之。

十　。飽食煖衣，逸居而無教，則近於禽獸；教子女之道，莫切於此。

十一。尊長亦須接下以禮。即卑幼有過失處，勿攘臂穢罵，致自失體統，而貽幼小以自卑之感。

十二。家教以身教爲重，凡爲父母者，先立於無過之地，一言一動，皆爲之表率，則子涵育薰陶，自無蕩檢踰閑之患。

十三。大凡子弟須從小時約束，飲食必示之節制，不可因有餘，而任其醉飽；衣服必示之樸素，不可因有餘而任其華美；長幼必示之有序，不可任其先後踰越；言語必令之緘默，不可任其談笑喧嘩；舉動必令之雍容，不可任輕浮。自然可一好人。

十四。大凡人要受得苦，受得苦方才幹的事，古人謂咬菜根百事可作，人若受不得苦，決然擔不得事。

十五。子弟最怕三心二意，雜亂不專，又怕心高志大，虛華不實。此兩棟事，誤盡人生，百事無成。

十六。人不肯喫虧，一半固是自私，一半卻也是好勝。不知越有勢力越要讓人，越富貴越要損己益人；自處越退，身份越高，切不要爲好勝之心誤了。

十七。取與之際，最要分明，亦最易蒙蔽。非義之物，一介不取，一介不與，此是爲人第一立腳處。

十八。不貪財，不失信，不自是。有此三者，自然鬼服神欽，到處爲人敬重，九宜慎之又慎。

十九。爲善去惡，便是趨吉避凶。

二十。刻薄爲殺身之本，忠厚爲植德之基。

廿二。有心之過大，無心之過小。

廿三。過則人皆有，未足爲患，患在文飾；儻不文飾，非過也。志士之過，布露不隱。

廿四。言語須要溫文，動容須要謙慎。擇地而蹈，亦當和易，而不至於太矯；擇人而交，亦當涵容，而不至於大狹。責己宜重以周，責人宜輕而約；自養宜清苦，待人宜從厚。馭下宜嚴密而有恩：日用當親手檢括，勿輕假手

於人。

廿五。任情太過每甚於無情，厚無等而薄且隨之；和無節而戾且隨之。守禮太嚴或至於失禮，文甚而實去者有之，貌承而意漓者亦有之。

第二項　齊家政

一。治化之道，必先齊家；然政行於天下嘗易，而教施於一家嘗難。蓋骨肉之間，恩勝則家禮難憑；情親則家法難申。自非躬行德化以輔之不爲功。世謂治家之難，難於治民，良非虛語。故善治家者，以正己爲則；己正則子女有所觀感，可相率以從。己不正雖有治家嚴法，亦無以爲教。

二。治家以正人倫爲本，正倫以尊祖睦族，孝父母，友兄弟爲先。以敦親黨，和鄉里爲要務。近正人如近父兄，遠惡人如遠虎狼。再守之以勤儉，行之以慈讓，約己而濟人，習禮而好德。如此，可以興家，可以安身立命。

三。人謂處世難，不知齊家亦難。家之不齊，多由於財物搆隙。若能自敦倫序，輕財而重情，則家無不齊者。

四。婚嫁爲人道之始，立家之基，最宜審慎；應以品德學識爲本。勿索聘金，勿重粧奩，勿攀高慕貴，或貪圖美色。復不可奢侈，以有用之錢，作無益之用。當以身作則，挽回風氣。

五。婦人重生育，自胎教以至於孩提，自孩提以至於成童，能成器與不能成器，半視母教之賢否。故女子爲國民之母，所關甚鉅。未有母不正，而能正其子者，治家嚴肅，必自內始。

六。愛其子而不教，猶爲不愛也。教而不以善，猶爲不教也。有善言而不能行，雖善無益也。

七。家人間互相親愛，時作愉快敘談。務使滿室生春，力除沈悶無生氣之象。

八。治家之道，勿以微嫌而疏至親，勿以小忿而成大怨。門無雜賓，架無雜書，心無雜想，家無雜費，雜之一字，大可戒避。

九。親戚往來，禮物不可豐，聊以達意而已。

十。與其遺財產於子孫，寧使子孫能自食其力。

十一。非應用之品，雖價廉物美，亦不購置。

十二。子女有自活能力，而後婚嫁。

十三。處家可省則省，不當處最要省，當處又最不可省，勿輕易借貸。總要懂得此旨，方不是敗家子，不是守財奴。

十四。遇有喪祭，務須盡誠盡意，勿徒虛文。

十五。婚嫁喜慶，適宜就簡，勿事張皇。

十六。宴會親賓，務必雅潔，致其誠敬而已。

十七。衣不欲異，欲其潔；食不欲異，欲其精。

十八。家中成人，不論男女，須各有職業。

十九。贅婿當以客禮待之，養媳當以愛女撫之，只有教之誨之，不可打之罵之。

二十。役工亦人子也。宜恤其饑寒，節其勞苦。情通如父子，勢應如指臂。不但廣吾仁心，而彼亦自竭其力。

廿一。非份之財，即爲禍端，積之愈多，爲害愈大，毀家傷生，悔不當初。惟有潔身勵行，遠財與色，爲修身齊家之大要。

廿二。親朋有急難，須多方救濟；兒女有過失，須著實切責。家人非大過，須伴痴寬恤，爲家主者，尤宜留意。

廿三。家世愈艱，而禮法不可不飭；門祚愈薄。而志氣不可不堅。

廿四。無事吃補，疑病服藥，徒傷身體，應以爲戒。

廿五。辱人賤行，無過嫖賭，煙花賤質，所志惟財，黃金暮盡，粉面朝更，何趣何情？甘投網阱。

廿六。正禮節，安分以養身；不飽食，和胃以養氣；勵勤儉，省費以養財。

廿七。平居寡欲養身，臨大節當達生委命。治生量入節用，循大義當芥視千金之產。

第三項　尚友愛

一。尚友愛以忠爲本。以財自私則不忠，以名自私則亦不忠。交友不忠，亦不可謂友。不忠則言必誣，行必僞。我欲欺人，而人不爲我欺，適自欺也。

二　。父母生我而有先後，故有兄弟。兄友弟恭，長幼有序，人之常道也。宗族之內，不論親疏，凡吾同行，皆兄弟也。當推友恭之誼，而均手足視之。更有與吾父同行，與吾祖同行者，皆父、祖之兄弟也。更當益廣友恭之誼而及之。於此再擴而大之，將及於全族。人孰無族，族皆如是，則世教純，而世風正矣。

三　。聖賢言孝即言悌，言愛親即言敬長。親親長長，原是相因之理。一門之內有兄長：宗族之中有尊長，不論貧富貴賤，皆當恭敬盡禮，不可稍有疾言傲色。

四　。敬人而致人之敬，慢人則致人之慢；況兄弟乎，何為不取其敬，而拋其慢。

五　。以父母之心為心，無不和之兄弟。以愛子女之心愛兄弟，不患和敬之不至。

六　。孝悌為立身之大本，居家不考於親，對國必不能忠其事。居家若不能和睦兄弟，處世必不能合群於社會。木根喪失，為世人所不齒。

七　。骨肉之間，多一分渾厚，便多留一分天性，是非正不必太明。

八　。兄弟分形連氣，出於一本，苟或爭小利，偶生嫌隙，漸成吳越。惟有兄友弟恭，始能相親相愛；惟有輕財重義，始能略理言情。最忌假偽，必須真誠。如其不然，縱能高談雄辯，皆成飾說；即或盜取功名，亦為衣冠禽獸。

九　。人生有可同憂戚共患難者，莫如兄弟，兄弟相處，雞蟲小事之忌，事斯多有；惟有忘怒忘怨，方可兄友弟恭，式好無尤。兄弟如手足，兄弟同心即宜家，異心則解體。兄弟乖離，無殊手足瘻痹，可懼也。

十　。同胞無幾，兄弟姊妹之間，設有貧困急難，俱當竭力救濟。即或誅求無厭，亦只宜忍耐相安，俟其自化，不可傷手足之情。世謂處兄弟姊妹者，須忘怒忘怨，真是明倫良。

十一。子弟務以孝友為先。事父母宜孝，事兄弟宜敬。逢吉凶務量力盡禮，遇患難須竭力維持，毋得坐視，淡漠旁觀。倘或貧富不同，賢愚不等。而富者可一力承充，以敦兄弟情誼。

十二。兄弟鬩牆，多因小故，各自負氣，不肯相下。設念一本之倫，敬恭相讓，則情意無不浹者。兄弟一本而出。幼則相扶攜，長則同師友。及各成家立業，有變弟兄之親，而為吳越之隙者；多因析產分財，或升斗小事，漸釀為鬩牆之爭。挽回之道。當先究音心。無為一己之私，則友于可篤矣。

十三。少年英發，入世周旋，受侮處正復不少。乃於他人則甘受挪揄；而於家人竟反高崖岸，豈大丈夫之所應為？處兄弟者，若能作如是想，各存忍讓之道，當不會自殘手足。不平之來，無不渙然冰釋。曲者我曲，直者亦是我曲，自無加曲於人之矣。讓人既久，感之愈深，將見和氣致祥，何樂如之。

十四。父母不幸中年亡故，所遺幼年弟妹，為兄長及姊者，當撫之如子女，曲盡衣食教誨之事，至幼年弟、妹之待兄嫂，亦應以父甘之禮事之。

十五。父母或偏愛兄弟，非喜其賢能特出；實慮其智力不足，貧困加身而為之憂也。正宜順父母之意，益加友愛，以全手足之誼。

十六。雖親兄弟姊妹叔侄之間，勿輕易交財。如有緩急，可自我量力助之，而不可有求報之心。

十七。兄弟不睦，則子侄不愛；子侄不愛，則群從疏薄，大悖人倫之旨矣。

十八。家庭相處，兄友弟恭，姊姊隨之；則全家安和，父甘愉快。或處異母之下，如兄弟相和，亦可矯異母偏愛之私。

十九。妻子好和，兄弟既翕，此是家庭和氣，則福祿聿臻。夫妻反目，兄弟鬩牆，此是家庭戾氣，匪但父母為憂，亦啓災禍之端。

二十。兄嫂子女，無非一本之親，撫猶子直如己子，弟婦兒孫，本屬一家所有育，視所生無異親生。不以斗粟尺布而較量，不因潤寡分多而啓釁。柝爨則任卹鄹，各盡友愛之誼，庶幾妯娌和睦，家室平安。

廿一。事親孝，故忠可移於君；事兄弟，故順可移於長；居家理，故事可移於官，豈有二理哉？

廿二。子夏曰：「君子敬而無失，與人恭而有禮，四海之內，皆兄弟也。」兄弟手足相輔者也。若人人如手足之相輔，則國家治矣。

第四項　睦宗族

一　。睦族之道，莫先於義。惟惇於義，則無德不順；惟乖於義，則同室不愜。

二　。族人雖有遠近親疏，要其本源則一。故族中有大吉凶，必先慶弔，使骨肉之氣常通，遇有合族之事，必同心
　　　商榷。只於平時，亦應於年中聚會；以聯一族之誼。人情不見則疏；日疏日遠，大非睦族之道。

三　。為家以正倫理為本，以尊祖睦族為先，以勉學修身為教。守以節儉，行以慈讓；足己而濟人，可以寡過矣。

四　。仁莫大乎致孝，孝莫大乎明宗，本始所由進，支庶所由統也。

五　。收族原於敬宗，敬宗原於尊祖。

六　。以祖先之心為心，無不睦之宗族。

七　。以父祖愛子孫之心，以愛宗族。則我愛人，人亦愛我；而情誼未有不汰洽者。

八　。睦族之要有三。一曰尊尊：輩屬尊位，則對之恭順有禮。一曰老老、輩屬卑位，而年齒已高，亦須扶持保護，
　　　加以高年之禮。一曰賢賢：德行學識，可為族人典範者，雖年輩均低，亦須忘輩忘年，加以做賢之禮。

九　。聖人以天為一家，以萬物為一體。推恩錫類，靡不周徧，況同宗共祖之人，何容視同陌路。有難，當為之共
　　　排，有紛，當為之共解。有無相通，緩急相持，以致其敦宗睦族之情。

十　。睦族必以敘倫為先；敘倫必以正名為先。一族之中祖孫、叔侄、兄弟之間，各有定名，不可紊亂。尤不可因
　　　尊長寒微，逕致逕呼爾我，避加尊稱，以失人倫之序。切不可重富輕貧，少存異視之心。

十一。同族之人，兄弟叔至，名分較然。故相見必恭，言口語必遜，坐次必謹，行步必讓，禮不可廢，心乃相安，
　　　情乃相和。

十二。疾中鰥寡孤獨無所依者，果能安分守己，當念族人一本之義，宜通族合力量情賙給，不可膜外視之。又寒素
　　　族人，有婚嫁喪葬不能舉者，或品學兼優而無力上進者，族人應量力為助，義不容辭。

十三。分別尊卑，齒殊老幼。諸祖諸父，咸居九族之先。自牧之道，莫若謙卑。尊祖故敬宗，敬宗故睦族，宜從根
　　　本上來。德修而行立；行立而名成，須先從家族中做起。

十四。睦族有四務。一曰矜幼弱：稚年失親，難以自立戚人；則須有矜憫之心，隨時為之助力。一曰恤鰥寡；貧者
　　　則恤以善言，富者則恤以財力，俾得樂生。一曰周窘急；族人有衣食無著者，量己之力，為之接濟，以盡宗
　　　族之心。一曰解怨競：族人有忿爭者，得多人勸之，往往心平氣和，可重歸於好。使生死均無所失　實為睦族
　　　之大者。

十五。族中有公益事，宜以富厚者當之，不可派貧乏者出費，俾有餘以補不足。

十六。族之興盛，在乎族人之賢否？子孫賢，族自興，乃不移之理。族中男女子孫，不論天資銳鈍，皆應善為教養。
　　　銳而聰者，使其學具專識。鈍而拙者，亦必使技擅一長。俾其大者能創建事業；小者能自立生活。

十七。族屬雖有官位，而正人君子無聞，族雖盛亦哀。如正人君子不乏其人，而功名官位暫虛，族雖衰亦盛。

十八。母氏之宗親，我身之所自出。姓氏雖異而恩誼最切。無論富貴貧賤總宜致敬盡禮，毋慢毋失，重母之所親，
　　　而所以重吾母也。

十九。數十世之家，百千人之族，傳世久而情義不替者，以其源流昭穆，明辨於譜書故也。族譜不修，不數代兩宗
　　　族為路人矣。不考孰大焉。

二十。欲親宗族，必修族譜，族譜既修，則文獻足徵，家世可傳，名分有序；尊宗睦族之思，必油然而起矣。

第五項　勵勤儉

一　。儉不但是衣食當知節省，凡一切無益之事，無益之費，皆須節省。

二　。儉是美德，然不可以吝字誤之。親友往來，禮不可失。而以吝取禍，至於覆家者，往往有之。但不可務奢好
　　　勝，自損其家。

三　。視財不可不輕，又不可不重。輕者義理所在，千金可揮。重者稼穡艱難，一毫宜惜。

四　。節儉二字，誠治家之寶也。但孝養父母，賑恤貧苦，則不可移節儉而吝嗇也。

五　。勤之道有五：一曰身勤，艱苦之境，身親嘗之。二曰眼勤，遇一人必詳細察看。三曰手勤，易棄之物，隨手
　　　收拾；易忘之事，隨筆記載。四曰口勤，待同僚則互相規勸，待下屬則再三訓導。五曰心勤，精誠所至，金
　　　石亦開。苦思所積，鬼神可通。

六　。為人立身：第一要勤苦節儉，自致饒裕。孝悌潔白，自致福祥。力學積久，自致通顯。俱吾人本分內事，不

從外面干求得來。若萌巧取躁進念頭，便走上邪路，品行一敗，不齒於人，雖悔何及。

七 。身登仕路，最要曉得步步節儉，不失書生本色。上可勉爲澹泊寧靜之儒，下可不受身家之累。若飲食車服，務爲美觀，用度不敷，比至山窮水盡，必至肆行掊克橫取，陷於刑戮。

八 。儉而不勤，徒儉；勤而不儉，使勤。

九 。廉以律己，則德日尊；儉以守廉，則辱不至。

十 。少年宜使苦，苦則志定。行事不獲，反求諸己。

十一。游惰之人，四民之蠹也。不耕而食，蠹之小者。誘人賭 博淫蕩，乃蠹之大者。奇邪之人，四民之賊也。

十二。以孝，教爲子。以悌，教爲弟。以慈儉，教治家。

十三。一家之中，男女皆不坐食，雖操作稍苦，然知物力之艱，自可養威節用之智。勤儉之爲德，小而可以自足，大而可以濟人濟世，化風矯俗。

十四。人情一日不再食則飢，終歲不製衣則寒。衣食既足禮節德行，將可由教化而生。以達安居樂業之境。凡此莫不由勤儉得來。

十五。只「虛體面」三字，誤盡一生，誤盡天下人。凡喪葬、婚嫁、交際之類，當量力而行，不爲「虛體面」三字所累。

十六。奢者雖富不足，儉者貧能有餘。

十七。懶散二字，立身之賊也。千億萬業，日怠廢而無威，千罪萬惡，日橫恣而無制。皆此二字爲之。

十八。喜來時一點檢，怒來時一點檢，怠惰時一點檢，放肆時一點檢，此是省察大條款。人到此多想不起顧不得一錯了便悔不及。

十九。飢餓窮愁困不倒，聲色禍利侵不倒，生死患難考不倒，而做人之道畢矣。

二十。金滿篋，田滿阡，子孫未必能守。上焉者遺子孫以德，次焉者遺子孫以節儉。

廿一。父祖之貽子孫，惟以「義」爲最善。否則如違理貪財，跋扈鄉里，徒貽子孫禍根，何愛之有？惟合義之愛，方是真愛。

廿二。人患小弟不聰明，吾患子弟不誠實。人患子弟富貴，吾患子弟不儉約。蓋誠實真聰明也。儉約人富貴也。

第三節　治　國

第一項　處世事

一 。誠字，是力行之神髓。

二 。善不積不足以成名，惡不積不足以滅身。

三 。明是非，辨忠奸，守節義，權生死，才算得大勇。不自用，能用人，才算得大智。

四 。業精於勤，而荒於嬉；行成於思，而毀於隨。

五 。有利於己，無利於人，君子不爲，而眾人爲之。有利於己，有害於人，眾人不爲，而小人爲之。無利於己，有害於人，小人不爲，而惡人爲之。有害於己，有害於人，惡人不爲，而蠹人爲之。既利於己，並利於人，君子爲之。

六 。人無信不立，無信不行。一言一行，無不腳踏實地，是之謂信。不信在言，必啓侮慢，不信在行，定釀禍階。甚至約誓不足據，書契不足憑，欺心違誤，則爲妄人。人妄則亡實理，徒有人形，不過行屍走肉而已。

七 。財，最惹風波。人之處世，不但要見利思義，更要見利思害。蓋有利必有害，須慎思以防之。

八 。大抵處世接物，謙讓是尙。忠、恕是根基。盡己之心爲忠；推己之心以待人爲恕。最怕知己而不知有人，此刻薄人病根。

九 。凡事權其輕重，審其當否？合乎人情，然後行之，斯謂之義。故義爲行事之正途。捨正途而不由，乃人欲誘之也。或誘於名，或誘於利；遂致不當爲而爲，不當取而取，枉是爲非，顛倒錯謬。欲不顛躓傾仆難矣。

十 。困苦之時，正是磨練造就閱歷人情世故之候，一生本領，養在此處得來。不可因而委頓，如無根小草，不耐風霜。看徧二十四史，古來有大功業人，孰非從艱難困苦中來。

十一。以責人之心責己，則盡道；以愛己之心愛人，則盡仁；以眾人望人，則易從。此責己、責人、愛人之三術也。

十二。俗語云：吃虧人好過。吃虧有兩等，不可不明。一是委靡無用，專受人欺。這是屈於力，不可謂之能吃虧。一是力非不足，見得道理應如此，凡事退讓一步，這是能吃虧：度量大。

十三。儒者論是非，不論利害，此言非也。是非利害自有真。真是而真利應。以此提衡古今，如鼓答桴，，未有爽者。

十四。君子處世，不忍負人，亦不可為人所負。小事為人所負，自可大度容納。若事關險要，為其所負，一旦墜落坎陷，悔無及矣。

十五。處世之道，有正有權，正者萬世之常，權者一時之用。常道人皆可守，權非禮道者不能用；蓋出於不得已而為者也。

十六。稱人之善，宜就豎上言。議人之失，宜就心上言。

十七。防小人之道，正己為先，己既正，則在我無取誣之由，在彼亦無乘間之處矣。

十八。人之過也，各於其類，君子常失於厚，小人常失於薄。君子過於愛，小人過於忍。

十九。士謹慎而後求智能，士不謹慎智能雖多，亦猶以言辨色，以聲辨聲，捨妄亂無所得也。

二十。我以厚待人，而人仍以薄待我，應思我之厚或有未至。我以禮接人，而入仍以虐加我，應思我之禮或有未洽。然既厚以心且洽以禮，而彼仍薄我虐我，則當敬鬼神而遠之。

廿一。人生分內事，　勉為之，猶恐不及。若因循畏葸以失事機　後悔莫及。

廿二。世極深極險矣，我只淺易；世極奇極怪矣，我只率直。不惟不失我，而世之險怪，且無奈我何。

廿三。何處無小人，當思處之之道；只勿與計較小節，敬而遠之。

廿四。人之處世，不可有輕人之心，亦不可有上人之心。懷輕人之心者，類乎薄；挾上人之心者，類乎狂。虛心而接物，以為進德修業之本。

廿五。濟人為美德，固無貧富之分。富人濟人以金，自是富厚長者情懷。貧者力不能及此，只須存一片方便心，具三寸善言舌；為人解紛息事，溫情濟危。雖不費金錢布施，郤有勝於金錢處，自亦功德無量。

廿六。以吝為儉，以刻為嚴，以諂為讓，以做惰為厚重，以狡黠為聰明，以愚鈍為寬大，則差之何啻千里，宜分別切為之戒。

廿七。結客賞　，寺觀施舍，濫以予人，不如移之以助孤苦無依，以及殘疾之人，為有實惠。

廿八。人說人非，妍媸莫輕信，亦莫輕答，默記於心，容詳加觀察而後定。須知凡愛說閒話，愛管閒事，受圖閒錢之人，其言切不可輕信，其人尤不可輕交。

廿九。訟獄之事，為大冤不白而起。如父母之仇，不共戴天；兄弟之仇，不與同國。不告於官則無以由其冤而伸吾之情，乃訟以不得已者。若戶婚田土，事屬細微，孰是孰非，自可調節；設稍有不平，不宜忍讓了事，庶免拖延法曹，結怨愈深，耗財破家，為禍更大。古云：「訟則終凶」，可以為戒。

三十。少年氣盛，最忌毆鬥，己弱人強，必建毒手。己強人弱，或傷人致命。貽身家之累，莫甚於此。若事前稍加抑勒，平心一想，啟釁之端，豈非我亦有過？自可心平氣和，無鬥狠之事。縱受委曲，而慮及後患，亦可猛省回頭，不致鑄成大錯。

卅一。人老而頹放，多因不能勵志所致。若能寬平以持其志，淡泊以滌其慮，置生死於度外，自有其所樂為。。縱老至力不能為時，而正其心，善其行；以範後昆，以型鄉里，未嘗與社會無補。

卅二。勿謂人可欺，妻子僕役皆如史官，俱能傳我之惡也。

卅三。以忠孝為本，以禮義為綱，不論學識高低，職業類別，皆能以風操範世，為國家貞幹

第二項　和鄉里

一　。端重勤儉，是居身良法；仁恕正直，是居家良法；恭寬容忍，是居鄉良法。

二　。鄉里是同鄉共井，比居相近，務須一心一德，好事大家共成之，不得故生異同；不好事大家共改之，不得私行誹謗。彼此交際，和氣藹然。———

三　。既為鄉里，最貴尚義行仁。毋以口角譏評，積為怨府；毋以兒童嬉戲，釀厥禍胎。毋以眾多而凌辱庶姓，毋

以富厚而欺逼孤貧。總之，角勝爭雄，訟獄能無中生有；平情合里，自可排難解紛。

四 。故舊窮親，不可遠棄。

五 。鄉里當以敦厚謙和爲心。寧使人負我，不可我負人。若有橫逆相加，可以理曉白，不可以暴氣怒罵加之。

六 。睦　之道非一端，我居是方，必致力一方之風俗歸之於正，務使善者皆親我，而惡者自有所憚，不敢肆情爲非，方爲有道君子。若善惡不分，隨聲附和，遠非睦憐之道。

七 。居必有　，比屋而居，故睦族之外，必須睦　，睦　之道，如有應接，大而財產交易，小而借貸往還，以及酒食應酬等事，皆宜謙讓以敦情誼，始可出入相友，守望相助，有無相通，共謀福利，而臻安居樂業之境。

八 。鄉黨中有事物爭執，互起釁端，應仗義而出，任作調人。本公道之主張，保地方之安寧，使之情理得平，糾紛遽解。既爲方便之門，亦爲造福閭閻之道。切勿阿扼弱，附眾抑寡，挾勢循情，武斷偏袒，利人之危，乘人之急，以圖漁人之利，樹敵危己，自食其禍。

九 。吾人除父母宗族而外，便是東　西舍，一親二友，若妄自尊大，爭長論短，鬥是搬非，一言不合，便斯鬧斯打，一事不明，便講告講呈，因此結怨成仇，每至有傾家破產者，不可不戒。

十 。處鄉黨：年高有德者，必恭敬之，困苦卑賤者，必周恤之；閨門隱事，不可傳播；口舌閒非，不可挑唆；相爭訐告，力爲調停勸解。自然爾親我愛，訟獄全無。凡此皆爲利人利己之事，何樂而不爲。

十一。出入相友，守望相助，　里之益，自古重之。然或因同溝共井，而有利害之殊，又或居連界接，而起爭端之怨口角懷嫌，漸積漸深仇於呼吸相通之地，終非所宜。何若小事置之不較，使其自然悅服。如困理勢難容，當託正人排解，不難協和受福也。

十二。憐里聚居，出作入息，面相識而日相見，要必款洽殷懃，何能厚一方之俗。財甲一方者，宜扶助一方之貧；力勝一方者，宜拯濟一方之難；長幼有序，朋友推誠。庶可桑梓恭敬，禮讓成風。

十三。鄉愚之見，大抵一錢必爭，滴水不讓。有讓一錢者，則爭錢者愧；有讓滴水者，則爭水者惡，於我亦無大損，何如不爭以息事寧人。故讓者乃息爭矯俗之道也。

十四。居　不幸，如遇強梁詐巧，爲非作歹之人，能容忍處，仍以句容爲宜，不可輕舉涉訟。萬不得已，可亟託故易之，另擇佳　，古諺有云：「百萬買宅，千萬買憐。」擇　不可不慎。

十五。和睦　里鄉黨，勿聽閒言以致爭。諸宜和氣降心，不可使一毫意氣。

十六。親戚鄉里，總要至誠相孚，有不可交者，恭敬而遠僻之，不可形之聲色，非但招怨招禍，亦非處世做人之道也。

十七。鄉黨不可不睦，不得以吾族之強，兩欺他姓之弱。更不得助大姓之虐，而攻小姓之危。

十八。世風不善，豪傑之士挺然特立，去惡爲善，可收一方移風易俗之效。

十九。交易分明，不得貪小便宜，　於刻剝，致　里怨言。

二十。鄉黨不和，或緣豪勢欺凌，富家刻剝，亦或鄉里無賴蠻橫滋事，凡此等人，難以理喻，須遠之如避蛇蝎。

廿一。親舊假貸，須只量力捐助，以盡音心，勿出本圖利，以生後隙。

廿二。　里歲時饋燕，急難貸恤，必洽歡盡誠。

廿三。能修其身，所以立一家之風；能治其家，所以立一鄉之風。

第三項　論為政

一 。有人倫，然後有風俗；有風俗，然後有政事；有政事，然後有國家。

二 。化民成俗之道，除卻身教，再無巧術。

三 。教化者，立國之先務。廉恥者，士人之美節。風俗者，天下之大事。國家有教化，則士人有廉恥；士人有廉恥，天下有風俗。或國家不務教化，而責士人之廉恥；士人不尙廉恥，而望風俗之美，其可得乎

四 。天下存亡，匹夫有責。人無論窮達，莫不有國。達而在位，應盡瘁國事，自所必然。窮而在野，或閉戶著書，或抉犁耕雨，亦盡力爲國之責也。

五 。凡辦公事，須視如己事，爲國爲民，亦宜處處視如一家一身之圖，方能親切。

六 。物必有則，父止於慈，子止於孝，政止於仁，官止於敬。萬物庶事，莫不各有其所，得其所則安，失其所則

　　悖。聖人所以能使國家順治，惟止之各於其所而已。

七　。狗當吾戶，貓捕吾鼠，雞知天時，有功於人，食人之食可矣。彼素餐尸祿，將狗、貓、雞之不若矣。

八　。治世以大德，不以小惠。

九　。制度最大的敵人，一個是「私」，一個是「僞」。

十　。公私兩字，是宇宙的人鬼關。若自朝堂以至閭里，只把持得公字定，便自天清寧。只一個私字，擾攘的不成
　　　世界。

十一。知人有法，惟無私而後能知人。治天下在用人，然自己不會知人，如何能用人。

十二。傳曰：「求忠臣於孝子之門。」不盡孝於家，而能盡忠於國者，未之有也。

十三。進退人才，當觀其趣向之大體，不當責其行事之小節。趣向果正，雖小節可責，不失爲君子。趣向不正，雖
　　　小節可喜，不失爲小人。

十四。奉公以忠，毋爲私意所牽；薦士以才，毋爲權要所奪。當言則言，不視時而退縮；可去則去，不計利而遲回。

十五。爲政之道，得人、治事，二者並重。得人不外四事：曰廣收、慎用、勤政、嚴繩。治事不外四端：曰經分、
　　　綸合、詳思、守約。操此八術，則無所失矣。

十六。用人之道，貴當其才；用人只怕無去處，不知其病根在來處。理財之道，貴去其蠹，理財只怕無來處，不知
　　　其病根在去處。

十七。大抵人材由在上之人作成，若摧抑之，則此氣亦索。有道之士，不住其事，安肯以自取辱哉？

十八。善用威者不輕怒，善用恩者不妄施。

十九。當事者須有賢聖心腸，英雄才識，其謀國憂民也，出於惻怛至誠。其圖事揆策也。必極詳慎精密。如此，其
　　　所設施，安得不事善功成，宜民利國也。

二十。官之所居曰任。不惟取責任負荷之義，抑亦聽其便宜信任而責成也。若牽制束縛，則非任矣。

廿一。有君子，有小人。君子在位，其不能容小人，宜也。至於並常人而亦不能容焉，彼且退而附於小人，：雖爲
　　　君子，而其作爲之道窮矣。

廿二。居上之患，莫大於賞無功，赦有罪。尤莫大於有功不賞，而罰及無罪。是故善爲政者，任功罪，不任喜怒，
　　　任是非，不任毀譽。所以平天下之情，而防其變也。此有國家者之大戒也。

廿三。處大事，決大疑，但當熟思是非，不必拘泥於往事之戚敗，以遷就一時之利害也。

廿四。聖人之政，仁足以使民不忍欺；智足以使民不能欺；政足以使民不敢欺；然後天下無或欺之者矣。

廿五。爲政者立科條，發號令，寧寬些兒，只要真實行便好。若法極精密，而督責不嚴，綜核不至，總歸虛彌，反
　　　增繁擾，此爲政所應戒也。

廿六。下情之通於上地，如嬰兒之於慈母，無小弗達。上德之及於下也，如流水之於間隙，無微不入。如此天下亂
　　　亡者，未之有也。故雍蔽之奸，爲亡國罪首。

第四項　清吏治

一　。民親而國始有民。

二　。吏者，民之木綱也。聖人治吏不治民。

三　。變民風易，變士風難，主變士風易，變仕風難，仕風變，國家治矣。

四　。國無遊民，則生者眾。朝無倖位，則食者寡。

五　。意有不誠，心有不正，身有不修，而國家不可得而治也。

六　。官無大小，凡事只是公，若公時，做得來也精釆。便是小官，人也望風畏服。

七　。居官人清，而不自以爲清，始爲真清。

八　。擇吏用人，當爲官擇人，不爲人擇官也。

九　。天下不患有事，患任事者之才不勝事。

十　。擇吏之道不外乎有操守而無官氣，多條理而少大言。爲治之道，若不從吏治人心上痛下工夫，滌腸盪胃，斷
　　　難達善政之所期。

十一。用人與教人正相反。用人當周其所長，教人當教其所短。

十二。凡不可與士民道者，皆居官所不可爲也。

十三。營私者無上，虧行者無親。

十四。居一日官，當盡一日職。處官事如家事，行實政以實心。

十五。政以處心，廉以律己，忠以爲國，恭以事長，信以接物，寬以待下，敬以處事，居官之七要也。

十六。居官之要，休錯問一件事。休妄費一分財。休輕勞一夫力。休苟取一文錢。

十七。居官之本有三：薄俸，養廉之本也。遠聲色，勤之本也。去讒私，明之本也。

十八。當官處世但務著實。百種姦僞，不如一實。反覆變詐，不如愼始。防人疑聚，不如自愼。智數周密，不如省事。不易之道也。

十九。當官之法直道爲先。難事勿辭，以至誠待人，不可循其私意，忽而不治。廉潔自守，不以聰明爲先，而以盡心爲務方便爲上。

二十。爲官應親民，甯過於慈，爲循良吏，若嚴敲撲以爲威嚴，是以人命博功名也，非爲官之道也。

廿一。勳位並隆，務宜敬以持躬，恕以待人。敬則小心翼翼；事無巨細，皆不敢忽。恕則事留餘地以處人，功不獨居，過不推諉。常常記此二字，則大有益處。

廿二。人只一念貪私，便銷剛爲柔，塞知爲昏，變恩爲慘，染潔爲污。壞了一生人品，故人以不貪爲寶。

廿三。仕宦以正心爲本。嗜欲動不得，生死搖不得，禍患困不得，富貴淫不得，貧賤移不得，威武屈不得，此官便有用之官。若不操鍊此心，任其存亡，當貧困之時，便不能確然自守，敗檢喪行，徒爲人菲薄。當富貴之時，便不能卓然自樹，蔑德忍恥，使爲人唾罵。究竟貧困豈能苟免，富貴適爲禍根。即使暫時得意，不過夢幻泡影，此身便如行屍走肉，禍國殃民。

廿四。竊人之財，猶謂之盜，況假國家之名器，以市一己之私恩，寧非盜之尤大者乎？

廿五。懷貪功喜事之念，爲孟浪苟且之圖，工粉飾彌縫之計，以逐其要榮取貴之奸。吏有如此，非吏也，民之蠹也。

廿六。氣節而不學問者有之，未有學問而不氣節者。若學問而不氣節，這一種人，爲世教之害不淺。

廿七。乘車常以顚墜處之，乘舟常以覆溺處之，仕宦常以不仕處之，無事矣。

「彭祖文化史事」、「世界彭氏大族譜」
應用中華漢文正體字編纂

(兼論中華漢文正體字、與簡體字芻見)

「中央社北京 2006.3.31.電」中國推行簡體字到今年屆滿五十週年，中國人大常委會副委員長許嘉璐，今天在紀念研討會上表示，中國推行簡體字，但是不干涉中國大陸以外地區使用繁體字，在中國大陸也不限制古蹟、書法藝術中繁體字的使用。

1956 年 1 月 28 日中國國務院通過「漢字簡化方案」的決議和「關於推廣普通話的指示」，推行簡體字和普通話，中國教育部國家語言文字工作委員會上什在北京人民大會堂召開座談會紀念「漢字簡化方案」發行五十週年。

根據中國網提供的座談會全文，中國教育部長周濟表示，經過五十年來的努力，據二十世紀末進行的中國使用普通話調查顯示中國能用普通話進行交際的人口占 35.06%，非文盲中使用簡化字的人到百分之 52.25%。

許嘉璐表示，中國推行簡化字不是要消滅繁體字，只是限制它的使用場合，中國堅持中國大陸地區的一般印刷物、影視螢幕、商標廣告、街頭招牌等社會用字中使用簡體字。

他表示，時代在前進，任何一省、一市、一區的發展，都雖離不開中華民族的發展，推廣語言文字，才能增強整個中華民族的凝聚力，才能讓全世界看到統一的中國強大。

倉頡創造文字，中國自有文字以來，從甲骨文、金文、大篆、小篆、隸書、楷書，個別單字的字形，都是趨向規律化和簡單化。商有甲骨文，秦有小篆，漢用隸書，唐重楷書，相傳數千年，歷史悠久，以迄於今。我國古書文物，均刊刻漢文正體字，迄未改變，流傳全世界。歷代以來從沒有把簡化字(簡體字)與正體字(繁體字)，形成對立的局面。

「漢文(正體字)」承襲中華文化傳統一貫性主要文字使命，古聖賢書莫不是用漢文(正體字)撰編，它的美德，遠揚海內外，凡我中華兒女，必須珍重這一千古有價值的文物。東南亞國家，如日本、韓國、越南、泰國、高棉、及歐美國家從事研究漢學學家，教化最深，都認同漢字的重要性。他們的皇宮、寺廟、家庭對聯、匾額、重要古建築物，到處可見中文漢字，習常著述書刊雜誌中，多夾插「中文漢字」。這些國家政治體制雖有改變，有自己文字變更字體類型，但仍多用漢字發音，由是可知漢字文化影響鉅大，以研習漢學爲榮。時下歐美國家，大學民間團體大肆推行學習中文，「漢字」文學更日形重要。

「漢字(正體字)」難學、難寫，中外同感，國人苦心研究，方出現「注音」、「羅馬拼音」。寫「漢字(正體字)」嫌筆畫多又繁瑣，乃有「簡化」之勢。民國廿四年(1935)八月廿一日中華民國政府曾以部令 14140 號公佈「第一批簡體字表」324 個字，實施以來，窒礙難行，懸崖勒馬，次年即收回成命；1949 年大陸政權轉移，中華人民共和國 1956 年以行政命令推行漢字「簡體字」，全面簡化和新造文字 2,235 個字，云台灣使用之字稱作「繁體字」，這是不正確的，台灣現在使用的字，才是尚古以來正統的中國漢字，亦即「正體字」。

「簡化字」與「簡體字」不同，許多認同簡化字的人常說：簡體字形自古有之，在 1956 年以前早已存在，非中華人民共和國所獨創，有許多人不瞭解「簡化字」與「簡體字」這一字之差別，到底有何不同。

字形趨於簡化，先秦文字已經有此現象，在歷代俗字中更屬常見。商、周文字，有同一字而筆畫會有多寡現象；筆畫較少者，除了相對於「累增字」的「初文」之外，也有些是明顯的省體，例如「欒」從二隹棲於木上，亦可作「集」；也有一些改換聲符，以求簡化，如「宇」籀文從「禹」聲，小篆改從「于」聲。其後秦國由「篆」而「隸」，改曲成直，易圓爲方，且將不同偏旁合併爲一，對於秦篆而言，秦隸書即是簡體。從前有人根據東漢許慎的〈說文解字敘〉，認爲隸書起源於秦始皇統一天下之後；然自雲夢秦簡出土以後，方知秦隸書在天下統一以前早已存在，它是民間流行的俗體，與朝廷頒布的小篆在不同層級之中並行不悖。到了漢代，隸書取得公認的地位，成爲文字的主流。可見文字的演變乃是由繁趨簡。

字形的簡化，亦可從部首的劃分見其一斑。東漢《說文解字》有 540 個部首，明代的《字彙》只有 214 個部首，

因爲其中某些形體已經化同。如「烈」、「燕」本異而皆從「灬」;「魚」、「鳥」雖然分立,但是「魚尾」與「鳥爪」亦已化同爲「灬」。

此外,文字的演變也有「由簡變繁」的現象。有學者據此認爲:字形「由簡變繁」與「由繁變簡」乃是雙向進行。這種看法也需澄清。因爲文字「由簡到繁」,大都是基於社會進步,使語言內容變得豐富,字義也需配合語意而有所區分,遂於字形上加添偏旁,以表示某一特定語意,以致產生「繁化」現象。這與字形演變趨向簡化的情況是兩回事。

然而,古代的「俗體字」或「手頭字」,是個別的,逐漸形成的,是約定俗成的,屬於「漸變」而非「突變」;在漢字體系中比例也不高,不會影響漢字系統的穩定性。中華人民共和國政權的文字改革,則是以政策爲主導,是全盤的,是突變的,是以政治力量介入文化的發展;此一工作,導源「漢字簡化方案」,其成果也就稱爲「簡化字」。由「簡化字」之稱,即透露出「文字改革」的目的性與方向性。這些簡化字可分爲兩部分:一部分是宋元以來的俗字,即在民間沿用已久的簡體字;另一部分則是中共新創的,面對此類簡化字,習用傳統字的人就會成爲另類的「文盲」,影響的層面頗大。

字形的演變雖然是趨向簡化,卻不能成爲現代人必須接受簡化字的理由。許多中國民眾常指摘臺灣社會缺乏歷史常識,才會不肯接受簡化字。這種觀點有商榷之處。因爲縱使字形演變過程中出現不少「簡體字」,更有部分已經成爲正體(例如《說文解字》收有「褽」,解釋是「衭也」,其下又收「袖」字,云:「褽俗從由。」今習用「袖」而不用「褽」。),卻不代表我們必須全盤接受中國的「簡化字」。因爲前者屬於傳統文化而後者不是;況且中國推行簡化字並無沒明顯的文化效益,反而產生若干後遺症,自由世界必須避免重蹈覆轍。全世界中華黃帝子孫,應都會認同,港澳民眾如此想,臺灣民眾也會這樣考慮。

用毛筆、鉛筆、原子筆寫簡體字,確是較「正體字(繁體字)」快速,但其概括字音相同的字,字義解釋上則混淆不清,符碼錯覺,「飲酖止渴」,相同字音字的意義上,涵意各自迴然不同,因爲「簡體字」的應用,有些連祖宗姓氏都改了,治絲益棼,積非成是,將來積重難返,將造成對漢字使用上諸多困惑,歷史上所未有的現象,這種「簡體字」推行,值得審慎重新思考。同音字與簡化字混用,在不同的詞句中,字義互異,很多「簡體字」字義意思,在不同用詞上,風馬牛不相及,各有不同,辨析解釋模糊,不能相互一一符應。茲略舉數例如下:

面－麵:
　　面:面孔、表面、面子、書面。
　　麵:麵粉,麵條、麵包、米麵、麵食。
里－裏:
　　里:代表長度、政制體制單位名稱,
　　裏:裏面、心裏、那裏?形容詞「裏應外合」。
游－遊:
　　游:游泳、游水,游的姓氏。
　　遊:遊學、遊戲、旅遊、遊頑、遊玩、遊手好閒、遊山玩水。
松－鬆:
　　松:樹木名詞「松樹」、植物種子「松子」
　　鬆:疏鬆、鬆軟、鬆馳。
云－雲:
　　云:作「說」字解,某某云、人人亦云。
　　雲:天空雲霧,氣象上名詞「雲彩」、「雲霧」,或作形容詞「雲深不知處」之語。
发－發:
　　发:簡體字「发」代表頭髮、發現、發起,頭髮。
　　發:發現、發起、發明、發財、開發。
迹－跡、蹟、績。
　　跡:軌跡、足跡、痕跡、跡象。

蹟：人文古蹟，有時候跡與蹟兩字相通用。

績：學校成績、績效。

余－餘：

余：余、「我」也，亦即「吾」的意思，我的另一代表名詞。

餘：有餘、剩餘、其他

薑－姜：

薑：植物名詞，香料、藥用植物。湖南鳳凰出產一種糖名「薑糖」。

姜：姓氏，姜太公。湖南鳳凰出產「薑糖」，簡體字改名「姜糖」，意義相差遠，兩個字意義完全不同。

由上所述，「簡體字」使用上容易產生困擾，「正體字」才是文化的淵源和精髓，是藝術和文化的結晶，有它不可磨滅的實體功能，不是「簡體字」能夠取代的。今日不論海內外，凡六、七十歲以上的中國人，對「正體字」與「簡體字」字義，尚能有所區別瞭解，而對年輕一輩的人而言，則難分別區分它的真實意義。

文字書法講求美感，簡體字破壞漢字的學理及美感，如「廠」寫成「厂」，「寧」寫成「宁」。想必重要典籍、對聯、匾額沒有這樣的字體出現，質而言之，年代久遠以後誰能區別厂與廠、宁與寧之區別，將失去原字本義。

造成古今音讀系統上混亂：用人口音造了很多「形聲字」以代替原先之字，「讀音」混亂，如「惊」之代「驚」，古韻中斷，對日後研究文學詩詞歌賦上，將極為困惑。

世界各國歷史博物館、圖書館，儲藏我國古代文物書卷甚多，上面鐫刻文字都是正體漢字，外國人如只知現今簡體字，又如何研讀認得出尚古文物，懂到古文物的真正涵意，尤其研究尚古帝王朝代歷史，古董字畫，將更是茫然，不知所云。

當初啟用簡體字的目的，想必在求簡化字體「筆劃」，求取「寫字快速」，於今「速記法」應可取而代之，如新聞記者，即是以「簡化字符號」先行代之，而後整理成正式文稿，則仍然是用「正體字」，以電傳或發報出去。現今資訊時代，電訊發達，電腦已普極化，將近每一家庭都有電腦，文書函件、著作、繪圖，都是用電腦打字，簡體字與正體字打字速度上，無分軒輊，幾次全世界漢字電腦打字速度比賽，打正體字的比打簡體字的速度還要快，足見簡體字已失去當初的主旨與要求用意。

中國數千年來文字沒有變化，中華文明是世界現存唯一的「漢字活的古文明」。為求子孫後代對古今文物可相應對照研究學習，如繼續用簡體字，將失真傳，幾十年後會成為文盲，不瞭解漢文正體字面真諦實意，惟有保存先賢留下的正體字，方能承襲古人文化思想，欣賞研究古文物詩詞歌賦史書藝術，永遠傳承。

正體漢字以六書，也就是象形、指事、會意、形聲、轉注、假借，為造字依據；簡體字則欠缺字形結構，喪失了文字的靈魂。正體字，從甲骨文、金文、戰國文字、到說文解字、到正楷字，都合乎六書的規則，所以，我們要研究文字學的立場來看，正體字是可以用六書來作研究的對象；反過來講，簡體字喪失了六書的標的，所以，站在六書的立場來看，簡體字是沒有辦法用六書來規範它、了解它；這是文字學對於簡化字一種很大的遺憾。

漢文正體字和中國文化源遠流長，與傳統學術思想有緊密聯繫，它所蘊涵的意象以及所傳達的心理，遠比簡體字要豐富得多，而且，它是一種悠久歷史和文化的基建，在經濟和文化高度發達和現代化的海外華人社會當中，承擔起交流和表達的功能。

彭祖文化流傳數千年，文史古蹟尚在不斷出土發掘中，其皆用「漢文」正體字刊載的，無一個是簡體字跡，今日歷史學家與我彭氏子孫，正日積月累尋找研究彭祖史事，欲古今銜接，文字相通，文化傳承，漢文正體字自不可廢。彭氏子孫進行中之「世界彭氏大族譜」，欲古今相通，環宇皆識，用漢文正體字撰編刊印，無庸諱言，自屬理在其中。倘用「簡體字」編纂，後代子孫看譜，可能有人成為「文盲」，將要有「正簡體字字典」，遇到不認識的字，要翻閱字典來看，才懂到其中的意義，豈不事倍功半，徒勞功力，浪費時間！

綜上所述，漢字萬不可廢，千年傳統正體字不可改，利弊得失，智者知之。我彭姓族人刻正進行之彭氏古文獻編纂，將千秋不朽，流傳萬世，務期採用正體字，古今先賢文物銜接，不失真傳，不要後代子孫因「簡體字」見而不知其真意，中間發生斷層，不要讓中華民族文明的通路發生斷絕短路，務期保留先賢德澤，永垂千古，是幸。

彭 建 方　敬撰於台北 2006.9.3.

尋根溯本，勞苦功高的典範百鈞氏與延杞（伯良）氏簡介

節摘湖南旭湖公派下 36 世孫　彭子珂撰文　2006 年三月十日

尋根溯本豈天然，上窮碧落下黃泉；理明族史懷好古，正訛增闕二萬言。
追述祖蹟思延杞，跋涉艱辛十餘年；源流研討群賢會，莫忘述伯著祖鞭。

引　言

八年抗日終勝利，四載國共又鬩牆，造成自西元 1949 年起海峽兩岸對峙隔絕，彼此不相往來長達四十寒暑；1988 年冬，政府漸次開放探親，少小離家的遊子，回到睽別半個世紀的故鄉，其心情因自我在台灣的環境及故園父老生活情形而異，但耳聞宗祠、祖墓蛛結草叢淒涼，目睹長輩尚存者，多為辰星碩果，平輩彼此鬚眉均非疇昔，以及「兒童相見不相識，笑問客從何處來」的場景，則無二致，老大回鄉之客，驀然回首，為克盡孝思，多萌追念先祖，續修宗譜，重整家鑑之念，但因文化革命變革，原有宗譜或因蟲蟻腐蝕，殘存微微，或遭銷燬，屍骨無存，祖墓碑石，碎斷文缺，資料搜集，極為艱困；而熟知祖先宗譜者，多已作古，尚存者亦因年久事遷，無其緒從，致乏人肩負主編重任，不得不採捨遠求近，多僅以祖父母、父母、兄弟、子姪、及後生孫輩，編印成冊，聊示「孝思不匱」，了其心願。

我彭氏宗族，源遠流長，自開派始祖少典國君一世始，推算在中華民國紀元(西元 1912 年)前 5250 年前，傳至受姓始祖籛鏗公 18 世，受封大彭，因姓得國，迄今已四千餘年，春秋戰國時，本脈宗系，徙居隴西，即以地名為堂號，孫枝繁衍綿延，其居處已由隴西而中原，擴散至華夏，而到世界各地，其總編世至今已 170 世，編輯族譜，其高難度不言可喻。然而彭氏族眾，何其有幸，先有湖南旭湖公派下卅五世孫百鈞氏，從西漢淮陽始祖宣公以上之歷代世系，參究經史子集及各支新舊諸譜，一一查核清晰，提之綱目，系之於譜，歷時八載，於中華民國 17 年西元 1928 年，完成「隴西彭氏源流圖」共五卷二萬餘言之傑作，可為繼續之準據；後有湖南旭湖公派下 37 世孫延杞(伯良)氏，自兩岸開放探親以來，矢志尋根探源，經多年鍥而不捨，排除萬難，四處尋覓，終於覓得百鈞氏所編著「隴西彭氏源流圖」、「大田彭氏紀年甲子表」、「派字圖」等珍貴史料後，焚膏繼晷，細續比對在台各省宗親持有之族譜，精心篩選，彙集精華，於中華民國 87 年西元 1998 年，完成「彭氏源流通譜」巨著，可為彭氏宗支續修家譜的準繩，兩代宗賢，尋根溯本，光前裕後，先後輝映，令人敬佩。

百鈞與我亦尊、亦友、亦經師

百鈞氏，名述，字好古，湖南銅塘人，我與他有著三重深厚的關係，第一是尊卑關係，我倆同為湖南始祖旭湖公 1 世、9 世祖思齊公、19 世祖谷珍公派下的後裔，他是 35 世孫，我為 36 世裔，世系有尊卑，第二是忘年之友。我認識百鈞伯，是因大伯父香庭(我父親長兄)於中華民國 33 年西元 1944 年端午節湘北第四次會戰時，被日寇俘虜，慘遭凌辱鞭打刀傷殺害，時任九世祖祠高新堂總管，次年抗戰勝利，依祠規總管任期六年，每逢卯酉年冬至祭祖後眾議定派、憑族交卸，因香伯亡故，奉堂伯父愛庭(伯祖父家玉雲熙公之子)之命，由族末代為辦理交卸，百鈞伯心思細密，冷眼看我這少年小子，在三天的祭祖活動中的言行舉止表現，觀感尚好，因此在族議決定續修「青山彭氏敦睦譜」再版「高新堂校刊」時，公推他為總纂修及卅四世孫仲倫氏(任廣東梅縣主任秘書有年)任編修後，主動提派我擔任協修兼校錄，故在 1946 年間有長達近一年的時日，與百鈞伯朝夕相隨，彼此互動非常親和密切，建立了老少咸宜牢不可破的真摯友情。其對經史考證校核，珠璣細察，耗時八年始輯編成「隴西彭氏源流圖」，可窺見其作事嚴謹，力求完美，避免訛誤，足堪肯定。

延杞與我同宗、同鄉、同業界

延杞宗賢，字白良，學名伯良，湖南湘陰清溪(現汨羅市銅盆)鄉人，我倆有三種情誼，第一同宗，同為湖南始祖

旭湖公一世、八世祖守暹公同脈嗣孫，伯良是 37 世，我是 36 世，所謂一本散爲萬珠，而萬珠仍歸一本，所以是同宗。第二同鄉，論同宗分支後已 20 餘世，大約是八至九百年前同是一家人，但我出生於源塘，延杞生於清溪，而清溪、源塘二鄉，地理相連，近在咫尺，而今又同旅居台灣，我們是真正的小同鄉。第三同業界，延杞宗賢任職台灣省鐵管理局，而我服務台灣省公路局，同從事交通事業工作。在上述三重關係上，倍感親切。

延杞宗賢矢志尋根探源，務實求真，十餘年來，多次返湘，跋山涉水，歷盡艱辛，嘔心瀝血，不懈奔波，甚至以腳踏車代步，深層究，尋找親人，調查史料，縱所獲無多，且均爲蟻蛀不全之斷頁殘章，仍不灰心放棄。皇天不負苦心人，海底撈針，分別找到百鈞氏原編「隴西彭氏源流圖」等珍貴資料。延杞年登大耄，兩鬢斑白，仍孜孜不息，日夕鑽研彭氏有關文獻、史實、資訊，整理成冊，完成「彭氏源流通譜」之編著，爲族譜盡力勞神，誠屬誠心一片，知者能不感動敬佩！彭氏族人得悉個中艱辛，能無動於衷乎！

結　語

追本逐末爲事之常規，理清族史乃人之重任，百鈞、延杞(伯良)二氏，在兩個不同時代，均以無私無我，不忮不求的理念與行動，默默擔當我彭族尋根溯本的重任，前者自中華民國九年西元 1920 年起，披閱江右譜稿，所錄宣公以上 82 世源流，詳盡完整。百鈞公在校比抄，將宣公前歷代世系參考家屏公統紀譜、與參究經史子集、及各支新舊譜，查校清晰，訛者正之，闕者增之，歷八寒暑，終於完成「隴西彭氏源流圖」巨著共五卷，計二萬餘言，百鈞公溯本清源，追述祖蹟，其功大哉偉也。八年抗日，繼逢文革，各族宗譜毀之殆盡，繼有延杞(伯良)氏，自政府開放兩岸人民探親後，經十餘次返湘尋根探源，使得民國卅八年西元 1949 年百鈞所主修之「青山彭氏敦睦譜」、高新校刊之「隴西彭氏源流圖」，才得重見天日，延杞氏歷盡千辛萬苦，覓得祖系之寶典，並據以完成「彭氏源流通譜」鉅構，讓彭氏族人得知本源，盡心盡力，盡意盡性，其功大哉偉也。

百鈞作古已久，延杞(伯良)耄耋之年繼起務實從譜，無私無我的奉獻，兩人勳績，功在彭族。今日古本尚存之「青山彭氏敦睦譜」、高新校刊之「隴西彭氏源流圖」墨跡，考證詳盡，史料正確，宗系最清楚的家鑑寶典，斯圖重刊演繹，後世嗣孫綿延，懍於先祖繼往開來之遺託，水源木本之深思，知有所徵，彭氏幸甚矣。

　　　　　　湖南旭湖公派下 36 世孫　彭子珂　謹識　　2006 年二月十五日于台灣高雄

彭氏宗親家訓

（直行文字，每句三字，自上而下、自右而左）

敬祖先、崇孝道、正人倫、教子弟、謹言行、重教養、齊家政、睦宗族、禁非爲、處世權、重生死、重信諾、淡名利、人無信、誠爲先、論爲政、執公理、治國家、擇人才、居上患、清吏治、公私明、英雄才、聖賢者、爲政心、信接物、守舉規。

誠爲貴、敬父母、兄弟親、敦詩書、明德性、尊師傅、保家業、和鄰里、息爭訟、明是非、法乎情、尚謙讓、不當爲、言不一、剛正直、執中庸、和爲貴、君爲輕、貴其用、賞無功、首親民、辨眞僞、有膽識、愼精密、廉律己、寬待下、律家訓。

毋忘祖、天之經、姐妹同、明禮義、變氣質、務爲學、支門戶、恤孤寡、嚴內外、辨忠奸、不用己、不當取、少往交、日去私、行善能、知民近、君子貴、赦有罪、忠爲臣、孝爲本、仁勇政、國事處、智行仁、忠敬長幼序。

謹祭祀、地之義、手足情、知廉恥、達世情、貴精勤、勵勤儉、禮賓客、愼交遊、守節義、是智勇、推己恕、己害當、皆免緣、積善心、正善俗、善則風、遠富強、雍小人、禮奸蔽、謀國綱、衡輕忠、治吏重、恭事官、謂長要、多勉勵。

彭氏族譜薈萃

譜　名	纂　編　人	地　區	年代	紀　要
大彭統記	彭家屏	江西湖南	1000	宋真宗咸平四年
彭氏族譜	北宋祖籍鄱陽文吉支下汝礪公，時任吏部尙書選傳，於江西吉安廬陵山口祖，創導修譜。與廬陵堯公支系思永公，時爲戶部侍郎合作纂修家乘，這是彭氏首次編修總譜。	江西廬陵	1063 至 1067	北宋治平元年至北宋治平四年彭汝礪公彭思永公編纂彭氏族譜。釐訂構雲公支下統一派名構雲公前五世空白從第六世起用 30 個派字至 35 世。 雲□□□□(前 5 世無派名)第六世起派字：彥師允奕儒，仕思汝忠義，大公世運長，貽謀開美利，孝友白崇先，榮華其尙志。
豫章遠祖來裔圖 彭龜年(忠肅公譜系備考圖) 江蘇溧陽初祖避地居士一祖三宗圖		江蘇溧陽	1241 至 1310	始祖克明，江西清江白珏塘里人。1241 年生，1310 年歿。宋龍圖閣學士忠肅龜年公四世孫，由進士任眞州判。宋運使趙淮辟參幕府，又荐知溧陽州，徙居溧陽城西迎恩街。
西溪彭氏家乘	彭仲箎		1410	彭仲箎生於元順帝至正廿三年癸卯西元 1363.1.26 歿於明成祖永樂十六年戊戌西元 1418 年七月。
圈珠譜	彭景卿	湖南長沙		湖南長沙青山彭氏圈珠譜
湖南長沙青山彭氏會宗譜(一)	彭澤	湖南長沙	1513	明代中期，蘭州著名學者兵部尙書彭澤襄毅公明正德八年癸西於 1513 年開始 1525 年完成親訪湖南長沙祖宗修墳祭祖追到五代青山彭氏源頭爲止
湖南長沙青山彭氏會宗譜(二)	明周文獻、彭光勝.	湖南長沙	1520	
歸眞譜				
彭氏淵源集	藍史公			
渝西彭氏魁五郎、元六郎支系族譜	首修　彭慶元	四川重慶	1130	南宋建炎四年庚戌歲
	二修　彭夢鸇　彭夢龍		1265	南宋咸淳一至十年(1265~1274 年)
	三修　彭誠初　彭誠初		1350	元至正十年庚寅歲
	四修　彭仲箎		1410	明永樂八年庚寅歲
	五修　彭強(棟字)		2004	甲申歲清明
浙江黃岩潮溪彭氏族譜 始遷祖彭文壹 十五世開始 名行： 　煩增須澤，材召坊鍾，派森灿岳， 　綿洪桂榮。 字行： 　兆占利用，豫卜嘉猷，象賢濟美， 　祖德作求。	創修　彭秉禮	浙江黃岩潮溪	1374	首修於明洪武七年
	二修		1526	次修於明嘉靖五年，有子婿進士應大猷作序。
	三修		1594	三修於明萬曆廿二年，有外曾孫廬明諏作序。
	四修		1662	四修於清康熙元年，有進士王湄甫作序。
	五修		1678	五修清康熙廿七年。
	六修　十四世孫彭文豹主編		1778	六修於清乾隆四十三年。
	七修		1834	七修於清道光十四年。
	八修		1879	八修於清光緒五年。
	九修　彭處南、彭耑、胡萬程		1920	九修於民國九年。

譜　　名	纂　編　人	地　區	年代	紀　　要
江西安福西溪彭氏族譜	彭慶遠 彭夢龍 彭誠初 彭仲虎（一三六三至一四一八）	江西	1410	首修：南宋紹興慶遠公(建炎進士臨安縣令) 次修：咸淳間夢龍公 三修：元至正間誠初公(文林郎慶王府經歷) 四修：永樂八年(一四一〇年)彭仲虎
湖南長沙青山彭氏敦睦譜	明代彭澤、彭光勝、周文獻	湖南長沙	1520	始遷祖淼，五代後時自盧陵山口老杠樹下遷湖南長沙縣青山大田鋪。明正德十五年西元1520年是譜主要內容爲序跋行傳。有明李東陽序。
湖南長沙青山彭氏大宗譜	明代彭澤、彭光勝、周文獻	湖南長沙	1520	與（長沙青山彭氏會宗譜）爲同一內容之不同印本。僅行傳在個別處略有差異。上圖。
彭氏族譜	明心宗嘉靖六年彭居敬		1527	
梅卜彭氏家譜	明代　彭簪	江西安福	1549	
重江智溪家譜	明代　彭少傅　彭思公	江西安福	1549	
湖南湘西彭氏譜考	彭聲振等	湖南漵浦	1556	抄本，不詳卷，漵浦湘西自治州檔案館。
湖南湘潭灣頭彭氏族譜	首修： 次修： 三修： 四修：彭士琸 彭杰圭	湖南湘潭	1587 1884	明萬曆15年始修 商賢堂木刻本4修12卷首1卷12冊
廣東彭氏宗譜	明代彭弘文等(延年十四世)	廣東	1587	明萬曆十五年丁亥
江蘇蘇州吳縣彭氏宗譜	彭汝諧首修。	江蘇吳縣	1595	首修1595年彭汝諧首編. 嗣居日本,美國.
	彭慰高八修	江蘇吳縣	1867	清衣言堂(庄)刊8修本4卷2冊。4卷2冊，北圖。
	彭翊輯		1881	12卷首一卷
	彭慰高、彭祖賢		1883	六冊
	彭文杰、彭鍾岱		1922	
彭氏族譜	明彭尙周、彭諫、彭監周。		1609	明神宗萬曆卅七年
江西萍鄉萍城彭徵君祠宗譜		江西		三召堂活字本
江西彭氏族譜	一修	江西	明朝	廿五世的紀紋。族譜內有范仲庵作序的紀文
	二修			
	三修		1619	明萬曆四七年己未歲西元一六一九年
	四修		1717	清康熙丁酉歲
	五修		1752	清乾隆壬申歲
	六修		1817	
	七修		1851	清咸豐元年辛亥西元一八五一年
	八修		1880	
	九修			
	十修		1943	
江西萬載筆架洲祠堂修譜	架洲祠堂	江西萬載	1619 至 1993	明萬曆四七年己未西元1619年至民國32年癸未西元1993年共11次修譜，第一、二次修譜年限不詳，以後相繼爲：三。萬曆己未西元西元1619年、四。康熙丁酉西元1717

譜　　　名	纂　編　人	地　區	年代	紀　　　要
				年、五。乾隆壬申西元 1752 年、六。嘉慶丁丑西元 1817 年、七。咸豐辛亥西元 1851 年、八。光緒庚辰西元 1880 年、九。宣統庚戌西元西元 1910 年、十。民國卅二年西元 1943 年、十一。西元 1993 年。
湖南衡山彭氏道修族譜	彭而述	湖南衡山	1650	
湖南、貴州仲文公世系家譜 (貴州彭氏家譜一、二輯)		湖南茶陵衡山衡陽貴州	1662	清康熙壬寅衡郡彭氏一修通譜
			1721	清康熙辛丑衡郡彭氏二修族譜
	彭鼎煌		1868	清同治三年兵燹湘衡族族被焚同治六年鼎煌公憶錄家乘一帙
	彭貴林		1950	貴林公據前譜續叙
	萱華尊德貴芳均達世權國璜		1995	1990 年尊德公發起大修，持續五年始成。
河南夏邑彭氏族譜初修	彭相自主修	河南夏邑	1671	首修。
安徽潛山述信述堂彭氏族譜		安徽潛山	1689	首修。安慶市圖。
湖南湘鄉白龍彭氏族譜首修		湖南湘鄉	1707	1707 首修 1716 二修 1782 三修 1827 四修 1890 五修。
江蘇溧陽南門彭氏宗譜	清雍正年間四修	江蘇溧陽	1723	清木活字四修本，存一冊，記事至雍正年間，上圖，存卷卅一，卅二。
湖南彭氏族譜	清彭氏族人修	湖南長沙	1724	清雍正二年刻本一冊　北京圖書館　10036
湖南長沙高倉彭氏統宗譜	清彭毓洸等	湖南長沙	1737	清乾隆二年修纂。五代後唐時，淡公廬陵山口遷長青山大田，鋪傳十世至文瑄，宋季復由大田遷邑之高倉，爲始遷祖。
湖南長沙彭氏續宗譜續修本	彭學懋、彭問濂。	湖南長沙	1739	清乾隆四年刻本，湘圖，內題「彭氏大宗譜」，但首爲「題長沙彭氏續譜」，可能是存譜頁，綴成一冊。
湖南湘鄉青藍彭氏族譜	彭思源 彭純濤、彭曉村、彭樂群、彭清景等。	湖南	1750 1842 1914	首修於清乾隆十五年庚午歲西元 1750 年，次修於清道光廿七年丁未歲西元 1842 年，三修於民國三年西元 1914 年，四修約西元 1949 年
彭氏族譜	彭雲際、彭雙全、彭增土	廣東台灣	1753	清乾隆十八年癸酉西元 1753 年彭雲際序、民國八年己未西元 1919 年彭雙全抄、彭增土補。彭受章(五雲洞祖),彭榮壽(來台者)
大彭統計(彭氏通譜)	清河南夏邑彭家屏、湖南長沙彭溶監、湖南湘陰彭景溪等會編。家屏公因「大彭統計」被奸官巡撫圖爾炳阿誣陷其反清，乾隆皇帝不察賜帛自裁，子傳笏斬道家產充公。	江西河南湖南	1744 至 1751	清乾隆九年甲子西元 1744 年至清乾隆十六年辛未西元 1751 年彭家屏公，河南夏邑縣師俊公祠彭家屏，時任江西雲南浙江布政使，在江西吉安總祠發起修構雲第一屆聯宗譜，主修構雲公支下伉、偘、儀三大派裔孫。並重修構雲公墓立碑紀念。並在彭思永撰編世系派字 30 個字後新增 30 個派字。自 36 派至 65 派： 立朝涵瑞高，承家積慶裕，顯達秉光明，升登同富貴，昌隆茂盛昭，保守本源繼。

譜　　　名	纂　編　人	地　區	年代	紀　　　要
五雲統記	彭連、彭雲		1752	清高宗乾隆十七年
四川簡陽彭氏宗譜(首修)		四川簡陽	1753	西元 1911 年彭鐘模續修。
內江市簡陽重修彭氏宗譜	彭誠		1753	首修。
湖北武昌葛店彭氏宗譜	彭楚達初修		1757	
臨江彭氏族譜	彭軾(汝瞻)	四川石柱	1758	彭軾，清康熙十四年西元 1676 年生，乾隆廿四年 1760 年逝。
湖南寧鄉溈寧金紫山彭氏四修族譜	彭顯相、彭顯江。	湖南寧鄉	1759	刻本。六卷，存一冊。湘圖，存卷六。
四川臨江彭氏族譜	彭宗古等		1762	清乾隆廿七年壬午西元 1762 年首修
彭氏重修族譜	彭綸錫等		1763	
彭氏四修族譜	彭名忠 彭著常	湖南常寧	1768	
湖南信述堂椿年公子壽公彭氏族譜 椿年公自江西江右遷湖南衡陽為衡陽始祖，椿年公之子壽公父遷長沙堆子山為堆子山始祖至六世分：廣,敬,能,遠,斌,源,全八大房.	創修彭素安 彭瑾主修，彭瑞彩等纂修。	湖南衡陽	1770	信述堂.元末椿年公(延年公之弟),自江右遷衡州府郿縣銅口灣,其子壽,明洪武二年復自郿縣遷善化坪山堆子山,為始遷祖(長沙天心區南湖路有古堆子山).有朱熹,文天祥,王先謙撰文。該譜即湖南善化坪山彭氏族譜唐徵君歷代世次圖
	二修	湖南長沙	1825	
	三修闓穀芳圃瑞澧湘瑾湘疇等	湖南長沙	1864	
	四修月輝義庵月中任吾謹瑜等	湖南長沙	1899	
	五修督初笏菴萬泰利生俊德等	湖南長沙	1925	清道光乙酉年 1825 年重修清同治甲子 1864 年三修清光緒己亥 1899 年四修、民國 8 年開始至民國 14 年始克完成五修。血緣：構云、慈、偁、輔、玨、彥昭、師奭、德顯、壽、嗣元、次、顯、昌、期、忠念、偉、躍、椿年。
湖南衡山彭氏續修族譜		湖南衡山	1770	堂名到三修變了,但內容完全相同。
湖南岳陽彭氏族譜	清彭應銓、彭澤主修	湖南岳陽	1782	木活字本,存一冊。上圖,存卷首.參見清嘉慶廿三年彭澤修(彭氏族譜)
湖南湘鄉彭氏族譜	彭秉焜、彭秉鐸。	湖南湘鄉	1789	誠敬堂刻本。湘圖,存三卷。
湖南湘鄉彭氏族譜				不詳卷,存二冊,道光古堂活字本。湘圖,存卷二上及五。
湖南湘潭灣埠塘彭氏首修族譜	彭祖漢、彭增耀	湖南湘潭	1790	廣東中山圖。 清乾隆五十五年西元 1709 年首撰。版心作彭氏五修譜
湖南湘鄉(邵陽)大沖彭氏族譜	彭殿武、彭順邦主修,彭明德、彭聖言等纂修	湖南湘鄉	1792	清乾隆 57 年 誠敬堂梓刻本六冊首卷湖南湘鄉滿佚名纂修清乾隆間刻本二冊。
	敬齊、加璋纂修		1857	誠敬堂,十四冊.卷首.
雲陽東門基莊彭氏重修族譜	清彭士璉等重修	江蘇丹陽	1792	木活字本,四卷,四冊. 日本,美國.
湖南湘鄉大沖彭氏族譜	彭殿試,彭明德	湖南湘鄉	1794	敬堂活字本。七卷,六冊。湘圖。
湖南漢壽彭氏合修族譜			1796	首修,
內江市隆昌彭氏族譜		內　江	1796	首修
四川內江市隆昌彭氏族譜六卷		湖　南	1799 至 1912	嘉慶四年西元 1799 年創修。潮州延年公之後,清初南遷,散居長沙、善化、寧鄉、湘潭、諸縣。1912 年為四修本,十二冊,淮陽堂刻本。上圖,新收本。尚未登錄,

譜　　　名	纂　編　人	地　區	年代	紀　　　要
江西萍鄉彭氏族譜	清彭梁主修	湖南萍鄉	1816	始遷祖吉叟,元明之際,自安福萍西凰岡,不分卷,存一冊,奉先堂木活字本。上圖。
湖南岳陽彭氏族譜	清彭澤等纂修	湖南岳陽	1818	本活字三修本,十六卷,首一卷,存三冊。上圖,存卷一、四、卷首。始祖本初字萬甫,先世南昌鐵柱觀人,五代後唐同元年,攜子大訓,堯訓,仕訓遷岳州府臨湘縣漆家灣.本初卒後,三子皆移居巴陵,分別落業塘田,泥塘東岸,團頭港.其後續分遷,舉凡沔陽,平江,監利,臨湘之彭氏.大抵皆出其後,是譜以岳陽支爲首事,匯集散處上述州縣各分支編成.
湖南岳陽彭氏族譜		湖南岳陽	道光	清木活字本存一冊記事至清道光年間上圖存卷一
湖南湘鄉官埠橋彭氏族譜	清彭榮魁纂編	湖南湘鄉	1822	存三冊,粹然堂木活字本。始遷祖志文,唐徵君構雲後,明永樂十年自廬陵隱源山口遷湖南上湘屯一坊官埠橋。上圖,卷一、三。
湖南湘鄉上扶彭氏續修族譜	彭東海、彭與言,彭洪堂、彭鴻耆纂修,	湖南湘鄉	1823	清道光三年癸未 1823 年孝睦堂活字印本十冊。湘圖又題「彭氏族譜」
湖南衡山彭氏二修族譜	清彭南亮		1825	隴西堂刻二修本 八卷,九冊　北京大學
江蘇蘇州彭氏宗譜	清彭翊等纂修	江蘇蘇州	1829	刻本八卷四冊始遷祖學一先世,江西清江縣崇學鄉人,明洪武間,遷來吳地,隸籍蘇州衛。上圖。
江西彭氏族譜	清(台灣新竹南寮 1965 彭氏族譜內亦有記載)		1829	其中記載延年公世代爲構雲十八世:構雲－滋－偁－輔－玕－彥昭－師奭－德顒－壽－嗣元－次－顯－昌－期－忠念－偉－躍－延年
湖南湘鄉燕堂彭氏續修族譜			道光	不詳卷,存二冊,清道光 1820 年間敦倫堂活字本
湖南湘鄉壯門彭氏族譜	彭盛唐等纂修	湖南湘鄉	1831	清道光十一年光福堂木活字本十冊
江西貴溪彭氏族譜(又稱都譜)		江西貴溪	1831	該譜將汝礪誤爲東里公九世孫龜年之子,亦或思永之後,二者皆錯。
湖南湘鄉北門光裕堂彭氏族譜	光裕堂	湖南湘鄉	1831	光裕堂十冊
四川綿竹始祖萬能公譜序	彭有福撰	四川綿竹	1834	延年 22 世萬能 23 世億璋清雍正初年攜眷入蜀。
彭氏族譜□卷	彭上本、彭楚宇纂修	湖南湘鄉	1838	清道光 18 年述古堂本活字本二冊存二卷上卷五
湖南湘鄉福亭彭氏續修族譜	清佚名纂修	湖南湘鄉	1840	蓮塢長房活字印本 1 冊不詳卷存 1 冊湘圖存卷二。
湘鄉福亭彭氏橫洲潤房墨譜		湖南湘鄉	道光	清道光年間鈔本,不詳卷,存一冊。湘圖。
湖南湘鄉彭氏族譜		湖南湘鄉	道光	清道光年間活字本二冊
廣生譜(又名歸真譜)		湖南長沙	1842	清道光廿二年壬寅西元 1842 年至咸豐五年乙卯西元 1855 年纂修
青山彭氏敦睦譜、彭氏源流圖	湖南長沙	湖南長沙		

譜　　　名	纂　編　人	地　區	年代	紀　　　要
四川武陵柳沱彭氏族譜		四　川	1845	清道光乙巳西元一八四五年纂修。
湖南湘鄉燕堂彭氏續修族譜		湖南湘鄉	1847	敦倫堂，卷首、卷一
湖南彭氏三修宗譜	彭行錫等續修	湖　南	1848	清道光廿九年己酉西西元1848年述古莊刻本
彭氏族譜□卷	首卷湖南湘鄉，清佚名纂修	湖南湘鄉		清咸豐題虹堂本活字印本
雲陽東門基莊彭氏重修族譜	清彭志質等重修	江蘇丹陽	1848	清道光廿九年木活字本六冊. 散居日本,美國.
湖南彭氏三修宗譜	清彭行錫	湖　南		述古庄(堂)三修本，不分卷，六冊，吉林大學。
湖南彭氏重修族譜		湖　南	1849	清光緒年間述古堂刻本. 嗣居湖南長沙寧鄉等地.
雲陽東門基莊彭氏重修族譜	彭志頎	雲　陽	1849	木活字本，日本，美國。
湖南彭氏沙子壩房支譜		湖　南	1850	鈔本，不分卷，一冊。廣東中山圖。
湖南湘鄉彭氏族譜		湖南湘鄉	1851	題虹堂
江西萍鄉古學前彭氏續修族譜	彭金鈺主修		1853	系出唐徵君構雲後,開基祖曰宣義,南宋祥興間(1278~1279),由安福徙萍鄉北路院前.子才俊由院前再遷城內古學前,是爲始遷祖.才俊二子:子安、子旭,別爲上下分.自茲傳十世至汝篤、汝麒、汝恭、汝繼、汝惠、汝初,支分六派.上分汝篤之子相彬徙北路菱塘下,下分汝繼汝惠徙西路橫江,汝初徙北路桐木前。不分卷存四冊上圖江西圖存三冊。
雲陽大泊彭氏重修族譜	清彭道享等重修	江蘇丹陽	1854	木活字重修本，四卷，四冊。 日本,美國。
湖南瀏陽沙溪河口彭氏支譜	主修 彭文馨 纂修 彭萬成 倡修 文松、文柏、文茂 　　文方、文河、文杰	湖南瀏陽	1855	三瑞堂木活字本,不詳卷,存一冊。湘圖,派字構云 19 世至 58 世。 汝永名聲振　文人萬邦興 家傳敦孝友 樹立顯朝廷　善良民之慶 厚道德乃成 繼錫能長遠　祖業應大增.
湖南青山彭氏增修徵信譜	彭麗崧、彭賡餘、彭恆聞	湖南長沙	1856	清咸豐六年丙辰西元一八五六年
四川雙流自犍雙彭氏族譜	彭宗超	四川雙流	1856	刻本二冊
湖南五修族譜		湖　南		存一冊民國武夷堂木活字本。書背墨筆題瀏陽縣淯口鄉，上圖，存卷二
湖南攸縣彭氏續修族譜		湖南攸縣		存三冊，民國述古堂木活字本上圖存卷 1~3~9。
湖南善化善邑皂角樹彭氏四修族譜				四修本存 1 冊民國信述堂木活字本上圖，存卷十。
湖南邵陽大沖彭氏續修族譜	彭敬齋修 彭如璋纂	湖南邵陽	1857	誠敬堂活字續修本 15 卷，首 1 卷，14 冊。湘圖。
湖南寧鄉約溪彭氏三修族譜	彭宗玉彭順業彭宗煓彭樂濟	湖南寧鄉	1862	奇瑞堂刻三修本不詳卷存二冊湘圖殘存一、二卷。
湖南醴陵福亭彭氏三修族譜	清彭紹椿修 彭昌熙纂	湖南醴陸	清時	活字本
彭氏族譜			同治	光裕堂木活字本一冊記事至清同治年上圖存卷八

譜　　　名	纂　編　人	地區	年代	紀　　　要
湖南善化(長沙坪山)彭氏族譜			1864	隴西堂木活字本，存二冊，上圖存卷三，六。
湖南衡山彭氏三修族譜	彭湘鈉、彭士楷等	湖南衡山	1864	信述堂刻三修本，十七卷，十六冊，堂名到三修變了內容全同。南開大
湖南平江彭氏族譜		湖南平江	1864	述古堂活字本不詳卷存1冊，湘圖，存卷一，首。
湖南郴州彭氏五修族譜	清彭裕隆等修	湖南郴州	1865	木活字五修本，七卷，存二冊，上圖，卷一，五下。始祖爲唐徵君構雲，傳至旺三公明洪武二年以千戶奉調守禦桂陽，遂居一郴州嚴塘，爲始遷祖。
安徽桐城彭氏世譜	彭元照重修	安徽桐城	1866	奎聚堂活字重修本，42卷，末一卷，六冊。人大。
湘潭中湘花石彭氏三修房譜	融、和、清、珠，四房聯修	湖南湘潭	1867	淮陽堂木活字本三修，十二卷，存七冊。上圖，存卷十至三、五、六、八、十一。 志安、玉、貴，同出唐徵君構雲後，明永樂時，胥自江西安福遷來湘潭，分別置產於花迳七星塘彭家灣,九洲灘,白龍坪. 志安又五傳至融、和、清、珠,以啓四房.
安徽安慶市彭氏宗譜	彭榮恩、彭嘉第	安　徽	1867	述信堂木活字印本 廿五卷，首一卷，廿八冊。
湖南湘鄉上湘春福堂彭氏族譜	清彭中浪、彭盛清等纂修	湖南湘鄉	1868	清同治七年首卷湖南湘鄉春福堂活字印本15冊。
湖南湘鄉白龍彭氏族譜四修	彭定臣	湖南湘鄉	1870	積厚堂五修刻四修本五卷首2卷8冊 1890五修
山東古滕孫寨彭氏族譜碑	彭松、彭根、彭獻瑾、彭獻瑢	山東古滕	1873	1185 年鄉頁進技庭撰朝奉大夫彭永昌墓志銘
湖北新洲(今武漢市新洲)彭氏宗譜		湖北新洲	1874	首修。
湖南湘陰螺峰彭氏繼修族譜	彭源佐主修 彭遠枝、彭遠枝等纂修	湖南湘陰	1874	始祖澵，五代後唐時來居湖南長沙青山大田鎭，自澵閱十九世有諱原上者,明初自青山徙湘陰智源洞，又數傳至龍橋，始移家吧之謝家塘，爲始遷祖.上圖，存卷一，卷首。
	彭昺纂修	湖南湘陰	1916	續修活字本，八卷，首一卷，末一，卷四冊，湘圖，隸屬青山九世祖，支譜始自雍正，團山即螺峰。
湖南湘潭灣頭彭氏四修族譜	彭士琸 彭杰圭	湖南湘潭	1884	商賢堂木刻本12冊,明萬曆15年始修.
湖南湘潭嚴溪彭氏三房二修支譜	彭飛熊	湖南湘潭	1896	刻本六冊
湖南湘鄉瀠水彭氏族譜		湖南湘鄉	道光	存2冊清敦本堂木活字本記事至清道光年間上圖存卷九、十六
			光緒	清敦本堂木活字本。存一冊，上圖，存卷19
	彭壁鏡		1925	敦本堂四修木活字本。上圖，存卷首，上下。
	彭依庸		1925	敦本堂木活字本。五四卷，首二卷，五六冊。與上同一次纂修本。河北大學,晉社。
湖南衡陽彭氏族譜	彭玉麟纂修	湖南衡陽	1875	不詳卷，存三冊，光緒賜福堂刻本，湘圖，

譜　　名	纂　編　人	地　區	年代	紀　　要
				影印本,存卷三、四、卷首。內題「衡西河口彭氏」。
彭氏三修族譜			光緒	清誠敬堂木活字三修本,存二冊,記事至清光緒年間。上圖,存卷一,潰卷二。
湖南邵雙桂堂彭氏三修族譜	林武林政寶主修	湖南邵陽	1875	
廣東陸豐彭氏族譜	清彭金秀	廣東陸豐	光緒	不分卷,一冊,原藏者台灣彭丁元.
廣西桂林彭氏四修宗譜	彭遞珪續修	廣西桂林	1876	敦倫堂活字四修本,不分卷,十冊,吉林大學。
湖南寧鄉彭氏重修族譜	清彭元等纂修	湖南寧鄉	1877	述古堂木活字本,十九卷,首二卷存一冊。上圖,存卷首上參見清彭藹伯修(彭氏大宗支譜)條目.
湖南彭氏族譜	清彭大貴、彭佩蘭等纂修	湖　南	1877	雍睦堂活字本 四冊 北京圖書館。
江蘇吳縣彭氏家譜	清彭翊帽	江蘇吳縣	1881	刻本,十二卷,首一卷,南博。
浙江衢州市常山懷玉彭氏宗譜	姜廷選	浙江常山	1881	衣言庄木刻本十二卷,首一卷,六冊。
	玉逢圖	浙江常山	1925	二卷浙江常山縣大橋頭鄉坑村,上海
江蘇蘇州彭氏宗譜		江蘇蘇州	1883	參見清彭翊修(彭氏宗譜)條目.
江蘇蘇州彭氏宗譜		江蘇蘇州	光緒	清衣言庄刻本,四冊,記事至清光緒年間,上圖,存卷1至九。同上支。
江蘇吳縣彭氏宗譜	清彭慰高,彭祖賢重修.	江蘇吳縣	1883	衣言莊刻重修本,十二卷,首一卷,六冊,南大,蘇博,日本,美國。
廣東英德鶴塘彭氏續修族譜	彭述賢	廣東英德	1884	刻續修本,廿四卷,八冊,吉林大學。
彭氏宗譜		江蘇蘇州		參見清彭翊修(彭氏宗譜)條目.容略同,僅編次稍異世系有增.
彭氏四修族譜	清,彭杰主纂修		1884	光緒十年甲申 1884 年尙賢堂活字本 12 冊 1271 頁。
青山彭氏增修徵信譜(續修)	清湖南長沙彭麗崧	湖南長沙	1886	青山彭氏再續修徵信譜
湖北武昌葛仙鎮彭氏宗譜	彭其餘、彭其修等編纂	湖北武昌	1886	述古堂木活字本,六卷,首二卷,八冊。台博,縮微卷,用原藏哥倫比大學東晉圖書館本。美國。
四川逐寧西蜀潼郁逐逢兩邑彭氏族譜	清彭氏闓族撰	四川逐寧	1889	不分卷,五冊。清光緒十五年重刊本逐寧市文管。
鶴慶彭氏宗譜	清,彭坤纂修		清	清末抄本一冊廿二頁
彭氏三修族譜	清誠敬堂		光緒	始遷祖夢春,傳至六世,當明中後期,別爲汝,源,潮,滔,洗,浩六支.
彭氏族譜	清光裕堂		光緒	館藏 4556
彭氏宗譜	清,彭銅模		宣統	清宣統三年辛亥西元 1911 年刻本一冊二〇八頁
彭氏舊聞錄	清,彭孫貽撰		清	鉛印本一冊七四頁
湖南寧鄉金紫山彭氏四修族譜	清彭懋庸主修	湖南寧鄉	1890	隴西堂木活字本四修存一冊。上圖,存後卷上下。
				始遷祖汝勝,明初東江右遷湖南寧鄉(一說福

譜　　　名	纂　編　人	地　區	年代	紀　　要
				海,明初由豫章徙楚寧金紫山).
湖南湘鄉白龍彭氏族譜五修		湖南湘鄉	1890	清孔比堂木活字本存二冊。記事至光緒年間。上圖,存卷 20、21、37、38 光緒 16 年 1890 五修。
湖南湘鄉上扶彭氏續修族譜	彭春林彭正乾彭超眾彭杏村	湖南湘鄉	1891	述古堂活字印續修本 20 卷首 2 卷 8 冊。
湖南湘鄉彭氏族譜		湖南湘鄉		清刻本
湖南湘鄉燕堂彭氏續修族譜		湖南湘鄉		清活字本
湖南岳陽彭氏族譜		湖南岳陽	1892	隴西堂木活字本存 9 冊上圖存卷 3、5、13、27、28、30、44、46、70 至 74 卷首參見嘉慶 23 年彭澤修(彭氏族譜)
廣東連山縣彭氏宗譜	彭鐘泰等	廣東連山	1893	刊本續修本 6 卷廣東連山縣太保區蓮塘村,個人。
湖南長沙彭氏修族譜	三修彭紫垣主修彭紹祺等纂修	湖南長沙	1893	三修本,十二卷,首三卷,存六冊。隴西堂木活字本,上圖,卷四至七、十二、十三、卷首二。始遷祖與明元代自江西吉安府萬安縣遷湘,居潭州星沙明道都曹家衝。
	四修	長沙寧鄉	光緒	不詳卷,存一冊,光緒述古堂刻本湘圖存卷十七,
湖南瀏陽瀏西神虎沖彭氏族譜	清彭運濤主修	湖南瀏陽	1894	一冊存卷 7 書名版心題隴西堂木活字三修本上圖
湖南常德彭氏族譜	彭啓獻纂修	湖南常德	1894	益陽曹斐堂刻本 6 卷首 3 卷 8 冊。廣東中山圖。
江蘇溧陽南門彭氏宗譜		江　蘇	1894	清光緒廿二年刊本,四十四冊. 嗣居美國.
湖北黃崗楚黃彭氏宗譜	彭世祥首修。		1894	
江蘇溧陽南門彭氏宗譜			1894	十四卷,四四冊,美國。
江蘇溧陽南門彭氏宗譜		美　國	1894	四十四冊
湖南湘潭嚴溪彭氏三房修支譜	彭飛雄	湖南湘潭	1896	清光緒廿二年湖南湘潭縣刻本
江西吉安嚴溪彭氏三房二修支譜	彭飛熊	吉　安	1896	※該支是南唐江西御史彭嵩自金陵遷居嚴溪支系,不屬江西構雲世系。 叙倫堂湘潭縣署刻二修本十卷六冊。湘圖。
江西萍鄉古學前彭氏三修族譜	清彭㮲、彭樹華	江西萍鄉	1898	清光緒廿四年清彭金鈺修(萍鄉古學前彭氏續修族譜)錄目。追遠堂木活字三修本,不分卷,存八冊。上圖,江西圖,存二冊。
江西萍鄉鳳岡彭氏六修族譜	彭鴻錦進修	江西萍鄉	1900	敦本堂活字六修本存 1 冊上圖存卷末。參見民國 11 年敦本堂鉛印(鳳岡彭氏七修族譜)條目.
四川樂山市仁壽彭氏宗譜十五卷	彭汝南	四川仁壽	1900	深遠堂刻本,十五卷,四冊,川圖。
南充地區儀隴彭氏汝南宗譜	彭紹唐撰,杪本。	四川南充	1900	首修。
四川儀隴彭氏汝南宗譜一卷	清彭紹唐	四川儀隴		鈔本　　10030
湖南湘潭高橋彭氏(一至六修)族譜	首修:	湖南湘潭	清	
	次修:			

譜　　名	纂　編　人	地區	年代	紀　　要
	三修：			三修本，存二冊清述古堂木活字本，記事至清乾隆年間，上圖存六、八
	四修：			
	五修(一)：			五修本，存九冊，民國述古堂木字本。上圖，存卷六、八至十二、十六、十八、廿三。
	五修(二)：彭伯雅、彭蔚丞		1900	五修光裕堂木活木本。上圖卷一至三，五至十六。鼻祖爲唐徵君構雲,由瀛州隱居袁州合浦,孫滋遷廬陵隱源山口.滋十數傳玉省安,北末時,由山口移家太和縣月池.省安十三傳致遠者,始自月池開派湘潭七都九甲西祝衝.致遠三子:長鈞讜,次鈞祖,幼鈞楚.別爲三房.
	六修(一)：			六修本，存二冊，民國述古堂木活字本。上圖，卷十八、廿四。
	六修(二)：彭德隅、彭德爲		1927	六修本。明經堂木活字本。北圖。
	六修(三)：彭肇興、彭茀荃		1937	光裕堂石印本，十六卷，十七冊。上圖，河北大學，十八冊；晉社十九冊。題彭肇興等主筆。
湖南醴陵彭氏重修族譜		湖南醴陵	1903	常茂堂木活字本。始祖構雲,號徵君,裔孫奇芳,奇聯,清康,初自江西廬陵輾轉於江西龍泉,及湖南桃源,湘潭等地.至西元一九三九年始受命定居於湖南醴東二十都王莊境水口梓樹下.兩人同爲水口始遷祖.
湖南湘潭北門彭氏支譜	彭德基	湖南湘潭	1905	光裕堂刻本，廣東中山圖，題爲潭，湘潭中湘。
彭氏四修族譜卷之四	清	清	1907	隴西堂刻四修本，存一冊，上圖，存卷六。
湖北沔陽彭氏宗譜	彭德蒸	湖北沔陽	1907	述古堂木活字本，二卷，　日本、美國。
	彭進之		1934	述古堂開封排印本武漢圖.
湖南江永彭氏族譜	彭紹論續修	湖南江永	1907	清光緒卅三年鈔本，一卷，江永縣檔。
湖南江華彭氏四修族譜		湖南江華		木刻本
湖南漢壽彭氏合修族譜		湖南漢壽	1907	活字本 10011
四川內江市隆昌彭氏族譜六卷	清彭塾策　彭肇基	四川隆昌	1907	清光緒卅三年排印本，續修本六卷，川圖，存一
湖南寧鄉彭氏大宗支譜	清彭藹伯主修　彭晉初等纂修	湖南寧鄉	1908	述古堂木活字本，九卷，存九冊。上圖，存卷一至七、九。參見彭擇卿修(彭氏三修支譜)條目. 正信五子: 朝忠,朝祥,朝瑞,朝修,朝傑.內祥,瑞譜已另修,修,傑子孫他徙未合,是即正信房下朝忠支修.
彭氏支譜			1910	
江西萍鄉彭氏支譜	清彭觀瀾主修.	江西萍鄉	1910	敦倫堂,始遷祖茂,明自江西吉州安成徙萍東大江口梓樹園。敦倫堂木活字六修本，十卷，首一卷，存三冊。上圖，存卷三至五，

譜　　　名	纂　編　人	地　區	年代	紀　　　　要
				七至十，卷首。
雲南鶴慶彭氏宗譜	清彭坤	雲南鶴慶	清末	抄本一冊，晉社。
湖南益陽資陽香爐山彭氏五修宗譜	彭友諒主修，彭用昇等纂修	湖南益陽	1910	愛敬堂,始遷祖慶宗,世居江酒安福,明永樂初隨父遷湘,後居資陽香爐山.
香港粉嶺彭氏族譜			民國	寫本,不分卷,一冊。原藏香港大學馮平山圖書館。廣東,香港。
四川簡陽彭氏宗譜三卷首一卷	清彭鐘模	四川簡陽	1911	清宣統三年刻本,三卷,首一卷,一冊。晉社。清乾隆十八年始修。
彭氏鄯公房卜隆昂元亮合修支譜	彭枝萃纂修	湖南湘陰	1911	始祖潆,後唐時自江西廬陵山口遷湖南長沙青山,潆子鄯十七世孫重禮,明初自長沙遷湘陰樹衝高倉,是爲始祖.重禮四子,德隆,德昂,德元,德亮,離爲四房,斯譜爲四房裔孫合修。續修本,六卷,首二卷存三冊。青山大田支
內江市簡陽重修彭氏宗譜	彭仲模		1911	續修本,三卷,首一卷,一冊,刊本。歷史所。
湖南江永彭氏族譜		湖南江永	1911	續修本一卷,清宣統三年隴西堂石印本.江永縣檔
湖南江永彭氏族譜六卷		湖南江永	1911	清宣統三年隴西堂石印本. 10007
湖南江華彭氏四修族譜		湖南江華		十三卷木刻本　10008
湖南湘鄉白龍彭氏族譜		湖南湘鄉	光緒	清孔比堂.記事至清光緒年間.
湖南溧陽南門彭氏宗譜		湖南溧陽	雍正	
湖南湘鄉龍田彭氏族譜		湖南湘鄉	光緒	始遷祖樂旺,元末明初間人,.
湖南湘鄉約溪彭氏四修族譜		湖南湘鄉	光緒	記事至清光緒年間
彭氏六修族譜			民國	紹祖堂活字六修本,存一冊,上圖,存卷十五。
彭氏六修族譜			民國	敦本堂活字本,存一冊,上圖,存卷九。
廣東東莞彭塘石背嶺彭氏族譜		廣東東莞	1912	不分卷　一冊,美國。
湖南湘鄉華秀堂彭氏續修族譜		湖南湘鄉	1914	華秀堂清活字本卷十二至十五
湖北新洲(今武漢市新洲)彭氏宗譜	彭禮學續修	湖　北	1914	湖北新洲縣徐古鎮烏鉢窰村,四卷。
湖南湘鄉華秀彭氏續修族譜		湖南湘鄉	1914	活字本 15 卷存 3 冊存卷 12~15 又名彭氏續修譜
湖南長沙青山五里牌彭氏惇叙續譜	彭家祜等主修,彭有壬等纂修	湖南長沙	1915	惇叙堂.一世祖潆,五代後唐時由西廬陵遷湖南長沙縣青山大田鋪,潆十傳曰文瑄者,自青山析居附近之高倉.文瑄又十世至文忠爲五里牌支祖.文忠二子鈇,鎮.鈇五世孫世海,世滇,世岱,世河,世滔,世金.鎮五世孫世翼,世仰,世聖,世繼,世藩.啓五里牌彭氏十一房.人物傳記中,頗多西南少數民族及江淮間農民起義事. 上圖。
湖南湘潭植樹栗彭氏六修族譜	彭德春、彭德銀主修	湖南湘潭	1915	述古堂木活字本六修 8 卷存 2 冊上圖卷 2、8 唐徵君構雲後,閱世上至仲文者,北宋時自江西廬陵源山口徙居湖南茶陵堂。再數傳明永樂

譜　　名	纂　編　人	地　區	年代	紀　　要
				四年,自黃堂遷湘湘潭橘洲,爲遷始祖。
江西萍鄉竹溪彭氏四甲宗譜	彭爲宗	江西萍鄉	1916	木活字本,五卷首一卷末一卷.
安徽石台縣貢溪櫚塘灣棧彭氏宗譜		安徽石台	1917	十一卷
江西萍鄉萍城彭徵君宗譜	彭樹榮	江西萍鄉	1922	三召堂活字本江西圖
江西奉新彭蔡族譜				江西圖一冊,木活字本一
湖南長沙青山彭氏增修徵信譜		湖南長沙	?至1946	增修本存1冊民國中一堂鉛印本上圖存卷12之乙丙丁增修本不詳卷存四冊活字本湘圖卷8至11
湖南醴陵福亭彭氏三修族譜	彭紹椿修,彭昌煦纂。	湖南醴陵	光緒	三修本,不詳卷,存七冊,光緒淮陽堂活字本,湘圖,存卷一至五、七、十、卷首。此譜全同湘鄉福亭彭氏譜,疑題寫有誤。
湖南湘鄉龍田彭氏族譜		湖南湘鄉	光緒	存一冊清木活字本記事至清光緒年間上圖存卷二
湖南湘鄉鮎魚垻彭氏五修族譜		湖南湘鄉		五修本存一冊民國壽元堂鉛印本。上圖,存卷六。
湖南湘鄉約溪彭氏四修族譜		湖南湘鄉		四修本,存二冊,清木活字本,記事至清光緒年間,上圖。存卷五、八。不同寧鄉約溪。
湖南湘鄉彭氏族譜		湖南湘鄉		不詳卷,清刻本,湘圖,存卷首下。
湖南松陽白龍彭氏五福堂支譜		湖南松陽	民國	五福堂活字本,存一冊。上圖,卷五,卷末。
湖南邵陽邵陵林彭氏三修族譜	彭巍甲撰序	湖南邵陽	光緒年間	雙桂堂木活字三修本。十四卷,首三卷,十五冊。湘圖,上圖。存二冊,存卷四卷首中即邵陽林彭。
江華彭氏四修族譜		江　華		木刻本,十三卷,江華縣檔。
福建崇安作邑彭氏族譜		福建作邑	緒道	不分卷,存二冊,記事至清道光年間,上圖。
成都市蒲江彭氏族譜	彭家光	四川成都		稿本,天華鄉,個人。
隱源老譜	誠敬堂	湖南邵陽		彭夢春公系,汶、瀧、潮、滔、洸、浩六支家譜又稱重修隱源老譜。
四川犍爲三溪鋪彭氏族譜	彭世珍	四川犍爲		
四川丹稜譜	彭端淑	四川丹稜		
四川榮昌縣龍市鄉鄉譜		四川龍市		世系血緣有誤
四川大竹縣城西川主鄉譜				
四川山內鄉譜				九、遠、述、瑄、仲交、思賢、汝历、千七郎、仁貴、添麟、朝用、友玖、紹隆、孟貴、伏一伏二伏三(俱居常德)、萬一萬二萬三萬富(1369遷榮昌雙河)
江西萍鄉牛氏塘彭氏族譜		江西萍鄉		清思成堂木活字三修本,存一冊,上圖,存卷六。
湖南邵東彭氏族譜		湖南邵東	1910	三修族譜
湖南益陽資陽彭氏五修宗譜	彭友諒主修	湖南益陽	1910	愛敬堂

譜　　　名	纂　編　人	地　區	年代	紀　　　要
四川簡陽彭氏宗譜	彭鍾模	四川簡陽	1911	刻本一冊
廣東東莞縣彭塘石背嶺彭氏族譜		廣東東莞	1912	
湖北新洲縣徐古鎮鳥鉢窰彭氏宗譜	彭禮學	湖北新洲	1914	木刻本
湖南湘陰團螺山彭氏續修族譜	彭芮	湖南湘陰	1916	活字本四冊
江西萍鄉竹溪彭氏四甲宗譜	彭爲宗等纂修	江西萍鄉	1916	木活字本5卷首1卷末1卷。江西圖，殘本二部。
海鹽彭氏舊聞錄	彭孫貽撰		1916	木活字本1卷1冊1917年間鉛印本。晉社。蘇大。
河南夏邑彭氏族譜	彭鳳鳴四修	河南夏邑	1916	
安徽彭氏宗譜		安　徽	1917	安徽石台縣貢溪鄉塘灣村
池州地區石台縣彭氏宗譜			1917	刊本，十一卷，貢溪鄉塘灣村，個人。
湖北新洲(今武漢市新洲)彭氏宗譜	彭信成	湖北新洲	1917	湖北新洲縣前進鄉楊崗村，木刻重修本。不分卷。
江西萍鄉徵君公祠第二屆聯宗譜	彭棨，彭國清。	江西萍鄉	1918 至 1919	江西萍鄉裔孫彭棨和彭國清發起以萍鄉爲中心修纂第二屆聯宗。參加修譜的有江西萍鄉宜春塘霞、霞苑、甘溪、及湖南醴陵等共七十五個支派。
湖北江陵彭氏族譜		湖北江陵	1918	木刻本，四卷，首一卷。江陵縣檔。
彭氏族譜		廣東台灣	1918	寫本，不分卷，一冊。原藏者彭如達。始祖彭貴祥，散居台灣新竹竹東.
湖南衡山彭氏七修族譜	彭有康總修	湖南衡山	1919	淮陽堂活字七修本13卷末1卷14冊。
廣東興寧彭氏族譜				延年公六子鑑公裔相繼由政都(今豐順縣)、朝陽等地遷來廣東興寧,約六百餘年
廣東陸豐彭氏族譜	彭雲際	廣東陸豐	1919	鈔本書中後人增補資佽在西元一九六九年。
廣東陸豐彭氏族譜不分卷	彭金秀鈔	廣東陸豐		清光緒初鈔本 一冊　10020
花園彭氏四修族譜	彭泰岩等修		1920	刻本，十冊，1040頁
湖南湘潭中湘花園彭氏四修族譜	彭泰巖等主修 彭貽聰纂修	湖南湘潭	1920	柱下堂木刻本四修,上圖、河北大學無「中湘」二字。晉社，誤題彭泰啓。始祖道榮,唐徵君構雲後,籍江西,官湖南茶陵,致仕後遷居潭邑花園里..
湖南寧鄉寧邑泉衝彭氏三修支譜		湖南寧鄉	1920	述古堂木活字三修本。存三冊。上圖，存卷二、四、五。始遷祖壘,五世孫思明,清乾隆初自寧邑十都黃材遷吧之四都三區泉衝,爲泉衝始遷之祖.
湖南岳陽彭氏宗譜	彭廣麗	湖南岳陽	1920	郭明吾活字續修本，四集，首一卷，六冊。
淮陽彭氏宗譜二卷	朱佩圳續修	常山淮陽	1920	續修刻本一卷，浙江常山縣青石鄉飛碓村馬面排。
湖南湘潭花園彭氏四修族譜	彭泰岩 彭貽聰	湖南湘潭	1920	37卷首一卷
安徽潛山述信述堂彭氏族譜	彭廷植	安徽潛山	1921	木活字續修本20卷首1卷末1卷安慶市圖1689首修。
江西萍城彭徵君祠宗譜	彭棨主修,	江西萍鄉	1922	始祖構雲,先世瀛州人,唐天寶末,安史亂避隱

譜名	纂編人	地區	年代	紀要
	彭國清纂修			江西宜春山口.州敭薦於朝,三徵始就召,皇帝欲處以官,辭不就,因名曰徵君.後子孫繁昌,名儒顯宦輩出,僅占籍江西宜春,安福,湖南劉陽,醴陵界即七十五處,後先來萍鄉者枝幹且盈百.是譜爲分派萍鄉諸系所修,故譜名徵君.卷首譜序,凡例,修譜職事名單,卷一圖像,行實,藝,文卷二彭氏溯源,系圖,卷三,四世紀,齒錄,芑末補遺,跋語.內有李百藥,盧肇,司馬光,歐陽修,彭汝勵,彭思永,周敦頤,謝諤,嚴嵩,解縉,張廷玉撰,保存五代,宋,元,明人物傳記資料特豐. 三召堂木刻本，四卷，首一卷，末一卷，三冊，上圖，江西圖，存卷三。
萍南牛氏塘彭氏族譜	清思成堂.	江西萍鄉		參見彭棨修(萍城彭徵君祠宗譜)條目,構雲卅三世孫啓六,清順治間由萍鄉下三山遷吧之長豐鄉二保八甲牛氏塘,爲支始遷祖.
萍西凰岡彭氏七修族譜			1922	始祖構雲,號徵君,十九世孫曰禧祖,宋季自辰州徙萍西槐花樹下,後因歲歉疫作流安福城榙橋.三傳玉達祥,元至正五年攜弟泰祥徙萍西歸聖鄉仙居里二凰岡,譜尊其兄弟二人爲始遷祖. 敦本堂鉛印七修本，與上同，廿七卷，首二卷，末一卷，存六冊。上圖，存卷一至三，十七至二十，廿三，廿五至廿七。
彭氏宗譜	彭文傑修		1922	影印本，一冊，八十頁。
九溪二修族譜(彭德懷系)		湖南雙峰	1922	構云公廿二世孫景祥。子二：汝聖、汝賢.。分別在西元 1922 及西元 1993 年在湖南兩次修譜
(彭氏)龍生公派支譜	彭瑞豐 抄	廣東台灣	1922	五雲洞祖彭受章,來台彎者彭雲高.散居新竹,台北.
江蘇吳縣(長洲)彭宗譜	彭文杰、彭鐘岱重修	江蘇吳縣	1922	衣言庄刻九修本，十二卷，首一卷，十二冊。北圖。另一部西諦藏書爲十冊。北大，歷史所，九冊，人，起名爲「臨江彭氏宗譜」增補印本，十冊。民大、遼圖、蘇圖殘、蘇博、蘇大、雲圖、雲大。晉社，十冊。台灣，原藏芝加哥大學遠東圖書館，縮微卷。國學、日本、美國。
江西萍鄉萍城彭徵君司捐冊	彭樹榮編	江　西	1922	三召堂活字本
湖南湘鄉九溪彭氏續修族譜	彭翠峰主編	湖南湘鄉	1922	和宗堂二十冊
湖南湘鄉九溪彭氏三修族譜	彭際謀主編	湖南湘鄉	1993	和宗堂八冊
萍西彭家沖東洲彭氏續修族譜	彭飛漢等纂修	江西萍鄉	1923	彝訓堂,始祖仲,南宋祥興間由盧陵隱源山口徙萍城義井坊,始遷祖欽,北.太平天國義軍

譜　名	纂　編　人	地　區	年代	紀　要
				起,復由義井坊遷蠟樹下,即彭家沖東洲。彝訓堂木活字七修本,四卷,末一卷,存一冊,上圖,存卷四,卷末。
萍西愈佳坊彭氏族譜	彭慎存主修 彭家熒等纂修	江西萍鄉	1923	奉化常.始祖構雲,傳至十一世孫舉正,北宋天禧二年由江西廬陵山口遷萍鄉積善里建橋,是爲遷萍始祖。後支分派衍愈佳坊彭氏即其中一支。奉化堂木活字五修本,十卷,末一卷,存二冊,上圖,存卷三,九,十,卷末。
彭氏五雲洞抄來族譜		廣東台灣	1923	寫本不分卷一冊原藏者彭世鉻,台博,廣東揭陽。
江蘇溧陽南門彭氏宗譜		江蘇溧陽		惇叙堂木活字本存卅七用上圖,存卷三至八、十至十七、十九、廿一至廿三、廿五、廿七、廿八、三十、卅二至卅六、卅八至四四、四六至四八。
江蘇溧陽南門彭氏宗譜	彭啓運等八修	江蘇溧陽	1924	思敬堂木活字八修本四六卷四六冊. 日本,美國.
湖北新洲(今武漢市新洲)彭氏宗譜	張傳福	湖北新洲	1924	湖北新洲縣徐古鎮張灣村,木刻本。七卷。
江西南昌彭氏族譜	彭元端等	江西南昌	1924	寫六修本,國學、日本、美國。
彭氏五修族譜			1924	木活字五修本,存一冊,,上圖,存卷十八。
江蘇溧陽南門彭氏宗譜	彭啓運	江蘇溧陽	1924	思敬堂木活字本 46 冊
湖南隆田彭氏五修族譜	彭嶽搖	湖南隆田	1925	
湖南上湘淀水彭氏續修族譜	彭依甫 彭璧鏡	湖南上湘	1925	敦本堂輯印本 56.
彭氏宗譜				刻本,九卷,四冊,上圖。
江西奉新彭蔡族譜		江西奉新		清末活字本,不分卷,存一冊,江西圖。
江西奉新彭蔡十三修族譜		江西奉新		不分卷,存一冊,民國木活字本。江西圖。
江西廬陵油田隆堂彭氏族譜	彭世培	江西廬陵	1925	木活字本 8 卷卷上一卷,卷下一卷,六冊。上圖。
上湘谷水袁氏續修族譜	彭依庸等修	湖南	1925	敦本堂刻本五六冊五七七一頁。
上湘瀲水彭氏續修族譜	彭璧鏡等纂修,敦本堂.	湖南湘鄉	1925	始遷祖才富,約明代自豫章遷湖南湘鄉之瀲水,後代衍爲八房.
油田隆堂彭氏族譜	彭世培主修	江西廬陵	1925	始祖爲唐徵君構雲,居宜春,三世倜遷隱源山口.自倜歷世至杲,北宋時自隱源山口遷廬陵老岡.杲子程,遷和州,程六傳玉少卿,復回遷老岡.宋元革之際,少卿裔孫彭□自老岡遷巨被;其子雲卿入贅油田嶺土周家,是爲油田隆始遷祖.雲卿七子,以啓五房,幼通長房祖,幼清二房祖,幼充三房祖,幼□四房祖,幼亨五房祖.
隴西堂上彭姓之族譜		廣東台灣	1925	寫本,不分卷,一冊,原藏者彭達才,延年公祠 散居台灣花蓮富里。
彭氏族譜(豐順仕海公來台譜)	彭奕淡補錄	廣東台灣	1925	入粤始祖彭延年,來台廿四世配宓氏.
浙江常山彭氏宗譜	王逢聞纂修	浙江常山	1925	浙江常山縣大橋頭鄉坑村,木刻本.

譜　名	纂　編　人	地　區	年代	紀　要
湖南上湘澱水彭氏續修族譜	彭依甫　彭壁鏡纂修	湖　南	1925	敦本堂輯印本.
湖南湘鄉白龍孔比堂彭氏族譜六修	彭寅亮、彭錫臣撰序	湖南湘鄉	1926	孔比堂刻本，六五卷，首三，卷末一卷，八冊。湘圖。影印本。
湖南常寧彭氏家乘四修	彭明傑	湖南常寧	1926	博士堂刻四修本，十六卷，首四卷，清乾隆卅三年彭名忠、彭著常等首撰。廣東中山圖，缺九卷。
四川簡陽簡州彭氏宗譜不分卷		四川簡陽	1926	成都石印本　10027
簡陽簡州彭氏族譜		四　川	1926	成都石印不分卷，存一冊，成都石印本
寶安縣粉嶺彭氏族譜			1926	抄本，不分卷，一冊，原藏香港大學馮平山圖書館，廣東寶安(新安)。
湖南湘潭灣埠塘彭氏五修族譜	彭昭廉、彭家貴	湖南湘潭	1927	敦本堂刻本五修。廿八卷，廿四冊。廣東中山圖。清乾隆五十五年西元一七〇九年彭祖漢、彭增耀首撰。版心作彭氏五修譜
				敦本堂刻本五修本存四冊。上圖，卷七、九、十四、廿四。應與上同族。
湖南湘潭中湘彭氏六修族譜	彭德爲等	湖南湘潭	1927	明經堂活字本 16 冊
江西萬載東溪彭氏重修族譜	彭允升等	江西萬載	1927	聚奎堂
青山彭氏敦睦譜		湖南長沙	1928	
大彭得姓受氏之圖			1928	
隴西堂彭氏歷代族譜記		廣東陸豐	1928	入粵祖彭延年,來台祖彭維文(修至西元 1969 年止)
彭氏族譜	彭羹梅　序	廣東台灣	1928	入粵始祖彭延年字舜章。　居台灣花蓮光復。
彭氏族譜(信述堂彭氏族譜系)	彭玉庫(字府財)修	廣東台灣	1928	西元 1928 年初稿,西元 1962 年抄　來台者彭清泉
彭氏族譜				寫本，不分卷，一冊。原藏者彭慶霖，台博。
湖南湘潭彭氏五修族譜	彭常信、彭繼華纂修	湖南湘潭	1929	商賢堂木活字本五修本。上圖，胶卷名爲「潭南彭氏五修族譜」。湘圖，七冊，即灣頭彭氏。開派始祖唐徵君構雲，天寶時來居江西宜春,三世孫徙居江西廬陵,始遷祖德遠,明初自廬陵遷湖南湘潭九十二都下石灘落屯.
香港彭氏族譜	彭桓景	香　港	1929	重修一冊，國學。
香港新界寶安縣粉嶺彭氏族譜節錄	彭啓瑞(藏)	香港新界	1929	彭啓瑞影自鈔本，不分卷，一冊。美國。
香港寶安縣粉嶺彭氏族譜	彭啓瑞(藏)	香港新界		彭啓瑞影自抄本，不分卷，一冊，美國。
香港新界粉嶺彭氏族譜不分卷		香港新界	1930	不分卷，寫本一冊。美國。
香港新界粉嶺彭氏族譜				成書年代不詳，香港中大學圖書館
湖南長沙彭氏三修本源譜	彭象鵠纂修	湖南長沙	1930	參見明周文獻修(長沙青山彭氏會宗譜)條目.是爲遷始祖澋八世孫守遺支下安樂鋪與銅瓦橋兩房合修譜，兩房祖分別爲澋廿五世孫綿本，先源。兩儀堂木活字本，上圖，存卷六、七卷首、

譜　　　名	纂　編　人	地　區	年代	紀　　要
				卷末。
湖南長沙彭氏六修族譜	彭第槐	湖南長沙	1930	述古堂活字本，湘圖，存三卷。
(彭氏)世代子孫傳流譜	彭作霖(作梅)作	廣東台灣	1930	入粵祖彭延年，來台灣祖彭維錫. 修至西元一九五七年止.
來福公派下彭氏族譜		廣東台灣	1930	五雲洞祖彭受章，來台灣者彭來福 散居台灣新竹.
湖南湘鄉彭氏二修支譜	滋本堂.	湖南湘鄉	1931	滋本堂，木活字本。上圖，存卷二、六。始遷祖自夷，明洪武时自江西遷湖南上湘北門花園，越五世而分清、淮兩支.
湖南湘鄉北門彭氏支譜	彭盛唐、彭盛德等編纂	湖南湘鄉	1931	光裕堂活字本。五修本。始遷祖輯五，明赴任岳州，途中聞兵難作，乃棄官抵湘鄉，卒卜居開宗城北門外，上圖。存卷九、十四、卷首。
湖南益陽彭氏族譜	彭友諒主修	湖南益陽	1931	
湖南醴陵大塘繼述堂彭氏二修房譜	彭祖述主編	湖南醴陵	1932	十二冊
四川仁壽縣順六區鰲陵場彭家溝譜		四川仁壽	1932	始祖嘉仲,明末由丹稜桑黃壩而來.
平江彭氏宗譜	述古堂	湖南平江	1933	始祖滂,唐末由彭城遷江西廬陵山口老杠樹,五代後唐同光間,再徙湖南長沙縣青山大田鎮.滂六子,第四子　字宗明,北宋時復自青山遷岳州平江縣高橋,譜奉之爲平江始遷祖,存卷一總系圖,卷十二九成惟慶克富房行傳.
湖南岳陽彭氏六修族譜		湖南岳陽	1933	隴西堂木活字本,存三冊,上圖,存卷 33~35 另卷 1~4 參見清嘉慶廿三年彭澤修(彭氏族譜)條目,卷卅三至卅五爲大訓公派下牌樓屋,甘田寺沖,甘田磚屋世系,另卷載大訓公派下李家河,沔;包家剅,秉彭家垸,檜湖,臨湘三漢街各支世系.
湖南平江彭氏宗譜		湖南平江	1933	述古堂木活六修本。存一冊。上圖,存一、十二。
湖南湘鄉龍田彭氏族譜	彭乾沖主修	湖南湘鄉	1933	
廣東中山(香山)東莞象角彭氏族譜	彭炳佐	廣東東莞	1933	振業堂鉛印本,仰公卷十卷十冊。
彭氏宗譜	彭進之	述古堂	1934	開封鉛印本六冊六一五頁
湖北沔陽彭氏宗譜	彭進之等編	湖北沔陽	1934	述古堂開封排印本十卷武漢圖、晉社,均缺卷一。
湖南寧鄉彭氏六修族譜	彭藝圃主修	湖南寧鄉	1935	述古堂木活字本,十四卷,存一冊。上圖,存卷十四。參見清彭藹伯修(彭氏大宗支譜)條目.
彭氏宗譜	彭秉彝彭祖年等纂修	述古堂	1936	述古堂活字本一冊九九頁。
來台灣象照公派下彭氏家譜	彭紹富作	廣東台灣	1936	入粵祖彭延年,五雲洞祖受章,來台灣者彭象照.
湖北武昌葛店彭氏宗譜	彭秉彝、彭祖年等編	湖　北	1936	述古堂木活字刊本,六卷,首二卷,存一冊。晉社,存卷首上。
廣東揭陽江西廬陵山口彭氏族譜		廣　東	1936	不分卷鈔本 一冊 ,廣東中山圖。

譜　　　名	纂　編　人	地　區	年代	紀　　　　要
廣東中山象角彭氏族譜	彭炳佐等	廣東中山	1936	鉛印本 十冊 10017
湖北武昌葛店彭氏宗譜	彭秉彝、彭祖年	湖北武昌	1936	六卷首二卷,初修於清乾隆廿二年彭楚達修
湖南湘潭中湘彭氏六修族譜	彭肇興		1937	裕光堂石印本十九冊一七四二頁
湖南湘潭中湘彭氏六修族譜	彭肇興主修 彭茀荃等纂修.	湖南湘潭	1937	光裕堂. 參目清彭伯雅修(中湘彭氏五修族譜)
湖南漢壽龍陽彭氏六修族譜	彭成澤	湖南漢壽	1937	述古堂活字六修本,湘圖,存卷首。封頁背書「彭氏族譜」,懷德堂廖梓。
湖南武岡淮陽堂彭氏族譜	彭文桑主修	湖南武岡	1937	淮陽堂六冊
陸豐象照公遷台灣彭氏族譜	彭明炎補錄	廣東台灣	1937	入粵祖彭延年,來台灣彭象照. 散居新竹桃園.
彭氏五修族譜	武夷堂	湖南瀏陽	民國	武夷堂. 書名據書衣題,一書背墨筆瀏陽縣滄口鄉. 館藏 4551
彭氏六修族譜	紹祖堂		民國	紹祖堂. 書名據書衣題
灣埠塘彭氏五修族譜	敦本堂		民國	敦本堂. 書名據書農題. 館藏 4497
彭氏族譜	敦本堂		民國	敦本堂. 書名據版心題. 館藏 4555
湖南沙泉彭氏一至八修族譜	一至八修	湖南衡陽		仲文公支思賢派,修譜年限不知。
湖南衡山彭氏大堡房彭氏族譜	一至五修	湖南衡山	1938	吉公第十七世孫寶公由江西入衡,又于清初從大堡遷新虎。一至四修年限不知,五修在民國廿七年西元一九三八年。派字「正世德文開代榮」後世排行「東楚詩書第南邦禮義家,支開由一本,同望發英華」。
彭氏族譜	彭天來修	廣東台灣		入粵祖彭延年,來台灣祖彭上鳳. 散居台灣新竹,竹東,台北.
綿竹縣彭氏宗譜	彭正官	四川廣東	1938	三卷三冊,重訂潮州彭氏宗譜,北圖、南京大學,卷一全冊,卷廿三(新纂綿竹彭氏宗譜),為潮州延年公後裔另遷四川一支。
重訂潮州彭氏宗譜	彭問鶴	四川廣東	1938	鉛印本,三卷,三冊,即四川綿竹縣彭氏宗譜彭氏宗譜的卷一全冊,北大,南京大學。
廣東重訂潮彭氏宗譜三卷	彭問鶴	廣　　東	1938	鉛印本 三冊
湖南龍陽彭氏五修支譜	彭光華　彭敦敏主修.	湖南漢壽	1940	三瑞堂木活字本十三卷首二卷末一卷存十冊。上圖存四、六、七、九至十一、十三、卷首、卷末。隴陽彭氏合修族譜存一冊,上圖,存卷首。 始遷祖,郁明初自江西吉水縣遷湖南常德府龍陽縣(今漢壽)大圍堤雲騰里.
彭氏族譜	彭登秀抄	廣東陸豐	1941	始祖彭延年,來台祖彭嶒明.(修譜至西元一九五六年止)
浙江雲和縣文管彭氏宗譜		浙江雲和	1941	存三冊
麗水地區雲和縣彭氏族譜			1941	不詳卷,存三冊刊本。雲和縣文管。
湖南寧鄉高沖彭氏三修支譜	彭擇卿主修,　彭桂祥總修. 彭長賢主修。	湖南寧鄉	1942	隴西堂木活字三修本,八卷,存五冊。上圖,存卷一、二、四、七、八。始祖彭滲,五代後唐時自江西廬陵老岡山口遷湖南長沙青山大

譜　　名	纂　編　人	地區	年代	紀　　要
				田鋪.十九世藎清遷湘陰,藎清又三傳曰志海,生三子,龍遷寧鄉雙市,虎徙台田,鳳仍居湘陰,寺當明末初也.龍四子:正仁,正義,正禮,正信,義、信別徙長沙和益陽.是譜爲居寧鄉之仁,禮兩支所修.
湖北沔陽彭氏族譜	彭進之	湖北沔陽	1942	
江西萍鄉萍北彭氏族譜		江西萍鄉	1944	本堂木活字本,存一冊,上圖,存卷十四,卷末。
江萍鄉江仔邊彭氏族譜		江西萍鄉		源本堂木活字本,存一冊。上圖,存卷九。
湖南漢壽彭氏合修族譜			1944	述古堂活字本,不詳卷,湘圖,存卷首,一。
彭氏合修族譜	述古堂.	湖南常德	1944	明初至永樂間,由江西陸續遷常德龍陽縣之彭氏,有八支,文茂遷龍陽内圍堤,近族六房,遠族七荆障,大汛洲,崗塘坪,獠牙嘴,統曰高治系:俊東先遷吧治南關外姚家沖,再遷翻水口又徙窰台湖之樅陽樹,至其孫,卒分五大支,曰窰台系;伏敏先遷龍陽,六子分六房,長房祖志學第五子恭遷武陵港中坪.稱港中系.宗一遷龍陽沙洋坪,曰沙洋系:文壽遷龍陽南關外四孫,分四房,稱小南門系,尚遠遷龍陽五里塘,曰五里塘系;德遷龍善同鄉,曰南起系.長期以來,八系各自爲祖,各自修譜,是乃初次德匯八系編成.
湖南湘鄉坪敦倫堂彭氏續修族譜	三修彭承鴻主修	湖南湘鄉	1944	廿一卷
	四修彭先勱主修	湖南湘鄉	2001	十五卷
浙江台州市三門縣亭旁彭氏宗譜	彭大巧、彭道芳	浙江三門	1945	重修木活字本,二卷,浙江三門縣彭賴鄉彭家村
湖北新洲縣和平鄉富興村彭氏宗譜	彭仲甫　彭彩軒	湖北新洲	1946	鉛印本,清同治十三年創修.
湖南長沙青山彭氏增修徵信譜		湖南長杪	1946	活字本4冊
湖北彭氏族譜	彭維鑑纂修	湖北武漢	1946	述古堂木活字本.始遷祖善卿先世江西人,明洪武十三年遷湖北鄂邑葛仙鎮彭家墩.歷三世逮仁政,六子:永良,永端,永漢,永鶴,永盛,永幹.各擇福地而居,析爲六分.
陸豐五雲洞南河彭氏族譜		廣東台灣	1946	彭延年始祖,彭開任來台祖(修譜玉西元 1960 年止)
彭氏虎巖支譜	彭達琛抄	廣東台灣	1946	入粵祖彭延年,五雲祖彭受章,來台灣祖彭開耀.
湖北新洲(今武漢市新洲)彭氏宗譜	彭仲甫、彭彩軒續修	湖　北	1946	湖北新洲縣和平鄉富興村,鉛印本,三卷.
湖北武漢鄂邑彭氏宗譜	彭維鑒	湖北武漢	1946	述古堂木活字三修本。三十卷,三十冊。上圖。
四川宣漢彭氏宗譜五卷	彭輕達重修	四川宣漢	1946	石印本　10031
達縣地區宣漢縣彭氏宗譜	彭輕遠	達　縣	1946	石印重修本,五卷,宣漢縣檔.
湖南長沙青山彭氏增脩徵信譜	彭幼元等卅五年會編	湖南長沙	1947	中一堂

譜　名	纂　編　人	地　區	年代	紀　要
湖南漢壽龍陽彭六修族譜	彭成澤	湖南漢壽	1947	懷德堂活字本 10012
湖南湘鄉松江彭氏族譜	首三卷湖南湘鄉彭隆誦、潼隆陽等纂修	湖南松江	1947	商賢堂木活字印本五冊，存六卷，卷一，卷五、六、八，卷首上下。
彭氏族譜源流	湖南湘鄉湖南文獻委員會		1947	收郴州縣、益陽、零陵、酃江、湘鄉、岳陽、湘陰、宜章、邵陽。
湖南沅江彭氏五修族譜	彭樂昺纂修	湖南沅江	1947	隴西堂木活字五修本，十六卷，補遺一卷，存十五冊。上圖，存卷一至七、九至十二、十四至十六、補遺。始遷祖福慶、流慶、華慶兄弟,明洪武六年自江西吉水遷湖南沅江,卜居七都桑林塘.
湖南湘鄉松江彭氏族譜	彭隆誦 童隆陽	湖南湘鄉	1947	商賢堂活字本六卷
湖南漢壽龍陽彭氏六修族譜	彭成澤	湖南漢壽	1947	懷德堂活字本
彭氏宗譜	彭清泉等纂修	述古堂	1948	述古堂活字本四四冊,咎社。
湖南華秀彭氏三修族譜	彭詩柏主修,彭禮復纂修.	湖南邵陽	1948	始祖高,仕南唐,居江西,八世孫孝忠,宋紹興進士,居高州北外,建花園於河堤上,時稱華秀里,故譜名冠以(華秀)二字.始遷祖不綸,明萬曆初由江西安福縣王屯遷湖南邵陽縣永豐.
湖南湘陰乙山審問廳彭氏譜		湖南湘陰	1948	玕公之子淶公,五代後唐時自江西遷湖南長沙青山大田,為遷湘始祖.淶公次子鄭,再遷湘陰乙山，鄭又十六傳曰孫伏者,明初始自乙山審問廳,為本支祖。六修本,存九冊，隴西堂木活字本。上圖,存卷十六至廿八、卅四下、卅七,卅八。
彭氏世譜	彭富來	廣東台灣	1948	寫本,不分卷,一冊,原藏者彭氏族譜編輯部,台博,廣東惠州陸豐等。
彭氏世譜	彭貴聰	廣東台灣	1948	彭延年(宋代始祖),彭雲生(來台灣祖)
湖北黃崗楚黃彭氏宗譜	彭清泉 彭掃塵等纂	湖　北	1948	述古堂木活字續修本彭世洋等首修於光緒20年.
四川雙流彭氏族譜二卷	彭家鳳	四川雙流	1948	石印本,二卷,一冊。
四川蒲江彭氏族譜	彭家光	四川蒲江		
湖南平江彭氏源流考	彭苪源	湖南平江	1948	不分卷,鉛印本。湘圖,源於青山,據平江彭氏宗譜六修本文譜而作。
湖南邵陽華秀彭氏三修族譜	彭詩伯	湖南邵陽	1948	華秀堂木活字三修本,上圖,存卷一至五、十一、十三、十五至十八。
彭氏姓族源流		湖南長沙	1948	稿一冊
台灣彭氏世譜	彭貴聰	台　灣	1948	一冊
雲陽東門彭氏重修族譜	彭士璉	江蘇丹陽	清	四卷
雲陽東門基庄彭氏重修族譜	彭志質	江蘇丹陽	1849	六卷
雲陽大泊彭氏重修族譜	彭道亭	江蘇丹陽	1854	四卷
四川蒲江彭氏族譜不分卷	彭家光	四川蒲江		稿本　四川蒲江縣天華鄉　10024
江仔邊彭氏族譜	述古堂			本源堂木活字本,書名據版心題.存卷為(世次

譜　　　名	纂　編　人	地　區	年代	紀　　要
				班行秩序表)
彭氏續修族譜	述古堂	湖南攸縣		始遷祖敬祥,明洪武間自江西豐城縣圳上遷湖南攸縣永平鄉.
邵陵林彭氏三修族譜	雙桂堂			
陵大泉彭氏三修族譜		湖南邵陽		始遷祖茂,誠,原姓林,明永樂十二年由江吉州遷湖南邵陽萬安鄉大泉里.立戶編號,改注以彭,故稱林彭.
白龍彭氏五福堂支譜	五福堂	松　陽		存卷爲良泰派崗錄及良浩,良泰,良恒派下義子崗錄.
作邑彭氏族譜		崇　安		先祖邁,晉永嘉元年南渡居京口丹陽十載傳至遷唐貞觀時自丹陽出官建州,掛冠後卜室建平北鄉.出貲募民萬餘墾田三千餘頃,置村九十名曰新豐鄉又盛產鐵錫之類,遠貢本色鐵錠七萬五千斤有奇先昇崇安場.會昌五年朝廷准彭氏族人請更昇場爲縣.譜名(作邑),即指此事.存像贊,繪紵,仕宦考,傳記,碑記,城考.有陳海閭丘允,秦觀,周敦頤,朱熹等文傳,保存後唐,十國,兩宋資料特豐
善邑皁角樹彭氏四修族譜	信述堂	湖南善化		信述堂木活字本.
彭氏宗譜 九卷				刻本 四冊 10035
湘鄉嚴魚塅彭氏五修族譜		湖南湘鄉		壽元堂. 始遷祖友明,元代人,存卷爲行傳.
湖南中湘高橋彭氏三修族譜		湖南湘潭		參見民國述古堂(中高橋彭五修族譜)
湖南中湘高橋彭氏五修族譜		湖南湘潭		述古堂. 始遷祖濟,唐徵君構雲後,明洪武年間官湖南長沙,卒葬湘潭高橋,子孫因家焉,濟曾孫六: 瀧,鱗,深,海,囗,鳴,離爲房.
湖南中湘高橋彭氏六修族譜		湖南湘潭		述古堂. 參見民國述古堂(中高橋彭五修族譜)
湖南洞口縣(武岡)述古堂彭氏族譜		湖南洞口	1959	
溧陽彭氏宗譜		溧　陽		惇叙堂. 始祖爲唐徵君構雲,天寶年間自河間瀛州徙居宜春合浦.三世倜遷廬陵,傳至十九世顯,宋末元初遷溧陽,爲始遷祖.
江西奉新彭蔡族譜				清木活字本
江西奉新彭蔡十三修族譜				民國間活字本
彭氏族譜	彭文強 作	廣東台灣	1951	五雲洞彭彭受章,來台灣者彭雲高.
八百喜彭氏世系譜	彭日進 抄		1952	來台灣者彭紹進.
彭氏世系譜	彭榮城 彭清螢.	河南彭城	1952	配補鉛印本,一冊。台博。
八百春彭氏世系譜			1952	影印本,一冊,原藏者彭學堯,台博,台灣省。
(彭氏)世系譜			1953	來台灣者彭朝祥,居台灣新竹竹東. GS1390050
彭氏八百春協春公派下裔孫世系譜	彭榮城 彭清富	廣東陸豐	1953	寫本,配補鉛印本,一冊。台博。

譜　　　　名	纂　編　人	地　區	年代	紀　　　要
隴西堂上彭氏族譜	彭瑞球		1954	不分卷寫本，一冊。
四川成都雙流自犍遷雙彭氏族譜	彭宗超	四川雙流	1956	雙流木刻四卷，二冊
彭氏受姓族簿			1957	入粵祖彭延年. 長樂祖彭宗迪. 居台灣新竹竹東.
彭氏族譜	台灣彭氏宗祠大公嘗編修會	廣東台灣	1958	來台灣祖彭多旺. 台灣彭氏宗祠大公嘗敘譜編修委員會
彭氏族譜	台彭氏宗祠族譜編委會	台　灣	1959	
彭氏族譜	彭文展作	廣東台灣	1959	入粵祖彭延年,五臬洞祖彭受章,來台灣者彭文展.散居台灣桃園
台灣續編彭氏族譜	彭雲珠　彭凌雲	廣東台灣	1959	不分卷，鉛印本，台博，國學。台灣桃園，楊梅。
台灣續編彭氏族譜	彭武生	台　灣	1959	鉛印本，不分卷，一冊。台博，廣東惠州海豐、陸豐、台灣桃園。
彭氏祖先傳人名簿		台　灣		清抄本三頁，原藏彭進財，台博，台灣新竹竹東。
彭氏族譜	彭武生	廣東台灣	1959	
族譜	彭正富	廣東台灣	1960	入粵祖彭延年,來台灣祖彭維文. 散居台新竹竹東,台北.
山東滕縣彭氏支譜	彭思珍　彭吉祥等	徐　州	1962	十六開線裝本五冊。徐州彭德正藏。
彭氏(桂公系世)族譜		香　港		
彭氏族譜(陸豐遷台)	彭毓秀抄	廣東陸豐	1963	彭延年(入粵祖)彭榮拱(來台祖),散居台灣新竹橫山桃園新屋.
彭氏家譜	彭福祥	廣東台灣	1963	寫本，三頁，台博，廣東惠州海豐，陸豐，來台祖彭纘緒. 散居新竹湖口.
湖南衡山彭氏三修族譜	彭湘鈉　彭上楷	湖南衡山	1864	信述堂刻本16.冊始修于清乾隆35年
台灣新竹南寮彭氏族譜(台灣續編彭氏族譜)	彭洵英、彭金山、彭玉振、彭炳和、彭聰敏、等嗣孫	福建台灣	1965	天祿公為福建開基始祖,其子子安公歿葬金門,彭汝勳、彭汝德來台祖.嗣孫來台灣者眾.譜中轉載一八二九年江西族譜延年公為構雲公十八世.
彭氏潮州世系譜	彭秀光修	廣東台灣	1966	入粵祖彭延年來台灣者彭連捷夫人暨其五個兒子
彭氏族譜		廣東台灣	1968	始祖彭鉞。
彭氏族譜	彭玉旺	廣東台灣	1968	寫本分卷，一冊。台博，廣東陸豐。始祖彭德香.
彭氏宗譜九卷				刻本
台灣台中彭氏家譜(彭氏系統表)	彭雲祥 抄	廣東台灣	1968	寫本，不分卷，一冊。祖公彭石來，國學。台博。
彭氏協春公派下裔孫世系譜	彭清煥修	廣東台灣	1968	來台者彭朝祥,彭連祥. 居台灣新竹北埔竹東.
彭姓族譜簿			1968	寫本，不分卷，原藏者彭茂泉，台博，廣東惠州陸豐。

譜　　　名	纂　編　人	地　區	年代	紀　　　要
彭氏天佑公派支譜	彭達煥 集	廣東台灣	1969	入粵祖彭延年.五雲洞祖彭受章.
彭氏家譜	彭進財	台　灣	1971	寫本，八頁。台博，廣東陸豐，台灣新竹竹東。
彭氏世系譜	彭進欽續修	廣東台灣	1972	彭宣,彭延年(潮州祖),彭受章(五雲洞祖),彭朝祥夫人等(來台灣)
彭氏族譜	彭相傳 抄錄	廣東台灣	1973	廣東海豐開基祖彭受章.來台灣者彭相傳.
廿三世祖帝祥公子孫系統圖	彭奎坪	廣東台灣	1974	不分卷，一冊。來台灣者彭帝祥，彭盛祥。
彭氏祖譜來台開居祖二十世肇華公子孫錄	彭肇	台　灣	1974	鉛印本，十五頁，原藏者彭懷德。台博，來台灣者彭肇。
歷代彭氏族譜	彭金樹 抄		1974	始祖彭延年. 居嘉義.　GS1418848
彭氏念三世祖帝祥公蒞台傳下子孫系統圖	彭奎坪	台　灣	1974	鉛印本，一張。台博，廣東陸豐，台灣桃園。
(彭氏)新族譜	彭如岳	廣東台灣	1975	寫本，不分卷，一冊。來台灣者彭抗公. 散居台灣新竹竹東.
(彭氏)仕海公派下家譜	彭日樟補錄	廣東台灣	1975	鎮平祖彭景福,彭君達. 來台祖彭仕海. 散居台灣新竹桃園台北
彭氏維正祖塔誌	彭石貴,彭石榮,彭金水,彭文佑,彭武爐,彭木貴共同編	廣東台灣	1975	來台祖彭開耀,姚葉氏,呂氏. 子嗣散居台灣園楊梅、新竹新埔.
廣東陸豐彭氏族譜	彭文	廣東台灣	1975	抄本，不分卷，原藏者彭宏，台博，廣東陸豐。 居台灣桃園中壢台北
彭氏族譜	彭通池	廣東台灣	1976	鉛印本，不分卷，一冊。入粵始祖彭延年 散居台灣桃園楊梅.
來台灣象照公派下彭氏家譜	彭紹富作	廣東台灣	1976	入粵祖彭延年,五雲洞祖受章,來台灣者彭象照.
彭氏族譜(附手抄族譜)	彭金鼎 抄		1976	來台灣者彭象日.
彭府族譜隴西堂歷代堂上之譜	彭水秀抄	廣東台灣	1976	台灣新竹縣湖口,台北板橋中和 延年入粵祖,受章五雲洞祖彭俞薦來台者
歷代彭氏族譜	彭金樹抄本		1976	寫本，不分卷，一冊，原藏者彭博成。台博，廣東潮州揭陽，台灣嘉義。
台灣「潮州(育天公派下)彭氏族譜」	彭德禎抄本	廣東台灣	1977	抄本，十五頁，台博，廣東潮州揭陽，台灣苗栗銅鑼。渡台祖彭育天，散居台灣苗栗銅鑼，國學。
彭氏家譜	彭阿木	廣東台灣	1977	鉛印本，不分卷一冊，原藏者彭瑞木，來台祖彭維順. 散居台灣花蓮玉里.
族譜簿(關西彭氏家譜)	彭玉清補	廣東台灣	1977	來台祖彭兆瑞散居台灣新竹縣關西台中花蓮縣.
大彭得姓受氏之圖	彭沐土 補修		1977	來台者彭元亮,彭元波,彭勞勳,彭榮漢. 居台灣竹竹東台北.
彭姓潮州始祖流傳事略	彭鐘湘	廣東台灣	1978	入粵祖彭延年.五雲洞祖彭受章,來台灣者彭瑞連配高氏居台灣
來台祖榮德公派下彭氏世系表	彭湯貴補	廣東台灣	1978	入粵祖彭延年,來台灣祖彭榮德.

譜　　　名	纂　編　人	地　區	年代	紀　　　要
欽享公派下彭氏族譜	彭阿亮	廣東台灣	1978	九世彭受章
彭家家系表			1978	來台灣者彭氏藏,汪氏錦.
彭氏族譜	彭鏡城	台　灣	1978	寫本,不分卷,一冊。台博。
彭姓家譜	彭發勝 彭永和	廣東台灣	1978	來台祖彭命英,號剛厚,字維常. 散居台灣新竹竹東北埔口.
隴西堂彭氏族譜	彭朋鴻修	廣東台灣	1978	來台者彭維尚. 散居台灣新竹竹東花蓮
廿四世來台祖維文公彭氏族譜	彭化海修	廣東台灣	1978	來台者彭維文,配溫氏. 居台灣新竹禾東峨嵋.
會忠公派彭氏族譜	彭學堯作	廣東台灣	1978	來台者彭會忠暨子彭宗秀,其侄彭棲秀等.居台灣新竹桃園台北
彭氏玉良公派家譜	陳俊賢作	廣東台灣	1979	來台者彭玉良(英儀). 居台灣高雄美濃.
彭氏族譜	彭雲源抄	廣東台灣	1979	入粵祖彭延年,來台灣者彭鴻圖.散居台灣新竹,滿山,竹東.
彭氏始祖流傳廣東惠潮嘉派圖			1979	入粵祖彭延年,來台灣祖彭宏業.居台灣新竹關西桃園楊梅龍潭.
彭氏族譜	彭倩文 作	廣東南海	1979	始祖彭堯祥, 散居高雄左營.
彭氏有珍公來台祖世系表	彭深湘	廣東台灣	1979	彭有珍(來台灣者)
湖南平江彭姓(縣祠所屬)旅台宗親暨其直系親屬備忘錄	彭意存	湖南平江	1979	來台者彭上珍,彭意存. 居台北新店.
肇貝公派彭氏家譜	彭承相修,彭忝穎補.	廣東台灣	1979	台灣新竹縣關西台北市.入粵祖彭震峰,來台祖彭肇貝.
(秋香公派下)彭氏家譜	彭英傑作	廣東台灣	1979	居台灣基隆.　GS1211352
湖南龍山「彭家譜表」	彭善壽	湖南龍山	1980	來台灣彭善壽編原藏台灣政治大學社會系。台博。
彭氏族譜	彭德成	福建仙遊	1980	彭金連(來台灣者) 散居台灣新竹桃園台北.
祖譜(漢用公派彭氏家譜)	彭聰智作	廣東台灣	1980	入粵祖彭延年,來台者彭維尚
彭氏大族譜	莊吳圖	廣東台灣	1980	入粵祖彭延年,來台灣祖彭益新
(彭氏)族譜寫作報告	彭世民 作	廣東台灣	1980	來台灣者彭俞烈. 散居新竹北埔
彭氏來台廿三世祖開耀公系	彭達煥	廣東台灣	1980	散居台灣新竹,台北。
大彭簡介	彭凌雲編撰		1980	彭凌雲旅居台灣台北時撰編。　GS1390352
彭公來台祖廿三世祖開耀公系		廣東台灣	1980	鉛印影印本,原藏者彭達穎,台博,廣東陸豐。散居台灣新竹竹東。
祖譜(個人歷史)	彭明光作	廣東台灣	1980	來台祖彭朝祥. 居台灣花蓮新竹竹東.
彭氏祖譜	彭阿木	廣東台灣	1981	鉛印本,十五頁,原藏者彭成港,來台灣祖彭維順。台博,廣東陸豐。
彭氏大族譜		江蘇銅城	1981	受姓彭祖. GS130696
彭家譜表	彭學沛	四川開縣	1981	寫本,一頁,原藏台灣政治大學社會系,台博,四川開縣,台北板橋。
彭氏族譜	彭毓霖			影印本,十二頁。原藏者趙振績。台博,四

譜　　　名	纂　編　人	地　區	年代	紀　　　　要
				川重慶，台灣高雄鳳山。
彭茂松公派族譜	彭石生、彭振連	台　灣	1982	鉛印本，一冊。台博，廣東陸豐。
來台祖廿三世開耀公事記	彭達顯	廣東台灣	1982	來台祖彭開耀. 散居台灣新竹竹東.
彭家族譜	彭水凌	廣東台灣	1983	始祖彭受章. 散居台灣花蓮復里.
南洋彭氏源流聯宗族譜	彭棟材主編	南　洋	1984	
隴西堂彭氏族譜	彭祥達	廣東台灣	1984	鉛印本，一冊，原藏者彭達枝，台博。始祖彭信芝. 散居台灣花蓮光復.
彭氏族譜	彭先隆	四川隆昌	1985	來台彭富生，影印本，六頁，原藏者趙振績，台博，四川隆昌，台灣
彭氏宗親族譜			1985	寫本，不分卷，原藏者彭天錂，台博，台灣花蓮吉安
彭氏族譜	彭子文	台灣新竹	1988	來台祖舉英(喜忠)公派下.
彭氏源流世系譜	彭新鈞(思俊)	新加坡馬來西亞	1988	彭新鈞祖籍廣東，西元 1916 年六月廿三日生，西元 1936 年到新加坡馬來西亞，新加坡教育學院畢業，從事教育，僑居新加坡。
河南夏邑彭氏族譜六修	彭飛	河南夏邑	1989	六修本，一冊。
寶安縣粉嶺鄉彭氏桂公系族譜			1989	1989 年整編，贈送徐州市接待處。
寶安縣粉嶺彭氏族譜節錄				不分卷影印清末民初抄本一冊，原藏香港大學馮平山圖書館。廣東寶安(新安)。
湖南邵陽青茅岡彭氏五修族譜	彭都部等修	湖南邵陽	1999	新澤堂
彭氏大族譜	彭飛	河南夏邑	1990	彭飛, 住台灣台北市內湖。
彭朝寶宗系族譜	彭鈺明 禛祥 阿乾 添喜 彩榜	台　灣	1990	
台灣彭氏大族譜	彭氏祖祠管理委員會	台　灣	1991	
湖南邵東縣彭氏四修族譜		湖南邵東	1992	
江西修譜(十一)			1993	
邵東彭氏四修族譜	彭保初等		1993	
湖南瀏陽雍睦堂志道公八修支譜	彭孝凱、俊亮、建中、友安	湖南瀏陽	1995	湖南瀏陽西鄉鎮頭鎮躍龍鴨塘雍睦堂
萍北長金里彭氏族譜	彭宜甦等		1995	
彭氏七修家乘	彭肇儁等		1995	
彭氏七修族譜	彭代釗等		1995	
湖南永州祁東黃土鋪紹遠堂七修譜			1995	湖南永州祁東縣黃土鋪石亭子鄉銀星村三紹彭氏宗祠紹遠堂
福建彭氏族志真榮公系	彭高衡、高舜、南平、仁新	福建古田	1995	一世祖裕公，十三世思邊公入閩祖，十八世金公福建杉洋始祖，卅四世真榮公福建古田前坪開基祖(但構雲公世代不明)。
廣東羅定縣太平鎮彭氏族譜	彭華小紀	廣東羅定	1996	
沙泉彭氏九修文山公房譜	湖南衡陽	湖南衡陽	1996	
彭氏族譜(廣東子順公系)		廣　東	1996	
台灣苗栗銅鑼新雞隆彭氏續修族譜	彭信淵主編	台　灣	1996	
江仔邊彭氏族譜				
彭氏續修族譜		湖南攸縣		

譜　　　　名	纂　編　人	地　區	年代	紀　　　要
邵陵林彭氏三修族譜		湖南邵陽		
彭氏桂公族譜		廣東陸豐		
彭氏族譜		廣　西		
彭氏族譜		廣東浮洋		
長樂彭姓祖公名訂記				寫本，不分卷，一冊，原藏者彭修樓，台博。
彭朝和公派下人員系統圖				鉛印本，二張。台博。
彭氏族譜				寫本，二頁，原藏者陳德有，台博。
彭氏族譜				寫本，二頁，原藏者彭義成，台博。
彭氏家譜				寫本，九頁，原藏者彭榮福，台博。
彭氏伯公凹譜				寫本，不分卷，一冊，原藏者彭壽庚。台博。台灣花蓮鳳林。
彭氏家譜				寫本六頁，原藏者彭作連，台博，台灣花蓮玉里。
彭氏族譜				寫本十八頁，原藏者彭菅。台博，台灣花蓮富里。
廿五世彭朝祥、連祥派下世系圖				油印本，原藏者彭錦彬，台博，台灣省。
彭氏家譜				影印本，九頁，原藏者彭學堯，台博。
彭氏家譜	彭勝業			影印本，三頁，原藏者趙振續，台博。
彭氏家譜	彭國瑞			寫本，五頁，原藏者趙振續。台博。
彭氏族譜				影印本，一大張。原藏者彭鑑陞，台博。
彭氏族譜				鉛印本，十一頁，原藏者趙振續。台博。
彭氏族譜	彭志拔			鉛印本，十一頁，原藏者趙振續。台博。
彭氏族譜				影印清寫本，不分卷，一冊，原藏者彭阿田，台博，廣東惠州陸豐。
彭氏族譜				不分卷，原藏者彭鏡輝，台博，廣東陸豐。
彭氏族譜	彭永壽			寫本，九頁，台博，廣東陸豐。
彭氏族譜				影印本，一冊，原藏者彭錫純。台博，廣東陸豐。
彭氏族譜				寫本，二十頁，原藏者彭德祺，台博，廣東陸豐。
彭氏族譜				寫本，十七頁，原藏者彭喜龍，台博，廣東陸豐。
彭氏族譜				寫本，五頁，原藏者彭萬生，台博，廣東陸豐。
彭氏族譜				影印本，六頁，原藏者彭淵。台博，廣東陸豐。
彭氏族譜	彭守清			寫本，十三頁，原藏者趙振續，台博，廣東陸豐。台灣中壢楊梅。
彭氏家譜				寫本，八頁，原藏者彭達才，台博，廣東陸豐。台灣花蓮富里。
彭氏家譜				寫本，十一頁，原藏者彭錦縣，台博，廣東

譜　　　名	纂　編　人	地　區	年代	紀　　　　要
				陸豐。台灣台東關山。
彭氏龍生公派支譜				寫本，不分卷，一冊，原藏者彭達穎，台博，廣東陸豐。
彭氏虎岩支譜	彭達琛			寫本，不分卷，一冊，台博，廣東陸豐。
來台祖彭氏四賢公歷代族譜				寫本，不分卷，一冊，原藏者彭逸泙，台博，廣東陸豐。
彭氏歷代祖譜				寫本，十八頁，原藏者彭欽秀，台博，廣東陸豐。
彭氏世系譜				鉛印本，不分卷，原藏者彭清信，台博，廣東普寧，台灣新竹竹東。
彭家家譜				寫本，不分卷，一冊，原藏者彭清信，台博，廣東潮州，台灣新竹竹東。
彭氏族譜				寫本，八頁，原藏者彭永松，台博，廣東潮州，台灣台中新社。
彭氏家譜				寫本，不分卷，一冊，原藏者彭武助，台博，廣東潮州，台灣新竹湖口。
白龍彭氏五福堂支譜		浙江松陽		
泰國「彭氏族譜」	彭江河 泰國	泰　國		
彭氏族譜	彭信淵	廣東台灣	1996	主修延年公廿二世孫繼生公以下世系
彭氏湖南瀏陽彭家段南鄉支譜(啓高公支譜)	湖南瀏陽澄潭江 彭業柏	湖南瀏陽	1997	構雲公廿四世孫文松文柏(明宗)明末由江西遷來湖南瀏陽官橋彭家墢支系文松嗣啓高公轉遷南鄉
羅坪彭氏族譜	彭博思等		1997	
彭氏大修族譜	行啓等主修	湖南寧鄉		
彭氏源流通譜	湖南湘陰彭伯良	全　國	1998	彭伯良客居台灣省台北縣樹林市
彭氏宗譜	彭崇奉等	湖南藍山	1998	
彭氏玉藻公支譜	彭萬忠 彭再純	湖南瀏陽	1999	湖南瀏陽永安
彭氏族譜	湖南瀏陽彭建偉	湖南江西	1999	湘贛二省瀏陽宜春聯宗合派分修
台灣協春堂簡譜	彭紹賢	台　灣	1999	編修延年公廿五世孫朝祥公以下世系
彭氏族譜	彭永濤 記事			始祖彭考登, 散居台灣新竹芎林.
彭氏族譜				始祖彭江波. 散居台灣新竹東.
彭氏族譜	彭進財			散居台灣新竹東.
來台灣祖彭氏四賢公歷代族譜	彭逸泙			始祖彭四賢. 散居台灣新竹竹東.
彭氏族譜(漢卿公派世系表)	彭德祺	廣東台灣		始祖育天
彭氏歷代族譜		廣東台灣		來台灣祖彭祥周. 散居台灣苗栗公館.
彭氏族譜	彭萬生 記	廣東台灣		始祖彭受章. 散居台灣花蓮光復.
彭氏族譜	彭清福	廣東台灣		始祖彭受章. 散居台灣花蓮鳳林.
彭氏族譜		廣東台灣		始祖彭宜.
龍生公派支譜		廣東台灣		來台灣遷祖彭開耀.
彭氏族譜		廣東台灣		遷台灣者彭富彩
彭茂松公派族譜	彭振連	廣東台灣		始祖彭延年,來台灣者彭茂松

譜　　　　名	纂　編　人	地區	年代	紀　　　要
彭家家譜	彭達源	廣東台灣		來台灣者彭達源
彭家族譜		廣東台灣		江西始祖彭構雲,近始祖彭受章. GS 1436846
彭家族譜		廣東台灣		江西始祖彭構雲,近始祖彭受章. GS 1390050
彭家族譜	彭丁秀 手抄	廣東台灣		江西始祖彭構雲,近始祖彭受章. GS 1390051
彭氏家譜				江西始祖彭構雲,祖彭天祿.　　GS 1036523
長樂彭姓祖公名訂記				入粵祖彭延年,長樂祖彭宗廸,來台灣祖彭京魁,彭榜魁.居新竹.
彭氏族譜	彭武勳 記事	廣　東		廿六世彭維義. 居台灣新竹湖口.
(彭氏)伯公家譜		廣東台灣		入粵祖彭延年, GS1436700
彭氏族譜		廣東台灣		入粵祖彭延年, 居台灣台東關山. GS1411464.
粵西念四公系彭氏族志				
廣東化州念四公系彭氏族譜				
忠州野鴨池彭氏大族譜				
忠州堂彭氏通譜				原名忠州野鴨池彭氏大族譜
彭氏族譜	彭毓霖 記	四川隆昌		來台灣者智卿. GS1411367
廿五世彭朝祥,彭連派下世系圖				GS1356808
彭氏家譜				來台灣者彭賢操,彭賢助. GS1356808
(彭氏)隴西祖塔一覽表	彭慶振			來台灣者彭雲發,居台灣新竹新埔. GS1365451
彭氏族譜				來台灣者彭東宗, GS1365471
彭姓族譜		台灣新竹		居台灣竹東 GS1390051
長樂彭姓祖公名訂記				來台灣者彭宗廸. 居台灣新竹竹東 GS1390097
(彭氏)祖父傳人名簿				台灣新竹竹東 GS1390181
隴西彭姓系統表				來台灣者彭永獄,居台灣新竹竹東. GS1390182
彭朝和公派下人員系統圖				來台灣者彭朝和. GS1391584
彭氏族譜				來台灣者彭汝勳 居台北 GS1392131
彭氏族譜				來台灣者彭愝直(東旺) GS1392352
彭氏家譜				來台灣者彭雲火 GS1470305
彭氏世系表				裔居台灣台東關山 GS1411468
彭氏家譜				來台灣者彭居所 GS1436640
彭氏家譜				來台灣者宗亮,居台灣花蓮吉安. GS1436700
彭氏家譜				居台灣花蓮玉里. GS1436705
彭氏族譜	彭文瑞	廣東台灣		散台灣苗栗公館. GS1391543
彭氏族譜	彭金秀抄	廣東台灣		散台灣新竹北埔南投國姓 GS1087048
請神簿(彭氏族譜)		廣東台灣		來台祖彭開耀. 散居台灣新竹竹東.
福建平川彭氏家譜		福　建		
贛、湘、　、閩、桂、蜀、台七省聯	名譽主席：彭水井 名譽會長：彭建方	贛、湘、 、閩、	2000	聯合七省嗣孫合修族譜參加支系有一六十個左右. 續增六十字為統一派名自六六派至

譜　　　名	纂　編　人	地　區	年代	紀　　　要
修「彭氏聯宗譜」	理 事 長：彭偉佐 編　　修：彭偉佐、變九、合 　　　九、懷忠、　振華、 　　　長生、由生	桂、蜀、 台七省		125 派字： 衡元惟延博，蕃吉爾居希，萬福基在奉， 興卓君之輝，豐泰凡夫久，英俊佳才達， 甫作求良兆，來運臻克奇，詩科魯林化， 舉占孔傳威，國正民心順，司業永發不。
歷代彭氏源流世系圖表	彭文正	台　灣	2000	
廣東南雄上朔(溯溪)祖先去向索引	彭成才	廣東南雄		
彭氏族譜	彭俊修編著		2000	
商賢之光彭氏源流族譜	廣東陸河商賢家廟管委會編		2000	
重慶涪陵縣仁義鄉吉安村新灣譜		四川重慶		吉公嗣彭華公系，後遷廣東羅定成爲始祖。
四川忠縣彭氏志	彭道榮等	四　川	2001	仕貴公諱勝，明洪武十二年未西元一三七九 年官職入川，落業野鴨池。
湖南益陽三吾彭氏仕房八修支譜	彭峻德主修	湖南益陽	2001	
湖南資陽青山彭氏續修族譜	彭氏合族纂修	湖南資陽	2001	
湖南雙峰青藍彭氏四修族譜	彭貽祥等修	湖南雙峰	2001	敦倫堂六十二冊
彭氏族譜	彭多隱主編 彭鏡鐘編輯	台　灣	2002	22 世來台灣祖俞烈公派下 24 世舜勝公派下 世系。
湘瀏陽彭家塅運燆公五桂堂紀念冊	彭助甫	湖南瀏陽	2002	該冊即家譜，圖文並茂，表述紀實，創新編 家乘族譜一格。
彭氏源流族譜	彭俊修編著	四　川	2002	
中華姓氏譜。彭姓	吳建華編著		2002	
川渝彭氏宗族譜	彭天富	四川重慶	2003	
萍南牛氏塘彭氏三修族譜				
重慶忠州崇仁堂彭氏通譜	彭家華	四川重慶	2004	
益公系彭氏族譜	彭會資	廣　西	2004	廣西陸豐、博白、浦北(益公系彭氏族譜)
廣西鹿寨縣彭氏族譜	彭志雄		2004	
廣西桂平辛貴公系族譜		廣　西	2004	
湖南瀏陽官橋彭家塅彭氏族譜	彭建方　彭助甫	湖南瀏陽	2004	
中華彭氏源流編 (四次修纂)	主編　彭建方　顧問 彭伯良 協修　光珍 禎迪 秋羅　助甫 鳳奇 湘仁 士銳　甫方　伯永 建偉　月蓮　子健	中國及海 外泰國新 加坡馬來 西亞各地	1999 2000 2004 2007	首修譜名爲彭氏族譜彙編，次修正名爲「中華 彭氏源流譜」本譜係以全球性彭氏宗親爲目 標，著重族人人人知世系，悉血緣，明派別， 曉輩份，四海皆通用之譜牒。

譜詞釋義

古聖先賢論譜

孔　子	修身、齊家、治國、平天下。無教，何談修身；身不修，何談齊家，家不齊，豈敢奢言治平之道。	西元 551 年至前 479 年。春秋魯國陬邑，今山東曲阜人，至聖先師。
歐陽修	族有譜牒，則人知其所出，知其所出、則尊其祖，尊其祖、則知愛其身。修身慎行，不容以不謹矣！非從以昭姓氏，敘昭穆，則親疏，辨異同而已矣！	1007 年至 1072 年江西吉水縣人，北宋天聖八年進士甲科。
文天祥	家之有譜，猶國之有史，史以紀事實，譜以記昭穆。昭穆能明，則家派無得而混哉！	1236 至 1293 年，江西吉水縣人，南宋寶佑四年進士第一。
胡　銓	木有根，根固而葉茂；水有源，源而流遠。物固有之，人亦類然。忍有爲人父、爲人子、爲人孫者，可不思其本源乎！然欲溯源而導之，非修譜不爲功。	1102 至 1180 年，南宋廬陵今江西吉安縣人，建炎二年進士。
孫中山	族譜記述中華民族由宗族團結擴充到民族團結，這是中國人才有的良好傳觀念，應妥加利用。 由家族合成宗族，由宗族合國族，由國族合成世界大同。世界大同必先治國，國之興，不可忽視族之旺，族旺、不可全然否家規族訓。	1866 至 1925 年，廣東香山，今中山縣人，中華民國國父。
毛澤東	搜集家譜、族譜加以研究，可認知道人類社會發展的規律，也可以爲人文、地理等研究，提供寶貴的資料。	1893 至 1976 年湖南湘潭韶山沖人，創建中華人民共和國。1958 年中央成都會議上講話。
李正道	一個依賴過去的民族，是沒有前途的；同樣一個忘記祖先的民族，也是沒有希望的。	國際物理學家，上海復旦大學演講詞。
文物保護法	屬于集體所有和私人所有的紀念建築物和傳世文物，國家法律保護所有權不受侵犯。如譜上已登父名和祖名，再將子名、孫名續上等修宗譜活動，任何人不得干涉。	中華人民共和國文物保護法第五條
國家檔案局等	家譜是我國寶貴文化遺產中亟待發掘的一部份，蘊藏着大量的有關人口學、社會學、民族學、民俗學、經濟學、人物傳記、宗族制度、以及地方史的資料。它不僅對開展學術研究有重要價值，而且對當前某些工作，也起着很大作用。	國家檔案局、教育部、文化部檔會字(1984)七號，關於協助編好「中國家譜綜合目錄」的通知。

譜牒詞彙　　摘錄上海圖書館譜牒研究中心詞彙解釋

家　譜	記載姓氏家族、世系、派別、血緣、人物、史蹟的書。
家　族	有血緣關係不同家庭人員聚合一起的族人，形成的家庭組織，叫家族。
世系(世、代)	家族世代相承的系統，也叫世系，反映家族成員的血緣關係。如高祖父、曾祖父、祖父、父親、本人、兒子、孫子、曾孫、玄孫...等。或稱某人爲 XX 先祖(公)「第 X 世」或「第 X 代」。
譜　序	撰寫家譜淵源、史實、內容、修譜過程、時間等。譜序又分自序、與他序兩種。
祖　籍	先祖出生地。
祖　宗	先祖的總稱。
郡　望	某一姓氏居住某一地區，地位最高的家族，演變成姓氏的一種標誌。
堂　號	郡望中某一個房支的稱號。是郡望進一步分化和發展。如彭姓的隴西堂。

房　支	家庭兄弟中的區分，如兄弟三人，則名之長房、二房、三房。再久遠先祖下，亦可叫某某支。
字派(派別)	區分宗族先祖長幼分別序號詞語，由派別文字次序，可知其輩份大小。
輩份表	用派別名字長幼之分，可排列家族世系次序，考證家譜各個世代支系族人輩份大小，知道各人血緣系統脈絡。
家　訓	家族的法規，作爲族人修身、齊家、爲人處事、管理的諍言。
規　約	族人共同議定遵守的規則，如家法。
訓　語	教人做人行事的道理，也稱之爲家教。
廟　規	也稱家禮。家族祭祀禮儀，如祖廟、祠堂組成、祭祀、婚喪禮儀等。
祠　堂	祭祀先祖所在建築，陳設祖宗神位，從事祭典，族人聚會場所，族譜、文物，祖墳、祖業、祖產、田莊屋宇存藏管理之處。

古代君主氏后之稱謂

君（元首、天子、共主）				臣（諸侯、食邑、封國、氏族、部落、職官）			
稱　謂	帝　王	姓　名	尊　號	稱　謂	諸侯食邑封國氏族部落	稱　謂	職　官
氏(元氏)	伏羲氏	風方牙	羲皇(太昊)	氏(群氏)	華胥氏	氏(業或姓)	青龍氏,赤龍氏,白龍氏,黑龍氏,黃龍氏,飛龍氏,潛龍氏,居龍氏,降龍氏,土龍氏,水龍氏
氏(元氏)	女媧氏	雲包媧	女皇	氏(群氏)	共工氏,伊耆氏,	氏(業或姓)	娥陵氏
氏(元氏)	神農氏	姜軌	農皇(炎帝)	氏(群氏)	少典氏,有蟜氏,承桑氏,桑水氏,有詁氏,阪泉氏,有熊氏	氏(業或姓)	大火氏,鶉火氏,西火氏,北火氏,中火氏.
氏(元氏)	有熊氏	姬軒轅	黃帝	氏(群氏)	西陵氏,方雷氏,彤魚氏,蜀山氏,金天氏.	氏(業或姓)	青雲氏,縉雲氏,白雲氏,黑雲氏,黃雲氏.
氏(元氏)	金天氏	己摯	少昊	氏(群氏)	高陽氏	氏(業或姓)	鶻鳩氏,睢鳩氏,爽鳩氏,鳴鳩氏,祝鳩氏,玄鳥氏,鳳鳥氏,青鳥氏,青鳥氏,丹鳥氏,伯趙氏
氏(元氏)	高陽氏	姬顓頊	玄帝	氏(群氏)	蜀山氏	氏(業或姓)	
氏(元氏)	高辛氏	姬	帝嚳	氏(群氏)	有邰氏,有娀氏,陳鋒氏,娵訾氏,伊耆氏.	氏(業或姓)	
氏(元氏)	高辛氏	姬廑	帝摰	氏(群氏)	陶唐氏	氏(業或姓)	
氏(元氏)	陶唐氏	姬放勳	帝	氏(群氏)	散宜氏,越裳氏,渠搜氏,憔僥氏,共工氏.	氏(業或姓)	毋句氏
氏(元氏)	有虞氏	姚重華	帝舜	氏(群氏)	帝鴻氏,息慎氏,有苗氏,玄都氏,夏后氏.	氏(業或姓)	
氏(元氏)	夏后禹	姒文命	大禹	氏(群氏)	后寒伯明氏,后羿有窮氏,防風氏,古英氏,有鬷氏,有扈氏,斟灌氏,斟尋氏,有仍氏	氏(業或姓)	

唐虞以上五官

官名	包犧之世	神農之世	黃帝之世	金天氏之世	高陽氏之世	高辛氏之世	備　　註
春官	青龍氏	大火氏	青雲氏	鶡鳩氏(司事)	本正(句芒)	本正(句芒)	中國法制多發源於遠古,先建官,次理財.
夏官	赤龍氏	鶉火氏	縉雲氏	雎鳩氏(司馬)	火正(祝融)	火正(祝融)	
秋官	白龍氏	西火氏	白雲氏	爽鳩氏(司寇)	金正(蓐收)	金正(蓐收)	舊說相傳,尚有飛龍氏之官,潛龍氏之官,居龍氏之官,降龍
冬官	黑龍氏	北火氏	黑雲氏	鶻鳩氏(司空)	水正(玄冥)	水正(玄冥)	氏之官,土龍氏之官,水龍氏之官,各
中官	黃龍氏	中火氏	黃雲氏	祝鳩氏(司徒)	土正(后土)	土正(后土)	有職司,不相淆亂.

唐虞所設各官梗概

官　別	職　守	職　司　上　之　異　論	人　別
百　揆	總理庶政	左傳(以揆百事無不時敍) 後漢百官志引古史考	舜(堯之世) 禹(舜之世)
四　岳	統治諸侯	王夫之尚書稗疏(四帝爲十二牧之長以一統三百一統三以四統十二 王鳴盛尚書後案引鄭玄說(四岳四時官主方岳之事) 宋翔鳳過庭錄引漢官公卿表(四岳謂四岳諸侯於四方,故云四岳其號非一人其職一定人非一時.)	姜姓等爲之 (堯舜之世)
司　空	典司水土	孫星衍尚書今古文注疏引鄭玄說(初堯冬官爲共工舜舉禹治水堯佑其有聖德心有功故改命司空以名龍異之非常官也)	禹(堯舜之世)
后　稷	典司農事	唐孔穎達尚書正義(還是五穀之長立官主此稷事后訓君也) 國語韋昭注(后君也稷官也)	棄(堯舜之世)
司　徒	典司教化	唐宋沈尚書集傳(司徒掌教之官)	契(舜之世)
士	典司兵刑	尚書今古文注疏引馬融說(獄官之長)又弔鄭玄說(士察也主察訟獄之事) (皋陶兼爲司主兵故鄭察士爲察不以爲士師之士也)	皋陶(舜之世)
共　工	典司百工	尚書今古文注疏弔馬融說(司空共理百工之事)(其官共百工之事禹爲之既升宅百揆此官又當求賢也)	垂(舜之世)
虞	典司山澤	尚書今古文注疏引應劭說(虞掌山澤禽獸官名也)	益(舜之世)
秩　宗	典司祭祀	尚書注音疏弔鄭玄說(主次秩尊卑)(以秩宗所次秩當不但鬼神之尊卑而鬼神其一隅也)	伯夷(舜之世)
典　樂	典司樂教	尚書集傳(典主也)	夔(舜之世)
納　言	出納帝命	尚書後案引鄭玄說(納言如今尚書官主喉舌)	龍(舜之世)
州　牧	分治諸侯	尚書今古文注疏引曲禮「九州之長入天子之國曰牧」注每一州之中天子選諸侯之賢者以爲之牧也(案舜時爲十二州故書言十有二牧)	

殷商王朝

國　王		最高統治者,是政治、經濟、軍隊武力、宗教的領袖。 王位繼承,初期父死子繼制,和兄終弟及制並行(湯~康丁),後期父死子繼制(康丁~紂王)。 自此嫡長繼承制,成爲中國朝王位繼承制的主流,形成封建體制。	
相	宰相	朝綱中最高的官吏,協助君王決策的人物. 如伊尹(湯)、傳說(武丁)	

卿　士		高級官吏,但與相不同,相有具體的職務,卿士則無. 如伊尹(仲壬)	
三　公		不是常職,而是一種尊貴的職稱. 如周文王(紂王)	
百　官	事物官吏	多尹：掌管各種具體事物的官吏.不但擔任祭祀農業土木營造而且還統率軍隊. 作冊、史：當管冊、史、檔案、文書等工作。	
諸　侯		分成侯、伯、子、男等級。定期向君王納貢,負擔勞役,奉命征伐。	
貴　族		貴族分高低,有的能夠掌握君王的廢立,左右朝政事務。	
平　民		平民老百姓,參君農田耕作、服兵役、徭役,宗族或宗教祭祀活動。	
奴　隸		最低下階層人民,來自戰爭俘擄,平民因債務淪爲奴隸,犯罪刑徒轉爲奴隸。命運悲慘,與牲畜牛羊相同,勞役之外,有淪爲祀犧牲品,甚至死後,骨胳用作骨器材料。	

帝王官位

官　位	釋　　　　　　　　　　義
皇　帝	君主制國家元首名稱之一
皇　后	皇帝正妻稱皇后
皇太后	皇帝的母親稱皇太后,皇帝的父親稱太上皇。
太皇太后	皇帝的祖父、母稱太皇太后。
太　子	皇帝正妻子生的長子稱太子。
公　主	皇帝的女兒稱公主。
附　馬	皇帝的女婿稱附馬,非實官。
丞　相	始於戰國,爲百官之長,是承君主意旨來處理國家事的人,明洪武年間廢除。
左丞相	春秋時齊景公設左右丞相各一人。南宋和元代,都曾設左右丞相,明初沿用,不久即廢。
宰　相	是輔助皇帝統領群僚,主持政務的最高行政長官,類似丞相。
相　國	即宰相,始置於戰國。
太　師	一。商代始置,原爲軍隊最高統帥。春秋沿置,成爲輔弼國君的官。歷代相沿以太師、太傅、太保爲三公。多爲大官加銜,表示恩寵(無實際職務)以太師爲高榮典。 二。太子的輔導官簡稱爲太師西晉設太子太師、太傅、太保、太子少師、少傅、少保,稱三師三少。明清以朝臣兼任。三師三少成爲虛銜。
太　尉	秦始置,爲輔佐皇帝實行統治的最高武官,職掌全國軍事,爲全國軍隊首領,與丞相、御史太夫,並稱三公。漢武帝改稱大司馬。東漢復稱大尉,與司徒、司空,並稱三公。歷代多沿制置,一般爲加官無實權。後來常用作武官的尊稱,不問其官職大小。至元代廢除。
太　守	官名。秦代設群守,主管一郡政務,漢景帝時更名爲太守,是一郡最高行政長官。宋代以後,改郡爲府爲州,但習慣上仍稱知府知州爲太守。明、清兩代稱知府。
太　史	西周春秋時太史掌管起草文書,策命諸侯卿大夫,記載史事,編寫史書,兼管國家典籍、天文、曆法、祭祀等,爲市廷大臣。魏晉以後修史的職務劃歸著作郎,太史儀掌管天文曆法。明清兩代沿稱欽天監,修史之事則歸於翰林院,所以對翰林院也有「太史」之稱。
太　醫	官名。秦漢有太醫令丞,主管醫藥。後泛指皇帝的醫生爲太醫或御醫。也作對醫生的敬稱。
太子洗馬	太子官屬。秦稱洗馬,漢曰先馬,遼稱太子洗馬。爲太子太傅、太子少傅的屬官。太子出行爲前導,爲先驅、侍從、使者的意思。漢唐爲專管太子宮圖書之官,歷代沿用。
御史大夫	官名。秦漢時僅次於丞相的中央最高長官。主要職務爲監察、執法、兼掌重要國籍。
光祿大夫	戰國時設中大夫,漢武帝時改稱光祿大夫,掌顧問應對,屬光祿勛。魏晉以後無員,皆爲加官及禮贈之官。加金章紫綬者,稱金紫光祿大夫;加銀者稱銀青光祿大夫。唐宋爲文官品銜,明清光祿大夫爲正一品官銜。

官　位	釋　　　　　　　　　義
諫議大夫	秦代初置諫議大夫，屬郎中令，無定員，職掌議論，東漢始稱諫議大夫。宋設　議院，以左右諫議大夫爲議長官。
直奉大夫	宋大觀年間置，爲文散官。元明清皆升爲文職從五品封銜。
奉政大夫	金置。爲文職正六品封銜。元升爲五品，明清沿用。
大　夫	殷周時期有大夫，鄉大夫，遂大夫，朝大夫、家大夫等。春秋晉明有族大夫。秦漢有衛史大夫、光祿大夫、中大夫等，多系中央要職和顧問。唐宋有御史大夫，諫議大夫等。隋唐明清的光祿大夫爲爵位名。(現代醫生也常稱大夫)。
太　常	秦置奉常，漢景帝時爲九卿之一，常禮樂社稷宗廟禮儀。歷代沿置，稱太常卿，大常寺，大宗伯，太常寺卿等。
太　仆	(周禮、夏官)有太仆，常正王之服位，出入王之大命。秦漢爲九卿之一，掌管馬及畜牧之事，歷代沿用。
桂　國	戰國時楚始置，原爲保衛國都之官，後爲最高武官，立覆軍殺將戰功的官爲上柱國。其地位僅次於令尹。北魏置柱國大將軍，北周增置桂國大將軍。
都指揮使	明代衛所的統兵官。洪武八年改都衛指揮使司爲都指揮使司，簡稱都司，設都指揮使一人，爲地方最高軍事長官。
轉運使	唐置管理水陸運糧事務的長官。兼理邊防，治安，錢糧及巡察等事的州以上的行政長官。
節度使	唐初在重要的地區設置總管，後來改爲都督，總攬數州的軍事。唐睿宗時稱節度使。授職時期廷賜以雙旌雙節。以節度統管數州轉鎮的軍、政、財政、和監察大權。
按察使	唐代初仿漢代刺史制度設置，赴各道巡察，考察核吏治。實際上是各州刺史的上級，權力僅次於節度使。
布政使	明洪武年間全國分爲十三承宣布政使司。每司設左右布政使政各一人，與按察使同爲一省的行政長官。清康熙六年後，每省在政使一員，爲二品官銜。
鹽鐵使	唐中葉後設置。以管理鹽專賣爲主，兼掌銀銅鐵錫的採治。
鹽運使	清代在各產鹽省設都轉鹽運使司，其長官稱鹽運使，一般又稱都轉。
提　刑	宋淳化二年始置。全稱提點刑獄公事，省稱提刑，設於各路，主管所屬州的司法，刑獄和監察，兼管農桑。
提　舉	原意是管理，宋以後設主管專門專務的官職，即以後提舉命名，其官署稱同。
提　點	宋代設提刑獄等，掌司法，刑獄。
右　軍	周制天子有三軍，稱中軍、左軍、右軍。王羲之曾作右將軍，後稱王右軍。
刺　史	秦代設刺史，監督各郡。刺，檢舉不法。史，皇帝所使。元明廢置，清用知州代之。
樞密使	唐代永泰元年，以宦官稱樞密使，掌中樞機密，並傳達皇帝詔旨。宋代沿襲。
都　督	軍事長官或領兵統帥。
通　判	宋初始於各州，府設置處理政務之官，地位僅次於州府長官。但掌握裁可、連署州、府公事、和監察官使的實權，號稱「監州」。明清時，設於各府主管糧運及農田水利等事務。
推　官	唐代節度觀察等使下置推官掌刑獄司法事務。後諸州府皆設有推官。清代的布政理問、都事、按察司知事，即屬唐推官之職。
吏部員外郎	隋唐設主管全國官吏的任免、考課、升降、調動的長官爲吏部尙書(一稱大宰、冢宰)。副長官爲侍郎。下設的司，司長稱郎中，副司長稱員外郎。
秘書部	魏晉時設屬秘書省，掌管圖書、經籍的藏管事務，或稱秘書郎中，清末設秘書郎，位低於翰林院檢討。
吏部郎	古官名。秦有郎中，東漢設吏部郎中。主管選舉。或稱吏部郎。
工部尙書	唐代工部主管全國各項工程、工匠、屯田、水利、交通、營造等事務，長官爲工部尙書，或稱大司空。副長官爲侍郎，歷代沿用，清末改稱農工商部。
奉禮郎	漢有理禮部，屬大鴻臚，唐後復改爲奉禮郎。掌設板位執儀行事。宋元因之，明清稱贊禮郎。
著作郎	三國時魏始置。隸屬中書省，主管編修國史，爲專職史官。唐代主管著作局，職掌撰擬文字，下設有著作

官　位	釋　　　　　　　　　　　義	
	佐郎，校書郎，正字等屬官。宋以後著作郎匯編「日歷」(每日時事)。	
司　空	西周始置。(全文作司工)主管建築工程、制造船軍器械、監督手工業奴隸的官，爲六卿之一。	
司　馬	西周始置掌軍政和軍賦。漢武帝時廢大尉設大司馬掌握朝廷實權。後稱兵部尙書爲大司馬侍郎則稱少司馬。明清兩代稱府同知爲司馬。	
司　徒	周置，六卿之一，主管教化的官。清時稱戶部尙書爲大司徒。	
司　進	給皇帝講學叫侍講，又稱「司讀」，官名。由懂文學的官員兼任。元明清翰林院有侍講學士侍講。	
司　郎	秦漢時郎中令的屬官，爲官廷近侍。	
侍　中	秦始置。爲丞相屬官，侍從皇帝左右，出入宮廷，應對顧問，地位漸高，尙代表皇帝與公卿辨論朝政。	
校　尉	西漢時軍職之稱，僅次於將軍。後世用爲武敬官之號。明清時稱衛士爲校尉。	
參　軍	東漢末置。即參謀軍中事務的武官之簡稱，任置頗重。明清稱歷爲參軍。	
別　駕	漢置別駕人事史，爲刺史的佐史，因隨刺史巡視轄境時另乘專車，故稱別駕。後世沿稱通判爲別駕。	
主　簿	漢始置。漢以後爲中央和地方郡縣置主管文書簿籍和印鑒的官吏，乃椽吏之首。從七品以上。縣主簿歷代都設置，清末廢除。	
同　知	遼設同知事。明清爲知府知州的佐官，分管糧、捕盜、海防、江防、水利等，分駐指定地點。	
縣　令	春秋戰國時一縣行政長官。宋代多以京朝執行其職務，稱爲知其縣。元稱縣君，明清稱知縣，其辦公之處爲縣正堂。官階爲正七品。	
縣　尉	秦始置。漢代相沿。大縣二人，小縣一人，主管一縣軍事和治安，明代廢除。	
知　府	始置於唐代，地方政權中府一級的最高行政長官。明代正式稱知府。清代相沿，從四品官。	
千　總	明代京軍三大營設把總，嘉靖中增置千總，由功臣擔任這些領兵官職。清代稱營千總，正品武官。又清代京師內九門，外七門，每門設千總把守，稱門千總。	
修　選	唐代觀貞三年於門下省設史館，以他官兼領。天寶以後，他官兼領史館的職務的稱爲史館修撰。	
檢　討	掌管國史的官職。唐宋設置。明清一般以三甲進士以留館者爲翰林院檢討。	
教　諭	學官名。宋元明清皆設縣教諭，主持文廟祭祀。宣揚儒家經典和皇帝的訓誡、教誨、及管束所屬生徒。	
大理寺	南北朝至清代的中央審判機關。寺指官署，其首長稱大理寺卿，亦簡稱大理寺。主官稱正卿，下設少卿。	
清朝功名銜頭	一品光祿大夫、二品資政大夫、三品通議大夫、四品中憲大夫、五品奉政大夫、六品儒林郎、七品文林郎、八品修職郎、九品登仕郎.	
清朝賜老條例	年屆六十以例授登仕佐郎、七十以上例授登仕郎、八十以上例授修職郎、九十以上例授文林郎.	
清朝婦人封典	一品二品曰夫人、三品曰淑人、四品曰恭人、五品曰宜人、六品曰安人、七品曰孺人。	
長沙衛	明初湖南係朱元璋兒子朱柏爲湘主。設長長沙、茶陵兩衛，負責地方總兵管領的軍事機構。衛以下再設衛所。	
衛　所	明初軍隊編制。據史載：京師及各地於要害處設衛所，一郡設所，連郡設衛，大體三千六百人稱衛，一千一百二十人稱千戶所，一百一十二人稱百戶所。所設總旗二。小旗中軍士皆世襲。各衛所分屬各省都督指揮，使司(都司)統由中央王軍都督府分別管轄.	
千　戶	宋、元、明衛所兵人的武官名。元衛府郡有千戶所。千戶分行軍千戶、屯田千戶、守城千戶、欽察千戶等。	

古制皇室體制　　　(明、清)

名　稱	機　關	職　　　　　　　　掌	
中樞部份	內　閣	掌贊理庶政，奉宣綸音聖旨	

		運機處	掌參贊機務，書述諭旨，議大政、讞大獄、兵馬錢糧之事，皆得參與。
	六　部	吏部	掌中外文職銓敍勳階黜陟等政事，釐飭官常，以贊邦國政治。
		戶部	當全國戶口土地之籍，一切經出入也皆爲戶部統理。
		禮部	掌吉、凶、賓、軍、嘉五禮，及學校貢舉之法。
		兵部	掌中外武職官銓選，簡廄軍實及蔭襲軍功，鎮戍邸傳等政令
		刑部	掌全國刑名讞斷等政事
		工部	掌天下營造百工，購置材料等政
佐理部份	都察院		當風憲以整飭綱紀，凡政事得失，官方邪正，有關國計民生者，皆可上言。大獄重囚，也可與刑部、大理寺共同審理。
	大理寺		掌審讞平反刑獄等政事，如今日的最高法院
	理蕃院		明朝無此機關，明初在關外設立。當內外藩蒙古、回部、及諸番部封授、朝覲、貢獻、黜陟、徵發等政事。清初兼對俄外務
	翰林院		掌制誥文史著作，並備帝王顧問。
	通政使司		掌內外章疏臣民密申訴之事
	國子監		國學政令的機關，掌成均之法，在國子監入的有貢生、監入學的有貢生。
	欽天監		掌觀察天文定氣象、編曆書的機關。
帝室部份	宗人府		掌皇族屬籍，並纂修玉牒等事
	內務府		掌內府財用出入，祭祀宴饗，饍饈衣服，賜予刑法工作教習之事，故太監之事，亦在管理之列。
	詹事府		原係輔導東宮太子之機關，康熙以後，不依嫡長之制立儲君，因而詹事府成爲「文學侍從」或掌理「經史文章之事」。
	太常寺		掌祭祀禮樂之事，即負責壇廟祭祀禮儀等事的機關，
	光祿寺		掌饗祭宴勞酒禮饍饈之事，即負責關於典禮預備筵席，及供應官員食物的機關。
	太僕寺		掌國馬政牧地等事的機關。
	鴻臚寺		掌管朝會與國家宴會，贊導吉凶禮儀的機關。
	太醫院		掌宮庭及貴族高官醫療之事

科舉制科考稱謂

解　元	明、清兩代，每三年秋天一次，省內秀才、監生集中省城考試，稱「秋闈」，中試者稱「舉人」，第一名稱「解元」。
會　元	明、清兩代，於鄉試第二年春季，在京城會集各省舉人會試，稱「春闈」，中試者稱「貢士」，第一名稱「解元」。
狀　元	明、清兩代，對會試錄取貢士，由皇帝在朝廷親發策問，稱殿試或廷試，中試者通稱「進士」。分三甲，第一甲取三名，賜進士及第；第二甲若干名，賜進士出身；第三甲若干名，賜同進士出身。第一名稱「狀元」。
三元及第	鄉試中「解元」，會試中「會元」，廷試中「狀元」。
秀　才	明、清兩代，稱經考試入府、州、縣學生員爲秀才，又稱茂才，其中成績最好的稱「廩生」。
文林郎	始自隋朝，隋開設文林管機構，掌管著作，校理曲笈，訓導生徒，考錄文學之士。在其中工作者，稱文林郎，係文職散官。其職位唐以前從九品以上，金代改正八品，元代改正七品，明、清亦爲正七品，由皇侍贈。
孺　人	一、二品稱夫人，三、四品稱宜人，五、六、七品稱安人，八九品及平民稱孺人。

明清彭氏進士名錄

摘錄 彭氏寶典

彭彥充	江西安福	明天順一年，二甲第六名	彭　序	江西廬陵	明天順八年，二甲第四五名。
彭應麟	直　華亭	明嘉靖廿三年，三甲第一五四名(碑作第一三六名)	彭應參	河南光山	明萬曆八年，三甲第一六四名。(1511)
彭應捷	河南光山	明萬曆十四年，三甲第二〇一名。	彭應軫	直　獻縣	明正德六年，三甲第二一一名。
彭應時	江西廬陵	明隆慶五年，三甲第二八六名。	彭　慶	江西樂平	明洪武十八年，三甲第六〇名。
彭慶圖			彭　廣	江西安福	明順天府平，明正統十三年，三甲第四一名。
彭　文	江西安福	明正德十二年，三甲第一九九名。	彭文質	福建莆田	明嘉靖卅八年，三甲第九六名。
彭辨之	直　霍山	明正德三年，三甲第一三三名。	彭端吾	河南夏邑	明萬曆廿九年(1601)，三甲第二二六名。
彭　彰	山西和順	明宣德八年，三甲第四九名。	彭端遇	廣東順德	明嘉靖八年，三甲第四一名。
彭　斌	江西宜春	明永樂二年，三甲第八〇名。	彭　誠	江西鄱陽	明弘治三年，三甲第七四名。
彭　謹	福建閩縣	江西新淦，明嘉靖二十年，三甲第七八名。	彭　韶	福建莆田	明天順一年(1457 丁丑)，二甲第廿六名。
彭敦曆	慶天府溧陽	明崇禎一五年，特十名。	彭　謙	湖廣湘陰	明永樂四年(1406)，二甲第四三名。濲公次子鄭公嗣孫。
彭麟應	江西安福	明永樂十三年，二甲第七三名。	彭　謙	江西廬陵	明永樂廿二年，二甲第廿二名(碑作第廿六名)
彭　琥	江西安福	明永樂十六年，三甲第九六名。	彭　謙	直　溧陽	明嘉靖廿三年。
彭元祚	江西清江	明崇禎七年，三甲第二〇一名。	彭而玷	江西清江	明萬曆八年，三甲第一七三名。
彭而述	江西新喻	今河南鄭州，明崇禎十三年(1640)，三甲第一八五名。	彭　震	江西泰和	明永樂十九年，三甲第一一六名。
彭百琯	江西泰和	明永樂十三年，三甲第九五名。	彭　震	江西懷千	明弘治九年，三甲第一七二名
彭　貢	福建永福	明洪武廿一年，三甲第卅一名。	彭　烈	江西廬陵	明景泰二年，三甲第三名。
彭　琯	四川永川	明崇禎七年，三甲第九名。	彭　兩	山東	山東 州千戶所，明成化廿三年，三甲第一四〇名。
彭子俊	江西萬安	明洪武十八年，三甲第十八名。	彭　信	浙江仁和	明景泰二年，三甲第九六名。
彭占祺	山東費縣	明正德九年，三甲第九九名。	彭　經	四川長壽	今浙江仁和，明成化十一年，二甲第十八名。
彭　繒	湖廣襄陽	明弘治六年，三甲第卅一名。	彭繼業	山東　州	今江西龍泉，明嘉靖廿九年，三甲第一七三名。
彭化鳳	直　曲周	明萬曆卅二年，三甲第一一〇名。	彭　德	陝西鳳翔	明洪武廿七年，二甲第卅一名。
彭健吾	河南夏邑	明萬曆十一年(1583)，三甲第二〇〇名。	彭白新	江西萬載	明萬曆二〇年，三甲第一〇三名。
彭鯤化	河南汝陽	明萬曆卅五年，三甲第一九六名。	彭　程	河南偃師	明永樂十六年，三甲第一五四名。
彭　修	浙江平陽	明洪武十八年。	彭　程	福建歐寧	明成化十七年，三甲第四一名。
彭　翔	山東聘縣	明永樂十九年，三甲第一〇二名。	彭　程	江西鄱陽	明成化廿三年，三甲第一五四名。
彭	廣東東莞	明正德九年(1514)，三甲第一四五名。	彭　綱	江西清江	明成化十一年，二甲第四六名。
彭　富	雲南大理衛	明嘉靖四一年，三甲第四二名。	彭　福	福建歐寧	明永樂二年，三甲第三三五名。
彭宗孟	浙江海寧衛	明萬曆廿九年(1601)，三甲第二〇七名。	彭　福	江西樂平	明成化十七年，二甲第三〇名。
彭汝亨	福建莆田	明崇禎十五年，特九一名。	彭汝諧	直　吳縣	明萬曆四四年，三甲第五名。
彭汝舟	江西安福	明洪武廿七年，二甲第十三名。	彭汝寔	四川嘉定州	明正德十六年，三甲第一三三名。
彭汝楠	福建莆田	明萬曆四四年，三甲第一五五名。	彭汝器	江西樂平	明洪武十八年，二甲第十名。
彭凌霄	河南浙川	明萬曆卅二年，三甲第二〇〇名。	彭汝器	江西安福	明永樂二年，二甲第八名。

彭　清	浙江錢塘	明永樂四年，三甲第九三名。	彭　禮	直　當涂	明永樂二年，三甲第一六六名。
彭　澤	陝西蘭州衛	今湖廣長沙，明弘治三年(1490)，二甲第四六名。	彭　禮	江西安福	明成化八年，二甲第廿二名。
彭　澤	廣東南海	明正德十二年，二甲第九八名。	彭遇□	山東沂州衛	今江西吉水，明崇禎十六年，三甲第一六九名。
彭祖壽	湖北武昌	明萬曆四七年，三甲第一名。	彭　朗	江西安福	明成化五年，三甲第一五三名。
彭　滋	河南商城	明弘治十八年，三甲第一○七名。	彭　祥	四川峨眉	明宣德八年，三甲第卅三名。
彭遵古	湖廣黃安	明萬曆十四年(1586)，二甲第十七名。	彭大治	福建莆田	明正德九年，二甲第廿二名。
彭大有	河南陳州衛	明嘉靖十四年，二甲第廿八名。	彭堯成	湖北黃岡	明永樂二年，三甲第三三六名。
彭克濟	湖南邵陽	明萬曆四四年，二甲第五一名。	彭希賢	福建莆田	明嘉靖十七年，二甲第六二名。
彭　杰	江西吉水	明弘治三年，二甲第四名。師旦嗣孫	彭　春	直　嘉定	明永樂一○年，三甲第四四名。
彭　森	廣東南海	明永樂十三年，三甲第二一四名。	彭　桓	江西吉水	明弘治三年，二甲第四二名。師旦嗣孫
彭　載	江西南昌	明成化八年，二甲第三五名。	彭夢祖	直　全椒	明萬曆八年(1580)，二甲第四四名。
彭　華	江西安福	明景泰五年，二甲第廿二名。	彭世爵	四川安岳	明嘉靖二○年，三甲第一五二名。
彭　相	直　安平	明嘉靖十四年，三甲第一九七名	彭好古	湖北麻城	明萬曆十四年(1586)，三甲第九三名。
彭　牧	江西吉水	明天順八年(1464)，一甲第一名。師旦嗣孫	彭　泰	江西吉水	明洪武四年，三甲第四一名。
彭本用	江西安福	明正德十二年，二甲第五八名。	彭　泰	陝西鳳翔	明洪廿七年，二甲第十一名。
彭哲興	廣東南海	明萬曆十七年，三甲第九九名。	彭　盛	江西清江	明景泰五年，三甲第八九名。
彭　甫	福建莆田	明成化十七年，二甲第四五名。	彭　輅	浙江嘉興	明嘉靖廿六年，三甲一七○名。
彭　敫	直　華亭	明成化廿三年，三甲第十三名。	彭　曠	直　蘇州衛	今江西清江，明正德六年，三甲第一八一名。
彭　劭	江西永豐	明永樂十三年(1415)，三甲第一○名。	彭國光	江西德化	明萬曆八年，三甲第廿九名。
彭　黯	江西永福	明嘉靖二年，二甲第四九名。	彭　景	福建莆田	明成化廿三年，二甲第一○○名。
彭　時	江西安福	明正統十三年，一甲第一名。	彭　昭	直　獻縣	明天順四年(1460)，三甲第九二名。庚辰彭昭,明進士官至御史儔公次子嗣興之長子明、子二；長子治(裔孫)、次子平(裔孫)
彭長宜	浙江海寧	今浙江海鹽，明崇禎十六年，三甲第一○八名。	彭　鳳	江西分宜	明嘉靖十四年，二甲第五二名。
彭鳳來	湖北黃陂	明弘治三年，三甲第一六九名。	彭際遇	廣東東莞	明萬曆卅五年，三甲第一七一名。
彭　貫	江西安福	明正統一年，二甲第二○名。	彭　益	江西南豐	明永樂四年，三甲第九名。
彭　善	江西安福	明成化二年，二甲第卅四名。	彭錫命	江西新淦	明萬曆十四年，三甲第一四三名。
彭　翔	河南項城	明永樂十三年，三甲第一六一名。	彭　銓	湖北襄陽	明成化八年，三甲第五五名。
彭　鑒	江西建昌	明永樂十九年，三甲第二○名。	彭篤福	江西安福	明萬曆卅五年，二甲第十五名。
彭　范	河南靈寶	明嘉靖廿六年，三甲第廿七名。	彭惟方	江西安福	明弘治三年，三甲第九五名。
彭　范	四川漢川	明嘉靖四一年，三甲第一九九名	彭　輝	江西建昌	明永樂二年，二甲第九三名。
彭惟成	江西廬陵	明萬曆廿九年，三甲第三名。	彭　耀	廣東順德	明崇禎十五年，特一二四名。
彭　烊	江西南昌	明萬曆十四年，三甲第一四五名。	彭三益	江西安福	順天府大興，明崇禎十三年，三甲第一六六名。
彭歌祥	宜　長洲	順天府大興，明崇禎四年，三甲一七二名。	彭永圖	定陽衛	直　當涂，明崇禎七年，三甲第五四名。
彭　恭	湖廣龍陽	直隸　山，明成化八年，三甲第一五五名。	彭　果	四川永寧	明天順一年，二甲第八○名
彭　夒	江西宜春	明弘治九年，二甲第八八名。	彭家屏	河南夏邑	清康熙六○年
彭立武	甘肅蘭州	清光緒廿九年，三甲一一五名。	彭　亮	江西南豐	清康熙六○年，三甲第五四名。

彭應會	河南夏邑	清乾隆六〇年，三甲第十四名。	彭文翰	直　獻縣	清光緒廿四年，三甲第一四〇名。
彭文明	湖南湘鄉	清光緒十六年，二甲第七六名。	彭玄齡	湖南　江	清順治十六年，三甲第九二名。
彭　襄	四川中江	清順治十二年，三甲第一九七名。	彭端淑	四川丹棱	清雍正十一年，三甲第一六八名。
彭　諤	河南蘭陽	清乾隆四六年，三甲第六一名。	彭　序	江蘇元和	清光緒二〇年，二山第廿二名。
彭　翊	福建侯官	清道光二年，三甲第四四名。	彭三壽	江西新昌	清嘉慶十四年，三甲第九二名。
彭玉田	江西新昌	清嘉慶廿二年，二甲第廿四名。	彭元充	江西南昌	清乾隆卅七年，三甲第廿七名。
彭元瑞	江西南昌	清乾隆廿卅年，二甲第八名。	彭三潞	江南夏邑	清乾隆四〇年，三甲第卅三名。
彭元海	湖北雲	清道光十三年，二甲第九八名。	彭雲鶴	山東歷城	清乾隆五四年，三甲第卅八名。
彭　瓏	江南長洲	清順治十六年，二甲第六六名。	彭登瀛	廣西臨桂	今江西豐城(1547)，明嘉靖26年二甲第41名。
彭瑞毓	湖北江夏	清咸豐二年，二甲第一名。	彭廷訓	江西南昌	清康熙四五年，二甲第三名。
彭飛鴻	江西廬陵	清道光二〇年，二甲第卅二名。	彭孫適	浙江海鹽	清順治十六年二甲第六名清康熙十八博一甲第一名
彭建修	江西金溪	清乾隆十年，二甲第七一名。	彭聖培	福建莆田	清順治九年，三甲第一六二名。
彭琨生	江西高安	清光緒九年，二甲第一二〇名。	彭　酈	陝西真寧	清順治九年，三甲第五一名。
彭孕星	江西奉新	清乾隆卅六年，三甲第十八名。	彭　君	江西溧陽	清同治二年，二甲第六七名。
彭翼宸	河南蘭陽	清順治十八年，三甲第二六五名。	彭翼蒙	江西南昌	清乾隆四三年二甲第十一名。
彭億清	直　濼州	清同治十三年，三甲第一七六名。	彭舜齡	河南夏邑	清順治六年，三甲第五五名。
彭維新	湖南茶陵	清康熙四五年，三甲第廿三名。	彭上騰	湖南景陵	清順治十六年，三甲第十二名。
彭仁俊		見彭子俊	彭虎文	江蘇溧陽	清嘉慶十九年，三甲第七二名。
彭　倬	安徽全椒	清光緒二年，二甲第一一〇名。	彭崇信	湖北雲	清乾隆二年，三甲第一五八名。
彭崇洪	湖北河陽州	清康熙十五年，三甲第一二〇名。	彭崧毓	湖北江夏	清道光十五年，二甲第四名。
彭獻壽	廣西慶遠	清光緒十五年，三甲第九八名。	彭德輝	江蘇長洲	清嘉慶四年，三甲第四三名。
彭　倩	江西安福	清康熙四五年，三甲第八六名。	彭　侶	雲南趙州	清乾隆四年，三甲第一六三名。
彭程萬	江蘇溧陽	清嘉慶十三年，三甲第一〇七名。	彭　修	湖北掌　江	清光緒六年，三甲第五三名。
彭久餘	湖北江夏	清道光十六年，二甲第十九名。	彭繩祖	甘肅秦安	清咸豐三年，三甲第九八名。
彭紹升	湖南湘陽	清光緒廿九年，二甲第一〇四名。	彭紹觀	江南長洲	清乾隆廿二年，二甲第五七名。
彭紹芘	江西臨川	清乾隆四年，三甲第二三四名。	彭以竺	山東歷城	清道光十六年，二甲第四名。
彭作霖	江西寧都	清乾隆四年，三甲第一五一名。	彭作邦	山西臨汾	清嘉慶十九年，三甲第九名。
彭作籍	甘肅伏羌	清道光十三年，二甲第九四名。	彭　齡	江西新城	清道光二年，二甲第七〇名。
彭寧求	江西長洲	清康熙廿一年，一甲第三名。	彭永思	湖南長沙	清嘉慶十四年(1809)，二甲第十六名。
彭之華	湖北黃安	清康熙六〇年，三甲第九七名。	彭之鳳	湖北龍陽	清順治十五年，三甲第五五名。
彭守正	湖北漢陽	清光緒三〇年，三甲第六四名。	彭良裔	江西南昌	清嘉慶四年，二甲第七二名。
彭良驤	江西南昌	清乾隆十九年，三甲第一名。	彭定澤	江西樂平	清道光二年，三甲第廿四名。
彭定求	江南長洲	清康熙十五年，一甲第一名一六七六年丙辰狀元	彭宗岱	貴州	清道光二年，二甲第二〇七名。
彭宗遠	湖北黃安	清咸豐二年，三甲第六名。	彭涵霖	江西萍鄉	清道光廿一年，三甲第八七名。
彭兆遴	江西寧都	清康熙卅六年，二甲第卅九名。	彭必鑒	湖南湘鄉	清雍正二年，三甲第一九六名。
彭　浚	湖南衡山	清嘉慶一〇年，一甲第一名。	彭　述	湖南清泉	清光緒十二年二甲第一名(乙丑一八〇五年科狀元)
彭斗山	江西安義	清道光九年，三甲第四五名。	彭　祜	貴州普安	清康熙五四年，三甲第一〇六名。
彭清藜	湖南長沙	清光緒九年，二甲第一〇五名。	彭　洙	福建安溪	清康熙五七年，三甲第七六名(碑載第卅六名)
彭　禮	廣東海豐	清乾隆一〇年，三甲第一一一名。	彭　澤	河南河內	清道光六年，三甲第一二五名。

彭澤春	江西安義	清咸豐一〇年，二甲第四二名。	彭潤章	貴州黃平州	清同治七年，三甲第一〇〇名。
彭潤芳	四川新津	清咸豐六年，二甲第卅三名。	彭鴻翊	湖北黃陂	清光緒九年，二甲第卅八名。
彭　冠	河南夏邑	清乾隆廿二年，二甲第卅四名。	彭連斌	河南鄭州	清光緒三〇年，三甲第三二名。
彭遵泗	四川丹棱	清乾隆二年，三甲第二三七名。	彭肇洙	四川丹棱	清雍正十一年，三甲第六七名。
彭啓瑞	江西太和	清同治十三年，三甲第九九名。	彭啓豐	江南長洲	清雍正五年(1727)，一甲第一名丁未年狀元。
彭九齡	河南臨漳	清同治二年，三甲第一一四名。	彭大寶	雲南平彝	清咸豐二年，三甲第一一二名。
彭士商	湖南衡山	清康熙六〇年，三甲第一一一名。	彭士襄	江蘇吳縣	清光緒廿九年，二甲第五四名。
彭士俊	江南溧陽	清順治十五年，三甲第二名。	彭士芳	江西臨川	清光緒六年，二甲第八名。
彭㞢曦	江西安義	清同治十年，二甲第七〇名。	彭克儀	江西南昌	清咸豐一〇年，二甲第七〇名。
彭希濂	江南長洲	清乾隆四九年，二甲第九名。	彭希洛	江南長洲	清乾隆五二年，二甲第十一名。
彭希祖	廣西興業	清光緒二〇年，三甲第六五名。	彭希鄭	江南長洲	清乾隆五四年，三甲第十五名。
彭南錄	江南溧陽	清乾隆十七年，三甲第卅八名。	彭嘉寅	河南許州	清道光廿五年，三甲第八五名。
彭嘉恕	江西湖口	清嘉慶十三年，二甲第卅五名。	彭嘉	江西湖口	清道光廿七年，二甲第五〇名。
彭　韜	湖北麻城	清雍正十一年，二甲第六八名。	彭始博	江南鄭州	清康熙廿七年，三甲第八名。
彭載□	河南夏邑	清乾隆卅六年，三甲第四八名。	彭葆初	貴州鎮遠	清咸豐一〇年，三甲第四四名。
彭懋謙	陝西石泉	清同治一〇年，三甲第五六名。	彭世洙	浙江海鹽	清道光十八年，二甲第廿五名。
彭世昌	江西廬陵	清咸豐一〇年，二甲第四六名。	彭樹葵	河南夏邑	清乾隆一年，二甲第八二名。
彭樹華	江西萍鄉	清光緒廿一年，二甲第十八名。	彭桂馨	江西高安	清咸豐六年，三甲第六二名。
彭蘊章	江蘇長洲	清道光十五年，二甲第五〇名。	彭如幹	廣東陸豐	清乾隆卅一年，二甲第六七名。
彭起渭	河南夏邑	清康熙六〇年，三甲第六九名。	彭　期	江西南豐	清康熙六年，三甲第廿一名。
彭期生	浙江海寧衛	直全椒明萬歷四四年三甲第150名	彭敬吉	雲南趙州	清乾隆二年，三甲第二〇八名。
彭泰士	江蘇長州	清光緒廿四年，二甲第四五名。	彭泰毓	湖北江夏	清同治四年，二甲第卅五名。
彭　疇	江西新昌	清道光十八年，三甲第三名。	彭　沅	山東平山衛	清康熙廿四年，三甲第十七名。
彭邦畯	江西南昌	清嘉慶十九年，二甲第十七名。	彭邦濤	江西南昌	清嘉慶一〇年，二甲第廿六名。
彭昌運	湖南巴陵	清嘉慶四年，三甲第一〇名。	彭鳳沼	山東灘縣	清光緒廿四年，三甲第一〇七名。
彭鳴盛	江西寧都州	清道光廿一年，三甲第一〇二名。	彭鳳儀	廣東龍川	清嘉慶四年，三甲第卅九名。
彭同祖	江南溧陽	清乾隆廿六年，三甲第六〇名。	彭殿元	江西廬陵	清康熙十七年，三甲第廿七名。
彭履德	四川宜賓	清光緒六年，二甲第廿一名。	彭履坦	江西泰和	清嘉慶廿二年，二甲第九七名。
彭學麟	貴州貴筑	清乾隆四年，三甲第一四九名。	彭學皆	四川綦江	清光緒二年，三甲第五七名。
彭開祜	江南婁縣	清康熙十五年，三甲第十五名。	彭貫一	江西廬陵	清嘉慶六年，三甲第一七〇名。
彭人瑛	山西南豐	明永樂四年，三甲第九名。	彭　美	江西安福	清同治四年，三甲第三〇名。
彭會淇	江南溧陽	清康熙十五年，二甲第五名。	彭　鈺	河南夏邑	清乾隆四〇年，三甲第卅七名。
彭錫璜	江西湖口	清乾隆卅六年，三甲第五〇名。	彭錫珧	江西湖口	清光緒四五年，二甲第卅七名。
彭錫蕃	安徽　山	清光緒廿一年，三甲第四七名。	彭舒萼	湖南長沙	清道光九年，二甲第廿八名。
彭光湛	廣東南海	清光緒十五年，三甲第四四名。	彭　炎	江南桐城	清順治六年，三甲第五七名。
彭　斌	江西寧都州	清嘉慶七年，三甲第八一名。	彭　昇	江西臨川	清同治七年，三甲第一二四名。
彭　珌		清光緒十五年			

開派始祖少典至構雲公嫡系血緣表

世系			先祖			同父異母兄弟								王朝		壽年		在位		功名
少典	黃帝	彭祖	先祖	諱名別號	祖姓諱字	1	2	3	4	5	6	7	8	年號	帝王	生	歿	起	訖	官位
1			少典			少典								伏羲氏	少典	-3269				伏羲諸侯
2			晶其		赤水氏	石年	晶其							神農氏	石年	-3245	-3078			石年第一
3			炎居			臨魁	炎居								臨魁	-3077	-2998			
4			節並			明	節並													
5			戲器			直	戲器													
6			祝庸			鰲	祝庸													
7			共工			哀	共工													
8			勾龍			節莖	勾龍													
9			噎鳴			克	噎鳴	(噎鳴生12子 以地支命名)												
10			啓昆		有喬氏	參盧(榆罔)	啓昆							榆罔	有熊					
11	1		黃帝	軒轅氏公孫氏	西陵氏方雷氏丹魚氏鬼方式	(以下未緒)	黃帝							榆罔	黃帝	-2728	2598			
12	2		昌意	庚、白陽	蜀山氏洋子氏	昌意 蕤 絡雲 衣	玄嚻 荀 喬伯 禹	酉 休 姞 纍祖	祁 清 蒼林 白民	馮夷 采 禺陽	滕 夷鼓 儇	龍苗 揮 詹人								
13	3		顓頊	高陽氏	鄒屠氏勝潰氏	韓流	顓頊	悃						金天氏	顓頊	-2534	-2437	在位	78年	
14	4		稱	伯服	東成氏	駱明 仲裕	蒼舒 叔達	隤敳 稱	檮戭 窮蟬	大臨 犁	龐降	庭堅		高陽氏	玄					
15	5		卷章	老童		卷章								高陽氏						
16	6		吳回	祝融氏		重黎	吳回							高辛氏	嚳					
17	7		陸終			陸終								高辛氏	堯、舜					
18	8	1	老彭	彭祖籛鏗彭翦	有邰氏等五十四妻妾	參明(惠連)	樊	彭祖	永吉(求言)	安(晏安)	季連(秀連)			陶唐氏	彭祖	-2278	-1050			受姓始祖彭祖

世系			先祖			同父異母兄弟								王朝		壽年		在位		功名
少典	黃帝	彭祖	先祖	諱名別號	祖姓諱字	1	2	3	4	5	6	7	8	年號	帝王	生	歿	起	訖	官位
19	9	2		太彭	伯趙氏之女孫曰女閭	夜	完		韓	稽				夏	禹			-2205	-2198	司徒
20	10	3	伯壽	希祖	伊祁氏之女孫		伯福	伯壽	崑泉					夏	啓			-2197	-2189	司寇
21	11	4	振禧	元	有窮氏之女		振祉	振祥	振禧					夏	仲康			-2159	-2147	賢大夫
22	12	5	俶康	癸、政字	祝鳩氏之女		俶康							夏	相			-2146	-2119	司馬
23	13	6	養廉		有嗼氏		養廉	季廉						夏	少康			-2079	-2058	掌膳
24	14	7	獻	梧、義朗	有仍氏之女孫		獻							夏	杼			-2057	-2041	掌膳
25	15	8	寧帆		有嗼氏之女		參正	矣池	寧帆	民求				夏	芒			-2014	-1997	牧正
26	16	9	夢熊		公孫氏之女		夢熊							夏	不降			-1980	-1922	賢臣
27	17	10	秉		樹郆氏之女孫		秉	夐						夏	扃			-1921	-1910	具仙術晚遊
28	18	11	可愛		豢龍氏		可愛	可行						夏	廑			-1900	-1880	庖正(主廚)
29	19	12	積古		軒轅氏女孫		積古	莊漢	嚴真	木英	立吉			夏	孔甲			-1879	-1849	
30	20	13	頌新		御龍氏之女		頌新							夏	發			-1837	-1819	官大夫
31	21	14	團		御龍氏女孫		團							夏桀	姒履癸			-1818	-1767	無道勸不聽
32	22	15	靖忠		伊祁氏之女		謁忠	靖忠						商	成湯			-1766	-1754	賢臣
33	23	16	奇瑞		丹鳥氏之女		奇瑞							商	太甲			-1753	-1721	大夫
34	24	17	道琮		仲氏之女		道琮							商	沃丁			-1720	-1692	善御
35	25	18	繼崧		顏氏之女		繼崧							商	小甲			-1666	-1650	大夫
36	26	19	景敷		巫氏之女		景敬	景敷	景政					商	太戊			-1637	-1563	車正
37	27	20	愈崗		伊氏之女		愈崗	惠崗						商	太戊			-1637	-1563	青州牧
38	28	21	伯	錫侯	巫氏之女孫		伯							商	河亶甲			-1534	-1526	克邳伐班方
39	29	22	欽保	辛	姚氏之女		欽保	欽仲	欽仕	欽儀				商	河亶甲			-1534	-1526	多謀略隨父
40	30	23	度章		有熊氏		揆	度章						商	祖辛			-1506	-1491	商祖辛

世系			先祖			同父異母兄弟								王朝		壽年		在位		功名
少典	黃帝	彭祖	先祖	諱名別號	祖姓諱字	1	2	3	4	5	6	7	8	年號	帝王	生	歿	起	訖	官位
					女孫															時人
41	31	24	爾賢		蔡氏之女	爾賢								商	沃甲			-1490	-1466	處士
42	32	25	榮施		有莘氏之女	柏山	榮施							商	南庚			-1433	-1409	公清正,言行
43	33	26	端肅		費氏之女	端肅								殷	盤庚			-1401	-1374	
44	34	27	列		費氏之女	制	列							殷	小乙			-1352	-1325	邢都牧
45	35	28	東侯		姬氏、姜氏	東侯								殷	武丁			-1324	-1266	軍士從帝伐
46	36	29	才華		姜氏	才華	暈	蓉郎						殷	武丁			-1324	-1266	智勇士
47	37	30	佐商		韋氏	佐商								殷	祖甲			-1258	-1226	大夫,遂不仕
48	38	31	音	嗣徽	姒氏	音								殷	庚丁			-1219	-1199	士師
49	39	32	輝彩		鄧氏	耀彩	輝彩							殷	武乙			-1190	-1195	見帝無道常
50	40	33	圭	伯藩(炳煌)	有崇氏	圭								殷	帝乙			-1191	-1155	賢大夫呼翳
51	41	34	咸	福康	南宮氏	咸	成							殷	紂王			-1154	-1123	賢大夫諫君
52	42	35	祖壽	紹賢	商氏	遵	祖壽	九元						殷	紂王			-1154	-1123	袞州侯戰亡
53	43	36	寶雲		散宜氏	寶雲								西周	武王			-1122	-1116	司馬
54	44	37	士懷		鄂氏、商氏	后農	士懷							西周	成王			-1115	-1079	司徒
55	45	38	治		姜氏	淇	治							西周	成王			-1115	-1079	大夫
56	46	39	類超		虞氏	類超								西周	康王			-1078	-1053	袞州伯
57	47	40	爲達		蔡氏	爲達								西周	昭王			-1052	-1002	不仕
58	48	41	自昭		畢氏	自昭	自明							西周	穆王			-1001	-947	大僕王
59	49	42	程		畢氏	程	科							西周	穆王			-969	-955	隨造父遷居
60	50	43	昶		造父之女	昶								西周	懿王			-934	-910	務州牧
61	51	44	觀凝		呂氏	觀凝	靜凝							西周	孝王			-909	-895	
62	52	45	丁		唐氏	丁	甲							西周	夷王			-894	-879	從虢帥六師
63	53	46	寅	耀祖	姚氏	寅								西周	厲王			-878	-842	大夫
64	54	47	能運	興周	有殷氏	能運								西周	厲王			-878	-842	從虢仲帥師
65	55	48	貴山		尹氏	愚岑	百皇	貴山						西周	宣王			-827	-782	大夫同尹吉
66	56	49	和美		滕氏	和美	祥真							西周	幽王			-781	-771	司寇

世系			先祖			同父異母兄弟								王朝		壽年		在位		功名
少典	黃帝	彭祖	先祖	諱名別號	祖姓諱字	1	2	3	4	5	6	7	8	年號	帝王	生	歿	起	訖	官位
67	57	50	友燊		杜氏	友燊								東周	平王			-770	-720	師旅
68	58	51	略		蘇氏	文	韜	武	富	貴	發	達		東周	平王			-770	-720	敏穎絕人博
69	59	52	大郎	諱趱行官	蘇氏秦氏	大郎	小郎							東周	桓王			-719	-697	卿士
70	60	53	榮	懷美	辛氏	榮								東周	莊王			-696	-682	喜修煉術徒
71	61	54	忽	國秉	熊氏	忽								東周	莊王			-696	-682	積學能文行
72	62	55	仲爽	定父	熊氏	仲爽								東周	僖王			-681	-677	賢大夫後秦
73	63	56	建夏		蘇氏	建周	建夏							東周	惠王			-676	-652	楚司寇
74	64	57	俊宜		黃氏	俊宜								東周	襄王			-651	-619	晉大夫晉飢
75	65	58	西林		公孫氏	西林	東柏	義柏						東周	定王			-606	-586	掌百正
76	66	59	名	世成	子車氏公孫氏	名								東周	簡王			-585	-572	
77	67	60	宏載		顏氏	宏載	繼名							東周	靈王			-571	-545	好讀書不樂
78	68	61	益開	生以	李氏	益開								東周	景王			-544	-520	楚大夫
79	69	62	元果	殷卷	李氏顏氏	元果	元杲							東周	敬王			-519	-476	楚大夫立品
80	70	63	訓彝	侗	孟氏	訓彝	訓乘							東周	敬王			-519	-476	楚大夫
81	71	64	敖	榮軒	林氏	敖	教	政	敬	(餘名	闕無	傳)		東周	貞定王			-468	-441	魯司空
82	72	65	萬		田氏	百	千	萬						東周	威烈王			-425	-402	積學不仕
83	73	66	嗣慎	謹齋齊	林氏	嗣恢	嗣慎							東周	威烈王			-425	-402	大夫
84	74	67	時梁		闕氏	時梁								東周	安王			-401	-376	聰穎有大志
85	75	68	君實		畢氏	君實								東周	烈王			-375	-369	不仕周室弱
86	76	69	更	子瑞	孟氏	更	蒙							東周	顯王			-368	-321	孟子弟子
87	77	70	金和		任氏	金元	金和							東周	顯王			-368	-321	袞州守
88	78	71	紹更		姜氏	紹更								東周	慎靚王			-320	-315	處士格遵祖
89	79	72	宜吾	徇南	侯氏	寶吾	宜吾							東周	赧王			-314	-256	宦山

世系 少典	黃帝	彭祖	先祖	諱名別號	祖姓諱字	1	2	3	4	5	6	7	8	年號	帝王	生	歿	起	訖	官位
																				陽令
90	80	73	文台	諱憙正芝	孔氏	文台								秦	紹襄王			-255	-247	不仕秦周鼎
91	81	74	令昭	明德	張氏	令昭								秦	秦始皇			-221	-210	歌師遊闓會
92	82	75	坤	禹卿	周氏	坤	琨							秦	秦始皇			-221	-210	先官後隱燒
93	83	76	越	仲引	張氏	越	趙							西漢	秦二世			-207	-196	封梁王因病
94	84	77	綏華	紫陽	蕭氏	綏榮	綏華							西漢	高祖			-198		大中大夫
95	85	78	斐然	成章	蒯氏	斐然								西漢	文帝			-179	-157	穎慧博學避
96	86	79	佑奎	石孚	劉氏	佑奎	佑張							西漢	景帝			-156	-141	隱士力學守
97	87	80	世瓊	瑞瑤	曹氏	世瓊								西漢	武帝			-140	-87	博士
98	88	81	維	鳳藻	施氏	紀	綱	維						西漢	昭帝			-86	-74	右將軍
99	89	82	懋勘	輔臣	韓氏	懋勳	續勳							西漢	元帝			-48	-33	御史大夫
100	90	83	宣	子佩玉徵	施氏	宣								西漢	宣帝新莽	-63	西元15			長平侯
101	91	84	聖	希賢俶成	劉氏	武	威	聖						西漢	孺子			西元6	7	魏郡太守嗣
102	92	85	闓	世閭士平	何氏	闓	業							東漢	光武帝			44		入朝拜議郎
103	93	86	脩	子陽進德	曾氏	修								東漢	永平			25	75	仕郡為功曹
104	94	87	寶	楚書惟善	侯氏	寶								東漢	和帝			105		御史大夫節
105	95	88	端鑑	玉明璉初	黃氏	端鍾	端鑑							東漢	安帝			120		巴邵太守姤
106	96	89	淮	翰林	鄔氏	淮								東漢	順帝			126	131	光祿勳
107	97	90	極文	冀、繩武	胡氏李氏	極文								東漢	桓帝			158	163	宜春侯左龍
108	98	91	仕恭	仲鼎德之伯	龔氏	仕恭	仕敏	仕忠						東漢	靈帝			178	189	拜議郎
109	99	92	慎	季聰敏言	穆氏	慎								魏	明帝			233	239	軍功授縣令
110	100	93	永昌	君美	鄧氏	永昌	順昌							魏	元帝			260	263	衢州

世　系			先　　　祖			同　父　異　母　兄　弟								王　朝		壽　年		在　位		功　名
少典	黃帝	彭祖	先祖	諱名別號	祖妣諱字	1	2	3	4	5	6	7	8	年號	帝王	生	歿	起	訖	官位
				伯淳																太守
111	101	94	鬱	鶴嵩	左氏	鬱	爵							西晉	惠帝			290	306	秀才茂才舉
112	102	95	隆簡	諱丙迪康	薛氏	隆簡	隆略							東晉	元帝			318	321	司隸校尉指
113	103	96	沿	億鈞	柏氏	沿	沂	治						東晉	穆帝			357	361	縣令
114	104	97	進	熙進德修	周氏	進								東晉	孝武帝			376	396	儒學博士
115	105	98	抗	优武陽素庵	某氏穆氏	抗	拒							東晉	安帝			402	418	兵部尙書
116	106	99	赴	仲適、堯封	程氏張氏	赴	超	趙	起	趨				宋	孝武帝			454	464	晉陽參軍
117	107	100	荏	桐扶	淳于氏張氏	荏	蕎							梁	武帝			502	519	驃騎大將軍
118	108	101	樂	子興福安興	夏氏	樂								梁	文帝			547	550	陳留王追諡
119	109	102	龍韜	德中	鮑氏	龍韜	龍文							陳	武帝			557	559	授將仕郎
120	110	103	君用	安富尊榮	何氏	君用	君德							陳	文帝			566	568	史部尙書
121	111	104	履真	復臨南薰	譚氏	履真								隋	隋煬帝			605	616	握瀛州刺史
122	112	105	坤元	仲敬方直子義	黃氏	坤元	乾元							唐	高宗			650	655	光祿大夫博
123	113	106	明遠	鏡高毅儂	郭甯朱氏	明遠								唐	中宗			708	709	金紫光祿大
124	114	107	景直	美正品方	魏張鄧氏	景直								唐	中宗	677		709		太常博士禮
125	115	108	雲	構雲廷鑑	歐陽氏	構雲								唐	玄宗	715	767			袁州刺使開

彭氏得姓以前系統圖

第一世	第二世	第三世	第四世	第五世	第六世	第七世	第八世	
黃帝	昌意	顓頊(高陽氏)	大　稱(稱)	卷　章(老章)	重黎(祝融)			
					吳　回	陸終	樊　(昆吾)　己姓始祖	胡、莒、蘇、溫、董
							惠連(參胡)　嬴姓始祖	黃、參
							錢鏗(彭祖)　彭姓始祖	韋、姬、彭、錢、籛、暨
							求言(鄭人)　耘姓始祖	偪、鄔、陽
							晏安　　曹姓始祖	晏、邾、曹、朱、顏、鄒
							季連　　芈姓始祖	熊、季、連、楚、荊
			顓頊(第八子)					
			仲容	夷	武恒	伯辛	女修----秦趙母族之祖	
		安(安姓始祖)						
		韓流						
		悃(拓拔氏始祖)						
	玄囂(小昊)	蟜極	帝嚳	后稷(棄)				
				堯				
				契				
				摯				
	苗龍							

附註：參考史記資料公譜說明

彭、韋、姬、錢、籛、暨、胡、莒、顧、蘇、溫、董、黃、參、偪、鄔、陽、晏、邾、曹、朱、顏、鄒、熊、季、連、楚、荊　同根一脈

　　遠古時代爲母系社會，人倫關係模糊，血緣脈胳混淆不清，子女從母姓，伏羲氏農業社會以後，才變成子女從

父姓，血緣清流。「氏」是顯貴，功德崇尙者稱氏，大凡平民有姓無氏，迨至周朝姓氏不分，同等通用。中國之姓氏，

據「中華姓府」統計：一字姓 3730 姓、複姓 2498 姓、三字姓 127 姓、四字姓 6 姓、五字姓 2 姓，總共有 6363 姓。

其中以三子姓至五字姓稀少罕見。

　　陸終嗣裔世系考，乃摘自「百家姓探源」、及「中國姓氏考略」資料爲準則，「辭海」爲配合編修而成，藉表闡

揚同根先祖，崇念四千餘載之各史料，並使同根達人明晰本源肇始，以昭報本矣。陸終六子：

長子　樊、己姓：　　　嗣裔胡、蘇、顧、蘇、溫、董，六姓。

次子惠連、嬴姓：　　　嗣裔黃、參，二姓

二子錢鏗、公孫姓：　　嗣裔彭、韋、姬、錢、籛、暨，六姓。

四子求言、妘姓：　　　嗣裔偪、鄔、陽，三姓。

五子晏安、曹姓：　　　嗣裔晏、邾、曹、朱、顏、鄒，六姓。

六子季連、芈姓：　　　嗣裔熊、季、連、楚、荊，五姓。

大彭得姓受氏圖表

血緣：　少典－　勗其－　炎居－　節並－　載器－　祝庸－　共工－　勾龍－　噎鳴－　昆－　黃帝－　昌意－
　　　　顓頊－　稱－　卷章－　吳回－　陸終－　老彭(彭祖)

黃帝 一代黃帝	肇統							
	肇緒(小吳) 二代黃帝	天重						
		地該						
		人修						
		和熙(嬌極)	帝譽 四代皇帝 高辛氏	帝摯				
				帝堯 五代皇帝				
				棄				
				契				
	肇基 (昌意)	永讚 (顓頊) 三代皇帝	九太子 (九犁)					
			卷章(老童)	重黎				
				吳回(祝融)	陸終	樊	是爲己姓	胡
								莒
								蘇
								顧
								溫
								董
						惠連	是爲嬴姓	黃
								參
						籛鏗	是爲彭姓	豕韋
								諸稽(姬)
								彭
								錢
								籛
								暨(禿)
						永言	是爲耘姓	鄆
								路
								偪陽
						晏安	是爲曹姓	晏
								郯
								曹
								朱
								顏
								鄒

						熊
						季
				季連	是爲芈姓	連
						楚
						荊
			女修			
		窮蟬				
		檮杌				
	永繼					

註：

鄭語云封於大彭豕韋諸稽禿皆彭祖之封後相繼爲侯曰籛封於彭城以國爲姓即彭祖陸終第三子是也又彭門記云商之賢臣彭祖顓頊玄孫壽 761 歲孔子曰窃比於我老彭商賢大夫今墓猶存故邑號大彭寰宇記彭城縣在河南徐州九域註云屬東京伊闕龍門彭婆墓亦存槃按誌云彭祖二子長武次曰夷隱闓之山因號武夷山春秋時楚文王有賢大夫彭仲爽秦滅楚遷其大姓於隴西彭其一也彭之稱隴西郡蓋始於此戰國時彭更孟子門人秦末彭越紀距野漢高祖封大梁王中間遷徙不一世次未詳已上得姓圖老彭乃商末至漢武帝時一千一百三十餘年有宣公封長平侯居淮陽是爲長平郡其間考核舊譜而按其長不敢附會誣後。

徵君二十七世孫隱源岡下槃識以上係照江西彭大宗祠主譜抄錄而來。

鄭語云三者皆彭祖之別封後相繼爲商人身上承高祖爲玄孫下繫玄孫爲高祖凡世一再別而別爲九族矣陸終六子一別而得姓者八再得姓者八再別而得姓者十有八枝葉愈遠而愈盛今所別十八姓皆至近而刋者同姓不婚買妾卜姓惡其所同出也此圖須家置一通。

彭祖壽高八百，亙古以來，高壽人瑞，獨一無二，「家珍至寶」，人人尊仰。彭姓姓氏淵源，來龍去脈，古籍記載甚多，唯子孫繁衍綿延，遍佈全國，而今更及海外，相互之間，無世系輩份、排行派別、血緣脈絡、傳記譜牒相連，首尾數代，尚略可追尋溯往，有據可考，中生代以後子孫，則失郤關聯，不易循序尋根考證，尤 1949 年以後，原有族譜多被銷燬，更增加血緣脈絡依憑考證難度。

中華民族彭氏源流直系表（一）

神農氏王朝祖名	神農氏朝代	開派始祖		少典世代
少典始於烈山日烈山氏	不在帝位	世為諸侯	少典	1
長子姜軌（石年）	炎帝 一	次子	勖其	2
長子姜臨魁	炎帝 二	之子	炎居	3
姜承（慶甲）係臨魁之子姜明	炎帝 三四	之子	節並	4
之子姜直	炎帝 五	之子	戲器	5
之子姜厘	炎帝 六	之子	祝庸	6
之子姜哀	炎帝 七	之子	共工	7
哀帝生子節莖	不在帝位	之子	勾龍	8
節莖生子克	不在帝位	長子	噎鳴	9
克生子參盧即帝榆罔(止)	炎帝 八	勖其九世孫	啟昆	10

彭氏源流直系表㈠依據中華民國九年西元1920年冬月有江右族士攜宗譜一册草稿數本來湘訪查宗親，遇遷湘始祖溁公即旭湖府君一世之卅五世胴孫名述字好古號百鈞，述披閱江右族士譜稿，所錄宣公以上八十二世源流詳而且悉，述比鈔之，述宿銅塘學校參究經史子集及各支新舊族譜，查對清晰，訛者正之，闕者增之，溯本清源，追述祖跡歷八寒暑，完成「隴西彭氏源流圖」巨著共五卷二萬餘言。

西元1946年湘陰高新堂重新校刊，侄兒子珂（現住高雄）助校，見證伯父百鈞氏主編再版續修「青山彭氏敦睦譜」恩澤全球。

這部跨越古今的史不絕書，確證我中華民族有六千年以上的文化歷史古蹟寶藏源遠流長·如伏羲氏王朝傳16君第一位君主太昊出生西元前4471年於甘肅秦縣原名成紀庚寅歲。

神農氏王朝始自開派始祖少典一世出生西元前3329年，長子石年即炎帝(現址湖南炎陵縣)從此以農立國，傳八君十世至帝榆罔止。再由黃帝傳國父孫中山先生領導推翻滿清創建民國西元1912年合計6384年，中國祇有改朝換代，而中華民族嗣孫世代傳承沒有中斷，直到永遠。若後之繼起續修者將遵斯圖重刊焉。西元2006年勞動"文藝"節湘陰溁公之37世胴孫延杞名伯良老成遊學敬記於長沙。

歷代先祖 啟昆	祖名	少典世代	黃帝世代	彭祖世代
之子	黃帝	11	1	↓
長子	昌意	12	2	
次子	顓頊	13	3	
十子	稱	14	4	
之子	卷章	15	5	
次子	吳回	16	6	受姓始祖
之子	陸終	17	7	
三子	老彭	18	8	1
三子	潭	19	9	2
次子	伯壽	20	10	3
三子	振禧	21	11	4
之子	做康	22	12	5
長子	養廉	23	13	6
之子	獻	24	14	7
三子	夢帆	25	15	8
之子	夢熊	26	16	9
長子	秉	27	17	10
長子	可愛	28	18	11
長子	積古	29	19	12
之子	頌新	30	20	13
之子	圖	31	21	14
次子	靖忠	32	22	15
之子	奇瑞	33	23	16
之子	道琮	34	24	17
之子	繼崧	35	25	18
次子	景敷	36	26	19
長子	愈崗	37	27	20
之子	伯	38	28	21
長子	欽保	39	29	22
次子	度章	40	30	23
之子	爾賢	41	31	24
次子	榮施	42	32	25
之子	端肅	43	33	26
次子	列	44	34	27
之子	東侯	45	35	28
長子	才華	46	36	29
之子	佐商	47	37	30
之子	音	48	38	31
次子	輝彭	49	39	32

歷代先祖 輝彭	祖名	少典世代	黃帝世代	彭祖世代
之子	圭	50	40	33
長子	戚	51	41	34
次子	祖壽	52	42	35
之子	寶雲	53	43	36
次子	士懷	54	44	37
次子	治	55	45	38
之子	類超	56	46	39
之子	為達	57	47	40
長子	自昭	58	48	41
長子	程	59	49	42
之子	昶	60	50	43
長子	觀森	61	51	44
長子	丁	62	52	45
之子	寅	63	53	46
之子	能運	64	54	47
三子	貴山	65	55	48
長子	和美	66	56	49
之子	友熒	67	57	50
四子	略	68	58	51
長子	大郎	69	59	52
之子	榮	70	60	53
之子	忽	71	61	54
之子	仲爽	72	62	55
次子	建夏	73	63	56
之子	俊宜	74	64	57
長子	西林	75	65	58
之子	名	76	66	59
長子	宏藏	77	67	60
之子	益開	78	68	61
長子	元果	79	69	62
長子	訓彝	80	70	63
長子	敖	81	71	64
三子	萬	82	72	65
次子	嗣慎	83	73	66
之子	時梁	84	74	67
之子	君實	85	75	68
長子	更	86	76	69
次子	金和	87	77	70

歷代先祖 金和	祖名	少典世代	黃帝世代	彭祖世代	宣公世代
之子	紹更	88	78	71	↓
次子	宜吾	89	79	72	
之子	文台	90	80	73	
之子	令昭	91	81	74	
長子	坤	92	82	75	
長子	越	93	83	76	
次子	綬華	94	84	77	
之子	斐然	95	85	78	
長子	佑奎	96	86	79	
之子	世瓊	97	87	80	
三子	雄	98	88	81	
長子	懋勳	99	89	82	

歷代先祖	祖名	少典世代	黃帝世代	彭祖世代	湘陽始祖世代
之子	宣	100	90	83	1
三子	聖	101	91	84	2
次子	閣	102	92	85	3
之子	修	103	93	86	4
之子	寶	104	94	87	5
次子	端鑒	105	95	88	6
之子	淮	106	96	89	7
之子	極文	107	97	90	8
長子	仕恭	108	98	91	9
之子	慎	109	99	92	10
長子	永昌	110	100	93	11
次子	鬱	111	101	94	12
長子	隆簡	112	102	95	13
次子	沿	113	103	96	14
之子	進	114	104	97	15
長子	抗	115	105	98	16
次子	赳	116	106	99	17
次子	荏	117	107	100	18
之子	樂	118	108	101	19
長子	龍韜	119	109	102	20
次子	君用	120	110	103	21
之子	履真	121	111	104	22
次子	坤元	122	112	105	23
之子	明遠	123	113	106	24
之子	景直	124	114	107	25
之子	構雲 遷吳始祖（江西始祖）	125	115	108	26

中華彭氏宗族譜牒

引

洪荒既闢，三皇各具其名，國運初開，五帝皆分□□□□□□□□□□□，或以官爲姓，或以國爲姓，歷歷可稽，或以氏爲姓，或以地爲姓，□□□□□□，之受姓也。　籛鏗封於彭城，故以國爲姓焉。自昔稱爲名門，迄今傳爲望族，其源流如黃河之水，發源於天，一本散爲萬殊，而萬殊仍歸一本，使非以譜牒載之，後世子孫，不幾無傳矣乎！於是提其綱，目系之於譜，以誌不朽云爾。

中華民國十七年戊辰春月穀旦　湖南長沙淡公嗣孫述百鈞氏謹識

台灣中華書局印行廿一史，依據歷代統記表冊，三代世表，太史公曰：五帝三代之記尚矣，自殷以前，諸侯不可得而譜，周以來，乃頗可著。孔子因史文次春秋，紀元年正時日月，蓋其詳哉。

彭氏肇始老籛，彭城封姓，商周以來，散居列國。秦亂譜牒，慘遭丙丁回祿，秦遷楚大姓，遂望隴西，自漢至晉末，初厄五胡之懮，繼遭元季之亂，兵燹荼毒，譜牒多失，青山古墓，地當巴平孔道，族人懼賊戕，合毀其碑，石象生故，邱隴之存者鮮。明中葉至清多次續譜，源流未斷，舊譜始作於前明廿一世景卿公，相傳元季兵燹，家乘熠焉，景卿公於故紙中，得齊醮先人名單，舉以付梓，曰「圓珠譜」。諡襄毅公(澤)於明正德與嘉靖年間，西元1513年至1525年於蘭州，本景卿公譜，續輯「會宗譜」。惜明以前之源流通譜，因內奸外患，遺失鮮存，清乾隆九年甲子西元1744年，河南夏邑公屏公官履豫藩，會同湖南長沙溶監公，與湘陰景溪公校對通譜，輯成「統計譜」，又曰「大彭統記」，史冊流芳。惜清以文字獄，誣捏「大彭統記」有反清蟻清之嫌，家屏公慘遭乾隆皇帝賜「繩帛」含冤而死，子傳笏斬首，產業充公，彭氏之大不幸。

道光壬寅西元1842年，咸豐乙卯西元1855年有「湖南瀏南沙溪河口彭氏支譜」，丙辰西元1856年出「湖南青山彭氏增修徵信譜」、「青山彭氏敦睦譜」、「隴西彭氏源流圖」，空白冊二部，一曰「廣生譜」，一曰「歸真譜」，註明五年續修一次，冀期永無停修之虞，各地陸續修譜，直至1949年山河易首，未有稍怠，惜文化大革命破四舊間斷數十年，直至改革開放，兩岸相通，尋根問祖之風興盛，修譜又方興未艾。

宣公長平侯爲封爵之祖，後來陳留王、安定王隴西開國侯，皆有封爵禮大夫不得祖諸侯，總祠不敢祀爲一世祖，且侯受封於漢成帝河平九年，景直公爲侍郎，在唐中宗景龍戊中中間七百六十餘年，譜牒無徵，惟顯名列祖，雜出於史傳百家之書，前人稽查凡二十世，然既稱世家，淮陽又有居京兆河閒者。今依舊譜膽錄，不敢有遺。徵君公自河閒瀛州徙居宜春合浦以後，名字行號生歿葬配，與夫分遷江南湖南江西六府十三邑，各派世系源流，皆歷歷如指掌，故致祭修譜，俱始於徵君搆雲公。(依據青山彭氏敦睦譜（隴西彭氏源流圖卷一至卷五）校刊)

開派始祖少典

開派少典	黃帝世系	先　祖	紀　　　　　　　　　　事
1		少　典 開派始祖 配 有嶠氏	中華民族開派始祖。 推算西元前3329年出生。娶有嫗氏之女登爲妃。 二子：石年(炎帝)、勗其。 本源錄云，伏羲氏時諸侯，神仙通鑑云，始本於烈山(辭源云烈山，山名：一名厲山，亦名重山，在湖廣隨縣北四十里，四書人物備考註云，山在德安府隨州)曰烈山氏，後遷於厲山。 神仙通鑑註云厲山，今湖廣隨州皇甫謐曰厲山，今隋之厲鄉也。 曰厲山氏，又曰少典氏，或云少典國君(稱農皇)，葬隨州厲山 (今湖廣隨縣厲山見本源錄)。 依據歷代統紀表(卷一至卷五)台灣中華書局印行廿一史，三代世表，太史公曰，五帝三代文記尚矣，自殷以前諸侯不可得而譜，周以來乃頗可著。 孔子因史文次春秋，紀元年，正時、日、月，蓋其詳哉，之女 (晉語作有嬌氏史記作有嫗氏四書人物類典作女嫗氏) 曰安登(史記作女登神仙通鑑作任姒)爲妃

開派 少典	黃帝 世系	先　祖	紀　　　　　　　　　　　　　　　事
			血緣：少典－石年、勖其－
2		石　年 炎　帝 元配 奔水氏 室二 尊盧氏	石年又名炎帝，少典長子，號烈山氏，又號厲山氏三號神農氏。「炎黃子孫」者，指炎帝和黃帝，常以炎黃代表中華民族祖先。 史記云炎帝葬於茶山之野，茶山即景陽山，在茶陵州東接江西永新縣界(炎黃源流史註石年爲第一代神農氏)。 生於西元前 3245 年丙辰，育於姜水故以姜爲姓，名軌，又名百年。 在位 140 年，元年甲申至癸卯西元前 3245 年至 3078 年，享壽 168 歲，崩於湖南長沙之茶鄉。 史記作奔水氏神仙通鑑作赤水氏曰聽詙(山海經作聽談)。 奔水氏生五子一女： (一)臨魁：在位八十年崩，子一帝承，在位 60 年崩；子一帝明，在位 49 年崩；子一帝宜，在位 45 年崩，子一帝來，在位 48 年崩，子一帝哀，在位 43 年崩，子一節莖，子二克、戲；克子一，參盧(即帝榆罔)，居於空桑，今河南開封府，其臣蚩尤作亂，遂居涿鹿，在位 55 年崩，諸侯尊軒轅爲天子，降封帝於露。戲子一器子一祝融，爲黃帝司徒子一術嚚子一句龍，官顓頊土正子一垂，官帝堯共工子二伯夷修。伯夷官帝堯秩宗，佐禹平水土有功，封於呂，子一萬，周文王師姜尚是其裔。修好遠遊後祀爲祖神。 (二)董：居伊水，子一伯陵，子三鼓延殳，始爲侯(見山海經) (三)權：守宛丘，子一靈契，生子一萬人(見山海坙)。 (四)不浩：居陳倉(見神仙通鑑)。 (五)嵩：　居築水(見神仙鑑)。 　　女溺死東海(見博物志山海經神仙通鑑) 尊盧氏生三子： (六)印：居青田，榆罔時諸侯，蚩尤是其裔(見神先通鑑)； (七)柱：有聖德，佐父播種殖百疏，區百穀，封居谷城，在平陽州，子一慶甲，顓頊火正薦是其裔，炎黃源流史七八頁柱爲第二代神農氏。 (八)起我，居萬陽山。 血緣：少典－石年(炎帝)－臨魁、董、權、不浩、嵩、印、柱、起我－
(2)		勖　其 配 赤水氏	少典次子。本源錄云神農氏時人，神仙通鑑云：少典生二子，次曰勖其，嗣少典國君，世爲諸侯，以公孫爲姓，依據歷代統記表冊(卷一至卷五)台灣中華書局印行廿一史記載三代世表，太史公曰：五帝三代之記尚矣，自殷以前諸侯不可得而譜，周以來，乃頗可著，孔子因史文次春秋紀元年，正時日月，蓋其詳哉。娶赤水氏之女孫，見本源錄， 一子 炎居。三世至九世未得其詳，俟考續補。 血緣：少典－勖其－炎居－
3		臨　魁	石年長子，即帝臨魁奉母后命爲炎帝在位 80 年崩元年甲辰至癸亥(西元前 3077 年至 2998 年)，子一明，因年幼欲擇賢而立，知其七叔柱，有子慶甲，賢能，用嗣爲帝，承祇修自勤，克紹祖武，在位六十年。元年甲子至癸亥，即西元前 2997 年至 2938 年，仍歸政於明。 血緣：少典－石年－臨魁－明－
3		董	石年次子， 血緣：少典－石年(炎帝)－董－伯陵－鼓、延、殳
3		權	石年三子， 血緣：少典－石年(炎帝)－權－靈契－五人
3		不　浩	石年四子，

開派少典	黃帝世系	先　祖	紀　　　　　　　　　　　　　　　　　　　　事
			血緣：少典－石年(炎帝)－不浩－
3		峹	石年五子， 血緣：少典－石年(炎帝)－峹－
3		卬	石年六子， 血緣：少典－石年(炎帝)－卬－
3		柱	石年七子， 血緣：少典－石年－柱－慶甲－
3		起　我	石年八子， 血緣：少典－石年(炎帝)－起我－
(3)		炎　居	峹其之子，子一節並。 血緣：少典－峹其－炎居－節並－
4		明	臨魁之子，即帝明在位49年崩，元年甲子至壬子(西元前2997年至2889年) 一子名直，又曰帝宜。 血緣：少典－石年(炎帝)－臨魁－明－直(宜)－
(4)		節　並	炎居之子，一子戲器。 血緣：少典－峹其－炎居－節並－戲器－
4		直	明之子又曰帝植帝在位45年崩癸丑至丁酉(西元前2888年至2844年)一子名釐。 血緣：少典－石年(炎帝)－臨魁－明－直－釐－
(5)		戲　器	子一祝庸， 血緣：少典－峹其－炎居－節並－戲器－祝庸－
6		釐	直之子又曰帝來在48年崩，戊戌至乙酉(西元前2843年至2796年)子一哀， 血緣：少典－石年(炎帝)－臨魁－明－直－釐－哀－
(6)		祝　庸	戲器之子，降處于江水，子一共工。 血緣：少典－峹其－炎居－節並－戲器－祝庸－共工－
7		哀	釐之子，又曰帝裏，一曰帝居，在位43年崩丙戌至戊辰(西元前2795年至2753年) 二子：長子節莖，次子克戲，綱鑑補云皆不在帝位。 血緣：少典－石年(炎帝)－臨魁－明－直－釐－哀－節莖、克戲－(皆不在帝位)
(7)		共　工	祝庸之子　子二　長曰術器　術器首方顛是復土穰以處江水以亂自滅，次曰句龍，又勾龍即后土土神能平水土。 血緣：少典－峹其－炎居－節並－戲器－祝庸－共工－術器、勾龍－
8		節　莖	哀之長子　子二　克、戲，皆未立而殂，戲生子器是爲小帝立四月殂， 血緣：少典－石年(炎帝)－臨魁－明－直－釐－哀－節莖－克、戲－
8		克　戲	哀之次子，子一參盧即帝榆罔。 血緣：少典－石年(炎帝)－臨魁－明－直－釐－哀－克戲－
(8)		術　器	共工長子，首方顛是履土壤，以處江水以亂自滅。 血緣：少典－峹其－炎居－節並－戲器－祝庸－共工－術器－
(8)		勾　龍	共工次子，又名句龍，即后土土神，能平水土。 子二：噎鳴、信居，蜀山生夸父， 血緣：少典－峹其－炎居－節並－戲器－祝庸－共工－勾龍－噎鳴－
9		克	節莖長子， 血緣：少典－石年(炎帝)－臨魁－明－直－釐－哀－節莖－克－參盧－(以后未緒)

開派少典	黃帝世系	先　祖	紀　事
9		戲	節莖次子。 血緣：少典－石年(炎帝)－臨魁－明－直－釐－哀－節莖－戲－器(是爲小帝立四月殂)－
9		參　盧	克之子 眾立爲帝遷都空桑，今河南開封府陳留縣。 其臣蚩尤作亂，遂居涿鹿，在位55年，崩於元年己巳至癸亥，黃帝紀年前一年至55年，即民國前4663年至4609年合西元前2752年至2698年。 血緣：少典－石年(炎帝)－臨魁－明－直－釐－哀－節莖－克　參盧(以下未緒)
9		噎　鳴	勾龍長子，生十二子 以地支十二名之， 血緣：少典－勗其－炎居－節並－戲器－祝庸－共工－勾龍－噎鳴－啓昆－
9		信	勾龍次子，娶蜀山氏女，生子夸父(即夸公追日典故) 血緣：少典－勗其－炎居－節並－戲器－祝庸－共工－勾龍－信－夸父
10		啓　昆 配 有喬氏	勗其九世孫。本源錄云：帝楡罔時人，神仙通鑑云：勗其九傳至啓昆，北遷於熊，今河南開封府新鄭縣，因改改國曰有熊，故號有熊國君，啓昆爲人剛建中正。 之女曰附寶(經餘必讀作符㑸)是爲昊樞(亦讀作吳樞)爲妃神仙通鑑云附寶德性幽閒。 生一子：黃帝本脈。 血緣：少典－勗其－炎居－節並－戲器－祝庸－共工－勾龍－噎鳴－啓昆－黃帝－
11	1	黃　帝 室一西陵氏 室二方雷氏 室三肜魚氏 室四鬼方氏	啓昆之子。推算生於西元前2728年，享壽131歲。25子，其中14子得姓，建立郡族。 路史云姓公孫，名荼，一曰軒，字玄律，神仙通鑑云，名白荼白虎。 通云：號自然，左傳云號帝鴻氏，遂古質疑云名軒。 綱鑑補云，名軒轅，有熊國君之子也。 母曰附寶之祁野，見大電繞北斗樞星生而懷孕24個月，當帝楡罔25載(即西元前2728年癸巳)而生帝於軒轅之丘，在河南開封府新鄭縣境，因名曰軒轅帝，生而神靈，弱而能言，幼而徇齊，長而敦敏，成而聰明，國於有熊，今新鄭縣，故號有熊氏，長於姬水，故又以姬爲姓，有土德之瑞，故曰黃帝。 後受禪於神農氏炎帝，而有天下。開務成務，文明漸起，在位一百年。都涿鹿，今直隸天府涿州，壽131，以黃帝一百載，癸卯(西元前2598年)崩於荊山之陽，葬橋山，今陝西延安府中部縣北。 本源錄云： 中部縣北門外二里，有軒轅黃帝廟，廟後即黃帝陵寢，遂古質疑云，橋山祀明時，在慶陽府真寧縣清移祀鹿州中部縣(炎黃源流史521頁記載，橋山黃帝陵，位于今陝黃陵縣，正在華胥氏所在地華池之東)，著陰符經三篇行世。 之女曰嫘祖，漢書作絫祖遂古質疑作累祖，是爲星娥。拾遺記作皇娥，爲元妃葬都城西南，見神仙通鑑。 相傳炎帝擾亂各部落，軒轅得到各部落的擁戴，在阪泉打敗炎帝。後蚩尤暴虐天下，並併諸侯，黃帝又率領部落大戰於涿鹿(今河北涿鹿縣)之野，擒蚩尤誅之，諸侯尊爲天子爲各部落聯盟領袖。 因有土德之瑞，土色黃，故號黃帝。帝以風后爲相，以力牧爲將。命蒼頡爲史官，始創文字，命伶倫造律呂，而始有五音，咨於岐伯而作內經，於是始有醫藥方法，人得以盡年。又命其他賢人分創衣服蠶桑器用宮室舟車貨幣等制，皆始於黃帝。 在位百年(西元前2697年至2598年)。 黃帝妻室四氏： 一配西陵氏、二配方雷氏、三配肜魚氏、四配鬼方氏。 一。西陵氏：六子：昌意「本脈」、玄囂、西、祁、馮夷、滕。 　　　　通鑑外紀作方纍氏。神仙通鑑作方儽氏曰女節御批，綱鑑註白節爲次妃。 二。方雷氏：玄囂西祁馮夷滕之女，生六子： 龍苗、葳、苟、休、清、采

開派 少典	黃帝 世系	先　祖	紀　　　　　　　　　　　　事
			三。彤魚氏：之女漢書作彤魚氏考古原始作彤漁氏曰女已爲三妃生五子：　夷鼓、揮、縉雲、喬伯、 　　　姞
			四。鬼方氏：之女曰嫫母漢書作□母說文作婓母爲四妃生八子：蒼林、禺陽、儇、詹人、衣、禺虢、 　　　纍祖、白民。女一女華，見神仙通鑑
			血緣：少典－勗其－炎居－節並－戲器－祝融－共工－勾龍－噎鳴－啓昆－黃帝－昌意、玄囂、酉、 　　　祁、馮夷、滕、龍苗、葴、荀、休、清、采、夷鼓、揮、縉雲、喬伯、姞、蒼林、禺陽、儇、 　　　詹人、衣、禺虢、纍祖、白民－
12	2	昌　意 元配　蜀山氏 繼配　洋子氏	黃帝長子。在位 84 年（西元前 2597 年至 2514 年）。 本源錄云，昌意名庚，字白陽，因父長於姬水，遂以姬爲姓，金天氏時人大戴。 禮記云，黃帝產昌意(西元前 2681 年庚辰)應酬彙選新集註作昌應山海經昌意降居若水，在四川雅 州榮經縣。 神仙通鑑註今大名府有昌童城，葬大名城外今直隸大名府，見本源錄。 之女山海經註作濁山氏曰昌僕世紀作景僕四書人物類串珠作昌樸是爲女樞。 元配　蜀山氏女曰昌仆，生子二：韓流、顓頊。 繼配　洋子氏女又名淖子氏女曰阿女，生子悃 之女，四書備檢山海經作淖子曰阿女四書備檢作河女神仙。 通鑑云，阿女，出居流沙東立爲司彘之國後，爲拓拔氏生一子悃。 血緣：黃帝－昌意－韓流(乾荒)、顓頊(本脈)、悃－
12	2	玄　囂 配一　□氏 配二　□氏 配三　□氏	黃帝次子。世本名元枵綱鑑補姓已神仙通鑑作紀姓說文作已姓名摯字青陽黃帝次子也母 曰媒祖感大星如虹下臨華渚今陝西慶陽府合水縣華州之祁而生帝(西元前二六七八年癸未)，黃帝之 降居江水在蜀神仙通鑑註云在安陽故□之江國也邑於窮桑在山東兗州府城北故曰窮桑春秋緯作穹 桑氏國於青陽今江南池州府青陽縣。路史云青陽國今長沙國號青陽氏以金德王天下述號金天氏拾遺 記作金窮氏能修太昊之法故曰少昊尙書作少皥自窮桑徙都曲阜縣，今山東兗州府曲阜縣，玄囂生於 西元前二六七八年，卒於西元前 2514 年，在位 84 年，壽高 164 歲，葬雲陽在曲阜縣故後世又曰雲 陽氏，之女爲元妃。生二子：倍代、蟜極。　之女爲次妃。一子：般　之女爲三妃。生四子：重、該、 修、熙。 附錄：　倍代降居婚淵，見神仙通鑑山海經。蟜極漢書作僑極神仙通鑑作嶠極三字鑑註作橋極娶陳 豐氏之女子一帝嚳綱目冠編史記俱作帝俈四書備檢作帝告姓姬三字鑑註作姓□名　四書人物類典 串珠註作名俊史記作名夋，祖曰少昊，父曰蟜極，生而神靈，年十五佐顓頊受封於辛，今定州唐縣， 三十以水德王代高陽氏爲天子，以其肇基於辛，故號高辛氏，都亳，今河南河南府偃師縣，在位七 十七年，壽一百零六歲崩，葬頓丘，在直隸大名府清華縣。娶有邰氏之女曰姜嫄爲元妃，葬於闕（在 陝西省枸邑縣、西），見神仙通鑑，子一棄，又娶陳鋒氏之女，漢書作陳豐氏曰慶都爲次妃，葬於 耆，見神仙通鑑，子一堯，又娶有娀氏之女曰簡狄(見漢書作簡)爲三紀，子一契，又娶訾氏之女曰 常儀爲四妃，子一摯，女一，配槃瓠，今蠻夷是其裔，見湖南全省掌故備考。摯即帝摯居位八年， 而廢諸侯自放勳踐位，見綱鑑補，子一元堯，封於中路歷虞稱侯子孫，以國爲氏，見氏姓譜。 堯即帝堯，名放勳，帝嚳次子，摯之兄也，母慶都感赤龍之祥孕丨四月，當高辛丁亥，而生堯於丹 陵，育母家伊侯之國，後徙耆，左傳作祁今山西大原府祁縣，以祁爲姓，故曰伊祁，集韻作伊□。 周禮作伊几氏年十二，佐帝摯，受封於陶，今山東兗州府定陶縣，十五復封於唐，今直隸保定府唐 縣，故又號陶唐氏，摯在位因荒淫廢之，諸侯尊堯爲天子，十六踐天子位，都平陽，今山西平陽府 以火德王，在位 100 年，壽 117，崩於陽城，今河南開封府登封縣，葬濟陰咸陽，扁皇覽，路史云 漢咸陽縣故城在今山東□縣東南。四書人物備考□葬於濟陰之咸陽西北是爲穀材，娶□氏之女，子

開派 少典	黃帝 世系	先　　祖	紀　　　　　　　　　　　　　　　　　事
			八長監明餘名闕，女二姓娥皇女英適虞舜，又娶散且氏之女，四書備檢入富宜氏典林婢覽作散宜氏，曰女皇，子一朱□，監明子一式封於劉，見神仙通鑑，夏帝孔甲臣劉累是其裔，朱封於丹，括地志云故城在鄧州内鄉縣西南三十里，是爲丹朱，舜封堯子丹朱於房，今蔡州遂平故房縣是，也見氏姓譜。杜註云汝南吳房縣楚滅之葬太白山見神仙通鑑，子一陵，因舜封堯子爲房邑侯陵以父封爲氏，見字莘房字註。周昭王大夫房鐘漢常山太守房雅皆其裔。棄，字昇莘字註作弈，字度展，母曰姜嫄，與父禋祀上帝而生棄，官帝堯司馬，封於邰，漢書口在陝西西安府鳌州城西南今武功縣，佐帝舜爲后稷，韻集作稷，葬廣都之野，在西南黑水之間見之間見山海經娶姞氏之女漢書作姞人，子一台璽，呂梁碑作蔡龍吐的誕沫叫龍蔡璽，子一叔均，子一不密，綱鑑補作不窋，失官奔戎狄居之，號北爾，見神仙通鑑。史記正義引括地志云不窋故城在慶州宏化縣南三里葬慶州順化，元和郡縣志云不密墓在慶州順化縣東二里按慶州漢北地郡，今甘肅慶陽□地見策貫。子一鞠陶，子一公劉夏，桀癸二十二歲，甲子遷於爾，亦作邠今陝西西安府邠州，子一慶節，子一皇僕，子一差弗，子一毀隃史記作毀瑜，世本作毀榆，神仙通鑑作毀踰，子一公非，世紀云字辟方，子一高圉，子一侯牟，漢書夷致，子一亞圉，世紀云字雲都，子一公祖，三代世作叔類，世紀云公祖一名組紺緒盩字叔祖號曰太公，子一古公、亶父即太王，殷小乙，十八祀庚寅薨，葬轉附，見孟子備旨註。太平寰宇記云轉附出名在萊州掖縣按萊州掖縣今隸山東，娶有邰氏之女曰太姜爲妃，子三泰伯、仲雍、季歷，泰伯居梅里，在常州無錫縣東南六十里，見史記正義，與弟仲雍讓國去荆蠻號勾吳伯無子，雍嗣立，葬梅里聚，在吳縣北十里見皇覽。仲雍字熟哉，居藩籬，宋志曰藩籬今庚之餘暨也見史記索，隱於海虞，謂之虞仲，見神仙通鑑，葬海虞山，在吳鄉常熟縣西　吳也志按常熟今隸江蘇州府，子一季簡，子一叔達，子二周章虞仲。周章名章已其後爲吳，虞仲名括其後爲虞，季歷，即王季殷武丁41杞丁酉生，帝乙命爲侯伯，年50歲。
			帝乙七祀丙子一日歲薨，葬南山，在郿縣見世紀，娶摯任氏之女曰太任，子四昌仲叔耀。昌，即文王，殷祖甲二十八祀庚寅生，有聖瑞嗣伯都酆，古地名在京兆郡鄠縣東，在位九年，壽九十有七，受辛二十祀丙寅十一月薨，葬於畢，在陝西西安府咸陽縣見孟子註。娶有莘氏之女曰太似，子二十伯邑，發、叔鮮、叔度、旦、圉、叔處、康叔、鐸、叔武、陶叔、雍伯、叔繡、高原伯、邘子、郇伯、聃伯、鄷伯、伯廖。
			伯邑名考官，殷紂王御早卒，發，即武王商武乙二十三祀壬辰生嗣西伯以水德王，自酆遷都於郜號鎬京，古邑名故城在陝西西安府咸陽縣西南，周武王十九年乙酉十二月崩，在位七年，壽93，葬畢，四書人物備考云葬武王於東北長安東社中，娶太公之女曰邑姜爲妃，子五誦叔虞邘叔應叔韓侯女一太姬適陶正虞閼父之子陳胡公滿，見四書類典賦註。誦，即成王殷紂王27祀，癸酉生周成王三十七年壬戌崩，在位37年，壽五十歲，葬畢，子一釗，即康王傳至東周君秦滅之，叔虞，即太叔，字于封唐侯，子一燮，其後爲晉。　邘叔，見氏姓譜。應叔封應侯後以邑爲氏，見氏姓譜。韓侯，見氏姓譜。叔鮮其後爲管，叔度，子一胡其後爲蔡。旦，即周公周武王，相葬畢，史記正義引括地志云周公墓在雍州咸陽縣北十三里畢原上，著周禮行世，子一伯禽其後爲魯。圉，即榮公，字叔鄭封於畿内，叔處，綱鑑易知錄作叔虔，其後爲霍。康叔名封官司寇食邑於康，子一牟其後爲　。鐸，字叔振，子一脾其後爲曹。叔武官周武王成伯見氏姓譜其後爲郕。陶叔官司徒，見氏姓譜。雍伯，前漢古今人表作雍子受封於雍其後爲雍氏，見氏姓譜。叔繡名錯，見史記索隱，官卜正其後爲滕，高，即畢公，子一季孫、食采於潘，見氏姓譜，其後爲　。原伯，前漢古今人表作原公氏姓譜，周原壤，見四書人物備考，是其裔。邘子，見前漢古今人表，郇伯封郇侯其後爲郇氏，見氏姓譜。聃季名載字子揖食采於沈。鄷伯官鄷侯，見氏姓譜。伯廖見氏姓譜。仲、其後爲西虢，叔、其後爲東虢，耀、子一渠，周武王，封於岑其後岑氏，見氏姓譜。　契，漢書作蒿，官帝堯司馬，仕舜爲司徒，封於商，今河南歸德府，賜姓子氏，子一昭明，子一相士，代閼伯主火星子一昌若子一亞圉，一作根圉子一冥爲夏，少康水官帝杼十三歲丙辰薨，子一振，漢書作亥，字子亥子一微字上甲，路

開派少典	黃帝世系	先　　祖	紀　　　　　　　　　　　　　事
			史云微居鄴即桐也，子一報丁，子一報乙，子一報丙，子一主壬，子一主癸夏帝癸三十五歲丁丑薨，娶扶都氏之女，子一天乙名履夏帝孔甲二十七祀戊辰，母見白氣貫月意而生子天乙，是爲成湯，都毫，今河南歸德府即商丘，在位十三祀，壽一百歲崩，葬於桐，在山西平陽府曲沃縣見孟子註。元和志云湯陵在河中寶鼎縣北四十里即今山西平陽榮河縣也縣志云湯陵在百祥村西元時淪入河以石柩遷葬見洪武初建陵寢於其東，娶有□氏之女，子三太丁、外丙、仲壬、女一昌容，見神仙通鑑，太丁早卒，子一太甲，名至在位三十三祀崩，葬歷山，後漢郡國志云青州濟南國歷城歷山有太甲冢，子一沃丁傳至紂王周滅之。　殷官少昊工正督制弓箭封於尹城，今邠州見氏姓譜，子一昩爲玄冥師，子二台駘允格。　台駘，子一奕官帝堯共工，見神仙通鑑。允格其後爲允爲格，見氏姓譜。　重官高陽氏木正命曰勾芒，見綱鑑補，其後封於莒城，見神仙通鑑。　該官高陽氏金正命曰□收，見綱鑑補。修官高陽氏水正命曰玄冥，見綱鑑補。　熙官高陽氏水正見綱鑑補。 血緣：黃帝－玄囂－倍代、蟜極、般、重、該、修、熙－
12	2	酉	黃帝第三子。晉語云黃帝之子25 酉、其一也、帝堯師、善卷、見神仙通鑑、魏西收、見氏姓譜皆其裔。 血緣：黃帝－酉(黃帝三子)
12	2	祁	黃帝第四子。晉語云黃帝之子25 祁其一也，潛夫論姓氏篇黃帝子祈，周晉大夫祁奚是其裔。 血緣: 黃帝－祁－
12	2	馮　夷	黃帝五子，說文云馮夷軒轅之子爲水官死爲水神又曰無夷博物志云馮夷華陽人八月上庚日渡河溺於水天帝署爲河伯故曰陽侯五子. 血緣：黃帝－馮夷－
12	2	滕	黃帝第六子。晉語云黃帝之子25 滕其一也， 血緣：黃帝－滕－
12	2	龍　苗	黃帝第七子。氏族箋釋註云黃帝生龍苗湖南全省掌故備考云封於蠻今湖南北桂林等處皆是娶□氏之女，生一子吾融（吾融子一弄明，山海經註一作本明，子一白犬是爲西戌之祖故曰犬戌見山海經）， 血緣：黃帝－龍苗－吾融－弄明－白犬－
12	2	葳	黃帝第八子。晉語云黃帝之子25 葳其一也， 血緣: 黃帝－葳－
12	2	荀	黃帝第九子。晉語云黃帝之子25 荀其一也， 血緣：黃帝－荀－
12	2	休	黃帝第十子。　典林博覽云名沐綱鑑補附紀云休嬉姓黃帝之崩諸侯尊嬉爲帝號有鴻氏神仙通鑑云休在位二年殂通鑑外紀方纍氏生休聚□氏之女曰任己子魁生而尙文善著述主數月殂見神仙通鑑， 血緣：黃帝－休－魁－
12	2	清　室類氏	黃帝第十一子。通鑑外紀云方累氏生清，娶類氏之女曰皇娥，子一摯見四書備檢， 血緣：黃帝－清－摯－
12	2	采	黃帝第十二子。通志云黃帝封其子於右北平采亭後因氏爲漢度遼將軍采皓是其裔見氏姓譜。 血緣：黃帝－采－
12	2	夷　鼓	黃帝第十三子，漢書云彤魚氏生夷鼓御批綱鑑註作夷彭秦大夫夷鼓得宜是其裔見國語英賢傳， 血緣：黃帝－夷鼓－
12	2	揮	黃帝第十四子，通鑑外妃云彤魚氏生揮氏族箋釋註云揮爲高辛氏弓正 娶□氏之女　生子勃　勃爲唐帝臣佐禹平水土見岳陽風土記 血緣：黃帝－揮－勃－

開派少典	黃帝世系	先　祖	紀　事
12	2	縉　雲 室上敬氏	黃帝第十五子。綱鑑附紀云黃帝別子曰縉雲氏爲黃帝夏官，娶上敬氏之女曰炎融。生二子：驩兜、饕餮。附錄：驩兜唐韻作□兜古文尙書作□□山海經作讙頭朱註史記□□即驩頭字書疏引驩頭郝氏一作驩雟侯引韓詩作□爰官帝摯司徒後官帝堯臣葬崇山在湖南澧州慈利縣接永定縣界慈利縣志云崇山在縣西南與天門山相連湖廣通志云崇山在慈利上有巨塚土人指爲驩兜冡路史云崇山今澧之慈利是也有驩兜墓湖南全省掌故備考云清雍正七年析安福慈利置永定縣今崇山隸永定縣子一苗釐姓見山海經。饕餮綱鑑補附紀云縉雲氏不才子曰饕餮左傳杜註云饕餮即三苗也路史作三鐃子一盼見神仙通鑑。 血緣：　啓昆－黃帝－縉雲－驩兜、饕餮－
12	2	喬　伯	黃帝第十六子。本源錄云黃帝之子喬伯因父葬於橋山命喬伯守陵子孫遂姓橋氏字彙補作鄥，黃帝後姬姓之國路史國名記云，同橋見字典鄥字註。 血緣：　黃帝－喬伯－
12	2	姞	黃帝第十七子。晉語云黃帝之子二十五姞其一也娶□氏之女，子一伯鯈，附錄:伯鯈氏族箋釋註云系出姞姓黃帝孫伯鯈氏姓譜云伯鯈封於南燕賜姓曰姞其地東郡即燕縣是也。 血緣：　黃帝－姞－伯鯈－
12	2	蒼　林	黃帝第十八子，漢書云嫫母生蒼林娶□氏之女，子一始均是爲北狄之祖見綱鑑補附紀。 血緣：　黃帝－蒼林－始均－
12	2	禺　陽	黃帝第十九子。通鑑外紀云嫫母生禺陽御批綱鑑註作禹陽氏姓譜作禺陽氏族箋釋註云黃帝子禺陽封於有任左傳杜註今任城縣其後遂姓爲任氏漢高祖御史大夫封廣阿侯任敖是其裔見氏姓譜娶□氏之女，子一廣都，子一牛黎見本源錄， 血緣：　黃帝－禺陽－廣都－牛黎
12	2	儇	黃帝第二十子。晉語云黃帝之子25儇其一也路史云黃帝之宗有儇國， 血緣：　黃帝－儇－
12	2	詹　人	黃帝第廿一子。氏族箋釋註云黃帝子詹人封於詹國其後遂姓爲詹氏周楚大夫詹尹是其裔見氏姓譜， 血緣：　黃帝－詹人
12	2	衣	黃帝第廿二子。晉語云黃帝之子25衣其一也。 血緣：　黃帝－衣－
12	2	禺	黃帝第廿三子。山海經云黃帝生禺虢東海是爲海神娶□之女，子一禺京(名禺彊處北海見山海經)。 血緣：　黃帝－禺－禺京－
12	2	纍　祖	黃帝第廿四子。幼學瓊林註引顏師古云黃帝之子纍祖好遠遊死於道後人祀爲行神。 血緣：　黃帝－纍祖－
12	2	白　民	黃帝第廿五子，山海經云帝鴻生白民銷姓居萬民國。 血緣：　黃帝－白民－
13	3	韓　流	昌意長子。神仙通鑑云母昌僕善執婦道生長子乾荒於濮之上流乃曰韓流， 血緣：　黃帝－昌意－韓流－
13	3	顓　頊 室一鄒屠氏 室二勝濆氏	昌意次子。生於西元前2534年，卒於西元前2436年，壽高99歲。 綱鑑補云，父昌意，娶蜀山氏之女曰昌僕，是爲女樞感瑤光貫月之祥當少昊，在位六十四載，丁未(西元前2534年)生帝於若水在四川雅州榮經縣，年十歲佐少昊二十即帝位，以水德王紹金天氏爲天子，初國高陽故城在直隸保定府，故高陽氏都帝丘，今山東東昌府濮州，在位78年，乙酉(西元前2513年至2436年)崩，享壽九九，葬濮陽今濮州。世紀云顓頊葬東郡廣陽里神仙通鑑云顓頊　在東郡頓丘城門外鑑略公註云舊有陵碑尙存。娶鄒屠之女本源錄作騍徙氏 九子：駱明、蒼舒、隤敳、檮戭、大臨、龐降、庭堅、仲容、叔達。又娶勝濆氏之女離經註作滕隍

開派少典	黃帝世系	先　祖	紀　　　　　事
			墳氏帝系作滕隍氏山海經註作滕墳氏路史作滕瑱氏四書備檢作滕瀆氏神仙通鑑作丁墳氏女祿本源錄作女綠。生三子：稱(本脈)、窮墠、犁 血緣：黃帝－昌意－顓頊－駱明、蒼舒、隤數、檮戩、大臨、龐降、庭堅、仲容、叔達、稱(本脈)、窮墠、犁－
13	3	悃	昌意三子。氏姓譜云昌意少子悃居北土世爲鮮卑君。 血緣：黃帝－昌意－悃－
14	4	駱　明 配有華氏	顓頊長子。綱鑑補附紀云駱明姓姒顓頊鄒屠氏之女生駱明。 駱明娶有華氏，生鯀。 鯀楚辭注作鮌經餘必讀作伯鯀名白馬字熙又路史云字熙汝山廣柔人帝堯封於崇謂之崇伯葬羽潭見神仙通鑑娶有莘氏之女漢書作有□氏曰脩巳漢書作女志廣韻作女誌吳越春秋作女嬉葬平山遷葬羽潭見神仙鑑子一禹名文命字高密策□引史記注云禹字密母脩巳見流星夢接意感孕一歲有二月以堯五十五載戊戌六月六日生禹於僰道之石　鄉在四川龍安府石泉縣南一里堯封夏伯佐舜平治水土爲司空後爲夏后氏以金德王都安邑今山西平陽府夏縣在位二十七祀壽一百歲崩於稽今浙江紹興府葬會稽山辭源云禹陵在浙江紹興縣東南會稽山宋乾德中立禹碑於會稽置守陵五戶明洪武中禁人樵采置陵戶六人每歲以春秋二仲月遣官致祭見清一統志娶塗山氏之女字典舍字註作佘山氏曰憍系本作女媧漢書作女趫經餘必讀作后趫吳越春秋字典憍字註俱作女嬌連山易作攸葬陽城在豫州潁川郡見帝王世紀子二啓均　啓即帝啓在位九年壽一百一十歲崩子一太康傳至桀王商滅之　均見經餘必讀。 血緣：黃帝－昌意－顓頊－駱明－鯀－
13	3	倍　代	玄囂長子， 血緣：黃帝－玄囂－倍代－
13	3	蟜　極	玄囂次子，子帝嚳。 血緣：黃帝－玄囂－蟜極－帝嚳－
13	3	般	玄囂三子， 血緣：黃帝－玄囂－般－
13	3	重	玄囂四子， 血緣：黃帝－玄囂－重－
13	3	該	玄囂五子，血緣：黃帝－玄囂－該－
13	3	修	玄囂六子，血緣：黃帝－玄囂－修－
13	3	熙	玄囂七子，血緣：黃帝－玄囂－熙－
14	4	蒼　舒	顓頊次子。佐傳云高陽氏才子， 血緣：黃帝－昌意－顓頊－蒼舒－
14	4	隤　數	顓頊三子。左傳云高陽氏才子。 血緣：黃帝－昌意－顓頊－隤數－
14	4	檮　戩	顓頊四子。左傳云高陽氏才子。 血緣：黃帝－昌意－顓頊－檮戩－
14	4	大　臨	顓頊五子。左傳云高陽氏才子。 血緣：黃帝－昌意－顓頊－大臨－
14	4	龐　降	顓頊六子。左傳云高陽氏才子。 血緣：黃帝－昌意－顓頊－龐降－
14	4	庭　堅 配　　氏	顓頊七子。左傳云高陽氏才子論語註云皋陶廣韻作咎縣名庭堅佐舜爲士師神仙通鑑云舜賜咎繇曰皋陶世爲大理後爲官爲理氏人物考云庭堅字隤氏姓譜云皋陶生於曲阜偃地故賜姓曰偃字庭堅綱鑑

開派少典	黃帝世系	先　祖	紀　事
			易知錄云夏禹丁丑二歲薨葬六安國在揚州盧江郡見後漢郡國志。□廣事類賦註云古皋陶 在安徽六安州治東十里神仙通鑑云皋陶葬六城之東註云□□□□縣南一百三十里東都陝內有大冢，娶□氏之女，子一仲甄，封於甄。 血緣：　黃帝－昌意－顓頊－庭堅－仲甄－
14	4	仲　容	顓頊八子。左傳云高陽氏才子周徐大夫容居見禮記是其裔。 血緣：　黃帝－昌意－顓頊－仲容－
14	4	叔　達	顓頊九子。左傳云高陽氏才子， 血緣：　黃帝－昌意－顓頊－叔達－
14	4	稱 室東成氏	顓頊十子。又名伯服，有子老童。史記楚世家云高陽生稱蘇明九族譜後錄云：高陽氏之子曰稱，稱之子曰老童。四書人物備考云高陽生稱稱生卷章史記集解譙周曰老童即卷章。 生一子卷章(本脈)　娶東成氏之女孫見本源錄， 血緣：　黃帝－昌意－顓頊－稱－卷章(老童)－
14	4	窮　蟬 配　氏	顓頊第十一子。 綱鑑補附紀云高陽氏庶子曰窮蟬路史呂梁碑俱作窮係娶□之女 子一敬康 附錄：敬康子一句芒史記作句望子一蟜牛路史作橋牛經餘必讀作喬牛子一瞽瞍大戴禮記作瞽叟、漢書作鼓□稽古名異錄名□策貫作瞽叟呂梁碑瞽瞍伯厚升中作鼓□姓嬀娶握登氏之女合葬孟水瀌澤畔在河南見神仙通鑑子二狂舜又娶東澤氏之女曰壬女子一象女三長鼗首四書人物備考註作顙首漢書作鼗手次書牒見畫史會要。說又云畫牒舜妹也三女繫見虞舜二妃傳　狂見越絕書　舜即帝舜有氏名重華真源賦作仲華字都君母見大虹意感當堯四十一載甲申而生舜見通鑑前編。路史載壬午歲生舜皇甫□以堯之二十一年甲寅生於姚　□上記云舜東夷之人生于□丘□水之涌今姚丘山在餘姚西六十里上虞。孟子曰生於諸馮註云諸馮生冀州地故以姚爲姓以上德王都莆阪在山西□□府浦州在位六十一載壽一百一十歲崩於蒼梧之野綱鑑備註云蒼梧□名亦曰九疑今道州寧遠縣。寧遠縣志云九疑山在今縣南六十里。孟子曰卒于鳴條路史註云鳴條在安邑西北葬蒼梧山見禮檀弓。方興勝覽云舜陵在女英　下寧遠縣志云舜陵宋時禁樵采遁守陵五戶□載紀元遣官致祭皇覽云舜 在□陵榮蒲□□山九谿相似故曰九疑。路史云舜死以瓦棺葬於紀是爲鳴條註云鳴條在安邑西北因舜紀聞呂氏春秋謂舜葬于紀之蒼梧山在海州界丘苫之紀城鳴條亭在陳留之平丘考九域志海州東海縣有蒼梧山北□與鳴條蒼梧之□不相離雖矣然本□固明明曰舜南巡狩崩于蒼梧之野葬于江南九疑是零叟又以海州之蒼梧苫之鳴條當闕疑可也娶陶唐氏之女曰娥皇女英四書人物備考作女瑩爲妃列女傳云有虞二妃堯之女也列湘陰縣北今湖廣長沙府湘陰縣見一統□。括地志云二妃 在湘陰縣北六十里青草山通典云□有地名黃□即二妃所葬世紀云二妃葬衡山韓文考異云二妃墓在□州君山神仙通鑑云二妃附葬於永陵之右□青草山即磊石山在今湘陰縣北一百二十里黃陵山在今湘陰縣北四十五里大江之濱衡山在今衡山縣西三十里君山在今巴陵縣(現行行政區域表民國廣府舊巴陵縣改岳陽縣)西南□五里湖中永陵在今□江之南九疑山左是爲零陵又曰永陵以上數說互異湘陰縣圖志云古賢名墓有應修葺者亦營造之一也湘陰歷古流傳最遠者二妃墓通典黃陵即二妃所葬括地志二妃在縣北青草山元和志二妃墓在青草湖上康熙四十六年邑諸生黃令榜黃希憲修墓知縣蒲易潘書立墓碑康熙六十年營田司巡檢陳承賢□彥知□羅士修重立墓碑今巴陵君山亦有二妃墓。黃陵寢在湘陰縣北祀虞舜二妃見湖南全省掌故備考湘妃廟在君山祀堯二女見策府統字二義均季釐又娶癸比氏之女山海經作宗登比氏子七圭胡負遂廬蒲衛甄潘饒番傅酆路史女二霄明燭光見禮檀弓疏 義均經餘必讀作義鈞湖南全省掌故備考作商均封於商是爲商均葬九疑山在寧遠縣見湖南全省掌故備考。山海經云赤水之東蒼梧之野舜與叔均之所葬也郭璞傳蒼梧即九疑山大舜空其陽商均葬其陰子一虞禹封虞城今河南歸德府虞城縣。杜註云梁有虞縣周

開派少典	黃帝世系	先　祖	紀　　　　　　事
			武王陶正虞關父大夫胡公滿皆其裔　季釐封於緡爲紂所克見四書人物類典四書人物備考路史　象舜封於有鼻今永州管道縣北。世紀作有庫顏師古漢書注云舜封象於有鼻亭今鼻亭葬桂山在南雄見神仙通鑑。湖南考古略云有庫墟在道州北石勒古封有庫氏之七字山下有象廟甚靈水經注云□陽五里有鼻墟山下有象墓 血緣：　黃帝－昌意－顓頊－窮蟬－敬康－句芒－蟜牛－瞽瞍－
14	4	犁	顓頊十二子。左傳云顓頊氏有子曰犁爲祝融註云犁爲火官禮月令註云顓頊氏之子名犁火官之臣。子四：棄、堯、契、摯、 血緣：　黃帝－昌意－顓頊－犁(顓頊第十二子)－
14	4	帝嚳	蟜極之子，15歲佐顓頊，受封於辛，30歲以水德王代高陽氏爲天子，故號高辛氏，在位70年，105歲崩。 血緣：　黃帝－玄囂　蟜極－帝嚳－棄、堯、契、摯－
15	5	棄	帝嚳長子，血緣：　黃帝－玄囂－蟜極－帝嚳－棄－
15	5	堯	帝嚳次子，血緣：　黃帝－玄囂－蟜極－帝嚳－堯－
15	5	契	帝嚳三子，血緣：　黃帝－玄囂－蟜極－帝嚳－契－
15	5	摯	帝嚳四子，摯帝居位九年而廢，諸侯尊放勳(帝嚳次子堯)踐位。 血緣：　黃帝－玄囂－蟜極－帝嚳－摯－
15	5	卷　章 室 根水氏	稱之子，又名老童離，掌木政，曰句芒。本源錄載一名老童離　經註作老僮山海經註作耆童史記集解譙問曰老童即卷章高陽氏時人娶根水氏之女曰驕福見神仙通鑑註。漢書作嬌綱鑑補作女嬌 生二子：重黎、吳回(本脈)。 血緣：　黃帝－昌意－顓頊－稱－卷章－重黎、吳回－
16	6	重　黎 室 西鶹雉	卷章長子。鄭語黎爲高辛氏火正命曰祝融左傳云顓頊帝孫重黎爲高辛氏火正之官能光融下天命曰祝融重黎死其弟吳回嗣湖南全省掌故備考云祝融氏重黎高陽氏曾孫高辛氏封　之女孫曰女祿見本源錄二子：長琴，勾瓏。 附錄　長琴處搖山見神仙通鑑　勾瓏娶壹氏之女子四臨除未即嚚術震佐其後爲羅見羅□。 血緣：　黃帝－昌意－顓頊－稱－卷章－重黎－長琴、勾瓏－
16	6	吳　回 室 東鶹雉	卷章次子。掌火正，曰祝融。有六子，其第六子陸終。 綱鑑補附紀云與回代爲祝融於高辛之世左傳云重黎死其弟吳回嗣爲祝融 之女孫曰女華見本源錄，生一子陸終(本脈)。 血緣：　啓昆－黃帝－昌意－顓頊－稱－卷章－吳回－陸終－
17	7	陸　終 室 鬼方氏	大戴禮記云，吳回產陸終。 本源錄云，陸終精忠報國，堯舜時封於陸氏姓，譜云齊宣王少子通，封於平原般縣陸鄉，即陸終氏故地。 之妹左傳作鬼方國君之女。 本源錄作嚳嫛之女孫曰女嬇漢書作女潰，大戴禮記作女隤大禮記云，懷胎三年一乳而生六子。通鑑外紀云孕而不育者三年，啓其左脅三人出焉，啓其右脅三人出焉，其第三曰老彭(彭祖)。 子六：樊、參明、老彭(彭祖、籛鏗)、永吉、安、季連「亦記載六子爲：樊、惠連、籛、求言(萊言)、安(晏)、季連」。 血緣：啓昆－黃帝－昌意－顓頊－稱－卷章－吳回－陸終(吳回之子)－樊、參明、老彭(彭祖)、永吉、安、季連－
18	8	樊 室 丹鳥氏	陸終長子。是爲己姓夏封於昆吾左傳註云昆吾今直隷大名府開州史記楚世家括地志云濮陽縣古昆吾國也昆吾故城在縣西三十里當夏之世代爲侯伯湯伐桀滅之東周列國志云樊封於衛墟本源錄云春秋

開派少典	黃帝世系	先　祖	紀　　　　　　　　　　　事
			時楚之苗裔故稱昔我皇祖伯父昆吾　之女見本源錄生一子有蘇
			附錄：　有蘇竹書云夏帝槐封昆吾氏子於有蘇氏姓譜云蘇地鄰西蘇城是也統記譜云蘇顧溫董胡莒皆其後別封者也
			血緣：　黃帝－昌意－顓頊－稱－卷章－吳回－陸終－樊－有蘇－
18	8	參　明	陸終次子。一名參胡綱鑑補附紀作惠連是爲董姓系本作斯姓東周列國志云參胡封於韓墟世本云胡者韓是也周時爲胡國後滅於楚
			血緣：　黃帝－昌意－顓頊－稱－卷章－吳回－陸終－參明－
18	8	籛　鏗 老　彭 　彭　祖 受姓始祖	陸終第三子。受姓始祖。姓籛名鏗，軒轅黃帝八世孫。今之曰彭祖。 生於堯癸亥西元前 2278 年六月十二日，逝於西周王三年辛卯西元前 1050 年六月三日，壽高 1228 歲(彭祖歲數眾說紛紜一般認爲 800 歲較爲可信度)。 西元前 1279 年入蜀(時年 999 歲)，今四川彭山縣。自堯時舉用，歷夏至殷末，封於彭城(今江蘇省徐州市銅山縣)，立大彭國，以國得姓，故稱彭祖。殷商爲守藏大夫，常食桂芝，善導引行氣，商末期，楚滅大彭，大彭國彭姓子孫仍以大彭國氏爲氏，即今曰彭氏。論語孔子：「竊比於我老彭」者也，殷賢大夫，好述古事，老彭即莊子所謂彭祖也。 四十九妻：有郃氏，庸成氏，鬼方氏，皇覃氏，蜀山氏，東戶氏，爽鳩氏，飛龍氏，散宜氏，蜀山氏，車正氏，居龍氏，青雲氏，吉夷氏，丹鳥氏，啓統氏，塗山氏，有莘氏，鄒屠氏，上敬氏，有娀氏，散宜氏，握登氏，鳳鳥氏，娵訾氏，伊祈氏，女莘氏，青鳥氏，元鳥氏，有扈氏，庖正氏，祝鳩氏，有仍氏，有虞氏，彤城氏，夏后氏，祝鳩氏，有男氏，空桑氏，陶唐氏，蒼舒氏，共工氏，斟鄩氏，牧正氏，有　氏，窮桑氏，高辛氏，公孫氏，夏后氏。 五十四子：夜，完，兩，韓，稽，頟，高，起，厔，牟，桑，馴，東，杲，翼，鯆，升，副，階，農，略，志，目，書，竝，項，遂，繚，呈，昭，攸，沮，恒，喙，淼，商，平，任，亢，奎，防，宇，共，烈，律，騰，結，崑，巨，皈，闞，道，武，夷。 血　緣：少典－晶其－炎居－節並－戲器－祝融－共工－勾龍－嘻鳴－啓昆－黃帝－昌意－顓頊－稱－卷章－吳回－陸終－籛鏗(老彭、彭祖)－夜，完，兩，韓，稽，頟，高，起，厔，牟，桑，馴，東，杲，翼，鯆，升，副，階，農，略，志，目，書，竝，項，遂，繚，呈，昭，攸，沮，恒，喙，淼，商，平，任，亢，奎，防，宇，共，烈，律，騰，結，崑，巨，皈，闞，道，武，夷－
18	8	永　吉	陸終第四子。韋昭曰陸終第四子求言綱鑑補附紀作會人四書備檢作萊言漢書會乙本源錄作永言世本云求言是爲鄶人宋忠曰求言名也姬姓所出鄶國也爲妘姓封於鄶正義括地志云故鄶城在鄭州新鄭縣東北二十一里毛詩譜云昔高辛氏之士祝融之墟歷唐至周重黎之妘姓處其地是爲鄶國爲鄭武公所滅也統記譜云鄔路福陽檜皆其得姓者也。 血緣　黃帝－昌意－顓頊－稱－卷章－吳回－陸終－永吉－
18	8	安	陸終第五子。是爲曹姓系本云安是爲曹姓宋忠曰安名也曹姓也諸曹所出也氏族箋釋註云安居於西戎是爲安息國東周列國志云封於邾墟世本云曹姓者邾是也正括地志云故邾國在黃州黃岡縣東南百二十一里史記云邾子曹姓也統記譜云其後別氏曰斟曰邾皆其裔也 血緣：黃帝－昌意－顓頊－稱－卷章－吳回－陸終－安－
18	8	季　連 　配 蒼舒氏	陸終第六子。本源錄載名秀連史記楚世家云陸終生子六人六曰季連，　姓楚其後也宋忠曰季連名也，　姓也諸　所出之女見本源錄 二子：附沮、女修。 附：附沮史記註作附祖　封於熊子一穴熊史記作冗熊周文王師鬻熊是其裔　女修識玄鳥隕　吞之生

開派少典	黃帝世系	先　祖	紀　　　　　　　　　　事
			子大業娶少典氏之女曰女華子一大費名伯益四書人物備考作伯翳呂覽作化益宋忠作伯嗌官帝舜朕虞佐禹治水有功舜賜姓嬴氏葬安邑都門西北見山海經著山海經行世見世傳娶姚氏之女子二大廉若木　大廉娶伊祁氏之女子三仲廉懷文箱　仲廉其後秦爲趙　懷文因祖治水有功支子受封於黃氏姓譜云今光州定城西二十里有黃國故城後滅於楚子孫以國爲氏楚春申君黃歇是甚裔　箱居梁經註云在馮翊夏陽縣　若木費姓子一謂其後爲徐，案上承高祖下繫元孫而爲九族□陸終六子一別而得姓者八再而得姓者十有八枝分葉佈愈遠而愈盛今所別十八姓者皆至近而暌遠同姓不婚買妾卜姓惡其同出者此圖須謹繪之以便俟之參考
			血緣：　黃帝－昌意－顓頊－稱－卷章－吳回－陸終－季連－附沮、女修－

受姓始祖　彭祖

　　古者聖王賜姓命氏以彰功德後世因之或傳本姓或氏號邑謚或氏於爵或氏於志潛夫論志氏姓稱五帝三王之世所謂號也文武□景成宣戴桓所謂謚也齊魯吳楚秦晉燕所謂國也王氏侯氏王孫公孫所謂爵也司馬司徒中行下軍所謂官也伯有孟□子服叔子所謂子也巫　匠陶段梓倉庾所謂事也東門西門南宮東郭北郭所謂居也三烏五鹿青牛白馬所謂志也吾彭氏爲古名族著於世本潛夫論近儒章柄麟序種姓稱堯典百姓今可著錄者五十有 2 彭其一也彭氏之先系出黃帝黃帝產昌意昌意產高陽高陽產稱稱產卷章卷章產重黎及吳回吳回產陸終陸終娶鬼方氏之女坼剖而產六子其第三曰老彭善養生享高年故稱老彭堯封於大彭之墟楚詞大間云彭鏗斟雉帝何饗王逸引神仙傳云彭祖姓籛名鏗善養生進雉羹於堯堯封於彭城歷殷及周年七百六十七歲而不衰遂往流沙之西世本云在商爲守藏吏在周爲柱下史年八百歲論語云竊比於我老彭集註云老彭商賢大夫姚惜抱文集謂老彭爲老子鄭房百惺熙洽君嘗辨之謂孔子見老子莊生言之太史公有老子傳其聞見最古當無訛誤則老聃姓李老彭姓籛實爲兩人可知孔子謂竊比者即孟子私淑之意考老聃出函谷在秦世老彭於周末已入流沙然則老彭其人孔子實未久見要不過景仰其述古之風所以稱竊比也姚氏說不求甚者按王船山讀四書大全亦稱老彭爲老聃或曰老聃彭祖也均非是今老氏之書具在作也其述也其言曰聖人不死大盜不止剖斗折衡而民不爭乃疑古非信古者與仲尼竊比之義大乖則老彭非老聃不待辭費而明爲彭城國世本云大彭城也索□系本云彭祖彭城是漢書地理志云彭城古彭城國正義括地志云彭城古彭祖國也寰宇記云彭城縣江南徐州城東北有彭祖井新字典彭字註云彭城今江蘇銅山縣遂以彭爲姓焉故斯圖又從老彭起一世乃吾族受姓之始也

開派少典	黃帝世系	受姓彭祖	先　祖	紀　　　　　　　　　　事
18	8	1	老　彭 （籛　鏗） （彭　祖） 受姓始祖	陸終第三子(1世至83世)，又名籛鏗，字宏晉，黃帝之第八世嫡孫。 論語疏，老彭，四書類典賦註引世傳云，老彭即彭祖，姓籛名鑑。鋼鑑補附紀字典夷字註俱作名堅。本源錄云，籛鏗姓彭名祖，字宏晉。陸終第三子也。禪門日誦云：籛鏗謚老彭，氏姓譜云，堯師尹壽傳道彭祖抱朴子云，彭祖弟子離婁公，神仙通鑑，青鳥公爲彭祖之徒。神仙通鑑云，舜命籛鏗濬川水，定 12 州之界，設 12 牧伯以守之，爲養民之官。神仙通鑑云，夏啓推諸臣中，惟大彭賢能博古，延至京師，委以政事，大彭任之不辭。史記楚世定云，陸終生六子，三曰彭祖，綱鑑補附紀云，籛堅封於彭，是爲彭祖。註云，虞翻曰名翦，爲彭姓，綱鑑補附紀云，彭，地名，後唐彥昭公彭氏原委詩云：得姓須知籛祖始族，定屏公支派考序云，我彭氏出於老籛族筍垣，公派紀總說云，彭氏受姓始祖，老籛族清藜公三修敬宗譜序云，吾族受姓始大彭，本源錄云，按吾族自籛鏗封之於彭城，謂之彭祖，籛鏗始以彭爲姓，焉後相繼爲彭氏彭族，箋釋註云，彭系出籛氏顓頊裔孫陸終氏第三子，籛鏗封於彭，遂爲彭祖子孫，因以爲氏，氏姓譜云，彭祖建國於彭，孫以國爲氏，封於大彭，彭門記云，彭祖今墓猶存，故邑號大彭，通鑑外紀云，大彭之墟，即彭城也，族心耘公續修敬宗譜序云，籛鏗封於彭城，謂之大彭。大戴禮記云，黃帝產昌意，昌意產高陽，是爲顓頊帝，顓頊產老童，蘇明九族譜後，錄云，高陽氏之子曰稱，稱之子曰老童。老童產重黎、及吳回氏，吳回產陸終，陸終娶鬼方氏產六子，三曰籛是爲彭祖，鄭語云，黎爲高辛氏，火正命曰祝融，其後八姓。鄭語註云，祝融其後八姓己董彭禿妘曹斟　，潛夫論云，祝融之後分爲八姓，己禿彭姜妘曹斯□。大彭

開派少典	黃帝世系	受姓彭祖	先　祖	紀　　　　　　　　　　　　事
				爲商伯，統記譜云，籛封於彭城，族季長公譜序云，籛鏗封於彭城，今之徐州，古大彭之國，左傳註云，今彭城屬江南徐州府，後漢郡國志云，彭城國彭城縣，古大彭邑，括地志云，彭城古彭國，新字典彭字註云，彭城今江蘇銅山縣，族垣公敬宗譜序云，吾族受姓始於彭城，是爲彭姓豕韋，族季長公譜序云，大彭之嗣　韋爲商伯詩箋云，韋彭姓也一傳註云，豕韋國名一統志云，直隸六名府渦縣，古豕韋氏之國綱鑑補註云，祝融之後，封於豕韋，殷武丁滅之，□族鼎芬公源考註云，詩商頌韋顧既伐箋云，豕韋彭姓唐書宰相也，系表作風姓左傳作劉姓世本戶防姓，按豕韋木彭姓世本之防姓，與彭音近，而訛左傳之劉姓，則以商武丁征，豕韋克之以劉累之後代之，豕韋始爲劉姓，不聞有風姓也，漢書古今人表有大彭，豕韋劉姓，　韋諸稽禿族季長公譜序云，豕韋劉姓，彭祖長嗣仲子諸稽則商滅之矣，季子禿也。皆彭祖之別，封後相繼爲商伯，東周列國志云，彭祖封于韓墟，即彭城。神仙通鑑云，籛鏗歸都後，命帝封徐州，彭城爲食邑，定曰，大彭論語註云，老彭商賢大夫，疏云，老彭堯臣，封於彭城，歷虞夏至商，在商爲守藏史，在周爲柱下史，集解包曰，老彭殷賢大夫，好述古事，本源錄云，籛鏗自唐虞至夏商，歷官彭城，伯彭門記云，商之賢臣，四書典制新穎云，老彭在唐爲帝堯臣，在商爲守藏史，在周爲柱下史。呂氏春秋云，祖少好恬靜，惟以養神治生，爲事及爲大夫稱疾，不與政事，好觀覽古籍，以禮教大夫，以官教士，以技教庶人。神仙通鑑云，丁相傅說，薦彭祖入朝，武丁以安車厚幣，召彭祖於雲母山中，用爲大夫，掌占史籍，惟咨以先聖賢之事，每稱疾閒居，玉匣記云，彭祖定百忌日，氏族箋釋註云，籛鏗嘗作祭祀，統輿樂賦，皆循其故典，推爲博識耆老，幼學瓊林註云，彭祖至殷末，967 歲而不衰，故號老彭有導引之術，有疾閉氣，以攻所患，逆行體中下達趾，其體即和，壽至八百歲。本源錄云，彭祖年 75 歲有疾，遇異人指引壽星橋求壽，壽至八百歲。列仙傳云，祖善養性，能調鼎進雉羹于堯，堯封之於彭城。楚辭注云，彭鏗彭祖也，好和滋味，善斟雉羹，以事堯，堯美而饗之，壽至八百歲。通鑑外紀云，陸終娶鬼方氏，是謂女嬇，孕而不育者三年，啓其左脅，三人出焉，啓其右脅，三人出焉，其第三曰老彭，韋昭註云，大彭陸終第三子也，帝封於大彭，使守黃黄帝之祀，都彭城，謂之彭祖，歷虞夏商，其年七百餘歲，昔老彭在殷賢大夫，嘗述修古先王之道，篤信好學，孔子竊比之，倘所謂彭祖箸歟。列仙傳云，彭祖善補導之術，服水精雲母粉、麋角散，常直少容。嘗云，上士異床，中士異被，服藥百顆，不如獨臥，後人集其採納之術，號彭祖經，每云，吾遺腹而生，三歲而失母，遭犬戎之亂，流離西域。西域小國，在大宛國西天竺國東，百有餘載，喪四 19 妻，失 54 子，數遭憂患，榮衛枯焦，恐不度世，殷末王欲害之。四書備檢云，殷武丁 43 祀王師，滅大彭，鄭語云，彭姓豕韋諸稽則商滅之矣，乃去不知所之，後聞人於流沙國，在張掖國延縣西見之，年九百九十餘歲矣，抱朴子云，人中有老彭，猶木中之有松柏，派紀總說云：彭祖生於堯，癸亥西元前 2278 年十一月癸亥(初一日)朔壬子時，歷書云，六月十二日彭祖誕。搜神記云：彭祖嘗食桂枝歷陽，今江南和州。續廣事賦註云白石山在含山鄉西南，列仙傳云，□有彭祖石室今山下有洞洞口初俯僂而入約十步乃漸高廣莫知遠近即彭祖所居之室，有彭祖仙室，禱請風輒應，常有兩虎在祠左右，祠之訖，則地有虎跡廣輿志，云，徐州今江南徐州府城北，祖舊宅在焉。有彭祖井，宋陳靖爲作觀井圖，並　又嘗流寓鳳陽州，今安徽□府，隱雲母山，續廣事賦註云，雲母山在臨淮縣西南四十里，相傳彭祖嘗採以服食，神仙通鑑云，殷高宗昭 46 六年壬寅歲，中原有彭祖者，據云，年近千歲，西元前 1279 年入蜀，今四川，家武陽，在四川彭山縣，今山下宅址尚存，至西周昭王三年辛卯西元前 1050 年夏六月三日病卒，身畔有黃金一笏，眾社兒爲殮，葬於西山下，舊名象耳山，今名彭山，在四川眉州彭山縣。舉柩曰，天忽飛冰

開派少典	黃帝世系	受姓彭祖	先　祖	紀　　　　　　　　事
				霾，堆積難行，眾社努力開導，葬畢，六十人皆凍死，眾家人爲立六十冢彭祖墓旁，號曰社兒墩，若有耕鋤於旁犯墓上草木，則風雨大作。輿志云：眉州彭山有彭祖墓，周時浮游四方，晚ち蜀瘞此。按辭源云：眉州今四川眉州彭山縣，彭山山名在眉州彭山縣。後漢郡國志云：益洲犍爲郡武陽，彭亡聚有彭祖冢上有彭祖祠。按辭源云：彭亡山名在今四川彭山縣東。
				註：老彭自堯時舉用經夏至商西元前 2084 至 1282 年，大彭國被殷王武丁子昭兼併，彭祖時年 998 歲。女姬九域志云東京伊闕龍門有彭婆墓伊闕一名龍門在河南府洛陽縣西南六十里
				本源錄云：籛鏗四十九妻，五十四子，詳列於左。
			原配　有邰氏	有邰氏生五子：　夜、完、　、韓、稽。　一女:適姓闞　　之女孫
			室2　庸成氏	庸成氏生二子：　頹、高　　　　　　　　　　　之女孫
			室三　鬼方氏	鬼方氏生一子：　起　　　　　　　　　　　　　之孫女
			室四　皇覃氏	皇覃氏生一女：　適離婁女　　　　　　　　　　之女孫
			室五　蜀山氏	蜀山氏生二子：　室、牟　　　　　　　　　　　之女孫
			室六　東戶氏	東戶氏生二子：　桑、馴　　　　　　　　　　　之女孫
			室七　爽鳩氏	爽鳩氏無出　　　　　　　　　　　　　　　　　之女孫
			室八　飛龍氏	飛龍氏生二子：　東、杲　　　　　　　　　　　之女孫
			室九　散宜氏	散宜氏生一子：　翼　　　　　　　　　　　　　之女孫
			室十　蜀山氏	蜀山氏生一子：　鋪　　　　　　　　　　　　　之女孫
			室十一車正氏	車正氏生一子：　升　　　　　　　　　　　　　之女孫
			室十2居龍氏	居龍氏生一女：　適姓闞　　　　　　　　　　　之女孫
			室十三青雲氏	青雲氏生二子：　副、階　　　　　　　　　　　之女孫
			室十四吉夷氏	吉夷氏生二子：　農、略　　　　　　　　　　　之女孫
			室十五丹鳥氏	丹鳥氏生二子：　志、目　　　　　　　　　　　之女孫
			室十六啓統氏	啓統氏生一子：　書　　　　　　　　　　　　　之女孫
			室十七塗山氏	塗山氏生一子：　並　　　　　　　　　　　　　之女孫
			室十八有莘氏	有莘氏生四子：　項、遂、繚、呈　　　　　　　之女孫
			室十九鄒屠氏	鄒屠氏無出　　　　　　　　　　　　　　　　　之女孫
			室二十上敬氏	上敬氏生一子：　昭　　　　　　　　　　　　　之女孫
			室廿一有娀氏	有娀氏生二子：　攸、汨　　　　　　　　　　　之女孫
			室廿二散宜氏	散宜氏無出　　　　　　　　　　　　　　　　　之女孫
			室廿三握登氏	握登氏　　　　　　　　　　　　　　　　　　　之女孫
			室廿四鳳鳥氏	鳳鳥氏生三子：　恆、□、森　　　　　　　　　之女孫
			室廿五㛤訾氏	㛤訾氏無出　　　　　　　　　　　　　　　　　之女孫
			室廿六伊祁氏	伊祁氏生二子：　商、平　　　　　　　　　　　之女孫
			室廿七女莘氏	女莘氏生二子：　任、亓　　　　　　　　　　　之女孫
			室廿八青鳥氏	青鳥氏生二子：　夆、防　　　　　　　　　　　之女孫
			室廿九元鳥氏	元鳥氏　　　　　　　　　　　　　　　　　　　之女孫
			室三十有扈氏	有扈氏生一子：　宇　　　　　　　　　　　　　之女孫
			室卅一庵正氏	庵正氏生一子：　共　　　　　　　　　　　　　之女孫
			室卅二祝鳩氏	祝鳩氏生一子：　烈　　　　　　　　　　　　　之女孫
			室卅三有仍氏	有仍氏有仍氏　　　　　　　　　　　　　　　　之女孫

開派 少典	黃帝 世系	受姓 彭祖	先　祖	紀	事
			室卅四有虞氏	有虞氏生二子：　律、騰	之女孫
			室卅五彤城氏	彤城氏	之女孫
			室卅六夏后氏	夏后氏生二子：　結、崑	之女孫
			室卅七祝鳩氏	祝鳩氏生一子：　巨	之女孫
			室卅八有男氏	有男氏生二子：　飯、闚	之女孫
			室卅九空桑氏	空桑氏	之女孫
			室四十陶唐氏	陶唐氏	之女孫
			室四一蒼舒氏	蒼舒氏生一子：　道	之女孫
			室四二共工氏	共工氏	之女孫
			室四三斟郱氏	斟郱氏	之女孫
			室四四牧正氏	牧正氏生一女：　適姓闚	之女孫
			室四五有鬲氏	有鬲氏生一女：　適姓闚	之女孫
			室四六窮桑氏	窮桑氏	之女孫
			室四七高辛氏	高辛氏	之女孫
			室四八公孫氏	公孫氏	之女孫
			室四九夏后氏	夏后氏生二子：　武、夷	之女孫(曰采女見神仙通鑑

血緣：少典－晶其－炎居－節並－戲器－祝融－共工－勾龍－噎鳴－啓昆－黃帝－昌意－顓頊－稱－卷章－吳回－陸終－老彭－夜，完，　　，韓，稽，顙，高，起，壹，牟，柔，馴，柬，杲，翼，鮪，升，副，階，農，略，志，目，書，並，項，遂，繚，呈，昭，攸，泪，恒，　　，淼，商，平，任，亓，牵，防，宇，共，烈，律，騰，結，崑，巨，飯，闚，道，武，夷－

附註：

一。贛湘粵閩桂蜀台七省聯修「彭氏聯宗譜」彭祖五十六子為：

郊(圻)、鄔(荊)、都(圖)、戊(茂)、成(就)、盛(盈)、德(道)、尚(寶)、向(榮)、歡(意)、歆(羨)、賜(頌)、稷(農)、永(久)、纖(得)、鈞(衡)、鐸(徇)、陟(登)、權(輿)、柄(權)、桓(培)、平(和)、中(衷)、美(好)、羨(爱)、高(升)、亮(防)、方(羲)、班(群)、鈺(瑾)、光華(躍)、寧(康)、邵(絞)、伶(工)、倫(常)、儀、像、琨(美)、瑚(華)、珊(海)、璉(貴)、璵(慶)、隴(連)、牛、犬、裕(優)、殷(沃)、湛(榮)、纖(系)、焯、正會(直)、甫(及)、珀(堤)、几、武、夷。

二。依據2004年「世界彭氏宗親聯誼會【彭氏源流研究專輯】什隆公直線圖」：「據宋譜記載，武乙為始祖，次子夷丙居彭芳盛。武乙為彭祖第五十三個兒子，夏后氏生」。血緣源流為：　一彭祖，二武乙，三辛啓，四立均，五淮五，六景祖，七泰丙，八正久，九良所，十便九，十一壬仲，十二興，十三選，十四敏政，十五言丁，十六建德，十七時深，十八願治，十九茂，二十再才，廿一菁，廿二諫，廿三喜，廿四三奉八，廿五重信，廿六同仁，廿七愿二，廿八伸，廿九尚賢，三十積久，卅一巷，卅2見久，卅三八佑，卅四寶，卅五景，卅六旮，卅七房四，卅八僖，卅九川，四十完，四一福，四二智，四三洋，四四純，四五許，四六樂隱，四七少，四八宣，四九位一，五十璧，五一格，五二炳，五三則輝，五四因，五五大武，五六煥，五七永澤，五八初，五九景三，六十日東，六一亮，六二元隆，六三亨，六四裁2，六五才富，六六真，六七瑚，六八良在，六九仁一，七十慶，七一堅，七二五成，七三信，七四操，七五公真，七六相，七七汝元，七八吾，七九允寧，八十恩，八一仕隆，八二堪，八三洪，八四忠、志，八五溢、誼，八六芳俊彦，八七勉流、鑑，八八仲來、仲剛、仲光，八九值公、爾公(龜年)，九十

開派少典	黃帝世系	受姓彭祖	先　祖	紀　　　　　　　　　　　　事
				章雲、敬佳，九一碧南、沖，九二次季、敏佩，九三天民、京龍。
1 9	9	2	夜	**血緣**：啓昆－黃帝－昌意－顓頊－稱－卷章－吳回－陸終－老彭－夜(老彭長子)雅慕奇飄然遊崑崙之上不知所終
19	9	2	完	**血緣**：啓昆－黃帝－昌意－顓頊－稱－卷章－吳回－陸終－老彭－完(老彭次子)
19	9	2	兩室　伯趙氏	**血緣**：啓昆－黃帝－昌意－顓頊－稱－卷章－吳回－陸終－老彭－　(老彭第三子)－伯福、伯壽(本脈) 一名香保官夏禹司徒因唐堯封父於彭城遂家爲今江南徐州　之女孫曰女嬇 子二：伯福、伯壽(本脈)
19	9	2	韓 　室　有莘氏	**血緣**：啓昆－黃帝－昌意－顓頊－稱－卷章－吳回－陸終－老彭－韓(老彭第四子)－元哲　夏帝啓時官大夫　之女孫 子一：元哲 **附錄**元哲爲防姓是爲豕韋今直隸大名府渦縣。杜預云今州韋城即其地其後遂姓爲韋氏氏族箋釋註云系出彭姓豕韋氏世爲夏商侯伯子孫因以爲氏。唐書宰相世系表云少康之世封其別系元哲于豕韋迭爲商伯周赧王時始失國徙居彭城以國爲氏族鼎芬公源流考註云詩商頌韋顧既伐箋云韋豕韋彭姓唐書宰相世系表作風姓左傳作防姓世本作防姓按豕韋本彭姓世本之防姓防與彭音近訛左傳之劉姓則武丁征豕韋克之以劉累之後代之豕韋始爲劉姓不聞有風姓也漢書古今人表有大彭豕韋劉姓豕韋漢宣帝時丞相扶陽節侯韋賢漢元帝時官太子太傅御史大夫韋元成皆其裔
19	9	2	稽	**血緣**：啓昆－黃帝－昌意－顓頊－稱－卷章－吳回－陸終－老彭－稽(老彭第五子)夏封於諸稽至商時滅之見本源錄
19	9	2	頵	**血緣**：啓昆－黃帝－昌意－顓頊－稱－卷章－吳回－陸終－老彭－頵(老彭第六子) 夏封於禿其後遂姓禿氏見本源錄。氏姓譜引賈逵云禿彭姓別族也
19	9	2	高	**血緣**：啓昆－黃帝－昌意－顓頊－稱－卷章－吳回－陸終－老彭－高(老彭第七子)　繼父遂姓籛氏見本源錄
19	9	2	起	**血緣**：啓昆－黃帝－昌意－顓頊－稱－卷章－吳回－陸終－老彭－起(老彭第八子)　官夏時司空
19	9	2	厔	**血緣**：啓昆－黃帝－昌意－顓頊－稱－卷章－吳回－陸終－老彭－厔(老彭第九子)　遇有扈氏難避居西戎今陝西鞏昌府
19	9	2	牟	**血緣**：啓昆－黃帝－昌意－顓頊－稱－卷章－吳回－陸終－老彭－牟(老彭之第十子)
19	9	2	桑	**血緣**：啓昆－黃帝－昌意－顓頊－稱－卷章－吳回－陸終－老彭－桑(老彭第十一子)同兄避難居西戎
19	9	2	馴	**血緣**：啓昆－黃帝－昌意－顓頊－稱－卷章－吳回－陸終－老彭－馴(老彭第十二子)
19	9	2	東	**血緣**：啓昆－黃帝－昌意－顓頊－稱－卷章－吳回－陸終－老彭－東(老彭第十三子)避亂於洛水在陝西府洛南縣平定仍居故地
19	9	2	杲	**血緣**：啓昆－黃帝－昌意－顓頊－稱－卷章－吳回－陸終－老彭－杲(老彭第十四子)
19	9	2	翼	**血緣**：啓昆　黃帝　昌意－顓頊－稱－卷章－吳回－陸終－老彭－翼(老彭第十五子) 其裔因殷末滅彭祖國遂以彭祖爲氏見本源錄。氏姓譜云彭祖氏陸終氏之子支孫氏爲史記楚世家云彭氏殷之時嘗爲侯伯殷之末世滅彭祖氏正義括地志云彭城古彭祖國也外傳殷末滅彭祖國也
19	9	2	舗	**血緣**：啓昆－黃帝－昌意－顓頊－稱－卷章－吳回－陸終－老彭－舗(老彭第十六子)
19	9	2	升	**血緣**：啓昆－黃帝－昌意－顓頊－稱－卷章－吳回－陸終－老彭－升(老彭之第十七子)

開派少典	黃帝世系	受姓彭祖	先　祖	紀　　　　　　　　　　事
19	9	2	副	**血緣**：啓昆－黃帝－昌意－顓頊－稱－卷章－吳回－陸終－老彭－副(老彭第十八子)徙安邑今山西平陽府夏縣居
19	9	2	階	**血緣**：啓昆－黃帝－昌意－顓頊－稱－卷章－吳回－陸終－老彭－副(老彭第十九子)
19	9	2	農	**血緣**：啓昆－黃帝－昌意－顓頊－稱－卷章－吳回－陸終－老彭－農(老彭第廿十子)
19	9	2	略	**血緣**：啓昆－黃帝－昌意－顓頊－稱－卷章－吳回－陸終－老彭－略(老彭第廿一子)從異人遊得道乃去不知所終
19	9	2	志	**血緣**：啓昆－黃帝－昌意－顓頊－稱－卷章－吳回－陸終－老彭－志(老彭第廿二子)
19	9	2	目	**血緣**：啓昆－黃帝－昌意－顓頊－稱－卷章－吳回－陸終－老彭－目(老彭第廿三子)子孫以祖諱爲鏗氏見本源錄
19	9	2	書	**血緣**：啓昆－黃帝－昌意－顓頊－稱－卷章－吳回－陸終－老彭－書(老彭第廿四子)
19	9	2	並	**血緣**：啓昆－黃帝－昌意－顓頊－稱－卷章－吳回－陸終－老彭－並(老彭第廿五子)官司寇
19	9	2	項	**血緣**：啓昆－黃帝－昌意－顓頊－稱－卷章－吳回－陸終－老彭－項(老彭第廿六子)官司徒
19	9	2	遂	**血緣**：啓昆－黃帝－昌意－顓頊－稱－卷章－吳回－陸終－老彭－遂(老彭第廿七子)
19	9	2	繚	**血緣**：啓昆－黃帝－昌意－顓頊－稱－卷章－吳回－陸終－老彭－繚(老彭第廿八子)
19	9	2	呈	**血緣**：啓昆－黃帝－昌意－顓頊－稱－卷章－吳回－陸終－老彭－呈(老彭第廿九子)
19	9	2	昭　　室　散宜氏	**血緣**：啓昆－黃帝－昌意－顓頊－稱－卷章－吳回－陸終－老彭－昭(老彭第三十子)官大夫居彭城今南徐州　　之女孫　生一子相成，一女適姓闕 附：相成子一重厚十五世孫真誠爲徐相楚滅徐其孫敬彰仕楚爲相四世孫道成德成德成未　道成子2章甫用甫用甫2世孫慶漢有功未　章甫子2乾坤坤未　乾字進修官蘭陽令楚漢攜兵遂離彭城家於汴梁今河南開封府汴以乾爲始祖乾之四十2世孫寬寬之子忠字遂良官東京副留守參軍宋高宗建炎初金人南侵護隆祐太后駕至洪都今江西南昌府遂居城之東杏村置宅於城南六十里地名田湖是爲南昌始祖其裔甚繁清康熙丙戌科進士官至詹事府贊善廷訓內閣中書舍人元基皆甚裔見統記譜　案本中州而南渡者俱徵君公裔也徵君公以前之旁支寥寥也吾遍求諸族僅得一焉今居江西南昌府田湖其譜系出錢鏗之子昭公之後茲特節存支系附載於此以備後之參考耳
19	9	2	攸	**血緣**：啓昆－黃帝－昌意－顓頊－稱－卷章－吳回－陸終－老彭－攸(老彭第卅一子)
19	9	2	沮	**血緣**：啓昆－黃帝－昌意－顓頊－稱－卷章－吳回－陸終－老彭－沮(老彭第卅二子)
19	9	2	恒	**血緣**：啓昆－黃帝－昌意－顓頊－稱－卷章－吳回－陸終－老彭－恒(老彭第卅三子)官商大夫
19	9	2		**血緣**：啓昆－黃帝－昌意－顓頊－稱－卷章－吳回－陸終－老彭－　(老彭第卅四子)
19	9	2	淼	**血緣**：啓昆－黃帝－昌意－顓頊－稱－卷章－吳回－陸終－老彭－淼(老彭第卅五子)朝政日非　居崆峒山在陝西肅州衛不仕
19	9	2	商	**血緣**：啓昆－黃帝－昌意－顓頊－稱－卷章－吳回－陸終－老彭－商(老彭第卅六子)一名　本源錄作
19	9	2	平	**血緣**：啓昆－黃帝－昌意－顓頊－稱－卷章－吳回－陸終－老彭－平(老彭第卅七子)
19	9	2	任	**血緣**：啓昆－黃帝－昌意－顓頊－稱－卷章－吳回－陸終－老彭－任(老彭第卅八子)
19	9	2	亓	**血緣**：啓昆－黃帝－昌意－顓頊－稱－卷章－吳回－陸終－老彭－亓(老彭第卅九子)
19	9	2	夆	**血緣**：啓昆－黃帝－昌意－顓頊－稱－卷章－吳回－陸終－老彭－夆(老彭第四十子)官大夫　之女　生一子孚　附：孚彭祖孫爲周錢府上士因官爲氏見詩聯雪悅註氏姓譜本

開派少典	黃帝世系	受姓彭祖	先祖	紀事
				源錄云今錢氏出孚公氏族箋釋註云錢系出籛氏彭祖姓籛名鏗支子去竹而爲錢氏公居彭城今江南徐州故其後遂以彭城爲郡焉周戰國時隱士錢丹秦御史大夫錢產皆其裔
19	9	2	防	**血緣**: 啓昆－黃帝－昌意－顓頊－稱－卷章－吳回－陸終－老彭－防(老彭第四一子)
19	9	2	宇	**血緣**: 啓昆－黃帝－昌意－顓頊－稱－卷章－吳回－陸終－老彭－宇(老彭第四二子)
19	9	2	共	**血緣**: 啓昆－黃帝－昌意－顓頊－稱－卷章－吳回－陸終－老彭－共(老彭第四三子)官大夫
19	9	2	烈	**血緣**: 啓昆－黃帝－昌意－顓頊－稱－卷章－吳回－陸終－老彭－烈(老彭第四四子)
19	9	2	律	**血緣**: 啓昆－黃帝－昌意－顓頊－稱－卷章－吳回－陸終－老彭－律(老彭第四五子)
19	9	2	騰	**血緣**: 啓昆－黃帝－昌意－顓頊－稱－卷章－吳回－陸終－老彭－騰(老彭第四六子)同父徙居西域西域小國在大宛國西天竺國東
19	9	2	結	**血緣**: 啓昆－黃帝－昌意－顓頊－稱－卷章－吳回　陸終　老彭－結(老彭第四七子)
19	9	2	崑	**血緣**: 啓昆－黃帝－昌意－顓頊－稱－卷章－吳回－陸終－老彭－崑(老彭第四八子)
19	9	2	巨	**血緣**: 啓昆－黃帝－昌意－顓頊－稱－卷章－吳回－陸終－老彭－巨(老彭第四九子)
19	9	2	皈	**血緣**: 啓昆－黃帝－昌意－顓頊－稱－卷章－吳回－陸終－老彭－皈(老彭第五十子)
19	9	2	闕	**血緣**: 啓昆－黃帝－昌意－顓頊－稱－卷章－吳回－陸終－老彭－闕(老彭第五一子)
19	9	2	道	**血緣**: 啓昆－黃帝－昌意－顓頊－稱－卷章－吳回－陸終－老彭－道(老彭第五十二子)，求道於塗山國名在壽春界巢縣北未歸焉
19	9	2	武	**血緣**: 啓昆－黃帝－昌意－顓頊－稱－卷章－吳回－陸終－老彭－武(老彭第五三子)。本源錄云商廩辛時人神仙通鑑云彭祖與采女爲夫婦生。子二：長曰武、次曰夷。九域志云籛鏗之子長曰武次曰夷隱閩今福建之山號曰武夷山在建寧府崇安縣南三十里其山有十二　九曲之勝本源錄云其山上有六六丹　下有三三碧水相傳武夷隱此得道故名族鼎芬公源流考云武夷山者杜光庭所記三十六洞天之一彭祖居焉宋朱文公熹作棹歌詩云武夷山上有仙靈山下寒流曲曲清　在武夷山使族間歌師彭令昭歌人間可哀曲歌罷綵雲四合環佩鏘然凌空而去見氏譜後人至其會處有詩爲證幔亭　嶺客徘徊一會令人莫再來待得碧本源錄碧作嚴誤更正桃重熟日不知人世幾懷胎見本源錄 註。世界彭氏宗親聯誼會2004年三月「彭氏源流研究專輯」彭鳴皋撰文『「彭祖仕隆公直綫圖」彭祖二氏名「武乙」彭祖第五十三子，夏后氏生。』其所指「武乙」是否爲一般認爲乃「武」同一人，抑或「武」之別號，待考。其血緣爲： 彭祖－武乙－辛啓－立均－准五－景祖－泰丙－正久－良所－便九－壬仲－興－選－敏政－言丁－建德－時深－愿治－茂－再才－普－諫－喜－三奉八－重信－同仁－愿二－伸－尙賢－積久－巷－見久－八佑－寶－景－晉－房四－僖－川－完－福－智十－洋－純－許－樂隱－少－宣－位一－璧－格－炳－則輝－因－大武－煥－永澤－初－景三－日東－亮－元隆－亨－裁2－才富－真－瑚－良在－仁一－慶－堅－五成－信－公真－相－汝元－吾－允甯－恩－仕隆－
19	9	2	夷	彭祖第五十四子，同兄武隱居福建武夷山得道 **血緣**: 啓昆－黃帝－昌意－顓頊－稱－卷章－吳回－陸終－老彭－夷
20	10	3	伯福	兩公長子，夏帝啓時有扈氏無道公從帝戰於甘 **血緣**: 啓昆－黃帝－昌意－顓頊－稱－卷章－吳回－陸終－老彭－　－伯福－
20	10	3	伯壽 室 伊祁氏	兩公次子，字希祖，夏帝啓時官司寇，以西河叛帥師征降之，見四書備檢。　之女孫子三：　振祉　振祥　振禧 **血緣**:啓昆－黃帝－昌意－顓頊－稱－卷章－吳回－陸終－老彭－　－伯壽－振祉、振

開派 少典	黃帝 世系	受姓 彭祖	先 祖	紀　　　　　　　　　　　　　　　　事
				祥、振禧一
21	11	4	振 祉	伯壽長子，公有仙術夏仲康時浮弱水而西莫知所終。 **血緣**:啓昆－黃帝－昌意－顓頊－稱－卷章－吳回－陸終－老彭－　一伯壽－振祉－。
21	11	4	振 祥	伯壽次子，夏仲康時官賢大夫。 **血緣**:啓昆－黃帝－昌意－顓頊－稱－卷章－吳回－陸終－老彭－兩－伯壽－振祥
21	11	4	振 禧	伯壽三子，夏仲康時官賢大大，室有窮氏，一子 俶康。 **血緣**:啓昆－黃帝－昌意－顓頊－稱－卷章－吳回－陸終－老彭－兩－伯壽－振禧－俶康－
22	12	5	俶 康	振禧之子，字政宇，夏帝相時官司馬。室 祝鳩氏， 子二：養廉(本脈)、季廉 **血緣**:啓昆－黃帝－昌意－顓頊－稱－卷章－吳回－陸終－老彭－兩－伯壽－振禧－俶康－養廉、季廉－
23	13	6	養 廉	俶康長子，爲夏少康掌膳之官，爲夏少康牧正，鳩氏之女孫，鬲氏之女。室 祝鳩氏，繼 有鬲氏生一子：獻。 **血緣**:啓昆－黃帝－昌意－顓頊－稱－卷章－吳回－陸終－老彭－兩－伯壽－振禧－俶康－養廉－獻－
23	13	6	季 廉	俶康次子，夏少康時牧正。 **血緣**:啓昆－黃帝－昌意－顓頊－稱－卷章－吳回－陸終－老彭－兩－伯壽－振禧－俶康－季廉－
24	14	7	獻	養廉公之子，字義朗，爲夏帝杼掌膳之官。室有仍氏， 子四：參正、矣池、寧帆(本脈)、民求。 **血緣**: 啓昆－黃帝－昌意－顓頊－稱－卷章－吳回－陸終－老彭－兩－伯壽－振禧－俶康－養廉－獻－參正、矣池、寧帆、民求－
25	15	8	參 正	獻公長子， **血緣** 啓昆－黃帝－昌意－顓頊－稱－卷章－吳回－陸終－老彭－兩－伯壽－振禧－俶康－養廉－獻－參正 －
25	15	8	矣 池	獻公次子， **血緣**:啓昆－黃帝－昌意－顓頊－稱－卷章－吳回－陸終－老彭－兩－伯壽－振禧－俶康－養廉－獻－矣池－
25	15	8	寧 帆	獻公三子，官夏帝芒牧正，室有鬲氏， 子一：夢熊， **血緣**:啓昆－黃帝－昌意－顓頊－稱－卷章－吳回－陸終－老彭－兩－伯壽－振禧－俶康－養廉－獻－寧帆－夢熊－
25	15	8	民 求	獻公四子， **血緣**:啓昆－黃帝－昌意－顓頊－稱－卷章－吳回－陸終－老彭－兩－伯壽－振禧－俶康－養廉－獻－民求－
26	16	9	夢 熊	寧帆公之子，夏帝不降時人官賢臣，室公孫氏、繼室有仍氏， 子一：秉(本脈) 之女 生一子 **血緣**:啓昆－黃帝－昌意－顓頊－稱－卷章－吳回－陸終－老彭－兩－伯壽－振禧－俶康－養廉－獻－寧帆－夢熊－秉－
27	17	10	秉	夢熊公長子 公有仙術晚遊四方不知所終 之女孫 生2子：可愛本脈、可行

開派少典	黃帝世系	受姓彭祖	先祖	紀　　　　　　　　　　事
			室 斟鄩氏	**血緣**: 啓昆－黃帝－昌意－顓頊－稱－卷章－吳回－陸終－老彭－兩－伯壽－振禧－儆康－養廉－獻－寧帆－夢熊 －秉－可愛、可行－
27	17	10		夢熊公次子， **血緣**: 啓昆－黃帝－昌意－顓頊－稱－卷章－吳回－陸終－老彭－兩－伯壽－振禧－儆康－養廉－獻－寧帆－夢熊 － －
28	18	11	可　愛 室 豢龍氏	秉公長子　夏帝廑時人官庖正　　之女 子五：積古(本脈)、莊漢、嚴真、木英、立吉。 **血緣**: 啓昆－黃帝－昌意－顓頊－稱－卷章－吳回－陸終－老彭－兩－伯壽－振禧－儆康－養廉－獻－寧帆－夢熊 秉－可愛－積古、莊漢、嚴真、木英、立吉－
28	18	11	可　行	秉公次子， **血緣**: 啓昆－黃帝－昌意－顓頊－稱－卷章－吳回－陸終－老彭－兩－伯壽－振禧－儆康－養廉－獻－寧帆－夢熊 －秉－可行
29	19	12	積　古 室 軒轅氏	可愛公長子　時夏帝孔甲好鬼神之事肆行淫亂不務修業公遂不仕　之女孫 子一：頌新(本脈) **血緣**: 啓昆－黃帝－昌意－顓頊－稱－卷章－吳回－陸終－老彭－兩－伯壽－振禧－儆康－養廉－獻－寧帆－夢熊 －秉－可愛－積古－頌新
29	19	12	莊　漢	可愛公次子， **血緣**: 啓昆－黃帝－昌意－顓頊－稱－卷章－吳回－陸終－老彭－兩－伯壽－振禧－儆康－養廉－獻－寧帆－夢熊 －秉－可愛－莊漢－
29	19	12	嚴　真	可愛公三子， **血緣**: 啓昆－黃帝－昌意－顓頊－稱－卷章－吳回－陸終－老彭－兩－伯壽－振禧－儆康－養廉－獻－寧帆－夢熊 －秉－可愛－嚴真－
29	19	12	木　英	可愛公四子， **血緣**: 啓昆－黃帝－昌意－顓頊－稱－卷章－吳回－陸終－老彭－兩－伯壽－振禧－儆康－養廉－獻－寧帆－夢熊 －秉－可愛－木英－
29	19	12	立　吉	可愛公五子，血緣: 啓昆－黃帝－昌意－顓頊－稱－卷章－吳回－陸終－老彭－兩－伯壽－振禧－儆康－養廉－獻－寧帆－夢熊 －秉－可愛－立吉－
30	20	13	頌　新	積古公之子，夏帝發時官大夫，室御龍氏， 子一：團， **血緣**: 啓昆－黃帝－昌意－顓頊－稱－卷章－吳回－陸終－老彭－兩－伯壽－振禧－儆康－養廉－獻－寧帆－夢熊 －秉－可愛－積古－頌新－團
31	21	14	團	頌新公之子　夏履癸無道諸侯多叛公與伊尹告以堯舜之道履癸不聽棄妻子逃於關今陝西西安府邠州，室御龍氏，之女孫 子二：竭忠、靖忠(本脈)。 **血緣**: 啓昆－黃帝－昌意－顓頊－稱－卷章－吳回－陸終－老彭－兩－伯壽－振禧－儆康－養廉－獻－寧帆－夢熊 －秉－可愛 積古 頌新 團－竭忠‧靖忠－
32	22	15	竭　忠	團公長子，因夏商鼎革避居西戎今陝西鞏昌府。 **血緣**: 啓昆－黃帝－昌意－顓頊－稱－卷章－吳回－陸終－老彭－兩－伯壽－振禧－儆康－養廉－獻－寧帆－夢熊 －秉－可愛－積古－頌新－團－竭忠－
32	22	15	靖　忠	團公次子商成湯時大旱湯禱於桑林之野以六事自責大雨數千里公常誦其自責之言於勿衰之女，室伊祁氏，

開派 少典	黃帝 世系	受姓 彭祖	先　祖	紀　　　　　　　　　事
				子一：奇瑞(本脈) 血緣:啓昆－黃帝－昌意－顓頊－稱－卷章－吳回－陸終－老彭－兩－伯壽－振禧－傚康－養廉－獻－寧帆－夢熊－秉－可愛－積古－頌新－團－竭忠－奇瑞－
33	23	16	奇　瑞	靖忠公之子，商太甲時官大夫　室　丹鳥氏， 子一：道琮。 血緣:啓昆－黃帝－昌意　顓頊－稱－卷章－吳回－陸終－老彭－兩－伯壽－振禧－傚康－養廉－獻－寧帆－夢熊－秉－可愛－積古－頌新－團－竭忠－奇瑞－道琮－
34	24	17	道　琮	奇瑞公之子，官商沃丁善御。室仲氏， 子一：繼崧。 血緣:啓昆－黃帝－昌意－顓頊－稱－卷章－吳回－陸終－老彭－兩－伯壽－振禧－傚康－養廉－獻－寧帆－夢熊－秉－可愛－積古－頌新－團－竭忠－奇瑞－道琮－繼崧－
35	25	18	繼　崧 室　顧氏	道琮公之子，商釓甲時人官大夫。　之女 子三：景敬、景敷(本脈)、景政。 血緣:啓昆－黃帝－昌意－顓頊－稱－卷章－吳回－陸終－老彭－兩－伯壽－振禧－傚康－養廉－獻－寧帆－夢熊－秉－可愛－積古－頌新－團－竭忠－奇瑞－道琮－繼崧－景敬、景敷、景政－
36	26	19	景　敬	繼崧公長子， 血緣:啓昆－黃帝－昌意－顓頊－稱－卷章－吳回－陸終－老彭－兩－伯壽－振禧－傚康－養廉－獻－寧帆－夢熊－秉－可愛－積古－頌新－團－竭忠－奇瑞－道琮－繼崧－景敬－
36	26	19	景　敷 室　巫氏	繼崧公次子　與費侯中衍友善官商太戊車正　之女 子二：愈崗(本脈)、惠崗 血緣:啓昆－黃帝－昌意－顓頊－稱－卷章－吳回－陸終－老彭－兩－伯壽－振禧－傚康－養廉－獻－寧帆－夢熊－秉－可愛－積古－頌新－團－竭忠－奇瑞－道琮－繼崧－景敷－愈崗、惠崗－
36	26	19	景　政	繼崧公三子， 血緣:啓昆－黃帝－昌意－顓頊－稱－卷章－吳回－陸終－老彭－兩－伯壽－振禧－傚康－養廉－獻－寧帆－夢熊－秉－可愛－積古－頌新－團－竭忠－奇瑞－道琮－繼崧－景政－
37	27	20	愈　崗 室　伊氏	景敷公長子　商太戊時西元前1637年至西元前1563年，官青州牧　之女 子一：伯(本脈) 血緣:啓昆－黃帝－昌意－顓頊－稱－卷章－吳回－陸終－老彭－兩－伯壽－振禧－傚康－養廉－獻－寧帆－夢熊－秉－可愛－積古－頌新－團－竭忠－奇瑞－道琮　繼崧－景敷－愈崗－伯－
37	27	20	惠　崗	景敷公次子　商仲丁時西元前1562年至西元前1550年，征盛戎曾爲前軀 血緣:啓昆－黃帝－昌意－顓頊－稱－卷章－吳回－陸終－老彭－兩－伯壽－振禧－傚康－養廉－獻－寧帆－夢熊－秉－可愛－積古－頌新－團－竭忠－奇瑞－道琮－繼崧－景敷－惠崗－
38	28	21	伯 室　巫氏	愈崗公之子　字錫侯商河亶甲三己丑西元前1532年，克邳五祀辛卯西元前1530年，伐班方見四書備檢　之女孫

開派 少典	黃帝 世系	受姓 彭祖	先　祖	紀　　　　　　　　　　　　　　事
				子四：欽保(本脈)、欽仲、欽仕、欽儀。 **血緣**:啓昆－黃帝－昌意－顓頊－稱－卷章－吳回－陸終－老彭－兩－伯壽－振禧－俶康－養廉－獻－寧帆－夢熊－秉－可愛－積古－頌新－團－竭忠－奇瑞－道琮－繼崧－景敷－愈崗－伯－欽保、欽仲、欽仕、欽儀－
39	29	22	欽　保 　室　姚氏	伯公長子　公爲人多謀略先計後戰偕父討班方屢戰屢勝封班方伯有古名將風。之女 子二：撲、度章(本脈) **血緣**:啓昆－黃帝－昌意－顓頊－稱－卷章－吳回－陸終－老彭－兩－伯壽－振禧－俶康－養廉－獻－寧帆－夢熊－秉－可愛－積古－頌新－團－竭忠－奇瑞－道琮－繼崧－景敷－愈崗－伯－欽保－撲、度章－
39	29	22	欽　仲	伯公次子， **血緣**:啓昆－黃帝－昌意－顓頊－稱－卷章－吳回－陸終－老彭－兩－伯壽－振禧－俶康－養廉－獻－寧帆－夢熊－秉－可愛－積古－頌新－團－竭忠－奇瑞－道琮－繼崧－景敷－愈崗－伯－欽仲－
39	29	22	欽　仕	伯公三子， **血緣**:啓昆－黃帝－昌意－顓頊－稱－卷章－吳回－陸終－老彭－兩－伯壽－振禧－俶康－養廉－獻－寧帆－夢熊－秉－可愛－積古－頌新－團－竭忠－奇瑞－道琮－繼崧－景敷－愈崗－伯－欽仕－
39	29	22	欽　儀	伯公四子， **血緣**:啓昆－黃帝－昌意－顓頊－稱－卷章－吳回－陸終－老彭－兩－伯壽－振禧－俶康－養廉－獻－寧帆－夢熊－秉－可愛－積古－頌新－團－竭忠－奇瑞－道琮－繼崧－景敷－愈崗－伯－欽儀－
40	30	23	撲	欽保公長子　商祖辛時人襲班方伯 **血緣**:啓昆－黃帝－昌意－顓頊－稱－卷章－吳回－陸終－老彭－兩－伯壽－振禧－俶康－養廉－獻－寧帆－夢熊－秉－可愛－積古－頌新－團－竭忠－奇瑞－道琮－繼崧－景敷－愈崗－伯－欽保－撲－
40	30	23	度　章 　室　有熊氏	欽保公次子　商祖辛時人，西元前1506年至1491年，享壽136歲終　之女孫 子一：爾賢(本脈) **血緣**:啓昆－黃帝－昌意－顓頊－稱－卷章－吳回－陸終－老彭－兩－伯壽－振禧－俶康－養廉－獻－寧帆－夢熊　－秉－可愛－積古－頌新－團－竭忠－奇瑞－道琮－繼崧－景敷－愈崗－伯－欽保－度章－爾賢－
41	31	24	爾　賢 　室　蔡氏	度章公之子　商沃甲時西元前1490年至1466年處士　之女 子二：柏山、榮施(本脈) **血緣**:啓昆－黃帝－昌意－顓頊－稱－卷章－吳回－陸終－老彭－兩－伯壽－振禧－俶康－養廉－獻－寧帆－夢熊　－秉－可愛－積古－頌新－團－竭忠－奇瑞－道琮－繼崧－景敷－愈崗－伯－欽保－度章－爾賢－柏山、榮施－
42	32	25	柏　山	爾賢公長子， **血緣**:啓昆－黃帝－昌意－顓頊－稱－卷章－吳回－陸終－老彭－兩－伯壽－振禧－俶康－養廉－獻－寧帆－夢熊　－秉－可愛－積古－頌新－團－竭忠－奇瑞－道琮－繼崧－景敷－愈崗－伯－欽保－度章－爾賢－柏山－
42	32	25	榮　施 　室　有莘氏	爾賢公次子　商南庚時人，西元前1433年至1409年，公清正在朝事非禮不言行非禮不動也　之女

開派少典	黃帝世系	受姓彭祖	先　祖	紀　　　　　　　　　事
				子一：端肅(本脈) **血緣**：啓昆－黃帝－昌意－顓頊－稱－卷章－吳回－陸終－老彭－兩－伯壽－振禧－傚康－養廉－獻－寧帆－夢熊－秉－可愛－積古－頌新－團－竭忠－奇瑞－道琮－繼崧－景敷－愈崗－伯－欽保－度章－爾賢－榮施－端肅－
43	33	26	端　肅 　室　費氏	榮施公之子　時商道浸衰耿都又有源決之害盤庚自耿都于亳公隨之今河南河南府偃師縣之女 子二：制、列(本脈)。 **血緣**：啓昆－黃帝－昌意－顓頊－稱－卷章－吳回－陸終－老彭－兩－伯壽－振禧－傚康－養廉－獻－寧帆－夢熊－秉－可愛－積古－頌新－團－竭忠－奇瑞－道琮－繼崧－景敷－愈崗－伯－欽保－度章－爾賢－榮施－端肅－制、列－
44	34	27	制	端肅公長子　官於並州今山西太原府遂家其地 **血緣**：啓昆－黃帝－昌意－顓頊－稱－卷章－吳回－陸終－老彭－兩－伯壽－振禧－傚康－養廉－獻－寧帆－夢熊－秉－可愛－積古－頌新－團－竭忠－奇瑞－道琮－繼崧－景敷－愈崗－伯－欽保－度章－爾賢－榮施－端肅－制－
44	34	27	列 　室　費氏	端肅公次子　殷小乙時西元前1352年至1325年，從古公亶父征狄人有功封邢都牧(西元前1352年至1325年。之女， 子一：東侯。 **血緣**：啓昆－黃帝－昌意－顓頊－稱－卷章－吳回－陸終－老彭－兩－伯壽－振禧－傚康－養廉－獻－寧帆－夢熊－秉－可愛－積古－頌新－團－竭忠－奇瑞－道琮－繼崧－景敷－愈崗－伯－欽保－度章－爾賢－榮施－端肅－列－東侯－
45	35	28	東　侯	列公之子，殷武丁三祀己未西元前1322年，從帝伐鬼方(西元前1322年)之女，室姬氏、室二姜氏， 子三：才華(本脈)、暈、蓉郎。 **血緣**：啓昆－黃帝－昌意－顓頊－稱－卷章－吳回－陸終－老彭－兩－伯壽－振禧－傚康－養廉－獻－寧帆－夢熊－秉－可愛－積古－頌新－團－竭忠－奇瑞－道琮－繼崧－景敷－愈崗－伯－欽保－度章－爾賢－榮施－端肅－列－東侯－才華、暈、蓉郎－
46	36	29	才　華 　室　姜氏	東侯公長子　殷武丁時人西元前1324年至1266年，有奇能勇　之女 一子：佐商(本脈) **血緣**：啓昆－黃帝－昌意－顓頊－稱－卷章－吳回－陸終－老彭－兩－伯壽－振禧－傚康－養廉－獻－寧帆－夢熊－秉－可愛－積古－頌新－團－竭忠－奇瑞－道琮－繼崧－景敷－愈崗－伯－欽保－度章－爾賢－榮施－端肅－列－東侯－才華－佐商－
46	36	29	暈	東侯公次子， **血緣**：啓昆－黃帝－昌意－顓頊－稱－卷章－吳回－陸終－老彭－兩－伯壽－振禧－傚康－養廉－獻－寧帆－夢熊－秉－可愛－積古－頌新－團－竭忠－奇瑞－道琮－繼崧－景敷－愈崗－伯－欽保－度章－爾賢－榮施－端肅－列－東侯－暈－
46	36	29	蓉　郎	東侯公三子， **血緣**：啓昆－黃帝－昌意－顓頊－稱－卷章－吳回－陸終－老彭－兩－伯壽－振禧－傚康－養廉－獻－寧帆－夢熊－秉－可愛－積古－頌新－團－竭忠－奇瑞－道琮－繼崧－景敷－愈崗－伯－欽保－度章－爾賢－榮施－端肅－列－東侯－蓉郎
47	37	30	佐　商 　室　韋氏	才華公之子　官大夫殷祖甲西元前1258年至1226年，淫亂公諫之勿聽遂不仕　之女　子一：音(本脈)

開派 少典	黃帝 世系	受姓 彭祖	先　祖	紀　　　　　　　　　　　　　　　　　　　事
				血緣:啓昆－黃帝－昌意－顓頊－稱－卷章－吳回－陸終－老彭－兩－伯壽－振禧－佽康－養廉－獻－寧帆－夢熊－秉－可愛－積古－頌新－團－竭忠－奇瑞－道琮－繼崧－景敷－愈崗－伯－欽保－度章－爾賢－榮施－端肅－列－東侯－才華－佐商－音
48	38	31	音 　　室　姒氏	佐商公之子　字嗣徽殷庚丁時西元前 1219 年至 1199 年，官士師　之女 子二：耀彩、輝彩(本脈)。 **血緣**:啓昆－黃帝－昌意－顓頊－稱－卷章－吳回－陸終－老彭－兩－伯壽－振禧－佽康－養廉－獻－寧帆－夢熊－秉－可愛－積古－頌新－團－竭忠－奇瑞－道琮－繼崧－景敷－愈崗－伯－欽保－度章－爾賢－榮施－端肅－列－東侯－才華－佐商－音－耀彩、輝彩－
49	39	32	耀　彩	音公長子， **血緣**:啓昆－黃帝－昌意－顓頊－稱－卷章－吳回－陸終－老彭　兩－伯壽－振禧－佽康－養廉－獻－寧帆－夢熊－秉－可愛－積古－頌新－團－竭忠－奇瑞－道琮－繼崧－景敷－愈崗－伯－欽保－度章－爾賢－榮施－端肅－列－東侯－才華－佐商－音－耀彩－
49	39	32	輝　彩 　　室　鄧氏	音公次子　殷武乙時人西元前 1198 年至 1195 年，公見帝無道常爲偶人遂棄官隱　之女子一：圭(本脈) **血緣**:啓昆－黃帝－昌意－顓頊－稱－卷章－吳回－陸終－老彭－兩－伯壽－振禧－佽康－養廉－獻－寧帆－夢熊－秉－可愛－積古－頌新－團－竭忠－奇瑞－道琮－繼崧－景敷－愈崗－伯－欽保－度章－爾賢－榮施－端肅－列－東侯－才華－佐商－音－輝彩－圭－
50	40	33	圭 　　室　有崇氏	輝彩公之子　一名伯藩字丙煌殷之帝乙時西元前 1191 年至 1155 年，同季歷伐始呼翳徒之戎有功官賢大夫(西元前 1191 年至 1155 年)，之女 子二：咸(本脈)、成。 **血緣**:啓昆－黃帝－昌意－顓頊－稱－卷章－吳回－陸終－老彭－兩－伯壽－振禧－佽康－養廉－獻－寧帆－夢熊－秉－可愛－積古－頌新－團－竭忠－奇瑞－道琮－繼崧－景敷－愈崗－伯－欽保－度章－爾賢－榮施－端肅－列－東侯－才華－佐商－音－輝彩－圭－咸、成
51	41	34	咸 　　室　南宮氏	圭公長子　字福康殷紂王時西元前 1154 年至 1123 年，官賢大夫諫其君不聽投水而死見楚辭離　經註(西元前 1154 年至 1123 年) **案**本源錄云距宜君今陝西鄜州宜君縣城八十里地名彭村有商賢大夫彭祖墓有墓戶種地看守墳墓查神仙通鑑廣輿志後漢郡國志皆註彭墓在蜀地前老彭系下已載明晰玆考彭村所葬之彭祖非唐堯所封彭城之彭祖恐是商季殷賢大夫彭咸也彭村所葬之彭祖是咸公無疑　之女 子三：遵，祖壽，九元。 **血緣**:啓昆－黃帝－昌意－顓頊－稱－卷章－吳回－陸終－老彭－兩－伯壽－振禧－佽康－養廉－獻－寧帆－夢熊－秉－可愛－積古－頌新－團－竭忠－奇瑞－道琮－繼崧－景敷－愈崗－伯－欽保－度章　爾賢－榮施－端肅－列－東侯－才華－佐商－音－輝彩－圭－咸－遵、祖壽、九元－
51	41	34	成	圭公次子　字平階因殷紂王無道佯狂避世不知所之。 **血緣**:啓昆－黃帝－昌意－顓頊－稱－卷章－吳回－陸終－老彭－兩－伯壽－振禧－佽康－養廉－獻－寧帆－夢熊－秉－可愛－積古－頌新－團－竭忠－奇瑞－道琮－繼崧－景敷－愈崗－伯－欽保－度章－爾賢－榮施－端肅－列－東侯－才華－佐商－音－輝

開派 少典	黃帝 世系	受姓 彭祖	先　祖	紀　　　　　　　　　　　　　　　事
				彩－圭－成
52	42	35	遵	咸公長子，字悟明，殷紂王時官先行，係界牌關陣亡見封神演義。 **血緣**:啓昆－黃帝－昌意－顓頊－稱－卷章－吳回－陸終－老彭－兩－伯壽－振禧－傚康－養廉－獻－寧帆－夢熊　－秉－可愛－積古－頌新－團－竭忠－奇瑞－道琮－繼崧－景敷－愈崗－伯－欽保－度章－爾賢－榮施－端肅－列－東侯－才華－佐商－音－輝彩－圭－成－遵
52	42	35	祖　壽 室　商　氏	咸公次子，字紹賢，殷紂王約西元前 1154 年至 1123 年，時官豫州伯封兗州侯係孟津河陣亡，西周武王西元 1122 年，追諡懿公見封神演義首相容公之女 子一：寶雲(本脈) **血緣**:啓昆－黃帝－昌意－顓頊－稱－卷章－吳回－陸終－老彭－兩－伯壽－振禧－傚康－養廉－獻－寧帆－夢熊　－秉－可愛－積古－頌新－團－竭忠－奇瑞－道琮－繼崧－景敷－愈崗－伯－欽保－度章－爾賢－榮施－端肅－列－東侯－才華－佐商－音－輝彩－圭－成－祖壽－寶雲－
52	42	35	九　元	咸公次子　字巨仁殷紂王時官副將係萬仙陣亡見封神演義 **血緣**:啓昆－黃帝－昌意－顓頊－稱－卷章－吳回－陸終－老彭－兩－伯壽－振禧－傚康－養廉－獻－寧帆－夢熊　－秉－可愛－積古－頌新－團－竭忠－奇瑞－道琮－繼崧－景敷－愈崗－伯－欽保－度章－爾賢－榮施－端肅－列－東侯－才華－佐商－音－輝彩－圭－咸－九元－
53	43	36	寶　雲 室　散宜氏	祖壽公之子，官西周武王西元前 1122 年，司馬。　大夫生公之女 子二：后農，士懷(本脈) **血緣**:啓昆－黃帝－昌意－顓頊－稱－卷章－吳回－陸終－老彭－兩－伯壽－振禧－傚康－養廉－獻－寧帆－夢熊　－秉－可愛－積古－頌新－團－竭忠－奇瑞－道琮－繼崧－景敷－愈崗－伯－欽保－度章－爾賢－榮施－端肅－列－東侯－才華－佐商－音－輝彩－圭－咸－祖壽－寶雲－后農、士懷
54	44	37	后　農	寶雲公長子 **血緣**:啓昆－黃帝－昌意－顓頊－稱－卷章－吳回－陸終－老彭－兩－伯壽－振禧－傚康－養廉－獻－寧帆－夢熊　－秉－可愛－積古－頌新－團－竭忠－奇瑞－道琮－繼崧－景敷－愈崗－伯－欽保－度章－爾賢－榮施－端肅－列－東侯－才華－佐商－音－輝彩－圭－咸－祖壽－寶雲－后農
54	44	37	士　懷 室　鄂　氏 室二商　氏	寶雲公次子　官西周成王西元前 1115 年，司徒　之女 子一：淇　之女 子一：治(本脈) **血緣**:啓昆－黃帝－昌意－顓頊－稱－卷章－吳回－陸終－老彭－兩－伯壽－振禧－傚康－養廉－獻－寧帆－夢熊　－秉－可愛－積古－頌新－團－竭忠－奇瑞－道琮－繼崧－景敷－愈崗－伯－欽保－度章－爾賢－榮施－端肅－列－東侯－才華－佐商－音－輝彩－圭－咸－祖壽－寶雲－士懷－淇、治－
55	45	38	淇	士懷公長子， **血緣**:啓昆－黃帝－昌意－顓頊－稱－卷章－吳回－陸終－老彭－兩－伯壽－振禧－傚康－養廉－獻－寧帆－夢熊　－秉－可愛－積古－頌新－團－竭忠－奇瑞－道琮－繼崧－景敷－愈崗－伯－欽保－度章－爾賢－榮施－端肅－列－東侯－才華－佐商－音－輝彩－圭－咸－祖壽－寶雲－士懷－淇－

開派少典	黃帝世系	受姓彭祖	先　祖	紀　　　　　　　　　　　　　　　　　　事
55	45	38	治 室　姜氏	士懷公次子　西周成王時西元前 1115 年至 1079 年官大夫　之女 子一：類超(本脈)(**血緣**:啓昆－黃帝－昌意－顓頊－稱－卷章－吳回－陸終－老彭－兩－伯壽－振禧－傲康－養廉－獻－寧帆－夢熊　－秉－可愛－積古－頌新－團－竭忠－奇瑞－道琮－繼崧－景敷－愈崗－伯－欽保－度章－爾賢－榮施－端肅－列－東侯－才華－佐商－音－輝彩－圭－咸－祖壽－寶雲－士懷－治－類超　周成王時官大夫　之女一子類超本脈
56	46	39	類　超 室　虞氏	治公之子，西周康王時西元前 1078 年至 1053 年官兗州伯。　　之女 子一：為達(本脈) **血緣**:啓昆－黃帝－昌意－顓頊－稱－卷章－吳回－陸終－老彭－兩－伯壽－振禧－傲康－養廉－獻－寧帆－夢熊　－秉－可愛－積古－頌新－團－竭忠－奇瑞－道琮－繼崧－景敷－愈崗－伯－欽保－度章－爾賢－榮施－端肅－列－東侯－才華－佐商－音－輝彩－圭－咸－祖壽－寶雲－士懷－治－類超－為達－
57	47	40	為　達 室　蔡氏	類超公之子　西周昭王元年己丑西元前 1052 年夜觀月有五色貫紫微因知周道漸衰遂不在　之女 子二：自昭(本脈)、自明。 **血緣**:啓昆－黃帝－昌意－顓頊－稱－卷章－吳回－陸終－老彭－兩－伯壽－振禧－傲康－養廉－獻－寧帆－夢熊　－秉－可愛－積古－頌新－團－竭忠－奇瑞－道琮－繼崧－景敷－愈崗－伯－欽保－度章－爾賢－榮施－端肅－列－東侯－才華－佐商－音－輝彩－圭－咸－祖壽－寶雲－士懷－治－類超－為達－自昭、自明－
58	48	41	自　昭 室　畢氏	為達公長子　為西周穆王西元前 1001 年大僕正　之女 子二：程(本脈)、科 **血緣**:啓昆－黃帝－昌意－顓頊－稱－卷章－吳回－陸終－老彭－兩－伯壽－振禧－傲康－養廉－獻－寧帆－夢熊　－秉－可愛－積古－頌新－團－竭忠－奇瑞－道琮－繼崧－景敷－愈崗－伯－欽保－度章－爾賢－榮施－端肅－列－東侯－才華－佐商－音－輝彩－圭－咸－祖壽－寶雲－士懷－治－類超－為達－自昭－程、科－
58	48	41	自　明	為達公次子，諱宗，字法先，西周昭王五年癸巳西元前 1048 年生年二十棄家修道拜杜沖為師，壽一百五十餘歲厲王時西元前 878 年老君遣仙官迎為太清真人，治赤城宮見神仙通鑑氏姓譜。 **血緣**:啓昆－黃帝－昌意－顓頊－稱－卷章－吳回－陸終－老彭－兩－伯壽－振禧－傲康－養廉－獻－寧帆－夢熊　－秉－可愛－積古－頌新－團－竭忠－奇瑞－道琮－繼崧－景敷－愈崗－伯－欽保－度章－爾賢－榮施－端肅－列－東侯－才華－佐商－音－輝彩－圭－咸－祖壽－寶雲－士懷－治－類超－為達－自明－
59	49	42	程 室　畢氏	自昭公長子　為西周穆王御隨造父徙居趙今山西平陽府趙城縣　之女 子一：昶(本脈) **血緣**:啓昆－黃帝－昌意－顓頊－稱－卷章－吳回－陸終－老彭－兩－伯壽－振禧－傲康－養廉－獻－寧帆－夢熊　－秉－可愛－積古－頌新－團－竭忠－奇瑞－道琮－繼崧－景敷－愈崗－伯－欽保－度章－爾賢－榮施－端肅－列－東侯－才華－佐商－音－輝彩－圭－咸－祖壽－寶雲－士懷－治－類超－為達－自昭－程－自昭－昶
59	49	42	科	自昭公次子　西周穆王時人嘗三復謀父祈父祈之詩 **血緣**:啓昆－黃帝－昌意－顓頊－稱－卷章－吳回－陸終－老彭－兩－伯壽－振禧－傲康－養廉－獻－寧帆－夢熊　－秉－可愛－積古－頌新－團－竭忠－奇瑞－道琮－繼崧

開派 少典	黃帝 世系	受姓 彭祖	先　祖	紀　　　　　　　　　　　事
				－景敷－愈崗－伯－欽保－度章－爾賢－榮施－端肅－列－東侯－才華－佐商－音－輝 彩－圭－成－祖壽－寶雲－士懷－治－類超－爲達－自昭－程－昶－科－
60	50	43	昶 室 造父	程公之子　西周懿王時西元前 934 年至 910 年，官豫州牧。 **血緣**:啓昆－黃帝－昌意－顓頊－稱－卷章－吳回－陸終－老彭－兩－伯壽－振禧－傚 康－養廉－獻－寧帆－夢熊 －秉－可愛－積古－頌新－團－竭忠－奇瑞－道琮－繼崧 －景敷－愈崗－伯－欽保－度章－爾賢－榮施 端肅－列－東侯－才華－佐商－音－輝 彩－圭－成－祖壽－寶雲－士懷－治－類超－爲達－自昭－程－昶－觀凝、靜凝
61	51	44	觀 凝 室 呂氏	昶公長子，西周孝王時西元前 909 年，大雨電牛馬凍死江漢冰公曰此戾氣也履霜之象己 兆於此可畏也夫，之女 子二：丁(本脈)、甲。 **血緣**:啓昆－黃帝－昌意－顓頊－稱－卷章－吳回－陸終－老彭－兩－伯壽－振禧－傚 康－養廉－獻－寧帆－夢熊 －秉－可愛－積古－頌新－團－竭忠－奇瑞－道琮－繼崧 －景敷－愈崗－伯－欽保－度章－爾賢－榮施－端肅－列－東侯－才華－佐商－音－輝 彩－圭－成－祖壽－寶雲－士懷－治－類超－爲達－自昭－程－昶－觀凝－丁、甲－
61	51	44	靜 凝	昶公次子，西周孝王西元前 909 年至 895 年間大雨電牛馬死江漢冰公曰此戾氣也履霜之 象已兆於此可畏也夫之女丁本脈甲。 **血緣**:啓昆－黃帝－昌意－顓頊－稱－卷章－吳回－陸終－老彭－兩－伯壽－振禧－傚 康－養廉－獻－寧帆－夢熊 －秉－可愛－積古－頌新－團－竭忠－奇瑞－道琮－繼崧 －景敷－愈崗－伯－欽保－度章－爾賢－榮施－端肅－列－東侯－才華－佐商－音－輝 彩－圭－成－祖壽－寶雲－士懷－治－類超－爲達－自昭－程－昶－靜凝－
62	52	45	丁 室 唐氏	觀凝公長子，西周夷王時西元前 894 年至 879 年，從虢公帥六師伐太原之戎至于俞泉獲 馬千匹之女生 一子：寅(本脈) **血緣**:啓昆－黃帝－昌意－顓頊－稱－卷章－吳回－陸終－老彭－兩－伯壽－振禧－傚 康－養廉－獻－寧帆－夢熊 －秉－可愛－積古－頌新－團－竭忠－奇瑞－道琮－繼崧 －景敷－愈崗－伯－欽保－度章－爾賢－榮施－端肅－列－東侯－才華－佐商－音－輝 彩－圭－成－祖壽－寶雲－士懷－治－類超－爲達－自昭－程－昶－觀凝－丁－寅－
62	52	45	甲	觀凝公次子， **血緣**:啓昆－黃帝－昌意－顓頊－稱－卷章－吳回－陸終－老彭－兩－伯壽－振禧－傚 康－養廉－獻－寧帆－夢熊 －秉－可愛－積古－頌新－團－竭忠－奇瑞－道琮－繼崧 －景敷－愈崗－伯－欽保－度章－爾賢－榮施－端肅－列－東侯－才華－佐商－音－輝 彩－圭－成－祖壽－寶雲－士懷－治－類超－爲達－自昭－程－昶－觀凝－甲－
63	53	46	寅 室 姚氏	丁公之子　字耀祖西周厲王時西元前 878 年至 842 年，官大夫　之女 子一：能運(本脈) **血緣**:啓昆－黃帝－昌意－顓頊－稱－卷章－吳回－陸終－老彭－兩－伯壽－振禧－傚 康－養廉－獻－寧帆－夢熊 －秉－可愛－積古－頌新－團－竭忠－奇瑞－道琮－繼崧 －景敷－愈崗－伯－欽保－度章－爾賢－榮施－端肅－列－東侯－才華－佐商－音－輝 彩－圭－成－祖壽－寶雲－士懷－治－類超－爲達－自昭－程－昶－觀凝－丁－寅－能 運－
64	54	47	能 運 室 有殷氏	寅公之子　字興周西周厲王時西元前 878 年至 842 年間從虢仲帥師征淮夷不克徙於齊今 山東青州府昌樂縣　之女生

開派少典	黃帝世系	受姓彭祖	先　祖	紀　　　　　　　　　　　　　　　　　　事
				子三：愚岑、百皇、貴山(本脈)。 **血緣**　啓昆－黃帝－昌意－顓頊－稱－卷章－吳回－陸終－老彭－兩－伯壽－振禧－俶康－養廉－獻－寧帆－夢熊－秉－可愛－積古－頌新－團－竭忠－奇瑞－道琮－繼崧－景敷－愈崗－伯－欽保－度章－爾賢－榮施－端肅－列－東侯－才華－佐商－音－輝彩－圭－成－祖壽－寶雲－士懷－治－類超－爲達－自昭－程－昶－觀凝－丁－寅－能運－愚岑、百皇、貴山
65	55	48	愚　岑	能運長子，西周宣王時西元前 827 年至 782 年間西垂大夫，後與方叔南征荊蠻歿於其地，子孫遂家焉(彭氏居楚之始) **血緣**　啓昆－黃帝－昌意－顓頊－稱－卷章－吳回－陸終－老彭－兩－伯壽－振禧－俶康－養廉－獻－寧帆－夢熊　秉－可愛－積古－頌新－團－竭忠－奇瑞－道琮－繼崧－景敷－愈崗－伯－欽保－度章－爾賢－榮施－端肅－列－東侯　才華　佐商－音－輝彩－圭－成－祖壽－寶雲－士懷－治－類超－爲達－自昭－程－昶－觀凝－丁－寅－能運－愚岑　－
65	55	48	百　皇	能運次子， **血緣**　啓昆－黃帝－昌意－顓頊－稱－卷章－吳回－陸終－老彭－兩－伯壽－振禧－俶康－養廉－獻－寧帆－夢熊　秉－可愛－積古－頌新－團－竭忠－奇瑞－道琮－繼崧－景敷－愈崗－伯－欽保－度章－爾賢－榮施－端肅－列－東侯－才華－佐商－音－輝彩－圭－成－祖壽－寶雲－士懷－治－類超－爲達－自昭－程－昶－觀凝－丁－寅－能運－百皇－
65	55	48	貴　山 　室　尹氏	能運三子　西周宣王元年甲戌西元前 827 年，同尹吉甫討西戎官大夫　之女 生二子: 和美(本脈)，祥真 **血緣**　啓昆－黃帝－昌意－顓頊－稱－卷章－吳回－陸終－老彭－兩－伯壽－振禧－俶康－養廉－獻－寧帆－夢熊　秉－可愛－積古－頌新－團－竭忠－奇瑞－道琮－繼崧－景敷－愈崗－伯－欽保－度章－爾賢－榮施－端肅－列－東侯－才華－佐商－音－輝彩－圭－成－祖壽－寶雲－士懷－治－類超－爲達－自昭－程－昶－觀凝－丁－寅－能運－貴山－和美、祥真－
66	56	49	和　美 　室　滕氏	貴山長子　西周幽王時西元前 781 年至 771 年，官司寇之女 子一：友焚(本脈) **血緣**　啓昆－黃帝－昌意－顓頊－稱－卷章－吳回－陸終－老彭－兩－伯壽－振禧－俶康－養廉－獻－寧帆－夢熊　秉－可愛－積古－頌新－團－竭忠－奇瑞－道琮－繼崧－景敷－愈崗－伯－欽保－度章－爾賢－榮施－端肅－列－東侯－才華－佐商－音－輝彩－圭－成－祖壽－寶雲－士懷－治－類超－爲達－自昭－程－昶－觀凝－丁－寅－能運－貴山－和美－友焚　－
66	56	49	祥　真	貴山次子， **血緣**　啓昆－黃帝－昌意－顓頊－稱－卷章－吳回－陸終－老彭－兩－伯壽－振禧－俶康－養廉－獻－寧帆－夢熊　秉－可愛－積古－頌新－團－竭忠－奇瑞－道琮－繼崧－景敷－愈崗－伯－欽保－度章－爾賢－榮施－端肅－列－東侯－才華－佐商－音－輝彩－圭－成－祖壽－寶雲－士懷－治－類超－爲達－自昭－程－昶－觀凝－丁－寅－能運－貴山－祥真
67	57	50	友　焚 　室　杜氏	和美之子　爲東周平王師旅西元前 770 年至 720 年間　之女 子八：文，韜，武，略(本脈)，富，貴，發，達。

開派 少典	黃帝 世系	受姓 彭祖	先　祖	紀　　　　　　　　　　　　　　　　事
				血緣：啓昆－黃帝－昌意－顓頊－稱－卷章－吳回－陸終－老彭－兩－伯壽－振禧－ 儆康－養廉－獻－寧帆－夢熊－秉－可愛－積古－頌新－團－竭忠－奇瑞－道琮－繼崧 －景敷－愈崗－伯－欽保－度章－爾賢－榮施－端肅－列－東侯－才華－佐商－音－ 輝彩－圭－咸－祖壽－寶雲－士懷－治－類超－爲達－自昭－程－昶－觀凝－丁－寅－ 能運－貴山－和美－友焭－文、韜、武、略、富、貴、發、達－
68	58	51	文	友焭長子　徙居襃今陝西漢中府襃城縣 **血緣**：啓昆－黃帝－昌意－顓頊－稱－卷章－吳回－陸終－老彭－兩－伯壽－振禧－ 儆康－養廉－獻－寧帆－夢熊－秉－可愛－積古－頌新－團－竭忠－奇瑞－道琮－繼 崧－景敷－愈崗－伯－欽保－度章－爾賢－榮施－端肅－列－東侯－才華－佐商－音－ 輝彩－圭－咸－祖壽－寶雲－士懷－治－類超－爲達－自昭－程－昶－觀凝－丁－寅－ 能運－貴山－和美－友焭－文－
68	58	51	韜	友焭次子， **血緣**：啓昆－黃帝－昌意－顓頊－稱－卷章－吳回－陸終－老彭－兩－伯壽－振禧－ 儆康－養廉－獻－寧帆－夢熊－秉－可愛－積古－頌新－團－竭忠－奇瑞－道琮－繼 崧－景敷－愈崗－伯－欽保－度章－爾賢－榮施－端肅－列－東侯－才華－佐商－音－ 輝彩－圭－咸－祖壽－寶雲－士懷－治－類超－爲達－自昭－程－昶－觀凝－丁－寅－ 能運－貴山－和美－友焭－韜－
68	58	51	武	友焭三子， **血緣**：啓昆－黃帝－昌意－顓頊－稱－卷章－吳回－陸終－老彭－兩－伯壽－振禧－儆 康－養廉－獻－寧帆－夢熊－秉－可愛－積古－頌新－團－竭忠－奇瑞－道琮－繼崧 －景敷－愈崗－伯－欽保－度章－爾賢－榮施－端肅－列－東侯－才華－佐商－音－輝 彩－圭－咸－祖壽－寶雲－士懷－治－類超－爲達－自昭－程－昶－觀凝－丁－寅－能 運－貴山－和美－友焭－武－
68	58	51	略 室　蘇氏	友焭四子　東周平王時西元前 747 年至 723 年間人公敏穎絕人讀書輒數行同盡博古通經 屢召不仕　之女 子二：大郎(本脈)、小郎 **血緣**：啓昆－黃帝－昌意－顓頊－稱－卷章－吳回－陸終－老彭－兩－伯壽－振禧－儆 康－養廉－獻－寧帆－夢熊－秉－可愛－積古－頌新－團－竭忠－奇瑞－道琮－繼崧 －景敷－愈崗－伯－欽保－度章－爾賢－榮施－端肅－列－東侯－才華－佐商－音－輝 彩－圭－咸－祖壽－寶雲－士懷－治－類超－爲達－自昭－程－昶－觀凝－丁－寅－能 運－貴山－和美－友焭－略－大郎、小郎－
68	58	51	富	友焭五子， **血緣**：啓昆－黃帝－昌意－顓頊－稱－卷章－吳回－陸終－老彭－兩－伯壽－振禧－儆 康－養廉－獻－寧帆－夢熊－秉－可愛－積古－頌新－團－竭忠－奇瑞－道琮－繼崧 －景敷－愈崗－伯－欽保－度章－爾賢－榮施－端肅－列－東侯－才華－佐商－音－輝 彩－圭－咸－祖壽－寶雲－士懷－治－類超－爲達－自昭－程－昶－觀凝－丁－寅－能 運－貴山－和美－友焭－富－
68	58	51	貴	友焭六子， **血緣**：啓昆－黃帝－昌意－顓頊－稱－卷章－吳回－陸終－老彭－兩－伯壽－振禧－儆 康－養廉－獻－寧帆－夢熊－秉－可愛－積古－頌新－團－竭忠－奇瑞－道琮－繼崧 －景敷－愈崗－伯－欽保－度章－爾賢－榮施－端肅－列－東侯－才華－佐商－音－輝

開派少典	黃帝世系	受姓彭祖	先　祖	紀　　　　　　　　　　　　　事
				彩－圭－咸－祖壽－寶雲－士懷－治－類超－爲達－自昭－程－昶－觀凝－丁－寅－能運－貴山－和美－友焭－貴－
68	58	51	發	友焭七子， **血緣**：啓昆－黃帝－昌意－顓頊－稱－卷章－吳回－陸終－老彭－兩－伯壽－振禧－俶康－養廉－獻－寧帆－夢熊－秉－可愛－積古－頌新－團－竭忠－奇瑞－道琮－繼崧－景敷－愈崗－伯－欽保－度章－爾賢－榮施－端肅－列－東侯－才華－佐商－音－輝彩－圭－咸－祖壽－寶雲－士懷－治－類超－爲達－自昭－程－昶－觀凝－丁－寅－能運－貴山－和美－友焭－發－
68	58	51	達	友焭八子， **血緣**：啓昆－黃帝－昌意－顓頊－稱－卷章－吳回－陸終－老彭－兩－伯壽－振禧－俶康－養廉－獻－寧帆－夢熊　－秉－可愛－積古－頌新－團－竭忠－奇瑞－道琮－繼崧－景敷－愈崗－伯－欽保－度章－爾賢－榮施－端肅－列－東侯－才華－佐商－音－輝彩－圭－咸－祖壽－寶雲－士懷－治－類超－爲達－自昭－程－昶－觀凝－丁－寅－能運－貴山－和美－友焭－達－
69	59	52	大　郎 　室　蘇氏 　室　秦氏	略公長子　諱趒以字行官東周桓王西元前 719 年至 697 年卿士　　之女 一子：榮(本脈) **血緣**：啓昆－黃帝－昌意－顓頊－稱－卷章－吳回－陸終－老彭－兩－伯壽－振禧－俶康－養廉－獻－寧帆－夢熊　－秉－可愛－積古－頌新－團－竭忠－奇瑞－道琮－繼崧－景敷－愈崗－伯－欽保－度章－爾賢－榮施－端肅－列－東侯－才華－佐商－音－輝彩－圭－咸－祖壽－寶雲－士懷－治－類超－爲達－自昭－程－昶－觀凝－丁－寅－能運－貴山－和美－友焭－略－大郎－榮－
69	59	52	小　郎	略公次子，諱□以字行東周桓王官司馬。 **血緣**：啓昆－黃帝－昌意－顓頊－稱－卷章－吳回－陸終－老彭－兩－伯壽－振禧－俶康－養廉－獻－寧帆－夢熊　－秉－可愛－積古－頌新－團－竭忠－奇瑞－道琮－繼崧－景敷－愈崗－伯－欽保－度章－爾賢－榮施－端肅－列－東侯－才華－佐商－音－輝彩－圭－咸－祖壽－寶雲－士懷－治－類超－爲達－自昭－程－昶－觀凝－丁－寅－能運－貴山－和美－友焭－略－小郎－
70	60	53	榮 　室　辛氏	大郎之子　字懷美東周莊王時人西元前 696 年至 682 年間舊譜載公喜修煉術徙居於楚今湖廣荆州府江陵縣　之女 子一：忽(本脈) **血緣**：啓昆－黃帝－昌意－顓頊－稱－卷章－吳回－陸終－老彭－兩－伯壽－振禧－俶康－養廉－獻－寧帆－夢熊　－秉－可愛－積古－頌新－團－竭忠－奇瑞－道琮－繼崧－景敷－愈崗－伯－欽保－度章－爾賢－榮施－端肅－列－東侯－才華－佐商－音－輝彩－圭－咸－祖壽－寶雲－士懷－治－類超－爲達－自昭－程－昶－觀凝－丁－寅－能運－貴山－和美－友焭－略－大郎－榮－忽－
71	61	54	忽 　室　熊氏	榮公之子　字國秉積學能文行尤謹厚　之女 子一：仲爽。 **血緣**：啓昆－黃帝－昌意－顓頊－稱－卷章－吳回－陸終－老彭－兩－伯壽－振禧－俶康－養廉－獻－寧帆－夢熊－秉－可愛－積古－頌新－團－竭忠－奇瑞－道琮－繼崧－景敷－愈崗－伯－欽保－度章－爾賢－榮施－端肅－列－東侯－才華－佐商－音－輝彩－圭－咸－祖壽－寶雲－士懷－治－類超－爲達－自昭－程－昶－觀凝－丁－寅－能

開派少典	黃帝世系	受姓彭祖	先　祖	紀　　　　　　　　事
				運－貴山－和美－友焱－略－大郎－榮－忽－仲爽－
72	61	55	仲　爽 隴西始祖 室　熊氏	忽公之子，字定父，東周僖王時人，西元前 681 年至 677 年，官春秋時爲楚文王令尹，見左傳賢大夫，後秦滅楚，遷其大姓於隴西彭其一也。之女 子二：建周，建夏。 **血緣**:啓昆－黃帝－昌意－顓頊－稱－卷章－吳回－陸終－老彭－兩－伯壽－振禧－傲康－養廉－獻－寧帆－夢熊－秉－可愛－積占－頌新－團－竭忠－奇瑞－道琮－繼崧－景敷－愈崗－伯－欽保－度章－爾賢－榮施－端肅－列－東侯－才華－佐商－音－輝彩－圭－咸－祖壽－寶雲－士懷－治－類超－爲達－自昭－程－昶－觀凝－丁－寅－能運－貴山－和美－友焱－略－大郎－榮－忽－仲爽－建周、建夏－
73	63	56	建　周	仲爽長子， **血緣**:啓昆－黃帝－昌意－顓頊－稱－卷章－吳回－陸終－老彭－兩－伯壽－振禧－傲康－養廉－獻－寧帆－夢熊－秉－可愛－積占－頌新－團－竭忠－奇瑞－道琮－繼崧－景敷－愈崗－伯－欽保－度章－爾賢－榮施－端肅－列－東侯－才華－佐商－音－輝彩－圭－咸－祖壽－寶雲－士懷－治－類超－爲達－自昭－程－昶－觀凝－丁－寅－能運－貴山－和美－友焱－略－大郎－榮－忽－仲爽－周建－
73	63	56	建　夏 室　蘇氏	仲爽次子，東周惠王時官楚司寇。之女一子俊宜。 **血緣**:啓昆－黃帝－昌意－顓頊－稱－卷章－吳回－陸終－老彭－兩－伯壽－振禧－傲康－養廉－獻－寧帆－夢熊－秉－可愛－積占－頌新－團－竭忠－奇瑞－道琮－繼崧－景敷－愈崗－伯－欽保－度章－爾賢－榮施－端肅－列－東侯－才華－佐商－音－輝彩－圭－咸－祖壽－寶雲－士懷－治－類超－爲達－自昭－程－昶－觀凝－丁－寅－能運－貴山－和美－友焱－略－大郎－榮－忽－仲爽－建夏－俊宜－
74	64	57	俊　宜 室　黃氏	建夏之子　東周襄王時西元前 651 年至 619 年間晉饑乞糴于秦納百里奚之言遂輸粟爲襄王封公爲晉大夫　之女　三子西林本脈東柏義伯。 **血緣**:啓昆－黃帝－昌意－顓頊－稱－卷章－吳回－陸終－老彭－兩－伯壽－振禧－傲康－養廉－獻－寧帆－夢熊－秉－可愛－積占－頌新－團－竭忠－奇瑞－道琮－繼崧－景敷－愈崗－伯－欽保－度章－爾賢－榮施－端肅－列－東侯－才華－佐商－音－輝彩－圭－咸－祖壽－寶雲－士懷－治－類超－爲達－自昭－程－昶－觀凝－丁－寅－能運－貴山－和美－友焱－略－大郎－榮－忽－仲爽－建夏－俊宜－西林、東柏、義伯－
75	65	58	西　林 室　子車氏 室　公孫氏	俊宜長子　東周定王時西元前 606 年至 586 年間掌百正之官　之女　公孫氏出 子一：名(本脈) **血緣**:啓昆－黃帝－昌意－顓頊－稱－卷章－吳回－陸終－老彭－兩－伯壽－振禧－傲康－養廉－獻－寧帆－夢熊－秉－可愛－積占－頌新－團－竭忠－奇瑞－道琮－繼崧－景敷－愈崗－伯－欽保－度章－爾賢－榮施－端肅－列－東侯－才華－佐商－音－輝彩－圭－咸－祖壽－寶雲－士懷－治－類超－爲達－自昭－程－昶－觀凝－丁－寅－能運－貴山－和美－友焱－略－大郎－榮－忽－仲爽－建夏－俊宜－西林－名－
75	65	58	東　柏	俊宜次子， **血緣**:啓昆－黃帝－昌意－顓頊－稱－卷章－吳回－陸終－老彭－兩－伯壽－振禧－傲康－養廉－獻－寧帆－夢熊－秉－可愛－積占－頌新－團－竭忠－奇瑞－道琮－繼崧－景敷－愈崗－伯－欽保－度章－爾賢－榮施－端肅－列－東侯－才華－佐商－音－輝彩－圭－咸－祖壽－寶雲－士懷－治－類超－爲達－自昭－程－昶－觀凝－丁－寅－能運－貴山－和美－友焱－略－大郎－榮－忽－仲爽－建夏－俊宜－東柏－

開派 少典	黃帝 世系	受姓 彭祖	先　祖	紀　　　　　　　　　　　　　　　事
75	65	58	義　伯	俊宜三子，因偕父官笞遂家焉。 **血緣**:啓昆－黃帝－昌意－顓頊－稱－卷章－吳回－陸終－老彭－兩－伯壽－振禧－倣康－養廉－獻－寧帆－夢熊－秉－可愛－積古－頌新－團－竭忠－奇瑞－道琮－繼崧－景敷－愈崗－伯－欽保－度章－爾賢－榮施－端肅－列－東侯－才華－佐商－音－輝彩－圭－咸－祖壽－寶雲－士懷－治－類超－爲達－自昭－程－昶－觀凝－丁－寅－能運－貴山－和美－友熒－略－大郎－榮－忽－仲爽－建夏－俊宜－義伯－
76	66	59	名 　室 子車氏	西林之子　字世成東周簡王時西元前 585 年至 572 年間官楚共王善御見左傳　之女 子二：宏載本脈，繼名。 **血緣**:啓昆－黃帝－昌意－顓頊－稱－卷章－吳回－陸終－老彭－兩－伯壽－振禧－倣康－養廉－獻－寧帆－夢熊－秉－可愛－積古－頌新－團－竭忠－奇瑞－道琮－繼崧－景敷－愈崗－伯－欽保－度章－爾賢－榮施－端肅－列－東侯－才華－佐商－音－輝彩－圭－咸－祖壽－寶雲－士懷－治－類超－爲達－自昭－程－昶－觀凝－丁－寅－能運－貴山－和美－友熒－略－大郎－榮－忽－仲爽－建夏－俊宜－西林－名－宏載、繼名－
77	67	60	宏　載 　室 顏氏	名公長子　東周靈王時西元前 571 年至 545 年間人公好讀書不樂仕進　之女 一子：益開(本脈) **血緣**:啓昆－黃帝－昌意－顓頊－稱－卷章－吳回－陸終－老彭－兩－伯壽－振禧－倣康－養廉－獻－寧帆－夢熊－秉－可愛－積古－頌新－團－竭忠－奇瑞－道琮－繼崧－景敷－愈崗－伯－欽保－度章－爾賢－榮施－端肅－列－東侯－才華－佐商－音－輝彩－圭－咸－祖壽－寶雲－士懷－治－類超－爲達－自昭－程－昶－觀凝－丁－寅－能運－貴山－和美－友熒－略－大郎－榮－忽－仲爽－建夏－俊宜－西林－名－宏載－益開－
77	67	60	繼　名	名公次子，今名姓系出繼名字典名字註左傳楚大夫彭名之後唐名初撰公侯政術十卷。 **血緣**:啓昆－黃帝－昌意－顓頊－稱－卷章－吳回－陸終－老彭－兩－伯壽－振禧－倣康－養廉－獻－寧帆－夢熊－秉－可愛－積古－頌新－團－竭忠－奇瑞－道琮－繼崧－景敷－愈崗－伯－欽保－度章－爾賢－榮施－端肅－列－東侯－才華－佐商－音－輝彩－圭－咸－祖壽－寶雲－士懷－治－類超－爲達－自昭－程－昶－觀凝－丁－寅－能運－貴山－和美－友熒－略－大郎－榮－忽－仲爽－建夏－俊宜－西林－名－繼名－
78	68	61	益　開 　室 李氏	宏載之子　諱生以字行東周景王時西元前五四四年至五 20 年間人官楚靈王大夫見史記　之女 子二：元果(本脈)、元杲 **血緣**:啓昆－黃帝－昌意－顓頊－稱－卷章－吳回－陸終－老彭－兩－伯壽－振禧－倣康－養廉－獻－寧帆－夢熊－秉－可愛－積古－頌新－團－竭忠－奇瑞－道琮－繼崧－景敷－愈崗－伯－欽保－度章－爾賢－榮施－端肅－列－東侯－才華－佐商－音－輝彩－圭－咸－祖壽－寶雲－士懷－治－類超－爲達－自昭－程－昶－觀凝－丁－寅－能運－貴山－和美－友熒－略－大郎－榮－忽－仲爽－建夏－俊宜－西林－名－宏載－益開－元果、元杲
79	69	62	元　果 　室 李氏 　室2 顏氏	益開長子　諱殷卷以字行東周敬王時人西元前 519 年至 477 年間公立品端方順親睦族仕楚爲大夫　之女　之女 子十七：訓彝，訓乘，餘名闕無傳。 **案** 衡山傳忠公曰既明受姓後紀郡望我隴西彭氏自仲爽公後分爲五房若侗若佴爲殷卷子

開派少典	黃帝世系	受姓彭祖	先　祖	紀　　　　　　　　　　　　　　　事
				若祺若俞若穎則爲橋後楚未滅時五房居楚號稱大姓秦滅楚遷楚大姓於隴西本源錄云隴西禹貢雍州之域天文井鬼分野戰國時西羌所居秦屬隴西郡漢爲天水皆爲狄道明爲鞏昌臨洮 2 府是也。前漢地理志云隴西郡註云應劭曰有隴坻在其西也師古曰隴坻謂隴陂即今之隴山也此郡在隴之西故曰隴西地理直音云漢隴西今華昌府漢天水今鞏昌府秦州東周列國志云隴西郡今鞏昌臨洮 2 府及河州靖虜 2 衛其一也彭以隴西名郡蓋始於此由秦而漢遞傳至宣公以明經官左馮翊封長平侯居淮陽今河南陳州太康縣故吾族郡望又以淮陽稱自漢長平公防也。述考蕭智漢氏姓譜云彭氏望出宜春吾族又以宜春名郡者自唐徵君公雲世家宜春今江西袁州宜春縣防也。 **血緣**:啓昆－黃帝－昌意－顓頊－稱－卷章－吳回－陸終－老彭－兩－伯壽－振禧－傚康－養廉－獻－寧帆－夢熊－秉－可愛－積古－頌新－團－竭忠－奇瑞－道琮－繼崧－景敷－愈崗－伯－欽保－度章－爾賢－榮施－端肅－列－東侯－才華－佐商－音－輝彩－圭－咸－祖壽－寶雲－士懷－治－類超－爲達－自昭－程－昶－觀凝－丁－寅－能運－貴山－和美－友燊－略－大郎－榮－忽－仲爽－建夏－俊宜－西林－名－宏載－益開－元果－訓彝、訓乘－
79	69	62	元　果 室　李氏	益開次子　譚橋以字行官楚大夫　之女 三子：祺，俞，穎。 **附錄**祺字詒齋俞字甸邦穎字悟切俱居楚舊譜載橋之後子姓繁衍於楚(西元前 519 年至 479年間)。 **血緣**:啓昆－黃帝－昌意－顓頊－稱－卷章－吳回－陸終－老彭－兩－伯壽－振禧－傚康－養廉－獻－寧帆－夢熊－秉－可愛－積古－頌新－團－竭忠－奇瑞－道琮－繼崧－景敷－愈崗－伯－欽保－度章－爾賢－榮施－端肅－列－東侯－才華－佐商－音－輝彩－圭－咸－祖壽－寶雲－士懷－治－類超－爲達－自昭－程－昶－觀凝－丁－寅－能運－貴山－和美－友燊－略－大郎－榮－忽－仲爽－建夏－俊宜－西林－名－宏載－益開－元果－祺、俞、穎－
80	70	63	訓　彝 室　孟氏	元果長子　譚倜以字行東周敬王時人官楚大夫(西元 519 年至 477 年間)之女。 七子：敖(本脈)，教，政，敬，餘名闕無傳 **血緣**:啓昆－黃帝－昌意－顓頊－稱－卷章－吳回－陸終－老彭－兩－伯壽－振禧－傚康－養廉－獻－寧帆－夢熊－秉－可愛－積古－頌新－團－竭忠－奇瑞－道琮－繼崧－景敷－愈崗－伯－欽保－度章－爾賢－榮施－端肅－列－東侯－才華－佐商－音－輝彩－圭－咸－祖壽－寶雲－士懷－治－類超－爲達－自昭－程－昶－觀凝－丁－寅－能運－貴山－和美－友燊－略－大郎－榮－忽－仲爽－建夏－俊宜－西林－名－宏載－益開－元果－訓彝－敖、教、政、敬－
80	70	63	訓　乘	元果次子，譚倜以字行舊譜載倜居楚。 **血緣**:啓昆－黃帝－昌意－顓頊－稱－卷章－吳回－陸終－老彭－兩－伯壽－振禧－傚康－養廉－獻－寧帆－夢熊－秉－可愛－積古－頌新－團－竭忠－奇瑞－道琮－繼崧－景敷－愈崗－伯－欽保－度章－爾賢－榮施－端肅－列－東侯－才華－佐商－音－輝彩－圭－咸－祖壽－寶雲－士懷－治－類超－爲達－自昭－程－昶－觀凝－丁－寅－能運－貴山－和美－友燊－略－大郎－榮－忽－仲爽－建夏－俊宜－西林－名－宏載－益開－元果－訓乘－
81	71	64	敖	訓彝長子　字榮軒東周貞定王時人西元前 468 年至 441 年間仕魯爲司空遂家於魯今山東

開派少典	黃帝世系	受姓彭祖	先　祖	紀　　　　　　　　　　　　　　　　事
				兗州府曲阜縣 之女 三子：百，千，萬(本脈)。 **血緣**:啓昆－黃帝－昌意－顓頊－稱－卷章－吳回－陸終－老彭－兩－伯壽－振禧－傲康－養廉－獻－寧帆－夢熊　秉－可愛－積古－頌新－團－竭忠－奇瑞－道琮－繼崧－景敷－愈崗－伯－欽保－度章－爾賢－榮施－端肅－列－東侯－才華－佐商－音－輝彩－圭－咸－祖壽－寶雲－士懷－治－類超－爲達－自昭－程－昶－觀凝－丁－寅－能運－貴山－和美－友燊－略－大郎－榮－忽－仲爽－建夏－俊宜－西林－名－宏載－益開－元果－訓彝－敖－百、千、萬－
81	71	64	教	訓彝次子,字華軒世稱長者居楚。 **血緣**:啓昆－黃帝－昌意－顓頊－稱－卷章－吳回－陸終－老彭－兩－伯壽－振禧－傲康－養廉－獻－寧帆－夢熊　秉－可愛－積古－頌新－團－竭忠－奇瑞－道琮－繼崧－景敷－愈崗－伯－欽保－度章－爾賢－榮施－端肅－列－東侯－才華－佐商－音－輝彩－圭－咸－祖壽－寶雲－士懷－治－類超－爲達－自昭－程－昶－觀凝－丁－寅－能運－貴山－和美－友燊－略－大郎－榮－忽－仲爽－建夏－俊宜－西林－名－宏載－益開－元果－訓彝－教－
81	77	64	政	訓彝三子,字□□居楚。 **血緣**:啓昆－黃帝－昌意－顓頊－稱－卷章－吳回－陸終－老彭－兩－伯壽－振禧－傲康－養廉－獻－寧帆－夢熊　秉－可愛－積古－頌新－團－竭忠－奇瑞－道琮－繼崧－景敷－愈崗－伯－欽保－度章－爾賢－榮施－端肅－列－東侯－才華－佐商－音－輝彩－圭－咸－祖壽－寶雲－士懷－治－類超－爲達－自昭－程－昶－觀凝－丁－寅－能運－貴山－和美－友燊－略－大郎－榮－忽－仲爽－建夏－俊宜－西林－名－宏載－益開－元果－訓彝－政－
81	71	64	敬	訓彝四子,字□□居楚。 **血緣**:啓昆－黃帝－昌意－顓頊－稱－卷章－吳回－陸終－老彭－兩－伯壽－振禧－傲康－養廉－獻－寧帆－夢熊　秉－可愛－積古－頌新－團－竭忠－奇瑞－道琮－繼崧－景敷－愈崗－伯－欽保－度章－爾賢－榮施－端肅－列－東侯－才華－佐商－音－輝彩－圭－咸－祖壽－寶雲－士懷－治－類超－爲達－自昭－程－昶－觀凝－丁－寅－能運－貴山－和美－友燊－略－大郎－榮－忽－仲爽－建夏－俊宜－西林－名－宏載－益開－元果－訓彝－敬－
82	72	65	百	敖公長子, **血緣**:啓昆－黃帝－昌意－顓頊－稱－卷章－吳回－陸終－老彭－兩－伯壽－振禧－傲康－養廉－獻－寧帆－夢熊　秉－可愛－積古－頌新－團－竭忠－奇瑞－道琮－繼崧－景敷－愈崗－伯－欽保－度章－爾賢－榮施－端肅－列－東侯－才華－佐商－音－輝彩－圭－咸－祖壽－寶雲－士懷－治－類超－爲達－自昭－程－昶－觀凝－丁－寅－能運－貴山－和美－友燊－略－大郎－榮－忽－仲爽－建夏－俊宜－西林－名－宏載－益開－元果－訓彝－敖－百－
82	2	65	千	敖公次子, **血緣**:啓昆－黃帝－昌意－顓頊－稱－卷章－吳回－陸終－老彭－兩－伯壽－振禧－傲康－養廉－獻－寧帆－夢熊　秉－可愛－積古－頌新－團－竭忠－奇瑞－道琮－繼崧－景敷－愈崗－伯－欽保－度章－爾賢－榮施－端肅－列－東侯－才華－佐商－音－輝彩－圭－咸－祖壽－寶雲－士懷－治－類超－爲達－自昭－程－昶－觀凝－丁－寅－能

開派少典	黃帝世系	受姓彭祖	先　祖	紀　　　　　　　　事
				運－貴山－和美－友燊－略－大郎－榮－忽－仲爽－建夏－俊宜－西林－名－宏載－益開－元果－訓彝－敖－千－
82	72	65	萬 室　田氏	敖公三子　周威烈王時西元前425年至402年，人積學不仕著書富　之女 子二：嗣恢，嗣慎(本脈)。 **血緣**:啓昆－黃帝－昌意－顓頊－稱－卷章－吳回－陸終－老彭－兩－伯壽－振禧－傲康－養廉－獻－寧帆－夢熊　－秉－可愛－積占－頌新－團－竭忠－奇瑞－道琮－繼崧－景敷－愈崗－伯－欽保－度章－爾賢－榮施－端肅－列－東侯－才華－佐商－音－輝彩－圭－咸－祖壽－寶雲－士懷－治－類超－爲達－自昭－程－昶－觀凝－丁－寅－能運－貴山－和美－友燊－略－大郎－榮－忽－仲爽－建夏－俊宜－西林－名－宏載－益開－元果－訓彝－敖－萬－嗣恢、嗣慎－
83	73	66	嗣　恢	萬公長子，公品學兼優與弟嗣慎自相師友。 **血緣**:啓昆－黃帝－昌意－顓頊－稱－卷章－吳回－陸終－老彭－兩－伯壽－振禧－傲康－養廉－獻－寧帆－夢熊　－秉－可愛－積占－頌新－團－竭忠－奇瑞－道琮－繼崧－景敷－愈崗－伯－欽保－度章－爾賢－榮施－端肅－列－東侯－才華－佐商－音－輝彩－圭－咸－祖壽－寶雲－士懷－治－類超－爲達－自昭－程－昶－觀凝－丁－寅－能運－貴山－和美－友燊－略－大郎－榮－忽－仲爽－建夏－俊宜－西林－名－宏載－益開－元果－訓彝－敖－萬－嗣恢－
83	73	66	嗣　慎 室　林氏	萬公次子　字謹齋東周威烈王時人西元前425年至402年間官大夫　之女　時梁 **血緣**:啓昆－黃帝－昌意－顓頊－稱－卷章－吳回－陸終－老彭－兩－伯壽－振禧－傲康－養廉－獻－寧帆－夢熊－秉－可愛－積占－頌新－團－竭忠－奇瑞－道琮－繼崧－景敷－愈崗－伯－欽保－度章－爾賢－榮施－端肅－列－東侯－才華－佐商－音－輝彩－圭－咸－祖壽－寶雲－士懷－治－類超－爲達－自昭－程－昶－觀凝－丁－寅－能運－貴山－和美－友燊－略－大郎－榮－忽－仲爽－建夏－俊宜－西林－名－宏載－益開－元果－訓彝－敖－萬－嗣慎－時梁－
84	74	67	時　梁 室　闞氏	嗣慎之子，東周安王時人西元前401年至376年間公幼穎敏有大志甫十2能文章年未三十而卒惜乎不壽。之女 一子：君實。 **血緣**:啓昆－黃帝－昌意－顓頊－稱－卷章－吳回－陸終－老彭－兩－伯壽－振禧－傲康－養廉－獻－寧帆－夢熊－秉－可愛－積占－頌新－團－竭忠－奇瑞－道琮－繼崧－景敷－愈崗－伯－欽保－度章　爾賢－榮施－端肅－列－東侯－才華－佐商－音－輝彩－圭－咸－祖壽－寶雲－士懷－治－類超－爲達－自昭－程－昶－觀凝－丁－寅－能運－貴山－和美－友燊－略－大郎－榮－忽－仲爽－建夏－俊宜－西林　名　宏載－益開－元果－訓彝－敖－萬－嗣慎－時梁－君實－
85	75	68	君　實 室　畢氏	時梁之子　東周烈王時人西元前375年至369年間周室微弱諸侯莫朝故公不仕　之女 子二：更(本脈)，蒙。 **血緣**:啓昆－黃帝－昌意－顓頊－稱－卷章－吳回－陸終－老彭－兩－伯壽－振禧－傲康－養廉－獻－寧帆－夢熊　－秉－可愛－積占－頌新－團－竭忠－奇瑞－道琮－繼崧－景敷－愈崗－伯－欽保－度章－爾賢－榮施－端肅－列－東侯－才華－佐商－音－輝彩－圭－咸－祖壽－寶雲－士懷－治－類超－爲達－自昭－程－昶－觀凝－丁－寅－能運－貴山－和美－友燊－略－大郎－榮－忽－仲爽－建夏－俊宜－西林－名－宏載－益開－元果－訓彝－敖－萬－嗣慎－時梁－君實－更、蒙－

開派少典	黃帝世系	受姓彭祖	先　祖	紀　　　事
86	76	69	更 室　孟氏	君實長子，字子端東周顯王時人西元前 368 年至 321 年間戰國時孟子弟子以孟子傳食諸侯爲泰孟子告以食功食志之道見孟子及中國人名大辭典。四書人物類典云彭更孟子弟子老彭之裔. 亞聖孟子之女有淑行 子二：金元，金和(本脈)。 **血緣**:啓昆－黃帝－昌意－顓頊－稱－卷章－吳回－陸終－老彭－兩－伯壽－振禧－俶康－養廉－獻－寧帆－夢熊－秉－可愛－積古－頌新－團－竭忠－奇瑞－道琮－繼崧－景敷－愈崗－伯－欽保－度章－爾賢－榮施－端肅－列－東侯－才華－佐商－音－輝彩－圭－咸－祖壽－寶雲－士懷－治－類超－爲達－自昭－程－昶－觀凝－丁－寅－能運－貴山－和美－友燹－略－大郎－榮－忽－仲爽－建夏－俊宜－西林－名－宏載－益開－元果－訓彝－敖－萬－嗣愼－時梁－君實－更－金元、金和－
86	76	69	蒙	君實次子，字子靖，東周顯王時人，與愼到田駢爲友，學墨子弟子禽滑釐之術，官齊宣王上大夫，見史記未經傳四書人物備考 **血緣**:啓昆－黃帝－昌意－顓頊－稱－卷章－吳回－陸終－老彭－兩－伯壽－振禧－俶康－養廉－獻－寧帆－夢熊－秉－可愛－積古－頌新－團－竭忠－奇瑞－道琮－繼崧－景敷－愈崗－伯－欽保－度章－爾賢－榮施－端肅－列－東侯－才華－佐商－音－輝彩－圭－咸－祖壽－寶雲－士懷－治－類超－爲達－自昭－程－昶－觀凝－丁－寅－能運－貴山－和美－友燹－略－大郎－榮－忽－仲爽－建夏－俊宜－西林－名－宏載－益開－元果－訓彝－敖－萬－嗣愼－時梁－君實－蒙－
87	77	70	金　元	更公長子， **血緣**:啓昆－黃帝－昌意－顓頊－稱－卷章－吳回－陸終－老彭－兩－伯壽－振禧－俶康－養廉－獻－寧帆－夢熊－秉－可愛－積古－頌新－團－竭忠－奇瑞－道琮－繼崧－景敷－愈崗－伯－欽保－度章－爾賢－榮施－端肅－列－東侯－才華－佐商－音－輝彩－圭－咸－祖壽－寶雲－士懷－治－類超－爲達－自昭－程－昶－觀凝－丁－寅－能運－貴山－和美－友燹－略－大郎－榮－忽－仲爽－建夏－俊宜－西林－名－宏載－益開－元果－訓彝－敖－萬－嗣愼－時梁－君實－更－金元－
87	77	70	金　和 室　任氏	更公次子，東周顯王時人，官兗州太守。之女 子一：紹更。 **血緣**:啓昆－黃帝－昌意－顓頊－稱－卷章－吳回－陸終－老彭－兩－伯壽－振禧－俶康－養廉－獻－寧帆－夢熊－秉－可愛－積古－頌新－團－竭忠－奇瑞－道琮－繼崧－景敷－愈崗－伯－欽保－度章－爾賢－榮施－端肅－列－東侯－才華－佐商－音－輝彩－圭－咸－祖壽－寶雲－士懷－治－類超－爲達－自昭－程－昶－觀凝－丁－寅－能運－貴山－和美－友燹－略－大郎－榮－忽－仲爽－建夏－俊宜－西林－名－宏載－益開－元果－訓彝－敖－萬－嗣愼－時梁－君實－更－金和－紹更－
88	78	71	紹　更 室　姜氏	金和之子，東周愼靚王時人，公恪遵祖訓，富於詩書，知周道微弱以處士終。之女 子二：實吾，宜吾(本脈)。 **血緣**:啓昆－黃帝－昌意－顓頊－稱－卷章－吳回－陸終－老彭－兩－伯壽－振禧－俶康－養廉－獻－寧帆－夢熊－秉－可愛－積古－頌新－團－竭忠－奇瑞－道琮－繼崧－景敷－愈崗－伯－欽保－度章－爾賢－榮施－端肅－列－東侯－才華－佐商－音－輝彩－圭－咸－祖壽－寶雲－士懷－治－類超－爲達－自昭－程－昶－觀凝－丁－寅－能運－貴山－和美－友燹－略－大郎－榮－忽－仲爽－建夏－俊宜－西林－名－宏載－益開－元果－訓彝－敖－萬－嗣愼－時梁－君實－更－金和－紹更－實吾、宜吾－

開派少典	黃帝世系	受姓彭祖	先　祖	紀　　　　　　　　　　　　　　　事
89	79	72	實　吾	紹更長子， **血緣:**啓昆－黃帝－昌意－顓頊－稱－卷章－吳回－陸終－老彭－兩－伯壽－振禧－倣康－養廉－獻－寧帆－夢熊－秉－可愛－積古－頌新－團－竭忠－奇瑞－道琮－繼崧－景敷－愈崗－伯－欽保－度章－爾賢－榮施－端肅－列－東侯－才華－佐商－音－輝彩－圭－咸－祖壽－寶雲－士懷－治－類超－爲達－自昭－程－昶－觀凝－丁－寅－能運－貴山－和美－友燊－略－大郎－榮－忽－仲爽－建夏－俊宜－西林－名－宏載－益開－元果－訓彝－敖－萬－嗣慎－時梁－君實－更－金和－紹更－實吾－
89	79	72	宜　吾 室　侯氏	紹更次子，字甸南東周赧王時西元前三一四年至２五六年間官山陽令遂家爲史記正義云漢武更山陽爲昌國有梁丘鄉梁丘故城在曹州城武縣東北三十三里按昌國是爲鄼邑故史記載越公昌邑人　之女 子一：文台(本脈)　一女適姓闞 **血緣:**啓昆－黃帝－昌意－顓頊－稱－卷章－吳回－陸終－老彭－兩－伯壽－振禧－倣康－養廉－獻－寧帆－夢熊　－秉－可愛－積古－頌新－團－竭忠－奇瑞－道琮－繼崧－景敷－愈崗－伯－欽保－度章－爾賢－榮施－端肅－列－東侯－才華－佐商－音－輝彩－圭－咸－祖壽－寶雲－士懷－治－類超－爲達－自昭－程－昶－觀凝－丁－寅－能運－貴山－和美－友燊－略－大郎－榮－忽－仲爽－建夏－俊宜－西林－名－宏載－益開－元果－訓彝－敖－萬－嗣慎－時梁－君實－更－金和－紹更－宜吾－文台－
90	80	73	文　台 室　孔氏	宜吾之子，諱德，字正芝，時當秦周鼎革兵戈擾攘之際公故不仕。之女 子一：令昭(本脈) **血緣:**啓昆－黃帝－昌意－顓頊－稱－卷章－吳回－陸終－老彭－兩－伯壽－振禧－倣康－養廉－獻－寧帆－夢熊　－秉－可愛－積古－頌新－團－竭忠－奇瑞－道琮－繼崧－景敷－愈崗－伯－欽保－度章－爾賢－榮施－端肅－列－東侯－才華－佐商－音－輝彩－圭－咸－祖壽－寶雲－士懷－治－類超－爲達－自昭－程－昶－觀凝－丁－寅－能運－貴山－和美－友燊－略－大郎－榮－忽－仲爽－建夏－俊宜－西林－名－宏載－益開－元果－訓彝－敖－萬－嗣慎－時梁－君實－更－金和－紹更－宜吾－文台－令昭－
91	81	74	令　昭 室　張氏	文台之子　字明德秦始皇帝時人，爲歌師公遊閩今福建，會武夷兄弟于山頂，今武夷山幔亭　，在建寧府崇安縣仙樂，競奏唱人間好，見字典好字註武夷山志氏姓譜。　之女 二子：珅(本脈)，琨。 **血緣:**啓昆－黃帝－昌意－顓頊－稱－卷章－吳回－陸終－老彭－兩　伯壽－振禧－倣康－養廉－獻－寧帆－夢熊　－秉－可愛－積古－頌新－團－竭忠－奇瑞－道琮　繼崧－景敷－愈崗－伯－欽保－度章－爾賢－榮施－端肅－列－東侯－才華－佐商－音　輝彩－圭－咸－祖壽－寶雲－士懷－治－類超－爲達－自昭－程－昶－觀凝－丁－寅－能運－貴山－和美－友燊－略－大郎－榮－忽－仲爽－建夏－俊宜－西林－名－宏載－益開－元果－訓彝　敖－萬－嗣慎－時梁－君實－更－金和－紹更－宜吾－文台－令昭－珅、琨－
92	82	75	珅 室　周氏	令昭長子，字禹卿，官秦始皇帝時僕射帝令，燒詩書百家語公諫之勿聽遂棄官隱。之女　子二：越(本脈)，趙。 **血緣:**啓昆－黃帝－昌意－顓頊－稱－卷章－吳回－陸終－老彭－兩－伯壽－振禧－倣康－養廉－獻－寧帆－夢熊　－秉－可愛－積古－頌新－團－竭忠－奇瑞－道琮－繼崧－景敷－愈崗－伯－欽保－度章－爾賢－榮施－端肅－列－東侯－才華－佐商－音－輝彩－圭－咸－祖壽－寶雲－士懷－治－類超－爲達－自昭－程－昶－觀凝－丁－寅－能

開派 少典	黃帝 世系	受姓 彭祖	先　祖	紀　　　　　　　　　　　　　　　　事
				運－貴山－和美－友燊－略－大郎－榮－忽－仲爽－建夏－俊宜－西林－名－宏載－益 開－元果－訓彝－敖－萬－嗣慎－時梁－君實－更－金和－紹更－宜吾－文台－令昭－ 坤－越、趙－
92	82	75	琨	令昭次子　字舜卿秦二世時官會稽太守。 **血緣**:啓昆－黃帝－昌意－顓頊－稱－卷章－吳回－陸終－老彭－兩－伯壽－振禧－傲 康－養廉－獻－寧帆－夢熊－秉－可愛－積古－頌新－團－竭忠－奇瑞－道琮－繼崧 －景敷－愈崗－伯－欽保－度章－爾賢－榮施－端肅－列－東侯－才華－佐商－音－輝 彩－圭－咸－祖壽－寶雲－士懷－治－類超－爲達－自昭－程－昶－觀凝－丁－寅－能 運－貴山－和美－友燊－略－大郎－榮－忽－仲爽－建夏－俊宜－西林－名－宏載－益 開－元果－訓彝－敖－萬－嗣慎－時梁－君實－更－金和－紹更－宜吾－文台－令昭－ 琨－
93	83	76	越 　室　張氏	坤公長子，字仲弔(史記公本傳載字仲)，秦二世三年甲午西元前 207 年漢高祖兵擊昌邑， 公以兵從，漢高祖元年乙未西元前 206 年官將軍封建成侯。漢高祖二年丙申拜魏相國， 漢高祖五年己亥輔高祖有功，封梁王，都定陶，今山東曹州，漢高祖十一年乙巳西元前 196 年高祖擊賊陳豨，徵兵於梁，公因病未詣，以邯鄲凝得罪遇害，誅族。 秦始皇元年乙卯西元前-246 年二月生，漢高祖十一年乙巳西元前-196 年五月卒，享年五 十有一，葬大梁，見西漢演義史記，有傳。 誥封一品夫人，生卒闕，葬昌邑，今山東曹州城武縣。 子二：綏榮，綏華(本脈)。 一女適齊相國平陽侯曹參之子御史大夫嗣平陽侯窋。 **血緣**:啓昆－黃帝－昌意－顓頊－稱－卷章－吳回－陸終－老彭－兩－伯壽－振禧－傲 康－養廉－獻－寧帆－夢熊　－秉－可愛－積古－頌新－團－竭忠－奇瑞－道琮－繼崧 －景敷－愈崗－伯－欽保－度章－爾賢－榮施－端肅－列－東侯－才華－佐商－音－輝 彩－圭－咸－祖壽－寶雲－士懷－治－類超－爲達－自昭－程－昶－觀凝－丁－寅－能 運－貴山－和美－友燊－略－大郎－榮－忽－仲爽－建夏－俊宜－西林－名－宏載－益 開－元果－訓彝－敖－萬－嗣慎－時梁－君實－更－金和－紹更－宜吾－文台－令昭－ 坤－越－綏榮、綏華－
93	83	76	趙	坤公次子　字叔安西漢高祖時官護軍都尉後被仇人誣告公謀反罪於西元前 200 年連兄越之 長子遇害生卒葬闕 **血緣**:啓昆－黃帝－昌意－顓頊－稱－卷章－吳回－陸終－老彭－兩－伯壽－振禧－傲 康－養廉－獻－寧帆－夢熊　－秉－可愛－積古－頌新－團－竭忠－奇瑞－道琮－繼崧 －景敷－愈崗－伯－欽保－度章－爾賢－榮施－端肅－列－東侯－才華－佐商－音－輝 彩－圭－咸－祖壽－寶雲－士懷－治－類超－爲達－自昭－程－昶－觀凝－丁－寅－能 運－貴山－和美－友燊－略－大郎－榮－忽－仲爽－建夏－俊宜－西林－名－宏載－益 開－元果－訓彝－敖－萬－嗣慎－時梁－君實－更－金和－紹更－宜吾－文台－令昭－ 坤－趙－
94	84	77	綏　榮	越公長子，字紫振，西漢高祖七年辛丑西元前 200 年間官護軍都尉，與叔父趙同時遇害。 娶劉氏，夫婦生卒葬均闕。 **血緣**:啓昆－黃帝－昌意－顓頊－稱－卷章－吳回－陸終－老彭－兩－伯壽－振禧－傲 康－養廉－獻－寧帆－夢熊　－秉－可愛－積古－頌新－團－竭忠－奇瑞－道琮－繼崧 －景敷－愈崗－伯－欽保－度章－爾賢－榮施－端肅－列－東侯－才華－佐商－音－輝

開派少典	黃帝世系	受姓彭祖	先　祖	紀　　　　　　　　　　事
				彩－圭－咸－祖壽－寶雲－士懷－治－類超－爲達－自昭－程－昶－觀凝－丁－寅－能運－貴山－和美－友燊－略－大郎－榮－忽－仲爽－建夏－俊宜－西林－名－宏載－益開－元果－訓彞－赦－萬－嗣慎－時梁－君實－更－金和－紹更－宜吾－文台－令昭－珅－越－綏榮－斐榮－
94	85	77	綏　華 室　蕭氏	越公次子，字紫揚，西漢高祖九年癸卯西元前 198 年官大中大夫護軍都尉，因叔父趙兄弟綏榮同時遇害，奔於淮陽陽夏今河南陳州大康縣生卒闕。葬淮陽陽夏聚蕭紙誥封淑人相國鄷侯何公之女生卒闕葬合夫塋 子一：斐然　　一女適姓闕 **血緣**：啓昆－黃帝－昌意－顓頊－稱－卷章－吳回－陸終－老彭－兩－伯壽－振禧－儆康－養廉－獻－寧帆－夢熊－秉－可愛－積古－頌新－團－竭忠－奇瑞－道琮－繼崧－景敷－愈崗－伯－欽保－度章－爾賢－榮施－端肅－列－東侯－才華－佐商－音－輝彩－圭－咸－祖壽－寶雲－士懷－治－類超－爲達－自昭－程－昶－觀凝－丁－寅－能運－貴山－和美－友燊－略－大郎－榮－忽－仲爽－建夏－俊宜－西林－名－宏載－益開－元果－訓彞－赦－萬－嗣慎－時梁－君實－更－金和－紹更－宜吾－文台－令昭－珅－越－綏榮－斐然－　適姓闕
95	85	78	斐　然 室　蒯氏	字成章西漢文帝時人西元前 179 年至 157 年間公穎慧好學博覽　書因避難以稱士終生卒闕葬淮陽陽夏據長沙市馬王堆漢墓出土文物記載:西漢文帝(前)十六年丁丑西元164年「彭祖越公的第三代」　生卒闕葬淮陽陽夏 子：佑奎(本脈)、佑張。 **血緣**:啓昆－黃帝－昌意－顓頊－稱－卷章－吳回－陸終－老彭－兩－伯壽－振禧－儆康－養廉－獻－寧帆－夢熊－秉－可愛－積古－頌新－團－竭忠－奇瑞－道琮－繼崧－景敷－愈崗－伯－欽保－度章－爾賢－榮施－端肅－列－東侯－才華－佐商－音－輝彩－圭－咸－祖壽－寶雲－士懷－治－類超－爲達－自昭－程－昶－觀凝－丁－寅－能運－貴山－和美－友燊－略－大郎－榮－忽－仲爽－建夏－俊宜－西林－名－宏載－益開－元果－訓彞－赦－萬－嗣慎－時梁－君實－更－金和－紹更－宜吾－文台－令昭－珅－越－綏榮－斐然－佑奎、佑張－
96	86	79	佑　奎 室　劉氏	斐然長子，字石孚，西漢景帝時人西元前 156~141 年間，公力學不倦，守身必衷禮法隱居勿仕，生卒葬闕，葬淮陽陽夏。 子一：世瓊(本脈)　一女適督陽武城侯王離次子陽州刺史封武德將軍威。 **血緣**:啓昆－黃帝－昌意－顓頊－稱－卷章－吳回－陸終－老彭－兩－伯壽　振禧－儆康－養廉－獻－寧帆－夢熊－秉－可愛－積古－頌新－團－竭忠－奇瑞－道琮－繼崧－景敷－愈崗－伯－欽保－度章－爾賢－榮施－端肅－列－東侯－才華－佐商－音－輝彩－圭－咸－祖壽－寶雲－士懷－治－類超－爲達－自昭－程－昶－觀凝－丁－寅－能運－貴山－和美　友燊－略－大郎－榮－忽－仲爽－建夏－俊宜－西林－名－宏載－益開－元果－訓彞－赦－萬－嗣慎－時梁－君實－更－金和－紹更－宜吾－文台－令昭－珅－越－綏榮－斐然－佑奎－世瓊－
96	86	79	佑　張	斐然次子 字石稜生卒葬闕　字石稜生卒葬闕 **血緣**:啓昆－黃帝－昌意－顓頊－稱－卷章－吳回－陸終－老彭－兩－伯壽－振禧－儆康－養廉－獻－寧帆－夢熊－秉－可愛－積古－頌新－團－竭忠－奇瑞－道琮－繼崧－景敷－愈崗－伯－欽保－度章－爾賢－榮施－端肅－列－東侯－才華－佐商－音－輝彩－圭－咸－祖壽－寶雲－士懷－治－類超－爲達－自昭－程－昶－觀凝－丁－寅－能

開派 少典	黃帝 世系	受姓 彭祖	先　祖	紀　　　　　　　　　　　　　　　事
				運－貴山－和美－友燊－略－大郎－榮－忽－仲爽－建夏－俊宜－西林－名－宏載－益 開－元果－訓彝－敖－萬－嗣慎－時梁－君實－更－金和－紹更－宜吾－文台－令昭－ 珅－越－綏榮－斐然－佑張－
97	87	80	世　瓊 室　曹氏	佑奎之子，字瑞瑤，西漢武帝時官博士，葬淮陽陽夏。生卒葬闕。 子三：紀，綱，維。 **血緣**:啓昆－黃帝－昌意－顓頊－稱－卷章－吳回－陸終－老彭－兩－伯壽－振禧－儆 康－養廉－獻－寧帆－夢熊 －秉－可愛－積古－頌新－團－竭忠－奇瑞－道琮－繼崧 －景敷－愈崗－伯－欽保－度章－爾賢－榮施－端肅－列－東侯－才華－佐商－音－輝 彩－圭－咸－祖壽－寶雲－士懷－治－類超－爲達－自昭－程－昶－觀凝－丁－寅－能 運－貴山－和美－友燊－略－大郎－榮－忽－仲爽－建夏－俊宜－西林－名－宏載－益 開－元果－訓彝－敖－萬－嗣慎－時梁－君實－更－金和－紹更－宜吾－文台－令昭－ 珅－越－綏榮－斐然－佑奎－世瓊－紀、綱、維－
98	88	81	紀	世瓊長子，字龍章，西漢昭帝時爲中護軍，生卒葬闕。 **血緣**:啓昆－黃帝－昌意－顓頊－稱－卷章－吳回－陸終－老彭－兩－伯壽－振禧－儆 康－養廉－獻－寧帆－夢熊 －秉－可愛－積古－頌新－團－竭忠－奇瑞－道琮－繼崧 －景敷－愈崗－伯－欽保－度章－爾賢－榮施－端肅－列－東侯－才華－佐商－音－輝 彩－圭－咸－祖壽－寶雲－士懷－治－類超－爲達－自昭－程－昶－觀凝－丁－寅－能 運－貴山－和美－友燊－略－大郎－榮－忽－仲爽－建夏－俊宜－西林－名－宏載－益 開－元果－訓彝－敖－萬－嗣慎－時梁－君實－更－金和－紹更－宜吾－文台－令昭－ 珅－越－綏榮－斐然－佑奎－世瓊－紀－
98	878	81	綱	世瓊次子，字虎文，西漢昭帝時拜議，郎遷尚書僕射生，卒葬闕。 **血緣**:啓昆－黃帝－昌意－顓頊－稱－卷章－吳回－陸終－老彭－兩－伯壽－振禧－儆 康－養廉－獻－寧帆－夢熊 －秉－可愛－積古－頌新－團－竭忠－奇瑞－道琮－繼崧 －景敷－愈崗－伯－欽保－度章－爾賢－榮施－端肅－列－東侯－才華－佐商－音－輝 彩－圭－咸－祖壽－寶雲－士懷－治－類超－爲達－自昭－程－昶－觀凝－丁－寅－能 運－貴山－和美－友燊－略－大郎－榮－忽－仲爽－建夏－俊宜－西林－名－宏載－益 開－元果－訓彝－敖－萬－嗣慎－時梁－君實－更－金和－紹更－宜吾－文台－令昭－ 珅－越－綏榮－斐然－佑奎－世瓊－綱－
98	87	81	維 室　施氏	世瓊三子，字鳳藻，西漢昭帝時官右將軍，誥贈金紫光祿大夫，生卒闕葬淮陽陽夏。誥 贈一品夫人沛郡博士儺公姑祖生卒闕葬淮陽陽夏 子二：懋勳(本脈)，續勳。 **血緣**:啓昆－黃帝－昌意－顓頊－稱－卷章－吳回－陸終－老彭－兩－伯壽－振禧－儆 康－養廉－獻－寧帆－夢熊 －秉－可愛－積古－頌新－團－竭忠－奇瑞－道琮－繼崧 －景敷－愈崗－伯－欽保－度章－爾賢－榮施－端肅－列－東侯－才華－佐商－音－輝 彩－圭－咸－祖壽－寶雲－士懷－治－類超－爲達－自昭－程－昶－觀凝－丁－寅－能 運－貴山－和美－友燊－略－大郎－榮－忽－仲爽－建夏－俊宜－西林－名－宏載－益 開－元果－訓彝－敖－萬－嗣慎－時梁－君實－更－金和－紹更－宜吾－文台－令昭－ 珅－越－綏榮－斐然－佑奎－世瓊－維－懋勳、續勳 －
99	88	82	懋　勳 娶　韓氏	維公長子，字輔臣，西漢元帝時官御史大夫，誥贈金紫光祿大夫，生卒闕葬淮陽陽夏。 誥贈一品夫人生卒闕葬同夫塋， 子一：宣　　一女適張□□。

開派少典	黃帝世系	受姓彭祖	先　祖	紀　　　事
				血緣:啓昆－黃帝－昌意－顓頊－稱－卷章－吳回－陸終－老彭－兩－伯壽－振禧－傚康－養廉－獻－寧帆－夢熊－秉－可愛－積古－頌新－團－竭忠－奇瑞－道琮－繼崧－景敷－愈崗－伯－欽保－度章－爾賢－榮施－端肅－列－東侯－才華－佐商－音－輝彩－圭－咸－祖壽－寶雲－士懷－治－類超－爲達－自昭－程－昶－觀凝－丁－寅－能運－貴山－和美－友燊－略－大郎－榮－忽－仲爽－建夏－俊宜－西林－名－宏載－益開－元果－訓彝－敖－萬－嗣慎－時梁－君實－更－金和－紹更－宜吾－文台－令昭－珅－越－綏榮－斐然－佑奎－世瓊－維－戀勳－宣－
99	89	82	續　勳 室　何氏	維公次子，字弼臣，西漢元時官大夫，徙南陽宛城，今河南南陽府南陽縣，生卒闕葬南陽宛城。 誥封夫人生卒闕葬同。 子二：宏、寅。 **附錄**宏一名偉字子寬號玉度行君 2 西漢哀帝時官漁陽太守因王　專權與蜀郡何武上黨鮑宣並遇害漢書有傳配鮑氏大夫宣公胞妹俱葬南陽宛城子一寵女一適姓闕　寵字伯通西漢新　地皇中官大司空偏將軍以步騎一萬三千人隨光武帝於廣阿封建忠侯賜大將軍共圖邯鄲誅王朗自負其功漢不能滿其意卒自立爲燕王後竟爲蒼頭子密縶殺之漢書有傳配何氏封夫人俱葬南陽宛城子二午申　寅字子夷號玉同行君三西漢哀帝時官大夫配周氏子一嘉字伯厚西漢新葬時官太守配朱氏，子二：充滿、充字。世強東漢光武帝時官大夫見東漢演義　滿字世盈東漢光武帝時官副將陣亡見東漢演義 **血緣**:啓昆－黃帝－昌意－顓頊－稱－卷章－吳回－陸終－老彭－兩－伯壽－振禧－傚康－養廉－獻－寧帆－夢熊－秉－可愛－積古－頌新－團－竭忠－奇瑞－道琮－繼崧－景敷－愈崗－伯－欽保－度章－爾賢－榮施－端肅－列－東侯－才華－佐商－音－輝彩－圭－咸－祖壽－寶雲－士懷－治－類超－爲達－自昭－程－昶－觀凝－丁－寅－能運－貴山－和美－友燊－略－大郎－榮－忽－仲爽－建夏－俊宜－西林－名－宏載－益開－元果－訓彝－敖－萬－嗣慎－時梁－君實－更－金和－紹更－宜吾－文台－令昭－珅－越－綏榮－斐然－佑奎－世瓊－維－續勳－宏、寅－
100	90	83	宣 淮陽始祖	淮陽始祖詳宗系三，戀勳之子。**案**述考家屛公統記譜載，自漢長平侯宣公爲始，從老彭夏初數起，迨及漢成帝時宣公二千一百八十餘年中間，源流斷落，世次未詳，於中華民國九年(西元 1920 年)庚申冬月，有江右族士攜宗譜一册，草稿數本，來湘訪查宗親述遇之述，披閱江右譜稿，所錄宣公以上八十二世源流，詳而且悉述，比鈔之述在塾將宣公前後，歷代世系參考訛者正之，闕者增之稿，經數次歷八寒暑矣，今付之剞劂，遍佈族間，若後之繼起續修者，恪遵斯圖重刊焉。中華民國十七年(西元 1928 年)戊辰秋月嗣孫述百鈞氏敬記於銅塘之於我學校。 **血緣**:啓昆－黃帝－昌意－顓頊－稱－卷章－吳回－陸終－老彭－兩－伯壽－振禧－傚康－養廉－獻－寧帆－夢熊－秉－可愛－積古－頌新－團－竭忠－奇瑞－道琮－繼崧－景敷－愈崗－伯－欽保－度章－爾賢－榮施－端肅－列－東侯－才華－佐商－音－輝彩－圭－咸－祖壽－寶雲－士懷－治－類超－爲達－自昭－程－昶－觀凝－丁－寅－能運－貴山－和美－友燊－略－大郎－榮－忽－仲爽－建夏－俊宜－西林－名－宏載－益開－元果－訓彝－敖－萬－嗣慎－時梁－君實－更－金和－紹更－宜吾－文台－令昭－珅－越－綏榮－斐然－佑奎－世瓊－維－戀勳－宣－

淮陽始祖　宣公

　　吾彭氏出自老籛從無二族商周以來散居列國秦遷楚大姓遂望隴西白漢以來降世咸秩以長平侯宣公為明信可徵之始祖初厄於五胡之擾譜牒多失繼以五季之亂宗支遂系故我湖南各宗譜牒多自宣公始紀為斯圖仍又從宣公起一世

開派少典	黃帝世系	受姓彭祖	淮陽宣公	先　祖	紀　　　　　事
				 漢科大司空封長平侯 — 宣公畫像 宣　公 淮陽始祖 配　施　氏	淮陽始祖，戀勳公之子，相傳1世至26世。 字子佩，號玉徵。行君一，治易經，師事張禹，舉公為博士，遷東平太守張禹薦公，明經博古，有威重可任政事，由是入朝，官右扶風，遷廷尉出為太原太守。西漢成帝建始三年辛卯西元前30年，復入大司農光祿勳右將軍，綏和2年甲寅哀帝即位，遷左將軍，建平元年乙卯，公辭職以關內侯歸家，公罷官數歲諫大夫鮑宣薦，西元壽元年己未，上迺召公拜光祿大夫，遷御史大夫，元壽二年統記譜載，河平九年誤考河平無九年，茲從通鑑更正庚申，轉大司空封長平侯，地在濟南，食祿千戶，誥封金紫光祿大夫，加贈淮陽郡，哀帝崩，新都侯王莽為大司馬，秉政專權。宣公上書，言三公鼎足承公，一足不任則覆亂美實，臣亡性淺薄，年齒老眊數伏疾病，昏亂遺忘，願上大司空長平侯印綬，乞骸骨歸鄉里竣，真塾，莽白大後，策免宣，令上大司空印綬使就國，莽恨宣求退，故不賜黃金，安車駟馬。數年薨諡頃侯，舊譜載，贈明經學士諡文定，居淮陽陽夏。 西漢宣帝元康三年戊午西元前63年正月初七日辰時生，新莽天鳳二年乙亥西元15年十月十五日辰時卒，享壽78。葬淮陽陽夏統記譜載夏陽誤更正漢書有傳。 配施氏，誥封邵國一品夫人，加贈淮陽郡諱惠媛沛郡博士，讎公胞妹西漢宣帝神爵四年癸亥正月初十日子時生，東漢世祖建武四年戊子三月初八午時卒，壽86，葬淮陽陽夏。 三子：武、威、聖(本脈)。 二女：長淑賢，次靜賢。俱適宦族名卿，姓闕。 漢書：彭宣遷御史大夫，轉為大司空，時王　權臣秉政，恨宣時上書乞歸故里，封女漢王時西元元年左右。 摘錄「中華彭姓譜」：(？至西元4年)字子佩，淮陽陽夏(今河南周口市太康縣)人。 江西牛塘彭氏宗譜載：宣公上世由彭城徙居淮陽。宣治「易」，年少師事張禹，又授易給施讎，使施家有張、彭的易學。宣公被舉為明經博士，遷升東平王太傅，任一年。張禹以西漢成帝的帝師備受尊信，薦舉彭宣經明有威重，可任政事。於是成帝永始三年西元前14年，宣公入朝為右扶風，四年遷廷尉。漢制規定：王國人出為太原太守。對宣公任職有異議，但成帝綏和元年西元前8年，宣公又重入朝為大司農，才一年，握光祿勳，任六月，升右將軍，任二年，得充分信任。建平元年西元前6年哀帝即位，改徙宣公為左將軍，逾一年，哀帝欲任命丁、傅太后處爪牙官，便對宣公下一道詔策：「有司數次奏言，諸侯國人不得宿衛，將軍不宜典兵馬、處大位。朕以為你任漢將軍，位重，而兒子又前取犯事；的劉氏淮陽王之女，兩家婚姻不絕，不符國家典制。特派光祿大夫曼陽將軍黃金五十斤，安車駟馬，上交左將印綬，以關內侯歸家。」根子還在受到與淮陽王通婚的連坐。宣公罷職數年，諫大夫鮑宣數次舉荐，適哀帝元壽元年西元前2年正月朔日蝕，鮑宣再次上書荐舉宣公以應天心。哀帝召宣公為光祿大夫，遷御史大夫，二年轉為大司空，封長平侯，地在河南，食邑2074戶。 元壽二年西元前一年，哀帝崩，平帝即位，新都侯王莽被大司空宣、大司徒孔光
100	90	83	1		

開派少典	黃帝世系	受姓彭祖	淮陽宣公	先　祖	紀　　　　　　　　　　　　　　　　　　　　事
					推荐拜爲大司馬，成爲三公之一。他秉政專權。於是宣公上書言：「三公鼎足承君，假如一足不稱任，則覆亂鼎中美實。臣資性淺薄，年齒老眊(耄)，數伏疾病，昏亂遺忘，願上大司空、長平侯印綬，乞骸骨歸鄉里，竢(俟)置構藆。」莽告白於太后，因此策詔宣公說：「你視事日寡，功德未效，迫於老眊昏亂，非所以輔國家，綏海內之道。遣使光祿勛豐冊詔君，上交大司空印綬，便道就國。」莽恨宣求退，不賜黃金、安車駟馬。宣公回到所封侯國居住四年，薨於平帝元始四年西元四年十月，謚曰頃侯。侯爵傳子至孫。王莽敗，爵位絕。 配施氏，魯國世族，漢封淮陽郡夫人，與夫合葬。清代古墓猶存。子三： 長子武：豫章太守， 次子聖：執中，授官魏都太守。元始四年西元四年，嗣封長平侯。歷 14 年卒。謚節侯。配劉氏，漢淮陽王女。子二：長子業，新王莽天鳳五年西元 18 年嗣封長平侯。王莽敗，廢絕。後出爲東郡太守。遂居會稽毘陵。生子修。 三子威：左將軍。漢孺子嬰居攝二年西元 7 年，跟從東郡太守翟義，起兵討王莽，失敗而死。(註:有譜將他的行和彭聖顛倒)。 班固(漢書)，稱彭宣見險而能止。宣公位居高官要職，品行立操，有異於一般人，爲官事君，不因患失祿位而做邪之事。 **血緣：**　少典－晶其－炎居－節並－戲器－祝庸－共工－勾龍－噎鳴－啓昆－黃帝－昌意－顓頊－稱－卷章－吳回－陸終－老彭－兩－伯壽－振禧－倓康－養廉－獻－寧帆－夢熊－秉－可愛－積古－頌新－團－竭忠－奇瑞－道琮－繼崧－景敷－愈崗－伯－欽保－度章－爾賢－榮施－端肅－列－東侯－才華－佐商－音－輝彩－圭－咸－祖壽－寶雲－士懷－治－類超－爲達－自昭－程－昶－觀凝－丁－寅－能運－貴山－和美－友癸－略－大郎－榮－忽－仲爽－建夏－俊宜－西林－名－宏載－益開－元果－訓彝－敖－萬－嗣愼－時梁－君實－更－金和－紹更－宜吾－文台－令昭－坤－越－綬榮－斐然－佑奎－世瓊－維－懋勳－宣－武、威、聖－
101	91	84	2	武 配　張氏	宣公長子，字尊賢， 一子文德，行臣一。 西漢孺子劉嬰居攝時西元 6 至 7 年，任左將軍，生卒葬闕。 按舊譜載蕭氏誤更正。 **血緣：**　啓昆－黃帝－昌意－顓頊－稱－卷章－吳回－陸終－老彭－兩－伯壽－振禧－倓康－養廉－獻－寧帆－夢熊－秉－可愛－積古－頌新－團－竭忠－奇瑞－道琮－繼崧－景敷－愈崗－伯－欽保－度章－爾賢－榮施－端肅－列－東侯－才華－佐商－音－輝彩－圭－咸－祖壽－寶雲－士懷－治－類超－爲達－自昭－程－昶－觀凝－丁－寅－能運－貴山－和美－友癸－略－大郎－榮－忽－仲爽－建夏－俊宜－西林－名－宏載－益開－元果－訓彝－敖－萬－嗣愼－時梁－君實－更－金和－紹更－宜吾－文台－令昭－坤－越－綬榮－斐然－佑奎－世瓊－維－懋勳－宣－武
101 東漢	91	84	2	威 配　李氏	宣公次子，字啓賢，一字儀賢，行臣二新　初始時，任西漢南郡太守(今湖北江陵縣)，時王莽篡位，國事日非，漢室將傾，從翟義，起兵討王莽不克而終，生卒葬闕，舊譜載陳氏。 **血緣：**　啓昆－黃帝－昌意－顓頊－稱－卷章－吳回－陸終－老彭－兩－伯壽－

開派少典	黃帝世系	受姓彭祖	淮陽宣公	先　祖	紀　　　　　　　事
					振禧－俶康－養廉－獻－寧帆－夢熊　－秉－可愛－積古－頌新－團－竭忠－奇瑞－道琮－繼崧－景敷－愈崗－伯－欽保－度章－爾賢－榮施－端肅－列－東侯－才華－佐商－音－輝彩－圭－咸－祖壽－寶雲－士懷－治－類超－爲達－自昭－程－昶－觀凝－丁－寅－能運－貴山－和美－友焱－略－大郎－榮－忽－仲爽－建夏－俊宜－西林－名－宏載－益開－元果－訓彝－敖－萬－嗣慎－時梁－君實－更－金和－紹更－宜吾－文台－令昭－坤－越－綏榮－斐然－佑奎－世瓊－維－懋勳－宣－威
101	91	84	2	聖 配　劉氏	宣公三子，字希賢，一字賢元，號俶成，行臣三，西漢孺子嬰居攝時西元6至7年，任魏郡(今河南省臨漳縣西南)太守，漢末致仕嗣長平侯，生卒闕，葬淮陽陽。夏按漢書外戚恩澤侯表元始四年節侯聖嗣十四年薨。 漢書宣公傳哀帝策宣曰朕，唯將軍任漢將之重而予父前娶淮陽王女婚姻不絕非國之制，漢淮陽王諱玄之女生卒闕葬淮陽陽。 二子：長子業，次子閎(本脈)。隴西堂號始祖。 一女適姓闕　。 **血緣：**　啓昆－黃帝－昌意－顓頊－稱－卷章－吳回－陸終－老彭－兩－伯壽－振禧－俶康－養廉－獻－寧帆－夢熊　－秉－可愛－積古－頌新－團－竭忠－奇瑞－道琮－繼崧－景敷－愈崗－伯－欽保－度章－爾賢－榮施－端肅－列－東侯－才華－佐商－音－輝彩－圭－咸－祖壽－寶雲－士懷－治－類超－爲達－自昭－程－昶－觀凝－丁－寅－能運－貴山－和美－友焱－略－大郎－榮－忽－仲爽－建夏－俊宜－西林－名－宏載－益開－元果－訓彝－敖－萬－嗣慎－時梁－君實－更－金和－紹更－宜吾－文台－令昭－坤－越－綏榮－斐然－佑奎－世瓊－維－懋勳－宣－聖－業、閎、適姓闕
102	92	85	3	業 配　孟氏	聖公長子，字世澤，一字尙壽，行定一，東漢世祖建武時西元25年至54年，任東郡(今河北南部及山東西北部地)太守，嗣長平侯。按漢書外戚恩澤侯表天鳳五年侯，業避王莽亂，致仕避居隴西(縣名，在甘肅渭源縣東南)，因之隴西堂號甲是而生，「隴西堂」流傳後代至今延用。卒葬闕，按舊譜載何氏誤更正。 一子儉。儉字予恭，行鼎二，生卒葬闕失傳。 **血緣：**　啓昆－黃帝－昌意－顓頊－稱－卷章－吳回－陸終－老彭－兩－伯壽－振禧－俶康－養廉－獻－寧帆－夢熊　－秉－可愛－積古－頌新－團－竭忠－奇瑞－道琮－繼崧－景敷－愈崗－伯－欽保－度章－爾賢－榮施－端肅－列－東侯－才華－佐商－音－輝彩－圭－咸－祖壽－寶雲－士懷－治－類超－爲達－自昭－程－昶－觀凝－丁－寅－能運－貴山－和美－友焱－略－大郎－榮－忽－仲爽－建夏－俊宜－西林－名－宏載－益開－元果－訓彝－敖－萬－嗣慎－時梁－君實－更－金和－紹更－宜吾－文台－令昭－坤－越－綏榮－斐然－佑奎－世瓊－維－懋勳－宣－聖－業－儉
102	92	85	3	閎 配　何氏	聖公次子，字凹閎，後漢書桓榮傳注引續漢書曰閎，字作明，一字士平，號鏡瑩，行定二，少習歐陽書，東漢光武帝劉秀建武時沛郡博士，桓榮薦門生彭，閎入朝拜議郎，生卒闕，書有傳。按舊譜載鄔氏誤更正。 妣何氏，一子脩(本脈) **血緣：**　啓昆－黃帝－昌意－顓頊－稱－卷章－吳回－陸終－老彭－兩－伯壽－振禧－俶康－養廉－獻－寧。帆－夢熊　－秉－可愛－積古－頌新－團－竭忠－

開派少典	黃帝世系	受姓彭祖	淮陽宣公	先　祖	紀　　　　　　　　　　　　事
					奇瑞－道琮－繼崧－景敷－愈崗－伯－欽保－度章－爾賢－榮施－端肅－列－東侯－才華－佐商－音－輝彩－圭－咸－祖壽－寶雲－士懷－治－類超－爲達－自昭－程－昶－觀凝－丁－寅－能運－貴山－和美－友熒－略－大郎－榮－忽－仲爽－建夏－俊宜－西林－名－宏載－益開－元果－訓彝－敖－萬－嗣慎－時梁－君實－更－金和－紹更－宜吾－文台－令昭－坤－越－綬榮－斐然－佑奎－世瓊－維－懋勳－宣－聖－闓－脩－
103	93	86	4	修　　　配　曾氏	闓公之子，字子陽，號進德，行鼎一，東漢世祖建武永平間(西元 605 年前後)，時年 15，父爲郡吏，得休與修同歸，命巡郡路歸遇盜所劫，修公拔劍向盜曰，「父辱子死，汝不畏死耶」，盜驚曰「此童子義士也」，毋逼之，遂遁去。明帝永平時仕郡爲功曹。後作吳令其後張子林作亂，從太守起兵討賊，飛矢交發，公蔽太守，中流矢而斃，賊素聞其恩信即殺弩中公者，餘悉降散，言曰：咱爲彭君故降，不爲太守服也，居會稽毘陵，今常州晉陵縣，生卒闕，葬會稽毘陵，漢書有傳。 配曾氏， 一子寶(本脈)， 二女俱適姓闕 **血緣：** 啓昆－黃帝－昌意－顓頊－稱－卷章－吳回－陸終－老彭－兩－伯壽－振禧－俶康－養廉－獻－寧帆－夢熊 －秉－可愛－積古－頌新－團－竭忠－奇瑞－道琮－繼崧－景敷－愈崗－伯－欽保－度章－爾賢－榮施－端肅－列－東侯－才華－佐商－音－輝彩－圭－咸－祖壽－寶雲－士懷－治－類超－爲達－自昭－程－昶－觀凝－丁－寅－能運－貴山－和美－友熒－略－大郎－榮－忽－仲爽－建夏－俊宜－西林－名－宏載－益開－元果－訓彝－敖－萬－嗣慎－時梁－君實－更－金和－紹更－宜吾－文台－令昭－坤－越－綬榮－斐然－佑奎－世瓊－維－懋勳－宣－聖－闓－脩－寶、俱適姓闕
104	94	87	5	寶　　　配　侯氏	修公之子，字楚書，號惟善，行珍一，東漢和帝元興時官御史大夫，統記載南康節度使(郡名，今江西贛縣西南)，會支譜載南康太守生卒闕葬南康東城外。姓侯氏， 子二：端鍾、端鑑(本脈)。 一女適姓闕 **血緣：** 啓昆－黃帝－昌意－顓頊－稱－卷章－吳回－陸終－老彭－兩－伯壽－振禧－俶康－養廉－獻－寧帆－夢熊 －秉－可愛－積古－頌新－團－竭忠－奇瑞－道琮－繼崧－景敷－愈崗－伯－欽保－度章－爾賢－榮施－端肅－列－東侯－才華－佐商－音－輝彩－圭－咸－祖壽－寶雲－士懷－治－類超－爲達－自昭－程－昶－觀凝－丁－寅－能運－貴山－和美－友熒－略－大郎－榮－忽－仲爽－建夏－俊宜－西林－名－宏載－益開－元果－訓彝－敖－萬－嗣慎－時梁－君實－更－金和－紹更－宜吾－文台－令昭－坤－越－綬榮－斐然－佑奎－世瓊－維－懋勳－宣－聖－闓－脩－寶－端鍾、端鑑、適姓闕
105	95	88	6	端　鍾　　元配何氏　續配藺氏	寶公長子，字玉汝，行德一，東漢安帝永初時西元 107 年拜議郎，統記譜載儒學教授會，支譜載縣尹生卒葬俱闕。姓何氏，生卒葬闕， 一子洪， 一女。適姓闕。

開派 少典	黃帝 世系	受姓 彭祖	淮陽 宣公	先　祖	紀　　　　　　　　　　　　　　　　　　　　　　　　事
					附錄　洪字成林行宗一東漢安帝建光時官光祿勳， **血緣**：啓昆－黃帝－昌意－顓頊－稱－卷章－吳回－陸終－老彭－兩－伯壽－振禧－俶康－養廉－獻－寧帆－夢熊－秉－可愛－積古－頌新－團－竭忠－奇瑞－道琮－繼崧－景敷－愈岡－伯－欽保－度章－爾賢－榮施－端肅－列－東侯－才華－佐商－音－輝彩－圭－咸－祖壽－寶雲－士懷－治－類超－爲達－自昭－程－昶－觀凝－丁－寅－能運－貴山－和美－友爕－略－大郎－榮－忽－仲爽－建夏－俊宜－西林－名－宏載－益開－元果－訓彝－敖－萬－嗣慎－時梁－君實－更－金和－紹更－宜吾－文台－令昭－坤－越－綏榮－斐然－佑奎－世瓊－維－懋勳－宣－聖－閎－脩－寶－端鍾－洪－極元－仕敬－式－
105	95	88	6	端　鑑 　配　黃氏	寶公次子(本脈)，字玉明，號璉初，行德二，東漢安帝永寧時西元 120 年，官巴郡太守，統記譜載元興乙巳進上節度使，紹南守會文譜載衢州參軍生卒闕葬會稽崑陵。 一子　淮(本脈) 四女俱適姓闕 **血緣**：　啓昆－黃帝－昌意－顓頊－稱－卷章－吳回－陸終－老彭－兩－伯壽－振禧－俶康－養廉－獻－寧帆－夢熊　－秉－可愛－積古－頌新－團－竭忠－奇瑞－道琮－繼崧－景敷－愈岡－伯－欽保－度章－爾賢－榮施－端肅－列－東侯－才華－佐商－音－輝彩－圭－咸－祖壽－寶雲－士懷－治－類超－爲達－自昭－程－昶－觀凝－丁－寅－能運－貴山－和美－友爕－略－大郎－榮－忽－仲爽－建夏－俊宜－西林－名－宏載－益開－元果－訓彝－敖－萬－嗣慎－時梁－君實－更－金和－紹更－宜吾－文台－令昭－坤－越－綏榮－斐然－佑奎－世瓊－維－懋勳－宣－聖－閎－脩－寶－端鑑－淮－
106	96	89	7	淮 　配　鄔氏	端鑑之子，字翰林，行宗二，東漢順帝永建時西元 126 年，任度興州宰，生卒闕，葬度州虎形。 一子極文(本脈)， 二女俱適姓闕。 **血緣**：　啓昆－黃帝－昌意－顓頊－稱－卷章－吳回－陸終－老彭－兩－伯壽－振禧－俶康－養廉－獻－寧帆－夢熊　－秉－可愛－積古－頌新－團－竭忠－奇瑞－道琮－繼崧－景敷－愈岡－伯－欽保－度章－爾賢－榮施－端肅－列－東侯－才華－佐商－音－輝彩－圭－咸－祖壽－寶雲－士懷－治－類超－爲達－自昭－程－昶－觀凝－丁－寅－能運－貴山－和美－友爕－略－大郎－榮－忽－仲爽－建夏－俊宜－西林－名－宏載－益開－元果－訓彝－敖－萬－嗣慎－時梁－君實－更－金和－紹更－宜吾－文台－令昭－坤－越－綏榮－斐然－佑奎－世瓊－維－懋勳－宣－聖－閎－脩－寶－端鑑－淮－極文－
106	96	89	7	洪 　配　鄧氏	端鍾公之子，字成林，行宗一。東漢安帝建光一年辛酉官光祿勳。 卒闕葬度州生卒闕葬虎形。 一子極元，字殿恭，又名翼，官錢塘太守，配馬氏，子一仕敬字以莊配朱氏子一式字厚安，三國時錢大師見三國志周傳、江西彭氏源清州譜 223 頁記載錯誤，特此更正。 二女俱適姓闕。 **血緣**：　啓昆－黃帝－昌意－顓頊－稱－卷章－吳回－陸終－老彭－兩－伯壽－

開派少典	黃帝世系	受姓彭祖	淮陽宣公	先　祖	紀　　　　　　　　　事
					振禧－俶康－養廉－獻－寧帆－夢熊－秉－可愛－積古－頌新－團－竭忠－奇瑞－道琮－繼崧－景敷－愈崗－伯－欽保－度章－爾賢－榮施－端肅－列－東侯－才華－佐商－音－輝彩－圭－咸－祖壽－寶雲－士懷－治－類超－爲達－自昭－程－昶－觀凝－丁－寅－能運－貴山－和美－友焚－略－大郎－榮－忽－仲爽－建夏－俊宜－西林－名－宏載－益開－元果－訓彝－敖－萬－嗣慎－時梁－君實－更－金和－紹更－宜吾－文台－令昭－坤－越－綬榮－斐然－佑奎－世瓊－維－懋勳－宣－聖－閎－脩－寶－端鑑－洪－極元（翼）－仕敬－式－
107	97	90	8	極　文 配　胡氏 繼配李氏	淮公之子，字繩武行純一。 東漢桓帝延熹時癸卯(西元 163 年)，拜左龍韜官上將軍，生卒葬闕， 子三：長子仕恭(本脈)，次子仕敏，三子仕忠。 一女適姓闕。 **血緣：** 啓昆－黃帝－昌意－顓頊－稱－卷章－吳回－陸終－老彭－兩－伯壽－振禧－俶康－養廉－獻－寧帆－夢熊－秉－可愛－積古－頌新－團－竭忠－奇瑞－道琮－繼崧－景敷－愈崗－伯－欽保－度章－爾賢－榮施－端肅－列－東侯－才華－佐商－音－輝彩－圭－咸－祖壽－寶雲－士懷－治－類超－爲達－自昭－程－昶－觀凝－丁－寅－能運－貴山－和美－友焚－略－大郎－榮－忽－仲爽－建夏－俊宜－西林－名－宏載－益開－元果－訓彝－敖－萬－嗣慎－時梁－君實－更－金和－紹更－宜吾－文台－令昭－坤－越－綬榮－斐然－佑奎－世瓊－維－懋勳－宣－聖－閎－脩－寶－端鑑－淮－極文－仕恭、仕敏、仕忠－
108	98	91	9	仕　恭 室　龔氏	極文長子，諱伯，字仲鼎，號德之，行心一，東漢靈帝光和時西元 178 年，官宣議郎，統記譜載宣議郎董卓欲殺盧植公諫之曰盧尚書海內人望今害之，恐天下震怖，卓乃止，公因董卓秉政專權，遂玫仕，生卒葬闕見後漢書盧植三國演義生卒葬闕。 一子愼（本脈）統記譜載名季聰。 **血緣：** 啓昆－黃帝－昌意－顓頊－稱－卷章－吳回－陸終－老彭－　－伯壽－振禧－俶康－養廉－獻－寧帆－夢熊－秉－可愛－積古－頌新－團－竭忠－奇瑞－道琮－繼崧－景敷－愈崗－伯－欽保－度章－爾賢－榮施－端肅－列－東侯－才華－佐商－音－輝彩－圭－咸－祖壽－寶雲－士懷－治－類超－爲達－自昭－程－昶－觀凝－丁－寅－能運－貴山－和美－友焚－略－大郎－榮－忽－仲爽－建夏－俊宜－西林－名－宏載－益開－元果－訓彝－敖－萬－嗣慎－時梁－君實－更－金和－紹更－宜吾－文台－令昭－坤－越－綬榮－斐然－佑奎－世瓊－維－懋勳－宣－聖－閎－脩－寶－端鑑－淮－極文－仕恭－愼
108	98	91	9	仕　敏 配　林氏	極文次子，諱璆，字仲惠，號惟志，行心二。 東漢獻帝建安時西元一九六年爲計吏，復官廣漢太守，統記譜載教諭會支譜載縣尹遂家焉，今四川成都府，生卒闕，葬廣漢見三國志邠原傳。生卒葬闕， 一子羕， 二女俱適姓闕。 **附錄**　羕字永言三國志公本傳載字永年，行金一，公形貌甚偉，恣性驕傲，多所輕忽，頭髮截短，披於頸上，衣服不甚齊整，乃蜀中豪傑也，曾任劉璋部下爲中郎將，因直言忤觸劉璋，被璋髡鉗爲徒隸，因此短髮，惟同郡秦宓薦之於太守，

開派 少典	黃帝 世系	受姓 彭祖	淮陽 宣公	先　祖	紀　　　　　　　　　　　　　　　　　事
					許靖以節高概行守真不虧雖古人，潛遁蔑以加也，又龐統薦之於劉備先主，爲治中從事遷江陽太守，後從事諸葛亮，因作不順語，竟以誅而死，魏文帝黃初元年西元 220 年二月卒，葬廣漢，見三國演義、三國志有傳。配何氏，子一和，女一，適益州牧劉璋之子循，和字公順，蜀漢後主時，拜議郎，見三國演義。 **血緣：** 啟昆－黃帝－昌意－顓頊－稱－卷章－吳回－陸終－老彭－兩－伯壽－振禧－佋康－養廉－獻－寧帆－夢熊　－秉－可愛－積古－頌新－團－竭忠－奇瑞－道琮－繼崧－景敷－愈崗－伯－欽保－度章－爾賢－榮施－端肅－列－東侯－才華－佐商－音－輝彩－圭－咸－祖壽－寶雲－士懷－治－類超－爲達－自昭－程－昶－觀凝－丁－寅－能運－貴山－和美－友燊－略－大郎－榮－忽－仲爽－建夏－俊宜－西林－名－宏載－益開－元果－訓彝－敖－萬－嗣慎－時梁－君實－更－金和－紹更－宜吾－文台－令昭－珅－越－綬榮－斐然－佑奎－世瓊－維－懋勳－宣－聖－閎－脩－寶－端鑑－淮－極文－仕敏－棄－和－
108	98	91	9	仕　忠 配　褚氏	極文三子，字仲信，行心三。三國蜀昭烈帝劉備章武時西元 220 至 262 年間。官南郡(今湖北江陵縣)太守，徙居吳之鄱陽，今江西饒州府都陽縣，生卒葬闕。一子綺。 **附錄** 綺字禹言，行金三，吳大帝孫權黃武時西元 222 至 229 年間爲都陽大帥見三國志周魴傳案吳大帝黃武時樂平縣築城禦寇有彭綺城是，皆長平侯裔世系，未得其考，始遵舊譜備錄以見，不敢遺忘。 **血緣：** 啟昆－黃帝－昌意－顓頊－稱－卷章－吳回－陸終－老彭－兩－伯壽－振禧－佋康－養廉－獻－寧帆－夢熊　－秉－可愛－積古－頌新－團－竭忠－奇瑞－道琮－繼崧－景敷－愈崗－伯－欽保－度章－爾賢－榮施－端肅－列－東侯－才華－佐商－音－輝彩－圭－咸－祖壽－寶雲－士懷－治－類超－爲達－自昭－程－昶－觀凝－丁－寅－能運－貴山－和美－友燊－略－大郎－榮－忽－仲爽－建夏－俊宜－西林－名－宏載－益開－元果－訓彝－敖－萬－嗣慎－時梁－君實－更－金和－紹更－宜吾－文台－令昭－珅－越－綬榮－斐然－佑奎－世瓊－維－懋勳－宣－聖－閎－脩－寶－端鑑－淮－極文－仕忠－綺－
109 三國 吳魏蜀	99	92	10	慎 (季聰) 配　穆氏	仕恭之子，字雍廷。統記譜載名季聰，字敏言，行金二，蜀後主劉禪建興時西元 223 年至 237 年間，由軍功授縣尹。生卒葬俱闕，穆氏葬鳳形山坐東朝西。二子：永昌(本脈)，順昌。 **血緣：** 啟昆－黃帝－昌意－顓頊－稱－卷章－吳回－陸終－老彭－兩－伯壽－振禧－佋康－養廉－獻－寧帆－夢熊　－秉－可愛－積古－頌新－團－竭忠－奇瑞－道琮－繼崧－景敷－愈崗－伯－欽保－度章－爾賢－榮施－端肅－列－東侯－才華－佐商－音－輝彩－圭－咸－祖壽－寶雲－士懷－治－類超－爲達－自昭－程－昶－觀凝－丁－寅－能運－貴山－和美－友燊－略－大郎－榮－忽－仲爽－建夏－俊宜－西林－名－宏載－益開－元果－訓彝－敖－萬－嗣慎－時梁－君實－更－金和－紹更－宜吾－文台－令昭－珅－越－綬榮－斐然－佑奎－世瓊－維－懋勳－宣－聖－閎－脩－寶－端鑑－淮－極文－仕恭－永昌、順昌－
110	100	93	11	永　昌 配　鄧氏	慎公(季聰)長子，字君美，號伯淳，行景一，蜀後主劉禪景耀時西元 258 年至 263 年，任衢州太守生卒闕葬衢州西城外生卒葬闕。二子：長爵，次鬱 (本脈)。

開派少典	黃帝世系	受姓彭祖	淮陽宣公	先　祖	紀　　　　　　　　　事
					血緣： 啓昆－黃帝－昌意－顓頊－稱－卷章－吳回－陸終－老彭－兩－伯壽－振禧－俶康－養廉－獻－寧帆－夢熊－秉－可愛－積古－頌新－團－竭忠－奇瑞－道琮－繼崧－景敷－愈崗－伯－欽保－度章－爾賢－榮施－端肅－列－東侯－才華－佐商－音－輝彩－圭－咸－祖壽－寶雲－士懷－治－類超－爲達－自昭－程－昶－觀凝－丁－寅－能運－貴山－和美－友熒－略－大郎－榮－忽－仲爽－建夏－俊宜－西林－名－宏載－益開－元果－訓彝－敖－萬－嗣愼－時梁－君實－更－金和－紹更－宜吾－文台－令昭－珅－越－綏榮－斐然－佑奎－世瓊－維－懋勳－宣－聖－閎－脩－寶－端鑑－淮－極文－仕恭－永昌－爵、鬱－
110	100	93	11	順昌 配 何氏	愼公次子，字君善，號仲淑，行景二，屬後大劉禪貝耀將西元258年至563年，授宣議郎統記譜載保義郎生卒葬闕向民生卒葬闕夢後夫 **血緣：** 啓昆－黃帝－昌意－顓頊－稱－卷章－吳回－陸終－老彭－兩－伯壽－振禧－俶康－養廉－獻－寧帆－夢熊－秉－可愛－積古－頌新－團－竭忠－奇瑞－道琮－繼崧－景敷－愈崗－伯－欽保－度章－爾賢－榮施－端肅－列－東侯－才華－佐商－音－輝彩－圭－咸－祖壽－寶雲－士懷－治－類超－爲達－自昭－程－昶－觀凝－丁－寅－能運－貴山－和美－友熒－略－大郎－榮－忽－仲爽－建夏－俊宜－西林－名－宏載－益開－元果－訓彝－敖－萬－嗣愼－時梁－君實－更－金和－紹更－宜吾－文台－令昭－珅－越－綏榮－斐然－佑奎－世瓊－維－懋勳－宣－聖－閎－脩－寶－端鑑－淮－極文－仕恭－順昌－
111 西晉 東晉	101	94	12	爵 配 賈氏	永昌長子，字鳳嵩，行秀一，西晉武帝太康時，爲左衛太　長官，生卒葬闕。 配賈氏，生卒葬闕 **血緣：** 啓昆－黃帝－昌意－顓頊－稱－卷章－吳回－陸終－老彭－兩－伯壽－振禧－俶康－養廉－獻－寧帆－夢熊－秉－可愛－積古－頌新－團－竭忠－奇瑞－道琮－繼崧－景敷－愈崗－伯－欽保－度章－爾賢－榮施－端肅－列－東侯－才華－佐商－音－輝彩－圭－咸－祖壽－寶雲－士懷－治－類超－爲達－自昭－程－昶－觀凝－丁－寅－能運－貴山－和美－友熒－略－大郎－榮－忽－仲爽－建夏－俊宜－西林－名－宏載－益開－元果－訓彝－敖－萬－嗣愼－時梁－君實－更－金和－紹更－宜吾－文台－令昭－珅－越－綏榮－斐然－佑奎－世瓊－維－懋勳－宣－聖－閎－脩－寶－端鑑－淮－極文－仕恭－永昌－爵－
111	101	94	12	鬱 配 左氏	永昌次子。統記譜載名鬱字鶴嵩行秀二西晉惠帝時西元290年至306年，由茂才舉晉陽(今山西太原縣)參軍，生卒葬闕左氏生卒葬闕。 子二：隆簡(本脈)，隆略。 二女，俱適姓闕 **血緣：** 啓昆－黃帝－昌意－顓頊－稱－卷章－吳回－陸終－老彭－兩－伯壽－振禧－俶康－養廉－獻－寧帆－夢熊－秉－可愛－積古－頌新－團－竭忠－奇瑞－道琮－繼崧－景敷－愈崗－伯－欽保－度章－爾賢－榮施－端肅－列－東侯－才華－佐商－音－輝彩－圭－咸－祖壽－寶雲－士懷－治－類超－爲達－自昭－程－昶－觀凝－丁－寅－能運－貴山－和美－友熒－略－大郎－榮－忽－仲爽－建夏－俊宜－西林－名－宏載－益開－元果－訓彝－敖－萬－嗣愼－時梁－君實－更－金和－紹更－宜吾－文台－令昭－珅－越－綏榮－斐然－佑

開派少典	黃帝世系	受姓彭祖	淮陽宣公	先　祖	紀　　　　　　　　　　　　　　　　　　　　事
					奎－世瓊－維－懋勳－宣－聖－閎－脩－寶－端鑑－淮－極文－仕恭－永昌－鬱－隆簡、隆略－
112晉	102	95	13	隆　簡 配　薛氏	鬱公長子，譚丙字迪康行明一，東晉元帝大興時西元318年至321年，官司隸校尉統記譜載馬步軍都指揮，使會支譜載徐州太守。生卒年闕，葬虎形山，薛氏合夫塋。 配薛氏。 子三：沂、沿(本脈)、治。 一女適姓闕，葬合夫塋。 **血緣：** 啓昆－黃帝－昌意－顓頊－稱－卷章－吳回－陸終－老彭－兩－伯壽－振禧－俶康－養廉－獻－寧帆－夢熊－秉－可愛－積古－頌新－團－竭忠－奇瑞－道琮－繼崧－景敷－愈崗－伯－欽保－度章－爾賢－榮施－端肅－列－東侯－才華－佐商－音－輝彩－圭－咸－祖壽－寶雲－士懷－治－類超－爲達－自昭－程－昶－觀凝－丁－寅－能運－貴山－和美－友熒－略－大郎－榮－忽－仲爽－建夏－俊宜－西林－名－宏載－益開－元果－訓彝－敖－萬－嗣慎－時梁－君實－更－金和－紹更－宜吾－文台－令昭－珅－越－綏榮－斐然－佑奎－世瓊－維－懋勳－宣－聖－閎－脩－寶－端鑑－淮－極文－仕恭－永昌－鬱－隆簡－沂、沿、治－
112五胡亂華16國晉	102	95	13	隆　略 配　陶氏 繼　顧氏	鬱公次子。譚世字句安舊譜載字吉康行明二 東晉成帝咸和三年戊子西元328年官都將合鄱陽郡守，顧衆討王敦蘇峻勤王奏凱，愛公武略，以女妻之，因家於鄱陽(今江西饒州府鄱陽縣)生卒闕葬鄱陽「見綱鑑補」，繼配顧氏鄱陽郡守衆公之女生卒闕葬鄱陽。 一子澤。 **附錄** 澤字固山，行□，官會稽郡守， 配歐陽氏，子一遺，字紹山，官袁州刺史。配李氏，副陳氏，子一揆，字繼海，官吉州刺史，配鄭氏，副劉氏，子二：桂、松、桂字德芳，官興山縣知縣。松字德茂宋官郅州太守，配賀氏，子一振佳，字卓明，配范氏，子二：超漢、超清。超漢字子綱失傳，超清字子紀，配何氏，子二：英俊、英傑。英俊守南韶，配孫氏，子二：才奇、才善。英傑字貴新，與兄英俊同守南韶，配朱氏，子二：才元、才羨。今裔散居江西饒州府鄱陽縣等處，北宋治平乙巳西元1065年狀元，官國子直講擢太子中允，遷監察御史汝礪北宋宣和時官衢州通判翟知州，贈龍圖閣直學士通議大夫，謚忠毅汝方皆其裔。 **血緣：** 啓昆－黃帝－昌意－顓頊－稱－卷章－吳回－陸終－老彭－兩－伯壽－振禧－俶康－養廉－獻－寧帆－夢熊－秉－可愛－積古－頌新－團－竭忠－奇瑞－道琮－繼崧－景敷－愈崗－伯－欽保－度章－爾賢－榮施－端肅－列－東侯－才華－佐商－音－輝彩－圭－咸－祖壽－寶雲－士懷－治－類超－爲達－自昭－程－昶－觀凝－丁－寅－能運－貴山－和美－友熒－略－大郎－榮－忽－仲爽－建夏－俊宜－西林－名－宏載－益開－元果－訓彝－敖－萬－嗣慎－時梁－君實－更－金和－紹更－宜吾－文台－令昭－珅－越－綏榮－斐然－佑奎－世瓊－維－懋勳－宣－聖－閎－脩－寶－端鑑－淮－極文－仕恭－永昌－鬱－隆略－澤－

開派 少典	黃帝 世系	受姓 彭祖	淮陽 宣公	先　祖	紀　　　　　　　　　　　　　　　　　　　　　　　　事
113	103	96	14	沂 配　陳氏	隆簡長子，字萬鎰，行百一，東晉哀帝興寧時西元 363 年至 365 年，任洛陽尹「會支譜載中宗建武仕西郡太守」，生卒葬闕，陳氏敕封淑人。 **血緣：** 啓昆－黃帝－昌意－顓頊－稱－卷章－吳回－陸終－老彭－兩－伯壽－振禧－俶康－養廉－獻－寧帆－夢熊－秉－可愛－積古－頌新－團－竭忠－奇瑞－道琮－繼崧－景敷－愈崗－伯－欽保－度章－爾賢－榮施－端肅－列－東侯－才華－佐商－音－輝彩－圭－咸－祖壽－寶雲－士懷－治－類超－爲達－自昭－程－昶－觀凝－丁－寅－能運－貴山－和美－友焚－略－大郎－榮－忽－仲爽－建夏－俊宜－西林－名－宏載－益開－元果－訓彝－敖－萬－嗣慎－時梁－君實－更－金和－紹更－宜吾－文台－令昭－坤－越－綏榮－斐然－佑－奎－世瓊－維－懋勳－宣－聖－閎－脩－寶－端鑑－淮－極文－仕恭－永昌－鬱－隆簡－沂－
113	103	96	14	沿 配　柏氏	隆簡次子 一子 進(本脈) 一女適姓闕 字億鈞，行百二，東晉穆帝升平時西元 357 年至 361 年間官太常博士「統記譜載教諭會支載縣令」生卒葬闕， **血緣：** 啓昆－黃帝－昌意－顓頊－稱－卷章－吳回－陸終－老彭－兩－伯壽－振禧－俶康－養廉－獻－寧帆－夢熊－秉－可愛－積古－頌新－團－竭忠－奇瑞－道琮－繼崧－景敷－愈崗－伯－欽保－度章－爾賢－榮施－端肅－列－東侯－才華－佐商－音－輝彩－圭－咸－祖壽－寶雲－士懷－治－類超－爲達－自昭－程－昶－觀凝－丁－寅－能運－貴山－和美－友焚－略－大郎－榮－忽－仲爽－建夏－俊宜－西林－名－宏載－益開－元果－訓彝－敖－萬－嗣慎－時梁－君實－更－金和－紹更－宜吾－文台－令昭－坤－越－綏榮－斐然－佑－奎－世瓊－維－懋勳－宣－聖－閎－脩－寶－端鑑－淮－極文－仕恭－永昌－鬱－隆簡－沿－進－
113	103	96	14	治	隆簡三子，字兆銖行百三殤葬闕。 **血緣：** 啓昆－黃帝－昌意－顓頊－稱－卷章－吳回－陸終－老彭－兩－伯壽－振禧－俶康－養廉－獻－寧帆－夢熊－秉－可愛－積古－頌新－團－竭忠－奇瑞－道琮－繼崧－景敷－愈崗－伯－欽保－度章－爾賢－榮施－端肅－列－東侯－才華－佐商－音－輝彩－圭－咸－祖壽－寶雲－士懷－治－類超－爲達－自昭－程－昶－觀凝－丁－寅－能運－貴山－和美－友焚－略－大郎－榮－忽－仲爽－建夏－俊宜－西林－名－宏載－益開－元果－訓彝－敖－萬－嗣慎－時梁－君實－更－金和－紹更－宜吾－文台－令昭－坤－越－綏榮－斐然－佑－奎－世瓊－維－懋勳－宣－聖－閎－脩－寶－端鑑－淮－極文－仕恭－永昌－鬱－隆簡－治－
114	104	97	15	進 配　□氏 續　穆氏	沿公之子，字德修，號熙進，行順一。 東晉孝武帝太元時西元 376 年至 396 年拜議郎，公博學力行，遇事剛果，有古人風，生卒葬闕。子一：抗(本脈) 女一適姓闕。 子一：拒。 二女俱適姓闕。 **血緣：** 啓昆－黃帝－昌意－顓頊－稱－卷章－吳回－陸終－老彭－兩－伯壽－

開派 少典	黃帝 世系	受姓 彭祖	淮陽 宣公	先　祖	紀　　　　　　　　　　　　　　　　　　事
					振禧－傚康－養廉－獻－寧帆－夢熊　－秉－可愛－積古－頌新－團－竭忠－奇瑞－道琮－繼崧－景敷－愈崗－伯－欽保－度章－爾賢－榮施－端肅－列－東侯－才華－佐商－音－輝彩－圭－咸－祖壽－寶雲－士懷－治－類超－爲達－自昭－程－昶－觀凝－丁－寅－能運－貴山－和美－友焱－略－大郎－榮－忽－仲爽－建夏－俊宜－西林－名－宏載－益開－元果－訓彝－敖－萬－嗣慎－時梁－君實－更－金和－紹更－宜吾－文台－令昭－坤－越－綏榮－斐然－佑奎－世瓊－維－懋勳－宣－聖－閎－脩－寶－端鑑－淮－極文－仕恭－永昌－鬱－隆簡－沿－進－抗、拒－
115	105	98	16	抗 （希　廣） 配　周氏	進公長子，中國人名大辭典載名伉，字武陽，號素庵，行壽一。居蘭陵(今江蘇武進縣治)。統記譜載簡陵誤茲從清一統志更正東晉安帝元興時西元402年至418年舉孝廉累官兵部尙書左丞相，以疾辭歸。以長女歸許遜得許遜，授仙術，進旌陽仙術，中國大辭典云，晉永康中至南昌事許遜以宋武帝永初二年辛酉(西元421年)六月二十六日舉家共42口日昇天享壽136歲中國人名大辭典云晉永和中舉家仙去葬蘭陵蓮花洲綴誅形子山午向見氏族箋釋註神仙通鑑㑒友錄清一統志中國人名大辭典。周氏生卒闕葬蘭陵。 子五：超、赴(本脈)、起、趙、趨。 二女：長適江西南昌府新進縣進士官旌陽令許遜次子，莊，見神仙通鑑次女適闕。 **血緣**：啓昆－黃帝－昌意－顓頊－稱－卷章－吳回－陸終－老彭－兩－伯壽－振禧－傚康－養廉－獻－寧帆－夢熊　－秉－可愛－積古－頌新－團－竭忠－奇瑞－道琮－繼崧－景敷－愈崗－伯－欽保－度章－爾賢－榮施－端肅－列－東侯－才華－佐商－音－輝彩－圭－咸－祖壽－寶雲－士懷－治－類超－爲達－自昭－程－昶－觀凝－丁－寅－能運－貴山－和美－友焱－略－大郎－榮－忽－仲爽－建夏－俊宜－西林－名－宏載－益開－元果－訓彝－敖－萬－嗣慎－時梁－君實－更－金和－紹更－宜吾－文台－令昭－坤－越－綏榮－斐然－佑奎－世瓊－維－懋勳－宣－聖－閎－脩－寶－端鑑－淮－極文－仕恭－永昌－鬱－隆簡－沿－進－抗－超、赴起、趙、趨－
115	105	98	16	拒 配　吉氏	進公次子，字文陽，行壽二，素力學曆書，宋文帝時西元424年至453年，爲魏司馬官兵部尙書左丞相，生卒葬闕。 **血緣**：啓昆－黃帝－昌意－顓頊－稱－卷章－吳回－陸終－老彭－兩－伯壽－振禧－傚康－養廉－獻－寧帆－夢熊　－秉－可愛－積古－頌新－團－竭忠－奇瑞－道琮－繼崧－景敷－愈崗－伯－欽保－度章－爾賢－榮施－端肅－列－東侯－才華－佐商－音－輝彩－圭－咸－祖壽－寶雲－士懷－治－類超－爲達－自昭－程－昶－觀凝－丁－寅－能運－貴山－和美－友焱－略－大郎－榮－忽－仲爽－建夏－俊宜－西林－名－宏載－益開－元果－訓彝－敖－萬－嗣慎－時梁－君實－更－金和－紹更－宜吾－文台－令昭－坤－越－綏榮－斐然－佑奎－世瓊－維－懋勳－宣－聖－閎－脩－寶－端鑑－淮－極文－仕恭－永昌－鬱－隆簡－沿－進－拒－
116	106	99	17	超 配　匡氏	抗公長子，字仲遠。行方一，宋文帝元嘉時西元424年至453年，任涿郡太守。生卒葬闕，配匡氏生卒葬闕。 **血緣**：啓昆－黃帝－昌意－顓頊－稱－卷章－吳回－陸終－老彭－兩－伯壽－振禧－傚康－養廉－獻－寧帆－夢熊　－秉－可愛－積古－頌新－團－竭忠－奇

開派 少典	黃帝 世系	受姓 彭祖	淮陽 宣公	先　祖	紀　　　　　　　　　　　　　　　　　　　　　　　　事
					瑞－道琮－繼崧－景敷－愈崗－伯－欽保－度章－爾賢－榮施－端肅－列－東侯－才華－佐商－音－輝彩－圭－咸－祖壽－寶雲－士懷－治－類超－爲達－自昭－程－昶－觀凝－丁－寅－能運－貴山－和美－友煃－略－大郎－榮－忽－仲爽－建夏－俊宜－西林－名－宏載－益開－元果－訓彝－敖－萬－嗣慎－時梁－君實－更－金和－紹更－宜吾－文台－令昭－坤－越－綬榮－斐然－佑奎－世瓊－維－懋勳－宣－聖－閣－脩－寶－端鑑－淮－極文－仕恭－永昌－鬱－隆簡－沿－進－抗－超－
116	106	99	17	赴 　配　程氏 　續　張氏	抗公次子 字仲適，號堯封，行方二。宋孝武帝孝建時西元 454 年至 464 年，任咨陽參軍。生卒葬闕。 配程氏，一子薔， 二女俱適姓闕生卒葬闕， 再配張氏，一子荏（本脈），一女適姓闕。 **血緣**啓昆－黃帝－昌意－顓頊－稱－卷章－吳回－陸終－老彭－兩－伯壽－振禧－俶康－養廉－獻－寧帆－夢熊－秉－可愛－積古－頌新－團－竭忠－奇瑞－道琮－繼崧－景敷－愈崗－伯－欽保－度章－爾賢－榮施－端肅－列－東侯－才華－佐商－音－輝彩－圭－咸－祖壽－寶雲－士懷－治－類超－爲達－自昭－程－昶－觀凝－丁－寅－能運－貴山－和美－友煃－略－大郎－榮－忽－仲爽－建夏－俊宜－西林－名－宏載－益開－元果－訓彝－敖－萬－嗣慎－時梁－君實－更－金和－紹更－宜吾－文台－令昭－坤－越－綬榮－斐然－佑奎－世瓊－維－懋勳－宣－聖－閣－脩－寶－端鑑－淮－極文－仕恭－永昌－鬱－隆簡－沿－進－抗－赴－薔、荏－
116	106	99	17	起 　配　郭氏	抗公三子，字仲達，一字仲道，行方三。 爲學正。宋孝武帝大明西元 457 年至 464 年時，官司徒。 配郭氏， **血緣：** 啓昆－黃帝－昌意－顓頊－稱－卷章－吳回－陸終－老彭－兩－伯壽－振禧－俶康－養廉－獻－寧帆－夢熊－秉－可愛－積古－頌新－團－竭忠－奇瑞－道琮－繼崧－景敷－愈崗－伯－欽保－度章－爾賢－榮施－端肅－列－東侯－才華－佐商－音－輝彩－圭－咸－祖壽－寶雲－士懷－治－類超－爲達－自昭－程－昶－觀凝－丁－寅－能運－貴山－和美－友煃－略－大郎－榮－忽－仲爽－建夏－俊宜－西林－名－宏載－益開－元果－訓彝－敖－萬－嗣慎－時梁－君實－更－金和－紹更－宜吾－文台－令昭－坤－越－綬榮－斐然－佑奎－世瓊－維－懋勳－宣－聖－閣－脩－寶－端鑑－淮－極文－仕恭－永昌－鬱－隆簡－沿－進－抗－起　－
116	106	99	17	趙	抗公四子　字仲遵， 行方四，早殤，葬闕。 **血緣：** 啓昆－黃帝－昌意－顓頊－稱－卷章－吳回－陸終－老彭－兩－伯壽－振禧－俶康－養廉－獻－寧帆－夢熊－秉－可愛－積古－頌新－團－竭忠－奇瑞－道琮－繼崧－景敷－愈崗－伯－欽保－度章－爾賢－榮施－端肅－列－東侯－才華－佐商－音－輝彩－圭－咸－祖壽－寶雲－士懷－治－類超－爲達－自昭－程－昶－觀凝－丁－寅－能運－貴山－和美－友煃－略－大郎－榮－忽－仲爽－建夏－俊宜－西林－名－宏載－益開－元果－訓彝－敖－萬－嗣慎－

開派 少典	黃帝 世系	受姓 彭祖	淮陽 宣公	先　祖	紀　　　　　　　　　　　　　　　　　　　　　　　　事
					時梁－君實－更－金和－紹更－宜吾－文台－令昭－坤－越－綏榮－斐然－佑奎－世瓊－維－懋勳－宣－聖－闊－脩－寶－端鑑－淮－極文－仕恭－永昌－鬱－隆簡－沿－進－抗－趨
116	106	99	17	趨	抗公五子　字仲進，行方五，隱居泰山， **血緣：** 啓昆－黃帝－昌意－顓頊－稱－卷章－吳回－陸終－老彭－兩－伯壽－振禧－儆康－養廉－獻－寧帆－夢熊－秉－可愛－積古－頌新－團－竭忠－奇瑞－道琮－繼崧－景敷－愈崗－伯－欽保－度章－爾賢－榮施－端肅－列－東侯－才華－佐商－音－輝彩－圭－咸－祖壽－寶雲－士懷－治－類超－爲達－自昭－程－昶－觀凝－丁－寅－能運－貴山－和美－友癸－略－大郞－榮－忽－仲爽－建夏－俊宜－西林－名－宏載－益開－元果－訓彝－敖－萬－嗣慎－時梁－君實－更－金和－紹更－宜吾－文台－令昭－坤－越－綏榮－斐然－佑奎－世瓊－維－懋勳－宣－聖－闊－脩－寶－端鑑－淮－極文－仕恭－永昌－鬱－隆簡－沿－進－抗－趨
117 齊梁陳 五胡16 國 北魏	107	100	18	蕃	赴公長子　字桂扶，行和一。 **血緣：** 啓昆－黃帝－昌意－顓頊－稱－卷章－吳回－陸終－老彭－兩－伯壽－振禧－儆康－養廉－獻－寧帆－夢熊－秉－可愛－積古－頌新－團－竭忠－奇瑞－道琮－繼崧－景敷－愈崗－伯－欽保－度章－爾賢－榮施－端肅－列－東侯－才華－佐商－音－輝彩－圭－咸－祖壽－寶雲－士懷－治－類超－爲達－自昭－程－昶－觀凝－丁－寅－能運－貴山－和美－友癸－略－大郞－榮－忽－仲爽－建夏－俊宜－西林－名－宏載－益開－元果－訓彝－敖－萬－嗣慎－時梁－君實－更－金和－紹更－宜吾－文台－令昭－坤－越－綏榮－斐然－佑奎－世瓊－維－懋勳－宣－聖－闊－脩－寶－端鑑－淮－極文－仕恭－永昌－鬱－隆簡－沿－進－抗－赴－蕃
117	107	100	18	荏 元配淳于氏 繼配　魏氏 副　歐陽氏	赴公次子，字桐扶，行和二， 齊朝時人，梁武帝天監時西元502年至519年任鄴城都護家京兆，今陝西西安府，生卒闕，魏授鄴城都護，累贈驃騎大將軍，葬鄴城外蛇形山右蝦蟆穴巳山亥何。 配張氏，清河世族，累封高陽群夫人， 一子樂（歐陽氏生） 二女俱適闕。 **血緣：** 啓昆－黃帝－昌意－顓頊－稱－卷章－吳回－陸終－老彭－兩－伯壽－振禧－儆康－養廉－獻－寧帆－夢熊－秉－可愛－積古－頌新－團－竭忠－奇瑞－道琮－繼崧－景敷－愈崗－伯－欽保－度章－爾賢－榮施－端肅－列－東侯－才華－佐商－音－輝彩－圭－咸－祖壽－寶雲－士懷－治－類超－爲達－自昭－程－昶－觀凝－丁－寅－能運－貴山－和美－友癸－略－大郞－榮－忽－仲爽－建夏－俊宜－西林－名－宏載－益開－元果－訓彝－敖－萬－嗣慎－時梁－君實－更－金和－紹更－宜吾－文台－令昭－坤－越－綏榮－斐然－佑奎－世瓊－維－懋勳－宣－聖－闊－脩－寶－端鑑－淮－極文－仕恭－永昌－鬱－隆簡－沿－進－抗－赴－荏－樂－
118	108	101	19	樂 配　夏氏	荏公之子，字子興，中國人名大辭典載字興，號福安，行聰一，驍勇善騎射，初隨杜洛周，知其不立，降爾朱榮，從破葛榮于鑿口，梁武帝太清二年西元547年至549年，任東魏並州刺史，擒裴寬有功，官大都督。簡文帝大寶時特進檢校太

開派少典	黃帝世系	受姓彭祖	淮陽宣公	先祖	紀　　　　　　　　　　　事
				 北齊封陳留王——樂公畫像	尉，封陳留王，御賜玉帶，居安定(今甘肅涇川縣)。詔命贈檢校太保，諡忠勇，敕封神勇將軍，立廟祀之，唐睿宗景雲二年辛亥，追諡文宣侯。中國人名大辭典云大寶初封陳留王遷太尉家安定，今陝西平涼州，生卒闕，葬安定，任北齊佐命功臣(西元550年左右)書有傳追諡文宣夫人，生卒闕，葬安定。唐武后景雲二年西元711年，因其六世孫景直，克肖先賢，而追贈文宣公。 配夏氏，會稽世族，諡贈文宣夫人。 二子：龍韜(本脈)，龍文。 一女淑華，爲北齊武成帝夫人。 **血緣**：　啓昆－黃帝－昌意－顓頊－稱－卷章－吳回－陸終－老彭－兩－伯壽－振禧－儆康－養廉－獻－寧帆－夢熊　－秉－可愛－積古－頌新－團－竭忠－奇瑞－道琮－繼崧－景敷－愈崗－伯－欽保－度章－爾賢－榮施－端肅－列－東侯－才華－佐商－音－輝彩－圭－咸－祖壽－寶雲－士懷－治－類超－爲達－自昭－程－昶－觀凝－丁－寅－能運－貴山－和美－友燊－略－大郎－榮－忽－仲爽－建夏－俊宜－西林－名－宏載－益開－元果－訓彝－敖－萬－嗣愼－時梁－君實－更－金和－紹更－宜吾－文台－令昭－珅－越－綏榮－斐然－佑奎－世瓊－維－懋勳－宣－聖－闓－脩－寶－端鑑－淮－極文－仕恭－永昌－鬱－隆簡－沿－進－抗－赴－佳－樂－龍韜、龍文－
119	109	102	20	龍　韜 配　鮑氏	樂公長子，字德中，號叔略，行敏一。 陳武帝永定時西元557年至559年，官賀州(今廣西省,在鍾山縣東南)守敕，授將仕郎生卒俱闕葬安定。 配鮑氏，敕授儒人，生卒闕葬合夫塚。 子二：君德、君用(本脈)。 二女俱適姓闕， **血緣**：　啓昆－黃帝－昌意－顓頊－稱－卷章－吳回－陸終－老彭－兩－伯壽－振禧－儆康－養廉－獻－寧帆－夢熊　－秉－可愛－積古－頌新－團－竭忠－奇瑞－道琮－繼崧－景敷－愈崗－伯－欽保－度章－爾賢－榮施－端肅－列－東侯－才華－佐商－音－輝彩－圭－咸－祖壽－寶雲－士懷－治－類超－爲達－自昭－程－昶－觀凝－丁－寅－能運－貴山－和美－友燊－略－大郎－榮－忽－仲爽－建夏－俊宜－西林－名－宏載－益開－元果－訓彝－敖－萬－嗣愼－時梁－君實－更－金和－紹更－宜吾－文台－令昭－珅－越－綏榮－斐然－佑奎－世瓊－維－懋勳－宣－聖－闓－脩－寶－端鑑－淮－極文－仕恭－永昌－鬱－隆簡－沿－進－抗－赴－佳－樂－龍韜－君德、君用－
119	109	102	20	龍　文 配　張氏	樂公次子，字欽文，行敏二， 陳文帝天嘉時西元560年至565年官直閣將軍生卒闕葬安定。配張氏生卒葬闕 **血緣**：　啓昆－黃帝－昌意－顓頊－稱－卷章－吳回－陸終－老彭－兩－伯壽－振禧－儆康－養廉－獻－寧帆－夢熊　－秉－可愛－積古－頌新－團－竭忠－奇瑞－道琮－繼崧－景敷－愈崗－伯－欽保－度章－爾賢－榮施－端肅－列－東侯－才華－佐商－音－輝彩－圭－咸－祖壽－寶雲－士懷－治－類超－爲達－自昭－程－昶－觀凝－丁－寅－能運－貴山－和美－友燊－略－大郎－榮－忽－仲爽－建夏－俊宜－西林－名－宏載－益開－元果－訓彝－敖－萬－嗣愼－時梁－君實－更－金和－紹更－宜吾－文台－令昭－珅－越－綏榮－斐然－佑

開派 少典	黃帝 世系	受姓 彭祖	淮陽 宣公	先　祖	紀　　　　　　　　　　　　　　　　事
					奎－世瓊－維－懋勳－宣－聖－閎－脩－寶－端鑑－淮－極文－仕恭－永昌－ 鬱－隆簡－沿－進－抗－赴－荏－樂－龍文－
120 隋	110	103	21	君　德 （君　材） 配　昌氏	龍韜長子，統記譜載名君材，字見龍，號在田，行俊一，陳宣帝太建時西元 569 年至 582 年，官柳州守，生卒葬俱闕 。 配昌氏，生卒闕葬。 **血緣：** 啓昆－黃帝－昌意－顓頊－稱－卷章－吳回－陸終－老彭－兩－伯壽－ 振禧－俶康－養廉－獻－寧帆－夢熊－秉－可愛－積古－頌新－團－竭忠－奇 瑞－道琮－繼崧－景敷－愈崗－伯－欽保－度章－爾賢－榮施－端肅－列－東 侯－才華－佐商－音－輝彩－圭－咸－祖壽－寶雲－士懷－治－類超－爲達－ 自昭－程－昶－觀凝－丁－寅－能運－貴山－和美－友熒－略－大郎－榮－忽 －仲爽－建夏－俊宜－西林－名－宏載－益開－元果－訓彝－敖－萬－嗣慎－ 時梁－君實－更－金和－紹更－宜吾－文台－令昭－坤－越－綏榮－斐然－佑 奎－世瓊－維－懋勳－宣－聖－閎－脩－寶－端鑑－淮－極文－仕恭－永昌－ 鬱－隆簡－沿－進－抗－赴－荏－樂－龍韜－君德－
120	110	103	21	君　用 配　何氏	龍韜次子，字安富，號尊榮，行俊一，陳文帝天康時西元 566 年，官吏部尙書。 統記譜記載：南康節度使，永定二年陳主捨身佛寺，有左丞君豹正笏　諫不聽免 官。 配何氏，生卒葬闕。 一子履眞(本脈) **血緣：** 啓昆－黃帝－昌意－顓頊－稱－卷章－吳回－陸終－老彭－兩－伯壽－ 振禧－俶康－養廉－獻－寧帆－夢熊－秉－可愛－積古－頌新－團－竭忠－奇 瑞－道琮－繼崧－景敷－愈崗－伯－欽保－度章－爾賢－榮施－端肅－列－東 侯－才華－佐商－音－輝彩－圭－咸－祖壽－寶雲－士懷－治－類超－爲達－ 自昭－程－昶－觀凝－丁－寅－能運－貴山－和美－友熒－略－大郎－榮－忽 －仲爽－建夏－俊宜－西林－名－宏載－益開－元果－訓彝－敖－萬－嗣慎－ 時梁－君實－更－金和－紹更－宜吾－文台－令昭－坤－越－綏榮－斐然－佑 奎－世瓊－維－懋勳－宣－聖－閎－脩－寶－端鑑－淮－極文－仕恭－永昌－ 鬱－隆簡－沿－進－抗－赴－荏－樂－龍韜－君用－履眞－
121	111	104	22	履　眞 配　譚氏	君用之子，字復臨號南薰行揆，隋煬帝大業時西元 605 年至 616 年官龍州(今廣西 崇善縣西)府尹，擢瀛州刺史，遂居瀛州河間，生卒闕葬鳳頭嶺巽山乾向。 配譚氏，生卒闕。 子二：乾元(仲德)，坤元(仲敬)本脈。 四女 俱適姓闕。 **血緣：** 啓昆－黃帝－昌意－顓頊－稱－卷章－吳回－陸終－老彭－兩－伯壽－ 振禧－俶康－養廉－獻－寧帆－夢熊　－秉－可愛－積古－頌新－團－竭忠－奇 瑞－道琮－繼崧－景敷－愈崗－伯－欽保－度章－爾賢－榮施－端肅－列－東 侯－才華－佐商－音－輝彩－圭－咸－祖壽－寶雲－士懷－治－類超－爲達－ 自昭－程－昶－觀凝－丁－寅－能運－貴山－和美－友熒－略－大郎－榮－忽 －仲爽－建夏－俊宜－西林－名－宏載－益開－元果－訓彝－敖－萬－嗣慎－ 時梁－君實－更－金和－紹更－宜吾－文台－令昭－坤－越－綏榮－斐然－佑 奎－世瓊－維－懋勳－宣－聖－閎－脩－寶－端鑑－淮－極文－仕恭－永昌－

開派少典	黃帝世系	受姓彭祖	淮陽宣公	先　祖	紀　　　　事
					鬱－隆簡－沿－進－抗－赴－荏－樂－龍韜－君用－履真－乾元、坤元－
122 唐	112	105	23	乾　元 (仲德) 配　鮑氏	履真長子。 統記譜載，名仲德，字進修，號子業，行福一，唐高宗永徽時西元 650 年至 655 年，任泉州(今福建晉江、南安、惠安、安溪、同安五縣)太守，生卒葬闕。 **血緣：** 啓昆－黃帝－昌意－顓頊－稱－卷章－吳回－陸終－老彭－兩－伯壽－振禧－傚康－養廉－獻－寧帆－夢熊－秉－可愛－積古－頌新－團－竭忠－奇瑞－道琮－繼崧－景敷－愈崗－伯－欽保－度章－爾賢－榮施－端肅－列－東侯－才華－佐商－音－輝彩－圭－咸－祖壽－寶雲－士懷－治－類超－爲達－自昭－程－昶－觀凝－丁－寅－能運－貴山－和美－友焚－略－大郎－榮－忽－仲爽－建夏－俊宜－西林－名－宏載－益開－元果－訓彝－敖－萬－嗣慎－時梁－君實－更－金和－紹更－宜吾－文台－令昭－坤－越－綏榮－斐然－佑奎－世瓊－維－懋勳－宣－聖－閎－脩－寶－端鑑－淮－極文－仕恭－永昌－鬱－隆簡－沿－進－抗－赴－荏－樂－龍韜－君用－履真－乾元－
122	112	105	23	坤　元 (仲敬) 配　黃氏	履真次子統記譜載，名仲敬，字方直，號子義，行福二，唐高宗永徽時西元 654 年，官光祿大夫，公品高學博，以孝友聞，生卒闕，葬瀛州河間。 配黃氏，葬瀛州河間。 子一 明遠（本脈）。 三女俱適姓闕。 **血緣：** 啓昆－黃帝－昌意－顓頊－稱－卷章－吳回－陸終－老彭－兩－伯壽－振禧－傚康－養廉－獻－寧帆－夢熊－秉－可愛－積古－頌新－團－竭忠－奇瑞－道琮－繼崧－景敷－愈崗－伯－欽保－度章－爾賢－榮施－端肅－列－東侯－才華－佐商－音－輝彩－圭－咸－祖壽－寶雲－士懷－治－類超－爲達－自昭－程－昶－觀凝－丁－寅－能運－貴山－和美－友焚－略－大郎－榮－忽－仲爽－建夏－俊宜－西林－名－宏載－益開－元果－訓彝－敖－萬－嗣慎－時梁－君實－更－金和－紹更－宜吾－文台－令昭－坤－越－綏榮－斐然－佑奎－世瓊－維－懋勳－宣－聖－閎－脩－寶－端鑑－淮－極文－仕恭－永昌－鬱－隆簡－沿－進－抗－赴－荏－樂－龍韜－君用－履真－坤元－明遠－
123	113	106	24	明　遠 元配 郭氏 繼配 甯氏 三室 朱氏	坤元(仲敬)之子，別名宏照，字鏡高，號毅儂，行英一。 唐中宗景龍三年己酉歲西元 709 年，以子景直貴例授史部侍郎，誥封金紫光祿大夫，公幼通文學，樂善好施，生卒闕，葬瀛州河間。 元配郭氏，生卒闕，女一適姓闕。 繼配甯氏，生卒闕，葬合夫塚。 三女俱適姓闕。 三配朱氏，誥封一品夫人，生卒闕，葬合夫塋。 一子景直（本脈）。 一女適姓闕。 **血緣：** 啓昆－黃帝－昌意－顓頊－稱－卷章－吳回－陸終－老彭－ －伯壽－振禧－傚康－養廉－獻－寧帆－夢熊－秉－可愛－積古－頌新－團－竭忠－奇瑞－道琮－繼崧－景敷－愈崗－伯－欽保－度章－爾賢－榮施－端肅－列－東侯－才華－佐商－音－輝彩－圭－咸－祖壽－寶雲－士懷－治－類超－爲達－自昭－程－昶－觀凝－丁－寅－能運－貴山－和美－友焚－略－大郎－榮－忽

開派 少典	黃帝 世系	受姓 彭祖	淮陽 宣公	先　祖	紀　　　　　　　　　　　　　　　　　　　　　　事
					－仲爽－建夏－俊宜－西林－名－宏載－益開－元果－訓彝－赦－萬－嗣慎－時梁－君實－更－金和－紹更－宜吾－文台－令昭－坤－越－綬榮－斐然－佑奎－世瓊－維－懋勳－宣－聖－閦－脩－寶－端鑑－淮－極文－仕恭－永昌－鬱－隆簡－沿－進－抗－赴－荏－樂－龍韜－君用－履真－坤元－明遠－景直－
124	114	107	25	唐狀元禮部左侍郎 —— 景直公畫像 景　直 元配　魏氏 副配　張氏 繼配　鄧氏	陳留王樂公六世孫明遠之子，字美正，號品方，行端一，生於唐中宗永昌己丑西元 689 年，卒闕。 唐中宗(即盧陵王)景龍二年戊申歲西元 708 年)進士第，官太常博士，晉禮部侍郎，會支譜載大理寺評事，誥封金紫光祿大夫，蘇頲草其制曰「通理內融含輝外靜文尚典雅」，學窮精博，生唐高宗儀鳳二年丁丑望日西元 677 年卒闕，葬瀛州河間。鄧氏誥封一品夫人，生卒闕葬合張氏塋。 一子雲(本脈)， 一女適姓闕。 唐書有傳，據三瑞堂譜載，景直公以文章顯於唐，楊萬里其像，亦言公數上封，事查中宗嗣聖元年甲申，公試禮部成進士，終中宗朝，祇為太常博士，而各譜載官禮部侍郎，在唐中宗景龍戊申。 長平侯為封爵之祖，後來陳留王安定王隴西開國侯，皆有封爵禮大夫，不得祖諸侯，故祠不敢奉為一世祀，且侯封於漢成帝河平九年，景直公為侍郎，在唐中宗景龍二年戊申年中間七百六十餘年，譜牒無徵，惟顯名列祖雜出於史傳者，前人稽查凡廿五世，今依舊譜謄錄不敢有遺。徵君自瀛州南遷，以後名字行號生沒葬配，與夫遷徙源流，皆歷歷如指掌，故致祭修譜，俱始於徵君。 查徵君生於唐中宗永昌元年（西元 689 年）己丑望日，距景龍二年戊申相去八載。徵君與侍郎非祖孫則父子，因老譜無確證，亦不敢傳，疑以上依通譜首圖抄入，無所增刪。 唐徵君公於唐元 25 年，自瀛州河間以宦官遷江西袁州宜春縣合浦，繁衍吳楚六府十三邑，今桃邑九溪祖祠續修，查馬礄溪慧公一支世系，前數代記出自君公，故列於後。 **附錄**(摘廿五史唐書卷 199，列傳第 124)： 彭景直，瀛州河間人，中宗景龍末，為太常博士，時獻昭乾三陵皆日祭，景直上言，在禮陵不日祭，宗廟有月祭，故王者設廟祧壇墠，為親　多少之殺，立七廟，一壇一墠，曰考廟、曰王考廟、曰皇考廟、曰顯考廟，皆月祭，遠廟為祧，享嘗乃止，去祧為壇，去壇為墠，有禱祭之，無禱乃止。譙周曰，天子、始祖、高祖、曾祖、祖考之廟，皆朔加薦，以象生時朔食，號日祭，二祧廟不月祭，則古無日祭者。今諸陵朔望進食，近古之殷事，諸節進食，近古之薦新，鄭玄曰：殷事月之朔，半薦新奠也，於儀禮，朔半日猶常日朝夕也。既大祥，即四時焉，此其祭皆在廟云。近世始以朔諸節祭陵寢，唯四時及臘，五享於廟，尋經質禮，無日祭於陵之文。漢時，京師自高祖下至宣帝，與太上皇悼皇考陵，旁立廟園，各有寢便殿，故日祭諸寢，月祭諸便殿，貢禹以禮節煩數，白元帝，願罷，郡國廟丞相韋玄成等，後因議七廟外寢園，皆無復修議者，亦以祭不欲數，宜復古四時祭廟，劉歆引春秋外傳，曰祖禰，曰祭曾高，月祀二祧，時享增墠歲貢。魏晉以降不祭墓，臣謂宜罷諸陵日祭，如禮便，帝不從，因下昭有司空諸陵不當日進食，夫禮

開派 少典	黃帝 世系	受姓 彭祖	淮陽 宣公	先　祖	紀　　　　　　　　　　　　　　　　　　　事
					以人情爲之沿革，何專古而泥所聞。乾陵宜朝脯進奠，昭獻陵，日一進，或所司乏于費，可減，朕常膳爲之。中宗崩，葬定陵，有司議以和思皇后附葬，后爲武后所殺，不得其喪，所將以招魂合諸梓宮。景直曰：招魂古無傳不可，請如橋山藏衣冠故事，納后褌衣，復寢宮舉衣魂輅，告以太牢，內之方中，奉帝梓棺，右覆以夷衾，眾當其言，制曰可，景直後歷禮部郎中卒。 **血緣：** 啓昆－黃帝－昌意－顓頊－稱－卷章－吳回－陸終－老彭－　－伯壽－振禧－侅康－養廉－獻－寧帆－夢熊　－秉－可愛－積古－頌新－團－竭忠－奇瑞－道琮－繼崧－景敷－愈崗－伯－欽保－度章－爾賢－榮施－端肅－列－東侯－才華－佐商－音－輝彩－圭－咸－祖壽－寶雲－士懷－治－類超－爲達－自昭－程－昶－觀凝－丁－寅－能運－貴山－和美－友熒－略－大郎－榮－忽－仲爽－建夏－俊宜－西林－名－宏載－益開－元果－訓彝－敖－萬－嗣慎－時梁－君實－更－金和－紹更－宜吾－文台－令昭－坤－越－綬榮－斐然－佑奎－世瓊－維－懋勳－宣－聖－閔－脩－寶－端鑑－淮－極文－仕恭－永昌－鬱－隆簡－沿－進－抗－赴－荏－樂－龍韜－君用－履真－坤元－明遠－景直－構雲－。
125	115	108	26	雲 江西始祖 構　雲 徵　君 號廷鑑 別號夢鯉 行乾一 配　歐陽氏	景直公之子，遷吳江西始祖。 長平侯爲封爵之祖，後來陳留王安定王隴西開國侯，皆有封爵禮大夫不得祖諸侯，故總祠不敢奉爲一世祖，且侯受封於漢元壽二年，景直公爲侍郎，在唐景龍二年中間649年譜牒無徵，惟顯名列祖雜出於史傳百家之書，前人稽查凡25世，然記稱世家淮陽，又有居京兆安定河間者，今依舊刻謄錄，不敢有遺，徵君公由瀛州河間南遷以後，名字號行生卒葬配，與分徙源流，皆歷歷瞭如指掌，故致祭修譜，俱始於徵君公。 考徵君公生於唐開元三年西元 715 年正月十五日，歿於西元 767 年十一月廿九日。距前景龍二年相去八載，徵君侍郎非祖孫，則父子耳，因舊譜無確證，亦不敢傳，疑以上依通譜首圖抄入，無所增刪。 唐徵君公於唐開元 25 年丁丑歲西元 737 年，自瀛州河間以宦，遷江西袁州宜春縣合浦，是爲【遷吳始祖】，其後蕃衍吳楚六府十三邑各分派系。 配歐陽氏，生於唐睿宗景二年辛亥歲(711)年三月初三日寅時，歿於唐德宗貞元十九年癸未(803)二月十六日申時，壽高 93 歲。與公合葬。生五子四女。 子五：東里(澄)、南華(沿)、西華(江)、北叟(海)、中理(滋、世臣、文在、元吉、行坤五. 21) **血緣：** 少典－晶其－炎居－節並－戲器－祝融－共工－勾龍－噎鳴－啓昆－黃帝－昌意－顓頊－稱－卷章－吳回－陸終－老彭－兩－伯壽－振禧－侅康－養廉－獻－寧帆－夢熊　－秉－可愛－積古－頌新－團－竭忠－奇瑞－道琮－繼崧－景敷－愈崗－伯－欽保－度章－爾賢－榮施－端肅－列－東侯－才華－佐商－音－輝彩－圭－咸－祖壽－寶雲－士懷－治－類超－爲達－自昭－程－昶－觀凝－丁－寅－能運－貴山－和美－友熒－略－大郎－榮－忽－仲爽－建夏－俊宜－西林－名－宏載－益開－元果－訓彝－敖－萬－嗣慎－時梁－君實－更－金和－紹更－宜吾－文台－令昭－坤－越－綬榮－斐然－佑奎－世瓊－維－懋勳－宣－聖－閔－脩－寶－端鑑－淮－極文－仕恭－永昌－鬱－隆簡－沿－進－抗－赴－荏－樂－龍韜－君用－履真－坤元－明遠－景直－構雲－東里

開派 少典	黃帝 世系	受姓 彭祖	淮陽 宣公		先　祖	紀　　　　　　　　　　　　事
						(湮)、南華(治)、西華(江)、北叟(海)、中理(滋、世臣、文在、元吉)－

開派 少典	黃帝 世系	受姓 彭祖	淮陽 宣公	江西 雲公	先　祖	紀　　　　　　　　　　　　事
125	115	108	26	1	構雲	仝　　　　　　　　　　　　上
126	116	109	27	2	中理	雲公五子，諱滋，字世臣，號文在，別號元吉，行坤五，生西元755年卒西元841年壽87歲，配李氏子三：伉、偶（本脈）、儀。
127	117	110	28	3	偶公	中理次子，字維賢，號越卿，行興二，西元772年生，西元851年卒，壽80歲。配郭氏，子三：輞、輔、軸（霽）女四：俱適姓闕。
128	118	111	29	4	輔公	偶公次子，字國相，號宜成，行寶二，西元812年生，西元886年卒，壽75歲，配李氏，子五：玨（本脈）璸、璋、玗、琙、女二俱適姓闕（注：湖南青山彭氏敦睦譜卷一至五源流圖詳載）
129	119	112	30	5	玨公	輔公長子，字叔琳，號伯琪，行章一，生西元827年卒西元898，壽72歲，配陳氏，誥封一瀲大人生828年卒903年壽76歲子一溁（本脈）女一適常。 闞氏，誥封一品夫人唐武宗會昌元年，西元841年生西元904年卒壽64歲。按江西聯譜2006年修233、236、237頁記載配王氏封太原郡夫人葬山口沙溪頭，子一彥章（注：應是溁公同父異母三配出之胞弟）。
130	120	113	31	6	溁公 遷湘始祖	玨公長子，字漢霖，號旭湖，行正一，仕唐爲保義郎，以招討黃巢功封郡侯，生唐宣宗大中二年西元848年卒五代後唐天成四年西元929年，壽82歲，葬古乘寺酉山卯向，配陳氏唐封國夫人諱淑貞，生西元847年卒西元928年壽82歲，葬合旭湖郡侯基右、同向，墓碑二表八。 子六，長鄴（本宗祠建高倉，支祠建板倉，均燬於文革破四舊）次鄭諱宗榮字東城行文二，三都諱宗獻字徵之行文三，四　諱宗明字思安行文四，五諱宗武字惟周行文五，六諱宗元字明哉行文六，俱各建支祠、譜，均遭文革破四舊燬害。

福建彭氏源流

　　聞之國爲姓者，乃顓頊高陽氏元孫錢鏗，封于彭城，遂以彭立爲姓焉，迄其後派衍河南郡屬隴西，彭氏之家聲其發育於天下者，肇自此爾。

　　吾閩始祖，厥帷裕公諱伯溫于唐高祖，武德戊寅年，由江西瑞州府由昌縣，移居溫州府平陽縣開基，傳十三世祖景賢公娶婆楊氏，士五子，長思逝，次思鶴，三思鍾，四思芳，五思董。思邈公者開州司馬，宗兵部尙書，生於唐末，壯於五代，老於有宋，景賢公長子也，從王入閩，宅福州西湖而肇基，由是枝蕃派衍，而彭姓遂滿閩中，若公者，蓋吾閩百世不祧之矢。娶王氏生二子，長文裝，次文姜，姜公仕閩金吾將軍，娶荀氏生五子，長信，次壽，三康，四古，五義。信公娶王氏，生一子，諱金公，仕閩王右丞，娶余氏生五子，長官次安三寵四泰五密，官公于清泰乙未年，發兵入閩到古邑杉洋，觀其仙奇水秀，愛而居焉。其實天下擾攘；植立門廬實厥艱難，年十七歲時，傳法閭山，獲西犀角金鞭而還，因信公妄置更鼓，其財產悉遭官沒。幸官公以巫咸之術，因旱祈雨得免其難，封爲彭大真人，實由此也。享壽七十二歲，娶李氏生五子，長流，次游，三潤，四渥，五淵。沛公娶謝氏，肇基熟洋村舊譜。流公號朝奉，生三子，長當，次德，三稜。當公娶陳氏，生五子，長曦，次暉，三暘，四曜，五旺。曜公生二子，長准，次泗。淮公娶林氏生三子，長應壽，次應昭，三應珠。應珠公娶周氏，繆氏生四子，長顯，次進，三源，四潼。白是瓜瓞綿長，歷八世祖愛棠公，子崇禎十三年庚辰歲創祠宇，祖思邈公而宗應珠公者，其亦由禮以義也雲爾。

　　福建彭氏子孫由不同地域轉輾遷來，支系繁多，宗祖各有不同，其中以構雲公世系者居多，但福建作邑彭氏，則非構雲公世系。西元 1942 年福建「崇安縣新志」卷四「氏族」首列彭姓，是該縣最古的望族之一。有三支，同姓不同宗。一支在唐初從潤州丹陽遷入，始祖彭遷，任建州武官。另一支從江西吉安遷入，居曹墩。第三支居住新陽，稱是彭越後人。其中以彭遷後裔最興盛，人數占彭姓總人口一半以上，主要居住溫嶺、崇嶺、大將、五夫、嵐谷、吳屯等地。溯源可分下列幾個不同世系。

福建彭氏	紀　　　　要
武夷山支系	據「崇安縣志」『史記。封禪書』相傳四千年前，彭祖攜子彭武、彭夷隱居於此，後人以其名曰武夷山。「武夷山志」云：彭祖姓錢名鏗，有二子：曰武、曰夷，在昔彭祖獻堯雉羹，慢亭峰下，遁跡養生，茹芝吸露，歌如舜英，厥有二子，武、夷得名。 武夷山市的前身－崇安縣－崇安場－溫嶺鎮－新豐鄉 據「武夷山－人物志」記載：唐貞觀初年彭遷，青年時輔佐李世民平治隋末之亂，封左牛衛軍，提督建州(今歐市)，年老辭官退隱定居建陽北鄉，捐資招募民力墾荒，上括信州，下折建平，斬草除棘，弔水灌田，占地三千餘公頃，築室崇嶺，集民萬計，遂名其鄉「新豐」。 彭遷之子彭漢，永徽二年生于建州，漢博學力行，經監試部推荐，授洪縣令，擢升台州判官。唐垂拱四年繼父遺志，奏准「新豐鄉」改名「溫嶺鎮」，設官署。彭遷之孫彭當，生于唐貞元十年，幼年；聰穎，勇武過人，隱襲建州兵馬殿中都監兼攝郡政，有政聲。溫嶺鎮日趨繁榮，人丁興旺，賦稅充足。彭當奏請將「溫嶺鎮」於唐會昌五年升爲「崇安場」。宋淳化五年升爲「崇安縣」，至 1989 年撤縣建市，名「武夷山市」。彭遷、彭漢、彭當祖孫三代開闢鄉土，邑人緬懷功績，在城西建「彭氏三代祠」(今已廢)。子嗣分佈于五夫、大將、嵐谷等處，爲一旺族，還有曹敏等地彭姓，是同姓不同宗系也。
福建作邑(崇安縣)彭遷、彭漢、彭當三代入閩	彭邁十數傳至彭遷(606~694)，妣徐氏，子長曰溟，次曰頌。於唐貞觀初(627~649)自丹陽以武官任建州，挂冠後卜居建北鄉築室崇嶺，並出資募民萬餘，墾三千餘頃，置村九十，名新豐鄉，即新豐。子彭漢，生於建州官舍，配翁氏。武則天垂拱三年西元 687 年，奏准立爲溫嶺鎮，從而成爲丹陽遷崇彭姓初祖。彭漢曾孫彭璿，娶李、張氏，生子三。繼官於此，璿在武宗會昌五年西元 845 年奏准，改場立鎮，名爲崇安。北宋太宗淳化五年西元 994 年，升崇安場爲縣。如此三代建功作邑，是稱作邑彭氏。祠堂在五夫、嵐谷，還有清獻三丈祠。宋代朱熹任官建州，對彭氏先賢創業功助，崇仰題詩贊美：「彭侯戴武弁，政則宗吾儒；士茂先興學，

福 建 彭 氏	紀　　　　　　　　　　　　要
	允賢勤讀書；猷爲莫不善，才力蓋有餘；西北溫嶺鎭，新豐可久居」。
	彭遷，宋代崇安新豐鄉人，唐大業二年西元 606 年出生，輔佐秦王李世民平治隋末之亂，唐貞觀初年約西元 625－630 年，封左牛衛將軍，提督建州(今甌市)。遂由潤州(今江蘇鎭江)丹陽遷閩。旋偃武修文，隱居建陽北鄉，開荒墾殖，占地三千餘頃，聚族而居，名其鄉曰「新豐」，唐宏道二年西元 684 年逝世，享年 76 歲，葬武夷當源。
	彭漢，字雲宵，彭遷之子，永徽二年西元 651 年，生于建州。博學力行，經監試部使推荐，授洪縣令，隨擢升台州判官。唐垂拱四年西元 683 年繼父遺志，奏准新豐鄉爲溫嶺鎭，設立官署。在台州任職二年因母病離任回鄉，侍奉湯藥，並拓荒造田，從事開發，後補判南劍軍(治署南平市)州廳事，頗具政績。唐開元四年西元 716 年十二月病逝于建陽界墩，享年 65 歲。
	彭當，爲彭遷之孫，生于唐貞元十年西元 804 年，聰穎，勇武過人，蔭襲建州，兵馬殿中都監兼攝郡政，唐會昌五年西元 845 年奏請獲准將溫嶺鎭升爲崇安場，後改爲縣。
	崇安縣志：唐貞觀初，潤州人彭遷授建州左牛衛將軍，遂居于溫嶺東岸之潯口，墾辟荒地九十餘處，移民居之，名曰新豐鄉。其子漢，請以新豐鄉爲溫嶺鎭，孫當，請以溫嶺鎭爲崇安場。邑人高其功，以【三代祠】。子孫蕃衍于五夫，大將，嵐谷等處，爲一望族。然曹墩彭姓由吉安遷入，新陽彭姓爲彭越後人，蓋同姓不同宗也。
	作邑彭氏出自三國彭閎，先祖彭邁，西晉懷帝永嘉元年西元 307 年南渡，首居京口(今江蘇鎭江市)丹陽。東晉元帝即位，被封爲西都郡王，子孫散居江南一帶，這是繼漢代彭宣公後裔南遷之後，彭姓又一次大南遷，與原有江南彭姓會聚，使彭姓人口影響力繼續擴大。彭遷十數傳至彭遷，唐貞觀(627-649)自丹陽出宦建州，官拜千牛衛上將軍。挂官後卜室建平北鄉。出資募民萬餘，墾田三千餘頃，置村九十，名曰新豐鄉。彭遷子彭漢，生於建州官舍，官拜台州軍事判官。武則天垂拱三年(687)，彭漢奏垃爲溫嶺鎭，而成爲丹陽遷崇安之彭姓始祖。彭漢曾孫彭璫任官，在武宗會昌五年(845)奏准，改鎭立場，名爲崇安。彭璫，通達經史，家饒財富，性喜釋典，與當時名僧扣遊禪師友好，曾于所居之東建精廬，與師居焉。南唐時爲建州兵馬都監，詣金陵上書，請以溫嶺鎭改爲崇安場，他本人後則仕至殿中監。後人爲彭遷、彭漢、彭璫建有「三丈祠」紀念。其孫彭奭亦登南宋紹興二十四年(1154)進士。北宋宗學錄彭拯，登政和二年(1112)進士及第，其子彭昌言，曾知桂陽軍。南宋彭岩肖，獲得甲子(1144)薦官邑宦。詩人彭止，字應明詩風典雅，著「刻鵠集」。彭九萬，工詞賦，力主抗元遇害，著有「淩波辭賦水仙花」。
	1942 年「福建崇安縣新志族」：崇安彭氏有三支，但同姓不同宗。一支在唐初從潤州丹陽遷入，始祖彭遷，任建州武官；一支從吉安遷入，居住曹墩；一支居新陽，稱是彭越後人。
福建莆田彭氏	福建莆田之彭也，其始兄弟三人，曰念三、念四、念五。念四遷中州，三、五俱由港內遷涵口。而念五子伯福，伯福之子奉，爲橫塘陳氏贅婿，居橫塘。歷世貴顯，乘朱輪拖珪者，相望於里閈。念三之七世孫，即弘治時刑部尚書，謚惠安，詔爲有明名臣。奉七世孫兵部侍郎，汝楠力擊權閹，幾罹「楊左」之禍。十世孫鵬，爲廣東巡撫，清剛忠正，風烈蓋世，事具國史。其譜略曰：「入莆不知何代。在宋雅稱望族，有西門彭、前門彭」。祭酒椿年，以清要顯太學生，受盧陵墓致白鵠之祥。文學興旨，明進易傳。凡彭有三、四支，其初皆一族。宋末郡城被屠，譜亦不存。按此開莆族亦爲師奭公後矣。奭公之後，號爲重。閎像之近，柝聲相連，各派下注外出者，不可勝計。宋有天下三百餘載，遷徙之間數世，戶族滋大，況以名流輩出，安得不爲望族。此猶約擬之祠也。而椿年者，實侍郎思永公玄孫，奭公之十世孫也。少遊學遍歷域中，惟閩有族，即附居焉。所謂三、四支者，椿年其也。江西譜內，椿年下載失緒，蓋未考其所後裔耳！莆以椿年爲先世，則爲徵君後也，明矣。
	莆田市「彭氏大宗祠」又名「彭氏歷史名人紀念館」，座落莆田市郊涵口村。1993 年重建完成，祠內供奉始祖彭祖等延年公、彭受公、彭春湖公、彭汝礪公、彭詔公、彭鵬公等各先祖畫像。、、
福建虹山彭氏	福建虹山彭氏，武丁 43 年西元 1282 年，商滅彭城國，彭氏後裔向中原播遷，有入河南汝水者。春秋時，上大夫彭仲爽，西漢時長平侯彭宣居准陽，從而派衍河南中原。虹山彭氏六世祖英公譜序：彭氏厥後支派蔓延

福 建 彭 氏	紀　　　　　　　　　　　　　　　　　要
	已不佑其幾也，吾祖派在河南汝寧府光州固始縣，乃宜其後，今亦難考其幾世矣。唐僖宗廣明元年西元880年，黃巢起義戰事中，吾祖隨軍過江始居於閩之泉(即泉州)。次遷城西南安，自根公，原名錢避，後遷晉江中山，舍於珊峰山下。由於祖公上世失傳，故以根公為我虹山一世祖，子二，二世福州監倉曹相齡公，廣州司戶曹相榮；三世燁公，子三；四世延進，五世謙公，子二；六世瑛公，子二；　七世順公；八世軒公，子二；九世如高；十世漢湖，子二；十一世卿月；十二世潛公；十三世必后；十四世孔暉；十五世天與，子三；十六世源有、濟有，分為東西兩房，而一脈遁下是弔山總聚之盛，傳至今已有四十世，字行(昭穆)：秉文子仕宜，恒喬于茂孫；為可中叔秀，永建乃嘉芳；詩書綿世澤，忠孝紹先賢；餘慶昌讚烈，發祥益壽年。 虹山彭氏自一世祖根公，入閩至今已1100餘年，海內外子孫眾多，其中可考者，二世祖相榮公，宋高宗年間，官任廣州，子孫居粵，6世21公，字天祿，諱賢，宋乾道年間分居莆北頭(橫塘)；23世恒解、及子烏治，遷居興化城後常大里漲城社邊；13世連發其子桀秀，宋末遷居仙游中埔；22世紀琚公及子時成、時玉、時三，遷仙游西鄉；20世思亮，號振玄，子：一心、仁心、存心，遷西鄉打石兜；16世明德，移居仙游糞乾；30世執公居仙邑城內；31世紀金公與子彬移居仙游城內，分居永春；23世香子，30世來成，32世月喜分居大田，30世豪公，31世綱分居福清，32世秀搨，33世福春、以聲，34世炮昌，35世金水，分居泉州城內，25世孔公，31世其英，33世通公，分居廈門；34世生財，分居漳州；33世永昆分居建寧，30世子榮，31世叔粘，32世族公、臨公、善耀，32世秀尾，33世光輝，遠遷浙江溫州，26世茂桀子孫遷南安德化，遷台灣者清朝25人，民國15人，分居東南各國一百多人，現已衍成人數眾多之族派。
福州彭氏	「福建彭氏族志」載，彭思邈曾仕開州司馬，廣明元年(880)隨王(潮)入閩，宅福州西湖而肇基，子孫遍佈閩棟村寨，蕃衍閩北和浙江蒼南以及南洋諸島，彭思邈被尊為閩東彭氏開基祖。「福州府志」，福州人彭億，字宋延，紹興間(1131-1162)，南宋高宗與入侵金人簽訂「紹興和議」，對金屈辱稱臣。金貴族欺壓人民，彭億招募勇士，訓練墾殖齊進，保住家鄉。「尚友錄」彭公永，南宋紹興進士，二子：彭渙、彭演，相繼中進士，顯赫一時。彭演曾在唐玄宗年間(713-741)興建的「興慶宮」題詩：「長安宮闕米蓬蒿，塵暗虹梁羼綃；惟有水天明月夜，一條空碧見秋毫。」
泉州德化縣彭姓有霞碧村和南箕村	根據「隴西德化大宗彭譜志」，德化縣始祖為世臣公，唐太宗時進士，任洪州進賢令。其世系為彭構云(唐天寶)後裔，唐中期到德化縣，為第三支入閩祖。子孫分佈德化縣關西門街、北門外，霞碧村、番坑村、上圓村、蘇洋村、和碧潭村等地，以及閩清縣上蓮鄉的新村和溪坪等地。 德化彭姓肇基有四系，謂之南箕，陶趣，上圍，鳳陽(部系歷史遺失)。不同其祖雲所由來，然而溯流窮順勢萬殊一率也，稽查唐迁吳(江西)開基始祖構雲公源流世系，第十七祖邦躍公號匡山，配周氏贈恭人，生三子：祖年、延年、椿年，從德化南箕系稽查甌接乃祖年派系也。 錄康熙巳卯38年(1699)士斌稿雲：派出城西，景炎之變，故居蕩析，子性散處，奠知其分合之說，兼以早譜遭亂失火難稽，又如陶趣，鳳陽，上圍人往前先祖源流，幾度建譜間斷，直至民國37年丁亥(1947)聘連景柞為總纂，左昭右穆德化彭姓三系合一草本，隔44年於1993年加鳳陽一系，由十九世孫鍾洛續修"德化大宗彭譜主動志"由於上述之故，致德化彭歷史失載，亟待探索，現只能連景柞先生為總纂記載及臺灣等地參照雲。 隴西德化大宗彭譜志卷一：始祖是世臣公，憲宗時進士，任洪州進賢令。 福建彭氏族志編者彭高衡註釋：世臣公即是構雲公之第五子滋公。年代和官職以及宗承相符，滋公於西元720年左右，憲宗時進士，任洪州進賢令，生三子，次子輔公，年十九，登進士第，官宜春令，這是唐末又一支入閩祖。 民國37年丁亥(1947)德化彭姓為統，立譜"隴西彭氏大宗譜"陶趣，上圍從南箕系第三世甌接，鳳陽二世，眾議各系截止20世起統一字諱，至鍾洛續修"隴西德化大宗彭譜志"之際，各系各董事以南箕為主的在霞碧"慶餘堂"列入德化彭姓雲宗祠。"慶余堂"創建於明嘉靖26年丁末(1547)距今456年，經先後六次整修，煥然一新。
南箕系	慶公臣忠公四子，原籍江西盧陵吉水洪武軍扒軍泉州府，衛後千戶所(小旗役)世居後彭，其子閭公，照洪武二十年，丁州報丁歲，二十九年丙子補小旗役，永樂元年撥屯種，德化縣惠民裏霞碧村絕民莊，德義田上，崇禎年壬追諡祥發公，其父慶公追諡肇基公，開拓霞碧，蟠，碧潭蘇洋等村，系德化彭姓人丁居首位。

福 建 彭 氏	紀　　　　　　　　　　　　　要
陶趣系	陶趣系史亥公字文己,姓林氏四娘,原自長洲移江右,由江右遷泉州,再由泉州徙德化,先居西門,後遷北門外陶趣,生育一男欽。現人口次雲。
上圍系	上圍系頂生公定生公長子,原籍江西,因助洪武建國有功,洪武二十三年以紅牌事例,扒軍來泉,居虹山遷德化,往上圍建奠聯支祖廟,現人丁列第三位。
鳳陽系	鳳陽系:源德公,原籍失說,據直系相傳,自 定居鳳陽,架宇劇阪堂,為奠其祠宇,斯後發展緩慢,派下子孫奔散他鄉,移居不定,現徙居西門人丁幾十。
閩清縣彭姓	閩清縣彭姓在上蓮鄉的新村和溪坪村,根據隴西德化大宗彭譜志記載,是來自德化縣霞碧村,是德化同宗同系。
祖年、延年公嗣裔遷閩南祖世系	「中國文化大博覽」姓氏考略記載:後唐時彭構雲後裔彭玕【安定王】,居江西吉水之山口,裔彭嗣元,再遷分宜縣。 德化彭姓肇基有四系, 謂之南箕, 陶趣, 上圍, 鳳陽(部系歷史遺失)。不同其祖雲所由來,然而溯流窮順勢萬殊一率也,稽查唐迂吳(江西)開基始祖構雲公源流世系,第十七祖邦躍公號匡山,配周氏贈恭人,生三子:祖年、延年、椿年,從德化南箕系稽查亟接乃祖年派系也。 宋神宗時,哲嗣彭延年,因官潮州刺史,遂安居廣東揭陽,為彭姓廣東始祖。後分支來福建漳州等地。又云:秦誠楚後彭遷于隴西,唐時彭氏始稱盛世于江西,玄宗時彭構雲遷居袁州宜春(今江西宜春縣),其後裔再輾轉分衍福建、廣東各地。 福建彭氏族志記載血緣:構雲－滋－輔－玕－彥昭－師奭－德顒－壽－嗣元－次－顯－昌－期－忠念－偉－邦躍－祖年、延年、椿年 一．莆田市:「港內譜」始祖宋狀元吏部尚書,資政殿大學士少師,諡文政,春湖公之后。 1.世祖宋太學生旌表孝行卓異,受公。 2.世祖宋特奏名第一,溫州府學教授甫公 3.世祖宋處士渥公。 4.世祖宋文學宇伯公 又考宋李俊甫「莆陽叱事」:【西市彭,前街彭】,註云:"祭酒椿年,教授奎之族,祭酒答寓天台"說明宋代居興化軍城的彭姓有彭椿年後裔,和彭奎族屬,而彭椿年子孫,有一支後遷浙江天台縣。子孫分佈莆田市的新度港利、新度、郊尾、城廂的南箕、下店,黃石的錢塘,梧塘的楓林、林外,福興社,以及華亭的下皋石、塘尾等地。 二．同安縣:同安縣的彭厝,沙美,后甽等村的彭姓,根據彭炳華的「同安彭氏溯」　　　　　　記載,與莆田彭姓同宗,都是彭延年公後裔。 三．仙游縣:仙游縣賴店鎮張坡村的彭姓,與莆田同宗,也是彭延年公後裔。 而金山村的彭姓,則是來自泉州虹山鄉振公的後裔。
閩東祖思邈公系	本系以唐初彭裕公為一世祖,裕公字伯溫,江南揚州府江都縣人,唐兵部尚書,秘書少鑒。配陳氏(杉洋譜余氏),子二令全、令庄。唐高祖武德戊寅年西元 618 年,從江西省新昌縣(新昌今屬浙江省),遷浙江省溫州府平陽縣,創立鴻基,卒葬平陽上里。其血緣: 1 裕公－2 令全－3 源公－4 純公－5 達公－6 文昌－7 泰公－8 祖英－9 瑰公－10 芝公－11 閣公—12 景賢－13 思邈(遷福建祖)－14 蘭胤－15 寶勝－16 文姜-17 祖信－18 金公－19 官公－20 沐公－21 稷公－22 明公－23 季五－24 深公－25 進公－26 得英－27 子貴－28 文顯－29 五郎－30 河公－31 明德－32 世緒－33 克承－34 真榮(古田前坪開基祖)
古田前坪開基祖真榮公世系	其宗來自入閩祖思邈公系,杉洋金公總祠,又都是 傘樹分支. 卅四世真榮公,古田前坪開基祖,現屬福建省古田縣大橋鎮。卒葬前坪佛殿嶺之原。子嗣散居福建、江西、安徽、四川、廣東、湖南、台灣,及新加坡、馬來西亞、泰國等世界各地。
泉州市虹山彭氏	「虹山族譜」記載:吾祖在唐僖宗廣明元年,隨潮遷江(入閩祖思邈公),始居于闌之泉,次遷城西之南安粵。

福 建 彭 氏	紀　　　　　　　　　　　　要
	開基祖振公復遷晉江之中山。思邈公任閩王兵部尙書，其孫寶振公任泉州參軍。故虹山祖厝石刻門聯有：「武祖虫山千古壯，門環石鼓四時春」之句，每年農曆八月十五日祠堂祭祀，緬懷祖德，啓迪後人。 彭根爲虹山始遷祖，約在北宋天聖年間(1023-1032)。唐僖宗廣明元年西元 873 年，黃巢起義，吾祖隨王潮過江，始居於閩之泉，次遷城西之南安粵，已近千年，已傳四十餘代。自根公復遷晉江之中山，舍于珥峰之居焉，斯祖之上世次失真，故以根公爲中山之一世祖也。 泉州虹山祖祠，明正德皇帝賜聯：【支分唐朝歷百載，祠占泉山第一家】。泉州虹山祖厝石刻門聯：【武祖虹山千古壯，門環石鼓四時春】。從 16 世開始，西、東兩大房桃。至 18 世啓用啓穆：「秉文子仕宜，恒喬于懋孫；爲可仲叔，季永建乃嘉芳。」後續『詩書綿世澤，忠孝紹先賢；餘慶昌謨烈，發祥益壽年。』目前最高輩爲「叔」字最低已行至「綿」字輩。外遷鄰縣較大者有 14 支： 1. 小橫塘彭，始遷祖爲六世彭天祿(都從彭根算起，下同)，爾後 23 世彭恒解父子徙居遊禦史嶺，後定居興化軍所城常太里。 2. 中埔彭與金山彭：始遷祖爲 14 世彭桀，嗣裔集中在賴店中埔和龍華金山。 3. 寮山彭：聚居南安縣羅東鎮飛雲村的寮山。 4. 湯洋彭與雲峰彭：兩支均爲 23 世彭香仔，徙居今永春縣東平鄉外碧村湯洋，及 32 世彭月喜父子，徙居永春縣外山鄉雲峰村之雲峰。 5. 舊館驛彭：25 世；彭于孔，清康熙年間「居住泉城」。乾隆初，于孔後裔置地業舊館驛，漸成城西大戶。現多外遷，舊館驛彭成了古居民遺址。 6. 九都彭：25 世彭于鼎，自移居南安潭邊開基始，後彭扯等廿人徙居九都、雷厝、苦頭、劉林等村落。 7. 大田彭：30 世彭仲豪，31 世彭叔粘、32 世彭季臨、季尾、善耀、33 世彭光輝等均徙居寧府。 8. 漳州彭：33 世彭永昆，徙居漳州。 9. 福清彭：32 世彭季揭，攜二子、33 世彭以聲攜三子、34 世彭抱昌、35 世彭金水，均徙居福清縣. 10. 廈門彭：34 世彭生財、遷春、季春，俱徙廈門山場定居。 11. 廣橋彭：多爲上世紀 60 年，代虹山大隊組建「遠耕隊」出墾廣橋祖業、復耕林田，移居泉州洛江區羅溪鎮廣橋村，遂成虹山彭新聚地。 12. 清流彭：35 世彭乃帶隊，於上世紀 60 年代，響應開發山林徙居清流縣嵩溪、嵩口、林斜、高地等 13. 青陽彭：35 世察、36 世國勝，於 70 年代舉家移居晉江縣城廂青陽鎮。 遷鄰省有兩支： 1. 金鄉彭：26 世彭戀桀「往浙江溫州平陽金鄉後刈居焉」 2. 台灣彭：從清康熙年們 26 世彭戀肇開遷台首例。清光緒年間，34 世彭建搭止，遷台人數達 24 戶。至 36 世齊英齊止，總計人數爲 114 人。分別遷居新加坡、菲律賓、馬來西亞、印度尼亞諸國。
周寧縣彭姓	周寧縣彭姓始由巡公于正魏年間，在寧德縣虎垾鄉彭家村遷到咸村水龍頭，巡公子夢公，攜帶長子迎公于宋代至和二年西元 1055 年，移居石竹灣，地名八蒲嶺頭，其後分三支，嶺頭村，芹洋村，和龍溪村.龍溪村開基祖是七世祖景善公於未嘉熙西元 1237 年移居龍溪.
福建長汀彭氏	長汀縣彭氏始祖福祥公，玕公七世孫，原籍江西省寧都州鍾鼓鄉白鷺樹下。後唐庄宗二年西元九二三年遷入福建汀州府寧化縣合同里龍湖寨(今寧化縣治平鄉)，公見吳蚣塅土地肥沃，遂築宝於茲，並將不雅之地名蜈蚣塅改名爲彭坊(又稱彭屋)，於是綿衍，枝繁葉茂。主要有：福祥公九世孫德誠公，遷居寧化縣彭家庄，德誠公之子進儀公，遷長汀縣南山鄉朱坊彭屋，子孫遠播閩、粵、贛諸省。福祥公十世孫德誠公第四子仕滿公，諱振范，是長汀縣童場鄉彭坊村開基祖，歷七百餘年，發廿八世，子孫除主居本地外，尚有遷住江西瑞金，廣東梅縣，以及寧泉上者，清流嵩口，汀州黃坑里、四都、新，還有江西黃沙葉坪、廣東興寧、梅縣、湖南桂東、以及四川等地。
福建寧德彭氏	閩東寧德縣彭姓始祖彭仲修(622~709)，生於虎貝鄉彭家墩，宗出構雲公南遷之裔，唐貞觀廿二年西元 648 年，仲修赴京考中武探花，在兵部任職，剛毅果敢，清廉正直，唐高宗李治詔封武毅大夫，告老還鄉居寧德城關

福 建 彭 氏	紀	要
	西隔後場。仲修公「少年頗知樹，手植數萬株」，少年時在彭家墩劈一杉樹枝，倒插村中，不料成活爲肇基之樹。至今樹已達1370多年，被林業部列爲全國十大「杉木王」之一，並榮獲「綠色壽星」「奇異風采」之美稱。 彭仲爽遷居城關後，在西山白岩下建草堂(書齋)鑿水井取名「定泉井」，「鶴場漫志」記載：近郭水，首定泉井，相傳昔卜邑於四都陳唐洋，以此井水獨重，乃令今所。唐長興四年西元三三年，寧德由場升縣，選擇縣址時取決於此井水。又云：宋陳普先生爲省會第一樓(即鍾樓)製造的銅制刻漏壺使用此井水，確保晝夜時刻，浮沉不爽。 「西山草堂」是仲修告老還鄉後興辦教育事業，在西山白岩下大坑前建造的，是寧川最早的一座書齋。鄉人迷信，認草堂後面有道流水坑，有坑煞，危邑人，宜建一寺以壓坑煞，則通縣皆獲福矣。彭家將草堂改爲靈溪禪寺，望佛招僧，並捐田糧作爲香火燈油糧米之用。彭家乃靈溪禪寺之檀越主也。歲月流逝，一千三百多年「涼爽樹」仍枝繁葉茂，「定泉井」水盈不竭，「靈溪禪寺」香火不斷。尤其西元709年所建彭仲爽墓，1985年寧德人民政府立碑保護，使仲爽公在寧德諸多史蹟，煥發蓬勃的生機。
平川彭氏世系引	人生稟氣成形，莫不肇始於祖。嘗水之浩瀚汪洋，有源以爲之；自木之暢茂條達，有根以爲之。盤故人之聚族群居，繩繩繼繼，皆統於一祖之系。然則爲人後者，昧祖功宗德之所由來，是何異水之失源，木之忘根，其爲不孝也甚矣！予荷祖陰，早入泮林，每於讀書之暇，取先人之道德文章而悉數之，愧不能紹述以闡其萬一。又因養晦公支派蕃衍，子姓熾昌，常以譜牒未修爲憾。爰是邀集同宗，手訂一冊。其間綱舉目張，若族規、族禁、像圖、志傳、婚配、卒葬以及昭穆、次序，鹹載靡遺。雖數十世之後無俟問祖尋宗，而子孫之有志修譜者，亦可展卷而了 然於目矣。謂非貽家之珍奇也哉！爲後嗣者，尙其繼而述之，各盡親睦之道，庶有以追先哲之芳蹤，而孝思不匱矣。是爲引。

遷　移

1. 遷移定居在閩青縣上蓮鄉溪坪村及新材村,南箕系十二世孫,玉載又名松,父士宸母張氏啓娘,祖父國重,距今八世生息繁衍,男女丁 **550** 多,**1988** 年自立譜,建支祠。

2. 在南洋,昔仔挽定居,民國初有南箕系的忠琵,貴熱,貴羅,貴魷(子孫近百人)鳳陽系的福義瑞爐長子,現男女丁 **200** 多,發展生息,自立家譜,自建祠堂。

3. 定居永太縣嵩口鎮霞阪村宙洋裏的上圍系,繁衍 **70** 多人。

4. 定居福州(工作地建房)有榮卿、華文、建川三大戶 30 多人,建業、建偉在三明落戶。

5. 定居臺灣臺北市的貴軍、榮棠二戶 **20** 餘人,尋根爲祖奉獻新千年捐五萬五千余元整修南箕祖。

閩蒲田興化十二孫玉海、玉濃兄弟,玉 。移居山頭 玉鶴,聯文、聯魁、聯捷、聯標兄弟四戶。古田的玉楳、聯賀、聯丕,上圍系十二世孫士昆,還有諸岱、諸岳、諸出、諸山。移居福寧聯漢,永春小岾四房二科 ,尤溪玉撬三子聯漁,天五的聯 ,大地土妙長子諸分,仙逝山坎西的科穀,永太縣楊格四房四地三的甲艾,上圍系的敘日,在嵩口定居的文柱、文興兄弟四九年由嵩口遷甲炭,這些至音息未取得聯繫。

福建莆田彭氏(一)

（節錄「彭氏通訊」2004.6.15.第14期「彭氏大宗祠1993.9月」撰文）

彭氏先祖,出自黃帝軒轅氏。黃帝廿五子,正妃嫘祖生昌意,昌意生顓頊,顓頊生老童,老童生祝融,祝融生陸終,陸終第三子籛鏗,孔子稱之爲老彭,庄子稱之爲彭祖。

籛鏗,堯時人,受封國于大彭,故亦稱爲彭鏗。國傳至商武丁四十三年(1282)滅,其子孫遂以國爲姓曰「彭」。籛鏗子嗣中「武、夷」居于閩,後人因名其所居山曰「武夷山」。

春秋時期楚文王有賢大夫彭仲爽,及戰國時楚爲秦所滅,遷各族于隴西郡,故今彭姓郡望稱「隴西」。在戰國時有彭更,孟子弟子;秦漢間有昌邑人彭越,助劉邦定天下,爲呂后所害族誅;漢武帝時有彭昊,辟地及朝鮮,遂置滄海郡;西漢季年有陽夏人彭宣,官大司空封縣平侯。

　　唐貞觀時(627-649)丹陽人彭遷，來閩定居于今崇安縣新豐鄉，筑陂種田，其後有彭姓支派從居莆田者。按「宋史．列傳」：彭汝勵，鄱陽(今西省景德鎮市波陽縣)人，字器資。治平二年乙己(1065)科進士第一人，官至吏部尚書、資政殿大學士，贈少師，諡文政。彭汝勵有第二人，彭汝霖，進士出身，官侍御史、終顯謨閣待制；彭汝方，知衢州，死于方臘之亂，諡忠毅。彭汝勵後裔何人何時過來莆田？待考。

　　「港內譜」記：『祭酒椿年，以清要顯；太學生受，廬墓致白鵲之祥，旌表孝行單異。』又記：『椿年爲宋御思永之玄孫，唐徵群師爽之十世孫也。』按宋史彭思永，廬陵(今江西省吉安市吉安縣)人。天聖朝(1023-1031)進士出身，官至戶部侍郎。其裔從居莆田，佔計當在徽宗朝(1101-1125)。

　　考莆田彭姓自南宋著科舉人物：紹興廿七年丁丑(1157)科進士榜有彭姓兄弟二人；彭澤宗，官終衢州教授；彭樂休，官終永福縣主簿；同年又有特奏名進士彭興，官泰州文學，曾進呈其所著「易傳」.而彭澤宗弟彭奎，登乾道二年丙戌(1166)科進士，官德慶府教授；淳祐七年丁未(1247)科特奏名進士第一人彭彝甫，官溫州教授。「港內譜」于『始祖宋狀元吏部尚書資政殿大學士少師諡文政春湖公』之后列『世祖宋太學生旌表孝行單異受公；世祖宋特奏名第一溫州府學教授彝甫公；世祖宋處士渥公；世祖宋文學宇伯公』四人。又考宋李俊甫「莆陽比事」載有：「西市彭、前街彭」注云：「祭酒椿年、教授奎之族。祭酒後寓天台。」說明了宋代居興化軍城的彭姓有彭椿年後裔和彭奎族屬，而彭椿年子孫有一支後來遷去浙江省天台縣的。

　　宋末，興化軍遭元兵屠城慘禍，人家譜牒散失無存。彭彝甫之後入莆，今港內彭尊爲本派祖的爲元承務慈利縣丞念一及其子處士安仁、安美、安吉；潮州刺史彭延年之裔念三、念四、念五。念四從居中州；念三、念五具由港內遷涵口。念五名彭天祿，官潮州路海陽縣，生二子：長伯福、次子安。

　　彭伯福，官興化路宣差，生一子彭奉，贅于棋塘陳姓，生五子，其第五子歸宗彭姓；彭子安，依母舅沰洲監司馬家，居沰洲與(今金門縣，元代屬同安縣轄)，娶沰洲金沙里後學村羅大亨女尾娘。生三子：長用乾、次用吉(庶郭氏出)、三用斌。彭子安卒于明洪武廿五年壬申(1392)六月十三日，終年六十八歲；羅尾娘卒于永樂甲申(**1404**)四月初二日，終年八十歲。夫婦合葬于沰洲嶼沙尾。

　　莆田彭與同安彭分派始自伯福、子安兄弟。今莆田港內北厝彭族聚居村，傳統以每年正月十二日夜慶賞元宵；而同安彭厝、沙尾、從蕭等村彭姓，同樣是于這個晚上開祠門做元宵。

福建莆田彭氏(二)　　　簡錄中華彭姓通志

　　福建莆田彭氏，在宋時有彭彝甫入莆，南宋淳佑七年特奏名狀元，官溫州教授。明代道教學者彭在，號「從野　人」，著有「讀丹錄」，論證修煉法強身。明太子少保彭韶，字鳳儀，爲莆田縣東南人。天順丁丑(1457)進士，授刑部主事，明英宗重定(1457-1464)至明憲宗在位期間(1464-1487)官至刑部尚書退隱，卒諡惠安，著有「彭惠安集」。『莆陽比事』記有：兩市彭，前街彭，爲祭酒椿年、教授之奎之族。後代人才輩出：彭大治、彭文質、彭憲範、彭汝楠等。彭汝楠，字奮斯，號無山，一號古愚，順治舉人。官至兵部侍郎，祖孫父子被朝廷贈三代司馬，故明末莆城建有一石坊：「三代司馬，四世名宦」，頌揚莆田。官至巡撫，清苦刻厲，罷官後貧困無依。著有「古愚心言」。莆田彭姓近萬人，分佈該縣甚廣，並有漂洋過海，外遷台、港、澳門、印尼、馬來西亞等地。1994年在莆田的港利建有「彭氏大宗祠」，寄託鄉情。

福建莆田彭氏(三)

　　福建莆田之彭，其始兄弟三人，曰念三、念四、念五。念四遷中州，三、五俱由港內遷涵口。而念五子伯福，伯福之子奉，爲橫塘陳氏贅婿，居橫塘。歷世貴顯，乘朱輪拖　，組者相望於裏巷。念三之七世孫，即弘治時刑部尚書諡惠安韶，爲有明名臣。奉七世孫兵部侍郎汝楠，力擊權閹，幾罹楊左之禍。十世孫鵬爲廣東巡撫，清剛忠正，風烈蓋世，事具國史。其譜略曰："入莆不知何代？在宋雅稱望族，有西門彭、前街彭。"祭酒椿年，以清要顯太學生受廬墓致白鵲之祥。文學興詣，關進易傳。凡彭有三、四支，其初皆一族。宋末郡城被屠，譜亦不存。按此開莆族亦爲師爽公後矣，爽公之後號爲最重閥閱之近，櫟聲相連，各派下注外出者，不可勝計。宋有天下三百餘載　，遷徙之後閱數世，戶族滋大，況以名流輩出，安得不爲望族。此猶約擬之詞也。而椿年者　，是侍郎思永公玄孫爽公之十世孫也。少遊學遍曆域中。惟閩有族，即附居焉。所謂三、四支者，椿年其一也。江西譜內椿年下載失緒，蓋

未考其後裔耳

　　莆田彭氏來源有三：一支自崇安縣(武夷山市)開基祖彭遷之後遷入，另支是允顗(亦名德顗)公長子文吉子汝礪、汝方之後。彭汝礪(1041~1094)原家鄱陽(今江西上饒波陽縣)，宋英宗治平二年西元1065年舉進士第一，歷任保信軍推官、武安軍掌書記、潭州軍事推官，諡號文政。彭汝方，知衢州，政聲卓著，死於方臘之亂；第三支是允顗次子文壽公派下椿年之後，今港內彭氏尊弈甫爲一世祖，就出自椿年。弈甫生三子，長曰安仁，次曰安美，三曰安吉。安美子念三、念四、念五。念三移居莆田涵口，子孫分居新眉里等十三地，以及泉州鯉城區、仙游縣。今涵口彭氏大宗祠供有五祖(籛鏗、汝礪、延年、弈甫、彭韶)畫像，子孫每年到此謁拜。

　　莆田派字：聖朝崇俊杰，世代守忠貞；雲祈能繼志，國祚永垂興。自清康熙「聖」字輩傳玉今「祈」字輩計三百年，十二代。念三公七世孫彭韶，明天順(1457~1464)進士，享有「三朝元老一代名臣」之美譽，在莆田縣城東門內建有彭韶紀念石坊，供人瞻仰。念四子孫遷州，念五又名天祿，生伯福、子安二子。伯福子彭奉，贅於陳姓，生五子。後五子歸宗彭姓，有名彭縱者、縱侄彭甫、彭申、彭球。甫子彭大治，治子文質，質子憲安、憲章。憲安子汝相，柏子彭鵬，官至廣東巡撫，清康熙舉天下賢第一。莆田城內彭鵬故居，莆田市政府定爲文物保護單位。

　　念五次子子安，生三子：用乾、用吉、用斌。用乾了子孔道，是同安一世祖，其後裔一支遷安溪縣；用吉由涪州漳州韶安縣徑口鄉，成爲其他地開基祖。用斌子孔敬、孔仕、孔學，由涪州遷同安縣肖鄉。孔敬長子敬宏居竹浦，後裔遷台灣。

莆田彭氏分布與發展(四)

　　彭用乾，明洪武十八年(1385)舉人，官山東青州府臨朐縣丞，升廣東雷州府徐聞知縣。生子彭孔道，由涪洲嶼遷居同安縣松山，爲同安彭東派祖，此派後有一支從居安溪縣爲安溪彭；彭用吉由涪洲嶼從居漳州府韶安縣徑口鄉爲韶安彭；彭用斌由涪洲嶼從居同安縣長興里後蕭鄉爲同安彭西派祖。用斌生三子：長孔敬、次孔仕、三孔學。

　　彭孔敬有三子：長敬宏，從居竹浦，其後遷入台灣，居竹暫康壠庄，爲治灣彭派祖；次敬亮，仍居后蕭；三敬蕭，從居西溪四口圳。

　　彭孔仕，先徙居南安縣院上，後居鵲山赤埋下。彭孔學，生子彭敬初，徙居胡垢沙尾。

　　以上爲同安彭分布發展情形，以下述莆田彭的分布與發展：

　　涵口彭：念三之七世孫彭韶(1429-1494)明天順元年丁丑(1457)科進士，官至刑部尚書，贈太子少保，諡惠安。追贈其父彭永副都御史。子彭瀚、彭睿。瀚先韶卒，恩贈宿遷縣丞；睿中成化十九年癸卯(1483)科舉人.

　　由涵口分支的有：新厝里、后厝里、后湖、社兜、后彭、灰壁、尾厝、前面、北厝；又有遷南箕的，再遷泌后、步云、新度；又有遷晉江羅溪(今泉城市鯉城區)的號彭寨；有由彭寨分居仙游縣鎮居者。

　　樹塘彭：彭奉第五子彭錠，天順六年壬午(1462)科舉人，官永寧州知州。從侄彭甫、彭申。甫成化十七年辛丑(1481)科進仕，官南京戶部主事；申弘治二年己酉(1459)科舉人,官平樂縣通判，從侄孫彭球，弘治十四年辛酉(1501)科舉人，官長樂縣知縣。甫子彭大治，正德九年甲戌(1514)科進士，官運使。大治子彭文質十九歲中喜靖卅八年己未(1559)科進士，官參政。文質子彭宪范、彭宪章。宪范萬曆十六年戊子(1588)科舉人，官副使。宪章子彭汝楠，萬曆四十四年丙辰(1616)科進士，官至吏部侍郎，贈父宪章兵部侍郎。汝楠子彭士英，恩蔭國子監生，參加抗清義軍殉國難，年僅二十餘歲。汝楠弟汝亨，崇禎三年庚午年(1630)科舉人。

　　入清後，文質曾孫彭鵬，順治十七年庚子(1660)科舉人，官至廣東巡撫，康熙朝舉天下廉能第一。贈父汝柏、祖父宪安、曾祖文質，官皆光祿大夫。鵬子彭聖壇，官州同知；孫彭戈，侯選翰林院孔目；曾孫彭昂發，候選州判。

　　宪范曾孫彭聖培，順治九年壬辰(1652)科進士；彭聖城，順治十一年甲午(1654)科舉人，官魯山知縣，贈父彭日靈官知縣。聖培侄彭銘，康熙二十年辛酉(1681)科舉人，官處州同知贈父彭聖均官同知。

　　又有彭士右，康熙五年丙午(1666)科舉人，彭霖雨，乾隆十七年壬申(1752)科舉人。

　　南箕彭：有彭希賢，明嘉靖十七年戊戌(1538)科進士，官兵部郎中。其從弟彭希顏，嘉靖廿八年己酉(1549)科舉人，官昌化知縣。

　　府后彭：有彭景，明成化廿三年丁未(1487)進士，官參義。弟彭昆，弘治八年乙卯(1495)科舉人。

　　黃石彭：有彭悌，明萬曆十九年辛卯(1591)科舉人,官河陽縣知縣。

　　明代在莆田縣城東門內建一座「三朝元老、一代名臣」石坊；在涵口建有一座「大司冠」石坊，皆爲彭韶立。在莆田城內文峰宮前建有一座「三代司馬、四世名宦」石坊，爲彭甫、彭大治、彭文質、彭憲范、彭憲章、彭汝楠立。在棋塘建有「累世進士」石坊，爲彭甫、彭大治、彭文質、彭汝楠立。在小棋塘有一座「雙鳳」石坊，爲彭甫、彭申兄弟立。

　　彭韶墓葬在文賦里從吾亭，明弘治七年(1494)彭韶卒，年六十六歲，九年(1496)奉旨賜葬.正德元年(1506)興化府知府陳效，以墓旁官道上路亭改名從吾亭(原名新亭，從吾爲彭韶字)，並立碑亭中。萬曆五年(1577)福建巡撫龍尙鵬修，重監華表。彭甫、彭大治父子墓葬在國清里氏園。彭文質墓葬在安樂里金山。彭汝楠墓葬在大龍山。彭鵬墓葬在今華亭雲峰村，彭鵬康熙四十三年卒，年六十八歲，同年(1704)賜葬。

　　彭韶祠堂在莆田縣城東門內，正德朝福建參政魏瀚建，嘉靖倭變毀，萬曆初，分守陰武鄉重建，知府呂一靜捐俸助建，匾曰「名臣彭惠安祠」.萬曆廿三年(1595)福建巡撫許孚達、巡按陳子貞命地方官修，清康熙四十二年(1703)族孫彭鵬重修，今廢。彭汝楠祠堂在莆田縣城內井頭街，今廢。彭鵬祠堂在莆田城內大度街，今存。

　　彭韶「尙書第」舊址，即今坊巷的興化賓館地，今廢。只存一對雕刻精美的抱鼓石和原來花園的一角叠石假山，經現代古園林建築專家陳從周教授鑑定，它是福建地方典型的園林建築的明代實物，極有價值。

　　彭汝楠柳橋庄「岸圃大觀」園林建築在柳橋(今城廂區城南柳橋)，今廢。原有園林建築憑人工建成，有東、西二園；其從叔彭家景居柳橋村，汝楠常來游，愛其古荔二十多株，流水交匯，于天啓五年(1625)九月購地經營，閱時三年建成，當時名書法家董其昌題曰：「岸圃大觀」。有古柳橋、林澤游、炳波閣、炳波曉鏡、鶴池、荔徑、可步亭、瓠亭、情依軒、便愚軒、蕉聲館、剩水居、花徑、渚步、搖碧齋、椂馨閣、密庵、玉照台、蒼幂、壺天，爲西園二十景。

　　從壺天建飛閣回廊通東園，有從雲谷、且止台、華滋軒、涌香廊、樾庵、浮山舫、飽綠亭、雲來樹、見山亭、聽屧廊、隱花閣、爽閣。於東園之東另有水庄，有寸草庵、吉雲精舍(爲其父家廟)十四景，共卅四景。爲莆田廿四景之一「柳橋春曉」。可惜於清順治五年(1648)清兵攻興化時被毀滅淨盡，今數塊石刻如林澤游、且止台、吉雲精舍、古柳橋、(一石仍在柳橋頭)四石存市博物館碑園。

　　彭鵬故居在莆田城內劉橋，保存完整。尙存康熙間于成龍手書「帝眷忠清」木匾一塊。今爲莆田市人民政府第二批文物保護單位。

　　今涵口彭大宗祠中祀五祖畫像，爲彭祖籛鏗、彭汝礪、彭延年、彭彝甫、彭韶。

　　莆田彭氏昭穆字行是：聖朝崇俊杰，世代守忠貞；雲初龍繼志，國祚永重興。二十字，自十八世紀初康熙年間「聖」字輩起迄今約三百年，已傳至「志」字輩了。

　　現居港內(渠橋鎮港利村)人丁約二千五百多人，居橫塘(黃石鎮橫塘村，包括大橫塘、小橫塘。同是正月十二夜元宵)人丁約一千多人；居南箕(城廂區張鎮村)人丁約三百五多人。此一支原由涵口遷此，守護吾亭尙書墓者，到清末塘尾有家兄弟十人，其因人遷居城內梅峰街後塘巷。

　　宋明兩代末年，地方變亂，莆田人民遭到屠殺，我彭氏族人因之四散，多遷居各地。尙未查明，現聯繫到的有：梧塘鎮林外村、新慶鎮下板村、涵江區霞霄村、城廂區下戴村；泉州市鯉城區虹山鄉四村；及分居仙游縣賴店張坡村、龍華金山村；德化縣南箕鄉霞壁村；古田縣大橋、杉洋鎮；同安縣新店鎮彭厝、沙尾、后蕭三村；廈門市馬巷、東園；台灣省新竹市等地。

　　1978年二月初一日，莆田彭氏代表與同安彭氏宗親會晤，核對譜牒，原爲一本至親，還有從遠居國外支裔，當再聯系以續成完譜。

　　在涵口原明建彭尙書祠，於1959年拆掉，1993年農曆五月十五日就原址奠基重建「彭氏大宗祠」,明代遺物尙存福建巡撫龍尙鵬的石柱聯云：「盛德大功，四世國家元老；孤忠峻節，百年天地一人」。

　　大彭之後本支百世，子孫千億，源遠流長！　　　　　彭氏大宗祠　　**1993**年9月

入閩祖思邈公裔「金公總祠」

　　其家乘興歷代遷移是：自始祖至唐初二千多年之間的列祖，只知彭爽(楚．遷隴西)，彭宣(漢)，其他列祖遷閩無考。只以唐以後有文字記載的【裕公】起，作爲我系一世祖。

世祖	先祖	紀	事
1	裕公	字伯溫，唐兵部尙書、秘書少鑒，生二子：令全、令壯。唐高祖武德戈寅年徙江西達浙江平陽縣。	
2	令全	字世聞，迪功郎。生三子：源、瀟、潤。	
3	源公	字克浩，河北節度使。一子男純。	
4	純公	字叔德，河南太守，二子：達、逐。純公由浙江平陽遷江蘇常州。	
5	達公	字子方，沿南光祿大夫，三子：文昌、文顯、文潛。	
6	文昌	字昌越，潭州太守，散騎司馬。一子子泰。	
7	泰公	字伯康，晉兵部尙書，二子：恭、英。	
8	英公	字人杰，莆田縣。一子子瑰。	
9	瑰公	字玫玉，考功郎、御史。二子：芝、蘭	
10	芝公	字芳叔，潭州御，史子一子閣。芝公又常州遷潭州。	
11	閣公	字若台，奉議郎，二子：景賢、景長。	
12	景賢	字有德，浦城宰，一子思邈。	
13	思邈	字仲明，入閩祖。開州司馬，唐末隨王入閩，官至兵部尙書，宅福州西湖，枝繁派衍，子孫遍滿全閩及海外各地。二子：蘭胤、蘭居。	
14	蘭胤	字惠候，候官令。二子：寶騰、寶振(寶振公仕泉州參軍)	
15	寶騰	字克捷，元參軍。二子：文裝、文姜。	
16	文姜	閩王上將軍。四子：信、壽、康、古。	
17	信公	字君忠，閩王右丞，一子金公。	
18	金公	字財寶，行軍使，五子：官、安、寵、泰、蜜。金公于後晉石敬堂二年(933)帶長子宮公(時 15 歲)遷古田杉洋楓彎見山奇水秀，卜宅而居，爲古田杉洋開基祖。金公總祠座落古田縣杉洋鎮中心街，建近千年，數度修葺，春秋二祭，香火旺盛。1958 年古寧公略穿越宗祠，只剩四百平方米，集資整修，1995 年十月一日落成。	
19	官公	金公長子，嗣裔分佈甚廣，其較大重要居住點約爲： 1. 古田縣：杉洋村、大甲彭厝里、南陽村、鶴塘村、鐵遼村、雲龍村、汝洋村、松行村、大橋村、前坪村、前新村、官洋村、龜頭廣村、吉巷後井村、後寨村、南路後井村、寶溪村、水口村等。 2. 寧德市：城關、梓彎彎、七都鎮、霍童村、彭溪村、吳山村、際山村、苫上村、石後室頭、洋中邑保、陳圓、虎埧天村、西坑村、上南洋、上洋、胡闌里、塘邊村、彭家村等。 3. 龍源縣：城關、碧里凜尾村等。 4. 霞埔縣：藍田、遷洋村等。 5. 福安市：甘棠鎮、上塘村、南安村、穆陽村、東源村、溪柄坑里村等。 6. 枯榮縣：暇利洋村、暖嶺村等。 7. 福鼎縣：點頭村等。 8. 周寧縣：城關、龍溪村、溪邊村、芹棻丘村、那坑村、七步嶺頭村等。 9. 屏南縣：壽山白凌、北山村、上七房村、天湖山村、路下村等。 10. 建陽縣：玉田村等。 11. 閩南興化、閩北建甌、邵武等地。 12. 遷有浙江省蒼南縣的橋墩、金鄉鎮等地。	
	安公	金公次子，遷居沿溪。	
	寵公	金公三子，遷回平陽。	
	泰公	金公四子，	
	密公	金公五子，	

譜　序

崇安縣彭氏譜序（一）

　　閩之武夷，彭祖暮年居焉。初堯以彭城封之而錫土姓。凡有土姓者，皆聖賢之有功德於民者也。唐貞觀初，遷　始以武弁起家，衛秦王正位，授左幹牛衛上將軍。奉　旨入閩，提督建州，歲久名逸，知武夷之麓乃桑梓焉。卜茲溫嶺，語友翁匡禺　曰：可仕、可止，可垂千葉矣。此其出處之本意也。有子二人：溟、漢，皆仕元。孫名當　，　叨蔭襲之餘，以溫嶺鎮奏聞爲崇安場，政績著傳。其高曾皆致身標名，以忠孝遺子孫。

　　肇唐迄宋，登天　翟　尙書禦史繼苗公兄弟，左仆射保晏公兄弟聯芳，宋族益顯！俟先生博學爲通儒，勉諸子侄會試南宮，六子同捷進士。而通吉先生四試登第不仕，崇寧癸未登第，召封特奏及第，詩謝禦廷。孫伯勝舉進士，皇上嘉之，施恩三世著釋經文解義，拜大司成，以官拜樞密使相，事孝宗皇帝十有餘年，位三孤總百揆謨密勿遇天下事當言，言之無不盡。皇上嘉納而行之，伯勝歡然，不自以爲功，天下莫高之。餘讀殿監傳，由唐迄宋，彬彬勳業之盛且與前聞爭烈矣。而公之經略風猷，著傳於譜，又微諸子之言序之。余按彭氏尊祖敬宗，爲曆世所寵，其道學誠可宗也。人能道此道，學此學，則知此譜之有賢仍　以相承於無窮矣。

　　皇宋紹興丁醜秋九月初六日吉旦　　文淵閣直學士籍溪康候胡安國撰

作邑彭氏族譜譜序（二）

　　奧稽彭氏之先，始出自顓帝孫陸終氏第三子，曰錢　鏗，即彭祖也。堯封之彭城，以國爲氏。三代以來，其爲名也遠矣。皎然翹然，天下知有彭氏也。秦漢之世，裂而複合，合而複渙，其間四布而不可紀矣。　傳之唐太宗，天下譜牒，退新門，進舊望，左膏梁，右寒微，合一百九十三姓，千六百五十一家，而彭氏亦與首稱焉。　　自彭尙書邁避亂過江，爲奕世之祖。則子孫繁衍，散處四方。有迂於建康句容者，有遷於姑蘇毗陵者，有徙於江西南昌者，有徙於湖廣漢陽者，有居廣西桂林者，皆出潤州丹陽之派。俱爲右族，若回居建甯崇安者，華胄奕業，廉操煥赫，茲有譜牒，問序於餘，則世臣喬木之家，咸莫出其右也。嗟夫！士之名世也，賴人品與家世。人品不足而家世猶足以振之，人品與家世皆不足，何以譜爲？如彭氏之子孫，並皆有之。此其所以爲海內名世也。則彭氏之譜所由作也。於是乎序。

　　皇宋紹興甲寅四年九月朔日　　太子賓客觀文殿大學士兼　樞密院副使穎川陳康伯撰

譜　序（三）

　　世族之考傳會以來缺斷而莫之補無姓不然也盡古人有姓有氏姓萬世不改氏三世而一易氏不同而姓同則爲族姓不同而氏同則不爲族也三代下有（　）姓有賜姓避國違避患難而改姓者有四夷人中國本無姓而自爲姓者新舊難襲未易悉推如孔之族宋族也有而繼孔之後世代爲孔然言孔者必出於子姓爲知有姬姓之孔如 JIAN 鏗堯對之彭城也而繼彭之後世代爲彭然言彭者必出於 JIAN 鏗爲知有顓頊之彭余閱武仲氏家譜其高祖名卷乃潤州丹陽郡家世武功束發從秦王掃隋之亂而盡力唐朝樹勳賜姓彭爲功於授建州左千牛衛上將寰貞觀初人閩守官兢比爲播于茲上常莫（　）妻亞處游詠夷山洞天開茲溫嶺偕三姓而居爲故公沒葬武夷當源衛國夫人葬于溫嶺嗣是放子諱漢任判官奏請所居爲溫嶺鎮太武都設官土居民有撫爲四世當授蔭兵馬都監提傾建州軍務溫嶺風俗渾厚請改爲崇安場唐昌五年上書請殿崇安縣鄉先生如此啓建斯土謙恭立教親賢揚善生持風俗爲俗爲當代名臣功德無量豈徒世爵爲榮戰卒後民懷上愛祀公以廟貌凜然餘
　　奉
　　簡命親察閩郡道游武夷駐溫嶺之官舍接公之遺愛謁公公脅有生氣餘昔從龜山楊先生游心切仰之時亦有傳敘付于簡末讀其家藏而知三君子果有異科惠及宗邦孚及蠻貊流風煒煒爲三代倫物之宗自唐抵宋傳之雲初有路字通吉富道德而獲及第與胡安國爲忘年友通吉嗣孫吏以文章名海內而成進士行已教人爲劉子車侄珙師伯勝執宗譜示之餘因爲序夫譜以敘系聊屬宗教名則輯共諱世則辨其分使後嗣有以考祖宗開闢之跡言行之美爲宗教者乃　以成家範輯睦之風禮法業今彭氏積德而族以大科第所以顯著也守禮而族以尊閥閱所以愛敬也俾嫡後嗣載觀斯譜夙與夜寢無（　）爾所生尙其最哉

　　宋紹興丙午年　　刑部侍郎加簡陵郡公橫浦居士張九成書

作邑彭氏族譜譜序（四）

粵自天子至於庶人，莫不有家，然多出自上古神明之裔。世遠支分，若水之萬派，木之千枝。非作譜以聯屬之，無以詳其源而求其本，則親疏莫辨，尊卑罔別，恩義亦無由而篤，甚至遇於塗、會於座，若不相識及知姓名，亦恬不爲怪，誠可慨也！按彭譜始於唐貞觀初。有千牛衛上將軍諱遷者，以勳臣之裔襃封分鎮，山江西太和徙家來崇，墾辟新豐鄉而居之。厥後子孫蕃衍，資產豐溢，甲於一郡，科甲蟬聯，傳于奕世，蓋望族也。今去祖愈遠，流源益別，不免有途人之歎。於是續修宗譜，書爵書名，紀年紀事，所以別尊卑。移徙者，書其

名；流忘者，入於祠，使生有所寄，死有所歸也。遠近親疏，皆得以聯屬之。賢智者見之，油然興起其孝弟之心；愚不肖者見之，曉然知有尊卑之序。又知人皆出於上古神明之裔，庶幾水木本源悉繼述之以益衍其傳也雲爾

時　皇天大德九年歲次乙巳清和月　　吉旦　　男高爵謹立賜進士第熊禾去非氏拜撰

譜　序（五）

崇邑建郡之秀絕都也南鄙之山澤信美矣而東道之田曆裏族抑麗以文也（　）之也耳其嘖也數千里外部得諸牽車服賈者之傳聞蓋飄飄於身不能至而心先嚮往之去年秋（　）始奉

天子命來守建州窮以爲神游之區將得身親爲幸明年以巡行詰崇邑宿武（　）沖佑觀晨則具舟楫介與馬遍游諸絕島而快爲逐次彭祖舊基一路松篁鎮碧猿鶴呼嶂千岳競秀萬壑爭流雖未辨其故嘖已低徊留之而不能去道人告余曰此古 JIAN 鏗公址也 JIAN 鏗公（　）彭氏之鼻祖也余志已而抵官署見有夷山志味道人言固知其必有合也又放邑乘溯自幽昧未辟其故事杳不風載於篇章即載之亦各而不詳唐貞觀初始載左千牛衛上將軍彭諱卷者弈以令聞著卷子漢詰

（　）請以其地爲鎮溫嶺之號所自來也至漢曾孫爲殿中監乃請更爲崇安場後複（　）縣崇安邑之名自此始也夫是邑也天開之地成之而動立實資彭氏其人是彭氏之大有造子斯土也向使無彭氏者出則崇抵今（　）僻壞耳鳥（　）山輝澤媚而文物聲明若斯其宜哉今治之西偏屍而祝者有三丈祠不其宜哉嗣是而崇之城社既奠彭氏之亂祚亦長故自漢當兩公後其間雲初綿遠甲第蟬聯文章道德步武前前人光者始不殫述而觀其舊牌即婦孺皆能辨之然而世曆星霜時經兵（　）風雨飄零得無恙乎況複族姓繁衍僑寓參差溯其譜自萬曆維藩修之後曆百六十余歲而原本幾（　）矣茲獲三十三代孫元樞者情重宗盟敬念本支乃暇搜近訪詢謀眾同議價卒力凝神更三載而及竣焉蓋神幗若斯之勸也彼千百年祖功宗德所賴象賢者表章而揚萬之（　）其淺哉日者彭生之南肆業建溪書院講學之暇持其成譜問序于余餘閱其序述傳贊源本本若（　）匕乎其貫珠也若晰匕乎眉列而指數也若繡錯分而圭璋合也（　）與盛矣餘因（　）思登彭祖基時千峰森立實本一峰九曲瀠洄導源一曲而茂松修竹蒂固根深素鶴元猿隊居群侶者茲譜也其人可以異是古軼則籍溪先生序于前而宋元之名公鄉序之明之學士大夫欲索序語於其後知無以爲梨（　）光抑又思彭氏祖以功各而垂青簡以作邑而拓名區人雲傑矣而地由以靈故雖世遠年湮人惟者舊土佩椒蘭聚國族者舊莫不斯歌於弗替後之子孫複慨然分忿締造之功知必有繼志述事以光大其前猷者予故嘉其將大與有成也而重爲之序

清乾隆丙子年孟冬月　吉旦　　李士遜撰

譜　序（六）

共聞天子有玉牌諸（　）有年表大夫有世系土廣有譜傳今賢智親爲盧文愚不肖又不知所以尙則故家無譜十嘗七八特吾家之譜有自上而下爲矣其宗派源流自鼻祖以及耳孫雖曆世數百歷年數千而千枝萬派一泳本源昭昭可稽非他族之若隱若見仿佛其似也吾始祖受封于彭城了孫即以彭爲姓曆夏商周謹守封土不敢違棄先業盡奏並列國分爲郡縣子孫或仕或隱散處四方則江北之彭皆吾始祖鏗公雲裔也若江南一派自邁公因晉懷帝骨肉（　）殘避民、亂江而潤州丹陽居焉則子孫慶衍實太以繁或徒家他方者有之或官遊寄寓者有之若福閩之彭大智公因陳後主創弱比氣逼人攜家人江西仁和及和世祖卷公佐唐平定天下授千牛衛上將軍分鎮建州盡太宗（　）武修文勳臣退居閩裏我祖卷公亦掛冠建陽之比鄉墾開蒿萊漑田二十餘頃地廣民聚漢公當公繼志核定哪詣

（　）奏請立縣作邑實始於此厥後子孫既（　）繁卷徒四方者不啻十餘族難於記載（　）自元迄明已三百餘年將曆十世矣則年遠世殊而忘親匕記則情疏喜不慶憂不（　）相其初本一人之身即嗟夫以一人之身分而至於途人能勿惻匕弗寧皆緣譜系未修之咎也富貴者既不關情貧賤者又治生無暇敦徒而修之哉餘不得已自吾之（　）以至吾

之始祖若諱若寧若仕若隱若昭若婚（　）若邱墓若乏嗣若爲人後采而幗之俾後人如指諸掌展卷一視孝悌之心油然

而生也吾祖訓有雲敦質行而薄紛華務勤儉而（）奢侈俾士不必（）世要之賢良家不必幹鍾要之力本商不必鉅萬要之
廉賈洋乎有道之言後人之庇也餘不敢以不敏自諉因從堂兄侍臣意舉而未成又半得祖譜於（）灰中（）成帙以成世系
之譜（）幾遠托不朽然尤賴孝了慈孫之振起者善繼善述雲清康熙辛酉仲夥望日　　　　二十八世　　　著撰

作邑彭氏族譜序（七）

　　閩之建州凡數郡，惟崇安最秀，武夷尤勝。宋儒名賢所以迭興也迄今先民之流風善教（）有存焉邑（）王政新
崇安令調治也崇人嘔吟致詞而爺之崇紳彭友維藩率士（）不憚千里乞餘言而碑之彭友持宗譜而問序于余藩祖受恩誨
屢矣譜書世世未修今纂成帙欲千名筆以麗之閩是編也直乍彭卷氏爲唐

　　天子守土建州動（）宣（）上下緘孚爲當世名師無異也其（）武夷遊曲水辟土于新豐鄉偕民而居公固爲崇之鼻
祖也嗣漢爲台州判官請以其鄉爲溫嶺鎮又傳曾孫當官建州兵馬殿中都監以高祖創置百里之地上書請爲崇安聲詔許其
成後複請（）縣則公道德宏大博施濟眾之能事所山著也而衛國利民之端又有在矣厥後土民懷其祠之溫嶺祭之遺愛至
今朔望弁土親謁頌福地焉自古縮緩臨民能爲地方（）災捍患切懷民瘼者屍而祝之殿監以一紳而祀祠此曠世所未見何
修而得乎無他以其善繼志也歲癸醜餘叨一品滿考錄男成學拜官尚替司丞屢澤于民議莫並請當塗勒石垂規微行累累允
難殫述余前蒙恩賜告假至武陵聞兒病殁未及五十邑父老人士而祠亡兒尚替司令之尚替與昔之殿監相符尚替懷厄於年
不得爲殿監之久其於善際父志與殿監又奚異焉武夷之人不忘殿監故公之祠在公之名亦在則公爲不沒矣噫殿監之賢在
唐治教流光子孫濟美史弟聊（）而族人顯名下雨天　下施及後世其風教益多矣元窮中國之年彭士翩高踏　散於外郡
至我聖蝗盛世斌匕弈匕昭世（）動譜未錄者會而錄之彭友修齊所特不朽者功業文章耳故樂爲序而表之

　　明天啓元年歲次辛酉小春望日賜進士出身光祿大夫柱國少帥兼太子太師吏部尚書建極殿大學士知經筵日講制誥
予告存問奉

　　詔召用福塘業向高撰

作邑彭氏族譜序（八）

　　皇古以來三代同出一祖厥後支分別（）姓繁矣而一姓之中又莫不始自一人乃閱世生人閱成世思功以上幾不可知
況遠者設非有譜有聊之其不至相視途人者幾希即如我彭氏出白（）終氏第三子曰大彭者好彭祖也堯以其有功于國封
之彭城以地爲姓此彭姓所山始焉曆夏商周以迄秦漢代遠年湮子孫四布不能悉紀姑不具載白唐太宗定天下譜經太子太
師魏征等刪定奏請聖賢族內我家代有動（）准賜國之樑柱大姓彭氏血脈征體之譜頒行天下又譜之所從來與粵稽我崇
一支自晉世潤州丹陽固來崇之兆也貞觀初左千年衛秦王正位有功提督建州終居溫領閩一代而漢公奏請以溫嶺爲鎮又
閱三代而當公複奏請爲宗安場後又（）縣（）有彭姓而後有崇邑非有崇邑而後有彭姓也初家於四隅地方後弈葉蕃衍
散處本邑之四郊更有卷於廣信上饒者有卷于建陽傳屯者至宋中葉我祖　敖公白邑城移居東鄉五夫一本而千棱萬葉
矣一源而千條萬派矣幸我先祖世有譜可稽（）能念骨肉於千百裏外不然即接膝而不相知也萬曆間有維藩　公手修家
譜崇禎間遭兵（）之變因以不存至我　朝著公又複修之未就而卒閱一百六十年于茲矣餘第欲繼先志恨力未逮乾隆丙
辰年幸叨鄉爲（）壬戌（）登甲榜丙寅選授江南泗州衛甲戌補授浙江紹興衛于時五一事馳驅未有寧日此事且暫置高
閣乃有族姓元樞都慨然身任譜事四年而稿成郵寄官署披閱之餘悃持領（）縷析條分餘心喜焉但我祖忠輻公于明重建
大興寺塑像於內右側設立經閣左側地基讓與九方眾姓造池宮廟宇每年供納租銀捌錢歸寺僧以勸香燈今不曰祖租而曰
謝庵其右側經閣於康熙五十年改建祠堂奉祀忠輻公神像至乾隆八年傾毀今經眾議與工建造又我祖玉清公於明永樂間
置有鵝子山場崇建山庵並前後碑塋（）匕康熙年間遭火毀乾隆二十二年伯史孔友仲求友族長智榮族叔光奎等捐金
舉重興古跡此二事未刊人譜餘心缺然今並敘之以志不忘是所望于後之重修者

譜　序（九）

　　物本乎天人本乎祖祖之不知本實撥何以爲人之子孫而無（）所生哉稽余族唐貞觀初有千牛衛士將寰卷公以（）
臣褒對賜彭氏爲功族山潤州丹陽念桑梓而卜室于茲乃印曠野剪蒿鋤萊（）湖築坡溉田二千餘頃招集人民居遂名其鄉
曰新豐鄉再傳而漢公詣關請以其鄉曰溫鎮嶺置官守之迄當公任殿中監請改爲崇安聲其後地廣人繁租賦增益唐會昌五
年後請（）縣是崇之作邑自彭氏始故爲祖區曰作邑堂鄉人感幽岐之義立祠於縣治之西　即今三丈祠是也三丈者卷漢
當三公也載在邑乘昭匕可考是余祖卷公爲一族之始實爲一邑之人祖也族原有譜明萬曆間維藩公修之至我

朝定鼎之初邑東有桓國輻西比有熊應提南有僧德客周立數寇叛逆掠城索響遍（）民房迨康熙甲寅年耿藩又變民不聊生子孫散居四方厚譜已盡泯滅幸祖在天之靈有著公者瑞嚴寺得殘譜一冊手修未就而卒自萬曆年間至今百有六十餘年矣族派蕃衍星散各方期（）之親視為途人者有之富貴者即不關情貧窮者治生無暇又安能念及修譜哉餘舉意刊修工本浩大難以獨任（）於乾隆十九年遍訪宗盟幸族中慷慨捐金或為（）訂或為贊修俱與有勞焉自鼻祖 JIAN 鏗公（）傳一百有三世至卷公為崇始祖以下房系（）生卒配葬逐一注明四載落成後之覽者（）豁然族心目而無是祖不祖非祖（）祖昭穆紊亂之疑矣自是以後雖幹枝萬葉同出一本千條萬派共出一源即千萬人之身實即一人之身所由分也誼美思明喜相慶而災相恤共敦睦又易有極即因為之序　　　　　　　　三十二裔孫

譜　序（十）

嘗聞譜者普也譜不何以認星散之僑居系者（）也系不（）何以聊繁衍之支派詩雲本支百世殆藉譜系以聊遠近別親（）萬姓皆然豈獨彭氏哉彭氏乃 JIAN 鏗之後於傳有之數傳至唐有功於國家
　　（）拜彭氏大姓為國家樑柱列於功族賜以望郡二百九十三姓中彭姓為最遠自卷公徒於潤州丹陽出身武弁以將軍提督建州子漢為判官四世孫當蔭授兵馬都監（）昭然崇之改鎮改聲（）縣皆（）父子祖孫功德有以福庇人民也作邑子崇黎民懷之遺愛祠咸屍而祝之大宋崇祀誠為曠典其豐功偉烈邑乘載之詳矣第以年代久遠族姓益繁世派未尋系園未（）即族人途遇如不相識雙為知其姓名而定其稱謂哉且是譜修自維藩公既著公及元樞迄今七十餘載散處者多生息者眾若不令族屬而聊（）之不仍散佚乎三十世裔孫衍疇等慷慨捐金力任劈事不辭勞卒是譜以成予觀其于世族則井匕有條而不紊於系園則原有序而不亂自是厥後從族大派衍而慶災相（）賀無不知其為潤州丹陽（）公之嫡派也敘此譜者宋元明清諸君子吐詞為經言之親切而有味予安敢置（）焉況予（）焉況予學拙才（）保無災夫梨（）乃不棄襪線索序於予以譜既創成而家世人品卓然名望固已後先輝映于功族大有光矣是為敘
　　清道光七年歲次丁亥十月（）旦　　　（）選儒學教諭後學汪鯉登撰

作邑彭氏族譜序（十一）

當聞眾之有乘（）國之有吏也國史載一朝忠良奸（）家乘聊一姓遠近親（）族譜之修原不欲使一本之親而塗人視之也家乘顯不重哉余族祖（）公家於潤州丹陽以武功顯佐秦王掃隋定業樹（）于唐官拜千牛衛上將軍墾開新豐鄉再傳漢公請以鄉為鎮迄今五世當公請改鎮為場唐會昌五年後請（）縣崇之作邑實始于余族祖也越稽所自鹹謂出於（）終氏三子大彭後堯對彭城因以彭為姓代遠年湮姑弗深考第以彭姓在唐功業顯赫詔賜龍章然而族原有譜譜明則尊卑有辨譜藉系系正則（）以分況複族派繁衍僑寅星散未經聊屬親者亦（）萬曆間維藩　公整修定續余重複修帽捐館未就越百余歲裔孫黿樞費盡辛勤竭　力纂修數載告竣昭穆肅然迄今七十餘載支派益繁僑居益散期思之服且將軍塗人視之矣雖有周親漢不以連支為念豐乏族屬無暇以（）宗為國誰則念繼承先志而複為敦木本小源者衍疇等立意重修以工費浩大獨力難支援訪丹陽嫡派各皆慷慨動質因而敦請纂修親為校對序傳系國俱經無微不至睹生卒配葬無有認（）二載告成後人覽之咸洞然於近遠（）之聊屢矣然則是譜也衍疇等雖不敢謂善繼善述而考訂之勞所弗恤因為之序按舊宗譜當公傳載唐會昌五年乙丑諸長安上書請場為縣傳比序較切實惟考縣誌載宋淳化五年（）縣想系詔准之後至是年始行置官司今故序從傳雙核縣誌城池門橫城街注舊名城街以彭當（）縣于營嶺上得名可見當公時崇已（）縣　　清道光七年仲冬月

三十世　　　衍疇
三十一世　　互功　　　伊功　　　顯枚
三十二世　　高（）　　之萊　　　望玉
三十三世　　燕鼊
三十五世　　匡臣
三十六世　　兆龍　　　慶龍　　　謹撰

作邑彭氏族譜序（十二）　　　三十六世　兆龍　慶龍　謹撰

譜何為而作也自昔先聖先賢塵世系湮遠無以明昭穆序長幼別親（）辨異同於是書諸譜牌使人知木本水源共（）親親之誼譜之為義大矣哉稽余氏族自祖 JIAN 鏗公受封于彭城子孫即以彭為姓其僑居四布者難以悉紀迨至唐時（）公

官左千牛衛上將軍佐唐定天下賜爲國之樑柱封爲功族貞觀初奉　　（）人閩提督建州由潤州丹陽而關茲溫嶺名曰新豐鄉有子二人（）公漢公皆以仕顯傳至四世當公官殿中都監複請（）爲縣是作邑之功與我列祖三大丈夫之聲名赫弈所由來矣嗣是科甲蟬聯登第者指不勝出支派繁衍散處者人多其鄉彭氏之譜自唐迄宋而元而明（）不增訂編修我國朝康熙年間著公草創未付梨（）至乾隆已卯元樞公等重修道光丁亥衍疇公續修迄今相雲又四十餘載矣共間咸豐七八兩年長髮入境遍地滋攏同治五年齊匪（）亂前修之譜毀於烽煙殘缺多矣若不及時修輯不免數典忘祖無如遭擾亂之後富者不關情貧者無暇力支派大者挾觀望自矜之心支派小者懷制肘受壓之盧予等目聲心傷（）恐年湮代遠支派無從稽民系幹以混淆受邀集合族立意重修然工費非少需用浩繁迄今乃閱三載而告成爲自是以後昭穆長幼（）然不淆親（）異同昭然不紊是舉也非第爲觀美民更有望於後之爲父兄者暇日將譜內所載一一對示子孫然後知譜之何爲而作也是爲序清同治九年歲次庚午巧月（）旦

　　重修族譜廷林　文昆　聖敬　等（）序

重修《作邑彭姓五夫支譜》序（十三）

　　人皇氏爲人數之祖天地開闢以後其始僅一人也一生二二生四生生不息而人類乃繁人類既繁取分土而居若者爲黃種若者爲白種若者爲黑種若者爲棕色人種若者爲馬來人種此五大洲之種族遂因寺地而別也就近論則有漢滿蒙回藏五大族今者光復漢土民國（）興五族共和是宜視五大族（）一家也（）徒以同姓爲一族以本支爲一族哉雖然木在棱分源遠流長宗譜則合同宗爲一族支譜則合本支爲一族禮雲尊祖故敬宗故收族宗譜之重修爲收族也支譜之重修亦爲收族也贊堯自光復後備三丈祠祭祖時迭向族中先進談修宗譜五夫支譜之一部分亦與弟贊湯籌纂修方法今春果多數贊成合然行之實獲我心矣是時贊堯（）留省（）補縣知事經弟贊湯函召歸梓悉心總纂訂論補缺立多後始付印刷雖僅五夫之派聊貫鄰於褊狹而自近及遠山散而聚繞支譜系歸成同宗譜岫（）指顧部事耳況序記傳贊校刊舊本增撰新篇已備具宗譜規模內顧家族外顧全球世界競進文明各種族之團體互相固結我族之團體亦從茲集合也前此甲寅蟬聯業已光宗耀祖當今丁壯鳳起敢弗立身揚名我族人宜培植英秀爲譜牌光長綿作邑世澤於鐵替斯則贊堯所厚望也若徒沾匕于區別世系紀載名字不思人列三才有參天地之能力期爲共和時代之英傑則即林林總匕族眾繁多亦奚足貴哉特爲此序以與族人共最焉

　　附七律一首

　　家乘漫談同國史傳疑傳信連篇紀精心獨撰出新裁新撰序傳等篇惟求體裁雅正俗見難移特舊軌唐代宗支西隴尋歐公體例南針指訂論彌缺不嫌詳補我疏遺需後起

　　中華民國六年歲次丁巳十二月（）旦　　　總纂族譜贊堯撰

重修《作邑彭姓五夫支譜》序（十四）

中華民國六年歲次丁巳十二月（）旦　　　總纂族譜贊堯撰

　　粵稽三皇而降皆統一于黃帝厥後或以國以地以官賜姓不一因而成家族紀世傳斯爲譜牌之萌牙自唐太宗詔高士廉等參考史傳始作譜記迄有宋而世譜盛行其義例系（）悉本歐蘇二公之法此後世修譜牌者所以不出歐陽子蘇老泉之範圍也我彭姓初祖 JIAN 鏗公乃黃帝七代孫（）終氏第三子堯對之彭城自是子孫以彭爲姓曆三十一代邁公官吏部侍郎轉尚書輔晉元帝攜家過江卜居潤州丹陽元帝推公輔佐元（）進封西都郡王又曆六十三代（）公山潤州丹陽授南部建州左千牛衛上將軍因纂（）鏗公隱武夷山遂開建陽北鄉溫嶺而居備比一帶招人民聚處成九十餘村皆名新豐鄉（）公生二子曰（）漢公官台軍二州判官請改新豐鄉爲溫嶺（）公孫翔公生唐公貞公分天地兩房漢公孫翔公生當公官公分乾坤兩房乾房當公官殿中都監請改溫嶺鎮爲崇安場後（）爲縣崇之作邑自彭氏始故崇祀作邑彭氏三丈祠設立（）公所以爲人崇一世祖也此我譜之分支所以（）自（）公也而五夫之支譜則又由五世祖當公分派會傳至十三世祖（）公（）居五夫十五世祖時中公明洪武年間（）舉明經援陝西三原縣令（）兩廣鎮海將軍謚曰忠輔因是建祠於五夫名彭氏宗祠十八世祖天祿公生上子長玄真次甫義三賀獻四指南分仁義禮智四房前清同治壬申年經族伯祖椿等於修宗譜後複分編支譜迄今已曆四十餘載之人族人急於重修公推贊湯主任其事用是發起敬宗收族之意取延梓人設局於五夫祠堂越國全月因辯事未便移局人大將但此次修法按照前清乾隆丁醜道光丁亥同治庚午三次宗譜互參考訂缺者補之論者正之若序傳更增錄之斯爲眾美兼收雖屬支譜世系仍（）宗譜規模且統核仁義禮智　四房支派智房止而弗傳仁義禮三房約上四百戶贊湯親履其眾者十居八九祇　欲辯明派衍（）幾鮮所錯誤至主理全譜稿纂輯編校尤加注決經營力求無憾自舊

年七月開局至本年二月完竣雖竭半載勤勤勞之力亦賴先人佑啓之靈茲於譜事告成（）表手續以昭示來許惟望後起之賢者覽眾乘而有所興感不忘敬宗收族之意也則幸甚是為序

　　附七律詩一首

　　　續修眾乘守前規，刪潤偕加求（）宜；派衍各支編世系，事籌全局費營思；

　　　憑公乘筆心堪問，為族操勞責莫辭；　只有俗情難書拂，雖雲傳信半傳疑；

　　　　　　　　　中華民國七年歲次戊午春月（）旦　　重修支譜三十國世贊湯謹撰

平川彭氏修譜新序（十五）

　　奧稽譜牒之作，啓緒承宗，系圖之與聯暎萃渙。固仁人之所以睦族，亦孝子之所以愛親也。第自門第相誇，攀援成習，　崇韜豈無祖乎？遠拜汾陽之裔，蔡京自有後也。冒竊君謨之宗，此車鑒宜徵於古，而流弊不絕於今，豈不慨哉！良可哂已！　　惟我彭氏，系衍錢鏗，辟　縠掛冠，為仙為吏，因地名子曰武，曰夷。自　夷公一派，綿延至於遷公百有二世。值唐貞觀初年，分鎮建州一帶，　辟草萊以啓疆，念桑梓而築室，功德在民，規模啓後。傳十三世至公　昌季，乃於南宋丁醜歲山崇安而入。永豐三年至公子誠，複於至正廿八年由永豐而遊閩地，遍歷山水，緣入崇安，因思溫嶺為遠祖所開，　夷山即鼻祖所隱，他鄉實屬故鄉，舊境便為佳境。既返本而歸源，豈舍此而他適，遂於洪武七年，特向平川葡築。峰回六六，啓地靈人傑之祥；水曲三三，溯源遠流長之盛。迄今五百餘年，衣冠濟濟；曆傳一十九代，子姓林林。雖世系可考，足見派別支分而譜牒未修，竊恐情暌隔，故先嚴常以此為憂，而臨終更於斯致囑也。茲者歲維庚午，時屆清和，憶遺命而起遐思，披殘編而追世澤　。爰　謀族眾，解橐捐金，乃集耆英，按圖考系，幹枝無非一本，萬派莫不同源。由是婚配有記，卒葬並書，而且列傳贊遵典型也。載祭田、昭享祀也。愛乎如見遺像繪也，懍乎有聞家訓申也！析之則星羅棋佈，統之則壁合珠聯，洵宗彷　之盛事也！殆繼述之微意與而，或者嘗為不急之務，庸人獨深糜費之憂，悲夫！夫人生戴高履厚，負氣成形，未能琱筆　金華，志一朝之掌故；複愧著書嚴穴，定百代之譏褒。奈何計及錙珠，岡念弓冶，委宗盟於蔓草，視譜牒如弁髦，至使高曾字諱，意茫昧其莫知；間與族眾群居，且行次之無辨，則宗功安望夫傳述，而族誼又奚以克敦也。。今幸昆　總其成，眾襄其事，倡首以董修為任，協力而忝考維勤。自唐抵今數十代，祖首遷公，從茲聯派，四五言行先培字，既有條而不紊，亦循序而無乖，將見後世雲仍，　均識源流之一貫；本支孫子，共序昭穆於千秋。而愛敬之意，油然以生；敦睦之風，藹然翔洽。夫豈持承　先嚴之素志哉，抑生平之夙願，亦因之而一遂。雲是為序。

　　皇清同治九年歲次庚午清和月　吉旦　　曹墩十六世裔孫　集昆類首百拜撰

平川彭氏族譜新序(十六)

　　吾髫齡讀書，至竊　比老彭之言，不禁神往其人也。吾今閱彭氏家譜，不意老彭氏即世家此間也。夫述而不作，信而好古，遐哉老彭，久為世法，宣聖欽焉。不謂其家譜，曆四千餘年，經百數十世，如　布星羅，綿綿延延，繼繼繩繩，至於今日也。然後歎老彭能先以信古傳述為家法也。而尤羨其後之人，贊乃祖之訓，善述人之事，以無愧乎明德之裔也。亦賢乎哉！夫吾之初入武夷也，游六六諸峰，則仙風惠我焉；臨三三諸水，則清流挹我焉；登七賢之堂；則先賢之道范又如與我親焉。吾心異之，謂地靈人傑當不僅在宋諸大儒也。乃久之，吾友丁葶樓參軍執一帙進曰：此彭氏譜，友人彭梧崗贊府所纘述者。其中若老彭開闢　於此。乃子武夷二公，則武夷之山因以名。其裔殿監諸公，則崇安之縣籍以建。今其支庶繁衍，事業文章均甲以他族，殆即君所謂地靈人傑者歟！餘益異之，拔育再三，覺橫覽、天遊、接筍諸景，不足以盡其勝也。則真如讀我生四十年來所未見之書也者！然吾所重於贊於贊府者，不甯惟是。吾友葶樓又有曰：彭氏之譜未修數百年矣。方贊府之　太翁書田先生，以選拔進士授州牧未仕，品學孝友，鄉邦欽式，然慨然以宗譜未修為憾！此自編平川世系，所以第名之曰引也。我贊府孝思不匱，矢心於無改父道，徵文考獻，則遠涉山川也。訂簡搜遺，則幾廢寢食也。甚或摸曹氏之碑，又或訪宗　方之佑，證　闕於蠹魚，辨訛於亥豕，而不敢誣祖，又不敢遺宗。觀其自序，隱然薄蔡　京、郭崇韜之為人，大抵又不外君所謂信古而傳述者。近是餘未識贊府，而於吾葶樓盡得之。然後愈歎贊府，實能集斯譜之大成也。朱子曰：事雖述而功倍於作，信然，信然！吾因之有感矣。夫家修者，廷獻之資也。國史者，家乘所肪　也。贊府將其父母斯民之任需次吾江而　留籍為宗譜，計巳立乎，致君澤民之大者。吾聞乃祖以商賢大夫齒之，　尊歷數朝，曾訂官之史文之盛監二代用聞周孔子先。方今聖人在上，禮明樂備後，有作者無所用之。異日者君紹先芬膺民社。余小子得以司鐸，而廁竽其後，相與有成，

知贊府必以贊述，才推家法爲世法，進宗譜爲治譜也。且安知贊府不黼黻休明珥筆　形廷爲史乘光也。則是編其左
券也，考述而不作之義，則曰：作非聖不能述，惟賢可及，贊府之賢，不其懿而！

　　同治九年歲次庚午仲夏月上浣　授修職郎遇缺即選儒學訓導欽加國子監學正兼五品銜隆授教諭治寅愚弟盱江吳
藩子屏氏頓拜

重修彭氏族譜原序(十七)

　　　　當聞譜者，普也。譜不普，何以識星散之喬居。系者，系也。系不系，何以聯繁衍之支派。詩所雲：本
支百世，殆籍譜系以聯遠近親疏矣。萬姓皆然　，　獨彭氏哉然。而彭氏乃錢鏗之後，於傳有之。數傳至唐時，有功
於國家　束力　拜彭氏大姓爲國樑柱，列於功族，賜以望郡，二十姓中彭姓爲最。遠祖遷公由江西太和出身武弁，以
千牛衛將軍提督建州。子漢爲判官。五世孫當　蔭授兵馬都監，勳績昭然。崇之改鎮、改場、升縣，皆遷公父子祖
孫功德，有以福國庇民也。作邑於崇，黎民懷之，立遺愛祠，咸屍而祝。厥後崇祀，誠爲曠典。其豐功偉烈，邑乘
載之詳矣。第以年代久遠，族姓益繁，世派未彙，系圖未釐，即族人途遇如不相識又焉！從知其姓名而定其稱謂哉。
且是譜修自維藩公暨著公及元樞公，迄今七十餘載，散處者多，生息者衆。若不合族屬而聯繫之，不仍散佚乎！三
十世裔孫衍疇等慷慨捐金，力任譜事，不辭勞瘁，而是譜以成予。觀其於世族，則井井有條而不紊；於系圖，則原
原有序而不亂。自是厥後縱族大派衍而慶災相弔賀，無不知其爲遷公之嫡派也。敘此譜者，宋元明清諸君子，吐詞
爲經，言之親切而有味，予安敢置喙焉！況予學拙才疏，保無災害夫。梨棗乃不棄襪綫，索序於予。余以譜既創成，
而家世人品卓然，名望固已後先，輝映於功族大有光矣。是爲序。

　　　時　　皇清道光七年歲次丁亥十月　　　穀旦　　　　　　　候選教諭後學汪鯉登撰

重修彭氏族譜原序 (十八)

　　物本乎天，人本乎祖。祖之不知，本實先撥，何以爲人之子孫，而無忝所生哉。稽余族唐貞觀初，有左千牛衛
上將軍諱遷者，以勳臣襃封，賜彭氏爲功族，由江西太和念桑梓而蔔室於茲。乃即曠野剪蒿鋤萊，鑿湖築坡，漑田
三千餘頃，招集人民居之，遂名曰新豐鄉　。　子漢詣闕請以其鄉曰溫嶺鎮，置官守之。漢曾孫諱當爲殿中都監，複
請改爲崇安場。其後地廣人繁，租賦增益，宋淳化五年升爲縣。是崇之作邑自彭氏始，故爲祖區曰：作邑堂。鄉人
感爾岐之義，立祠於縣治之西，即今三丈祠是也。三丈者，遷、　漢、當三公也。載在邑乘，斑斑可考，是余祖　遷
公爲一族之始祖，實爲一邑之人祖也。族原有譜，明萬曆間祖　維藩公修之。至我朝定鼎之初，邑東有桓國輔西北
有態應提南有僧德容周立數冠　。　叛掠索餉，遍燹民房，迨康熙甲寅年，耿藩又變，民不聊生，子孫散居各方，原
譜已盡泯滅。幸我祖在天之靈有著公者，於　瑞岩寺得原殘譜一冊，手修未就而卒。自萬曆年間至今百有六十餘年
矣，族派蕃衍，星散各居　，其　緫之親視爲途人者有之。富貴者既不關懷，貧窮者治生無暇，又安能念修譜哉？余
舉意刊修，工本浩大，難以獨任，爰於乾隆十九年遍訪宗盟，幸族中慷慨捐金，或爲考訂，或爲贊修，俱與有勞焉。
自鼻祖錢鏗公　遞　傳一百有三世，至遷公爲崇始祖，以下各房，系圖生卒配葬　逐一注明。四載落成後，之覽者庶
豁然於心目，而無是祖不祖、非祖冒祖、昭穆紊亂之疑矣。自是以後，雖千枝萬葉固出一本，千條萬派共出一源，
即千萬人之身，實即一人之身所由分也。誼美恩明，喜相慶而災相恤，其敦睦又曷有極耶！囚爲之序。

　　　皇清乾隆丁醜年菊月　吉旦　　　　　　　　　　三十三代裔孫元樞撰

平川彭氏族譜新序(十九)

　　聖人制禮，莫重乎宗族；宗族之別，莫詳於譜書；譜書之傳，莫大乎宗法。按喪服小記曰：有百世不遷之宗，
有五世則遷之宗。百世不遷者，大宗也；五世則遷者，小宗也。有
　　大宗以統之，則人知尊祖；有小宗以統之，則人知敬爾。是知宗法之不可不講，而譜牒之不可不修也。
　　平川彭氏，其先世　昌季公由崇安而入永豐，曆三世至公子誠，複由永豐遊學入崇，慕夷山爲鼻祖錢鏗公所隱，
溫嶺爲始祖遷公所聞，遂蔔築於崇之南焉。數百年來，綿綿延延，子姓日繁，衣冠不絕，洵吾邑之望族也。傳十五
世書田公，由選撥而授州牧，賞與族衆謀及於譜牒之修，乃囚源流莫考，本末難稽，有志未逮，抱恨而終，惜哉！
今考隴西明代重修老譜內載：曹墩始祖瑞意公，展卷了然，未必非先世在天之靈有以啓之。從此合族屬而聯繫之，
豈不易耶！顧富者既不關心貧者，又無暇日，欲舉數百年未修之譜而修之，抑又難矣！幸十六世集昆慷慨倡首捐金，

毅然以重修爲任。又幸煥濤、煥棠、煥龍、煥藻等參互考訂，不憚勤勞，於是按世系之相承，正昭穆之位次，千枝一本，萬派同源，宗法立而宗盟愈篤，祖澤彰而祖祚彌長，行見豐亨豫大寢，熾昌不直與造化，相爲綿亙乎！予於 昆忝世誼也，譜竣囑敘，予因掭管而記其槪。

皇清同治庚午年麥秋月　吉旦　　　賞戴花翎欽加同知衛選缺後盡先同知後學遊鳳台拜撰

溫嶺彭氏族譜原序(二十)

世族之考傳會以來缺斷而莫之補無姓不然也　古人有姓有世姓萬世而不改氏三世而之易氏不同而姓則爲族姓不同而氏同則不爲族也三代以下有冒姓有賜姓有避國諱避患難而改姓者有四夷入中國本無姓而自爲姓者彭舊世襲未易悉推如孔之族宋族也而史孔之後世

代爲孔然言孔者必出於子姓之上始知子姓之孔如　鏗堯封之彭城也而史彭之後世代爲彭然言彭者必出於子姓之上始知顓頊之彭余聞武仲氏家譜其先世祖大智公乃由潤州丹陽郡移居江西太和縣至高祖　公承閥閱貴　以武功自顯束發從奏王掃隋之亂而盡力唐朝樹勳賜姓彭爲功族授建州左千牛衛上將軍貞觀初入閩守兢匕焉播於茲土常慕　　嚴處而詠夷山洞天關茲溫嶺而居然公歿葬武夷當源衛國夫人葬於溫嶺嗣是厥子諱漢任判官奏請所居爲溫嶺鎭垂拱丁亥設官守土居民有撫焉五世生　蔭授兵馬都監提　建州軍務溫嶺風俗

厚道渾上書題爲崇安縣鄉先生如此啓建斯土謙恭立教親賢揚善主持風俗爲當代名臣功德無

量豈徒以世爵爲榮也哉卒後民懷上愛祀公以祖豆廟貌凜然余奉簡命觀察閩郡道由武夷駐溫嶺之官舍接公之遺愛謁公公　有生氣餘昔從龜山楊先生游焉心切仰之時亦傳敍付於簡末讀其家藏而知三君子果有異乎惠及宗邦孚及蠻貊流行煒匕爲三代倫物之宗自唐抵宋傳之雲允有路守通吉富道德而取及第興胡安國爲忘年友通吉嗣孫　以文章名海內而成進士行巳教人爲　子　琪師伯勝執宗譜示余言之餘因爲序夫譜以敍創垂聯屬族名則輯其諱會則辨其分使後嗣有以考祖宗開關之跡言行之美爲宗族者有以成家範輯睦之風禮法之業今彭氏積德而族以大科第所以顯著也守禮而族以尊閥閱所以愛敬也俾嫡後嗣載觀斯譜夙　夜寐無忝爾所生尙其旭哉

皇宋紹　丙午夏日刑部侍郎加簡陵郡公消橫居士張九成書

重修族譜原序(二十一)

皇古以來三代同出一祖厥後支分派別庶姓繁矣而一姓之中又莫不始自一人乃亦閱世生人閱人成世總功以上幾不可知況遠者乎設非有譜以聯之其不至相視途人者幾希即如我彭氏出自陸終氏第三子曰　鏗者即彭祖也堯以其有功于國封之彭城以地爲姓此彭所由始焉曆夏商周以迄奏漢代遠年　子孫四布不能悉紀姑不俱載自唐太宗定天下譜經太子太師魏徵等刪定奏請聖賢族內我家代有　續准賜國之楩柱大姓彭氏備脈　體之譜頒行天下又譜之所後來稽我崇一支晉世有尙書名邁者因懷帝骨肉交殘避亂過江都於潤州丹陽之地固來崇之兆也貞觀初有千牛衛上將軍名者衛奏王正位有功提督建州終居溫嶺我宗閱一代而有子名漢者奏請以其鄉爲鎭又閱三代而有曾孫名者複奏請以鎭爲縣有彭而後有崇非有崇而後有彭也初家於四隅地方厥後奕業蕃衍散處本邑之四郊更有於廣信上饒者有於建陽傳屯者至宋中葉我祖熬公自邑撥入東鄉五夫一本而千枝萬葉矣一源而千條萬派矣幸我先世有譜牒可稽能念骨肉於千百裏之外不然接膝而不相知也萬曆間有維藩公者手修家譜崇禎間遭兵燹之變因以不存至我朝有著公者又複修之未就而卒閱一百六十年於茲矣餘每欲繼先志恨力有示逮乾隆丙辰　叨鄉薦壬戌登甲榜丙寅選授江南泗州衛甲戌補授浙江紹興衛于財王事馳驅未有甯日此事且暫置高閣乃有族元樞者慨然身任譜事四年而槁成郵寄官署披閱之餘綱持領挈縷析條分餘心喜焉但我祖忠輔公於明重建大興寺塑像於內右側設立經閣左側之地基　與九方眾姓造池宮廟宇每年供納租銀捌錢歸與寺僧以助香燈今曰祖而曰謝庵其右側經閣於康熙五十年改建祠堂奉祀　忠輔公神像至乾隆八年傾毀今現眾議與工建造又我祖玉清公於明永樂間置有鵝子山場崇建山庵前後碑瑩匕康熙年間庵遭火滅乾隆廿二年伯兄孫友仲兄求友族長智榮房長光奎等捐金舉首重與古績此二事未刊入譜餘心缺然今敍之以志不忘是所望於後之重修者

大清乾隆二十四年歲次已卯孟秋月吉旦

賜同進士出身浙江紹興衛掌印守備前任江南泗州衛掌印守備三十世裔孫博古謹序

重修彭氏族譜簡序(二十二)

彭氏族譜系　十六世高祖爻集　於皇清同治九年即西元一八七零年重修迄今有一佰三十一年根據原譜記載當時

有發至各裔孫房下共三十部由於時間較長保管不慎有的腐爛字跡不清有的被蟲蛀沒尚有部份在文革時期破四舊而燒毀等等。僅剩一部比較完整爲族譜能系統地續載下去爲此現由裔孫長祓（逸民）以原譜未載部份和目前各戶字派層次續從德、基、長、厚敦五個字派載入譜冊便於後裔稽察。

彭氏大姓子孫後裔均有尊祖敬宗觀念認爲樹必有根水必有源人不可不講宗族家譜有了譜牒而知本人之始祖及歷代宗觀從重整修族譜以來爲滿足孫輩之迫切要求本人不辭　辛勞到處奔走瞭解實況在較短的時間內完成了孫輩們之期望使他們終於獲得了宗譜一冊以感欣慰。

大彭氏三十五世　　　曹墩廿一世裔孫長祓頓首拜撰西元二〇〇一年九月十五日（辛巳年）

溫陵中山彭氏族譜自序(二十三)

吾彭之祖出白　鏗帝堯封于彭城爲彭氏之始也厥後支派蔓延　已不知其幾也吾祖派在河南汝寧府光州固始縣宣其居今亦難考其幾世矣及唐　宗廣明元年黃巢作亂吾祖隨王潮過江始居於閩之泉次　城西之南安居奧白根公復晉江之中山舍於　峰之下居爲斯祖之上世次失真故以根公爲我中山一世祖也降白監倉司戶二曹則爲二代之祖而三代則有安撫公天下生產累至三十六緝迄今號彭倉者有入真影尚留於國院西編堂焉予於大宋乾道庚寅年元日賀歲見子姓稀　寥落咨嗟不已因取祠內神主考究推排乃知爲士爲農爲商爲僧者代不乏人惜乎今之未能光前振後因而譜之使子子孫孫知木之本水之源異有降而勿替有引而勿絕以繼監倉司戶二曹及安撫之遺風無負厥初是則予之志也肢爲序

南守教宗元年癸未在位二十七年改元者三　隆興三　乾道入

淳熙十六大宋乾道柒年庚寅春中山六世孫迪功郎致仕　謹志

中山彭氏族譜序(二十四)　　　　李　序

夫世降而派衍豈非枝遠實蕃流長派別者之謂乎故族必有譜所以明世系定昭穆辨親疏敘　倫於不紊焉爾否則由親親降殺而至於疏者又疏其流之遠　有不知其爲族也況複以知其世系昭穆之所在與中山文升君樂善士也篤好彝倫慨然有志於其譜一日裹諸仲子　出其先世遺牒質以編修之事　日可于時適　太愚爲聖客授諸子業因請以領其事窮惟夫譜者非徒敘彝倫而已耶其尊祖敬宗開來繼往可謂嘉其志而高其事矣愚於義弗辭謹按彭之先世自　鏗始封彭城逐因以氏彭祖也厥後支流滋蔓　宣其居至於泉南及於中山　其裔也然中山白祖二曹以降而至於今法歐陽以五世爲提纂入於圖世系昭穆俾父父子子兄兄弟弟老老幼幼歸諸序雖然凡此皆因其舊所者而續修之非惟未　他附且夫都陽彭公誠山垣　入閩事修世音　遺交錄梓摹印以遺同姓是皆有延訪之意亦不欲附之其不紊宗派可知矣抑考彭門今將其昌大矣乎夫家之　者必禎祥兆見幾聚族於斯者出入守望相友相助藹然有和平之象不聞閱牆之聲也以此觀之世濟其美不卜不知矣文升君名珙號林泉居士非特修譜有兼入之見矣　宰裏有和平之聲都入德之仙邑致政大尹張公炫以詩贈其能亦可以見其人矣　　　　嘉靖己醜七月朔日莆醴泉太愚生　李　拜序

重修彭氏譜序(二十五)　　　　尙遺序

國有史郡縣有志人家有譜若史弗傳則後世何以鏡前代治亂　衰得失存亡之故志弗載則往昔人物規制事　孰得而考譜弗修則世系源流分支別派其誰能說之是皆不可闕者吾祖先白光州

因始　于泉之南安迨根公　移晉江玉虹山前半裏許中山之下居焉先世源委經煨燼而莫稽故我六世祖迪功郎　公斷白根公創基爲一世祖也降白監倉司戶二公　瓜瓞延蔓滋大以及安扶節度公承務郎公教授教諭公兵部侍郎公宣議大夫公　猷閣待制公宣教郎公國於學取　太學生公更相濟美赫奕後先予修譜　考之遺詩雲堂上親留禦墨香御筆曾題萬桂樓之句　之泉志亦有登載則我先代之不乏人也允矣哉弘治十六年都陽彭公誠山諫垣　閩事修世音　錄梓摹印以分同姓間或任司戶秘書司　大理司徒方鎮少郡元判節鎮太保左仆射但支派不詳雖貴且顯安敢附之莆之族若尙書惠安公韶之子孫先時嘗稱爲我中山之派亦未見稽載之實惟夫仙邑張埔一宗舊譜志傑秀公分居其父蓮發公與我十三世必俊公三世兄弟均爲唐節度使公燁宋迪功郎公　公之裔也今其時京職邑庠赫然稱盛獨君子姓雖蕃愧無一人追踵前烈式微式微且六世矣昔羅文質先王曰一盛一衰相爲迴圈老子曰過分福所倚詩雲相彼泉水載清載濁以此考之我彭門其將昌大矣乎凡我同族宜積德優遊以俟之孝悌力田經書課子　焉日有孳了職事既修運氣轉降安知不繼唐寧而　乎信斯言也縉紳相望閱閱門庭後之視今亦　今之視昔縱或不然　不失爲詩書禮義之門雖謂之不墮先緒可也芳根雖瘁一發則香氣襲人惡木敷榮螻蟻穴其中矣其將爲芳根乎抑爲惡木乎此遺區了修譜冀望之意

皇明萬曆六年戊寅秋月吉旦　廿二世孫尚遺序

《南箕族譜》序(二十六)　　　錄萬曆丙午伯齡張椿芳稿（鳴周即大崗也）

歲在柔兆敦詳,不佞政同鳴周,彭仲操鉛槧也,狎見家之昆季子姓,名以其物來祠,各以其祖付薦拜跪,禮竣,齒高者南向而訓族人曰,凡爲我祖之孫者,敬父兄慈子弟,和鄰里時祭祀,勤詩書力樹藝,無胥期無胥訟也,無犯國也,無虐孤寡也,無博弈也,無爭也,無學歌舞以落俗也,無相攘奪女侵以賊身也,無禽犢其子也,無大故不出妻也,勿處卑污以辱先也,有一於此,生不齒族,死不入於祠,皆應曰諾,然後族人之文者以譜之,至登一歲之生卒而書,舉族人之臧否,其有婚姻相周,患難相鄰,善則勤惡則戒,臨才能讓養親事長,克孝而敬,立敦以爲教,捐貲以鼓勤,此其人之足書者舉之,果有足者,死則爲之立傳於譜,其有犯於前訓者亦書之,能改則刱之,久則而甚則不刱而書其名族人見心揖,雖貴殘貧富不敵,皆以其屬稱,喜必弟,死以其屬服,無服者爲之,是曰不肉,而群哭之群葬之,不泥青囊不信緇衣,又見推其尤其爲之表,設爲義,或新婚或得男,或增產皆入粟於,稱其家爲多寡多不下十斛,寡不下十鬥,族之表籍其數而關守之,度其凡歲可得若於斛,以備凶荒剗產及死喪之不能藏者,其入也先富而出夫貧,出也視口,而入也視產產多則皆庚,架恩十二不能庚者,否則,此法何良而其意何徵也,第其譜之年久未修,鳴周氏蓄志焉,是以任不佞以譜序,不佞替言曰,譜何容易,有徵而不書是爲葉無徵,而書之調試巫祖如越之楊氏,易帝灑親裔其名汙,避而不言,吳甯杜氏千越千餘歲布延年,雇不惑,南箕彭氏派氏出臨川,洪武初幹城清源,永樂初什一龍濤綿迄於今,家聲籍子孫濟濟,是總而載之於譜,俾後之人按而可稽也,夫考統系之翼同辨傳之久遠,敘東戚定尊卑,奴渙散敦親睦,垂勤懲,惟是譜耳倘後之人思譜之義,法古之道列於環宇,耀於世世,誰謂賢人無族哉,是爲序。

《重修南箕譜》序(二十七)　　　錄康熙巳卯龍浸稿（士斌）

嘗聞國則有史,而家則有譜,夫譜也者,蓋欲篤親親之誼,俾世世子孫無相害也,派出城西,景炎之變,故居蕩析,子散知其分合之詳,洪武初幹浸清源,永樂初扒和種龍浸,迄今斌十一世矣,而敦睦之風,獨稱出右者,祖宗之靈也,子孫之福也,茲幸承十祖叔思以沔敕宗靈,永振敦睦之化,欲其無相犯上,亦欲其無相索下,一本追遠之思,良有巳也,耦見生今之世族,非古處俗淳龐弗思,祖德難忘,由細故啓慣,一有不足禍福頓生良可概夫第譜之年久不修,則昭穆之序不無索亂,而長幼倫益滋錯謬,是以中元登祭時長幼畢集,當神主前祈杯訂以三聖者爲修譜之任,委命於斌,斌生也晚,養以舊譜遭亂,失火難稽,何從知其譜之所由修乎,惟取鳴周氏公編修整次,以前所及登者,記附於後,以其諱字註其行位系之於譜,以其世亂難散遇時平治系之於譜,以其才稱其官其派居某處系之於譜,以其莽某墳居某處系之於後譜,傳之於後,雖曆變故而不能氓沒,由邑郡鄉村皆以譜系,千百世今世是知焉,此則譜系之不可無修也明矣,敦謂閔氏華胄之遙,非閔氏於子蹇之後耶,有賢者無添厥祖,尤幸其超宗之有鳳毛矣。

《一屆譜》序(二十八)

聞之親,親仁也,又聞仁者人也親,親爲大巨宗之有譜能使人人親其親,以及同姓之親仁者之事也,本屆譜董彭先生孝欽、國珍、洛書等,倡集全縣而超修此宗譜,蓋得仁者親,親之本旨矣奧稽彭姓肇自商賢大夫之彭鏗氏,其後生齒日繁流居日產,雖南箕,上圍,陶趣三系不同其祖之所由來,然溯流躬源萬殊一本也,孝欽等與餘素緣,一面也延餘爲總纂,餘不憚固陋謬承重任及閩南箕系前後兩屆之譜始稔而撕,或被蟲蠹蝕,或妷次錯亂,或墨蹟汙塗,檢討之余莫知所措,雖毅然決然殫厥心力,惟蠹蝕墨汙者,得以兩譜參酌考正,而撕失錯亂者,仍患添補,末由校勘靡自後乃想出辦法,先以世系排列由是而下或由下而上,遇有支衍與承失明者,則檢諸神主之外標內志更以前譜及各家譜爲依據,以後譜修改爲呆本,幸而兩譜所撕失處,尚有出入而免漏缺之憾,所可怪者乖謬諸多,間有以兄爲弟,以弟爲兄,以伯氏之子孫列後仲氏子孫,列前者有因音同或音相近,形相似而誤其他字,致有一人之字諱而數載各翼者,更有俚鄙文,錯訛其字以爲贊志不一而足愛竭棉薄,參互檢訂,以期不負所託,故纂修陘年,精神弗此者達其牛而從事,新修者亦僅牛也,餘於是深歎其用力之苦,著效之宏而歸功於諸董者,爲克盡仁者親親之能事抑亦貴宗族之深表同情也,與因序之以矣其者首中華民國三十七年中秋令簡集美高級師範藝術和畢業曆德化公學校長。

德化縣立中學教員德化縣政府第一科科長現任本譜總纂錫之連景柞謹撰

《一屆譜》序(二十九)

譜何以作,爲親作也,蘇子曰,情盡則親盡,親盡則途人,國珍洛書等窮,視親若途人也,故隴西彭氏大宗譜,策動全縣同

姓而合修之,庶情不至盡,親亦不盡也,我邑彭姓肇基有三、一曰我祖慶公在江西盧陵吉水,撥軍來泉,世居生彭,其子閭公補小放旗役得扒屯種於此,而開霞碧蟠溪潭雙洋等村者,曰南箕系,一曰頂生公在江西原籍,因佐洪武有功,後以紅牌事例,撥軍而來者,曰上園系,一曰長洲移江右,由江右遷泉州,迨史亥公乃由泉州徙居德邑者,曰陶趣系,南箕最大,上園次之,陶趣又次之,前各自有族譜,而于大宗譜之與修,未之見也,不佞等,謬荷副董之選,幸有正董導于前,諸分董動於後,又幸總纂連先生,殫劂心力,始將慘被損之前後兩譜,檢校無訛,而臻正本清源,始終貫徹,今也觀劂成,左昭右穆,斯譜而知益詳,派衍支分,得斯譜內而稽之有據,何有情盡親盡,以至途人相視之足患乎,是為序。　　　　　十九世孫　國珍　洛書拜撰

《重修橫塘族譜》序(三十)　錄康熙壬申木蘭和稿

　　譜六十年一修,至此而四謂人待時乎,謂時待人乎人待時,六十年一周也,時待人六十年一瞬也。橫塘肇基自足翁公始。志于修譜者,自五世孫督學忍巷公始,六世而都運定軒公述之,七世而大贈左司馬從野公繼之。八世九世而憲副景從公。大司馬讓木公又繼之。其時述之者前明正德壬申繼之者隆慶壬申。又繼之者崇禎壬申。為始祖足翁公誕生歲也。異矣哉雖大公譜例。命之曰十年一修。大司馬譜序期之曰言修舉不必言世數。而時與人兩不能無待蓋有天焉足翁公生而樂善。克當天心乃得此今壬申。我皇上禦極之三十一年十月。十世孫鵬以特簡黃門省給事,需次在籍適與時會。時待人也是鵬之任也。夫縮維高大父曾大父伯父。四代義例王簡至嚴。皆本吾家宮保惠安公。上不遠引次不勞及之訓。惠安公自敍,由港內從涵口為念三公。都運公自敍由港內從橫塘為足翁公。直夫百福公之子。念五公賢之孫,念三姪孫也。司馬公謂,均在港其地同均生元季其時同。其行序又同。二公兄弟無疑矣。即惠安公亦雲。景炎之變。彭氏城西故蕩析,子姓散處。港內白垾二三支皆一族,兵之餘不積文字。莫知其詳。司馬公作宗派,又雲與橫塘近者。莫如清江,謹按念五公傳一子直夫公諱百福。傳二子長即足翁公諱奉。為橫塘始祖次即呂忠公泗傳二子曰慶曰積慶公世居後彭積公一傳子濟公字宏周從居清江為清江始祖世系列眉若南箕一派譜亦載始遷祖自港內而吾列祖修譜敬慎必曲橫塘司馬公亦惟先志是承小子鵬曷敢有越劂志當茲杜門謝客于橫塘先人之處息影觀心日取舊譜訂間與伯兄丈學坊訂命大兒聖墳較時出所見而後知列祖義例指歸一在尙親一地傳信慎所別而不忽為牽合此之謂尙親闕所疑而不敢為附會此之謂傳信昔後唐郭崇韜為極密使宰相豆盧革戲以汾陽之裔韜曰遭亂失譜聞先人雲距汾陽絕四代識者之宋狄武襄為極使客有持狄梁公遺像以為遠祖武襄謝曰一時遭逢安敢附梁公識者壯之今世華胄多崇韜額如狄武襄者歲人哉事吾家自督學公以下父子兄弟祖孫累世科名忠貞骨鯁伯考大司馬公先在陳垣亥閹者魏忠賢怵瑠削籍直聲繩武即修譜一事弓冶箕裘貝梗概而歷二百四十間壬申四見與始祖誕降歲符雖山天道寶有人事焉後之子孫盡人合雖千百世可知也鵬又按伯祖憲柱公譜傳內載念五公諱啓伯王父諱澤曾王父諱應承高王父諱受字爾修墓六年白鶴隨之世稱諱白鶴孝子據傳則念五公為孝子五代孫敢告列祖曰宋南渡自祭灝椿年公以下紹興丁醜澤宗公衆休與公三登特奏名科乾道丙戌澤宗公第奎又登淳祐丁未甫公登第一譜稱特魁是也郡誌有徵先代皆未嘗祀孝子首百行也且曰念五公以上世次不紊其于列祖尙親傳信意久而彌彰夫言孝必友移孝作忠皆自孝子公天經地義之心貽之也又不止足翁公肇基樂雲也詩曰孝子不匱永錫爾類十世孫鵬重修橫塘族譜特序此心則凡同源異派與夫分合。　　　　　未詳者慎毋以途之人視之哉

《豔彭氏家譜》序(三十一)

　　且夫木有本水有源猶乎人之有祖也大人世及以不禮君子報本盡其誠雇或以遷推遷嬗附會者莫免夫遠引旁及之弊尌酌者又迫于尙親傳信之難此無徵而書有徵而不書所以為誣祖棄祖者也雖然祖德宗功何嘗忘諸孫子乎澄承嚴君之堂構生長豔嘗侍膝下論及木本水源家大人授以舊譜曰自孝子公至今不下七百年港內以來五遷矣爾小子其細按諸聆命之下不憚尋孝其地數其時略其繁詳其細按闕前代之疑補近代之未其推本於孝子公者猶必以慶公為始祖蓋明而易晚者莫如入後閩之後矣但列祖之忌辰各房之遷居舊譜皆統註於名之次參見錯出費人心思茲特標而載之某公忌某日某支遷某處一目了然庶無遺憾儲集後時語族人著為譜以公之而有志未逮惟足抄訂一支衍之衍派便覽觀顏之曰豔彭氏家譜非自秘也第以水木之至意辨之即明不忍復弛耳葛之庇本根江漢之祖昆侖何莫非長髮其詳之有自歟。

　　大清咸豐二年歲次壬子孟秋逆越旦立　一十七世孫澄撰書

《前坪家譜》序(三十二)

譜者何？明所宗也，重所守也，上而溯之千年，下而傳之萬載。以官顯，以德名，以功著，列祖之名賴以不沒，譜之設是貽後者之所最重也。有譜，而先代之諱號可稽；有譜，而先代之顯達可考；有譜，而先代德行可知；有譜，而先代之功勳可溯；有譜，而前人之肇基遺址而自可了然。無疑，是譜非徒以揚前烈也，實以裕後昆，後之傳，亦猶今之傳後也。是爲序。

《前坪家譜》總序(三十三)

隴地也，彭之先居焉，故以是爲郡。祚自商開之；迨漢宣公，閔公以明經著譽。然幾經兵燹之餘，上世之名多不可考。其間遷平陽，隸常州，徙西湖，藉杉城，彭之先有自來矣。至於熟洋、長溪、張際、東洋等派，無非彭氏一線傳。厥後肇基藿龜，拓址寮裏，創業前坪，此皆彭氏之食報而綿統於無窮也。簪纓袍笏，代有其人；禮樂詩書，繩繩乎，猶守不墮。數千年之間源遠流長，數典或虞乎忘祖，家乘所存即列祖之神明所寄乘之，序昭穆、明嫡統、別五服、紀英賢、錄貞淑，後之子孫一覽而知。更有前人遺址：墳墓坐向，莫不俱載於乘之內。嗚呼、彭之傳亦已轉徙多方矣。我前坪一脈，覽倍多集蔘茹茶後之人睹斯乘者，庶無忘列祖之功可也。　　　　　乾隆四十年歲次甲年嘉平。雲孫　國棟　謹序

彭家墩彭氏宗譜序(三十四)

以先秦捐再投修吾今翳億也元及封于彭國爲姓主雲彭嬴姓於咸陽縣漢汝南郡記弋陽候國有彭城一姓通典隴西光州春秋時彭氏光州實吾之因地彭先佐舜禹及殷有功德盛記遠難因衰世併入楚而子孫有二衍於訒間世有聞人魏郡太守香傍住雲長冠族斯可知矣弟譜不傳不許。

錄爲二漢以來史治經衍才器德行表又奇常見於史傳承相霸居濮陽陽夏魏郡太尉瓊導江夏安陸微君散居汝南鎮陽接漢王　高帝追項工至陽夏南期會擊楚至固陵地不會晉切主雲郡因始隸　陽則承相君散居分光州固始相距知不甚或遠安陸界彭之境地陽入訒郡弋之封一知于苗斷裔　碩或散居亦後不遠故國郡吾先此地入閩家譜所志自光州遷焉此其世家爾所出可知證矣厥後枝分枝派八十餘世世清扶疎珠紫雜還借來有證故訂而譜敘之後叔祖樞太資歷大以爲念先是叔京德爲麟峰一派自江西鳳祖而下世普來通也江流討源歲月益益詢訪益詳乃攜集譜策見叔懷輝曰譜牒之存否鳳松之厚薄系焉倘族屬有放則雖吾遐邇而相聞相敬六親之心猶然一矣若其喚然不屬則連殼此千千睦仇敵不復相客孫者有之豈不爲名孝子果汝宜終始慕成其事　毋怠奇屬眷爲之序令譜冊就迨叔祖太資之意不敢　敬其所自志其累常觀則初亦一彭族扶枝葉既迄謀不通則新其爲二不能複今有台此有唐張氏于陽陽氏初亦間斷燕公愛重曲江與通說系然後知其同書司空土竿之後客相世宗表載之次爲美談令彭自固始入閩世次昭穆耳聞月按而吾以文章道德遺誠器業受知宋冠班一西鳳樓榮常太有榮耀且又高風原德不齒糾念於唐則叔振之音也。

嘉泰壬戌年十月十四日世孫朝奉郎樞密院編修景說謹序。

重修甯邑彭族總譜序(三十五)

華夏始祖黃帝之孫顓頊之玄孫彭祖(錢鏗)爲我中華彭姓之始祖。祖先山甘肅隴西支分河南，從河南汝南府光州固始縣遷閩武夷山(崇安縣)歷經數代由崇安遷古田、杉洋，又遷今寧德虎　熟洋，創建彭家墩村落北山仲裁修公從熟洋再遷寧邑西隅後場面開基，爲甯邑彭族一世祖。彭族在寧邑不斷繁衍生息，曾爲寧邑五大姓之一，爲開發甯德、建設寧德做出很大貢獻。功在千秋，功不可沒。歷史上，我話田地廣布，好施善事，後人受益匪淺；崇高孝廉，人才輩出，爲氏者善良本份，爲官者廉潔清正，不隨名利角逐，不與污穢同流，不辱望族之名，不負祖訓之教誨。我族先人業績，義舉、爲我族今人之楷模。

我族祠堂曾屢遭回祿，總譜焚化遺盡；又逢"文革"浩劫，分譜也蕩然無存。今幸族人力相助，四十七世孫彭祥泉多方奔走，江集零星資料，嚴謹考證，歷盡艱辛，重纂總譜之願才遂。甯邑我祖歷來聲望頗佳，謹願以此譜激勵我族後人奮發圖強,積極上進,發揚光大甯邑彭族之聲望。

登瀛彭氏續修譜序(三十六)

粵稽彭氏舊譜而知發源之甚遠也自隴西錢鏗以來迄今二千餘歲也其間英豪繼起賢哲挺生或勳高昭代淮滿丹青或

位列台衡榮膺全紫或東秘義於爻畫名重漢家成對十策於大庭詞欽宗室家傳理學世起　縷綿綿延久而不墮也杉洋望族彭氏始祖唐兵部沿書裕公江西楊州府江都縣人也公山江都遷江西于唐武德戊寅歲從瑞州新昌再從浙江溫州府平陽縣沿至四世祖河東太守純公複山平陽遷江南常州府十世祖湖廣潭州守芝公山常州遷於潭傳至十九世官公受後唐行軍使於清太已未秋因閩王審知之子互相爭鬥計公遂同父金公發兵入閩宦寓福州西湖四載及往寧德因遊杉洋愛其佳山秀水遂卜居楓彎越至二十世沐遊潤渥淵五兄弟各發新技沭公從熟洋彭家擋游公遷霍童潤公轉張際渥公寓東洋淵公居杉洋潤公寓張際不數載複回奄前被荊斬棘擇地而居公所爲子孫計者可謂勞者矣閱三十二世而登瀛支祖太封群浩贈儒林郎蘭老公生爲生四子次子懷公湖廣常州府通判孫禳宣授宜春令歷代居官赫然有聲於禳勦哉舊譜述之說矣傳至大明弘治甲子歲突被回祿之矣此譜以致焚毀簡短編殘世系不無缺略之憾所幸革稿沿存歷代續錄不乏其人如四十七世唐四十五世創還於大明正德問三十九世嚴籌敦請龍門李克瀘先生撰修于嘉慶庚申歲四十世于璧等修于雍正甲辰歲四十七世上本存飛等延倩雲路余延章績修于道光戊子歲繼繼承承久而不失者宣不顛修輯之功哉然至今屈指計之七十年矣於以若不加訂重修生齒日繁嗣後不無有失於是董事四七八世孫沉龍四十九世孫承斌五十世孫時加時畫時文時羨等鳩眾議舉儀成囑余修之予思之人有祖無異水三有源也水固源運而流長人亦技分而派別蓋譜制莫源若也而水源皆宗乎蘇法予亦依法理之考其世系溯厥始終俾繼起者披圖一覽自見昭與昭齒穆與穆齒卑不及逾瀆疏不得逾或庶幾邊爐族姓之觀離晶沐本根三庶則孝悌與睦之風洋溢欣給於宗族間者無非譜佛系立作明致之也是爲序

　　時光緒 27 年辛醜歲七月外侄孫　林維馨

彭氏家乘序(三十七)

　　吾嘗俯仰古今竊觀人道之大而家之有譜猶國之史有也國史記載物事家譜備志源流蓋之所繫起於一人流亡重延乃萬世誠於木之眾根而發枝葉水之涓滴而成淪海者其理岡耳甯僅在高曾爲始初雲爲終已哉以吾身之世代推求上下均有次弟不紊之序無譜以核之則招穆何以別親疏何以辨各號何以通乎所以春秋之時髦剖編年有書事人於夫字書字書姓之義雖然姓之稱不一矣古之人有此地爲姓者有以爵爲姓者有以國爲姓者然以地爲姓如南宮適北宮黝之類是也以爵爲姓如司馬懿與馬光之是也以國爲姓乃顓頊高陽氏玄孫水鏗封子于彭城奕代囚五始爲論繼往初爲帝王之裔語開來而創低族之基迄其後派衍河南屬隴西彭之家聲其發育於天下者肇自以爾但歷年久而遺澤乳上古之風流真傳而近今之支派欲撤則甚矣譜之所關者重修之宜逐已昔姬公以外小史掌四方之志孔氏遺九丘而載昭方如最悉斯二聖者距直季尚是務哉凡以備物軌鏡往昔而綜方來耳吾也又數材愧懦棟單率慕譜未免覆輩之湘最敢自用自傳手流值甲戊冬祝融奮怒而祖遺舊軼悉遭燒爐逾久無徵故略出意見漫如鬼茸棟將本家世系字行詳載於後紹承既明更顧累嗣洗口振振書香繁盛有勝前人而顯耀者不能或者凡我子孫當自強矣著集之中皆叢談勝語鮮足奪自然而大義徽詞緯亦有可資目曉覽之矣則孝弟之道由此而生仁義禮之理於斯而豁也幸惟長毋罪潛變雲

　　玄孫維標謹撰

彭家墩彭氏過譜序(三十八)

　　以先秦捐再投修吾今同翳億也元及封于彭國爲姓主雲彭嬴姓丁威陽縣漢汝南郡記戈陽候國有彭城一姓通典隴西光州春秋時彭氏光州實吾之固地彭先佐舜及殷有功德勘記遠難囚衰世併入楚而子孫有二衍於誰間世有聞人魏郡太守香傍住雲長冠族斯可知矣北譜不傳不許。

　　錄爲二漢以來史治經衍才器德行表又奇常見於史傳承查霸居濮陽陽夏魏郡太尉瓊居江夏安陸微君散居汝南鎮陽接漢　高帝追項羽至陽夏南期會擊楚至固陵地不會晉切主雲郡因始隸　陽則承相君散居分光州固始相距知不甚遠安陸界彭之境陽入誰郡戈之封一知于苗斷裔　碩或散居亦後不遠故國郡吾先此地入閩家譜所志自光州遷焉此其世家爾所出可知證矣厥後枝分枝派八十餘世世世清扶　珠紫雜還借來有證故訂而譜敘之後叔祖樞太資大以爲念先是叔京德爲麟峰一派自不西鳳祖而下世普來適也江流討源歲月益益詢訪益詳乃乃攜集譜策見叔懷輝日譜牒之存否鳳松之厚簿系焉倘族屬有放則雖吾遐邇而相聞相敬六親之猶然一矣若其喚然不屬則連殼千千睦仇敵不復相客孫者有之豈不爲名孝子果汝宜終始慕成其事毋怠奇屬眷爲之序令譜冊就紹叔祖太資之意不敢　敬其所自志其累常觀則初亦一彭族扶枝葉既迄謀不通則新其爲二不能複今有如此有者唐張氏于陽陽氏初亦間斷燕公愛重曲江與通說系然後知其同書司空上竿之後客相世宗表載之次爲美談令彭自固始入閩世次昭穆耳聞月按而吾以文章道德遺誠器業受知宋冠班一西鳳要榮常太有榮曜且又高風原德不齒糾念于唐則叔振之音也。

嵩嘉泰壬戌年十月十四日世孫朝奉郎樞密院編修景說謹序。

重新修纂甯邑彭姓總譜序(三十九)

華夏始祖黃帝的正妃爲西陵氏之,名嫘祖,生兩子,長曰玄器,次曰昌意。昌意子名顓頊號高陽氏,娶妻騰皇氏之女。子名老童,童又生兩子,長曰生黎,次曰吳回。吳回子陸終,娶妻鬼方之女,貴爲妻,生六個兒子,其三子名錢鏗(即彭祖),被封爲大彭,爲殷商諸侯國之一。彭祖因善調雉羹而事堯,得到了堯的賞識,被封于彭城,之後即在此建立了大彭國,彭祖活到767歲,爲體裁夏壽 者。其子孫繁衍頗盛,彭祖去世後,其子孫便以大彭氏國的彭爲姓,爲我中華彭姓的始祖。其祖先由甘肅隴西支分河南,以河南汝南府光州,固始縣遷于福建武夷山,歷經數代,又從武夷山遷于古田彭洋後,再遷甯德虎貝熟洋,創建彭家墩村,彭仲修公以彭家墩遷入寧邑西隅後場開基建業,爲甯邑彭姓一始祖。彭姓在寧邑不斷繁衍生息,一度成爲古寧邑五大姓“崔彭 林左”之一,爲開發寧德建功立業。甯史上,我族田地廣布,好施善事,後人受益匪淺。族人皆崇高孝廉,善良守份,爲官者廉潔清正,不隨名利角逐,不與污穢同流,不辱望族之名,不負祖訓之教誨。我族先人業績、義舉,沿爲今人之楷模。

我族祠堂曾屢遭三次回祿,總譜焚化遺盡,又逢“文革”浩劫,分譜也蕩然無存。今幸族人鼎力相助,女孫彭祥泉、彭威弟、彭石生、彭欽才、彭敦新等人,彙集零星資料,嚴加考證,歷盡艱辛,重纂總譜得以遂願。甯邑我祖歷來聲望頗佳,謹願以此譜激勵我族後人奮發圖強,振作上進,以彰彭族之聲望。

隴西彭氏世系源流考(穆陽)(四十)

隴西彭氏原肇緒於顓頊帝之元孫錢鏗封大彭因以爲氏遂號彭祖曆虞至商壽八百其所由來舊矣傳雲彭祖喪四十九妻育五十一子長子曰武次子曰夷同棲于建甯崇安縣南高峰由是仙去因名其山曰武夷厥後綿綿延延族類播遷誠難悉數秦始皇時有歌師姓彭名令昭者當武夷君會慢亭峰使令昭歌曲彩雲四合環佩鏘然凌空而去令會真廟崇祀十二真君令昭公居其一焉及漢有彭宣公師事張禹於是易學有彭張之傳衰帝爲擢爲扶風大司空晉有彭抗公官尚書左丞有道術歸仙後於趙末政和中速封潛惠真人跡亦奇矣至隋有裕公官兵部尚書自靖州移居浙江溫州府平陽縣唐有敬思公官廣東通判瑰公官禦史考功郎其揚烈著勳郡望實足鋪張厥後代有偉人或以功業顯或以德望彰或文章名世或清操勵俗指不勝屈姑弗深考茲特溯入閩始祖自尚書思邈公男蘭胤公爲閩省候官縣令父子留連任所遂家於閩之西湖嗣後寶勝寶振公俱以武職顯揚居然成望族延及官公於清泰二年由西湖遷居古田是爲古田房祖至壽公遷熟洋魏公遷鹹源長巷底迨迎公自至正乙未年遷八蒲領頭苦竹 至愈整公於弘治年間遷芹洋及康熙丙申年於瑛公山芹洋遷 底乾隆已不年又遷邑之溪邊 屋而居發祥綿遠千百年來一肪相繩世次不紊揆厥由來實堪共證耳

纂修彭氏族譜序(溪邊)(四十一)

客夏六月予偶遊方廣時值亢陽四方禱雨者甚眾湯洋溪邊隴西諸君亦 止焉 晤間因言其譜系失次欲修明是多董事崇兩用二公曁茂上兄等具束相請適予有郡試認保之役不果本年春阪始至其地蓋彭氏先世創業芹洋繼遷 底旋住溪邊積於今三百餘載矣乖遭變故家乘遺亡今之藉權衡者第有茱洋族人手集耳顧稿本所載則自建恩公起迄高二公凡二十七世而已然而敘列祖之名類多重出記遷居之地未指何朝孰是孰非鮮有能辨之者惟是參互考訂挈領提綱其世數之多寡則以帝紀之年代斷之某爲正派其統緒有相承者存之某爲旁支其居止無可考者闕之信以傳信疑以傳疑即作史者之遺意也而本譜系 高二公提爲始祖傳下至今合一十二世則爲之詳其世系序其昭穆定其名字正其雁行 男女之嫁娶慎墓之坐向子孫之似續皆可按籍而稽焉予不文承 貴族東君之囑纂成一書所以示後人知木本水源之所由來而油然生敬宗收族之念雲爾

道光元年歲在重光大荒落敦祥之月

霞浦舊譜序(四十二)

混元精 傳前世而不泯,始姓名氏衍四世認爲宗蓋有至聖大德者能居簿垂統有職明睿智者能光前顧後,匡觀彭氏世裔源流寶有自吳欽准三皇黃帝禪位軒轅傳高辛氏續緒以來錢鏗都於我城在位五佰年次爲姓娶四十九妻生七十二子年七百七十歲餘齡後掣國歸裔遂爲商上大夫自跨三代之榮名稱一國三尊及周之時有祖諱令全爲,隴西刺史政化清平於野讚揚是以郡名爲一祖諱仁政爲天下軒砍都元帥是稱顯武之道也有紫印斷踵相傳十有六位至宋朝有祖諱汝曆治平之初

舉天下狀元是乃光文之道也自唐虞興衰閭閻相繼彥雲成玄之難如昇夫複隆之易 燎毛歷代以來千億萬年或垂智或賢愚或封爵或封候或以待書禮樂而顯揚或者以文詞翰墨而及名或守靖廉或崇道術其麗誠不一矣昔白三皇開闢五帝肇興至於三代之隆其不有姓有氏焉乃吾祖鏗道法光大際行廉清堯帝及籠賜于品 殷賢大夫施法以顯乎當時至百有餘之上則生其子長曰武次曰夷及神仙之志遂辭其堯主而隱修身謹行避隱林泉居於名山遂以二子之名號曰武夷山流傳至今。其次子陸之後裔白光州始隨王而至友分福建淮陽陽夏次分濮陽縣安安裏又移七井村並福建福州追乎古田角口杉洋彭灣隱居年久日新月盛遂複遷居玉湖勝境熟洋振作田園無忝爾。祖聿修厥德 祭前代之經營基地昭穆相承榮宗繼祖勿替先人之箕裘短瓊厥後縷奕葉朱紫相輝皆祖上之積 累功者然也

永和一年授為汪平府當熟縣堯授曆訪宗盟恭為譜牒普釋其昭穆之分凡我同宗可不謹哉吾祖彭氏乃是商音郡出隴西原其所白寶山三皇彭祖也本姓錢名鏗封彭以為姓 雲孔子 比于我老彭為殷賢大夫曆虞夏至商周八百年故稱彭祖有道術有疾則閉氣以攻所患運得體中體即和矣常雲服藥百杇不如獨臥一祖令昭歌師也

泰始時為武夷居會人於慢亭峰令昭歌人間衰曲

隴西郡彭氏甯化治平彭坊譜序

且夫人之生也均是人也，何言克閭之輩跨灶之兒。斯言也，蓋未雖堯舜與人同耳，但能光前裕後之稱也，何也即余鄉僻居彭坊原祠遭火，至廿餘世重建宗祠族譜久未修稀。有賑佑諸公倡建宗祠祀乎，其先光於前也，修葺族譜繼述祖名序昭穆聯親疏，雖百世可知也，後世子孫庶乎其不差矣，是乃裕於後也。斯二者諸公為先人之所未為，行先人之所未行，誠諽謂克閭之輩跨灶之兒，謹俚言致後世子孫方知置構中也，是為序。 首仕題名 茂酉 茂簡 發稀 發科 發院 星佑 星永 星惠 高報 高官 高回 同立

大清咸豐元年辛亥歲季秋月 吉旦

治平重修譜序(四十三)

嘗思人生受命於天而身實受于父母，而父母受之于祖先，為祖先者正根本淵源之象也，而賤上溯祖宗源流下保子姓後裔家譜可不立哉。嘗見高門巨族雖有孝子慈孫若不立家譜焉知祖考何在？祖妣何塋？某也叔某也侄？念昔先祖遺跡造立家譜而尊俾有別昭穆凜然脈絡條貫炯匕若日星了然不亂也，則合族父老委余重新家譜者，可謂孝子賢孫，後昆綿遠蟲斯塾匕之謀者也，況先立家譜適逢明季鼎韋之秋。群寇四起綱紀擾亂，萬姓滋離，致使郡邑鄉隔朝穀幕家靡有甯日，彭氏先世家譜廢朽殘闕，幸逢國朝盛世億兆謳歌四辰樂業，於是合族公議命作複修家譜萬世宗枝當念置產維艱，守成不易父作之仁，子述之孝光前欲後，木本水源動植之物猶知報本，人豈不然？余當服膺修輯重新家譜，序其昭穆分其世次，庶使某祖傳某派某祖遺某業灼有明徵，誠為萬世不撥之基者也，謹序。

時 大清康熙廿一年壬戌歲秋月 吉旦 裔孫文富等薰沐拜撰

治平再修譜序(四十四)

嘗思自民以來莫不有高曾祖考已身子孫曾玄，謂之九族也，而宗族有序昭穆所以辨上下也，然巨族錯綜豈無親匕之雜，若是乎安知此必資宗譜載明，父父子子伯叔兄弟生息載明，流芳百世，敘祖墓記萬年反復以計之任也，不亦重乎，祖名墳墓庶無探茫索渺之虞，不遠乎，今余鄉彭氏以其譜久未修稀，命餘為之細閱古譜，其始也：福祥公白江西贛州府甯都州鐘鼓鄉白鷺樹下，至此甯化會同裏龍湖寨以居，繼而卜築蜈蚣段千稱丘，名揚身立子孫繁盛，迨至同光二年後方便稱為彭坊，方見置業之難也。其譜康熙年修葺，屈指已數百有餘歲，作古者不勝計祖名址猶有殘闕煩代補闕以續先人之緒也，餘不以蔑線之才，而以剪劣為辭，不假名賢以為生色，仰思古積先譜載明無讀，但為繼錄生名詳載祖塋逐例世系惟祝蟲斯塾匕瓜瓞綿匕也，謹將數者俚言，是為序。 時 大清乾隆四十六年辛醜歲臘月 吉旦

治平四修譜序(四十五)

吾族彭氏之得姓也肇白篯鏗受堯封于大彭遂因以為姓焉，夏商以降簪纓縉紳載諸史冊者代不乏人，今欲從世遠年湮之後而溯源于遙匕華胄又恐失之誣，惟吾始祖福祥公者則本源之信而有徵也，公先世原居江西甯都州之鐘鼓鄉白鷺樹下，因唐代亂離遂遷居于福建汀州府甯化縣會同裏龍湖寨，時同光二年也，公經游蜈蚣段千稱丘觀其地曠而人稀，用是日止日時築室於茲，複念蜈蚣段等名尚覺未雅遂更其名曰彭坊，此是綿綿衍衍派別支分，其間有遷四堡

者，有遷龍上裏餘堂者有遷彭家莊者，所遷不一人亦不一地，其可知者皆各克自成其祖，此何莫非福祥公德澤之所庇也。先年約立成規清明日祠堂薦馨合食，凡族人生卒娶葬務登諸譜今春族會議，念始祖福祥公流至今已二十餘世，恐紅譜所載曆久而殘闕失次，後嗣子孫保無有數典而忘其祖者此何可哉？此何可哉？自福祥公至二十餘世凡世系昭穆與夫生卒娶葬悉照積年紅譜，詳校而付之剞劂間有未載人名、並未載生卒娶葬者此非敢故遺也，山昔之日未嘗載，故今之日無從稽，亦事之所無如何者矣至祖遺山墳祠宇地址，田園及各支派所有之須一一載諸譜，非鎖也。所以俾後世子孫展卷之下見源流之遠焉，見昭穆之別焉，見親疏之剎焉。且以見祖澤之孔長焉，世守之勿替焉，是爲序。　　時大清嘉慶十八年癸酉歲仲冬月

　　董理修譜事務裔孫　發科　發森　發五　星位　高綱　高爵　高松　高生　　同薰沐百拜序

首次修譜序言(四十六)

　　蓋聞譜者爲一姓之提綱，九族之總統，嘗思人生命受於天，而身實出於父母而父母則受之于祖先，是故人之所以有祖也，猶木之有本而水之有源，古人雲：求木之盛者必固其根本，欲流之遠者必浚其泉源，夫譜者：上記祖宗之來源昭穆之統序，以紀念祖宗生我佑我之高德，下記宗派之流傳手足之居址，以爲團結聯絡之記號也。人苟不以祖先爲重，則娶妻生子意何如耶？凡忘祖者皆逸道也，比若吾子逆我則己心何如？凡欲正祖宗根本淵源而保子孫之昌盛者，家譜可不立哉雖高門巨族，若譜不立，焉知祖考何在，祖妣何塋。苟使異族相爭，墳堂被毀則根據無由，欲明是非，幾增麻煩，甚至黑白顛倒，若使敗訴則敵侵必然蜂至，是非不寧，祖宗難保，若使無譜又恐時代深長，孰知某爲叔爲公某爲侄爲孫，豈不紊亂何以稱呼。憂哉憂哉，祖宗有靈，以生孝嗣。

　　今有佑康“福祥公卅四世孫，祖遷二子，居閩汀城郊光明村黃坑哩”於西元一九九三年間，倡儀整修宗譜，而推紹愛“福祥卅一世孫，崇昌長子，祖居閩汀南山鄉朱坊村彭屋”執筆纂修，而以譜事屬餘，予自愧才疏學淺，力弱難完，因即查閱諸書，遍訪宗族，尋其流源，乃知吾族之得姓也，肇自三皇之末，黃帝第六世孫“陸終”之第三子名箋字鏗“序從：少典——黃帝（西元前二五五五年登帝位”——昌意——顓頊（爲五帝之一）——老童——吳回“不是姓吳”——陸終——箋鏗”。原于苗族，約於西元前二二五〇年間，吾公箋鏗“一作彭鏗”受堯封于太彭“即彭城，今江蘇省徐州市”爲諸候，遂因以爲姓焉，當時稱爲大彭氏“其中有趙、程、曹、鄒、江、莫、鄔、裴、朱、梁等姓皆爲顓頊帝之後裔”因彭鏗之道可祖，後人尊爲彭祖，得長生之術，自堯帝曆夏、商、周共四大朝，約一千二百余歲，于周時仙隱。其嗣孫涓子與蜱皆爲仙人，長生不老，壽至數百而隱。自是瓜瓞綿衍，枝分幾姓，至西元前二八〇年，吾公仲爽爲春秋時賢大夫受封于隴西“隴山之西，今甘蕭省東部的隴西縣”，遂名曰隴西郡，至西元前三十餘年，吾祖宣公、漢哀帝推爲大司空，封長平候，居淮陽，因又名口淮陽郡，後世還居隴西，又複用隴西郡名，至宣公廿八世孫名雲構，自河南瀛州移居江西省宜春縣，成爲望族，有名“宜春堂”至雲構之孫名倜更徙盧陵（江西省甯都州原山口。自夏、商、周、秦、漢、晉以降、偉人哲士載注史冊者代不乏人，簪纓縉紳尉起不一。傳至今約一百二、三十世矣，已星羅基布於天下，若欲朔原於從始之各世祖諱，又恐于遙遙華胄，倘非我等力所能及，今維我祖“福祥公號三十郎”原居江西甯都州鐘鼓鄉白露樹下（今）於南唐同光二年（西元九二四年）兄弟三人移入福建省甯化縣孟溪（治平鄉）彭坊村，至九世“德誠公又於南宋諄熙年間（約西元二八〇）複遷甯化曹坊鄉包家莊“館前過去燕子塘背五裏”。因改名曰彭家莊，因其喜善樂施，德澤廣布，生下一子十孫，又于南宋嘉熙年間（約西元一二三八），因打屠殺下一豬化爲白須老者，遂即偷夜外逃各散一方。今維訪知一郎遷閩汀城郊李嶺村，四郎徒汀童坊鎮彭坊村，七郎移汀古城老口，江西瑞金黃沙等地，維十郎由祖父德誠公與父進儀公攜同移居閩汀南山鎮朱坊村彭屋。維恐世遠年湮本枝難綜，聊作家譜一帙，以遺後世，真間失漏已知甚多，但俟後世賢者繼志補述上代及外遷等失漏。他日若得綜上與甯都聯修宗譜，將此以作參考，毋付聊書，是爲序。

　　時　西元一九九四共和四十六年下元甲戌歲季秋月　　轂旦　不才裔孫　紹愛　百拜揖撰

皇圖億萬齡（同安譜）(四十七)

　　洪武十六年十二月朔旦文林郎直文華殿中盡舍人清漳胡宗華拜頌同安縣

　　賜進士提學禦史蔡虛　先生

　　彭用乾先生翔風裏十七都沙尾人會心正學耕讀教授洪武十四年用廉取士同安今方子中以孝悌力田　授青州臨胸縣丞複除光息以裁減調雷州府徐聞縣知縣有　政家歌戶頌居官清苦不以家累自隨卒於官年三十有九其甥爲之火

化歸葬焉

彭氏族譜序(四十八)

先王制禮有國家者立大宗小宗之法大宗百世不遷小宗五世而斬所以厚風俗隆世教也後世宗法廢士大夫家立譜以記先世功德是雖宗法遺意然其譜也誇貴顯而附會古人諱微賤而擴其實者多矣是皆錮於私意　以先王之制不能無憾松山彭氏之變則異於是彭氏系出顓帝孫陸終第三子曰大彭篤信好古有導引術堯封之彭城以國為姓曆虞夏至商八百歲吾夫子刪述六經竊比之者是也其後華胄蔓衍散處漢唐以來著名青史若彭關為博士而桓榮見推彭理工　舉進士而乞歸侍養彭汝礪弱冠狀元居家孝友彭龜年少年登第益篤問學是皆表:然者松山之彭不知的出何裔斷以所知而有所擴者二世祖子安元時自廣東隨兄伯福任興化路宣差後適涪洲訪其舅渭陽馬司令因亂僑居金沙尾裏生子用乾用吉用斌用乾孝悌力田國初以縣令方子中薦授迪功郎山東青州臨朐縣丞終廣東徐開縣尹子孔道算徒松山今百餘年子孫不下百指頌新祠堂既以三公為不遷之祖餘此則　大宗小宗之法也複因舊譜而增修之不誇貴顯不諱微賤又　歐陽文忠公譜例而以五世為提顯世系有圖而昭穆分矣譜諜有傳行　著矣　銘傳記錄於後先世　塋記其地所以示後人敦序睦族而尊祖敬宗者不其至哉請成其孫彭甫元詣予請序予黍鄉戚素聞用乾先生之學行孔道之德業知之舊矣今觀其後俊偉繼起有如此則天相吉人可見矣故不辭而為之序曰族譜所以重正體一人情上祠祖禰而盡尊尊之誼下合族屬而篤親親之恩譜明則名義之分正吊慶之禮洽厚風俗隆世教其功豈小補哉為彭子孫遠法古人行事近紹祖禰學業讀書為善飭躬礪行則後日之彭見其益昌而可無愧於前聞矣不然人將指其後而議之曰清德之裔有如是夫尚其勉諸

正德二年歲次丁卯菊節後三日賜進士山東等處提刑　　　　按察司邑人張定先生序

前彭氏修譜族譜序(四十九)

人之有祖　木之本而不可易水之源而不可亂也木之枝　雖異同出一本水之流派雖殊同出一源人之党屬雖異同出一祖也苟忘其祖則失水木本源之義而親　無別長幼失序喜不慶喪不吊誠有如古人所譏者況能望敦序睦族而尊祖敬宗也哉彭之祖出自廣東海陽縣元季有子安公隨兄伯福來閩後喬於涪之金沙裏生子用乾用吉用斌用乾公國初為青州臨朐縣丞終廣東徐聞縣尹用乾公以才　聞用吉公出籍詔安用乾公生孔道公自涪徒居松山用斌徒後肖生孔敬孔仕孔學又遷竹圃胡　等處孫道生廷　廷祥吳氏出廷豐廷槐側室出是分五房廷　生智宗徒兄弟仁宗儀宗等十有七人智宗生伯純從兄弟濟匡紀等四十有三人伯純生稠稂三從兄弟胄魁等　未可指數而用斌公子孫亦彬彬焉先伯廷普議子安公始遷用乾公起家孔道公創業垂統功德之大爰置祭田供祀祠堂族譜　於賊正德改元西賓切蕭元和乃吾裏人頗知吾祖行事累時勸諭　用以光前振從於是族孫胄魁會眾建議孝宗乃命匡紀綸等以董其事倬　綱等副之諏日鳩工祠既就緒又即先世所藏傳譜系以增記傳表用乾公所受符命於前錄墓　銘行事於後使後之人有所　焉嗟乎祠宇　族譜修為子孫者當知木本水源之義以用乾公起家之苦務讀書以繼之以孔道公創業之艱而恐覆墜使親其親長其長富無貪強無　貧弱周而恤之扶而植之當思振作以光大之庶後之入祠堂者將擴譜而指之曰某也某之祖某也某之子若孫某為善後熾而昌天福某為惡今哀而弱天　之木之蕃衍傾仆由於本水之派流通塞山於源人之子孫昌盛哀削豈不由於祖父之善惡哉我祖既為善好學以聞於先為之後者苟不　善而恣惡則不特貽　子孫　祖先先正有言曰後之視今亦　今之視昔敢借是以為子孫勸戒

正德二年六世孫孝宗字克敬仁宗字克全儼宗字克思仝識

彭氏族譜序(五十)

吾祖彭氏先世廣東海潮州府海陽縣西門第三巷人遠祖有天祿公號念五莫詳世次元時有伯福公出漕貢任興化路宣差弟子安公隨任兄嫂歿母舅馬氏任繼涪州　場司令超而托　時值兵荒不歸喬居後學娶羅氏大亨之女生子三長用乾次用吉三用斌入國朝洪武十四年用乾公以同安縣尹方子中以孝悌力田薦授山東青州府臨朐縣丞受符後丁母優除河南光息縣任內裁減調廣東雷州府徐聞縣令有惠政用乾公生孔道公渡江　業樂松山之勝逐於是宅居焉夫以孔道公一人遷居於此厲今子孫不啻百指苗石八百有奇非予安公積德之厚用乾公培植之深焉能若此二公功德不綦大哉舊以祖屋為祠堂而置業以祀之正統戊辰祠堂家譜俱　回祿祠堂雖緝理依然傾　不整祭田則以祖叔克明克靖睹博變賣以政分張家譜不　親疏無別祠堂為路神　無所籲良可概也夫物本乎天人本乎祖先王制禮以祀其先家譜以睦其族二者皆不可廢也先王有志於是而後人忽之是故丞嘗有缺屬族疏間凡為子孫可不撫斯而深念之乎且庸人之後稍足衣食亦能敬祀其

先松山世裔雖不敢齒於大族較之庸人亦有別矣其可廢祀而忘禮乎爰是堂叔紀匪等謂胄魁艱於嗣續慶獲弄璋則當唱率行今得熊兆　祖宗之庇佑也是以謹述世次告於長者公諸族人之思　祠堂爲神靈之　　族譜以記先人之行其歲祀不充者從長計議使久可繼而不至於廢墜焉則祖宗垂佑於永解放前而子孫繼續於無窮矣不然則失水源木本之恩而忘尊祖敬之宗義一將來族屬疏遠昭穆不分親疏無別相視有如　人其　有不忍言者伏惟諸尊長鑒之

正德六季辛未桐月八世孫胄魁字甫元謹識

彭氏前修族譜序(五十一)

吾同松山彭氏邑之望族也文獻門第故家鮮比子孫多賢　所共見真所謂表表而不可　者茲以重修族譜既成囑子爲序竊謂家之譜　國之史也不史則國之存亡與夫君臣無行事無以知其　不譜則家之隆替與夫族屬親　無以辨其分譜之功大矣哉然斯譜也彭氏家世顛末源委僉憲張君曾序之詳矣叮嚀告戒爲善去惡族長克思輩記之備矣豈容複喙雖然吾亦因是重有所感而不能已於嘿嘿者以爲世之好議人者開口輒雲某舊族某新戶夫新者昔無而今有之謂也雖彼微賤之夫非從天降非從地出要必有自來夫有祖以及其所自來何舊似之安知其非出於羲農堯舜之後但蔓延散處門第無擴文獻無徵乃或驟然一振而人輒以新目之是新者寧匪世系無祖之所由名哉彼彭氏系出顓帝苗裔厲可知是松山之祖不以遠祖爲譜而斷以子安西元末自廣東隨兄伯福任興化路宣差　而可擴其爲譜視世之誇貴誇顯而無來屬可　者對此能無厚愧哉是以孝悌敷揚而致國初應選隆厥自也詩禮傳家以及子孫彬雅昌厥後也豈非彭之世系有祖門第有擴而立獻有徵乎于是以重有所感而因以起敬也彭子孫幸寶之母以爲紙是爲序

嘉靖十一年歲次壬辰仲冬賜進士廣東提學僉事邑人林

希元先生序(五十二)

隆慶壬申年賜進士泉州府同知前司徒郎丹陽少鶴丁一
中先生贈藝軒彭先生詩並聯
春日晴　海上查春風引入老彭家昔因孝悌應朝命今以詩書作國華東海尙餘　李樹南閩新發桂蘭花我來下馬瞻依後會見高門積慶賖
孝悌力田先世與登賢之典
詩書執禮後昆誇繩武之榮
孔子能言夏殷之禮杞宋不足徵以其文獻不足故也今彭氏族譜言我先世功德厲：可擴苟無所徵何以取信於人哉謹取
太祖高皇帝所賜彭用乾符合中書舍人朝宗華所題符命後頌及同安縣　所載薦舉之文著於譜首使知有徵而可信焉
六世孫孝宗仁宗儼宗全謹識
進士許福先生浯洲人物　雲我朝國初之時旁求隱逸有舉孝悌修行之士有舉通經明道之士有舉暢達時務之士率皆貴顯故薦舉爲重貢舉次之稽舉爲輕今也科舉爲重貢舉次之蔫舉無聞世運漸替不亦深可慨哉洪武十四年我祖用乾公與本縣林同以是歲鄉舉進士之初惟彭林爲始而吾祖則居首焉
七世孫欽肅欽盛紀匪全謹識

彭氏後修族譜序(五十三)

松山彭氏於吾同爲望族十世孫堯擢乃予友舊既拓祖祠則後增舊譜以予頗詳其世德囑予爲序予取舊譜閱之邑諸先哲已有序有　有傳有銘燦乎如珠玉錦　也安所取草　之詞而續之然而不敢辭也敬告以資竊謂譜者所以致同也致同必本於異辯必先於記　今人修譜有不識其祖先之作何人居何地傳何世系只就其姓之同擇其人之表表名世者附之非有德業即有聞望甚且附於高陽高辛黃帝之後而托之于不可知若此者不過創一人而繼之者皆曰吾先世之言已然凡我同姓共族者俱以爲然相仍相襲盡以爲綿：繩：而不可測則附者與其爲所附者俱無著落而徒以欺世愚俗博知者之一笑則又安用譜爲予獨喜彭氏之譜真而可擴也其雲始祖則斷自子安隨兄伯福任興化路宣差避元末之亂托處浯洲夫當胡元奸統天地爲昏一時之人惟海是殉凡華民之有肝膽者蹈滄波穴島嶼惟恐不密夷齊以首陽逃周橫衡以海島存齊子安之托處於浯意或出此是以不再傳而孝悌著聞于朝創業造基著聞於野閱數世人文昌熾蕃衍尙未艾也子安真可以祖彭氏因其

祖而譜之故事事皆真語：皆　　豈必遠附於名賢乎哉豈必擇其表：者而祖之乎哉事故喜其真也抑予謂姓之有譜　于水之經派今夫水不可以江淮河漢遂指之謂海然望而朝宗焉則稱之爲水稱之爲同海亦可今於彭氏穮之往牒不有篤信好古爲也聖所竊比如大彭者乎不有弱冠登第文行名世如彭汝礪彭龜年者乎汝彭氏不遠附之而遠師之其或爲汝祖祖父之最先不可知即不爲汝祖祖父之最先不可知肰親之也感而易入敬之也像而易肖聞慕趙清獻者題其像於壁一語不敢妄出一錢不敢妄入遂以清著異姓且然況其初固本本源源未未始分著者乎祖武之繩仰止之至是即江淮河漢之合水於海也彭氏子孫得無意乎敬以是複之友人而以爲序　　　　　萬曆三十七年歲次巳酉孟夏望日賜進士文林郎大同巡撫　邑人張廷拱序

甯化治平譜序(五十四)

且夫人之生也均是人也，何言克閭之輩跨灶之兒。斯言也，蓋未雖堯舜與人同耳，但能光前裕後之稱也，何也即余鄉僻居彭坊原祠遭火，至廿餘世重建宗祠族譜久未修稀。有賑佑諸公倡建宗祠祀乎，其先光於前也，修茸族譜繼述祖名序昭穆聯親疏，雖百世可知也，後世子孫庶乎其不差矣，是乃裕於後也。斯二者諸公爲先人之所未爲，行先人之所未行，誠諡謂克閭之輩跨灶之兒，謹俚言致後世子孫方知置構中也，是爲序。　首仕題名　茂酉　茂簡　發稀發科　發院　星佑　星永　星惠　高報　高官　高回　同立

大清咸豐元年辛亥歲季秋月　吉旦

治平重修譜序(五十五)

嘗思人生受命於天而身實受于父母，而父母受之于祖先，爲祖先者正根本淵源之象也，而歟上溯祖宗源流下保子姓後裔家譜可不立哉。嘗見高門巨族雖有孝子慈孫若不立家譜焉知祖考何在？祖妣何塋？某也叔某也侄？念昔先祖遺跡造立家譜而尊俾有別昭穆凜然脈絡條貫炯比若日星了然不亂也，則合族父老委余重新家譜者，可謂孝子賢孫，後昆綿遠蟊斯蟄比之謀者也，況先立家譜適逢明季鼎韋之秋。群寇四起綱紀擾亂，萬姓滋離，致辭使郡邑鄉隅朝縠暮家靡有甯日，彭氏先世家譜廢朽闕，幸逢國朝勣世億兆謳歌四辰樂業，於是合族公議命余複修家譜萬世宗枝當念置產維艱，守成不易父作之仁，子述之孝光前欲後，木棲水源動植之物猶知報本，人豈不然？余當服膺修輯重新家譜，序其昭穆分其世次，庶使某祖傳某派某祖遺某業灼有明微，誠爲萬世不撥之基者也，謹序。

裔孫文富等薰沭拜撰

治平再修譜序(五十六)

嘗思自民以來莫不有高曾祖考已身子孫曾玄，謂之九族也，而宗族有序昭穆所以辨上下也，然巨族錯綜豈無親比之雜，若是乎安知此必資宗譜載明，父父子子伯叔兄弟生息載明，流芳百世，敘祖墓記萬年反復以計之任也，不亦重乎，祖名墳墓庶無探沰索渺之虞，不遠乎，今余鄉彭氏以其譜久未修稀，命餘爲之細閱古譜，其始也：福祥公自江西贛州府寧都州鐘鼓鄉白鷺樹下，至此甯化會同裏龍湖寨以居，繼而卜築蜈蚣段千稱丘，名揚身立子孫繁盛，迨至同光二年後方便稱爲彭坊，方見置業之難也。其譜康熙年修茸，屈指已數百有餘歲，作古者不勝計祖名墳址猶有殘闕煩代補闕以續先人之緒也，餘不以蔾綫之才，而以剪劣爲辭，不假名賢以爲生色，仰思古積先譜載明無贅讀，但爲繼錄生名詳載祖塋逐例世系惟祝蟊斯蟄比瓜瓞綿比也，謹將數者俚言，是爲序。

時　　　　　　大清乾隆四十六年辛醜歲臘月　吉旦

治平四修譜序(五十七)

吾族彭氏之得姓也肇自箋鏗受堯封于大彭遂因以爲姓焉，夏商以降簪纓縉紳載諸史冊者代不之人，今欲從世遠年湮之後而溯源于遙比華胄又恐失之誣，惟茸始祖福祥公者則本源之信而有徵也，公先世原居江西寧都州之鐘鼓鄉白鷺樹下，因唐代亂離遂遷居于福建汀州府甯化縣會同裏龍湖寨，時同光二年也，公經游蜈蚣段千稱丘觀其地曠而人稀，用是日止日時築室於茲，攬念蜈蚣段等名尚覺未雅遂更其名曰彭坊，此是綿綿衍衍派別支分，其間有遷四堡者，有遷龍上裏餘堂者，有遷彭家莊者，所遷不一人亦不一地，其可知者皆各克自成其祖，此何莫非福祥公德澤之所庇也。先年約立成規清明日祠堂薦馨合食，凡族人生卒娶葬務登諸譜今春族會議，念始祖福祥公流至今已二十年餘世，恐紅譜所載曆久而殘闕失次，後嗣子孫保無有數典而忘其祖者此何可哉？此何可哉？爰自福祥公至二十餘世

凡世系昭穆與夫生座娶葬悉照積年紅譜，詳校而付之剞劂間有未載人名、並未載生卒娶葬者此非聚故遺也，由昔之日未嘗載，故今之日無從稽，亦事之所無如何者矣至祖遺山墳祠宇地址，田園及各支派所有之須一一載諸譜，非鎖也。所以俾後世子孫展卷之下見源流之遠焉，見昭穆之別焉，見親疏之剎焉。且以見祖澤之孔長焉，世守之勿替焉，是爲序。　　　　時　　　　大清嘉慶十八年癸酉歲仲冬月

董理修譜事務裔孫　　發科　　發森　　發五　　星位

　　　　　　　　　高綱　　高爵　　高松　　高生　　同薰沐百拜序

溫陵中山彭氏族譜自序(五十八)　　　　䐛公序

吾彭之祖，出自籛鏗，帝堯封于彭城，爲彭氏之始也。厥後支派蔓延，蓋已不知其幾也。吾祖派在河南汝寧府光州固始縣廼宣，其居今亦難考其幾世矣。及唐僖宗廣明元年庚子西元八八〇年黃巢作亂，吾祖隨王潮過江，始居于閩之泉，次遷城西之南安粵，自根公復遷晉江之中山，舍于瑞峰之下居焉，斯祖之上世次失真，故以根公爲我中山一世祖也，降自監倉司戶二曹，則爲二代之祖，而三代則有安撫公，次下產累至三十六緒，迄今號彭倉者有八真影，當留於國院西編堂焉。予於大宋乾道庚寅西元一一七〇年元日賀歲，見予姓稀疏寥落，咨嗟不已，因取祠內神主考究，推排乃知爲士爲農爲商爲僧者，代不人，世乎今之未能光前振後，因而譜之，使子子孫孫知木水之源，冀有隆而勿春有引，而勿絕似繼，監倉司戶二曹及安撫之遺風，無負厥初是，則予之志也，爰爲序。

南宋孝宗元年癸未西元一一六三年在位二十七年改元者三　隆興三　乾道八　淳熙十六

大宋乾道六年庚寅西元一一七〇年春中山六世孫廼功郎致仕䐛謹誌

中山彭氏族譜序(五十九)　　　　　　　李曅序

夫世降而派衍，豈非枝遠實蕃流長派別者之謂乎，故族必有譜，所以明世系，定昭穆，辨親疏，叙彝倫於不紊焉爾，否則由親親降殺，而至於疏者，又疏其流之遠，蓋有不知其爲族也，況復以知其世系，昭穆之所在，與中山文昇君樂善士也，篤好彝倫慨然有志於其譜，一日裒諸仲子姪，出其先世遺牒質以編修之事，僉曰可于時適賓太愚爲塾客，授諸子業固請以領其事。竊惟夫譜者，非徒叙彝倫而已，即其尊祖敬宗開來繼往，可謂嘉其志，而高其事矣。愚於義弗辭謹按彭之先世，自籛鏗始封彭城，遂因以氏，蓋彭祖也。厥後支流滋蔓廼宣其居，至于泉南及于中山，蓋其裔也。然中山自祖二曹以降，而至於今法歐陽，以五世提纂入于圖，世系昭穆，俾父父子子兄兄弟弟，老老幼幼，歸諸序。雖然凡此皆因其舊所修者而續修之，非惟未嘗他附且夫都陽彭公誠，由諫垣僉入閩事修世音錄遺文鋟梓摹印以遺同姓，是皆有延訪之意，亦不欲附之，其不紊宗派可知矣，抑考彭門，今將其昌大矣乎，夫家之興者，必禎祥兆見，凡聚族於斯者，出入守望，相友相助，藹然有和平之象，不聞鬩牆之聲也，以此觀之，世濟其美，不卜可知矣。文昇君名珙號林泉居士，非特修譜有兼人之見矣，嘗宰里有和平之聲，都人德之仙邑，玫政大尹張公炫，以詩贈其能，亦可以見其人矣。

明嘉靖己丑西元一五二九年七月朔日莆醴泉太愚生　　李曅拜序

重修彭氏族譜序(六十)　　　　尚遺序

國有史，郡縣有誌，人家有譜，若史弗傳則世何以鏡前代治亂興衰，得失存亡，之故誌弗載則往昔人物規制事蹟，孰得而考，譜弗修則世系源流分支別派，其誰能說之，是皆不可闕者，吾祖先自光州固始遷于泉之南安，迨根公廼移晉江玉虹山前半里許中山之下居一焉，先世源委經煨燼而莫稽，故我六世祖廼功郎䐛公，斷自根公創基爲一世祖也。降自監倉司戶二公緜緜，瓜瓞蔓滋大，以及安撫節度，公承務郎，公教授教諭，公兵部侍郎，公宣議大夫，公徽猷閣待制，公宣教郎，公國子學錄太學生，公更相濟美赫奕後先予修譜錄考之，遺詩云：堂上親留御墨筆，曾題萬桂樓之句添之泉誌亦有登載，則我先代之不乏人也允矣哉！明弘治十六年癸亥西元一五〇三年都陽彭公誠，由諫垣僉閩事，修世音錄鋟梓摹印以分同姓，間或任司戶秘書、司寇大理、司徒方鎮、省郡元判、節鎮太保、左僕射，但支派不詳，雖貴且顯，安敢附之，莆之族，若尚書惠安公韶之子孫，先時嘗稱爲我中山之派，亦未見稽載之實，惟夫仙邑張埔一宗舊譜誌傑秀公分居，其父蓮發公與我十三世必俊公三世兄弟，均爲唐節度使，公燁宋廼功郎，公䐛公之裔也，今其時京職邑庠赫然稱盛，獨吾子姓雖蕃愧無一人，追踵前烈式微且六世矣。昔羅文質先王曰一盛一衰，相爲循環，老子曰：禍兮福所倚，詩云：相彼泉水載清載濁，以此考之，我彭門其將昌大矣乎。凡我同族宜積

德優游，以俟之孝悌，力田經書課子俛焉，日有孳孳職事，既修運氣轉隆，安知不繼，唐宋而興乎信斯言也。縉紳相望閭閫門庭後之視今亦猶，今之視昔，縱或不然，猶不失爲詩書禮義之門，雖謂之不墜，先緒可也。芳根雖瘁一發，則香氣襲人，惡木敷榮螻蟻穴其中矣，其將爲芳根乎，抑爲惡木乎，此遺區之修譜，冀望之意。

皇明萬曆六年戊寅西元一五七八年秋月吉旦　廿二世孫尙遺序

隴西郡彭氏甯化治平彭坊譜序(六十一)

且夫人之生也均是人也，何言克闓之輩跨灶之兒。斯言也，蓋未雖堯舜與人同耳，但能光前裕後之稱也，何也即余鄉僻居彭坊原祠遭火，至廿餘世重建宗祠族譜久未修稀。有賑佑諸公倡建宗祠祀乎，其先光於前也，修葺族譜繼述祖名序昭穆聯親疏，雖百世可知也，後世子孫庶乎其不差矣，是乃裕於後也。斯二者諸公爲先人之所未爲，行先人之所未行，誠讵謂克闓之輩跨灶之兒，謹俚言致後世子孫方知置構中也，是爲序。　　　首仕題名：　茂西　茂簡　發稀　發科　發院　星佑　星永　星惠　高報　高官　高回　同立

大清咸豐元年辛亥歲季秋月　　吉旦

治平重修譜序(六十二)

嘗思人生受命於天而身實受于父母，而父母受之于祖先，爲祖先者正根本淵源之象也，而黻上溯祖宗源流下保子姓後裔家譜可不立哉。嘗見高門巨族雖有孝子慈孫若不立家譜焉知祖考何在？祖妣何塋？某也叔某也侄？念昔先祖遺跡造立家譜而尊俾有別昭穆凜然脈絡條貫炯匕若日星了然不亂也，則合族父老委余重新家譜者，可謂孝子賢孫，後昆綿遠鑫斯蟄匕之謀者也，況先立家譜適逢明季鼎韋之秋。群寇四起綱紀擾亂，萬姓滋離，致使郡邑鄉隅朝轂暮家靡有甯日，彭氏先世家譜廢朽殘闕，幸逢國朝盛世億兆謳歌四辰樂業，於是合族公議命作複修家譜萬世宗枝當念置產維艱，守成不易父作之仁，子述之孝光前欲後，木本水源動植之物猶知報本，人豈不然？余當服膺修輯重新家譜，序其昭穆分其世次，庶使某祖傳某派某祖遺某業灼有明徵，誠爲萬世不撥之基者也，謹序。

時　　　　　大清康熙廿一年壬戌歲秋月　　吉旦　　　　　裔孫文富等薰沭拜撰

治平再修譜序(六十三)

嘗思自民以來莫不有高曾祖考已身子孫曾玄，謂之九族也，而宗族有序昭穆所以辨上下也，然巨族錯綜豈無親匕之雜，若是乎安知此必資宗譜載明，父父子子伯叔兄弟生息載明，流芳百世，敘祖墓記萬年反復以計之任也，不亦重乎，祖名墳墓庶無探茫索渺之虞，不遠乎，今余鄉彭氏以其譜久未修稀，命餘爲之細閱古譜，其始也：福祥公白江西贛州府寧都州鐘鼓鄉白鷺樹下，至此甯化會同裏龍湖寨以居，繼而卜築蜈蚣段千稱丘，名揚身立子孫繁盛，迨至同光二年後方便稱爲彭坊，方見置業之難也。其譜康熙年修葺，屈指已數百有餘歲，作古者不勝計祖名墳址猶有殘闕煩代補闕以續先人之緒也，餘不以蔑綫之才，而以剪劣爲辭，不假名賢以爲生色，仰思古積先譜載明無讀，但爲繼錄生名詳載祖塋逐例世系惟祝鑫斯蟄匕瓜瓞綿匕也，謹將數者俚言，是爲序。

時　　　　　大清乾隆四十六年辛醜歲臘月　　吉旦

治平四修譜序(六十四)

吾族彭氏之得姓也肇白篯鏗受堯封于大彭遂因以爲姓焉，夏商以降簪纓縉紳載諸史冊者代不乏人，今欲從世遠年湮之後而溯源于遙匕華胄又恐失之誣，惟吾始祖福祥公者則本源之信而有徵也，公先世原居江西寧都州之鐘鼓鄉白鷺樹下，因唐代亂離遂遷居于福建汀州府甯化縣會同裏龍湖寨，時同光二年也，公經游蜈蚣段千稱丘觀其地曠而人稀，用是日止曰時築室於茲，複念蜈蚣段等名尙覺未雅遂更其名曰彭坊，此是綿綿衍衍派別支分，其間有遷四堡者，有遷龍上裏餘慶堂者有遷彭家莊者，所遷不一人亦不一地，其可知者皆各克白成其祖，此何莫非福祥公德澤之所庇也。先年約立成規清明日祠堂蕭馨合食，凡族人生卒娶葬務登諸譜今春族會議，念始祖福祥公流至今已二十餘世，恐紅譜所載曆久而殘闕失次，後嗣子孫保無有數典而忘其祖者此何可哉？此何可哉？白福祥公至二十餘世凡世系昭穆與夫生卒娶葬悉照積年紅譜，詳校而付之剞劂間有未載人名、並未載生卒娶葬者此非敢故遺也，由昔生之日未嘗載，故今之日無從稽，亦事之所無如何者矣至祖遺山墳祠宇地址，田園及各支派所有之須一一載諸譜，非鎖也。所以俾後世子孫展卷之下見源流之遠焉，見昭穆之別焉，見親疏之刹焉。且以見祖澤之孔長焉，世守之勿替焉，是爲序。　　時

大清嘉慶十八年癸酉歲仲冬月

　　董理修譜事務裔孫　　發科　發森　發五　星位　高綱　高爵　高松　高生　同薰沐百拜序

福建首次修譜序言(六十五)

　　蓋聞譜者爲一姓之提綱，九族之總統，嘗思人生命受於天，而身實出於父母而父母則受之于祖先，是故人之所以有祖也，猶木之有本而水之有源，古人雲：求木之盛者必固其根本，欲流之遠者必浚其泉源，夫譜者：上記祖宗之來源昭穆之統序，以紀念祖宗生我佑我之高德，下記宗派之流傳手足之居址，以爲團結聯絡之記號也。人苟不以祖先爲重，則娶妻生子意何如耶？凡忘祖者皆逆道也，比若吾子逆我則心何如？凡欲正祖宗根本淵源而保子孫之昌盛者，家譜可不立哉雖高門巨族，若譜不立，焉知祖考何在，祖妣何塋。苟使異族相爭，墳堂被毀則根據無由，欲明是非，幾增麻煩，甚至黑白顛倒，若使敗訴則敵侵必然蜂至，是非不甯，祖宗難保，若使無譜又恐時代深長，孰知某爲叔爲公某爲侄爲孫，豈不紊亂何以稱呼。憂哉憂哉，祖宗有靈，以生孝嗣。

　　今有佑康"福祥公卅四世孫，祖遷二子，居閩汀城郊光明村黃坑哩"於西元 1993 年間，倡儀整修宗譜，而推紹愛"福祥卅一世孫，崇昌長子，祖居閩汀南山鄉朱坊村彭屋"執筆纂修，而以譜事屬餘，予自愧才疏學淺，力弱難完，因即查閱諸書，遍訪宗族，尋其流源，乃知吾族之得姓也，肇自三皇之末，黃帝第六世孫"陸終"之第三子名籛字鏗"序從：少典 —— 黃帝(西元前 2555 年登帝位" —— 昌意 —— 顓頊(爲五帝之一) —— 老童 —— 吳回"不是姓吳" —— 陸終—— 籛鏗"。原于苗族，約於西元前 2250 年間，吾公籛鏗"一作彭鏗"受堯封于太彭"即彭城，今江蘇省徐州市"爲諸候，遂因以爲姓焉，當時稱爲大彭氏"其中有趙、程、曹、鄒、江、莫、鄔、裴、朱、梁等姓皆爲顓頊帝之後裔"因彭鏗之道可祖，後人尊爲彭祖，得長生之術，自堯帝曆夏、商、周共四大朝，約一千二百余歲，于周時仙隱。其嗣孫涓子與蚶皆爲仙人，長生不老，壽至數百而隱。自是瓜瓞綿衍，枝分幾姓，至西元前 280 年，吾公仲爽爲春秋時賢大夫受封于隴西"隴山之西，今甘蕭省東部的隴西縣"，遂名曰隴西郡，至西元前三十餘年，吾祖宣公、漢哀帝推爲大司空，封長平候，居淮陽，因又名曰淮陽郡，後世還居隴西，又複用隴西郡名，至宣公廿八世孫名雲構，自河南瀛州移居江西省宜春縣，成爲望族，有名"宜春堂"至雲構之孫名個更徒廬陵（江西省甯都州原山口。自夏、商、周、秦、漢、晉以降、偉人哲士載注史冊者代不乏人，簪纓縉紳尉起不一。傳至今約一百二、三十世矣，已星羅基布於天下，若欲朔原於從始之各世祖諱，又恐于遙遙華胄，倘非我等力所能及，今維我祖"福祥公號三十郎"原居江西甯都州鐘鼓鄉白露樹下（今）於南唐同光二年（西元 924 年）兄弟三人移入福建省甯化縣孟溪（治平鄉）彭坊村，至九世"德誠公又於南宋諄熙年間（約西元 280）複徙甯化曹坊鄉包家莊"館前過去燕子塘背五裏"。因改名曰彭家莊，因其喜善樂施，德澤廣布，生下一子十孫，又于南宋嘉熙年間（約西元 1238），因打屠殺下一豬化爲白須老者，遂即偷夜外逃各散一方。今維訪知一郎遷閩汀城郊李嶺村，四郎徒汀童坊鎮彭坊村，七郎移汀古城老口，江西瑞金黃沙等地，維十郎由祖父德誠公與父進儀公攜同移居閩汀南山鎮朱坊村彭屋。維恐世遠年淵本枝難綜，聊作家譜一峽，以遺後世，真間失漏已知甚多，但俟後世賢者繼志補述上代及外遷等失漏。他日若得綜上與甯都聯修宗譜，將此以作參考，冊付聊書，是爲序。

　　時　西元 **1994** 共和四十六年下元甲戌歲季秋月　　縠旦

　　不才裔孫　　紹愛　　百拜揖撰

福　建　文　獻

福建作邑(崇安縣)彭氏非構雲公世系

　　西元 1942 年福建「崇安縣新志」卷四「氏族」首列彭姓，是該縣最古望族之一。但有三支同姓不同宗。第一支在唐初從潤丹陽遷入，始祖彭遷，任建州武官。第二支友從吉安遷入，居曹墩。第三支居新陽，稱是彭越後裔。據統計，全縣十六個鄉鎮，彭姓居住者有十五個，尤其以彭遷後裔子孫繁衍，占了全縣人口首要。

　　福建作邑(崇安縣，今武夷山)彭氏出自三國彭闓，先祖彭邁，西晉懷帝永嘉元年西元 307 年南渡，居京口(今江蘇鎮江市)丹陽。東晉元帝即位，封他爲西都郡王，子孫散住江南一帶，這是漢彭宣公後裔，如彭修南遷之後，彭姓

又一次大南遷。

彭遇十數代傳至彭遷，在唐太宗貞觀(627-649)初，自丹陽以武官任建州。挂冠後卜居建平北鄉，築室崇嶺，名三姓市。他出資募民萬餘，墾田三千餘頃，置村九十，名爲新豐鄉，即新豐原。子彭漢，生于建州官舍，武則天垂拱三年西元 687 年，奏准立爲溫嶺鎮，從而成爲丹陽遷崇彭姓初宗之祖。彭漢曾孫彭璫任官，在武宗會昌五年西元 994 年，升崇安場立縣，實在源于彭氏，經彭遷、漢、璫，不是連貫的三代人，在作邑努力建功立業，故稱作邑吧彭氏，祠堂在五夫、嵐谷、清獻三丈祠。

彭氏一家三代苦心經營，使崇安和武夷風景優美，建設神速，宋朱熹任官建州，不勝謹仰，題詩：「彭侯戴武弁，政則宗吾儒；士茂先興學，允賢勤讀書；猷爲莫不善，才力蓋有余；西北溫嶺鎮，新豐叮久居。」

但明顯的，作邑彭姓不是江西構雲公之嗣。

福建泉州虹山根公

福建泉州虹山彭氏支系，不屬江西構雲公世系，亦非延年公支流，源自唐僖宗廣明元年西元 873 年黃巢之亂時，始祖山河南光州固始縣隨王朝入閩，始居於閩之泉，次遷城西之南安粵，復遷晉江之中山，舍于瑠峰之居焉。輾轉遷徙，子孫繁衍數萬，散居福建、台灣、馬來西亞、印尼、菲律賓等地，惜先祖世系代別血緣不明，以根公爲一世祖，延續卅十世左右。

福建泉州虹山先祖世系血緣不明，以根公爲一世祖，于虹山地處山區，交通不便，從六世祖廿一公，分居莆田北頭(今小橫塘)，及國內外。26 世懋彬公，生於清康熙 38 年西元 1699 年，遷徙台灣者約千人。

福建泉州虹山彭氏族譜譜譜過程，首修於南宋乾道七年西元 1171 年六世祖迪功郎脒公，號仕仙首修，隨後有明嘉靖己丑年西元 1529 年世珙公，字文升，號林泉；嘉靖己未年西元 1559 年二十一世任公，字仕用，號直簡；明萬曆丁丑年西元 1577 年廿一世仕迪公、希陵公、廿二世宜達公；明崇禎丙子年西元 1636 年廿二世尙遺公，字宜肖，號中山；清康熙丁巳年西元 1677 廿三世翼博公，字恒達，字夢蘭、廿四世俞鼎公，字喬鼎，號慎所；民國二十年辛未歲西元 1931 年等相繼纂修，至今已 820 多年，歷史悠久，卷帙浩瀚。

虹山先祖源自河南汝寧府光州固始縣乃宣其居，難考其世系代別，唐僖宗廣明元年西元 880 年黃巢之亂，吾祖隨王朝過江，始居于福建泉州，次遷城西之南安粵，今南安豐州，白根公復遷晉江之中山舍于瑠峰之下，今泉州洛江區虹山鄉，爲斯祖之上世次失真，而以根公爲中山一世祖，故虹山彭氏始祖以上先祖世系代別，尙待探索追考。

明萬曆戊寅年西元 1578 年，廿二世尙遺公譜序：明弘治十六年西元 1503 年，鄱陽彭公誠山諫垣僉閩事，修世音錄鋟梓摹印，以分同姓間或任司戶秘書司寇大理司徒方鎮省郡元判節鎮太保左仆謝，但支系不詳，雖貴且顯，安敢附之。莆之族若尙書惠安公韶(即彭韶)之子孫，先時嘗稱爲我中山之派，亦未見稽載之實…..。

從尙遺公譜序寫的分析，一是江都陽彭氏能千里迢迢找到虹山查對支脈，或許有所根據。二是甫田彭韶公子孫「先時常稱爲我中山之派」。彭韶公是一代文人朝官，晉江青陽庄氏族譜有他作的譜序，因此，對其家族支脈應有考究或記載，其後才有「中山之派」的說法。根據虹山彭氏族譜記載，南宋初期虹山彭氏第六世僅有三兄弟，長英公留居虹山與橫塘，兩地生活修件，橫塘優於虹山，橫塘彭氏人口應多于虹山二萬多人，囚之橫塘彭氏移居港利(彭韶公後裔)的可能，職是之故，虹山應無記載，上述二地彭氏與虹山彭氏脈絡關係，値得探討，深入研究。

虹山彭氏祖祠有一首對聯：

　支分唐朝歷百載

　祠占泉山第一家

由斯可見虹山彭氏已有千餘年的歷史。據統計，虹山彭氏現有二萬多人，分布福建、台灣、新加坡、馬來西亞、、菲律賓、泰國、汝來等東南亞國家。

虹山彭氏從十八世開始編用昭穆：

　秉文子仕宜　恒喬于懋孫　爲可仲叔季　永建乃嘉芳

　詩書綿世澤　忠孝紹先賢　餘慶昌謨烈　發祥益壽年

泉州虹山祖厝石刻門聯：武祖虹山千古壯，門環石鼓四時春。

紀平漢如公紀略

　　顯考漢如公，諱星廣，生平敦孝友，睦宗族，克勤克儉安分守己，大父並無遺產，而顯與苦積多金。因與堂弟名星儀公合議，將山下段糧田一丘載割谷九石納民米九升三合之田平砌基址，鼎新建立黃造封磚屋宇完座，醜山未向。與堂弟星儀公合居。顯考又起建花戶一名，彭彩如裏長四圖四甲鄧昌隆，斯時也顯考嗣息為艱，誠心積善以求嗣息，至乾隆甲午年年幾五十有一矣，方生不孝名曰高爵是為不孝完娶冀得孫枝發茂。不孝旋舉一子取名元林，時顯考年六十九矣，人感稱賀謂昔日得子實遲，而今得孫何早，也是其生平敦孝友睦宗族所致也。逾一年顯考年登七十無疾終於正寢。今已二十餘載矣。不孝念父母生我未報萬一，未嘗不潛然流涕也。故謹述顯考之生平，而紀其略。俾後人知祖德之有自雲。

　　時　嘉慶十八年癸酉歲仲冬月　吉旦　　不孝高爵謹識　　翠華邱梁材真諱

嘉治平漢如公助紀

　　漢如公，諱星廣，為因養育為艱，拘勞罔極，於乾隆年間願助出良田一丘地名橋頭壩棕棕樹下，載谷一石五鬥正，助與十二世祖『福佑公』位下，以為祭祀之需，嗣孫永遠輪流管業，其民米一升五合，貼納錢糧銅錢六十文，漢如公嗣孫收訖。幸先靈庇佑，潤澤顯應，感祖公之德永垂不朽，萬世流芳，是為紀略。　時　嘉慶十八年癸酉歲仲冬月　吉旦男高爵謹立

為文學彭君士光先生序傳

　　士之終老於岩穴，閑者何限而聲名崛起，見賞于宗工哲匠。得選撥進泮者，自古為重，重於鄉族中首被文化成名文學之士。吾甯會同裏有坊者，蓋彭姓自唐朝逐下築於此，歷數朝而族姓繁衍。迄國朝乾隆間，始有彭公名士光，篤志力學異獲成名，以為父兄宗族鄉党光榮，乃有志之意成厥志，於乾隆十五年夏日，蒙欽命福建全省學政。葛公，諱德潤，科試選拔進泮人鹹稱欽羨之，謂斯鄉族人文名，是君無開風氣，且又青年俊秀也。考君之生平，為人孝友，足稱品行足式，具華國之文章，數戰秋圍而未遇，益發憤研究經史，片雪案過於攻苦鬱比抱痛以終，時存年僅三十有八，遺幼孤子一人名高回者，得緒一線之傳，今有孫四人俱已婚配。嗚呼！以君之克自振撥，得見賞于宗工哲匠，雪程發軔方快可直千而上矣。不意數困秋闈，過於攻苦，鬱鬱抱痛而殞，其壽雖遠勝於終老岩穴之士，究未能滿其素志，不亦悲乎！然而君於斯鄉族中首被文化之光，先成文章之士，迄今數十餘年，人鹹稱羨之，而不置是亦可以稍慰於九泉矣。是歲予假館是鄉君之令嗣，高回值族眾修譜事，將告浚徵序於予。因訪君之生平得其實因樂為其序而傳之。　時嘉慶十八年癸酉歲仲冬月　吉旦　　會邑花城錦崗　伍鶴鳴拜撰

天錫公行傳

　　彭公，諱星佑，字天錫，茂貴公之孫，發春公之四子也，秉性諄厚剛直不阿少有異志，為宗黨所欽比，長崇實行而矜廉節，岸然有古風。于乾隆甲午年本族祖堂被遭回錄。於乙未歲，合族眾議重建祖堂，舉翁等為首虔理，不辭勞瘁，毅然領為重修捐資踴躍擴闊祠宇之基，　鳩工庇材大興營建設，不日落成。而棟宇巍峨，煥然而新，費用毫侵欺，鹹服公平之度焉。生平仗義疏財，樂善扶困，偶遇不平不畏勢不嫌，此別侃比而陳，毫無忌諱。凡鄉里爭論，事無巨細，靡不極力排解，使其人悅服而後已，方知古人殆仲連公之流亞歟。娶江氏，育二子，教訓有方，次嗣高松克承先志倡修宗譜，皆翁庭訓有以啓之也。但翁晚年好行陰德壽登耋耄皓首寵眉鹹推，盛世耆英，嗟夫！德行如翁，重義如翁，落已頓虛殆亦未可多得也。餘葭未知公，最悉愛述其梗概登之譜牒，庶不沒其美歟。

　　時　嘉慶十八年癸酉歲仲冬月　吉旦　　姻屬晚生溫元圃頓首拜撰

重修祠堂上樑文

　　伏以仁居四德之首莫大乎尊親孝為百行之先而惟隆於敬祖嚴潔祠宇萃聚精神此仁人孝子之用心古先聖王制禮之遺意也恭惟隴西華胄系出顓帝姓賜自唐堯福氏宣差元季時來自廣東海陽縣避地從莆田入浯甲乾孝悌力田　舉於朐邑之邦孔道創業垂統喬遷樂此松山之勝顧彭氏之三公　同心而共濟曆今奕葉過五增三合族兒孫已難其數天公相是人也門第有若此乎世拓膏腴久矣吾同之望族家傳詩禮振乎上古之門風無奈祠宇久額竭誠無際然物無終晦有廢必有興時既再來豈容難振翁若眾工之集儼然百尺之高約之閣：　　之橐：不日成之如　斯飛如鳥斯革自天降若神凄久

甯祀事孔嚴溯流窮源三公如見祖功宗德百世不遷春秋致雨露之思祭祀盡誠敬之禮山川挺秀　　豆生輝拋樑東太武巍：簪碧空徐闓縣令家聲舊五邑祥光更　　蔥拋樑西豪山俯視眾峰低玉柱擎天青未了兒孫從此上雲梯拋樑南滄江萬頃頃淨拖藍坐看潮水當戶揖馮夷盡禮日朝參拋樑北鴻漸　　屏應咫尺地靈人傑匪尋常直取觀光游上國拋樑上畫棟雕牆親格樣祖宗千古安神靈懆愴　　蒿來降　　拋樑下孫子雍容皆後雅左昭右穆列尊卑敦尚詩畫遵禮義伏顧上樑之後青雲得路少年登虎龍之名黃　　維祺老者膺龜鶴之算牙　　玉軸家藏聖賢詩畫雲漢天章世登國朝翰墨百祥萃至五福攸同無涯祝頌之至　　正德二年歲次丁卯丁鄉大賓蕭元和拜頌

重修祠堂歸一記

我祖用乾公以國初孝悌力田蔗舉授青州臨朐縣迪功郎升廣東徐闓縣令文林郎公生靜山公自浯洲徒松山創業垂統立家建祠明堂寬泰容萬馬脊匪以松樹百株當日嫡庶出嫡三庶二共分五房廟貌聿新子孫荷包庇繩：瓜瓞貢監群邑生員彬：雀起家：富庶吾同簪纓家幸不少讓焉譜課世系類皆　　戚縉紳先生撰述祠堂族譜詳於鄉先生僉事張公諱定序語中正德二年重修有七世公幻匪等會眾建理然　　所修所記祠宇正堂耳其邊房中座中廊前座曆八九傳分屬私居逮兵燹後庚午歲又重修正堂近頗漸壞門楣傾　　瓦鑠填塞東則前巷塞而路經祠堂內出西則連　　而無巷本原之地若斯識者鹹憮然焉時萬曆乙巳歲叔大經拔貢任汀洲府長汀縣學博屢遣書勸諭修理若土奉命遍達家房長大芬大格大　　大謙堯英堯登堯振堯道等幸親　　莫逆殫心效勞會族建議先出銀後贖地興工修理僉曰可於時叔大經在任捐銀五兩兄業任永豐縣丞捐銀五兩生員應禎暨弟堯輔代父先任大同通判出銀五兩以爲首勸生員茂元堯遯叔爲各銀貳兩君熹銀壹兩合族股丁有出銀三兩貳兩者壹兩伍錢者立簿稽查五十六兩餘幸大芬大格大沖大育開心見誠地基準贖消時吉日陸續興工任事出納則堯英之力居多若土始患其不得合既患其不得圍合而圍矣又患無以新祠宇之偉觀經營拮据越兩月而聊告成者僅一門宇階級則更三爲二而就水就水則聚財門堂則進而與左右爲序序則族屬一心餘丈尺深廣始喜復舊而歸祖宗爲一矣若夫後堂中座起而壯麗惟我彭之孫豪傑振作有志者興焉是又所企望而願者也故不揣論次之以俟後雲

萬曆三十九年歲次辛亥菊節望日十世孫若土宇堯擢堯與仝謹識

重興祠堂記

嘗讀古至周道尊：親：之際未嘗不掩卷三歎也曰美哉始基之矣吾族彭氏山來舊矣予姑弗深　　惟自我祖卜居以來瑞應於天理協乎地從興化而浯江而徒松山方其渡江而來也草木蔓衍土壤荒　　我祖暴霜露斬荊棘　　而度蕢：築登：而創馮：意以爲今日之昌熾蕃大也何殫勞焉迨後築室既成廟貌壯觀祖之爲子孫計者不亦深且遠哉是以不數傳祚胤番昌人立蔚盛衡州之立學丕著大同之政績聿昭嗣是豐邑佐理德教群頌乎江西武闈奮翮才略堪播於溫陵至身游大學群邑泮宮彬：濟：一時稱盛何莫非我祖喬造祠宇之所鍾毓哉慨自奉遷而後廟宇傾爲子孫者後不能越地以遂孝思而恩其墟者寧無興懆愴而悲　　離夫千乘之主萬家之候百里之君稱鳴珂號萬石終身逸樂富貴累世莫非山畎　　時肯堂肯　　崇奉先祖而然也吾族之子若孫能無意乎茲際皇恩浩蕩得回故土千載一日也凡屬苗裔鹹有木本水源之思使生人得少安居而祖宇依然風雨沾濡子孫其忍之耶況廟宇一新天長地久　　豆馨香于以敬祖敬宗尊：寓焉於以序昭序穆親：著焉祚斷然昌熾人文斷然蔚盛　　甲從此而振起焉不又有光於昔日之文學著衡州政績昭大同德業頌豐邑才略播閩闈彬：濟：于太學群邑泮宮者倬不信也爰是對叔兄弟侄以興吾祖祠宇告而諸叔兄弟侄舉欣：有喜色曰是我之願也夫是我之願也夫

康熙三十二年歲次癸酉仲秋望日十二世孫商賢宇禹倬謹識

巡撫廣東等處地方軍務部院右副都禦史前布政使司按察使司僉事前工科給事中兼刑科給事中奉旨督理河務甲戊會試同考官三河知縣加七級裔孫鵬拜題

彭氏旅譜凡例

一世系謹按歐文忠公譜例爲圖上自高祖下至玄孫以五世爲提頭五服之義也玄孫再提而至九世又再提而爲十三世以至提之無窮皆五服之義也

一三世之後則有遠近親疏之殺今白二世用乾用斌二公分東西兩派孔道子廷　　以下分爲五房孫敬以下分三房各紀其所當紀者彼此互見上同此一祖下別其親疏也

一先世凡有名公記序記銘傳狀以及贈遺哀挽詩文各錄譜後如或德望超人足爲宗族表率詩文出於名筆及先世所作

詩文不拘多寡皆錄記之

　　一先世墳墓備書某處某方錄其世次名位界址爲圖譜後使後世有所稽攷此子孫報本之始不可輕忽二世祖子安公與婆羅氏合葬洰江沙美鄉西遷坐艮向坤其墓地系仙人讖語左手人煙右手倉庫後面飛沙粒：前面萬水朝東鐘鼓響落壙時適有巡海道到聞其鐘鼓聲果應讖語後人相傳爲識地

彭太姻母蘭老孺人節略

　　嘗思人生境地不齊處，於順而不昌者多矣，若居逆境而能自守艱難，而後裔得昌者誠令人難忘情也。予于彭太努母蘭孺人而有感矣。追其跡幼處閨門遵循母訓，稍長於歸守執婦道，名稱閫裏。胡天不佑，姻太翁『發華公』年方三十二而逝，膝下孤子又方五歲，斯時也，三從一無所靠，可謂境地之致難也。孺人獨能自守儉，上奉翁姑柔順爲先，下育孤子義方可式，不惟守其情操，又能持家，又要乃積入倉，雖敢謂其家之美也，亦雲稍合矣。身雖處於閨門，行跡遠勝於高士厥後年登三十二，清白歸西，各族戚多有以節儉挽者，予以其令嗣爾忠者，誼結廉葭會值重新譜牒，縱雲不才，敢不忘其節操儉勤鎬之譜以垂不朽哉，是爲略。　　時　嘉慶十八年癸酉歲仲冬月　吉旦　　姻教弟廖玉通譯山氏頓首拜撰

貞公（武夷君）傳

　　貞公，彭祖之孫也，夷公之子。隨祖不死國，修煉幔亭峰下，開　岩山一帶，時人因其父名夷、伯名武，遂以是山名爲武夷山。得授秘以山名自稱，今人所稱武夷境主，即貞之像也。漢武帝遣使築壇祀乾魚。宋紹聖二年旱，禱雨紫雲中，架鶴現像，甘雨如注，詔封顯道真人。元符年間，祈福感應，進封顯道普利真君。嘉禧戊　　，如贈衛元二字。

　　宋贈漢祀壇詩

　　　苔老壇荒掃更開　漢皇只欲見仙才　乘龍人去真靈在　萬裏　勞一使來
　　又詩

　　　吸露餐霞絕世氛　石壇親見武夷宮　漢家天子多煙火　敬把乾魚汗白雲

令昭公傳

　　令昭公，是彭祖74世裔孫，文台公之子也。同張湛等求道於武夷山，授貞公九轉丹書後，於此山升天。蛻骨於小藏峰岩下。秦始皇二年八月十五置酒幔亭峰頂，公爲歌師，唱人間可哀之曲云：

　　　天上人間兮會合何稀　日落西山兮夕鳥忘歸　百年一瞬兮志與原遠　天宮咫尺兮恨不相隨
　　宋端平元年，旱魃爲虐，迎其蛻骨於太乙宮中，祈禱獲應，詔封爲衛應真人。又嘉禧戊　　，進封真人爲真君。

公　傳

　　彭　公，字紫喬，居新豐。其先世高祖大智公，因北氣逼人，由潤州丹陽移居於江西太和。初授前八部都尉，正巳潔身，教化大行，擢中郎將，拜武威太守。全徐世勣守李密舊境，魏徵遺書勸降，公偕勣新局面計西向，與郭孝恪曰：此眾民土地，今宜啓郡縣戶丁籍。魏公使白獻之，唐主歎曰：世勣彭　公不背德，不誇功，真純良之臣也。嘉其才敏，俱賜金帛，特勞勉之，詔曰兩朝盛典。彭　　盡心可謂竭力矣。尋授郎部建州千牛衛上將軍，於貞觀初入閩提節建州諸軍事，振綱肅紀，壇重國威。賞巡歷建州上游武夷，慕彭祖之故廬，愛九曲之山水，上括信州，下折建平，斬草除蒿，濺田三千餘頃，築室崇嶺居焉。賞謂翁巨　曰：可仕，可止，可垂千葉矣！公生子曰暝　曰漢暝，愛崇嶺西居漢慕北溪石望葛築其上漢宮台軍二州判官廳公事丁　　以永徽辛亥請以崇嶺立爲溫嶺鎮，徇於北隅請官署焉。

　　台州守閭邱允撰
　　子禮公與張彬卿游武夷至雲窩有志

　　　聞有雲山即去尋　山窩深處遍松陰　雖然未是洞中境　忘卻人間名利心
　　榜眼演公題與慶故宮詩

　　　長安宮闕半蓬蒿　塵暗紅梁羯揚　惟有水天明月夜　一條空碧見秋毫

公又傳

公配徐夫人世勳妹也，封衛國郡君。先世由潤州丹陽移居江西太和，至公建勳於唐官建州千牛衛上將軍，兼理節度之權。緣天平定偃武修文，勳臣退處於郡邑，公亦掛冠歸裏。家於建平之北鄉東岸濟口，損資雇募，剪鋤蒿萊，引水漑田三千餘頃。招集民居，均有萬計，遂名其鄉曰新豐鄉。值北一帶，創立九十餘村，不私爲子孫基業，播分爲群黎所有。家家沐澤，人人開車恩當捐館之日，居人如喪考妣，悼號載道，不忘其德，於是有祠宇之建，春秋祭奠焉！公生隋大業二年，終於宏道二年，壽八十九歲，葬武夷當源中乳夫人葬吳屯六十村心大墩邊翁師是也

朱熹題

又詩

彭侯戴武弁　政則宗吾儒　士茂先興學　允賢勤讀書

獻爲莫不善　才力盍有餘　西北溫嶺鎮　新豐可久居

武仲公傳

公幼穎敏善識元綱騎射過人詣長安叨陰建州兵馬殿中都監兼攝郡政時漳汀寇鄧忠部兵闞會向千牛並建州軍州等兵內外應合一　討平所得協同賊黨三千餘監禁聽候初向千牛欲明誅戮公曰民非得已協從岡治載在書訓李何殺之力請寬宥奏免三千餘人鹹沾瑞造公又疏以曾祖關鎮民稠有賦請立爲崇安縣會昌五年詔准其請場　爲縣立崇城街之中近溫嶺市首縣堂得位五星歸垣砂環水聚土庶咸曰得宜公以祖蓄積之余西陽創披仙樓官巷立知足亭治左置文會閣開一邑館延名師會子第受學以造土西浦開洗心詔白龜泉下置林梢閣南沙尾州創萬石亭石望置山月館橫秋閣置廣福庵與翁子藻光日演元綱周急濟危遠近瞻仰公之令名當世若香氣襲人故土懷其賢有長者之稱卒後邑人立嗣於治西顏其詞曰遺愛春秋祭報謂誠足配夷山曲水以垂久耳

又　傳

石望長者姓彭名　字武仲幼穎敏通經史善識元綱　熟騎射於開城元年丙辰領陰襲建州兵馬司提督建州以德化民紀律有法多能籌畫智足中人當開元丁巳閩建通省風雨不稠蝗蟲大耗饑饉疾疫千戈四起威武節鎮關公宿衛沿剿滅賊秩進殿中都監思祖涉溫嶺山水語親翁夢老諱臣　雲武夷四望庸牆溫嶺富奇可仕可止遂同夢老計地起科數田農荷鋤而耕賣販貨而聚百工興事獎

汝灝公傳

汝灝公，禹磷公之第三子也。少樂詩書，長習戎務，智慮膽力，人所難企。因順治十八年播遷受鄭藩衛將，至康熙三年以遊擊歸清，部頒千總答　付撥守平和縣。績奉旨分駐山西平陽府蒲州臨晉縣住墾。十六年隨水師總鎮萬正色征剿平西王吳三桂，又跟提督萬回閩征剿金廈，補受前營把總，功加都督僉事。複隨靖海將軍侯施進取澎湖臺灣，部答授爲左督都加一拖沙哈喇番，仍帶餘功六次，軍功紀錄二次。康熙三十二年升前營左部千總。三十七年俸滿到部候選。四十年正月二十八日陛見皇上，特簡升任浙江黃岩鎮標中軍遊擊，兼管中營事。四十一年三月十八日受覃恩誥封榮祿大夫。妻林氏贈一品夫人，繼妻李氏封一品夫人。至四十五年原品休致。生三男一女：長男早鎮，諱仕顯，字榮文，郡武生；次男錦，諱仕榮，字榮桐；三男鑾，諱仕俊，字榮簡，太學生；長女招舍配銅山鎮左部。俸滿到京掣　福甯州中營諱隆男，殞贊舍爲婦，系南靖縣學庠生馬梱也。

彭韶傳《莆田縣誌人物志》

爲官清廉的彭韶公，字鳳儀，號從吾，生於明宣德五年（1430）。莆田涵口（今渠橋鎮港利村）人，後移居于城內朱紫巷（坊巷）。

景泰七年（1456），韶公以府學生中福建鄉試舉人。天順元年（1457），成進士。官授刑部山西司主事。在任三年，因丁憂歸。成化初（1465-1469），改任廣東司主事，進員外郎。不久，升任刑部廣東司郎中。

廣東事務多涉及權貴近幸。錦衣衛指揮光彧（太后之弟）奏請籍真定府武強、武邑兩縣浮額民田，憲宗命韶前往勘查，韶至縣繞田地一匝，即回衙門，上疏自劾說：『真定田白祖宗時許民墾種，即爲恆產，不復增科，以勸力務農』。『若計量田畝而奪其餘地，則民非死即徒耳！民爲國之本，食爲民之天，食足則民安，民安則國安，豈可以民田給貴戚而重傷國本

耶？臣實未按畝丈量,請伏奉使無狀罪』。疏入,治以田歸民。韶反而被關進錦衣衛獄。忠良諫官紛紛上章奏表論救,韶才得釋。不久,又有貴人向皇上奏請給田,憲宗對左右說:『彼豈不知彭韶、或事乎?』由此韶名重朝野。

成化 6 年(1470),韶公升任四川省按察副使,任職期間,他訊辦安岳縣扈姓兄弟焚殺劉姓 21 條人命的積案,捕凶徒 10 人:又鞫訊定運縣的曹有富劫掠其兄家財,又殺其兄一家 12 人後向官報案的疑獄,捕凶黨 7 人分別依法嚴懲。11 年(1475),韶升任四川省按察使。14 年(1478)春,升任廣東布政使,當時農民納糧補貢,往往看他的房份高下分等納銀,名爲『公堂錢』他令選俊秀善書者充任,不收銀兩,積弊遂革。廣東新會縣舉人陳獻章,以學行有聲于時,他奏請授翰林檢討。廣南一時名士,皆以禮待之,以激勵後進。太監梁芳的弟弟梁海,在廣州採辦禽鳥諸物上貢,勒索官民臣等。韶上疏劾之,以激勵言辭令其祛邪歸正。梁芳由此讒誣他『每事沽名釣雀』。憲宗無端生怒,調離韶任貴陽布到政使。韶離職之日,廣州父老涕泣相送,有今宋賢妹的老嫗哭昏在地,韶親扶老嫗慰撫其免傷老體;有人追送至數百里之外。

成化 20 年(1484)四年,韶公升任都察院右副都禦史,巡扶應天、蘇、松、嘉、湖等府,爲政清廉,持大體。吏民畏之,不敢犯法。召韶爲大理寺卿,田疏論各省鎮守、內外官員貢獻非宜,憲宗不悅,遂改任右副都禦史,巡撫順一天、永平二府,兼整飭薊北軍務。

弘治元年(1488),孝宗登位,召韶爲刑部右侍郎。時浙西民眾騷動,敕韶前往巡視,他至嘉興,殺肇事者百戶陳輔、劾罷守臣,地方晏然。命他兼任僉都禦史,整理鹽法、疏陳利弊。

弘治二年秋,韶還京,轉吏部左侍郎,又升任刑部尚書,侍經筵。時都禦史揭發安遠侯柳景在總督兩廣內貪贓巨萬,韶逮捕柳景法辦,奏其爵,追回贓款八百兩。孝宗下詔免其餘欠,他堅持原案結論,不肯奉詔。他議論時事,不避權貴,因之爲近臣所嫉,也爲大學士劉吉、內閣徐溥所忌恨。

弘治 6 年,廷試進士,命韶充讀卷官。弘治 8 年,他謝世作古,有《名臣錄贊》、文集行世。

彭鵬公（1635～1704）傳略

彭鵬,字奮斯,一字無山,又字古愚,號九峰,小橫塘(今黃石鎮橫塘村)人,生於明崇禎八年(1635)。少時曾讀書於城西門外安福村寶樹庵。

清順治十一年(1654),鵬應學使者試,考取第一名。十七年(1660),應福建鄉試中式。康熙十三年(1674),耿精忠據閩反清,延攬他爲官,他託病不就。差官去看望他,他暗用利錐破牙齦,裝做咯血,瞞騙差官,堅決拒絕耿精忠的徵召。

康熙二十三年(1684),鵬被選授三河縣(在今河北省中部)知縣。三河地處驛路要衝,土地貧瘠,旗民雜居,是一個政務繁重的縣份。他到任後,輕徭薄賦,改革陋規,整頓保甲制度,設立義學和學宮,拘禁拷索車夫的旗人,懲處冒充皇族的游棍。有旗人誣控殿主。他查明後,立即開脫七個被告者的死罪。宮中放鷹的近侍到縣裏索取供應,糾纏不休,他叫差役把近侍綁起來,重重鞭打一頓。鄰縣有疑案,他秉公斷案,使冤獄得到昭雪。縣中有盜案發生,他常常騎馬帶刀,親往查辦。一次,他呈請免去公私征索,增加購糧價格。上司不准。他就自劾求退,直到上司採納他的建議爲止。他不畏權勢,實心實意辦事,直聲振於畿輔。二十七年(1688),康熙巡行至三河,召見他,賞銀三百兩以獎其廉。

康熙二十八年(1689),順天府君許三禮劾鵬 "天縣民控告命案,不行祥報"。詔命直隸巡撫于成龍查實。成龍複奏:"鵬訊無證據,尚在緝凶"。部議革鵬的職,詔命 "降二級留任"。繼以 "緝盜不獲",被多次論罪,"積至降十三級調用"。二十九年(1690),舉薦 "廉能" 官四人,擢鵬第一,以科員任用。因需聽候委派,他就請候回家養親。次年(1691),授工科給事中。

康熙三十二年(1693)二月,關中大旱,蝗蟲成災,赤地千里。鵬一天中連上三疏,參劾陝西、山西、河南三省長官不恤民艱,營私肥己,又指出南陽知府、磁州署知州和澠陽、聞喜、狺氏、夏邑等縣令的劣跡。詔命各有關巡撫調查實況。複奏:"不皆實"。朝議依法處分他,詔予 "寬免"。同年,他又疏劾順天府鄉試作弊,二言爭辯,不肯少屈。主考官因此被免去官職。三十三年(1694),舉行會試,他任分校,所錄取都是當時知名之士。三十四年(1695),他劾順天學政李光地居母喪 "在任守制,應罰令離任,留京終制"。意見受到採納。

鵬在禦史台,有所奏言,言無不盡。京官爲之側目。終受權貴排斥,被放外任,效力江南河工。康熙三十六(1697),回京,補刑科給事中。三十七年(1698),任貴州按察使。三十八年(1699),升僉都禦史,巡撫廣西。上任後,省刑減稅,彈劾貪黷,積弊爲之一清。廣西原不設武科,他奏請增設。三十九年(1700),調任廣東巡撫。時淫雨爲災,他發

倉賑民，全活甚眾。四十二年(1703)，鞫訊冤獄，開釋無辜受罪者三百多人，並禁收派名目銀數十萬兩。

康熙四十三年(1704)，鵬卒于任所，終年 69 歲。葬于華亭鎮雲峰村。

鵬未仕時，曾倡修木蘭陂水利，設粥廠濟民，極度力支持辦學。著述亦富，著有《古愚心言》八卷、《中藏集》一卷和《萬壽敷福集》、《兩粵疏抄》、《渡江草》若干卷行世。

彭仲修公傳略

彭仲修(877-963)號北山系彭裕公第十三世孫。其祖彭思邈公于唐季率三子入閩，長子蘭篆導閩（福州）西湖；次子蘭居建寧府；三子蘭膺遷居寧德（感德坊）。蘭膺生二子：長曰仲修居寧邑熟洋 21 都，次曰仲輔移居洪口營洲。故彭姓尊思邈公為入閩始祖，仲修公為寧川肇基祖也。

仲修公少時天資聰敏好武，其父為延師學造。唐景福癸醜年（893）歲入庠為武秀才，乾甯丙辰年（896）省試中武魁，並留任為武教官，三年後上京比武中武探花，在兵部任武官。公為官清廉正直、剛毅果敢，天祐元年（904）唐聰宗詔封為武毅大夫。公幹天祐丙寅年（906）告老還鄉，遷居寧德西隅後坊，複在街中頭建大廳，後山其二子輝溪碧溪改為彭氏宗祠地址人稱"雙簧插金盤"。

仲修公熱心教育事業，于西山白岩下置山坊設書齋曰"西山草堂"延師授課，是寧邑最早一所書院，後改為"靈奚書院"。鄉人有迷信思想，認為書院後面有一流水坑坑煞，危害邑人，宜建一寺以壓坑煞則通縣皆獲福矣，彭家欣然將書院改為靈奚禪寺，由彭家塑佛招僧並捐寺田供香燈和住僧糧米之用。彭家乃靈奚禪寺檀越主也。

義于書院左側面一井名曰"定泉井"其水清冽，不溢不竭，供學生用水。五代唐長興皿年（933）感德坊升縣，取決於"定泉井"之水獨重而定縣址。

公卒于桑乾德癸亥年（963）壽八十有七，葬于東關寨頭崗。1980 年被寧德市為第一批文物保護單位。

唐朝武毅大夫彭仲修名載《寧德市志·人物篇》。

甯邑彭姓始祖仲修公

彭姓祚自堯開，迄有四千多年的歷史。但山於當時的歷史條件和幾經兵滅，所以始祖至唐初二千多年之間，列祖列宗的諱號和遷移等情況無法可考。本系以唐初彭仲修為一世祖。

"郡出隴西同宗關李，支分寧邑眾冠崔彭"。《鶴場漫志》載："邑中大姓，舊有崔彭陳林左之謠；崔、彭、陳、林、左，沒額名也好"。就是說沒匾額（無官職）名聲也是好聽的。這也說明這五姓是首批遷入、開發寧邑的。

甯邑彭姓始祖彭仲修號北山，生於唐乾符丁（877），妻崔氏早逝，後娶妻黃氏生兩子，長曰曾房，次曰普房，仲修公原祖系在崇安縣武夷山居住，其祖遷古田，又遷杉洋，後又遷居二十一都熟洋，後稱彭家墩或"涼傘樹"。

仲修公從小喜歡武藝，其父蘭膺公送他學武。景福癸醜年(893 年)十七歲的彭仲修公考上武秀才，20 歲考上武魁元，留任泉州府（現福州）武教官。乾　丙辰年（896 年）23 歲的仲修公赴京考武，中武探花，在京任兵部武官。剛毅果敢，清廉正直。天祐元年(904 年)，彭仲修卒天宋乾德元年（963 年），壽年八十七歲，葬於東關外碧山寨頭崗下。

仲修公幼年放牧時在彭家墩親手種植一株杉木苗現還活著，至今已有1100 多年之久。根據甯德地區林來部門探察資料稱：該杉木樹是全國十大"杉木王"之一，稱它為"綠色壽星"，"奇異風采"。樹高 14.5 米，圍徑 8.4 米，胸徑 2.73 米，冠幅前後 25 米，頂端樹幹向中周分叉撐開，枝葉呈下垂狀形大傘，故稱之為"涼傘樹"。記載蘇東坡在杭州為官時，在蓮花山栽種一株《世界之最》的"宋梅"，比它還要早 400 多年。仲裁修公親手種植的這棵古杉，雖歷經千餘年的風霜雨雪洗滌，1975 年，樹皮被人偷刮去直一米，橫 60 公分，幾年後，自生補好，至今仍蒼翠挺拔，枝繁葉茂，真是"歲老根彌壯，陽驕葉更陰"。

仲修公告老還鄉後，在西山白岩下大坑前置山場一所構亭學業，取名曰"西山草堂"，堂右掘一井，曰"定泉井"，供學業之用水。現該井成為靈溪公園風景區古跡之一。

"西山草堂"後有一流水坑，有關通縣城內頻患，在宋大觀二年（1108 年）群議書院處宜建一寺，以壓坑煞，則通縣皆獲福矣。彭夢錫(淳熙五年戊戌科進士)之祖父彭公欣然將書院改建為靈溪禪寺，並塑佛招僧，每年捐田糧以為該寺香燈糧米之用。本宗乃靈溪禪寺之檀越主也。

仲修公葬墓規模宏大，坐北向南即坐癸向下，以"北山"為墓碑。雖經風雨　剝今仍壯觀。墓前東關碧山尾掘一風

水井"定泉井"至今水源仍清澈，並立石碑一塊高2.8米，寬0.8米，厚0.3米，刻有"唐朝始祖武毅大夫北山彭公神道"字樣。該碑于宋乾德元年，距今已有1031年之久。東關石碑弄由此而得名，1992年經寧德縣人民政府批准，該碑移至815東路上。

仲修公墓是寧德市唯一的一座唐代古墓，距今已有1031年。1980年11月11日寧德縣人民政府「寧政綜字（1980）004號」文將仲修公古墓列入我縣第一批重點文物保護單位。政府撥款修復，並立碑保護。甯邑彭族子孫每年清明節前往掃墓祭拜。

彭寧公傳略

彭寧(1401-1475)字志道，自幼聰慧早有文名善詩詞，爲人正直品德高尚，守信義，體恤貧困，關心他人疾苦，與龔維昌同窗莫逆共誓，日後若能致仕得歸林下，苟有俸積兩人均分勿負盟約。明宣德癸丑年（1433）貢，官廣東崖州府知州，進階奉議大夫。公赴任時囑兒曰"吾將一擔琴書去，願帶兩手清風回"。你等在家宜勤儉樸素，勤奮讀書。

致仕歸，只僱一葉舟舨，節囿幾箱書籍，百姓稱許，爲官一任仍然清風明月。彭寧公實現他的諾言。同窗好友維昌來看望甯公時說：你爲官一任，真是兩手清風，寧公回答說：清白兩字留給子孫就是最豐厚的遺產。馬氏早逝，寧公從不再娶，凡家中事事躬親表率，解甲歸回後，果置田供彭龔兩家祖墳春秋癸掃之需。其周圍鄰里稱頌其德。

彭甯卒于明成化十一年（1475）享壽75歲。舊版縣誌記載：彭甯公墓葬于北關仙人掌山。

甯公詩文著作頗豐，惜已祠堂遭回祿，在舊版縣誌中僅找二首爲後人傳誦。

附彭寧公家訓：

敦孝悌，睦宗族，和鄉鄰，明禮讓，樂詩書，勤耕讀，端人品，

多本業，宜守信，勿浮燥，尊師道，戒爭端，誠祭祀，崇譜牒。

彭寧公詩：

《偶感》

月華景影坐來收，　色江聲暗結愁；當夜燈前十年事，一時和雨到心頭。

彭甯遠足千里回祖鄉，見一株古杉，得知祖上彭仲修公親手種植的，他即寫下：《古風格》詠古樹詩一首："當年祖上載，培育一奇才，驕陽何其酷，張傘足涼哉"。"涼傘樹"由此詩而得名。

彭道南公傳略

彭道南(1548-1639)字明卿，號文泉。萬曆四年（1576）祭　歲貢。官廣東省封川縣知縣，公一生平易近人，深入下層，體察民情，清廉簡潔。他常對兒子說："有了'德者'才有得也"。他這個"得"不是刮民之財物，而是得民之心。故在任以愛民換得民心。常謂妻曰：爲官得民之財物，乃吸民之血汗，要以磐石之心，拒人之賄。遇事徵行不坐官轎。寧德舊版縣誌394頁刊載，"彭道南由歲貢授廣東封川令，封川其地多產斷腸草，邑人往往以此傷命，道南令民芟除，每百斤換銀一兩當其租入；諸惠政以次舉，人頌其德。家本殷實，及宦歸，置產及子北讀書膏火田外，有餘資以周濟鄉里貧乏，時誦疏廣，不令子孫多金之語"。公壽年九十二歲。道南公原姚陳氏早逝，續娶林氏生四子，賢人助也，襄夫課子，古雲："官清妻先清，妻賢　遠離"，誠然，惜林氏卒于封川任內。

公任滿運林氏棺木，攜四子回鄉，百姓感公德澤，以清水明鏡和萬民傘相送出城十余裏依依泣別。

榮歸後，道南公安葬林氏于仙人掌祖山陳氏墳側，至1958年以國家建油庫拆遷時林氏屍體仍完好，被移送省博物館保存。

公退隱林下培育四子，以忠孝爲本,勉其勤奮，並以身爲曲範孝敬公母。後長子時行以例貢候補鴻　序班。次子時陳由例貢入太學。三子時鳴邑諸生。四子時奮以例貢景州州判。

公年登花甲，兒孫欲爲其祝壽，公弗　，願將此費用爲重修宗祠，〔萬曆三十五年（1607）彭氏宗祠重修〕，後以公年老須人照顧護理，複續弦，族稱之爲翠蘭婆，行簡樸壽禮。

道南以對待家人,從不發貴賤,一視同仁。先時公上輩曾有一傭人——鄭明達，公不叫其名，以老管家稱之。明嘉靖州必年（1560）倭患，彭濟公（道南父）將家中貴重財物交明達公外逃，明達公中途遇害，公每念其人，勤勞忠實,遂立其神位，令子孫歲時奉祀。

奉政大夫福甯府知府孫采，聞公爲官清廉，題其匾曰："靈州花滿"。

公卒於崇禎十二年（1639）壽年九十有二，葬于北關仙人掌祖山。

彭維讓

彭維讓公出生於明朝天啓四年（**1624**）字虞侯，順治四年（**1647**）拔貢。其父彭如祖公，庠生贈文林郎，母宋氏贈孺人。娶妻黃氏、庶劉氏。官拜北京博野縣知縣。自幼能詩，著作甚多，版毀無存，尋找彭族家譜只發現獨酌詩一首：賴有此杯酒，不知身異鄉。狂歌長自和，作戲且逢場。花映一簾碎，裹餘幾字香。明晨驢背上，又逐別人忙。

據彭族上輩傳說：維讓任官第二年，因吃紅底鱉中毒而死於北京博野縣，家中黃氏要把鮮屍體運回，全身用水銀灌注，由北京博野縣用人工運回寧德，當時交通不便，一路上花費甚大，故此大量拍賣田地。由此彭家開始破落。

維讓公墓葬東山鋪工程甚大，後葬有妻黃氏、庶劉氏，子澤膏、媳阮、陳氏，孫恒楫、孫媳楊氏。

清朝副將 —— 彭日光

彭日光（1643-   ）甯德海濱生長。順治六年（1649年）海寇陷城，家鄉男女慘遭殺害，婦女被姦污後斷舌、剮乳，家嬸阮氏桂姐（彭如星妻）被擄後，解衣帶白縊而死（年僅三十歲）。彭日光深印腦海，恨之入骨。

康熙十八年（1679年），海寇群起，三十年前的情景一幕幕重現他的眼前。他熟悉舟師，精通水性，從小喜歡習武，到處拜師，學得一身武功的彭日光，立志要掃平海寇，報招雪恨，即召集鄉親勇士，親自打先鋒，駕起戰船，誓與海寇血戰到底，屢戰屢勝。掃清海岸，扒開航道，恢復海面而暢通無阻，爲鄉親及船民兄弟生活安定，生命財產安全，立下汗馬功勞，受到吳巡撫（名興祚字伯成原籍浙江山陽）表彰賀獎。提爲剀随征千總。西元1683年隨同靖海將軍施琅（西元1621-1696年福建晉江人，安尊候，號琢公，任福建水師都督，封爲靖海將軍），克復澎湖、臺灣諸島，施琅率戰船三百，水師二萬，自福州港出海，彭日光學時任副將（從二品），先攻克澎湖，繼入臺灣收復政權。彭日光被加封左都督（從一品），爲祖國統一立下四次戰功。後康熙帝採納施琅意見。在臺灣駐兵電守，並設立府、縣。彭日光爲保衛祖國領土鞠躬盡瘁。（後居臺灣，據《福寧府志》、《寧德縣誌》、《彭氏家譜》）。

西元2000年9月被寧德古文明研究會(市委書記荆福生爲主編)刊登《甯德文明之光》書之893頁。

彭芝年

彭伏治（西元1743-1823）生於乾隆六年一都筱場人。因與順治帝同音改名彭芝年。乾隆二十二年（1759）考上秀才。乾隆二十六年（1761）21歲的彭芝年趙省考中舉人，爲人清廉正直。不用金銀抱官，故無法聘任爲官。在家幾年後得遇同科好友，官拜察院因官事來寧邑（家譜中察院姓名，年月頁損壞無法查考）芝年得知肖息，就到南際"接官亭"迎接察院大人見了芝年非常熱情，二人並肩同步到戰橋頭林家（圭甫舊厝，是因自己家究不敢帶察院到自己家去）。坐了片刻，談了近境情況，察院回去後保薦彭芝年爲長樂縣知縣。（乾隆四十年即1775年）現年三十三歲的彭芝年，爲官一任帶回的仍是清風對明月。

彭芝年卸官回來，年雖花甲，但不顧家境貧寒，爲鄉眾做了不少公益之事，興建土堡亭（祝壽庵），筱場官（龍門境）都被眾人推薦爲董首（筱場官、土堡亭都刻有碑記，現尚在）。彭芝年卒于道光二年（1822）享年八十一。

彭芝年墳墓現仍在南門後崗山，因鶴峰公路建設，南門筱場彭姓後裔將他之墓移至南山美女山下。

原筱場不稱街，在乾隆二十六年出個舉人彭芝年筱場才稱街。

昭穆派序

福建泉州虹山彭氏祖根公支系昭穆

秉文子仕宜 恒喬于戀孫 為可仲叔季 永建乃嘉芳 詩書綿世澤 中孝紹先賢 餘慶昌譔烈

發祥益壽年（根公非江西構雲公世系，但先祖世系不明，以根公為一世祖，派序係自十八世始）

彭祖																																
根公	1	2	3	4	5	6	7	8	9	10	11	12	13	14	15	16	17	18	19	20	21	22	23	24	25	26	27	28	29	30	31	32
派序	根公	一	一	一	一	一	一	一	一	一	一	一	一	一	一	一	一	秉	文	子	仕	貴	恒	喬	于	戀	孫	為	可	仲	叔	季
彭祖																																
根公	33	34	35	36	37	38	39	40	41	42	43	44	45	46	47	48	49	50	51	52	53	54	55	56	57	58	59	60	61	62	63	64
派序	永	建	乃	嘉	芳	詩	書	綿	世	澤	中	孝	紹	先	賢	餘	慶	昌	譔	烈	發	祥	益	壽	年							

福建真榮公世系派序

彭祖																														
真榮	1	2	3	4	5	6	7	8	9	10	11	12	13	14	15	16	17	18	19	20	21	22	23	24	25	26	27	28	29	30
派序																														
彭祖																														
真榮	31	32	33	34	35	36	37	38	39	40	41	42	43	44	45	46	47	48	49	50	51	52	53	54	55	56	57	58	59	60
派序										以	文	其	國	端	維	進	士	高	人	能	克	于	家	必	為	成	功	繼	志	科
彭祖																														
真榮	61	62	63	64	65	66	67	68	69	70	71	72	73	74	75	76	77	78	79	80	81	82	83	84	85	86	87	88	89	90
派序	教	興	邦	瑞	啟	升	平	盛	世	業	建	名	立	宜	秉	崇	德	明	時											

福建古田彭姓世系派序對照表

世系	真榮公系	南路后井	靈畖村系	南陽村系	大甲村系	彭家村系	杉洋村系
18	金	金	金	金	金	金	金
19	官	官	官	官	官	官	官
20	沐	沐	沐	沐	沐	沐	淵
21	稷	稷	稷	當	當	當	
22	明	明	明	曜	曜	義	
23	季	季	季	淮	泗	芳	
24	深	深	深	應	端	金	
25	進	進	進	運	憲	德	
26	得	得	得	啟	基	衢	
27	子	子	了	鴻	禹	洪	
28	文	文	圖	百	欽		
29	五	五	五	椒	春		
30	河	江	海	衍	泰		
31	明		陳	瓜	忠		
32	世		張	綿	新		
33	克		二	培	冠		
34	真		賤	植	盛		
35	春		養	本	得		
36	志		文	根	福		
37	良		杰	延	亮		
38	名		銘	祖	光		
39	梅		升	澤	調		
40	以		延	匡	有		
41	文	可	保	時	祿		
42	其	文	亨	宏	騰		
43	國	永	利	駿	禮		
44	端	九	貞	積	主	隆	
45	維	世	仙	蘭	種	積	
46	進	同	同	芬	伯	慶	
47	士	居	如	桂	潮	忠	

世系	真榮公系	南路后井	靈珥村系	南陽村系	大甲村系	彭家村系	杉洋村系
48	高	錦	澤	茂	君	孝	
49	人	仰	匡	藩	福	際	際
50	能	能	時	滋	元	運	運
51	克	克	宏	技	國	咸	咸
52	于	于	俊	葉	佳	亨	亨
53	家	家	積	振	作	欽	欽
54	必	必	蘭	孫	金	宗	宗
55	爲	爲	芬	謀	玉	國	國
56	成	成	桂		滿	典	典
57	功	功	茂		堂	仁	仁
58	繼	繼	藩			義	義
59	志	志	滋			爲	爲
60	科	科	枝			本	本
61	教	教	葉			啓	啓
62	興	興	振			耀	耀
63	邦	邦	孫			光	光
64	瑞	瑞	謀			邦	邦

世系	真榮公系	南路后井	靈珥村系	南陽村系	大甲村系	彭家村系	杉洋村系
65	啓	啓					
66	升	升					
67	平	平					
68	盛	盛					
69	世	世					
70	業	業					
71	建	建					
72	名	名					
73	立	立					
74	宜	宜					
75	秉	秉					
76	崇	崇					
77	德	德					
78	明	明					
79	時	時					
80							

福建莆田彭氏昭穆字行

彭祖世代																				
莆田世代																				
莆田派字	聖	朝	崇	俊	傑	世	代	守	忠	貞	雲	礽	能	繼	志	國	祚	永	重	興

注:康熙年間彭鵬之後"聖"字輩起,迄今約300年,已傳至"礽"字輩了。

泉同彭昭穆字式

我祖先支分浯島派演松山於今四百有餘年矣前制23字以爲昭穆相續之序今年遞代遠經22代所用字式尚存一字僉儀仍添20字記爲定式其新舊字式謹列于左

開子用孔敬克欽甫大堯群禹汝榮煌培釗洵楷炳垂銘淑(舊疑昭穆字式23字)

松煥堂鉅清棣焜堅銓沛模烈坊錦永森熾基錫泰光緒丁酉舉人福同新添

德化彭姓昭穆字式　四系開拓定居,從1世至20世各系諱行

一. 南箕系：前四世①慶公②闓公③興文公④道成公,五世起諱行　德功天大,萬國土玉聯登科甲,富貴榮華,連前20世.

二. 上圍系：①始祖頂生公②福州公後諱行爲：　　　崇宣祖一文百玉土諸春振仲叔季永華

三. 陶趣系：①聞其祖二世史亥公②欽公,後諱行爲:黃起天發子日登鴻必進元亨利貞仁華

四. 鳳陽系：①始祖源德公②元育公,後編諱行：　　剋星容真　天有(廷)甫(啓)良元光瑞益(金)江貴榮

五. 自入德化彭姓西元1323～2003年680年已23世。爲全縣彭統一,從議21世起以南箕系所紡字諱定名。

其諱行爲：欽承愛敬,舉念謙恭,雲仍繼作,財業興隆。

字行爲：詩書啓瑞,理學精通,賢能集福,俊傑留芳。

六. 16世思邈公福建省輩序詩

應連啓鴻圖　椒衍瓜綿培植本根延澤　匡時本宏駿績　蘭芬桂茂　蕃滋枝葉振勝謀

注：此詩以 12 世"應"字開始,以 43 世"謀"字結尾

寧川行第次序

通族房號總論：上爲乾、下爲坤。乾開長 234 房。長既分爲福祿壽。天地人是二房根。三山開來元別號。

日月星號四房：坤也開作忠與信。忠歷數代未曾分,信辟東西南北向。東縱原號也未開群。

西分仁義禮智信。仁作春夏夥多雲。義房迄今仍舊號,禮以元亨利貞開。

聞智惟一脈承接。信自身後便無存。南北兩房派皆盡。細看房分自無紛。

據此房數之多,祠堂遭遇三次回祿,字行第次不一致,各房各自立行再兼家譜焚燒殘缺,無從稽考。現有字行是墓碑或神主牌所隸,呈字止以下無字行。1992 年十月間由唐朝始祖武毅大夫彭公仲修墓文物保護小組研究確定爲男女各 50 個字行第次序排列(48 世至 97 世)以傳後代。　黃超天發子日登鴻必進元亨利貞仁華

鳳陽系: ①始祖源德公②元育公,後編諱行：　剋星容真　天有(廷)宙(啓)良元光瑞益(金)江貴榮

自入德化彭姓西元 1323～2003 年 680 年巳 23 世。爲全縣彭統一,從議 21 世起以南箕系所紡字諱定名,其諱行爲:欽承愛敬,舉念謙恭,雲仍繼作,財業興隆。字行爲:詩書啓瑞,理學精通,賢能集福,俊傑留芳。16 世思邈公福建省輩序詩

應連啓鴻圖　椒衍瓜綿培植本根延澤　匡時本宏駿績　蘭芬桂茂　蕃滋枝葉振勝謀

寧川行第次序
通族房號總論：上爲乾、下爲坤。乾開長 234 房。長既分爲福祿壽。天地人是二房根。三山開來元別號。

日月星號四房：坤也開作忠與信。忠歷數代未曾分,信辟東西南北向。東縱原號也未開群。

西分仁義禮智信。仁作春夏夥多雲。義房迄今仍舊號,禮以元亨利貞開。

聞智惟一脈承接。信自身後便無存。南北兩房派皆盡。細看房分自無紛。

據此房數之多,祠堂遭遇三次回祿,字行第次不一致,各房各自立行再兼家譜焚燒殘缺,無從稽考。現有字行是墓碑或神主牌所隸,呈字止以下無字行。1992 年十月間由唐朝始祖武毅大夫彭公仲修墓文物保護小組研究確定爲男女各 50 個字行第次序排列(48 世至 97 世)以傳後代。

男用 50 字行第次序(48 世至 97 世)

48 松 49 瑞 50 呈 51 輝 52 鶴 53 錦 54 庭 55 喜 56 慶 57 樂 58 雲 59 騰 60 龍 61 文 62 劍 3 振 64 鳴 65 飛 66 舞 67 斌 68 周 69 隋 70 爲 71 民 72 臣 73 德 74 開 75 福 76 祿 77 善 78 忠 79 孝 80 禮 81 義 82 傳 83 仁 84 慈 85 智 86 賢 87 發 88 國 89 強 90 齊 91 安 92 泰 93 家 94 和 95 萬 96 業 97 興

女用 50 個字行第次序(48 世至 97 世)

48 珊 49 珠 50 玉 51 淑 52 美 53 媚 54 嬌 55 仙 56 姿 57 秀 58 揚 59 柳 60 青 61 蕊 62 燕 63 連 64 藍 65 潔 66 貞 67 心 68 嬋 69 娟 70 嫦 71 皓 72 月 73 冰 74 晶 75 瑩 76 華 77 露 78 菊 79 蕙 80 秋 81 花 82 蜜 83 梅 84 節 85 冬 86 雪 87 玲 88 紫 89 鶯 90 吟 91 碧 92 瑤 93 翠 94 苗 95 映 96 曉 97 霞

前坪開基祖真榮公系輩序式

以文其國端維進士高人,　能克于家必爲成功繼志。科教興邦瑞啓升平盛世,　業建名立宜秉崇德明時。

作邑彭氏(崇安)聯派詩

聯派詩一（照清乾隆丁醜修譜錄）：天開文連洽　正士立名時　守善志爲大　伯仲述先猷

聯派詩二（照清道光丁亥修譜錄）：天開文連洽　正士立名時　樂善爲萬大　聯芳濟美宜

聯派詩三（民 國 丁 巳 修 譜）：修齊守乃常　嗣縛自延長　衍慶滋榮日　先人亦有光

甯化治平福祥公世系詩

必友懷登慕道定　　家邦國德澤潤益　　百世賢魁慶顯科　　哲仁聖瑞傳千秋　　通達賀昭憲典義

禎輔政祺祥佩淡　　豐甯卓舒禮喜謙　　和守誼克正恭厚　　明朗志遠洪堅乃　　興勤謹宏建隆基

信譽彰揚仰奮晉　　勇立偉業文豪奇　　珍輝耀捷翰總銘　　馥勳武傑聲震華　　宇玄希剛異馨延

鴻儒啓開嘉美敬　　熹福祿廣增富貴　　繁榮萬代如林比茂永恆

　　　※　　　　　　　　　　　　※　　　　　　　　　　　　※

彭姓家族的字行輩分來說,現僅就幾份家譜中的簡略記載摘錄於後:

清順治七年(1650年)彭而述修、1919年彭有康總修的《彭氏七修族譜》中記載,

(1)湖南衡山彭姓保公房輩分字行: "祖宗培植厚,蘭樹立庭芳,立德通經學,詩書緒以長。"

(2)本房輩分字行: "光承選締澤,代有士名揚,忠孝維國政,相傳繼永昌。"

(3)濠頭房: "智勇仁爲達,福從大德生,前卿共白遠,繼善必其誠。"

(4)賀家仲房: "友子大曰鼓,芳應均思成,世啓家廬遠,名揚祖宗榮。"

(5)湘潭中路鋪房: "友子大曰鼓,芸應均思成,世應家廬遠,名揚祖宗榮。"

(6)楊子坪房: "江右貽謀遠,秋堂繼起興,後來宜萃芳,各位振而升。"

(7)林子沖房是: "盛世明良會,忠臣起若雲,衡湘金玉秀,積慶肇元勳。"

一．清光緒七年(1884年)彭傑圭纂修的《彭氏四修族譜》中記載,

(1)湖南湘潭彭氏字行爲: "思祖惟文太,宗興伍百年,念征有傑士,述信繼商賢。"

(2)續修輩分字行是: "安福源流遠,中湘世澤綿,詩書昌令緒,孝友紹家傳。"

二．清乾隆十八年(1679年)彭城述修、宣統三年(1911年)彭鍾模總纂的《彭氏宗譜》記載,

(1)四川簡陽彭姓乾隆十八年連續輩分派語10字: "鍾國家良彥,育君親子臣。"

(2)同治二年(1863年)續修50字分即:

元善成正遠,大德定光乾;朝廷尚進舉,榮華富貴先;有爲增學憲,

其才在爾全;志士興萬美,懷道安邦權;天開文遠口,宗功永久傳。

泉同彭昭穆字式

我祖先支分浯島派演松山於今四百有餘年矣前制二十三字以爲昭穆相續之序今年歷代遠經二十二代所用字式尙存一字僉儀仍添二十字記爲定式其新舊字式謹列于左

開子用孔敬克欽甫大堯群禹汝榮煌培釗洵楷炳垂銘淑舊疑昭穆字式二十三字

松煥堂鉅清棣焜堅銓沛模烈坊錦永森熾基錫泰光緒丁酉舉人福同新添

德化彭姓昭穆字式

四系開拓定居,從一世至二十世各系諱行

南箕系:前四世爲①慶公始祖②閔公③興文公④道成公,五世起諱行;德功天大,萬國士玉聯登科甲,富貴榮華,連前20世

上圍系:①始祖頂生公②福州公後諱行爲: 崇宣祖一文百玉士諸春振仲叔季永華

陶趣系:①聞其拾祖二世史亥公②欽公,後諱行爲:黃超天發子日登鴻必進元亨利貞仁華

風陽系:①始祖源德公②元育公,後編諱行: 剋星容真天有(廷)宙(啓)良元光瑞益(金)江貴榮

自入德化彭姓西元1323～2003年680年已23世。爲全縣彭統一,從議21世起以南箕系所紡字諱定名,其諱行爲:欽承愛敬,舉念謙恭,雲仍繼作,財業興隆。

字行爲:詩書啓瑞,理學精通,賢能集福,俊傑留芳。十六世。

思邈公福建省輩序詩

應連啓鴻圖　　椒衍瓜綿培植本根延澤　　匡時本宏駿績　　蘭芬桂茂　　蕃滋枝葉振勝謀

注:此詩以12世"應"字開始,以43世"謀"字結尾

寧川行第次序

通族房號總論

　　上爲乾分下爲坤。乾開長二三四房。長既分爲福祿壽。天地人是二房根。三由開來元別號。日月星號四房。坤也開作忠與信。忠歷數代未曾分，信辟東西南北向。東縱原號也未開群。西分仁義禮智信。仁作春夏夥冬雲。義房迄今仍舊號，禮以元亨利貞開。聞智惟一脈承接。信自身後便無存。南北兩房派皆盡。細看房分自無紛。據此房數之多，祠堂遭遇三次回祿，字行第次不一致，各房各自立行再兼家譜焚燒殘缺，無從稽考。現有字行是墓碑或神主牌所隸,呈字止以下無字行。1992 年十月間由唐朝始祖武毅大夫彭公仲修墓文物保護小組研究確定爲男女各 50 個字行第次序排列(48 世至 97 世)以傳後代。

男用 50 字行第次序(48 世至 97 世)

　　48 松 49 瑞 50 呈 51 輝 52 鶴 53 錦 54 庭 55 喜 56 慶 57 樂 58 雲 59 騰 60 龍 61 文 62 劍

　　63 振 64 鳴 65 飛 66 舞 67 斌 68 周 69 隋 70 爲 71 民 72 臣 73 德 74 開 75 福 76 祿 77 善 78 忠 79 孝 80 禮 81 義 82 傳 83 仁 84 慈 85 智 86 賢 87 發 88 國 89 強 90 齊 91 安 92 泰 93 家 94 和 95 萬 96 業 97 興

女用 50 個字行第次序(48 世至 97 世)

　　48 珊 49 珠 50 玉 51 淑 52 美 53 媚 54 嬌 55 仙 56 姿 57 秀 58 揚 59 柳 60 青 61 蕊 62 燕 63 連 64 藍 65 潔 66 貞 67 心 68 嬋 69 娟 70 嬙 71 皓 72 月 73 冰 74 晶 75 瑩 76 華 77 露 78 菊 79 蕙 80 秋 81 花 82 蜜 83 梅 84 節 85 冬 86 雪 87 玲 88 紫 89 鶯 90 吟 91 碧 92 瑤 93 翠 94 苗 95 映 96 曉 97 霞

前坪開基祖真榮公系輩序式

以文其國端維進士高人，能克于家必為成功繼志；

科教興邦瑞啟升平盛世，業建名立宜秉崇德明時。

莆田彭氏大宗祠昭穆字行

聖朝崇俊傑　世代守忠貞　雲礽能紹志　國祚永重興

注:康熙年間彭鵬之後"聖"字輩起,迄今約三百年,已傳至"礽"字輩了。

彭氏輩序表

錢公大埔縣輩序詩　元惠彰世　國吾德其　應宏以光　永遠始丕　邦家安定　維振則思　紹膺有守　用造萬祈

（注：此詩以 23 世 '元' 字開始，以 43 世 '祈' 字結尾。）

錢公潮安縣輩序詩　　鳳凰煥彩 文章顯揚 禎祥王國 世澤榮綿

（注：此詩以 23 世 '鳳' 字開始，以 38 世 '綿' 字爲結尾。）

錢公雲南四川輩序表長髮睿聰　昭茲來許　光耀漢中

（注：此詩以 23 世 '南' 字開始，以 38 世 '中' 字結尾。）

錢公　安縣輩序詩　　子文啟兆廣昌　慶世榮延耀國薰

（注：此詩以 23 世 '子' 字開始，以 31 世 '薰' 字結尾 。）

錢公東莞楊綢尾輩序詩　水尤大世熙　德應昭延敬

（注：此詩以 22 世 '水' 字開始，以 31 世 '敬' 字結尾。）

良景公前坪鄉輩序詩　正仕高仁能

（此詩以 29 世 '正' 字開始，以 33 世 '能' 字爲結尾。）

甯化治平福祥公世系詩

必友懷登慕　道定家邦國　德澤潤益百世　賢魁慶顯科哲　仁聖瑞傳千秋　通達賀昭憲典

義禎輔政祺祥　佩羨豐甯卓舒　禮喜謙和守誼　克正恭厚明朗　志遠洪堅乃興　勤謹宏建隆基

信譽彰揚欽仰　奮晉勇立偉業　文豪奇珍輝耀　捷翰總銘馥勳　武傑聲震華宇　玄希剛異馨延

鴻儒啟開嘉美　敬熹福祿廣增　富貴繁榮萬代　如林比茂永恆

大埔縣輩派序詩　元惠彰世　國吾德其　應宏以光　永還始彭　邦家安定　維振則思　紹膺有守　用造萬祈

（注：此詩以 12 世「元」字開始，以 43 世，「祈」結尾）

潮安縣輩派序詩　　鳳凰煥彩　文章顯揚　禎祥王國　世澤榮綿

銳公寶安縣輩派序詩　子文啟兆廣昌瓊　慶世榮千廷耀國薰　（此詩以 23 世「子」開始，以 36 世「薰」字結尾）

東莞綱尾輩序詩　　水尤大世熙　德應昭廷敬　（此詩以 22 世「水」字開始，以 31 世「敬」字結尾）

良景公前坪鄉輩序詩　正仕高仁能　（此詩以 29 世「正」字開始，以 33 世「能」字結尾）

思邈公福建省輩序詩　應運啟源圖　椒衍瓜綿　培植本根延祖澤　匡時宏駿績　蘭芬桂茂　蕃滋枝葉振勝謀

（此詩以 12 世「應」字開始，以 43 世「謀」字結尾）

福建泉州虹山根公世系簡譜

少典	宣公	彭祖	虹山	先祖	紀　　　　　　　　　　　實
			1	根山	
			2	長相齡	
			2	次相榮	
			3	燁公	
			4	延進	
			5	謙公	
			6	郎賝	號仕仙，南宋乾道七年西元 1711 年首次修譜。開始向莆田、仙尤、台灣、及東南亞國家遷移。
			6	廿一	謙公次子　分居莆田北頭今小橫塘（賝公迪功郎西元 1171 年首修虹山彭氏族譜）
			7	鎮公	
			8	輕公	
			9	高公	
			10	漢湖	
			11	六十五	分居前村(上村)　11 世鄉月公
			12	潛公	
			13	必得	分居前宅
			13	七十五	分居前村(上村)
			14	桀公	遷居仙尤的中埔，現仙尤縣賴店鎮中埔村。
			14	元亮	分居前村(上村)
			15		
			16	源有 齊有	
			17	桃、 秉文	
			18	仕宣	
			19	琪公	字文升，號林泉，嘉靖己丑 1529 年修譜。
			20		
			21	任公	字仕用，號直簡，嘉靖己未 1559 年修譜。
			21	仕迪	仕迪、希陵、宜達公於明萬曆丑年 1577 年修譜。

少典	宣公	彭祖	虹山	先祖	紀　　　　　　　　　　　　　　　　　　實
			21	希陵	仕迪、希陵、宜達公於明萬曆丑年 1577 年修譜。
			21	仕忠	分居仙游東鄉水流尾
			21	琚公	往仙邑西鄉
			22	宜達	仕迪、希陵、宜達公於明萬曆丑年 1577 年修譜。
			22	尚遵	字宜肖，號中山，崇禎丙子西元 1636 年修譜。
			22	琬公	字宜貢　移居東鄉仙水
			22	思亮	移居東鄉打石兜
			22	日儲	往仙邑新橋
			22	宜正	子三：七恒、宗恒、太頂，三兄弟均遷往安平大庭頭
			22	一心	子二：臨娘、梅姐，均出外
			23	翼搏	字恒達，號夢蘭，清康熙丁巳西元 1677 年翼搏、俞鼎公修譜。
			23	一心	一心、仁心、存心三兄弟移東鄉打兜
			23	仁心	一心、仁心、存心三兄弟移東鄉打兜
			23	存心	一心、仁心、存心三兄弟移東鄉打兜
			23	宜宣	移居東鄉打兜
			23	觀保	移居東鄉打兜
			23	世源	移居東鄉官路橋
			23	宜問	與子愛英同往仙邑東華
			23	好公	移居仙洲御史岑
			23	時成	移西鄉
			23	時玉	移西鄉
			23	時三	移西鄉
			23	恒解	其子鳥治　先遷仙邑御史岑後遷居興化城後常太里張城庄邊
			23	香仔	在永春湯洋
			23	七恒	宜正公長子　七恒、宗恒、太頂三兄弟均遷往安平大庭頭
			23	宗恒	宜正公次子　七恒、宗恒、太頂三兄弟均遷往安平大庭頭
			23	太頂	宜正公三子　七恒、宗恒、太頂三兄弟均遷往安平大庭頭
			23	臨娘	一心公長子　均出外
			23	梅姐	一心公次子　均出外
？				觀寶	移東鄉
			24	俞鼎	字喬鼎，號慎所，於民國 20 年辛未 1931 年翼搏、俞鼎公修譜。
			24	晏公	往仙游
			24	愛英	與父宜問同往仙邑東華
			24	給公	字喬成　清萬曆 25 年生　遷居仙游前坂
			24	鳥治	恒解公子　移居興化城常太里
			25	仲公	移居仙游御史嶺
			25	孔公	往泉城
			25	鼎公	移居南安潭邊
			25	宗侑	子五：□、□、陽高、懋彬、產厚。
			26	陽高	宗侑公三子，諱照字戀臨，清康熙廿八年己巳閏三月十六日未時生乾隆二年丁巳十二月廿二日酉時歿配黃氏號順僉，清康熙卅五年丙子九月十六日卯時生，雍正十三年乙卯十月十三日子時

少典	宣公	彭祖	虹山	先祖	紀　　　　　　　　　　　　　　　實
					殁。 子二：儼、晏
			26	戀彬	宗侑公四子，清康熙卅八年西元 1699 年己卯三月廿一日酉時生，卒葬失考，遷居台灣。
				産厚	宗侑公五子，清康熙四十年辛巳十一月十三日生，乾隆卅六年辛卯九月三十日巳時殁。 配賴氏，號慍慈。清乾隆三年戊午正月十四日午時生，嘉慶二十年乙亥三月十八日巳時殁，一子隨。
			26	明德	字戀潛　清康熙 5 年西元 1666 年生　遷移仙邑箕乾
			26	戀槳	清順治 18 年生　遷居浙江溫州平陽金鄉後刘居焉
			26	純超	子五：莊加、醉童、莊絲、孫只、孫極。
			26	質慎	子二：孫通、安靜。孫通遷居台灣
			27	戀匡	清康熙廿二年西元 1683 年生，往外夷卒。
			27	修高	存意公長子，諱爾，字孫燕　清乾隆 8 年癸亥六月初四日辰時生　遷汶來 配潘氏，號完慈。清乾隆九年甲子三月七日辰時生，嘉慶十四年己巳七月初四日子時殁。 子四：苟、巢、殺、寬。　一女適潘。
			27	庄加	字孫鳥　遷居汶來，純超公長子，娶黃氏號勤慈，子三：整、蠻、跳。
			27	修身	維花公隻子，諱所字孫有，清雍正十年壬子三月初八日申時生，乾隆四十七年壬寅四月初三日辰時殁 配尤氏，清乾隆六辛酉十月廿三日辰時生，乾隆六十年乙卯九月廿八日巳時殁。 子三：興來、掌、獻(養)。二女：適杜，適賴。
			27	修嬰	存意公次子諱簪字孫誦。清乾隆十一年丙寅十一月廿七日未時生，乾隆六十年乙卯五月十七日卯時殁
			27	儼	陽高(戀臨)公長子，
			27	晏	陽高(戀臨)公次子，
			27	隨	産厚公之子，
			27	孫千	維和公長子，清乾隆 18 年西元 1753 年遷居台灣
			27	義仁	維和公次子，諱智字孫信，清乾隆廿一年丙子六月廿五日酉時生，嘉慶二十年乙亥二月廿七日丑時殁 配黃氏改適，一女適杜
			27	莊加	純超長子，諱交，字孫鳥，往汶來，配黃氏號勤慈，清乾隆十三年戊辰生，乾隆四十九年甲辰二月廿七日午時殁。子三：整來、蠻、跳(嗣)。女二：長適傅，次適黃
			27	醉童	純超次子，諱翁，字孫波，清乾隆五年庚申十二月廿五日未時生，嘉慶十六年辛未七月廿四日丑時殁 配盧氏號純儉，清乾隆十六年辛未十一月初一日丑時生，乾隆五十三年戊申九月廿五日未殁，女一
			27	莊絲	純超三子，諱柳，字孫細。清乾隆九年甲子四月初五日辰時生，嘉慶二十年乙亥十一月初十日辰時殁 娶蘇氏號順儉，清康熙卅四年乙亥三月初四日辰時生乾隆四十年乙未八月初八日子時殁。子二蒲、紀
			27	孫只	純超四子　清乾隆 12 年丁卯西元 1747 年三月初一日巳時生，遷居台灣。
			27	孫極	純超五子　清乾隆 21 年西元 1756 年丙子閏九月初三日酉時生，遷居台灣。
			27	孫思	順軒公嗣長子，清康熙 55 年西元 1716 年遷居台灣。

少典	宣公	彭祖	虹山	先祖	紀　　　　　　　　　　　　　　實	
			27	敬意	順軒公次子，清康熙五十五年丙申七月廿七日子時生，乾隆五十四年己酉八月十五日卯時歿。 配黃氏號賞錫，清康熙五十八年己亥正月十七日戌時生，乾隆六十年乙卯十一月二十日戌時歿。 子六：桂、花、坎、朵、六。	
			27	寬洪	順軒公三子，諱重，清康熙五十八年己亥十一月十五日寅時生乾隆五十三年戊申五月十五日子時歿 配黃氏號密德，清雍正六年戊申十月廿九日卯時生乾隆三十年乙酉三月廿六日午時歿子二：拱、節	
			27	遠慎	維雲公之子，諱舉字孫用，清乾隆元年丙辰二月十七日丑時生乾隆四十一年丙申五月廿五日卯時歿 配張氏改適，子二：院、亭。	
			27	孫通	質慎公長子，清乾隆6年西元1741年生，遷居台灣	
			27	安靜	質慎公次子，諱心，字孫耳，清乾隆六年辛酉三月初二日寅時生乾隆六十年乙卯三月廿七日巳時歿 配黃氏，號素恬，清乾隆十三年戊辰十二月初一日亥時生，乾隆四十六年辛丑九月廿九日寅時歿。 子二：得意、彩鳳，女一適黃。	
			27	宗仁	子存己，孫桃	
			27	宗體	子二：存立、存巧。	
			28	苟	修高長子，遷汶來。	
			28	巢	修高次子，遷汶來。	
			28	皴	修高三子，遷汶來。	
			28	寬	修高四子，遷汶來。	
			28	興來	修身長子，	
			28	掌	修身次子，	
			28	獻(養)	修身三子，	
			28	院	遠慎(維雲)公長子，	
			28	亭	遠慎(維雲)公次子，	
			28	桂	敬意公長子，	
			28	花	敬意公次子，	
			28	坎	敬意公三子，	
			28	朵	敬意公四子，	
			28	六	敬意公五子，	
			28	拱	寬洪公長子，	
			28	節	寬洪公次子，	
			28	得意	安靜公長子，	
			28	彩鳳	安靜公次子，	
			28	都	孫帝長子，	
			28	怡	孫帝次子，	
			28	豹	孫帝三子，清乾隆6年西元1741年遷居台灣	
			28	聚	孫帝四子，	
			28	曠公	孫帝五子　清乾隆6年西元1741年遷居台灣	

| 少典 | 宣公 | 彭祖 | 虹山 | 先祖 | 紀 | 實 |

少典	宣公	彭祖	虹山	先祖	紀　　　　　　實
			28	狐	孫帝六子，
			28	存已	宗仁公長子，清乾隆 2 年丁巳西元 1737 年九月十三日子時生，遷居台灣　荃珠派 配林氏號辰慈，清乾隆十八年癸酉六月廿三日午時生，乾隆四十二年丁酉十月初十日亥時歿子一桃
			28	存立	宗體公長子，清乾隆三年戊午九月十五日生，乾隆五十三年戊申四月十一日歿。配黃氏，
			28	存巧	宗體公次子，清乾隆六年辛酉十二月初六日巳時生，道光十三年癸巳十二月初十日巳時歿。配黃氏，號順安，清乾隆十五年庚午三月廿九日生，道光廿八年戊申十二月十一日寅時歿
			28	如則	莊絲公長子，諱纂，清乾隆四十五年庚子六月初一日申時生，道光十四年甲午十一月十二日未時歿。 嗣子應歲。
			28	爲椋	莊絲公三子，嘉慶 2 年西元 1797 年九月十九日寅時生，遷居台灣
			28	如磨	碩意公長子，諱墊保，清乾隆卅三年戊子七月廿四日戌時生，道光十五年乙未九月初四日午時歿。 配林氏號順忍，生不詳，嘉慶十一年丙寅三月廿九日酉時歿。子二：嶺、周粗。
			28	如須	碩意公次子，清乾隆 38 年癸巳西元 1773 年生　遷居台灣　純奄派
			28	如化	碩意公四子，子四：炭、疊、科、段。
			28	整來	莊加公長子，清乾隆卅二年丁亥七月十九日丑時生，乾隆五十七年壬子四月廿七日未時歿。止。
			28	爲蠻	莊加公次子，清乾隆卅六年辛卯十一月十八日丑時生，乾隆五十三年戊申九月歿。止。
			28	如過	莊加公三子，諱跳，字爲溪。清乾隆五十二年丁未三月十四日亥時生，咸豐三年癸丑十二月廿二日巳時歿。配黃氏號平慈，清嘉慶七年壬戌正月廿二日酉時生，咸豐八年戊午十一月十一日申時歿。 子三：盤德、應歲(嗣如則)、六英。
			28	蒲	莊絲公長子，
			28	紀	莊絲公次子，
			29	叔高	
			29	兜仲	叔裕、叔等、叔紅與父仲同往仙邑
			29	自英	遷往四都
			29	欄	欄、返二人均遷往陳三俱
			29	返	欄、返二人均遷往陳三俱
			29	桃	存已之子，
			29	應歲	如則之子。
			29	嶺	如磨公長子，
			29	周粗	如磨公次子，
			29	炭	如化公長子，
			29	疊	如化公次子，
			29	科	如化公三子，
			29	段	如化公四子，
			29	可濕	爲鵝公子，清嘉慶十一年丙寅十一月十五日寅時生，遷居台灣。
			29	可祿	質慎公之子　遷居台灣　五履派
			29	可孝	寅詹公三子，清乾隆 42 年西元 1777 年遷居台灣　東二二派
			29	子傲	言山公三子，清嘉慶 4 年乙未西元 1799 年生，遷居台灣　東二二派，一子秋月

少典	宣公	彭祖	虹山	先祖	紀　　　　　　　　　　　　　　　　實
					配黃氏，須娘，號慈異。清嘉慶七年壬戌七月初五日生，同治十年辛未八月十二日酉時歿。
			29	盤德	如過(跳)長子，
			29	應歲	如過(跳)次子，
			29	六英	如過(跳)三子，
			29	克樓	如陵公四子，諱塔生　清乾隆5年庚申西元1740年七月初九日生。遷居台灣　存義派。 配黃氏，子二：量、督蓼。
			30	執公	往仙游城內
			30	叔裕	叔裕、叔等、叔紅與父仲同往仙邑
			30	叔等	叔裕、叔等、叔紅與父仲同往仙邑
			30	叔紅	叔裕、叔等、叔紅與父仲同往仙邑
			30	海棠	叔高公長子　海棠、柳絮、科來兄弟三人俱往仙邑
			30	柳絮	叔高公次子　海棠、柳絮、科來兄弟三人俱往仙邑
			30	科來	叔高公三子　海棠、柳絮、科來兄弟三人俱往仙邑
			30	周易	周易、山瑚兄弟均往仙邑
			30	山瑚	周易、山瑚兄弟均往仙邑
			30	奎	隨母往仙邑
			30	豪公	分居大田
			30	來成	往湖洋新溪鄭姓
			30	通公	往泉州食粮
			30	子榮	往建寧
			30	萬泉	子叔粘
			30	火吉	清咸豐5年生　遷居頂府
			30	藝仲	清道光18年生　遷往頂府
			30	成古	子一老公　遷往洋坪
			30	蒲榮	(父生於清道11年)與子聰、從同遷往一都
			30	秋月	子傲公之子，
			30	孢仲	懷執公次子，清嘉慶24年西元1819年生。遷居台灣　東二長
			30	量	克樓公長子，
			30	督蓼	克樓公次子，
			31	金公	與子衫同移居仙邑城內
			31	綢公	分居大田
			31	其英	往泉州反田1
			31	叔粘	泉公子　往建寧
			31	南公	遷居南安
			31	叔吟	子登公遷居南安
			31	文行	子摘公遷居南安
			31	輝齊	子二：篆公、□
			31	就元	遷往頂村
			31	老公	成古公子　遷洋坪
			31	聰	父蒲榮與子聰、從同遷往一都
			31	從	父蒲榮與子聰、從同遷往一都

少典	宣公	彭祖	虹山	先祖	紀　　　　　　　　　　　　　　　　　　　　　　　　　　　　實
			31	全紀	子三：東公、□、□
			31	進城	子一款公隨母遷往鳳栖坑
			31	忍居	添全公長子 挈眷遷往台灣　東二長
			31	素庵	昇輝公三子，字素美　清道光 29 年西元 1829 年己酉正月廿二日巳時生　光緒 14 年戊子歿於台灣 配黃氏反娘，清咸豐元年辛亥十二月廿一日午時生，光緒五年己卯十二月初七日卯時歿。嗣子仕遷往山仔，又出嗣於修壹。
			32	衫	與父同移居仙邑城內
			32	瓢公	叔杏公之子　出居仙邑
			32	季准	海雁公次子　清宣統 2 年往仙游坑內
			32	高敏	清嘉慶 8 年生　神主孫光別帶往中埔
			32	季准	海雁公次子　清宣統 2 年生　往仙邑大洋東間
			32	季抱	叔眉公次子　與子等、愛分居仙邑仁德里金沙埔坪
			32	季搗	挈子選來(光緒 9 年生)、福春(清光緒 24 年)俱往福清一都
			32	月喜	與子引往永奉雲峰居住
			32	臨公	清道光 21 年生　遷居建寧府
			32	善公	清道光 19 年生　遷居建寧府
			32	季尾	遷居建寧府
			32	以伯	
			32	族公	清道光 7 年生　遷住建寧
			32	貞直	
			32	登公	叔吟公長子　遷南安
			32	摘公	文行公子　　遷南安
			32	潤澤	出續南安
			32	季露	季露、轉公兄弟俱往南安
			32	轉公	季露、轉公兄弟俱往南安
			32	必公	子二：季露、永加均遷南安
			32	篆公	輝齊次子　娶黃氏　篆公與延英、敬英、川英、標英，均遷南安番厝。
			32	儲來	(父清緒 3 年)遷往南安
			32	季朕	叔返嗣子　遷南安劉林卒
			32	東公	全紀公三子　原回鳳栖去
			32	截公	遷往一都
			32	深公	遷往賴厝
			32	樹公	西子川，往台灣（32 世東二長，世紀卷九~102）
			32	款公	進城公之子，隨母遷往鳳栖坑
			32	季桺公	叔麥公之子，往台灣卒（32 世東長三，世紀卷十一 ~26）
			33	踏宗	分居仙游中埔
			33	曜公	移仙邑仁德里居住
			33	季同	與子水英俱往居住
			33	瑤公	
			33	等	叔眉公與子等、愛分居仙邑仁德里金沙埔坪

少典	宣公	彭祖	虹山	先祖	紀　　　　　　　　　　　　　　　　　　　實
				33	愛	叔眉公與子等、愛分居仙邑仁德里金沙埔坪
				33	福春	掣子選來(光緒9年生)、福春(清光緒24年)俱往福清一都
				33	福園	與子炮昌移居福清一都
				33	以聲	字永音　清道光27年帶子：愛、髻、艾分居福清縣居住
				33	引	與父月喜往永奉雲峰居住
				33	永昆	以伯公長子　清乾隆23年往漳州
				33	光輝	貞直公之子　遷居建寧府
				33	永加	必公之子　往南安
				33	延英	篆公與延英、敬英、川英、標英，均遷南安番厝。
				33	敬英	篆公與延英、敬英、川英、標英，均遷南安番厝。
				33	川英	篆公與延英、敬英、川英、標英，均遷南安番厝。
				33	標英	篆公與延英、敬英、川英、標英，均遷南安番厝。
				33	永敦	(父生清道光8年)遷南安
				33	永摘	(父生光緒5年)遷南安苦頭
				33	永準	再發公隻子，清光緒7年辛巳(1881)二月廿六日巳時生　配尤春娘　子二長興、旺　父子均遷台灣
?					永水	同公長子　往仁宅居住
				34	成其	勤職公三子　神立在中埔
				34	水英	與季同同往仁宅居住
				34	建乞	瑤公長子　清光緒23年生　往仙游坑內
				34	愛	以聲(永音)長子　與父及愛、髻、艾三兄弟同往福清居住　養子金水
				34	髻	以聲(永音)長子　與父及愛、髻、艾三兄弟同往福清居住
				34	艾	以聲(永音)長子　與父及愛、髻、艾三兄弟同往福清居住
				34	炮昌	福園公長子　清同治2年移居福清一都
				34	生財	嶨公次子　與延春、季春俱往廈門
				34	魯使	清同治2年生　遷住南安
				34	齊國	清同治5年生　遷住南安
				34	長興	永準公長子，建坊公：德成公長子，生同法治12年（西元1872年）往台灣。
				34	旺	永準公次子，建塔公：德成公次子，生光緒五年西元1879年，往台灣。
				35	兌還	遷居仙、尤中埔。
				35	兌公	明恭公次子　往仙游中埔
				35	金水	愛養子　清宣統2年往福清居住
				35	金木	再養公長子　清宣統2年庚西元1910年十二月廿七日午時生 娶黃草娘　民國2年癸丑二月十八日酉時生續娶台灣林悅娘　宣統3年辛亥六月三十日亥生養子有德
				35	團成	再養公次子，民國二年癸丑五月初九日辰時生，配林氏榮娘，民國三年甲寅二月初十日子時生。
				35	志德	益美公長子，清同治十一年壬申七月廿七日午時生，光緒廿一年乙未六月廿九日卯時歿，嗣子呼。
				35	乃墻	益美公次子，清同治13年甲戌西元1873年七月十二日戌時生　遷居台灣
				35	乃戶	益美公三子，清光緒六年庚辰十一月初六日辰時生，配黃氏趕娘，清光緒十五年己丑十一月初一日卯時生，子三：租，呼(出嗣笑)，楓。
				35	乃戀	德成公次子兼承頓，民國十一年壬戌二月初五日丑時生，

少典	宣公	彭祖	虹山	先祖	紀　　　　　　　　　　　　　　　　　　實
			35	乃皆	德成公三子兼承頓，民國十六年丁卯八月十九日巳時生，
			35	乃治	德成公四子兼承頓，民國十九年庚午正月十七日子時生，
			35	乃育	光別公長子，生卒失考。
			35	乃兌	光別公次子，清光緒十七年辛卯九月廿九日丑時生。配陳氏麵娘，清光緒廿七年辛丑十月初十日午時生子二：松枝(嗣子)，玉。　女一。
			35	乃乞	曜公長子，清光緒十一年乙酉十月十六日戌時生，
			35	乃坎	曜公四子，清光緒廿二年丙申九月初二日寅時生，兩嗣子，泉水。
			35	開成	囉養公長子，民國八年己未八月十四日巳時生。
			35	後成	定長公之子，民十九年庚午十月十三日巳時生。
			36	租	乃戶公長子，
			36	呼	乃戶公次子，
			36	楓	乃戶公三子，
			36	有德	金木養子，
			37		
			38		
			39		
			40		
			41		
			42		
			43		
			44		
			45		
			46		
			47		
			48		
			49		
			50		
			51		
			52		
			53		
不	明	世	系	裔	
				光輝	簡誠公嗣子，清康熙四十七年丙戌正月初九卯時生，乾隆五十一年丙午閏七月廿二日未時歿。配曾氏號懿慈，清康熙四十八年己丑十一月廿五日午時生，雍正五年丁未七月十一日寅時歿。續配黃氏號素靜，清康熙五十二年癸巳閏五月初四日寅時生乾隆五十一年丙午閏七月十四日未時歿　子三：悴、懷、奉
				孫聽	古實公長子，生歿葬不詳。
				大聲	古實公次子，諱喝，清乾隆十年乙丑二月十一日戌時生，嘉慶元年丙辰三月初四日未時歿
				榮和	一經公之子，諱自來，字孫請。清乾隆廿七年壬午閏五月廿一日丑時生，乾隆卅三年戊申正月十一日酉時歿。
				相毅	維山公次子，清雍正二年甲辰五月十五日亥時生，乾隆四十九年甲辰二月廿日巳時歿。

少典	宣公	彭祖	虹山	先祖	紀　　　　　　　　　　　　　　　實
					配潘氏，清雍正七年己酉七月廿八日巳時生，乾隆四十九年甲辰二月初二日丑時歿。 子六：測、齊連、沙、搬、答、明月。
				義門	維山公四子，諱篇，清乾隆三年戊午十月初六日辰時生，乾隆廿七年壬午六月十二日午時歿。 子四：變、錦、砥、斗。
				雙美	正春公長子，生卒缺止
				文弇	允升公三子，生卒缺，止
				復圍	允升四子，諱文燦，清乾隆四十七年壬寅十月十四日午時生，嘉慶廿五年庚辰五月十九日巳時歿。 嗣子勅使
				得情	如陵公五子，諱九，字可陽。清乾隆十三年戊辰九月十五日生，乾隆五十三年戊申四月十一日歿。 配賴氏，子二：笑山，銃。
				秦根	如正公長子，諱花，清乾隆五十六年辛亥十二月初一日辰時生道光廿五年乙巳十二月十一日戌時歿 配楊氏號恬靜，清嘉慶十年乙丑缶月十二日寅時生，道光二十年庚子九月廿四日卯時歿。子一把
				可圭	如正公次子，清嘉慶三年戊午正月十二日丑時生，道光三十年庚戌十月初二日戌時歿。
				秦祥	如仁公之子，清嘉慶二年丁巳八月十三日戌時生，光緒三年丁丑九月二十日未時歿。 配黃氏，清嘉慶十一年丙寅九月初四日寅時生，光緒九年癸未八月廿六日申時歿。子一地寶。
				毛慎	恩坦公嗣隻子，諱麟，清雍正十三年乙卯二月初九日申時生，嘉慶六年辛酉二月初七日未時歿，配蘇氏號維參，清乾隆十六年辛未三月三十日卯時生，道光十八年戊戌六月廿九日丑時歿。 子六：氈，□(出嗣)，厲，樹，傅，錦。
				梁惠	毛慎公次子，諱鰍，清乾隆四十三年戊戌七月廿五日子時生，道光廿一年辛丑十二月初九日寅時歿。 配黃氏號順德，清乾隆五十八年癸丑十一月十二日申時生嘉慶廿四年己卯五月十四日未時歿子甘露
				能惠	毛慎公三子，諱竭，清乾隆四十六年辛丑八月初十日巳時生，道光三十年庚戌十月十一日酉時歿。 配易氏號順慈，清乾隆四十八年癸卯三月十八日生，道光七年丁亥十二月二十日戌時歿。
				鳳惠	毛慎公四子，諱鸞，清乾隆四十九年甲辰三月廿七日寅時生，道光二十年庚子十二月廿四日巳時歿。
				如慎	孫葛公嗣隻子，諱三，清雍正七年己酉九月十三日寅時生，嘉慶六年辛酉十二月初六日寅時歿，子一友成。
				天錫	盈坦公長子，諱純，清康熙五十九年庚子七月十七日巳時生，乾隆十三年戊辰七月廿四日丑時歿。子一研英(嗣子)
				質慎	盈坦公次子，諱儉，清雍正二年甲辰十二月十七日酉時生，乾隆四十一年丙申三月廿五日未時歿，子一祿英(嗣子)
				白雪	德朋公長子，諱霜，清乾隆十七年壬申二月初一日戌時生，嘉慶廿二年丁丑六月廿八日巳時歿。 配黃氏號孝慈，清乾隆二十年乙亥六月十七日亥時生，乾隆五十七年壬子八月廿四日子時歿。 續配陳氏號孝順，清乾隆十七年壬申二月初二日辰時生，嘉慶廿四年己卯三月廿八日申時歿。 子四：鶯，朝陽，冊，蓮。
				克純	德朋公次子，諱贖，字可�。子四：能蟈，戡，燦(出嗣)，盤。

少典	宣公	彭祖	虹山	先祖	紀　　　　　　　　　　　　　　　　　實
				心義	言山公次子，諱高尚，字可敬。清乾隆五十六年辛亥十月初八日巳時生，道光十七年丁酉七月二十日戌時歿。配潘氏添號和柔，清乾隆五十八年癸丑十一月初六日午時生，道光廿九年己酉二月十四日巳時歿。嗣子燦。
				結成	懷執公長子，清嘉慶十八年癸酉三月三十日生，光緒四年戊寅七月廿六日亥時歿。配黃氏號靜順，清嘉慶廿一年丙子正初五日生，道光二十年庚子九月廿五日午時歿。子一考。
				登甲	懷德公長子，諱科，清道光四年甲申六月十九日寅時生，道光廿一年辛丑四月初六日巳時歿，止。
				篤仲	懷德公次子，清道光九年己丑生，同治四年乙丑七月初五日寅時歿。
				嘆仲	懷德公三子，清道光十一年辛卯正月初五日酉時生，道光X年正月初三日午時歿，止。
				正體	懷曰公長子，諱輕，字煖仲。配黃氏靳娘，號意慈，清同治六年丁卯二月初二日亥時生，光緒卅二年丙午閏四月初九日酉時歿。子二：原，借(出嗣)，女五：適黃，適林。
				叔麈	霜益公次子，清同治十二年癸酉正月初一日寅時生，民國十四年丙戌四月廿五日午時歿。一子陳。
				仕甫	有財公長子，清道光廿四年甲辰六月十六日未時生，光緒廿一年乙未十月十三日酉時歿。
				赫星	昇輝公次子，諱寧興，清道光廿四年甲辰七月廿七日巳時生，光緒十三年丁亥正月廿三日寅時歿。 配黃氏，改適。子三：乞(出爲成愛似子)，借，仕(出嗣)。
				德明	維成公長子，清道光十年庚寅二月十八日生，同治五年丙寅七月初三日申時歿。
				□公	清道光廿二年壬寅七月十五日辰時生，民國五年丙辰九月三十日酉時歿。 配黃氏眼娘，號寬慈，清道光廿三年癸卯二月三十日午時生，民國十六年丁卯五月廿九日午時歿。子七：決，趨，院(出嗣)，苗，炎，祖，乞。　女五：長三五適黃，次四適賴。
				連義	善直公長子，諱東風，清道光十九年己亥五月初八日亥時生，光緒四年戊寅二月十五日寅時歿。配黃氏添娘，號節儉，招偶，清道光廿三年癸卯生，光緒八年壬午七月廿二日午時歿。子一網(殤)
				西川	善直公次子，生歿不詳，配黃氏點娘，清道光廿七年丁未十月十六日巳時生，光緒七年辛巳正月初九日酉時歿。一子樹　遷居台灣，女二：適黃，適廖。 配黃氏點娘，清道光廿七年丁未十月十六日巳時生，光緒七年辛巳正月初九日酉時歿。子一樹　遷台灣，女二：適黃，適廖。
				叔回	善直公三子，清道光廿六年丙午九月廿三日戌時生，民國十二年癸亥四月初八日卯時歿。 配陳氏担娘，清咸豐四年甲寅五月廿八日卯時生，民國十二年癸亥十二月廿八日子時歿。 子四：禰，淑，千，士。　女四：長三四適潘，次適黃。
				叔克	善直似長子，生卒失考。
				惠慎	進德公長子，諱評，清道光廿三年癸卯六月十四日巳時生，咸豐七年丁巳六月初七日午時歿。嗣子孫 子二：沙，越。
				縣遠	其國四子，清同治二年癸亥九月初六日戌時生，光緒廿一年乙未十二月初二日酉時歿。 娶台灣白香娘爲妻。
				進益	赫星公次子，清同治十三年甲戌正月廿九日戌時生，光緒十四年戊子四月廿七日巳時歿。
				連訓	明德公次子，清同治元年壬戌七月十九日未時生。
				連响	鯉良公嗣子，清咸豐九年己巳正月初一日卯時生，出外生卒不明。
				季木	潛龍公長子，清同治十一年壬申九月十六日寅時生。歿不詳。配黃氏晚娘，清光緒七年辛巳十一月廿四日生，光緒卅四年戊申十月十一日酉時歿。子二：揪英，言英。
				清廿	秉諒公長子，諱井，字永田。清咸豐四年甲寅五月十八日午時生，宣統二年庚戌四月廿六日巳

少典	宣公	彭祖	虹山	先祖	紀　實
					時歿。 配林氏每娘，號德敏。清咸豐七年丁巳九月廿三日戌時生，民國十年辛酉七月廿八日寅時歿。 子三：開，王(出嗣克禮)，古。　　女三：長次適黃。
				建仟	嘉鰲公三子，清光緒十三年丁亥八月廿二日辰時生，民國五年丙辰十月初九日歿於石叻，妻黃氏。
				建倚	嘉鰲公四子，清光緒廿四年戊戌閏三月廿一日寅時生，配潘氏綢娘，號周慈。清光緒廿九年癸卯二月初五日生，民十四年乙丑六月廿三日戌時歿。續娶曾的娘，清光緒卅四年戊申十一月十一日亥時生，女一適潘。
				春成	買公嗣隻子，清宣統三年辛亥正月廿八日巳時生，民國十九年庚午八月十四日巳時歿。
遷	居	台	灣	裔	
			26	懋彬	清康熙 38 年西元 1699 年遷往台灣
			27	孫千	清乾隆 18 年西元 1753 年遷居台灣
			27	孫只	純起四子　清乾隆 12 年西元 1747 年遷居台灣。
			27	孫极	純超五子　清乾隆 12 年西元 1756 年遷居台灣。
			27	孫思	清康熙 55 年西元 1716 年遷居台灣。
			27	孫通	清乾隆 6 年西元 1741 年遷居台灣
			28	豹	孫帝三子　清乾隆 6 年西元 1741 年遷居台灣
			28	隫公	孫帝五子　清乾隆 6 年西元 1741 年遷居台灣
			28	存己	宗仁公長子，清乾隆 2 年西元 1737 年遷居台灣　荃珠派
			28	為棕	莊絲公三子，嘉慶 2 年西元 1797 年遷居台灣
			28	如須	碩意公次子，清乾隆 38 年癸巳西元 1773 年生　遷居台灣　純奄派
			29	克樓	如陵公四子，諱塔生　清乾隆 5 年庚申西元 1740 年七月初九日生。遷居台灣　存義派。 配黃氏，子二：量、習蔘。
			29	可濕	為鵝公子，清嘉慶十一年丙寅十一月十五日寅時生，遷居台灣。
			29	可祿	質慎公之子　遷居台灣　五履派
			29	可孝	寅詹公三子，清乾隆 42 年西元 1777 年生，遷居台灣　東二二派
			29	子傲	言山公三子，清嘉慶 4 年乙未西元 1799 年生，遷居台灣　東二二派，一子秋月
			30	孢仲	懷執公次子，清嘉慶 24 年西元 1819 年生。遷居台灣　東二長
			31	忍居	添全公長子　挈眷遷往台灣　東二長
			31	素庵	昇輝公三子，字素美　清道光 29 年西元 1829 年己酉正月廿二日巳時生　光緒 14 年戊子歿於台灣 配黃氏反娘，清咸豐元年辛亥十二月廿一日午時生，光緒五年己卯十二月初七日卯時歿。嗣子仕
			32	樹公	西川公之子　遷台灣
			32	季桷	叔孥公之子　遷台灣
			33	永準	再發公隻子，清光緒 7 年辛巳西元 1881 年二月廿六日巳時生　配尤春娘　子二興、旺　父子均遷台灣
			34	興	永准長子　隨父遷居台灣
			34	旺	永准次子　隨父遷居台灣
			34	建坊	德成公長子　清同治 12 年癸酉西元 1879 年生　遷居台灣　恪齊派
			34	建搭	德成公次子　清光緒 5 年己卯西元 1879 年十二月廿四日申時生　遷居台灣　恪齊派

少典	宣公	彭祖	虹山	先祖	紀　　　　　　　　　　　　　　　　　　　實
			35	乃墻	益美公次子，清同治 13 年甲戌西元 1873 年七月十二日戌時生　遷居台灣
			35	金木	再養公長子　清宣統 2 年庚西元 1910 年十二月廿七日午時生 娶黃草娘 民國 2 年癸丑二月十八日酉時生，續娶台灣林悅娘 宣統 3 年生　　養子有德
?				西川	善直公次子，生歿不詳，配黃氏點娘，清道光七年丁未十月十六日巳時生，光緒七年辛巳正月初九日酉時歿。一子樹　遷居台灣，女二：適黃，適廖。 配黃氏點娘，清道光廿七年丁未十月十六日巳時生，光緒七年辛巳正月初九日酉時歿。 子一樹　遷台灣，女二：適黃，適廖。
				縣遠	其國四子，清同治二年癸亥九月初六日戌時生，光緒廿一年乙未十二月初二日酉時歿。 娶台灣白香娘爲妻。
遷	居	新	加	、	石叻
			34	建捹	安仁公三子　清同治 12 年生　遷往石叻亡
			34	珠清	安仁公五子　清光緒 3 年生　遷往石叻
			34	謹要	加鰲公長子　清光緒 7 年生　遷往石叻　　鳳吟派
			34	柳條	加笔公次子　清光緒 8 年生　遷往石叧　　鳳吟派
			34	建仟	清光緒 13 年生　遷居石叻　　　　恪齊派
			34	溪水	加笔公嗣子　清光緒 13 年生　遷石叻
			34	建盆	清光緒 24 年生　遷居石叻
			35	乃垮	曜公五子　遷居石叻
遷	居	汝	來		
			27	修高	字孫燕，清乾隆八年往汝來未歸。
			27	庄加	字孫鳥，往汝來未歸，歿於汝來。
遷	居	菲	律		
			33	永雙	清同治 7 年生　遷居民里腊
			34	保德	清光緒 14 年生　遷民邦
			34	克儉	清咸豐 8 年生　遷往未邦
			34	誠篤	清同治 2 年生　遷往未邦
遷	居	夷	邦	番	邦、外邦、南洋
			26	戀匿	清康熙 22 年生　遷外夷
			29	可眾	妻　生於清乾隆 11 年　遷番邦
			29	可落	遷夷邦
			29	穴隙	遷番邦
			30	笔公	遷番邦
			30	雪仲	清同治 5 年　遷外夷
			30	則素	清光緒 2 年生　遷外夷
			30	得仲	清同治 11 年生　遷外夷
			30	執仲	清嘉慶 5 年生，　遷外夷
			31	叔舉	宣利公之子　　遷外洋
			31	昌發	字叔芽　清光緒 5 年生　遷外洋
			31	叔帕	清同治 10 年生　遷外夷
			31	叔莉	遷外夷
			31	叔纖	宣旺公次子　遷外夷

少典	宣公	彭祖	虹山	先祖	紀　　　　　　　　　　　　　　　　　實
				31	宜興	諱議生　清同治5年生　往外夷
				31	叔世	清同治5年生　往外夷
				31	叔良	清光緒7年生　往外夷
				31	叔千	清光緒9年生　往外夷
				31	叔思	清同治10年生　往外夷
				31	違艾	清光緒6年生　往外夷
				31	叔旋	清咸豐3年生　往外夷
				31	叔秩	清咸豐9年生　往外夷
				31	叔南	清同治3年生　往外夷
				31	叔丑	清道光7年生　往外夷
				31	叔珠	清咸豐元年生　往外夷
				31	叔刊	清咸豐6年生　遷往外夷
				31	如道	清道光15年生　遷外亡
				32	季甲	清同治8年生　遷外夷
				32	季近	藝圃公次子　遷外夷
				32	榮華	清同治4年生　遷外夷
				32	來成	諱扭生　清光緒12年生　遷外夷
				32	季勢	清光緒4年生　遷外夷
				32	季雲	清同治5年生　遷外夷
				32	季奚	清同治3年生　遷外夷
				32	季罩	清同治6年生　遷外夷
				32	季榮	清光緒　年生　遷外亡
				32	季飛	清咸豐10年生　遷外夷
				32	季豫	清光緒5年生　遷外夷
				32	季苟	清光緒14年生　遷外夷
				32	季栽	清同治2年生　遷外夷
				32	季限	清同治元年生　遷外夷
				32	季响	清咸豐9年生　遷外夷
				32	季基	清道光23年生　遷外夷
				32	季選	清　　年生　遷外夷
				32	季坡	清光緒26年生　遷外亡
				32	季鏗	清光緒元年生　遷外夷
				32	季華	字于成　清同治11年生　光緒10年遷外夷
				32	季閃	清同治8年生　遷南洋
				32	季慮	清光緒9年生　遷南洋
				32	伯源	清同治9年生　遷南洋
				33	永川	清　　年生　遷外夷
				33	永潑	清同治6年生　遷夷邦
				33	永諒	清咸豐3年生　遷外夷
				33	永佳	清道光2年生　遷番邦
				33	永欲	清同治12年生　遷番邦

少典	宣公	彭祖	虹山	先祖	紀　　　　　　　　　　　　　　　　　　　　實
			33	永董	清光緒 3 年生　　遷夷邦
			33	國民	清咸豐 11 年生　　遷番邦
			33	永昂	清光緒 5 年生　　遷番邦
			33	永恃	清同治 7 年生　　遷夷邦
			33	永籠	清光緒 6 年生　　遷夷邦
			33	興福	字永祥　清咸豐 8 年生　　遷外夷
			33	益仁	清道光 19 年生　　遷夷邦
			33	方良	清同治 13 年生　　遷夷邦
			33	禛誠	清道光 26 年生　　遷夷邦
			33	世察	菱德公四子　清　　年生　　遷夷邦
			33	永陽	清光緒 4 年生　　遷夷
			33	永尺	清同治 11 年生　　遷夷
			33	永粥	伯暫公雙子　清光緒 7 年生　　遷夷
			33	永晾	節公長子　清同治 8 年生　　遷夷
			33	永撼	樂公次子　清道光 2 年生　　遷夷邦
			33	永姣	清光緒 2 年生　　遷夷邦
			33	永緞	清光緒 18 年生　　遷夷
			34	崇山	喬移公次子　清同治 2 年生　　遷夷邦
			34	建雲	永閔公長子　清光緒 16 年生　　遷夷邦
			34	建連	清光緒 16 年生　　遷夷
			34	建悅	道姑公養子　清宣統 2 年生　　遷番邦
			34	建水	宣經公雙子　清光緒 5 年生　　遷夷
			34	如魚	清同治 10 年生　　遷番邦
			34	湖海	諱株林　清同治 5 年生　　遷夷
			34	同居	清同治 7 年生　　遷夷
			34	翼邦	益后公長子　清同治 2 年生　　遷番邦
			34	教郎	益后公次子　清同治 6 年生　　遷番邦
			34	建成	清光緒 21 年生　　遷夷
			34	順謹	諱捷　清同治 5 年生　遷夷
			34	建叹	清光緒 6 年生　　遷夷
			34	建參	彩公長子　　遷夷
			34	建葵	清同治 11 年生　　遷夷
			34	建七	清光緒年生　　遷夷
			34	建金	清同治 8 年生　　遷外
			34	建桶	清同治 12 年生　　遷外
			35	若公	清同治元年生　　遷夷
			35	揪姑	清同治 11 年生　遷夷
			35	姑	維青公次子　清光緒 7 年生　遷夷
			36	齊英	侃直公長子　清光緒 19 年生　　遷夷邦
			35	德經	秦姑公嗣子　清光緒 5 年生　　遷夷邦
			35	乃買	盤珠長子　清光緒 5 年生　　遷夷邦

少典	宣公	彭祖	虹山	先祖	紀　　　　　　　　　　　　　　　　　實
			35	歡生	清光緒9年生　遷夷邦
			35	淡水	串珠長子　　清光緒21年生　　遷夷邦
			35	乃娥	榮昌公三子　清光緒15年生　　遷番邦
			35	乃經	與子加閣、加欽、加焉，父子四人遷夷邦。
			36	加閣	與父乃經及兄弟加閣、加欽、加焉，父子四人遷夷邦。
			36	加欽	與父乃經及兄弟加閣、加欽、加焉，父子四人遷夷邦。
			36	加焉	與父乃經及兄弟加閣、加欽、加焉，父子四人遷夷邦。

福建金公支

1裕公－2令全－3源公－4純公－5達公－6文昌－7泰公－8祖英－9瑰公－10芝公－11閣公—12景賢－13思邈（遷福建祖）－14蘭胤－15寶勝－16文姜－17祖信－18金公－19官公－20沐公－21稷公－22明公－23季五－24淡公－25進公－26得英－27子貴－28文顯－29五郎－30河公－31明德－32世緒－33克承－34真榮

18	19	20	21	22	23	24	25	26	27	28	29	30	31	32	33	34	35	36	37	38	39
金公	官公	沐公	當公	義公			(遷	寧德	石堂	室頭	)										
			暉公		伯賢		(遷	官井	)												
			陽公				(遷	霍童	邑板	)											
			曜公		淮公		(遷	鶴塘	南陽	)											
						泗公	(遷	古田	大甲	本支	)										
			旺公																		
			德公																		
			稷公	明	季五	深公	進公	得英	子貴	德居											
									文顯	五郎	海公										
												河公	明德	世緒	克承	真榮	(遷	前坪	)		
												江公									
					康公																
					寧公	得秀	旋公					(遷	雙坑								
							玑公					(遷	古田	35都							
							玳公					(遷	寧德	洋中	邑保	村)					
							璋公					(遷	寧德	洋中	天湖	村)					
				次二																	
					志伯	教仲															
						文輝						(遷	寧德	洋中	陳國	村)					
						文觀															
		游公			(遷	長溪	霍童	)													
		潤公			(遷	張際	又遷	寧德	城關	)											
			渥公		(遷	東洋	又遷	興化	)												
			淵公		(遷	杉洋	本支	)													
	安公				(遷	浯溪	)														
	寵公				(遷	回平	陽)														
	泰公				(遷	福源	塘邊	)													
	密公				(遷	寧德	飛鸞	渡頭	)												

福建泉州虹山彭氏

21	22	23	24	25	26	27	28	29	30	31
								寶成		
								浮公		
							象公	秀來		
								禎祥		
								顯榮		
						賽公	臨公	丁秋		
							果來			
				紹芳	鴻英	嶷公				
							葛公	三英	友成	
					鴻達	洋公	純公	研英		
							俊公	祿英		
							三公	(出嗣)		
							麟公	(出嗣)		
						澤公	麟公	研公	(出嗣)	

21	22	23	24	25	26	27	28	29	30	31
								鰍公		
								竭公		
								鸞公		
								祿公	(出嗣)	
								玉完		
						壽公				
				希鏞	鴻淵	巽公				
						煜公				
					鴻浩					
					惠溥					
				克俊	沉公	茅公				
						保公				
						齊公				

虹山彭氏從 18 世"秉"字開始編用排行輩分派字昭穆
　秉文子仕宜　恒喬于懋孫　為可仲叔季　永建乃嘉芳
　詩書綿世澤　忠孝紹先賢　餘慶昌讜烈　發祥益壽年

　　虹山行政區，自晉江縣於唐朝開元六年（西元 718 年）置縣，至西元 1971 年歸屬泉州市，西元 1997 年城區調整為洛江區管轄迄今。因屬晉江縣時間較久，早年移民者，仍認為自己是"泉州府晉江縣四十七都玉泉鄉常建里虹山（山頂）人"。
　　現在通訊聯絡處：福建省泉州洛江區虹山鄉彭氏祖祠理事會。郵編 362015
　　電話（傳真）：0595-85680733

福建彭氏源流初探

福建彭姓源遠流長，彭氏子孫多由不同地域輾轉遷徙而來，支系繁多，各有不同宗祖，溯源可分爲幾個不同世系。入閩最早的作邑彭氏、虹山彭氏和閩東彭氏等世系，都是以唐之後有文字記載起的世祖作爲一世祖而立譜，所以源流探索僅能以此作爲依據。

一、武夷山作邑彭氏 —— 遷公世系

《史記。封禪書》記載：相傳彭祖子嗣中有二子，名武、名夷，曾隨父隱居于福建山林，後人便名此山曰武夷山，後代子孫，綿延至今。現在，武夷山成爲彭姓的三大聖地之一。2004 年，世界彭氏宗親聯誼會就在武夷山市舉辦第六屆大會（國內首次），祭拜彭祖及彭武、彭夷。

在 1942 年編寫的《崇安縣誌》卷四《氏族》中，彭姓列爲第一，是開發武夷山之祖，是崇安最古的望族之一。始祖遷公在唐初從潤州丹陽（今江蘇省鎮江市）遷入。後裔分天、地、乾、坤四房，人丁興盛，於今約有五千多人。

遷公，字紫喬，潤州丹陽人，隋大業二年（西元 606 年）出生，唐貞觀初年（627～649 年）曾輔佐李世民平治隋末之亂，初授官前八部都尉，擢升中郎將，拜武威太守。在封爲左遷牛衛上將軍、提節建州（今建甌市）諸軍事後，就由潤州丹陽遷閩。年老辭官後偃武修文，隱居建平北鄉，因欽慕彭祖故廬，愛九曲山水，便雇募鄉民萬餘人，上括信州，下折建平，斬草鋤蒿，鑿湖築陂，引水漑田三千余頃，創立九十餘村，聚族而居，取名"新豐鄉"。南周延載元年（694 年）逝世，享年 89 歲，贈上柱國、河間郡公，葬武夷當源中乳，被尊爲**丹陽遷崇彭姓始祖**。夫人徐氏乃徐世勣妹，生二子，長名溟，次名漢。

漢公，字雲宵，遷公次子，唐永徽二年（651 年）生於建州官舍，居住建州溫嶺。幼年博學力行，經監試部使推薦，授爲洪縣令，後擢升台州判官。漢公在台州任職二年後因母病離任回鄉，侍奉湯藥，並拓荒造田，從事桑梓開發事業。因德才兼備，深受民眾擁戴，後補判南劍軍（治署南平市）州廳事，頗具政績。武后垂拱三年（687 年）繼父遺志，奏準將新豐鄉立爲溫嶺鎮，北面立街，設官守土。唐開元四年（716 年）病逝于建陽界墩，享年 63 歲，被尊爲**作邑彭氏初祖**。

瑠公，字武仲，爲漢公曾孫，生於唐貞元二十年（804 年），自幼聰穎，精通經史，勇武過人。唐開成元年（836 年）蔭襲建州兵馬殿中監兼攝郡政。當時溫嶺鎮已日趨繁榮，人丁興旺，賦稅充足，瑠公也在唐會昌五年（845 年）奏請獲准將溫嶺鎮升爲崇安場。崇安場遷立彭城街中，並設立官署。昭宗乾寧三年（896 年）卒，享年 94 歲。北宋淳化五年（994 年）崇安場晉升爲縣。

《崇安縣誌》記載，因遷公、漢公和瑠公三代開疆辟土，建功作邑，崇安"先有彭，而後有崇"，故稱彭姓爲作邑彭氏。崇安民眾于南唐時在營嶺縣署義門旁建造"作邑彭氏三丈祠"，又稱"崇德報功祠"，每年春秋兩次祭祀，讚頌他們的功德。遷公子孫蕃衍于嵐轂、五夫，大將、吳屯、溫嶺、崇嶺等處，成爲崇安最古的望族。作邑彭氏出自三國彭羨。其先祖邁公，西晉永嘉元年（307 年）南渡，首居京口丹陽。東晉元帝即位，被封爲西都郡王，子孫散居江南一帶。邁公十數傳至遷公。這是繼漢代宣公後裔南遷之後，彭姓又一次較大的南遷。

世居曹墩的平川彭氏，按其族譜源流圖所示，系遷公長子溟公的曾孫璝公起分立的天房後裔。璝公生二子，長繼苗公生文擧公，文擧公生鉦公，鉦公生斯健公，斯健公生組公，組公生揆公，揆公生二子：次昌季公，乃遷公十三世孫。昌季公（字如玉）在南宋景炎丁醜二年（1277 年）正月因元阿剌罕兵入境，而攜眷避居於吉安永豐，曆三世至子誠公（字瑞意，號養晦）於元至正二十八年（1368 年）秋複由永豐遷回崇安曹墩，築室安家，從此肇基曹墩。十五世子誠公（字瑞意，號養晦）爲**曹墩始祖**。子誠公長子護公生二子，長僖公，立忠房；次偏公，立恕房。忠房僖公生四子：鑾公，鏊公、鋈公、敏公，又分立恭房、寬房、信房、敏房。曹墩十八世起昭穆爲：培德基長厚，敦仁道大昌，詩書延世澤，楨幹作邦光。

居住新陽的彭氏，據考乃遷公世系乾房裕公派下子孫。遷公世系分天地乾坤四房，乾房支下分居城隅的後裔定居在新陽。因該宗支缺譜，仍待查考。

作邑彭氏歷代賢能輩出，累有建樹。自瑠公以下，繼苗公登唐昭宗天複辛酉年〔901 年〕進士，官至大司馬、兵

部尙書；繼嗣公登唐光化己未年〔**899** 年〕進士，官至內殿承宣運使、兵部侍郞；保宴公登後唐明宗己醜年〔**929** 年〕進士，官至兵部尙書左僕射；保廉公登後唐莊宗癸未年〔923 年〕進士，官至京兆尹、吏部侍郞。至宋朝更爲顯赫，北宋崇寧三年（**1104** 年）特奏狀元路公，其孫爽公又擧南宋紹興二十四年〔**1154** 年〕進士，官拜刑部侍郞、樞密副使兼理平章事，升左丞相。宋代朱熹曾任官建州，崇仰彭氏先賢創業功勳，題詩讚美："彭侯戴武介，政則宗吾儒。土茂先興學，允賢勤讀書。猷爲莫不善，才力蓋有餘。西北溫嶺鎮，新豐可久居"。應該肯定，今天世界著名的"雙遺"風景名勝區 —— 武夷山的發展，離不開唐代彭姓的首創性開發，離不開彭姓子孫的世代貢獻。彭姓將深深銘刻在武夷山水之中。

《作邑彭氏族譜》極其珍貴，現藏於上海圖書館，是在南宋紹興甲寅四年（1134 年）間首修的，之後相繼八次進行了續修。1995 年彭德煌又率眾重修族譜，並修復五夫彭氏宗祠，重塑遷公坐像。《平川彭氏族譜》首修于清乾隆丁醜年（1757 年），之後兩次續修。2001 年彭長祓也率眾重修。

二、泉州虹山彭氏 —— 枨公世系

據《虹山彭氏族譜》記載，虹山彭氏先祖派在河南汝寧府光州固始縣（今爲河南信陽市固始縣），乃是宣公的後裔，只是現在難以考證世次了。唐僖宗廣明元年（880 年）黃巢起義戰事中，先祖隨軍過江，起初居住在福建的泉州，然後遷到城西的南安。自枨公起就遷到晉江的中山，便在珂峰山下蓋房居住。由於先祖的世次失傳，就以枨公爲虹山一世祖。

虹山彭氏子孫蕃衍，人才踵接。二世相齡公，宋時任福州監倉曹；相榮公任廣州司戶曹。三世燁公任團練節度使，曆高州安撫使。四世延進公和五世謙公均任承務郞。六世鎮公任南劍洲教授。七世鎭公任通議大夫、兵部侍郞。八世輕公任儒林郞。九世如高公任宣議大夫。十世漢湖公任遂昌教諭。十一世卿月公任徽猷閣侍制。十二世潛公任宣教郞。在明、清時期，也代不乏人。三十二世秀村公授民國陸軍少將，任永德警備司令。自十六世源有、濟有公起，虹山彭氏開始分爲東、西兩大房祧。從此一脈遁下，形成虹山人口發展的鼎盛時期，從十八世開始，啟行昭穆："秉文子仕宜，恒喬于茂孫，爲可仲叔季，永建乃嘉芳"，又續："詩書綿世澤，忠孝紹先賢，餘慶昌謨烈，發祥益壽年"。

虹山彭氏家廟初創於北宋天聖年間(1023～1032 年)，大門柱古聯爲："支分唐朝曆百載，祠占泉山第一家"。現在，虹山鄉下設虹山、松角山、蘇山、張阪、白鳳等五個村，全鄉彭姓約有一萬二千多人，位居泉州洛江五大姓之列，是全省彭姓最大的集居地。

虹山彭氏自一世祖枨公入閩，至今已一千一百多年，比廣東始祖延年公尙早一百年。因而衍徙海內外的子孫繁多，有載可考的達 300 多人，其中遷移臺灣的 30 多人。較早遷移臺灣的是二十六世懋彬公，出生於清康熙三十八年（1699 年）。以後二十七世 5 人、二十八世 5 人、二十九世 3 人、三十至三十五世也有 16 人相繼往台。譜記有"往臺灣"、"攜眷往台"、"往臺灣不歸、無回"、"娶白姓香娘臺灣人"、"娶臺灣林氏悅娘"及"歿在臺灣"等，但譜中未記錄往台時間。從二十六世懋彬公遷台迄今已近 280 年，按虹山彭氏繁衍頻率推算，臺灣現有虹山系的人口應在千人戶以上。虹山彭氏遷住夷洋的也有 114 人戶，僑居地主要分佈在印尼、馬來西亞、菲律賓和新加坡等地。1923 年在印尼錫江就已興建彭氏祠堂，墓園依故鄉名爲"虹山亭"。在頗具數量的虹山彭氏僑民群體中，也湧現了不少海外精英。

南宋乾道七年（1171 年），六世迪功郞朕公首修《虹山彭氏族譜》。隨後七次續修。近幾年，彭國勝、彭德斌等又率眾第八次重修，並將族譜全部鐳射掃描製作成光碟。《虹山彭氏族譜》自首修至今，先後跨越 845 年，形成全套 23 冊（卷首 1 冊、宗支卷 4 冊、世紀卷 18 冊），卷帙浩翰、史料詳實且保存完整的姓氏宗譜資料。這在福建全省是屈指可數的。

三、閩東彭氏 —— 思邈公世系

依據杉洋、上塘、穆陽、馬坑、溪邊族譜查考，閩東彭氏先祖乃唐初裕公，思邈公爲閩東彭氏始祖。

一世祖裕公，字伯溫，生於隋開皇壬子年（592 年），卒于唐龍朔壬戌年（662 年），江南揚州府江都縣人，官唐兵部尙書。生二男：長令全，次令莊。唐高祖武德戊寅年（618 年）從江西省新昌縣（今宜豐縣），遷浙江省溫州府

平陽縣，創立鴻基。 二世令全公(616-683年)，字世聞，任太常卿考功郎。生一男：源(各譜生男記載多有不同)。三世源公(641-701年)，字藐浩，任唐河北節度使兼太子洗馬。生二男：長純，次紹。四世純公（665-731年），字淑德，任唐河東太守，又從浙江平陽遷到江蘇常州。五世達公（687-765年），字子方，任唐河東光祿大夫。生二男：長敬恩、次敬叔。六世敬恩（710-774年），字子恭，任河東通判，生四男：瑰、瑛、瑕、瑱。其弟敬叔任雁門太守。七世瑰公（735-805年），字季玉，任考功郎、禦史。生二男：芝、傑。其弟瑛公任莆田邑宰、瑕公任浦城邑宰、瑱公任浦城支侯使。八世芝公（760-822年），字芳淑，任晉潭州太守，由江蘇常州遷居湖南潭州，生一男名曄。其弟傑公任太封君、考功郎。九世曄公（784-856年），任考功郎。生五男：景賢、景聖 、景哲、景直、景聰。十世景賢公（809-868年），字俊卿，任河東節度使。生三男：長思邈、次思聰，三思恭。

十一世思邈公，乃閩東彭氏始祖，字有闕，生於唐太和丁未年（827年），卒于唐同光甲申年（924年），曾任開州司馬（今四川開縣）。唐僖宗廣明元年（880年），黃巢攻陷長安，思邈公隨王潮入閩，後官升禮部尚書。生三男：長蘭胤，次蘭居，三蘭膺。

從先祖裕公到閩東始祖思邈公，目前所能尋見的支譜均有差異：一是思邈公爲裕公第十三代裔孫；二是思邈公爲裕公第十一代裔孫。本文取十一世次，每代平均21.45年，比較合理。這仍有待今後進一步查證。

思邈公二世蘭胤公〔854-924年〕，字永祚，號芳谷，官任閩省侯官令，與父喬居福州西湖。蘭胤公生二男：長寶勝，次寶振。蘭居公遷往建寧府，生一男寘遷居邵武。蘭膺公官任寧遠統軍使，生二男：長仲修，官武毅大夫，遷甯德爲始祖；次仲輔，遷莒洲十四都爲始祖。

思邈公五世金公〔908-975年〕，字品南，號麗川，官任閩王右丞，生四男。金公於後唐清泰二年（935年）因閩王審知之子互相爭鬥，與長子官公發兵入閩，先寓福州西湖。四年後，金公、官公父子經過古田縣杉洋，因愛其佳山秀水，就決心定居楓灣。金公被尊爲古田杉洋始祖。長子官公肇基杉洋，次子安公遷居浯溪，三子宏公回平陽，四子密公遷寧德飛鸞渡頭，複遷石後室頭村。

思邈公六世官公〔923-994年〕，字公信，號德孚，官任行軍使。有飽學之才、過人之志，閩王封號彭大真人。後晉天福四年〔939年〕官公在楓灣建造屋宇，成爲杉洋開基祖。官公生五男：長子流公〔947-1021〕，號東山；次子游公遷長溪，後遷甯德霍童；三子潤公遷張際；四子渥公先居東洋，後遷興化，子仁公又遷回東洋；五子淵公居杉洋，爲**杉洋**本支。

七世潤公，乃官公三子，在遷張際居住數載後，複回杉洋菴前，披荊斬棘，擇地而居。傳至三十二世蘭老公（太封君，贈儒林郎）擇居登瀛，爲登瀛開基祖。並選擇吉地，創建金公總祠，堂勢莊嚴，頗爲壯觀。

八世泰公，乃流公長子，遷居福源塘邊。八世壽公〔968-1048年〕，乃流公四子，字朝奉，號松亭，遷居玉湖（又名常熟洋彭家墩）。

九世當公，壽公次子，生五男。長義公遷甯德石後室頭；次暉公與子伯賢公遷官井；三陽公遷霍童邑板；四曜公遷古田大甲，其長子淮公又遷鶴塘南陽，次子泗公爲大甲本支。九世稷公，壽公三子，生一男明公。明公三子志伯公之次子文輝公遷寧德洋中陳園村。明公長子季五公，曆四世至得英公，於南宋淳熙年間（1174-1189年）又自熟洋彭家墩返回古田靈甿彭洋，遂使彭氏得傳靈甿。得英公爲靈甿開基祖。靈甿祖厝修建於南宋嘉泰年間（1201-1204年）。曆八世至河公從靈甿遷到45都吉巷寮裏。曆十二世至真榮公，又遷居古田前坪村，爲前坪開基祖。

閩東彭氏早期播遷的歷程，在乾隆四十年（1775年）編修的《前坪家譜總序》明確記載："遷平陽，隸常州，徙西湖，籍杉城，彭之先有自來矣。至於**熟洋、長溪、張際、東洋**等派，無非彭氏一線傳。厥後肇基**靈甿**，拓址**寮裏**，創業**前坪**，此皆彭氏之食根而綿統於無窮也"。而後閩東彭氏逐步向寧德及周邊各縣擴展繁衍。

據福安市穆陽和周甯縣溪邊的道光元年譜序記載，在壽公遷熟洋，魏公遷鹹源長巷底之後，到元至正乙未年（1355年），迎公遷八蒲嶺頭苦竹灣；明弘治年間（1488-1505年），愈整公遷芹洋；清康熙丙申年（1716年）於朕公山芹洋遷粵底；清乾隆已未年（1739年）又遷到甯邑溪邊。溪邊彭氏自建恩公創業芹洋，繼遷粵底，旋住溪邊起，迄高二公計二十七世。高二公提爲溪邊開基祖，傳到道光元年（1821年），又經歷十二世。

唐咸通辛卯年（871年），甯川彭姓始祖、思邈公二世蘭膺公之長子仲修公生於甯德虎貝鄉石洋村〔現彭家墩〕，後遷寧德西隅後場面開基。仲修公自幼喜愛武藝，17歲考上武秀才，20歲考中武魁元，留任武教官。後到兵部任職，

剛毅果敢，清廉正直，後詔封武毅大夫。仲修公少年時在石洋村劈一杉木枝倒插於村中，第二年成活後成爲肇基之樹，其頂端向四面撐開，狀若大傘，被稱作"涼傘樹"。至今樹齡已達1100多年，被林業部列爲全國十大"杉木王"之一，成爲甯德極富盛名的人文、自然景觀，廣爲流傳。仲修公告老還鄉後，曾在西山白岩下建"西山草堂"。這是甯川最早的一座書齋，後改爲靈溪禪寺。草堂右側還鑿一口水井，取名"定泉井"。唐長興四年（933年），甯德由場升爲縣，選擇縣址時取決於此井水。一千一百多年過去了，"涼傘樹"仍枝繁葉茂，"定泉井"水盈不竭，靈溪禪寺香火不斷。仲修公卒於後周顯德丁巳年（957年），葬于蕉城區南福山街北山。仲修公墓已在1980年公佈列爲縣級文物單位，甯德縣政府立碑保護。

閩東彭氏遷移臺灣的傑出人物有清朝副將彭日光，生於明崇禎十六年（1643年），甯德城關海濱南隅俀場人。清康熙十八年（1679年）海寇群起侵擾我沿海，彭日光召集鄉勇與海寇浴血苦戰，屢戰屢勝，被巡撫吳興祚提爲千總。康熙二十二年（1683年）升爲副將，後隨同靖海將軍施琅自福州港出發，先克澎湖，繼入臺灣，收復政權。彭日光爲臺灣回歸祖國創建奇勳，晉升爲從一品，而後康熙帝在台駐兵屯守，設立府、縣，彭日光因此居台任職，爲祖國統一鞠躬盡瘁。之後閩東彭氏也陸續有人遷移臺灣定居。

閩東彭氏後裔遍佈甯德各市縣，古田近萬人，甯德六千多人，福安、周甯各有三千多人，屏南、福鼎、霞浦、柘榮也各有數百上千人。福州羅源縣碧裏鄉還有七百多人的分支。杉洋金公總祠保存的《彭氏家乘》族譜在明弘治甲子年（1504年）因火災焚毀，所幸草稿沿存，明正德年間（1506-1521年）重新創譜，後又多次續修。光緒辛醜年〔1901年〕邑庠生林維馨所作的譜序，是閩東族譜中最完整的資料。

四、莆田彭氏 ── 汝礪公、椿年公等世系

莆田彭氏，共有三、四支的族系，初期都出自同一宗派。明、清兩朝雖有續修族譜的記載，但迄今一直未能尋見。目前僅以彭鵬公《古愚心言》和港內世德祠神主牌名諱的手抄譜爲依據，所以莆田彭氏的考證最爲困難。

港內譜記載，**莆田開基始祖**爲"宋狀元及第、吏部尚書、資政殿大學士、少師，諡文政，春湖公。"按《宋史列傳》：彭汝礪（1041-1094），鄱陽（今江西上饒陽縣）人，字器質 號春湖，宋治平二年（1065年）乙巳科進士第一人，歷任保信軍推官、武安軍掌書記、潭州軍事推官，官至監察禦史、吏部尚書，資政殿大學士，贈少師，諡文政，被譽爲宋朝一代直諫名臣。汝礪公系允顒公（亦名德顒公）長子文吉公五世孫。港內本支世祖"宋文學宗伯公"，乃汝勵公長孫。一世祖元承務郎慈利丞念一公，二世祖處士安仁公、安美公、安吉公。原譜缺三世祖，據林祖韓、彭元輝考證，三世祖乃念三公，由港內徙涵口。念三西曆七世至韶公。九世祖韶公，號鳳儀，字從吾，生於明宣德四年（1429年），天順元年丁醜科（1457年）進士，官至刑部尚書，贈太子少保。卒於弘治七年（1494年），享年66歲，諡惠安。生二子：長瀚，先韶公卒，恩贈宿遷縣丞；次潘，中成化十九年（1483年）舉人。韶公曾對修譜留下"上不遠引，次不旁及"的訓導，因此族人對"列祖義例，至簡至嚴"。明弘治五年（1492年）朝廷曾在港內涵口村奉旨建"大司寇"牌坊，弘治八年（1495年）又奉旨在莆田府城東門內建"一代名臣"、"三朝元老"的牌坊，紀念韶公這位功垂千古的名臣。港內譜記述本支先祖至十九世祖爲止。

第二支是港內譜記載的"世祖宋太學士、旌表孝行卓異，諱受公"。又記述"祭洒椿年，以清要顯太學生，受廬墓致白鵲之祥"。"而椿年者，實侍郎思永公玄孫，爽公之十世孫也。少遊學，遍歷域中，惟閩有族，即附居焉。所謂三、四支者，椿年其一也"。經考證：椿年公乃宋紹興二十七年（1157年）丁醜科進士，曆國子監主簿、編修官。淳熙末年提舉福建（泉州）市舶司，遂卜居興化軍所城。宋時《莆陽比事》載有："（一）西市彭，（二）前街彭"，注雲"祭洒椿年、教授奎之族，祭洒後寓天臺"，這說明宋代居興化軍所城的確有祭洒椿年公和教授奎公，而椿年公後裔中有一支遷往浙江天臺縣。

彭鵬公撰寫的《重修橫塘族譜序》記述，受公字爾修，廬墓六年，白鶴隨之，世稱白鶴孝子。受公生應承公，應承公生澤公，澤公生啓伯公，啓伯公念五公。念五公爲孝子五世孫，自念五公以上，世次不紊。念五公生一子直夫公，諱百福。百福公傳二子：長足翁公，諱奉，由港內徙橫塘，爲橫塘始祖。"橫塘肇基自足翁公始"；次以忠公，諱泗。泗公傳二子：長慶公，**世居後彭**；次積公，傳一子濟公，字宏週，徙居清江，爲清江始祖。《古愚心言》記載，足翁公派下兆一、兆二、兆三、兆四爲二世祖，分仁義禮智四房。兆一公傳億二公，傳愨庵公〔諱邦彥，封版部主政，贈督學〕，傳忍庵公（諱甫，官戶部，廣西督學，湖廣觀察），傳定軒公（諱大治，官戶部，曆楊州、敘

州、韶州守，升長蘆都運未任），傳從野公（諱文質，官揭陽令，由戶部出守桂林，任廣西左參，贈兵部左侍郎），傳後從公（諱憲安，官廣東陽山令），傳汝伯公（字伯梁，號一複，行五，贈給諫公）。汝伯公生於明萬曆壬寅年〔1602年〕，傳三子：鵬公、鵾公、鴻公。足翁公十世孫鵬公在順治十七年（1660年）中庚子科舉人後，曆官廣西左參政、贈兵部左侍郎，官至廣東巡撫。因爲官清廉，業績昭著，康熙帝褒獎其爲“天下廉能第一”。

第三支是“世祖特奏名第一、溫州府教授彝甫公”。彝甫公，字有來，南宋淳祐七年丁未科（西元1247年）特奏名進士第一人，官溫州府教授。彝甫公後裔除定居莆田的之外，尚有一支留居溫州。

第四支是“世祖宋處士諱渥公”。渥公乃閩東彭氏始祖思邈公後裔，系思邈公六世官公之四子，先居古田東洋，後遷興化，估計當在北宋太宗年間（976年）。渥公長子仁公後遷回東洋，而渥公的其他後裔仍留居莆田。

又據《作邑彭氏族譜》記載，遷公後裔乾房思溫公（官福州府學教授）同弟思傅公因元至正年間（約1359年）閩省紛擾，而舉家遷居莆田。再據《虹山彭氏族譜》記載，虹山始祖根公六世天祿公在南宋紹興年間（1311——1162年）“移居莆田北頭，即今莆田小橫塘”。而後根公二十三世恒解公又率子烏治公在先遷仙邑禦史嶺後移居到興化城後常太裏。在明萬曆六年（1578年）尚遺公《重修彭氏族譜序》中又記載，“莆之族，若尚書惠安公韶之子孫，先時嘗稱爲我中山之派”。作邑彭氏和虹山彭氏後裔在莆田的繁衍，也是今後彭氏考證的重要內容。

由於年代久遠，譜牒缺失，加上受莆田地理優勢影響，彭氏子孫居地頻繁遷徙，宗派多有交叉。現今居住在新度鎮港內村的舊厝裏、新厝裏、後湖、灰壁和港西村尾厝，以及居住在華亭鎮霞皋村（含從霞皋遷往城廂府後和仙遊陂頭）的彭氏，多數系“世德祠”汝礦公後裔。現今居住在黃石鎮橫塘村和新度鎮白埕村、港內村後彭、社兜以及城廂區張鎮村南箕的彭氏，多數系“清德祠”足翁公後裔。莆田彭氏還有一支與同安彭氏二世祖子安公同是天祿公的後裔。同安“始祖天祿公，別號念五”，其長子伯福公曾任興化路宣差，據傳仍有後裔居住在港西村北厝等處。現居梧搪鎮楓林村，新度鎮新度村，下阪村，郊尾村，城廂區霞岱村，步雲村，鯉埔村，江口鎮港下村，黃石鎮黃園村，林墩村和笏石鎮街道等處的彭氏先祖均待進一步查證。

足翁公五世忍菴公（即彭甫）開始纂修《橫塘彭氏族譜》。而後五世中的傑出後裔都相繼續修過族譜。清彭鵬公又在康熙壬申年（1692年）重修，並撰寫了《重修橫塘族譜序》。現在這篇珍貴的譜序尚存，而每過六十年都必定續修一次的《橫塘彭氏族譜》卻石沉大海，未能尋見，而且更沒有後來續修的訊息，不能不說是件令人痛心的憾事！

莆田彭氏是名流輩出的世系。自南宋祭酒椿年公以下，登宋紹興丁醜科（1157年）進士榜有澤宗公、奕休公兄弟二人。同年又有特奏名進士與公。澤宗公之弟奎公，又登乾道二年丙戌科（1166年）進士。淳祐七年丁未科（1247年）特奏名進士第一彝甫公，世稱“特魁”。足翁公五世甫公于明成化辛醜年（西元1481年），與其弟申公于成化丁未年（西元1487年），在前後七年間兄弟聯登進士，當時美稱“雙鳳”。甫公之子大治公登正德甲戌科（1514年）進士；孫文質公登嘉靖乙未科（1535年）進士；玄孫汝楠公登萬曆丙辰科（1616年）進士。在136年間祖孫四代繼登進士，受到朝廷褒獎。到清朝，足翁公十世鵬公舉“天下廉能第一”後，康熙又欽賜其父汝柏、祖父憲安、曾祖父文質官皆光祿大夫。時直隸巡撫于成龍也手書“帝眷忠清”匾額相賀（此匾列爲市第二批文物保護單位）。

莆田彭氏原有的“名臣彭惠安祠”、“世德祠”、“清德祠”、“清源祠”和“彭汝楠祠堂”等均已廢，現僅存彭鵬祠堂，在莆田縣城內大度街。**1993** 年在涵口原祠舊址上，由彭元輝率衆重建彭氏大宗祠。莆田彭氏昭穆字式，現通用鵬公所定二十字：“聖朝崇俊傑，世代守忠貞，雲礽能紹志，國祚永重興”。迄今三百年已傳至“志”字輩。

五、同安彭氏 — 天祿公世系

同安彭氏，又稱松山彭氏，自明正德丁卯年〔1507年〕創譜起，“不以遠祖爲譜，而斷以子安公”，使“彭氏之譜，真而可據”。

一世祖天祿公，生平行實舊譜因屢經兵燹而無法查考，僅有先世所藏世系小冊首帙注明“始祖天祿公，別號念五”九個字。

二世子安公，諱紹祖，生於元泰定二年（1325年），原居廣東省潮州府海陽縣西門內第三巷。天祿公生二子：長伯福、次子安。伯福公任福建興化路宣差。因天祿公及婆早逝，子安公即由長兄伯福公扶養。不幸兄嫂也相繼去世，子安公無處委依，便隨在同安縣所屬浯州（金門）鹽司任職的母舅馬氏生活。時值元末兵亂，子安公便不回歸原籍，而客居金門翔風裏十七都，娶金沙裏後學村羅大亨之女尾娘爲妻，後又娶妾孫氏。子安公生三子：妻羅氏生長子用

乾公、三子用斌公；妾孫氏生次子用吉公。子安公為人言行篤實，識時務，卒於明洪武壬申年（1392 年），享年 68 歲。婆羅氏卒於明永樂甲申年（1404 年），享年 80 歲，合葬涪州沙美鄉。同安彭氏聚居地之一沙美這個村名，應有沿用涪州沙美，深含不忘祖地的意思。1994 年 9 月 17 日辰時，臺灣彭炳進、彭武雄等重修金門子安公墓，于祭祖動土時在墓碑下挖掘出紅磚墓誌（該墓誌現收藏於臺灣新竹南寮祖祠），為這段歷史找到真實的依據。

子安公定居涪州沙美後，人丁興旺，所以自三世用乾公、用斌公起，協議分東、西兩派（注：子安公次子用吉公，諱仁祐，自陟遷到紹安縣徑口鄉後已無子嗣訊息）。

三世用乾公，於明洪武十四年（1381 年）以孝悌力田薦舉授山東青州府臨朐縣縣丞、迪功郎，後升調任廣東雷州府徐聞縣知縣、文林郎，因有惠政，家歌戶頌。其子孔道公自涪州遷居同安，因地處沿海一帶，故稱“東派”。孔道公創業駿發後，就長居在彭厝，與其五子敬瓚公、敬源公、敬懋公、敬厚公、敬森公一同在 1383 年起興建祠堂，而後在祠堂背後種植百株松樹，因樹得名松山，俗稱“松山衍派”。孔道公成為彭厝開基祖。敬瓚公後分三房：長克誠公，二克敬公，三克恭公。敬源公後分二房：長克全公，二克文公。敬懋公後分為五房：長克讓公，二克思公，三克剛公，四克猷公，五克雍公。敬厚公後分為二房：長克明公，二克清公。敬森公後分為二房：長克和公、二克靜公。

三世用斌公由涪州遷居同安之西、屬丘陵地帶的後肖村，故稱“西派”。為紀念彭氏先祖之大堂號“隴西堂”，又稱“隴西衍派”。用斌公生三子：長孫敬公，次孔仕公，三孔學公。孔敬公亦生三子：長敬宏公，先居竹甫，為竹甫開基祖。傳一房克堅公，後裔中有遷臺灣竹塹屬康壟莊，現是臺北的彭氏支派之一。次敬亮公傳一房克誅公，仍居同安後肖村。敬亮公為後肖開基祖。三敬肅公傳一房克裕公，遷居西溪四口圳，後又遷他處。有一支遷出擇居安溪縣依仁里觀山后宅（今龍門鎮觀山村）。孔仕公生一子敬明公和孔學公生一子敬初公，同為胡坵沙美開基祖。

同安彭氏，至今已有六百多年，現有六千多人，其中彭厝有四千多人，沙美一千七百多人，後肖三百多人。前昭穆 23 字，光緒丁酉又新添 20 字。昭穆字式如下：

天、子、用、孔、敬、克、欽、甫、大、堯、君、禹、汝、榮、煌、培、鐘、洵、楷、炳、垂、銘、淑、松、煥、堂、鉅、清、棣、炁、堅、銓、沛、模、烈、坊、錦、永、森、熾、基、錫、泰

同安彭氏，俊偉繼起，人文昌熾。自用乾公以下，九世大金公，官任大同府通判，授奉政大夫；九世大經公，明萬曆乙巳年〔1605 年〕經拔貢任汀州府長汀縣學博，官至湖廣衡州府教授，署知縣事；十世堯興公任南京省祭；堯相公，任江西永豐縣丞署縣事，後升益王府工科；堯敦公，康熙四十二年（1703 年）贈榮祿大夫；十一世君英公任仙霞關參將；君擢公贈榮祿大夫；十二世禹標公任福建中路總鎮左標中軍；禹璘公贈榮祿大夫。十三世汝灝公，少樂詩書，長習戎備，智慮膽力過人。清順治辛醜年（1661 年）受鄭藩衛將，康熙甲辰年（1664 年）以遊擊歸清後，曾隨靖海將軍侯施琅進取澎湖臺灣，兵部劄受左都督後。因軍功覲見康熙，特簡升任浙江黃岩鎮標中軍遊擊兼管中營事，誥封榮祿大夫，為統一祖國建功立業。十五世誅登公，任山西隰州、直顙州知州。

同安彭氏在克堅公後裔遷臺灣竹塹屬康壟莊後，因受汝灝公影響，自十三世“汝”字輩起，陸續有許多後裔，如汝次、汝登、汝銳、汝忠、汝碾、汝篪和汝束等人為發展事業，甘冒海峽怒濤駭浪，而與親人生離死別，揚帆渡海遷移臺灣。

《同安彭氏族譜》因有河泉公十多年精心整理，資料保存完整。自明正德丁卯年（1507 年）創修，相續五次續修，尤其是在民國甲辰年（1964 年）由十八世彭洵英、彭金隆、彭金山和十九世彭玉振在臺灣重修，使《同安彭氏族譜》更為珍貴。

《同安彭氏溯源》曾記述天祿公是延年公三房銳公後裔。由於廣東浦口流傳世系譜牒詳實，銳公後裔景福公（1298-1306）生盛子公（1281-1359）。盛子公生六男：君和、君德、君玉、君美、君瑞、君達，分六大房編列世系，記載完整。所以對天祿公先祖仍須進一步考證。

六、長汀彭氏 —— 福祥公世系

長汀彭氏始祖福祥公，原籍江西贛州府寧都州鐘鼓鄉白鷺樹下。後唐莊宗同光二年（924 年）遷入福建汀州府甯化縣合同里龍湖寨（今甯化縣治平鄉）。福祥公往游時見蟆蚣　土地肥沃，就在這裏築室定居，並將蟆蚣　地名改為彭坊（又稱彭屋），於是綿綿衍衍，派繁支分，不斷向四周擴展。

福祥公九世德誠公，曾於南宋淳熙年間（約1180年）複遷甯化縣曹坊鄉彭家莊。嘉熙年間（約1238年）。德誠公與父進儀公攜子十郎公又遷到長汀縣南山鄉朱坊彭屋。福祥公十世德誠公第四子仕滿公，諱振範，是長汀縣童場鄉彭坊開基祖，曆七百多餘年，發二十八世，人口約四千多人。其子孫除主居本地外，也有遷往江西瑞金、廣東梅縣及寧化泉上、清流嵩口、汀州黃坑裏等地。

據崇仁堂《彭氏通譜》考證，福祥公出自構雲公系，乃玕公七世孫。玕公生彥昭公，彥昭公生師俊公，師俊公生允鄶公，允鄶公生文輪公，文輪公生儒韶生，儒韶公生爵祿公，爵祿公生福祥公。

據清咸豐元年（1851年）《隴西郡彭氏甯化治平彭坊譜序》記載，彭坊原祠堂遭火，至二十余世重建宗祠，重修族譜。此前在清康熙壬戌年（1682年）、乾隆辛醜年（1781年）和嘉慶癸酉年（1813年）都曾續修族譜。1994年三十一世彭紹愛和三十四世彭佑康率眾重修《閩汀隴西郡彭氏家譜》。治平原族譜記載，福祥公派下昭穆字諱如下："福仕文世正，茂發星高元，達富必貴旺，榮宗耀祖興"。自1995年起，加三十一世至四十世"必友懷登慕，道定家邦國"。新編族譜的昭穆字諱長達160世。

七、德化大宗彭氏

德化彭氏共有四個支系，即霞碧南箕系、陶趣系、上園系和鳳陽系。"雖不同其祖之所由來，然溯流窮源，萬殊一本"，便四系合一爲隴西德化大宗彭氏，樹立了彭氏敦親睦族的典範。

南箕系　德化現存譜牒《隴西德化大宗彭譜志》，是1947年聘請德化公學校長連景祚先生擔任總纂編修的。以該《譜志》所錄《南箕族譜序》（明萬曆張椿芳撰寫）和《重修南箕族譜序》（清康熙彭士斌稿）爲依據，德化霞碧南箕系彭氏"派出臨川，洪武初幹城清源，永樂初什一龍潯，綿迄於今"。肇基祖慶公，生於元至順二年（1331年），原住江西省撫州府臨川縣八十二都第九社，明洪武八年乙卯（1375年）調撥泉州府衛後千戶所百戶黃清總旗梁福下爲小旗役，卒於洪武二十九年（1396年）。其次子閏公生於明洪武九年（1376年），於洪武二十年丁卯（1387年）報丁，二十九年父卒補小旗役，永樂元年（1403年）撥屯種遷住德化縣惠民裏霞碧村，得義田土，開拓霞碧、蟠龍、碧潭、蘇洋等村。閏公卒於明永樂十二年（1414年），爲南箕系開基祖，

陶趣系　開基祖史亥公，字文已。原自長洲（今蘇州）移江右（今江西），由江右遷泉州。洪武初年，奉命率泉州右衛所撥軍入駐德化潯中塗厝格。先居西門泮嶺，後遷北門外陶趣格。清乾隆二十九年（1764年）建陶趣堂爲陶趣彭氏祖宇。

上園系　開基祖頂生公，原籍江西，因助洪武建國有功，洪武二十三年（1390年）以紅牌事例奉調率江西撥軍入駐泉州。後遷德化上園村，曾建有建美堂祖宇。

鳳陽系　開基祖源德公，原籍失考，據直系相傳，元末參加明軍，於洪武十八年（1385年）撥軍到德化潯中鳳陽定居。曾建劇阪堂爲鳳陽開基祠宇。

在明初次第駐防德化的這幾支撥軍，墾荒屯田，繁衍生息，成爲德化獨特的彭氏軍制族群。德化彭氏在編修《隴西大宗彭氏譜志》時，也形成各支系融合統一的昭穆，從二十一世起，暫編至三十六世的昭穆字諱如下：

諱行爲：欽承愛敬　舉念謙恭　雲礽繼作　財業興隆

字行爲：詩書啓瑞　理學精通　賢能集福　俊傑留芳

2002年8月，由彭榮新、彭江漢、彭華德等發起，在德化縣龍門灘鎮蘇洋村新建彭祖祠，奉祀始祖彭祖。德化彭氏人口現有二千四百多人。

八、閩清彭氏 — 玉裁公支系

閩清彭氏居住在上蓮鄉的新村和溪坪村，根據《隴西德化大宗彭譜志》及彭澄（諱永保，慶公十七世孫）于清咸豐二年（1852年）撰寫的《豐伲彭氏家譜序》等資料，遷居閩清十一都的開基祖玉裁公，是德化南箕系慶公十二世孫、長房天錫公的六世孫，字淑知，生於清順治丁酉年（1657年），卒于乾隆庚申年（1740年），享年84歲，因繩其祖武，而四端（仁、義、禮、智）齊備，被尊爲遷梅始祖。在閩清已經繁衍十二代，現延用德化大宗昭穆到"啓"字輩，人口六百多人。

九、仙游彭氏 —— 連發公支系

因仙遊縣與虹山鄉山水相連，又有古代開鑿的官道相通，所以自南宋景炎年間（約 1276 年）起，虹山彭氏後裔就頻繁移居仙遊。據《虹山彭氏族譜》記載，十三世連發公之子傑秀公最早從虹山遷居仙遊中埔，隨後代有虹山族人移居仙游縣城、東鄉和西鄉各處，有案可稽的高達 49 人次之眾。

根公十二世上春公生三男，長連發公，官居興化郡職授郎，因慕仙遊中坡乃風水寶地，便置田拓荒，率子肇基中坡。連發公爲**中坡開基祖**。迄今七百多年，形成了一千七百多人的賴店中坡（張埔）彭姓聚居地。現在中坡古跡中有開宗彭氏宗祠、古和美石橋和先祖手植的杜樟、銀杉等三棵古樹等。每當逢年過節，中坡後裔都會翻山越嶺到虹山祭掃祖墳。而後，自清嘉慶二十年（1815 年），根公三十世恂瑾公派下奎公隨母遷往仙遊（今鯉城城東萬福村）和同治八年（1869 年），根公三十三世恂瑾公派下永曜公遷往仙遊仁德里（今龍華金山）起，虹山族人不斷移居仙遊。現在也形成一千五百多人在龍華金山和三百多人在城東萬福等彭姓聚居地。

居住仙遊城關的陂頭彭氏宗支，始祖德輝公于明朝末年山莆田港內遷往仙游，世居文賢裏陂頭村（今度尾鎮洋阪村郊邊鳳嘴口）。清咸豐年間十五世祖通成公又由陂頭遷居城關，迄今已繁衍至二十三世，族中人才輩出，頗具影響力。

十、武平高埔彭氏 —— 禎祥、榮公世系

居住在武平氏彭高埔村的彭氏，是在西元十六世紀初從武平的岩前東峰村遷移而來的。可能是廣東始祖延年公後裔梅縣君達公派下的一個宗支，但因世次缺失，目前無法聯譜。

高埔開基祖榮公，生於明萬曆年間（約 1574 年），因明末戰亂，災荒嚴重，迫于生計，陟遷謀生。先經差幹洋坑，後到大中打子石，最後輾轉到武平高埔村定居。而後將其高祖禎祥公骸骨也移遷到高埔下窩老地坪，建墳立碑，每年八月初一祭祀，並尊禎祥公爲高埔世系一世祖。榮公生二子，長廷才，次廷選。二世廷才公生一子錦，公居雁嶺，建有"獅形"家祠；廷選公住"象形"家祠，與雁嶺"獅形"家祠並稱爲"獅象把水口"。

高埔彭氏傳至十一世元富、元隆、元英、元華起分爲四大房，長房已繁衍至二十一世，人口七百多人。2001 年 9 月十八世加麟率眾創修《高埔彭氏族譜》。

十一、上杭彭氏 —— 五九郎支系

據民國《上杭縣誌》"氏族志"載，"入杭始祖五九郎，二世俊二郎，開基縣南上都青潭鄉，至七世福聰分居縣東安鄉（今廬豐鄉上坊村）"。又據《客家姓氏源流匯考》曹永英查考，上杭彭氏屬廬陵吉水分宜傳流世系，遷入青潭的始祖應是延年公第五子年 營 公後裔，徙遷路線爲揭陽—大埔—梅縣—蕉嶺—武平岩前伏虎村—上杭。二世俊二郎生二子：念二郎、念三郎。三世念三郎生二子：齡四郎、德七郎。自四世起分兩大房繁衍。

齡四郎系仍留祖居地青潭村，但五至十三世世系已失，至十四世分恩九、崇九兩大房。恩九生一男麗玉；崇九生三男：洪玉、賓玉、安玉。現已繁衍到二十四世。清乾隆年間該村建有"齡四郎公祠"一座，橫聯"好古堂"，門聯爲"好古家聲遠，隴西世澤長"。該祠現已毀壞。

德七郎系世序爲：德七郎公生義公，義公生養吾公，養吾公生德聰公。七世德聰公遷到安鄉開基，並將祖父義公、義養吾公骸骨也移到安鄉安葬。德聰公生景玉公，景玉公生相塘公（九世相塘公之後裔文盛公，於清乾隆十三年（西元 1748 年）遷到長汀灌田、江西萬安等地）。至十六世又分玉章、衡章兩房，現已繁衍到二十三世。

另外，散居上杭蛟洋鄉梅子壩村的彭氏，可能是延年公第三子銳公的後裔，但其入杭始祖已無法查考，而在梅子壩村已繁衍到二十三世。

源流探索是個經久不衰的課題。爲迎接省姓氏源流研究會召開《海峽百姓論壇》，筆者依據多年來搜集的族譜資料，整理成這篇文稿。因譜牒缺失，難免挂一漏萬。由於十年"浩劫"對歷史文化的破壞和摧殘，許多族人曾經珍藏的珍貴族譜（包括我家先祖的家乘），都在浩劫中焚毀。這就給歷史考證造成無法彌補的永遠缺憾。文章中對一些存疑的問題，對一些未能尋見譜牒的彭氏宗支（如建甌、東山杏城鎮徑口村等），筆者會繼續去認真查證，留待修改時再作補充。

祝願彭氏宗族在民族振興的盛世中更加興旺發達！　　　　　　　　　彭嘉慶 2007 年 4 月 19 日於廈門紫金大廈

陂頭彭氏淵源初考

　　始祖德輝，世居陂頭，陂頭彭氏"始祖德輝公，明末由莆遷仙，世居文賢裏陂頭村"（現轄屬仙遊縣度尾鎮洋阪村郊邊自然村鳳嘴口）。明末清初，戰亂頻繁，民不聊生，賦稅夫役，苦不堪言。尤其是興化府城百姓又遭受順治五年〔1648 年〕清兵屠戮之禍，流離失所，慘不忍睹。而仙游縣文賢裏緊靠山區，是明代戶部尚書鄭紀的故鄉，又是仙遊的富庶之鄉及主要糧食產地。這一帶村民勤勞耕作，應徵夫役，交納賦稅，冠于全邑。文賢裏中嶽街（距坡頭村一公里）更是仙遊、永春、德化三縣農副產品集散地，商業、手工業比較發達。中嶽街原設有驛站，還建有城隍廟，祀奉城隍爺。這裏在戰亂年代是較爲平安的棲身之所。先祖避亂遷徙，就選擇文賢裏陂頭村鳳嘴口吉地定居。在這塊彭界宅地上原先建有祖厝和家祠，但已毀於二十世紀六十年代初期。宅地後面背靠的鳳嘴山，曾是陂頭彭氏先祖的墳山，先祖墳墓也因年代久遠而多毀失。近幾年經家父安排宗侄世桂和侄孫錦平反復查找，僅找到了（16 世祖）公馨公、淑配氏媽、長男揚侯公、淑配氏媽和長孫榮隆公合葬墓，（16 世祖）公舟公及淑配陳氏合葬墓，（18 世祖）伯圭公墓以及祿官公墓、亦尊公墓等七塊墓碑。據家伯玉輝回憶，族譜上曾記載〔17 世祖〕貴春公有一姑媽，嫁給與陂頭相鄰的後埔村武生林紹麟，從而與後埔林氏緣份至深，數世聯姻。

　　遷自莆田，源於港內。　　陂頭彭氏原是莆田港內彭氏的分支，德輝公與港內本支八世祖德義公同宗。明朝刑部尚書彭韶公於弘治七年（1494 年）逝世，尤其是清順治五年(1648)清兵攻毀興化府城後，安葬在霞皋山上，而後便有族親遷往霞皋或由霞皋又遷涉他處定居，德輝公或其後裔就是其中的一員。由於賢始祖的生活及自然條件較爲優越，德輝公在明朝末年，及後由莆遷仙後便定居陂頭。若按時間推算，始祖德輝公迄今三百六十多年，繁衍輩數已有 21 世，每世平均 25 歲，當屬正常情況。但從祖厝和墓碑分析，自莆田遷仙的年限不會太久，沒有 16 世祖以前的墳墓，或許定居陂頭是從德輝公後裔開始的。在近幾年的查尋中，一直未能尋見莆田港內和霞皋的譜牒資料，只得留待今後去繼續考證。鑒於源自港內〔列代先祖請香祭祖必往港內〕的認知，家父玉衡親率我們子侄等曾多次往莆田港內拜祭先祖，並讚頌和支持元輝宗叔重修彭氏大宗祠的義舉，也合力捐助修祠費用壹萬貳千多元，家父親筆爲大宗祠題寫"根發隴西，三代司馬揚祖聲；系承宜春，四世名宦衍家聲"的石刻楹聯。筆者也懷著虔誠的敬祖之心，敬獻"崇德思源"匾額和題刻"先祖辟武夷，南宗衍派家風古；狀元牧潮州，西市發祥世澤長"的大門對聯。在 2004 年武夷山彭祖文化節和第六屆世界彭氏宗親聯誼會前，筆者將在港內舊祠堂發現的清朝名宦彭家屏遺稿視爲珍寶，並自己出資校刊考釋成《彭氏溯源紀略》一書〔已由國家及相關省級圖書館收藏〕，奉獻給莆田彭氏大宗祠，奉獻給在武夷山召開的第六屆世界彭氏宗親聯誼大會，以抒發木本水源的思祖深情。

　　有關陂頭彭氏世次的線索在十年浩劫期間散失殆盡：一是城關家裏珍藏的綫裝手寫家譜和記載自始祖德輝公以下 16 世祖先名諱的木主牌，都被紅衛兵燒毀；二是原在陂頭家祠供奉的木主牌，據傳宗兄加成公在"文革"中臨終前曾親手用甕罐裝好，埋藏在舊宅地下，家父雖多次組織找尋，卻一直無法尋見；三是宗侄世桂早年曾在舊宅厝基旁挖出兩塊刻有文字的石板，可能是祖先記述遷涉、世系的資料，現在也無處查找；四是先祖父榮鏗公曾製作刻有家族資料的楠木桌屏，每逢婚壽喜慶吉日，便奉香擺列大廳條案之中。這桌屏在浩劫中被查抄後，賣給省文物總店。但據總店人員回憶，已轉售給海外商人，不知至今遺落何處？所以，慎重記下這些陂頭彭氏的溯源線索，期待著今後或能查尋到先祖的相關資料。

　　通成肇基,遷居城關　　15 世祖通成公，是製作木農具的能工巧匠，技藝精湛。于清咸豐年間時常往來城關西門外，以制售木農具爲生。當時系 19 世紀中葉，交通不便，行旅商賈，均靠肩挑貨物或驢馬駄載貨物上市，農民自產自銷農產品，與手工業者在趕墟日形成市場交易。這類市場集中在紙山頂、池頭、田垱底溝垱和西門兜河溝垱一帶。通成公擅長製作扁擔、鋤頭柄、松尖柄、犁肩等，往來度尾、城關之間，翻山越嶺，十分艱苦。爲方便生計，便攜帶家眷租屋居住城關。據考，通成公生三男；長公馨公，次公舟公，三公甫公。公甫公隨遷城關。通成公墓原在東門功建裏燈塔穴（已毀）。

　　16 世先高祖公甫公長大成器後，娶孝仁裏城山村余氏媽，于同治五年(1866)在安懷街開設義順山貨店。安懷街（俗稱半度街）是當時城關最繁華的市街。當時城關商店設在安懷街（半度街）、永正街（西亭宮）、永淳街（二保）、

龍井街、拱橋頭、縣頂街一線，尤以西門半度街最繁華，人群熙攘，川流不息。公甫公開設義順山貨店後，從此殷富小康，家道日隆，就買下田坽底後戴家毗連的二幢平屋。公甫公育二男二女：長富春（字登侯）公，次貴春（字陽侯）公。長女適善化裏上梧園鄭村秀才鄭開緒爲室，是民國初年永春縣知事鄭紱（字甫卿）生母。次女適田嶺底後福三官毛家，是廈門順義隆紗百商行仙游順全隆分行鋪東毛德琦、毛德舜生母。公甫公和余氏媽墓原在興善寺蛇腹穴（已毀）。

1928 年北伐成功後，國民革命軍海軍第一混成旅林壽國旅長銜省督軍吳威之令擴建仙遊縣城。在擴建城關道路時，後門亭原鋪溪石小路拓寬爲 12 米寬的水泥路面，二幢平屋要拆遷。先祖父榮鏗公帶頭回應，主動拆除舊宅，並新建一幢六間門面、三層樓的樓房，成爲當時城關模範街的組成部分。

書香傳家，繁衍發展，17 世祖富春公，字登侯，生於道光二十年（1840 年）卒於光緒二十八年（1902 年），國學生，翰林院典簿銜，授修職郎，但平生篤愛三一教。頗具感召力，傾注身心爲三一教服務，而被推選任仙遊三一教掌教，名重民間。淑配頂莊林氏，續配度亭吳氏，富春公育二男：長榮金（字伯貢），次周廷（字伯宴）。富春公與林氏媽、吳氏媽及次男伯宴公合葬功建裏北門外燈塔穴厝後（已毀）。

17 世先曾祖貴春公，字陽候，號廉川，生於道光二十五年（1845 年），卒於光緒二十三年（1897 年），秉性聰慧，弱冠即中秀才，學識優異，文筆犀利，師台卜寶策賜以「選魁」匾額，以示寵榮。爲弘揚儒家學說，貴春公與舉人王恩曾、王同曾，廩生黃湛恩等人倡組「留硯社」，並任主事，而後倡建仙游朱夫子祠，祀奉理學名家朱熹。貴春公與黌舍士子切磋琢磨，精研大學之道。爾後又捐資興建「大興書院」，擔任教授，從學童生經批改墨卷，精心點撥，學業長進得中府學秀才者，達十三人，讚譽滿仙邑。貴春公爲教誨後代發奮努力，曾手書「心爻」匾額，作爲家訓，懸掛大廳。貴春公育二男：長榮鏜（字伯鸞），次榮鏗（字伯爾）。貴春公與淑配巷吳氏媽原葬油䴢裏昭德公祠堂後山，後骸骨改葬大濟小鐘山臥牛穴（系山外甥鄭甫卿尋覓的佳穴）。**1994** 年由裔孫玉衡率子嘉慶出資改建紀念碑，省書法家協會副會長蔣平疇書寫碑文，中國楷書大師張瑞齡書寫墓誌銘（銘文中生卒年有筆誤，均應推遲五年）。

18 世先祖父榮鏗公（1887—1959），字伯爾，號瑟希。9 歲失怙，便由生母吳氏媽撫養成長，11 歲就在壽山中藥鋪當學徒，15 歲到春成京果店當夥計，歷經磨練，剛毅詳和。20 歲起由摯友薛青雲介紹進義德轉運棧工作，深得老闆辜招貴的器重。後山辜老闆贊助，與同夥薛青雲、鄭慶增、方家華等人，爲客商托運貨物，輾轉來往福州、莆田、仙遊、永春、德化、大田等市縣。民國二十年（1931 年）因經濟發展，獨資開設新德義五金店，並應募入股莆田電廠等。榮鏗公爲人仗義，精明幹練，被推選爲縣商會五金業理事長。

榮鏗公一生公道豪爽，樂善好施，篤信基督教，是縣基督教福音堂老執事，縣信徒聯合會幹事，教會設立的協和醫院董事。爲教會、教會公寓、慕陶中學、紅十字會及協和醫院等社會公益建設，經常出資出力，貢獻頗多。因與飛錢陳孔松公系姻親關係，過從極其親密。榮鏗公成家創業之後，陳孔松公五房出振公。曾親自書寫「持家安靜方爲福，處世和平白寡尤」的楹聯，懸掛在彭家大廳。榮鏗公身體力行，並用爲家訓，教導子孫代代奉行。其兄榮鏜公英年早逝，榮鏗公扶養年僅五歲的侄兒玉振公長大成才。叔侄相依命，情深意篤，街鄰稱頌。榮鏗公與泉州虹山彭寨宗親往來密切，如彭殟心、彭覃生、彭乃興、彭棠、彭鑒等名流和鄉親一到仙遊，便由榮鏗公供給膳宿，代爲辦理諸多事務。彭寨宗親在仙遊遇到任何困難，總有榮鏗公爲之排難解紛。榮鏗公對宗親熱情誠懇，禮遇有加。數十年過去了，彭寨宗親記憶猶新，有口皆碑。仙遊民間敬稱榮鏗公爲「彭六」、「六叔」。在六十壽誕時，社會名流聯合敬贈「杖鄉碩望」金字大匾額致賀，載譽桑梓，備受敬重。

榮鏗公 26 歲結婚，元配王氏育三男三女：長玉輝、次玉衡、三玉儒；長女美玉、次女美愛、三女美珠。榮鏗公續配龍華陳氏，育一男一女：男玉順，女瓊英。王氏春治，是開閩王王審知後裔、著名舉人王肇模幼女，其兄乃縣紅十字會醫院院長、著名西醫王銘勳。

榮鏗公與元配王氏、續配陳氏合葬於城北蜚山之麓興善寺外橄欖樹旁，墓朝壺公山。1985 年因修建道路，又遷葬富詳嶺二街亭左側旗鼓穴，與其摯友黃碧青墓並排聯坐。

德輝公二十世孫　嘉慶敬撰於 2007 年 5 月 19 日

福建省莆田市仙遊縣德輝公系通成公派下

乾房富春公支

　　彭祖－莆田港內始祖－迁仙始祖德輝－15 通成－16 公甫－17 富春－18 伯貢－19 玉榜－20 加湄－21 世椿－22 錦山－23　城

　　富春公，字登侯，國學生，翰林院典簿銜,授修職郎,生於道光二十年（1840 年），卒於光緒二十八年(1902 年)，配頂莊林氏。

17	18	19	20	21	22	23
富春	長男鴻書公,字伯貢,乳名榮金,別號品三 授翰林院待詔銜 咸豐丙辰六年生 光緒丁亥 13 年卒 1856.5.13~1897.4.26 配眉山蘇氏 1858-1902	男玉榜公,字子禮 生卒未詳 配潭邊吳氏	長男加謀公，字男諸，生卒未詳			
			次男加典公,字男藉（1900-1948）配王雪雲,生卒未詳	女佩芹　　1928 年 適劉開枝　1930 年	長男劉新年 1957 年	女劉豔嬌 1983 年
					次男劉新春 1964 年 配鍾素芹 1975 年	女劉豔豔 1995 年
					長女劉愛英 1952 年	長女林豔莉1980 年
						次女林怡 1982 年
					次女劉愛珍 1954 年 適陸清玉 1950 年	男陸靖 1982 年
						女陸奕心 1980 年
					三女劉愛華 1970 年 適伊向莘 1956 年	男伊文謙 1998 年
						女伊佩蓉 1993 年

17	18	19	20	21	22	23
			三男加淵公，字男台（1909-1974）配吳雪玉，別名露珠（1913-1994）	長男世椿（1936-1992）配王玉蒼（1942-1996）	長男錦雄1963年配王愛金1966年	女奕瑾1989年
					次男錦銘1965年配林美愛1968年	女奕瑩1996年
					三男錦標1967年配張琪1969年	女奕翌1996年
					四男錦鋒1972年配李愛姐1969年	女奕楠1997年
					五男錦山1977年配佘麗華1976年	男珹2004年女奕嫻2002年
				次男世華（1939-1998）配方金美 943年	男錦添1972年	
					長女麗娟1963年適淩錦敏1959年	男淩楠1990年女淩航1984年
					次女麗娥1966年適何伯堂1965年	男何秋楠1992年
					三女麗仙1967年適魏平昇1966年	女魏靜1992年
				三男世澄 1941年配黃清連 1948年	長女麗萍1977年適林亞陽1979年	
					次女麗紅1978年	
				四男世林	男錦平	

17	18	19	20	21	22	23
				1949~1991 配 黃彬 1954 年	1977 年	
					女 嬡嬡 1980 年 適李雄偉 1978 年	
富春	伯貢公	玉榜公	加湄公	長女佩容 1931 年 適莊葉 （1929-1979）	長男莊雲 金1959 年 配余阿香 1968 年	長男莊劍雄 1986 年
						次男莊劍鷹 1988 年
				次男莊焰 1962 年 配王少生 1968 年	男莊旭 1996 年	
						長女莊梅娟 1991 年
						次女莊梅芳 1991 年
				三男莊枝 1967 年 配林玉鳳 1968 年	男莊星 1997 年	
						長女莊明明 1992 年
						次女莊婷婷 1994 年
				長女莊愛金 1954 年 適陳會 1947 年	男陳仙假 1978 年	
						女陳仙妹 1982 年
				次女莊愛芹 1965 年 適黃玉禧 1967 年	男黃餘耕 1993 年	
						長女黃彬彬 1989 年
						次女黃航仔 1990 年

17	18	19	20	21	22	23
					三女莊愛珍 1970 年 適林偉中 1970 年	男林旭星 1995 年
				次女佩英 1934 年 適陳玉良 1931 年	男陳如鵬 1962 年 配郭秀香 1963 年	男陳秉彥 1988 年
					女陳如燕 1957 年 適吳理華 1955 年	男吳學毅 1983 年
				三女炳英 1944 年 適阮木霖 1942 年	長男阮星晁 1971 年 配袁藝 1971 年	男阮俊瑋 2003 年
					次男阮星宇 1979 年	
					女阮麗雙 1975 年 適傅少榮 1972 年	男傅梓吉力 2001 年
				四女淑英 1954 年 適陳禮秋 1954 年	男陳曦 1982 年	
富春	伯貢公	玉聰公 配	加彬公 （1917～1983） 配林蒼哥 1921 年	長男金明 1957 年 配蔡淩琴 （1960～2003）	女林嬪 1983 年	
				次男金清 1959 年 配薛玉蘭 1964 年	長男林偉 1984 年	
					次男林泉 1990 年	
				長女金英 1946 年 適林人林 1944 年	男林震 1974 年	
					長女林俊峰 1970 年 次女琳賽峰 1072 年	
				次女金珠 1952 年 適黃宗熙 1947 年	長男黃峰 1975 年 次女黃輝 1977 年	

17	18	19	20	21	22	23
	伯貢公	女金鶯 適鄭文翰	男鄭希西　1922年 配黃永福　　1923年	長男鄭維樵 1947年 配　許聰哥 1948年	男鄭　勇 1971年 配陳黎紅 1975年	男鄭亦晟 1999年
					女鄭　莉 1974年 適謝高順 1972年	
				次男鄭維雍 1949年 配　劉鷺濱 1959年	女鄭　嵩 1984年	
				三男鄭維椎 1957年 配　朱美英 1961年	女鄭　頡 1986年	
				長女鄭維雅 1951年 適　陳亞德 1949年	女陳　穎 1979年	
				次女鄭維惟 1953年 適　陳國權 1952年	男陳　頡 1982年	
				三女鄭維佳 1955年 適　林錦濤 1954年	女林　頻 1986年	
	次男:伯宴公 乳名周廷 生卒未詳 配溪頭林氏 生卒未詳	長男玉王廉 公生卒未詳 配	女國美　1919年 適遊嘉新　1910年	長男遊錦鮮 1936年 配林福珠　　1938年	長女遊華 1968年 適高海林 1967年	女高靈 1995年
					次女林蓉 1970年 適潘文雄 1968年	女潘虹霓 1995年
					三女遊蕾 1975年 適許勁松 1974年	
				次男遊錦康 1942年 配付紅玉　　1945年	男遊建成 1971年 配劉任蘭 1974年	女遊琬婷 1996年
					女遊雪珍 1975年 適黃元泳 1972年	女林琬晶 1999年
				長女遊秀福 1939年 配鄭良澤　　1932年	男鄭建飛 1968年 配嚴兆華	男鄭瀚傑 2000年

17	18	19	20	21	22	23
					1969 年	
					女鄭建彬 1965 年 適胡雄飛 1967 年	女胡文婷 1994 年
				次女遊秀英 1950 年 配朱美通　1941 年	長男朱建欣 1971 年 配陳建萍 1967 年	長女朱餘靜 1994 年
						次女朱余凡 2001 年
					次男朱建達 1975 年 配陳霞 1976 年	
				三女遊秀香 1954 年 適遊德賜　1954 年	長女遊莉 1981 年 次女遊覽 1983 年	
		次男玉錦公,入贅後山陳 家生卒未詳， 配戴氏, 生卒未詳	男 陳文濤 配 梅氏	男陳輝 年		
	伯宴公	三男玉盤公 1893.8.24~1961.10.12 配下厝陳氏 1902-1994	長男嘉清 （1921-1995） 配張聰治　1922 年	長男世明 1948～1957		
				次男世忠　1955 年 配鄭麗仙　1958 年	男錦暉 1982 年	
				三男世福　1958 年 配張惠芳　1961 年	男偉 1985 年	
				四男世容　1962 年 配李愛清　1963 年	男王青 1988 年	
				女淑華　1952 年 適林元庭　1950 年	男林丹楠 1980 年	
			二男嘉源 1926 年~?			
	伯宴公	玉盤公	長女春治　1924 年 適林玉滿 （1921～1982）	(遷居印尼泗水)		
			二女福哥　1931 年 適肖開焰　1928 年	長男肖益民 1950 年 配林美香　1955 年	女肖穎 1978 年	

17	18	19	20	21	22	23
				二男肖建民 1953 年 配阮玉英　　1951 年	男肖劍峰 1989 年	
					女肖梅 1986 年	
				三男肖偉民 1955 年 配付雅謙　　1963 年	長女肖靖 1984 年	
					次女肖嫻 1988 年	
				四男肖志民 1959 年 配劉世華　　1959 年	女劉瑜 1983 年	
※			三女林治　　1937 年 適曾昭明　　1934 年	長男曾少雄 1963 年 配李麗生　　1963 年	女曾婷 1992 年	
				二男曾少教 1966 年 配陳琳萍　　1977 年	男曾堯年 1997 年	
	伯宴公	玉榜公		三男曾少洪 1968 年 配李素珠　　1967 年	男曾煜 1999 年	
				四男曾少英 1971 年 配陳愛萍　　1973 年	女曾慧斌 1999 年	
			四女梅貴　　1942 年 適黃元錦　　1938 年	男黃文豪　　1968 年 配吳建雙　　1969 年	女黃怡菲 1998 年	
				女黃麗菁　　1971 年 適張德東　　1970 年	女黃芷琪 1998 年	

福建莆田仙游德輝公系通成公派下

坤房貴春公支

彭祖-莆田清江府裔 —— 遷仙始祖德輝公-15 通成-16 公甫－17 貴春－18 榮鏗－19 玉衡－20 嘉慶－21 智-22 新宇

貴春公，字陽侯，別號廉川，生於道光二十五年（1845 年），卒於光緒二十三年（1892 年）。配學巷吳氏。

17	18	19	20	21	22	23	24
貴春	長男榮鏗公 字伯鸞號鴻 1872-1907 配林氏, (生卒不詳)	男玉振公,字子德道 號誠一 1902.5.16~1970.1.1.4 配林氏 1908-1931 續王氏 1906-1986	長男嘉煌　1924 年 配臺灣陳雙 1930--1998	長男松林　1949 年 配呂玲真　1951 年	女　陳芷芸 1975 年		
				次男松濤　1952 年 配許美珠　1955 年	男 奕翔　　1985 年		
					女 佩琪　　1982 年		
				三男松淦　1954 年 配許麗鳳　1955 年	長男敬仁　1984 年		
					次男健銓　1988 年		
				四男松江　1956 年 配蘇惠敏　1965 年	長男寶寬　1987 年		
					次男寶廣　1993 年		
				女毓秀　　1951 年 適呂明益　1948 年	男呂昱鋒　　1978 年		
					女呂盈鍬　1981 年		
	榮鏗公	玉振公	長男嘉煌　1924 年 配林紹治　1929 年	女淑霞　　1946 年 適陳宇梅　1941 年	長男陳峰　1969 下 配呂芳　　1969 年	男陳禹韜 1997 年	
					次男陳暉　1971 年 配吳珠華　1975 年	女陳禹欣 2003 年	
					三男陳勇　1975 年 配黃雪麗　1976 年	男陳禹睿 2003 年	
			次男嘉水　1937 年 配吳梅生　1938 年	男 艇　　1970 年 配陳世珍　1978 年	男楊曦　　1984 年		
				女 航　　1968 年 適楊國豪　1967 年			
			三男嘉全　1940 年 配倪嫣瑜　1945 年	長男 偉　1971 年 配陳丹　　1971 年	男逸強　　1998 年		
				次男 華　1974 年 配葉麗莉　1975 年	男逸軒　　2007 年		
	榮鏗公	玉振公	長女美蘭 1927～1998	長男林文森 1953 年 配徐碧欽　1958 年	長男林錦沐 1978 年 配郭鳳媛　1977 年		

17	18	19	20	21	22	23	24
			適林德山 1929～1985				
				次男林忠欽　1962年 配林姐哥　　1962年	男林錦尉　　　1987年		
					女林群　　　　1988年		
				三男林文忠　1968年 配李秀嬡　　1968年	男林錦傑　　1993年 女林　貞　　1994年		
			次女明治　　1932年 適謝錫齡　　1928年	男彭建平　　1959年 配魏碧蓉　　1961年	男彭巍巍　　　1987年		
				長女彭淑仙　1955年 適楊文傑　　1955年	女楊蓓娜　　　1984年		
				次女彭淑箴　1957年 適林清洪　　1955年	女林彥　　　　1984年		
				三女彭淑琴　1966年 適李毅陽　　1967年	男李昊　　　　1994年		
貴春	榮鏜公	玉振公	三女興治　　1935年 適黃如湖　　　年	長男黃金勇　1959年 配林明英　　1961年	長女黃少珊　1981年		
					次女黃少琳　1983年		
				次男黃金敢　1965年 配黃麗新　　1966年	長女黃姬鳳　1988年		
					次女黃姬蓉　1991年		
				三男黃金挺　1968年 配黃秀蓮　　1969年	男黃統　　　1990年		
					女黃梅芳　　1989年		
				四男黃金帥　1972年 配詹素紅　　1971年	長男黃書晴　1993年		
					次男黃嬰幾　2002年		
			四女梅英　　1944年 適朱麟鎖　　1939年	長男朱茲松　1971年 配黃凌嵐　　1971年			
				次男朱茲柏　1973年 配謝添紅　　1973年	男朱紀澄　　　1999年		
				長女朱曉紅　1966年 適唐冠英　　1965年	男唐濟衡　　1992年		
				次女朱雍真　1968年 適謝平健　　1965年	女謝君淩　　1992年		
			養女黃珍治 1921~1946				
貴春	次男榮鏗公, 字伯爾 號瑟希, 雅稱六叔 1887.2.12~1959.12. 配 王春治	長男玉輝,字子光, 1921年 配傅慶福 1920年	長男嘉恩 1942~1970				

17	18	19	20	21	22	23	24
	1898～1934 續 陳愛德 1909～1976						
			二男嘉德　　1954年 配張興華　　1955年	男德華　　1981年			
			三男嘉來　　1958年 配葉曉輝　　1959年	男　晟　　1985年			
			長女端嬡　　1949年 適林慶晃　　1942年	長男林曙東 1970年 配黃連蘇　 1983年			
				次男林曙明 1975年 配林貴雙　　1976年	女心羽，2006年		
			次女端明　　1952年 適戴青年　　1953年	女戴娟　　1980年			
		次男玉衡,字子權 1925年 配林芹哥 1924年	長男嘉慶　　1945年 配劉瑤　　　1943年	長男騫　　1972年			
				次男智　　1975年 配楊詠茹　　1979年	男新宇　2006年 女宜蓉　1999年		
				女　騰　　1970年 適霍泉　　1969年	男霍宏王景 1996年		
貴春	榮鏗公		次男嘉興(永) 1947年 配茅素蘭　　1952年	女　琦　　1977年 適吳世明　　1976年	男宜澤　　　2004年		
			三男嘉建　　1951年 配吳文君　　1951年	男　憲　　1983年			
			長女端英　　1949年 適楊玉聯　　1941年	男楊爲民　1974年 配洪燕鳴　1974年	女楊紫弈　　2004年		
				女楊雪晶　1972年 適林東興　1971年	女林蘭　1999年		
			次女端麗　　1963年 適張明昭　　1955年	女張斯翎　　1985年			
		三男玉儒1928～1949					
		四男玉順 1934年 配林美蓮 1944年	長男嘉霖　　1967年 配林美琴　　1969年	女　程　　1995年			
			次男嘉星　　1971年 配林雪梅　　1975年	男宸　　2005年			
			三男嘉仁　　1973年 配黃　寒　　1973年				
			四男嘉福　　1973年				
		長女美玉 1915年 適遊壽曙1913—1950	長男游文篤 1938年 配林美哥　 1946年	長男黃雄模 1970年 配溫世洪　1970年	男益騰　　2002年		
				長女明敏　1992年			
				次女雅婷　1999年			

17	18	19	20	21	22	23	24
				次男遊雄偉 1971年 配李美琦 1967年	男如騰　1995年		
					長女琳琳　1991年		
					次女雅婧　1993年		
				三男黃雄達1974年 配蔣紅嬰 1975年	長男志騰　1997年 次男景騰　2004年		
			次男游文駕1945-1996 配林淑雲 1946年	長男遊新福 1971年 配遊愛珠 1971年	長女遊雅儀1990年		
					次女游紫億2002年		
				次男遊新澤 1978年 配楊林花 1980年	男如翔　2005年		
貴春	榮鏗公	長女美玉	長女游文蘭1942年 適郭永祥　1938年	男郭加楊　1969年 配林麗珠　1969年	長男郭彬　1992年		
					次男郭傑　1995年		
				長女郭秉燕 1963年 適郭各瑞　1958年	男郭智謀　1995年		
					長女郭夢靜1984年		
					次女郭夢真1990年		
				次女郭秉愛1965年 適陳元梅　1963年	長女陳偉萍 1984年		
					次女陳偉娟 1990年		
				三女郭秉建 1967年 適陳穎鋒　1972年	男陳智榮　2000年		
					女陳智瑩　1991年		
				四女郭秉菊 1972年 適遊飛勝　1972年	男遊翰樺　1996年		
			次女游文維 1947年 適黃良鳳　1937年	男黃文勇　1975年 配付曉麗　1975年	女黃藝舟　2002年		
				長女黃秀娟 1968年 適郭劍峰　1963年	男郭毅　1991年		
				次女黃秀貞 1971年 適施國臻　1968年			
貴春	榮鏗公	次女美愛 1924年 適陳德良 1921~1964	長男陳培如 1950年 配陳秋萍 1949年	女陳 玲　1980年			
			次男陳喜如 1952年 配劉昭坤　1963年	女陳佳音　1985年			
			三男陳景如 1954年 配程瑞彬　1958年	男陳軍　1981年			
			四男陳建如 1963年 配陳展眉　1962年	女陳 虹　1993年			
			長女陳珍如 1947年 適陳清坤　1946年	長男陳景勇 1976年			

17	18	19	20	21	22	23	24
※				次男陳景偉 1978年			
			次女陳躍如 1958年 適程慶祥 1954年	女程佳莉 1985年			
貴春	榮鏗公	三女美珠1930年適 葉桂芳1930年	長男葉希偉 1958年 配林敏 1958年	長女葉霞 1984年 次女葉婷 1985年			
			二男葉希力 1962年 配高培琳 1964年	男葉龍豪 1990年			
			女葉希強 1951年 適陳玉灶 1951年	男陳翔 1980年 配陳嫦 1980年	男陳海勝 2006年		
		四女瓊英 1931年 適段章錦 1929-1996	長男段明華 1952年	男段申 1977年			
			次男段志華 1954年 配鞏紅 1963年	男段威 1992年			
			三男段華華 1958年 配陳翠萍 1963年	女段夢嬌 1987年			
			長女段珍華 1956年				
		適林鶴聲 1929年	男林劍華 1968年	女林偉婷 1994年			
			女林梅華 1963年 適趙援湘 1962年	女趙琳琳 1986年			
楊侯	榮隆公	亦尊公	男加成公(1910- 配龍媽	長男世琰 1930年 配楊龍英 1928年	長男元森 1952年 配楊玉清 1854年	長女春珍 1986年	
						次女春英 1988年	
						三女明珠 1992年	
					次男元林 1955年 配蘇海英 1963年		
						長男和傑 1987年	
						次男和龍 1988年	
					三男元棟 1960年	女燕坊 1995年	
					四男元德 1966年	長男勇 1998年	
						次男勝 1990年	
					女明玉 1964年	長男彬 1985年 次男洪 1989年	
			加成公 配龍媽	次男 世桂 1942年	男慶祥 1963年 配劉鳳美 1966年	男奇志 1994年 女海英 1991年	
楊侯	榮隆公	亦尊公	加成公 續配後廳媽	男程永坤 1932年 配劉春哥 1936年	長男建洪 1958年 配劉碧英 1960年	男奇龍 1983年 女鳳琴 1985年	
					次男建國 1963年 配黃素全 1966年	男航龍 1990年 女雪燕 1987年	
					適吳元瑞 1970年	男吳俊傑 1994年	

後　記

　　我炎黃子孫，素重慎終追遠，源遠流長，不忘先祖德澤，金門縣政府為念及此，發起「蒐編族譜」，誠為一大德政．伯良為響應此一盛舉，毅然參加編纂「中華民族炎黃源流簡易譜【彭】」，抱磚引玉，冀期激起後人繼續延續此一盛舉，廣被天下中華兒女，發揚中華民族精神．

　　伯良年近九十，務庶前人未替之志，得效微勞，匆促成譜，疏漏之處難免，尚祈不吝指教．本書承蒙福建省金門縣文化局贊助、彭建方宗親從旁佐助、文史哲出版社長彭正雄宗親出版發行，衷心銘感，藉茲深表謝忱．

彭　伯　良 謹記

於 2007 年九月九日於金門